# 1493—1898年的菲律宾群岛

## ——序言集译

〔美〕 埃玛·海伦·布莱尔
詹姆斯·亚历山大·罗伯逊 编

张西平 韩琦 选编
韩琦等 译
韩琦 校

商务印书馆
创于1897 The Commercial Press

*THE PHILIPPINE ISLANDS, 1493-1898*

Editor:Emma Helen Blair

James Alexander Robertson

Published by The Arthur H. Clark Company in 1903-1909

根据亚瑟·H.克拉克公司 1903—1909 年版译出

北京外国语大学"双一流"建设重大标志性项目
"文明互鉴：中国文化与世界"（2021SYLZD020）的研究成果


国家社科基金中国历史研究院重大历史问题研究专项重大项目
"太平洋丝绸之路"档案文献整理与研究（LSYZ021017）的
阶段性成果

# 译者前言

《1493—1898 年的菲律宾群岛》是由当时的手稿、书信、王室命令、法令、印刷品等编辑而成的 55 卷本的大型资料集，其中很多资料是由西班牙文翻译成英文的。该资料集的编辑者是美国历史学家埃玛·海伦·布莱尔（Emma Helen Blair）和詹姆斯·亚历山大·罗伯逊（James Alexander Robertson），美国拉美史创始人之一爱德华·盖洛德·伯恩（Edward Gaylord Bourne）做了大量将西班牙文译为英文的工作，并为这部资料集撰写了"历史导言"。该资料集的编辑工作完成于 1903 年至 1909 年，由在美国俄亥俄州克利夫兰的亚瑟·H. 克拉克公司（The Arthur H. Clark Company）出版，其初衷是为占领菲律宾之后的美国深入认识和了解菲律宾以及更有效地控制菲律宾而服务的。

这部大型资料集的主要内容是早期航海家、天主教传教士、殖民地官员等对菲律宾群岛的地理地貌、人文历史的记载和描述，包括一些王室法令、法律和公文。呈现了菲律宾群岛的政治、经济、商业和宗教的状况，以及从 15 世纪末到 19 世纪末菲律宾群岛与欧洲国家以及它周边的中国、日本、印度等地的关系。不仅是研究菲律宾历史、西班牙殖民史的重要资料，而且也是研究中国与拉丁美洲"海上丝绸之路"的重要资料。

这 55 卷资料集时间跨度 400 多年，涉及内容极其广泛。好在第 1 卷有一个"历史导言"，将菲律宾群岛的这段历史做了一个大致的介绍，其中概括性地描述了菲律宾被发现和征服的历史，回顾了早期征服者和传教士的殖民活动，并对西班牙在菲律宾建立的殖民制度，包括官僚行政体系、法律体系、教会体系和贸易体制，以及西班牙殖民统治之下菲律宾人的社会和文化生活都给予了简要的介绍。作者在讲商业贸易的时候，着重介绍了马尼拉大帆船贸易及其带来的影响。此外，这部资料集的每一卷，都有一个前言（第 53—55 卷除外，这三卷是全书的资料来源索引），各卷的前言均概括介绍了本卷资料的大致内容，从而为读者研读提供了方便。鉴于这 55 卷资料集极其重要的史料价值，我们在此将"总序""历史导言"和各卷的前言翻译成中文，以便中国读者能够了解各卷资料的内容，更好、更便捷地利用这些资料，以促进国内东南亚历史、拉丁美洲历史、中菲关系史、中拉关系史中相关问题的深入研究。

韩琦

2020 年 3 月于南开大学

# 目　录

# 总　序

美国进入世界政治舞台，将美国的影响力引入东方事务，以及美国权威在菲律宾群岛的建立，都使这些岛屿及其众多民族的历史成为有阅读能力的公众，特别是学者、历史学家和政治家们的一个极为感兴趣和重要的话题。目前的工作向公众提供了本作品（它的材料是从大量印刷品和未出版的手稿中精心挑选和整理而成的），其目的和希望是揭示美国人民在菲律宾将面临的重大问题，并为该岛屿博大精深的历史提供一些真实可信的材料。为此目的，编辑者复制了（主要是译成英文）同时代的文件，这些文件构成了菲律宾历史最好的原始资料来源。从 1493 年教皇亚历山大六世（Alexander VI）划定的西班牙和葡萄牙在新世界领土的分界线开始，该群岛的历史可以追溯三个多世纪之久，涵盖了西班牙政权的极大部分。

在选择资料方面，编者们力求使作品的范围与该岛屿历史问题的广度相称，并为每一个主题留有与人们对它的兴趣相称的空间，不仅是菲律宾的政治关系，而且菲律宾的社会、宗教、经济和商业状况都受到了该有的照应。在这里出现的所有各类作者，主要是早期航海家、文职和军事官员、教会的显要人物以及在菲律宾人中执行传教任务的各宗教修会的传教士。除了这些人提供的信件、报告和叙述之外，还有许多王室法令、教皇的训谕和敕令，以及其他有价值的文件。现在，这些材料中的大部分第一次让讲英语的读者能够加以利用，西班牙、意大利、法国、英国、墨西哥和美国的大型图书馆和档案馆慷慨地提供了这些资料。

在呈现这些文件时，编者们采取了完全公正的态度，没有任何个人偏见，无论是政治偏见或是教派偏见。他们的目的是确保历史的准确性，尤其是在需要对每一位作者的思想和意图作出同情的解释时更是如此，并忠实地描述菲律宾人生活的各个方面，他们与其他民族（特别是欧洲民族）的关系，以及许多部落是如何逐渐摆脱野蛮状态的。他们请读者特别注意耶鲁大学的爱德华·盖洛德·伯恩教授为这一系列作品所撰写的"历史导言"，其视野的广博和学术上的彻底性都是很有价值的。在每卷末尾的书目资料中将提供发表在这一卷文件中的资料来源及其所在位置的必要信息，更详细和更广泛的信息将在这一系列文件最后几卷的菲律宾群岛书目中给出。

在这项工作的准备中，编者们得到了来自学者、历史学家、档案学家、图书管理员和政府官员的最热情友好的鼓励和帮助，以及罗马天主教会的杰出传教士和罗马宗教教团成员的最热情友好的鼓励和帮助。在此，我们要特别感谢以下人士……（以下有数百个人名，此处从略）。

埃玛·海伦·布莱尔

詹姆斯·亚历山大·罗伯逊

# 历史导言

美国人民面临两大种族问题，一个是国内的种族问题，它长期为人们所熟悉，却仍然没有解决之道；另一个是新出现的，并且遥远而未知的问题，这个问题更需要我们用智慧和不懈的努力去掌握。

在第一个问题中，如果追根溯源，大约有八百万人来自若干个非洲原始部落，但他们长期以来适应了新的环境，成为训练有素的劳动力，过上了文明的生活，皈依了基督教，并且通过掌握英语进入了一个他们祖先无法进入的思想世界。因为战争而得到解放的他们，现在和统治种族相互融合并生活在一起，但不属于那个种族，他们的社会地位悬而未定，因肤色而受到压制，饱受着种族歧视带来的困扰和束缚。

在另外一个问题中，三个世纪前，大约有六百万至七百万马来人，他们的祖先也摆脱了未开化的状态，被传授了文明社会的形式和举止，皈依了基督教，在天主教传教士的训练下成为了劳动力。共同的宗教和共同的政府在很大程度上抹去了早期部落的差异，使他们成为一个民族，但从世界全局来看却是一个独特的民族。他们作为现代唯一大量皈依基督教的亚洲人群体而享有独特地位。与从自然的环境中被撕裂，并在基督教的藩篱中，通过奴隶制受到教化的非洲人不同，他们未曾离开自己的家园，并且直到最近一段时期才和欧洲人有了广泛的接触，和世界上任何类似的群体不同，他们是一个通过传教士耐心的教育、家长式的管教，以及自我牺牲的奉献而塑造成的整体。同样是由于战争，他们也失去了过去的统治者和指引者，并不情愿地将自己的未来交到其他人手中。统治他们和训练他们，让他们统治自己是几乎同样复杂的任务，对他们文化和能力相互矛盾的估计，导致了党派冲突，使得这一问题变得更加的困难和不明朗。

我们需要对他们作为一个民族的政治和社会演变过程有详尽和睿智的了解，并研究他们的历史。在黑人问题上，历史资料充裕且较易获得，在美国历史研究中，奴隶问题也被给予了特殊的注意。然而，在菲律宾问题上，尽管在资源的丰富程度和教育意义层面上并不比黑人问题差，这些资料在过去和现在获得起来都相对较难，这一方面是由于包含这些资料的出版物比较罕见，另一方面是由于用来书写这些资料的语言到目前为止在美国也很少有人研究。搜集这些分散又难以获得的资料，对它们进行复制并用英语进行诠释；让大学、公共图书馆和思想及政策方面的领导人手中有远东上百万人文化和生活完整、真实的记录，以便公正地对待他们，这些极有可能成为有利于公众利益的事业。

秉承着这些搜集到的资料所包含的思想，本篇导言不会探讨今天的菲律宾问题或过去半个世纪菲律宾人的生活，也不会成为一部群岛征服后的简史。上面涉及的话题，读者们可以参考最近出版的如福尔曼（Foreman）、索耶、沃尔塞斯特（Worcester）的著作，或者更早的如鲍林、马利特（Mallet）等的著作，或其他再版著作。本导言的目的是确定菲律宾的发现和征服在整个地理大发现历史上的位置；回顾早期征服者和传教士无与伦比的功绩；描述上个世纪革命性的变化之前群岛上的统治和贸易；调查旧政权下菲律宾人的生活和文化，虽然这种调查是不完全的，却能凸显出他们独特的特征；如果可能的话，体现其意义——虽然菲律宾的编年史读起来枯燥无味，但菲律宾民族的历史却有着深刻而独特的意义。

　　菲律宾群岛从位置和居民成分看属于亚洲，然而在它们有历史记录的前三个世纪内，它们在某种意义上是美洲的属国，随着时间的流逝，它们与西半球的政治联系得以恢复。作为新西班牙（New Spain）的附属国，它们构成了西班牙领土的最西边，通常被称作西部群岛①。它们的被发现和被征服勾勒出了一个之前从未有过的地理范围最大的帝国。当马德里太阳升起的时候，马尼拉前一天的下午才刚刚开始，菲利普二世（Philip II）是第一位

---

① 安东尼奥·德莫尔加（Antonio de Morga）：《16世纪末的菲律宾群岛、摩鹿加群岛、暹罗、柬埔寨、日本和中国》（*The Philippine Islands, Moluccas, Siam, Cambodia, Japan, and China at the Close of the Sixteenth Century*），伦敦，哈克卢特协会，1868年版，第265页。下称莫尔加。

可以夸耀说太阳在他的领土内不会落下的君主。①

从 1486 年到 1522 年，在一代人的时间内，伊比利亚半岛上的两个小国将他们的势力范围延伸过大洋，直至覆盖全世界。被誉为"航海者"的葡萄牙亨利王子，用他的勇气和奉献为这项无与伦比的功绩开辟了道路，把他的一生奉献给地理发现和葡萄牙贸易的进步。为非洲西海岸的探险培养了一批航海家，他们航行到东印度群岛和西印度群岛，从对非洲贸易的管理中衍生出了日后的殖民体系。

在 15 世纪的最后 25 年，在同东印度群岛的贸易中，埃及和土耳其的阻碍日益增长，这为发现一条从海上到香料群岛（Spice Islands）的路线提供了巨大的推动力。巴塞洛缪·迪亚斯（Bartholomew Diaz）和瓦斯科·达伽马（Vasco da Gama）为葡萄牙解决了这个问题，但是由哥伦布提出并被西班牙于 1492 年接受的方案揭开了一个新世界的面纱——那便是西印度群岛。

葡萄牙国王积极保持他在非洲和向东方探索中的垄断地位，虔诚的西班牙君主们也渴望在坚实的、无争议的基础上建立他们的殖民帝国，同样呼吁罗马教皇界定他们的权力，并确认他们的主张。世界看起来足够大，慷慨的教皇亚历山大六世在大西洋上画了一条南北走向的线，授权斐迪南和伊莎贝拉

---

① "王室和西班牙的势力范围已经扩张到从日出到日落，所有太阳可以照耀到的地方。"莫尔加，第 6 页。1844 年年末之前，马尼拉日历是在马德里日历的基础之上估算得出，即马尼拉时间比马德里时间要慢 16 个小时左右。最后，1844 年，经过大主教的同意，当年的 12 月 31 日跳过不计算，也就是说菲律宾成了东半球国家。从此，马尼拉时间比马德里时间要快 8 个小时。雅戈尔（Jagor）:《在菲律宾旅行》（*Reise in den Philippinen*），第 1—2 页。

（Isabella）在线的西部进行探险并占有所有未知和未开化的部分；在线的东部，基于葡萄牙的探险活动和之前的教皇们授予的权利，葡萄牙的权利也得到了确认。

菲律宾有文字记载的历史始于《教皇划界敕书》（*Demarcation Bulls*）和《托德西利亚斯条约》（*Treaty of Tordesillas*），因为麦哲伦的航行和群岛的发现均是以此为基础；如果没有这些，菲律宾群岛毫无疑问会和摩鹿加群岛一样，先被葡萄牙占领，之后落入荷兰的手中。

葡萄牙的若昂国王对《教皇划界敕书》的规定并不满意。他声称 1479 年西班牙和葡萄牙之间的条约把海洋探险的领域都托付给葡萄牙，西班牙只保留了加那利群岛（Canaries）。其次，他认为这条离亚速尔群岛（Azores）西部只有 100 里格的分界线不仅是对他的权利的侵犯，而且会带来实际的尴尬，因为它不能为他的海员的非洲航行提供足够的海洋空间。

他的第一个诉求很难说是有效的，第二个却较为合理。因为据哥伦布估计，从加那利群岛到新群岛的距离超过 900 里格，所以天主教君主愿意做出让步。根据 1494 年 6 月 7 日的《托德西利亚斯条约》，各方同意将分界线（Demarcation Line）移至佛得角群岛（Cape Verde Islands）以西 370 里格的地方。[①] 这个条约接

---

① 与这些法令（《教皇划界敕书》和《托德西利亚斯条约》）相关的谈判详见亨利·哈里瑟（Henry Harrisse）：《美洲外交史 1452—1494》，（*Diplomatic History of America, 1452—1494*），S.E. 道森（S. E. Dawson）：《〈教皇亚历山大六世的教皇子午线〉与〈托德西利亚斯条约〉》（*The Lines of Demarcation of Pope Alexander VI and The Treaty of Tordesillas*），或 E.G. 波恩（E. G. Bourne）：《历史批判散文》（*Essays in Historical Criticism*）。本卷印有以上文章。

受了教皇仲裁的原则，但是将分界线移动到了所谓的佛得角群岛
和新发现的日本群岛、安迪利亚群岛中间的位置。①

　　不论是在《教皇划界敕书》还是《托德西利亚斯条约》中都
没有明确提及这条分界线在全球的扩展或世界的划分问题。这一
安排似乎认为未知的世界有无限的场地可供探索和征服，界线以
东归葡萄牙，以西归西班牙。如果他们越过了彼此的轨道，则先
到先得。②

　　直到麦哲伦时代，将分界线延伸到全球并由此决定西班牙将
在哪个半球享有统治权的想法才出现，这样我们才第一次有了教
皇像分橙子一样把世界分给了葡萄牙和西班牙的概念。③

　　葡萄牙人于 1498 年到达了印度。13 年后，阿尔武凯克征服
了马来半岛的马六甲海峡，这是香料贸易中一个较大的货物集
散地（entrepôt）。即便如此，真正的目标——即夺取生产香料
的群岛——仍然没有达到。然而，控制马六甲海峡预示着这么
多年的努力快要实现了，1511 年 12 月，阿尔布开克在第一时间
派遣安东尼奥·德阿夫雷乌（Antonio d'Abreu）搜寻这些珍贵

----

　　①　哥伦布会见葡萄牙国王时使用的名称。鲁伊·德比纳（Ruy de Pina）:《有关
葡萄牙历史的未出版书籍——若昂二世编年史》,（*Chronica d'el rey Joaõ II, Collecaõ de
Livros Ineditos de Historia Portugueze*）, 第 2 卷, 第 177 页。

　　②　这也是哈里瑟的观点。哈里瑟, 第 74 页。

　　③　"望周知教皇亚历山大有关将世界像橙子一样划分的许可。"1518 年 1 月 22 日,
阿隆索·德苏奥苏（Alnso de Zuazo）写给查理五世（Charles V）的信。《西印度未出版
档案》(*Docs. Inéd. de Indias*）, 第 1 卷, 第 296 页（哈里瑟: 第 174 页引用）。另见马
克西米利亚诺·特兰西瓦诺斯:《麦哲伦首次环球航行》(*First Voyage Round the World by
Magellan*）, 伦敦, 哈克卢特协会, 第 185 页。

的岛屿。一个世纪后，一位西班牙历史学家声称麦哲伦和安东尼奥·德阿夫雷乌一同掌管船队中的一艘船，但这不太可能是真实的。[①] 然而，葡萄牙籍船长之一，弗朗西斯科·塞拉（Francisco Serrão），是麦哲伦的朋友，在他旅居摩鹿加群岛期间，写信给麦哲伦提到了一个比瓦斯科·达伽马所发现的更大、物产更为丰富的世界。见过这些信件的历史学家巴罗斯（Barros）认为，很有可能是塞拉在某种程度上夸大了从马六甲海峡到摩鹿加群岛的距离，因此在麦哲伦的意识中埋下了种子，这粒种子在日后最终开花结果。[②]

在葡萄牙实际得到香料群岛的第二年，瓦斯科·努涅斯·德巴尔博亚（Vasco Nuñez de Balboa）成为第一个见到南海的欧洲人（1513 年）。之后形势很快明朗起来，葡萄牙人在这场争夺丁香、胡椒、肉豆蔻的竞赛中获得了胜利。但是由于缺乏对地球真正维度的认识，并且当时对地球尺寸的低估普遍盛行，认为香料群岛在印度以东很远的地方的想法在麦哲伦的头脑中重新出现，并使他考虑进行哥伦布所设定的计划，即通过向西的路线寻找香料群岛。似乎有充分的理由相信他向葡萄牙国王提出了这一计划，但是当他看到没有实现这一计划的可能时，他像哥伦布一样转投了西班牙。现在观点已经演变成：因为摩鹿加群岛在印度以东很远的地方，它们很可能在西班牙所拥有的那部分世界，如果

---

① 这一问题在吉尔马：《费尔南多·麦哲伦的一生》（*Life of Ferdinand Magellan*），第 68—69 页中得到详细阐述。

② 吉尔马，第 71 页。

从西面接近的话，最终可能为天主教君主赢得它们。这是争取赞助和支持最有效的方法，至于麦哲伦和从资金上支持他的克里斯托弗·阿罗（Christopher Haro）对此有多少信心，在他们给卡洛斯国王（King Charles）①的请愿书中有清楚的体现，马克西米利亚诺·特兰西瓦诺斯（Maximilianus Transylvanus）记录了麦哲伦对他的计划的陈述过程："他们俩都向凯撒表示，虽然尚不确定马六甲海峡是在西班牙还是葡萄牙的势力范围内——因为经度还没有得到清晰的证明——但可以确定的是大海湾和秦尼人（Sinae）在属于西班牙的这一侧。同样确定的是，所有香料的产地摩鹿加群岛（香料从那里出口到马六甲），同样在西班牙疆域的西侧，并且可以坐船抵达那里，如此一来，香料就可以更容易地运到西班牙，且更便宜，因为它们直接来自原产地。"②

同样明确的是麦哲伦和西班牙卡洛斯国王签订的协议："既然你约束自己在我们的领土内探索，在我们界限内，海洋中的岛屿、大陆和丰富的香料等都是我们的。"之后宣布一项禁令："不要在最宁静的葡萄牙国王的界内进行探索或做任何事情。"③

当麦哲伦到巴亚多利德（Valladolid）向国王展现其计划时，西印度群岛历史学家拉斯·卡萨斯（Las Casas）也在场。

---

① King Charles，即神圣罗马帝国皇帝查理五世。他于 1516 年继承西班牙王位，成为西班牙哈斯堡王朝的首位国王，在西班牙被称为卡洛斯一世（Cárlos I）。——译者
② 马克西米利亚诺·特兰西瓦诺斯，第 187 页。
③ 纳瓦雷特：《航行与发现选集及其他》（*Coleccion de los Viages y Descubrimientos*），第 4 卷，第 117 页。

他写道："麦哲伦有一个绘好的地球仪，上面绘有整个世界，他在上面指出打算航行的路线，但海峡部分有所保留，故意留成了空白，这样就没有人能先于他行动。彼时彼刻，当布尔戈斯（Burgos）主教丰塞卡（Fonseca）把地球仪带到大统领（High Chancellor）的办公室并向他展示麦哲伦提议的航行路线时，我正在大统领的办公室里。我和麦哲伦交谈，问他打算走哪条路线，他回答说他打算经过圣玛丽海角（Cape Saint Mary），也就是我们所说的拉普拉塔河（Rio de la Plata），之后沿海岸而上，直到遇见海峡。但是假设你没有发现任何可以进入另一个海洋的海峡呢。他回答说，如果他没有发现任何海峡，他就会走葡萄牙人走过的路线。这位费尔南多·麦哲伦虽然身材矮小，且没有威风的仪表，但他一定是一位充满勇气的，信念坚定的，能成就伟业的人。"①

教皇划定的界线就是这样一步步将人类引向了第一次环球航行，这是个人在海洋上取得的最伟大的成就。②1519 年 9 月 20 日，这支值得纪念的探险队从塞维利亚出发了。一年之后，他们进入了后来以这位海航家名字命名的海峡。他们历时 38 天穿过了蜿

---

① 拉斯·卡萨斯（Las Cassas）:《西印度群岛历史，西班牙历史海外未出版档案集》(*Historia de las Indias Col. de Docs. Inéd. Para la Historia de España*)，第 65 卷，第 376—377 页。显然，拉斯·卡萨斯的这段对麦哲伦的描述被英语国家作家所忽略。这一点被佩斯切尔（Peschel）所注意到，参见《地理大发现时代的历史》(*Geschichte des Zeitalters der Entdeckungen*)，第 488 页。

② 参见吉尔马在《费尔南多·麦哲伦的一生》第 258 页中对哥伦布和麦哲伦航行的比较。

蜒复杂的海峡，之后是可怕的 98 天的航行，穿过真正人迹未到的海域。他们所见的第一块陆地是一小群岛屿，因为居民盗窃成性被称为"贼岛"（Ladrones），然后在关岛进行了短暂的停留。大约两周后，3 月中旬，这支小规模的船队到达了我们今天所知道的菲律宾群岛，但麦哲伦称其为圣拉撒路群岛（St. Lazarus），这个名称来自于圣徒拉撒路，麦哲伦在菲律宾群岛停留时，曾经庆祝过这一圣徒日并举办过宴会。[①]

经度的计算表明这些岛屿在西班牙所拥有的半球内，麦哲伦从苏门答腊岛（Sumatra）带来的一个马来人奴隶能够与菲律宾群岛的当地人沟通[②]，这也足够表明他们离摩鹿加群岛已经不远了，他们此次探险的目的——发现一条向西到达香料群岛的路线，并证明香料群岛在西班牙的范围之内——马上就要实现了。但是麦哲伦同摩西一样，只被允许匆匆一瞥这片"乐土"（Promised Land）。在其目标即将达成之际，这位英勇、坚定的航海家竟然在和赤身裸体的野蛮人的小规模冲突中身亡，这是历史上最令人同情的悲剧之一。[③]

然而，通过向西的路线穿过麦哲伦海峡到达摩鹿加群岛的困难（直到 1616 年才发现可以绕过合恩角［Cape Horn］），葡萄

---

① 参见《麦哲伦首次环球航行》第 74 页皮加菲塔（Pigafetta）的叙述。

② 同上书，第 76 页。

③ 曾经与麦哲伦一同航行的意大利人皮加菲塔的这段对于菲律宾群岛和岛上居民的描述尤其值得注意，不仅因为这是欧洲人对菲律宾群岛和岛上居民的首次描述，更因为它提供了评估西班牙人的征服和传教团体带来的改变的标准。

牙国王在坚持他的主张时顽固的、狂妄的态度，由于缺乏精确测量经度的手段而不能对划界线进行科学和准确的计算，所有这些因素加上资金紧张的压力，导致卡洛斯国王在 1529 年为了 35 万达卡金币而放弃了对摩鹿加群岛的所有主张和与之进行贸易的权利。[①] 在对跖点，在赤道 17 度或摩鹿加群岛以东 297 里格的地方，画一条分界线，双方同意卡斯蒂利亚国王（King of Castile）的臣民不能在那条线外航行或进行贸易，也不能携带任何东西到该线之内的岛屿或陆地。[②] 如果日后科学、准确的测量支持任何一方最初的主张，这笔钱将被归还[③]，合约将解除。尽管在这个条约中并没有提及圣拉撒路群岛，但是因为它在某种程度上处于摩鹿加群岛的西部，所以相当于西班牙明确地放弃了对菲律宾群岛的权利。

然而，西班牙国王选择忽略这一事实，默认了征服菲律宾群岛的权利。13 年后，有人再次尝试征服菲律宾群岛。这一次，新西班牙王国的征服和发展使得它在太平洋的一个港口成为天然的起点。这次由鲁伊·洛佩斯·德比利亚洛沃斯（Rui Lopez de Villalobos）指挥的远航于 1542 年出发，并以灾难性的方式结束。摩鹿加群岛的都督对入侵进行了激烈的抗议，宣称棉兰老岛

---

① 有关巴达霍斯议会试图解决摩鹿加群岛归属权的记录参见 E.G. 波恩，第 209—211 页。具体文件参见纳瓦雷特：第 4 卷，第 333—370 页，但是本卷中经过翻译的文件有删减。圣多瓦尔认为卡洛斯国王出售摩鹿加群岛是因为经济困难，见纳瓦雷特：第 4 卷，第 20 章。出售协议见纳瓦雷特：第 4 卷，第 389—406 页。

② 纳瓦雷特：第 4 卷，第 394 页。

③ 同上书，第 4 卷，第 396 页。

（Mindanao）在葡萄牙的界限内，并且他们在传播基督教方面已经取得了进展。[1]

为了纪念"我们幸运的王子"，比利亚洛沃斯将这些岛屿中的部分地方命名为"菲律宾"，除此之外，他并没有在这些岛屿上留下永久的痕迹。[2]

大约 20 年后，有人进行了又一次探险，但是这次探险要比前几次组织得更为细致，探险的准备花了四到五年时间。国王菲利普二世一方面尊重和葡萄牙之间关于摩鹿加群岛的条约，一方面打算忽略包含在 1529 年分界线条约规定之内的其他岛屿。1559 年，他第一次派遣了与之相关的探险队，并规定他们不可以前往摩鹿加群岛，但是"可以前往同一区域的其他岛屿，如菲律宾群岛，以及其他的、上述条约没有规定、但在我们界限以内且据说出产香料的岛屿"。[3]

安德烈斯·德乌尔达内塔（Andrés de Urdaneta）修士在

---

[1]　通信记录见《海外未出版档案集》，第 2 卷（或第 1 卷有关菲律宾群岛部分），第 66 页。

[2]　加西亚·德斯卡兰特·阿尔瓦拉多（Garcia Descalante Alvarado）：《对鲁伊·戈麦斯·德比利亚洛沃斯进行的从新西班牙到西部群岛的航行的叙述》（*Relacion del Viaje que hizo desde la Nueva-España à las Islas del Poniente Ruy Gomez de Villalobos*）。《海外未出版档案集，西印度群岛档案》，第 5 卷，第 127 页。这一名字在 1543 年 7 月或 8 月被用来命名某一稍小的岛屿。阿尔瓦拉多在第 122 页中写道"去到棉兰老岛或菲律宾群岛的中国人"。蒙特罗-比达尔（Montero y Vidal）：称第一个得此命名的岛屿是莱特岛（Leyte），见蒙特罗-比达尔，《菲律宾通史》（*Hist. Gen. de Filipinas*），第 1 卷，第 27 页。1561 年，乌尔达内塔以通行的方式使用"菲律宾群岛"的名称，见他为探险准备的航海日志。《海外未出版档案集》，第 1 卷，第 130 页。

[3]　《海外未出版档案集》，第 2 卷，第 95—96 页。

1525年曾和洛艾萨（Loaisa）一起前往摩鹿加群岛，当时他只是一名普通的信徒和海员。他向国王解释说，因为菲律宾岛比摩鹿加群岛还要往西，《萨拉戈萨条约》（Treaty of Zaragoza）对于这些岛屿就像对摩鹿加群岛一样有约束力，并且，为了避免麻烦，"应为探险指定一些合法的、虔诚的理由，比如营救之前探险中在这些群岛迷路的海员，或者是测定分界线的经度"。①

结果表明，正如我们所言，菲利普国王打算对菲律宾群岛适用于《萨拉戈萨条约》这件事视而不见。由于菲律宾群岛不出产香料，葡萄牙人并没有占领它们，现在他们不能有效地抵抗西班牙对它们的征服。②随后，1580年葡萄牙并入西班牙王国清除了所有障碍，当1640年葡萄牙王国重获独立时，葡萄牙人已经被荷兰人从香料群岛驱逐了出来。

这里不宜详细叙述黎牙实比伟大探险的历史。他在菲律宾群岛建立了西班牙政权并为其永久架构奠定了基础。这在一定程度上是美洲事业。船只在美洲建造，大部分在这里装配，由居住在新世界的人指挥和引导。在接下来的7年里，黎牙实比所做的工作使他跻身最伟大的殖民先驱之列，实际上，无人能出其右。最初出发时只有4艘船，400个人和5个奥古斯丁修道士，1567

---

① 《海外未出版档案集》，第2卷，第109—111页。

② 1568年9月，一支由摩鹿加都督派遣的葡萄牙编队出现在宿务岛周围，试图将西班牙人从米沙鄢群岛驱离。然而指挥官仅仅进行了外交抗议。蒙特罗-比达尔：第1卷，第34页。

年又增加了 200 名士兵，间或有类似的小支军队和修道士增援，通过机智、智谋和勇气，他赢得了当地人的支持，击退了葡萄牙人，为此后 30 年的变化奠定了基础，而这些变化构成了殖民记录中最令人惊讶的巨变。最杰出的功绩当属黎牙实比的孙子，22 岁的胡安·德萨尔塞多（Juan de Salcedo），他带领 45 人探索了吕宋北部，包括现在的三描礼士省（Zambales）、邦阿西楠省（Pangasinan）、拉乌尼翁（La Union）、伊罗戈斯（Ilocos）和卡加延（Cagayan）沿岸，并确保那里的人们服从于西班牙的统治。[①] 可能像他的同伴评价的那样，"他是不幸的，因为命运将他置于如此境地，使得遗忘必须掩埋一位骑士最英勇的战绩"[②]。经验丰富的航海家安德烈斯·德乌尔达内塔修士在荣誉方面并不逊于黎牙实比和他英勇的孙子，他天生的能力和对分界线东部海域广博的知识在每一点上都使他的指挥者处于有利地位，为探险的成功做出了最有效的贡献。同样不能被忽略的是修士们的工作。他们为使徒的热忱所激励，而这一点又被"天主教复兴运动"的情感强化，他们充满才华、不知疲倦，与黎牙实比和谐相处，使

---

① 蒙特罗-比达尔：第 1 卷，第 41—42 页。

② 胡安·德格力哈尔瓦（Juan de Grijalva）：《奥古斯丁教派在新西班牙各省编年史（1533—1592）》（*Cronica de la Orden de N. P. S. Augustin en las provincias de la Nueva Espana, etc (1533—1592)*）。由祖尼加编写，由 W.E. 雷塔纳（W. E. Retana）出版的《菲律宾群岛的国家主义》（*Estadismo de las Islas Filipinas*），第 2 卷，第 219 页。被提升为高级独立指挥官后于 1576 年突然去世，享年 27 岁。在他生前并没有积累大量的财富，与之相反，他去世时非常贫困。他在遗嘱中称，支付完债务后，剩余财产将分给他委托监护的土著人。祖尼加：第 2 卷，第 615 页。

人们皈依天主教并抑制伊斯兰教缓慢蔓延的趋势。教友中最有能力的马丁·德拉达（Martin de Rada）用了不到五个月的时间就在米沙鄢（Visayan）讲道了。

皈依工作在宿务顺利展开，黎牙实比以一位当地很有影响力的人物——图帕斯（Tupas）的侄女郑重受洗开始了工作。接下来是摩洛人（穆斯林）的皈依，"他们曾经作为翻译并在整个国家有着巨大的影响力"。1568年，图帕斯和他儿子的受洗成为了转折点，从此广泛的皈依开始了，因为图帕斯的皈依有很重的分量。①

这真是一个奇特的巧合，在一代人的时间内，西班牙人完成了打破在西班牙的穆斯林政权的世俗化工作，并且阻止了它在对跖点岛屿的拓展。伊斯兰教在1276年传入马六甲，并于1465年传入摩鹿加群岛，从此稳定地向北传播至婆罗洲和菲律宾群岛。苏禄（Sulu）和棉兰老岛在16世纪皈依伊斯兰教，当1571年黎牙实比开始征服吕宋时，他发现很多穆斯林移民点的出现和皈依是由于同婆罗洲进行贸易。正如年老的奥古斯丁会编年史家格里哈尔瓦（Grijalva）所察觉到的，他的话也得到莫尔加和现代历史学家蒙特罗-比达尔的呼应：②"这个毒瘤的根基是如此之深，假如西班牙人迟来一些，所有人都会成为摩洛人，就如所有那些没有处于菲律宾统治下的岛民一样。"③

---

① 对于皈依的叙述以格力哈尔瓦的同代叙述为基础，参见祖尼加，第2卷，第219—220页。

② 蒙特罗-比达尔：第1卷，第59页。

③ 祖尼加：第2卷，第222页；安东尼奥·德莫尔加：第307—308页；蒙特罗-比达尔：第1卷，第60页。

　　16 世纪宗教革命的不幸遗产之一就是在条顿和拉丁民族的思维之间形成了巨大的隔阂，经证明，这对普通智力的人来说是不可逾越的。天主教和新教之间，英国人和西班牙人之间致命的对抗关系给他们的后代留下了不可磨灭的痕迹，进一步加剧了种族偏见和误解。英国人和美国人对西班牙人经济上的盲目和无能充满了蔑视，却对他们真正的目的和成就视而不见。

　　英国在殖民美洲的过程中制造的悲剧和犯下的错误经常被遗忘，只有西班牙殖民的悲剧和错误被铭记。在西班牙殖民政策和英国殖民政策制定之间的时期，宗教理想被贸易理想所取代，而在对贸易理想的升华中，英国处于领先地位。殖民地从主要传播基督教、捎带产生财富，变成主要目的是为了工业和贸易的发展、捎带传播基督教。这一变化无疑对世界的财富增长和进步贡献巨大，但这对殖民地土著人口来说是毁灭性的。西班牙的政策旨在维持和教化土著人种，而不是为西班牙人建立新的家园，殖民地的法律为保护印第安人提供了缜密的保障。虽然其中有许多只是一纸空文，但是在墨西哥、中美洲和南美洲，尤其是在菲律宾群岛，在取得所有默许和资格之后，对当地种族的保护和教化，不管是在过去或将来，都和北美洲、桑威奇群岛（Sandwich Islands）、新西兰、澳大利亚的土著人的命运形成了鲜明对比，这使得西班牙和英国的殖民体系中各自的趋势和结果也明显不同。西班牙在征服西印度群岛、墨西哥的效果和在征服菲律宾的效果间的对比反映出政府人道政策的发展。我们应当记住，第一批征服者的暴行发生在国王有时间制定殖民政策之前。

新教的作家们提及天主教的传教时，习惯性地带着蔑视，但是我们不应忘记，英国和法国也是通过类似的方式皈依基督教的。新教徒嘲笑天主教大规模的洗礼和皈依方式，并认为这是肤浅的，但在那些目前居于统治地位的基督教国家，基督教曾经就是通过这种方式传播的。另一方面，天主教也可能会要求提供早期的德国人或盎格鲁−撒克逊人是通过新教的方式皈依基督教的证据。

这种大规模的洗礼对于接下来接受耐心的基督教培育的心境有实际意义。基督教实现了真正的征服，并通过基督教训练来保持活力，它的进步在于在遵守训诫方面，每一代都比上一代更优秀。一个人如果读过以前教会的忏悔规则书，并注意到其中提供的关于中世纪早期英国人异教徒宗教活动和仪式的活力的证据，就不会在描述最近三个世纪天主教布道团仍不完美的成果时过于苛刻。

鉴于去除种族偏见和宗教上的先入为主而得出的公正的历史，通过与西班牙征服美洲早期或第一、第二代英国移民的定居点对比之后发现，在黎牙实比到达后的40年中，菲律宾人的皈依和教化可以称得上是史上无与伦比的成就。通过对少量士兵和一小队传教士在地球的尽头所取得的成就的检视，我们相信，将会揭示做出这样决断的理由。为了达到这一目的，我们很幸运地拥有一份堪称经典的在17世纪初对于群岛状况的调查，它的作者是拥有学术训练和哲学思维的安东尼奥·德莫尔加博士①，他在岛上生活了八年，在政府机构工作。

　　西班牙人发现群岛上的人口中有两种存在强烈反差的类型，这两种人现在仍然生活在群岛上——马来人和尼格利陀人（Negrito）②。基督教传入后，当地人通常依据其宗教信仰而被划分为印第安人（Indians）③（皈依基督教的土著人）、摩洛人（Moors）④（信仰伊斯兰教的土著人）和无宗教信仰的人（外邦人）或异教徒。马来人没有对他们的宗教信仰进行有力的坚持，很容易地屈服于传教士们的努力。教堂生动、庄重的仪式满足了当地人喜欢壮观事物的品位，使他们印象深刻，备感欢欣。

　　他们的政治和社会组织缺乏凝聚力。没有健全的土著人国家，只有类似部落的、小群体的聚集体。这些小群体或巴郎盖/村社（barangays）的首领是世袭的，村首领实行专制。⑤这种社会的分

---

　　①　他曾经担任副都督，还是检审庭（Audiencia）改革之后被任命的第一位法官。他的作品《菲律宾群岛和西印度墨西哥之间的事件，1609 年》（*Sucesos de la islas Philipinas-Mexici ad Indos, anno 1609*）非常罕见，1890 年这一作品在巴黎重印，附注由菲律宾作家和爱国主义者何塞·里萨尔博士（Dr. José Rizal）完成，序言的作者是布鲁门特里特（Blumentritt）。里萨尔试图展示菲律宾人在西班牙统治下在文明程度上有了退化；祖尼加：第 2 卷，第 277 页中的评论。参见莫尔加：《16 世纪末的菲律宾群岛，摩鹿加群岛，暹罗，柬埔寨、日本和中国》。

　　②　尼格利陀人，也称为矮黑人，是东南亚的半游牧民族。零星分布于菲律宾的吕宋、内格罗斯、巴拉望和棉兰老岛等地。——译者

　　③　印第安人，西班牙殖民者将菲律宾土著称为印第安人，特别是指那些皈依基督教的土著人。——译者

　　④　在西班牙，伊斯兰教徒被自然而然地叫成摩洛人。

　　⑤　莫尔加：第 296—297 页。

化极大地促进了征服，通过智谋与安抚，辅以武力的有效支持，西班牙统治权在相对分离的群体上建立起来，而且并未发生许多真正的流血事件，这些群体的本质特征也被作为殖民统治机器的一部分保留下来。反过来说，这也是对在新西班牙得到发展的模式的自然的借鉴。以现有的以"村"为单位的制度为基础，西班牙人旨在使印第安人熟悉和适应固定的乡村生活和适度的劳动。只有在这些条件下才能够提供宗教训练和系统的宗教监督。这些村通常被称为村镇（pueblos）或归化区（reducciones），那些逃离文明生活约束的印第安人被称作"逃匿者"（remontar）。

作为忠诚的标志，同时为了支付政府费用，每个印第安人家庭都要缴纳 8 雷亚尔（Reals），即约 1 美元的贡赋。为了征收贡赋，人们被分到了类似委托监护的特殊群体里。一些委托监护区的贡赋交给了国王，其他的被授予西班牙军队官员和行政官员。[①] 征服吕宋 20 年后的"菲律宾群岛 1591 年关于委托监护制的报告"揭示了教化工作巨大的进展。在马尼拉有天主教堂和主教的邸宅，奥古斯丁会、多明我会和方济各会修士的修道院，还有耶稣会的房子。国王为西班牙人修建了一座医院，还有一个由两位方济各会在俗修士掌管的专门接收印第安人的医院。有一支 200 士兵组成的卫戍部队。唐人街（Chinese quarter）或帕里安（Parián）[②] 有大约 200 家商店和 2000 居民。在通多（Tondo）的郊区有一座方济各会修道院和一座多明我会的修道院，他们为

---

① 莫尔加：第 323 页。

② 帕里安，马尼拉的华人社区，亦即华商聚居地，旧译"八连""涧内"。——译者

大约 40 个皈依基督教的"常来人"（Sangleyes）① 提供基督教教诲。在马尼拉和周边区域，搜集到了 9,410 份贡品，表明总体上大约有 30,640 人，为他们提供宗教指引的，除了修道院的修士，还有 13 个传教士（教义牧师 ministros de doctrina）。在邦板牙省（Pampanga），人口大约为 74,700 人，28 位传教士；在邦阿西楠省，2,400 人，8 位传教士；在伊罗戈，78,520 人，20 位传教士；在卡加延和巴布延（Babuyan）群岛，96,000 人，没有传教士；在拉古纳省（Laguna），48,400 人，27 名传教士；在维科尔（Vicol）、甘马粦（Camarines）和卡坦杜阿内斯（Catanduanes）岛，86,640 人，15 个传教士；等等，菲律宾群岛总共缴纳 166,903 份贡赋或 667,612 人，140 名传教士，其中 79 名属于奥古斯丁会，9 名属于多明我会，42 名属于方济各会。属于国王的封地有 31 个，属于个人的有 236 个。②

最早印刷的对菲律宾群岛进行描述的是 1585 年马丁·伊格纳西奥（Martin Ignacio）修士的著作《行程》（*Itinerario*），其中写道："根据现在普遍的看法，已经有超过 400,000 人皈依天主教和受洗。"③

---

① 常来人，塔加洛语，闽南语白话字为 Seng-lí-lâng，是在西班牙占领菲律宾时用来描述纯血统华人的古老词语，具体来说，是指 16—19 世纪期间，来往中国与菲律宾群岛之间的商旅，包括了来自福建、广东、台湾的中国商人，也包括了来自日本、交趾支那和东南亚的船主。——译者

② 雷塔纳：《菲律宾藏书家档案》（*Archivo del Bibliofilo Filipino*），第 4 卷，第 39—112 页中"关于 1591 年 5 月 31 日菲律宾群岛存在的委托监护制的叙述"。

③ 门多萨：《伟大而非凡的中国之历史》（*The History of the Great and Mighty Kingdom of China*），哈克卢特协会版，第 2 卷，第 263 页。

委托监护制在西班牙统治的美洲产生了很多的困苦和压迫，在菲律宾也没有全部失去这些邪恶的性质。缴纳贡赋也令土著人厌恶，在早期，印第安人也经常被征召去参加强制劳动，但是在过渡期和之后的时期，神职人员坚定地支持人道地对待土著人，站在土著人和军政府之间保护土著人。传教士们对于宗教儿童的关怀、寻求保护他们免于过失，都在多明戈·德萨拉萨尔（Domingo de Salazar）的著作《对菲律宾群岛事务的叙述》（*Relacion de las Cosas de las Filipinas*）中有清晰的展示，他是菲律宾群岛的第一位主教，也被称为"菲律宾群岛的拉斯·卡萨斯"。①

有观点认为，传教士的仁慈、基督教的爱和兄弟般的帮助才是真正征服这些岛屿的原因，这种观点被不同国家、不同时期的合格观察员所充分证明，② 但最有说服力的证明是规模小到近乎荒

① 雷塔纳：第3卷，第3—45页。

② "如果没有基督教传教士热忱的帮助，以及他们对事业的巩固，那么黎牙实比和他可敬的同伴们的勇气和坚持将会失去意义。传教士才是真正的征服者，除了品德，他们没有任何武器，他们赢得了海岛居民的好感，让他们热爱西班牙的姓名，并让国王增加了两百万顺从并且信仰基督教的臣民，这不得不说是一个奇迹"。参见由威廉·沃尔顿翻译的托马斯·德科明：《菲律宾群岛之国及其他》（*State of the Philippine Islands,etc.,*）第209页。科明在马尼拉担任了八年的皇家菲律宾公司的总经理，他被其最近的一位编辑，即来自《菲律宾的杂志》（*Revista de Filipinas*）的潘先生描述为"拥有广博知识，尤其是社会科学知识"。雷塔纳形容他的作品"具有杰出价值"，祖尼加：第2卷，第175—176页。马拉特（Mallat）认为："正是通过宗教的影响我们得以征服菲律宾群岛，也只有这种影响使我们长久持有此地。"马拉特：《菲律宾群岛：西班牙在大洋洲殖民地的历史、地理、风俗、农业、工业和贸易》（*Les Philippines, histoire, geographie, moeurs, agriculture, industrie et commerce des Colonies espagnoles dans l'oceanie*），1846年版，第1卷，第40页。我认为科明的作品可能是现代关于菲律宾群岛的作品中最杰出的一部。它的作者接受过科学训练，并在前往菲律宾群岛对其进行研究前在西班牙居住过两年，进行准备。

唐的用于维护天主教国王威严的军事力量。1590 年组建的用于防御这个国家的常设军队只有 400 人！① 难怪一位原来的新西班牙总督常说："在菲律宾的每一位修士中，国王都拥有一位都督和一整支军队。"② 传教士们的努力并不限于宗教教育，而且指向促进岛上的社会和经济进步。他们培养了当地人与生俱来的音乐的品位并教孩子们学习西班牙语。③ 他们对水稻栽培进行了改进，从美洲给印第安人带来了玉米和可可，并发展了靛蓝、咖啡和甘蔗的种植。西班牙人带到群岛上的经济作物中只有烟草一项要归功于政府机构。④

新卡斯蒂利亚的岛屿王国的新首都是由菲利普二世命名的，莫尔加在 1603 年对其进行的描述，让人们将它与 17 世纪的波士顿、纽约和费城进行对比。这座城市被一堵约三英里的石墙围起来。有两座炮台和一座堡垒，每一座都有少量士兵驻防。政府住宅和办公建筑也是由凿石建成，宽敞又通风。市政建筑、大教堂和 3 个教派的修道院都是由同一种材料所建成。耶稣会修士除了为他们的成员提供特殊的学习课程，还建立了一所大学来教育西班牙的年轻人。1585 年，菲利普二世就已经要求建立这所大学，但直到 1601 年它才正式开放。⑤ 在此之前的 1593 年，曾专门为

---

① 莫尔加：第 325 页。

② 马拉特：第 1 卷，第 389 页。

③ 莫尔加：第 320 页。

④ 马拉特：第 1 卷，第 382—385 页。

⑤ 莫尔加：第 312 页。马拉特：第 2 卷，第 240 页。

女孩们建立了一座女修道院①，即圣波滕西亚娜（Saint Potenciana）学院。在供养病人和无家可归的人方面，17世纪初的马尼拉要比英国殖民地中的任何城市都要先进，并且这一情况将会持续超过一个半世纪。②那里有第一所为西班牙人建立的、配有医疗人员和护士的皇家医院；有专为印第安人而设的方济各会的医院，由三名神父和四名在俗修士管理，他们同时也是医生和药剂师，他们的医术在药物治疗和手术治疗中都产生了令人惊讶的疗效；慈悲之家（The House of Mercy）收留生病的奴隶，给贫穷的妇女、一些女孤儿提供住宿，并救济其他苦难的人；最后，在唐人街有为中国商人或中国店主所建的医院。③在城墙之内，主要由石头建成并由西班牙人居住的房子大概有600座。坚实的建筑，着装艳丽的人们，充足的存粮和其他生活必需品，正如莫尔加所言，使马尼拉成为"世界上最受外地人推崇的城镇之一"。④群岛上还有另外三座城市，分别是吕宋的塞哥维亚（Segovia）、卡塞雷斯（Cazeres）及在宿务的"耶稣的圣名"（Santisimo Nombre de

---

① 莫尔加：第312页。马拉特：第2卷，第244页。

② 英国在北美建立的13个殖民地中第一家正规医院是成立于1751年的宾夕法尼亚州立医院，1752年开始接收病人。科内尔（Cornell）：《宾夕法尼亚州历史》（*History of Pennsylvania*），第409—411页。曾有文章提到过1658年新阿姆斯特丹的一家医院，但是纽约医院是同类医院中最早成立的，它于1771年成立，但直到1791年才开始接收病人。《纽约市纪念历史》（*Memorial History of New York*）第4卷，第407页。直到19世纪才在波士顿出现治疗一般疾病的医院。马萨诸塞州综合医院于1811年成立。《波士顿市纪念历史》（*Memorial History of Boston*）第4卷，第548页。

③ 莫尔加：第350页。

④ 同上书：第314页。

Jesús），它是群岛中西班牙人最早的定居点。在塞哥维亚和"耶稣的圣名"约有西班牙居民二百人，在卡塞雷斯约有一百人。在"耶稣的圣名"有一所耶稣会学院。

尽管在西班牙人到来之前，当地印第安人已经拥有了字母，并普遍拥有阅读和写作能力，但是他们没有任何的书面文学。[①]一位曾经在岛上居住了 18 年的耶稣会传教士在 1640 年左右写道，截至当时，塔加洛人（Tagals）[②]已经学会了从左向右书写他们的语言，而不是像之前一样垂直地写，但是通讯是他们书写的唯一目的。目前为止，仅有的印第安人语言书籍都是传教士所写的宗教书籍。[③]

关于皈依后的印第安人的宗教生活，修士们和莫尔加总体

---

① 　曾经在 1724 年前往菲律宾群岛的胡安·弗朗西斯科修士称："目前还没有发现任何与宗教，仪式或古代政治机构有关的文字记录。"《基督教圣格雷格里奥省编年史及其他》（*Chronicas de la Apostolica Provincia de San Gregorio*），马尼拉附近的桑波洛克（Sampoloc），1735 年版，第 1 卷，第 149—150 页。（引用自祖尼加：《菲律宾群岛的国家主义》第 2 卷，第 294 页）

② 　Tagal，亦译他加禄人。——译者

③ 　他们将棕榈叶当做纸，铁制的尖笔当做笔。"这些文字对他们来说只是零零散散的记录，因为这根本算不上历史记载，这里也没有任何科学书籍。我们教会人士使用当地语言所印刷的书籍都是与我们的宗教有关的内容"。《菲律宾群岛纪事——一位在那里居住了 18 年的宗教人士所述》（*Relation des Isles Philippines, Faite par un Religiux qui y a deneure 18 ans*）由一位在当地居住达 18 年的教士所著，见特维诺（Thévenot）：《奇异的旅行》（*Voyages Curieux*）第 2 卷，"纪实"的第 5 页。这是有关以古塔加洛字母进行书写的最早的记述之一。雷塔纳自己的图书目录中有一卷标注为《菲律宾文献史料》（第 1 部），在这卷资料中他认为这是一位耶稣会修士所做的记录，时间约为 1640 年（第 13 页）。在雷塔纳看来，最早的以古塔加洛语印刷的资料是奇里诺的《菲律宾群岛之间的关系》（罗马，1604）中所涉及的内容。

上都非常满意。马丁·伊格纳西奥修士在 1584 年写道："那些洗礼的人，他们很坚定地接受了信仰，是很好的基督徒，如果有好的榜样引导他们的话会更好。"[①] 自然而然的，西班牙士兵没能成为好的基督徒范例，马丁修士叙述了一位重要的土著人起死回生的故事——"这是一件奇怪的例子，是一个海岛上真正发生的事情"——他告诉他之前的同胞关于天堂的"好处和乐趣"，"于是他们中的部分人立刻接受了洗礼；其他人却迟疑了，说，因为有些西班牙士兵光荣了，他们不愿去那儿是因为他们不愿和士兵一起"[②]。

莫尔加 1603 年写道："从最严格意义上来说，信仰事宜已经有了良好的基础，因为人们有良好的性情和天资，他们已经意识到了异教的错误性和基督教信仰的真理性；他们有木制的、建造良好的教堂和修道院，有神龛和精美的装饰，以及仪式所需的所有东西，十字架、烛台、金银的圣餐杯，兄弟之情和宗教行为，在圣礼时勤勉，出席礼拜，细心地供养他们的修道士并对他们遵从和尊重；对于逝者他们同样进行祈祷和葬礼，过程中非常守时和慷慨。"[③] 一代人之后，来自宗教人士的报告就没有这么乐观了："他们很容易地接受了我们的宗教，但是缺乏深入的理解，使其不能体会到宗教的奥秘。他们在履行所信奉的宗教责任时太过漫

---

[①] 门多萨：《中国王国历史》（*Historie of the Kingdome of China*），第 2 卷，第 263 页。

[②] 门多萨：《中国王国历史》第 2 卷，第 264 页。

[③] 莫尔加：第 319 页。

不经心，必须要用对责罚的恐惧来控制他们，像对学校的孩子一样管理他们。酗酒和高利贷是他们最普遍的两大恶习，并没有因为我们的修道士的努力将其彻底根除。"[1] 菲律宾人温和的生活习惯几乎得到了普遍的证实，这表明他们的努力在很大程度上取得了成功。

这个菲律宾历史上的第一个时期被称为黄金时代。之后没有任何一代人见证过如此大的变化和进步。这是西班牙国力最强大的时代，缓慢的衰落很快使母国饱受痛苦，这势必会影响到殖民地。从很大程度而言，这一衰落是西班牙一边保持和巩固其在欧洲势力，并同时承受在美洲和菲律宾新建立的殖民地的负担所导致的巨大压力结果。恰恰在这个时候，当西班牙人正在完成将一个东方民族从未开化和异教中解救出来，使其进入基督教和文明社会这一特殊工作时，母国卷入到欧洲一个巨大的冲突中，这给她统治下那些最繁荣的省份带来了毁灭和破坏，阻碍了自身实力的增长，这是历史上最奇怪的巧合之一。

西班牙多年来都致力于平息变革和进步的潮流，无情地镇压思想自由，将自己和其属地同新思想隔离开来，保守主义成为她固定的习惯，政府机构趋于僵化。在 16 世纪，有正当理由或至少有合理解释的贸易限制政策持续了下来，并一直持续到 18 世纪或更晚，用来抵御创新和进步。结果从 17 世纪中期开始，在法国、荷兰和英国的殖民势力快速增长的时期，西班牙的殖民地

---

① 特维诺：《宗教关系》（*Relation d'un Religieux*），第 2 卷，"关系"部分的第 7 页。

发现其所处的贸易体制日益阻碍他们的繁荣，并且限制了他们的进步。

随着时间的流逝，西班牙的领地和其他海上强国的领地之间的冲突变得更加激化。母国政府不可逾越的保守主义没有给殖民地有活力的、进步的官员的发展留有余地，财政腐败又使得整个殖民地政府机构千疮百孔。

诸如缺乏进步精神，对新观念怀有敌意，开发资源失败，政府机构中贿赂和腐败盛行等情况，使我们今天肯定会对西班牙的殖民体系进行充分的、坚决的谴责。但是，在对这个体系的任何调查中，我们都不能无视荷兰、法国和英国的热带殖民地进步的可怕代价，也不能将18世纪的菲律宾村庄和19世纪早期圣多明戈、牙买加、爪哇或古巴的种植园相对比，当时进步精神已经传入了这些岛屿。

为了促进对这个系列所收集的历史资料的理解，为使菲律宾的机构和位于热带的其他欧洲殖民地的机构进行公正而令人赞赏的比较奠定基础，我现在的目标就是凸显出西班牙人在菲律宾群岛上所做工作的不同特征，他们所做的工作使一系列马来人部落进入基督文明，为他们实现了世界上其他任何肤色、任何民族，或任何其他东方民族在这样短的时间内未曾达到的高水平的、幸福的、和平的生活。

这样一个对菲律宾人生活的调查或许可以从群岛政府的简要叙述开始，接下来是对18世纪及19世纪初期，各种各样的、分散注意力的现代社会和现代思想潮流进入群岛之前的贸易体系、艺术、教育、宗教状态、社会生活特征的描述。在某些情况下，一些重要的细节摘自优秀的当事人的叙述，他们所做的观察或早或晚。这样一个程序对从整体上描述社会状况来说是很难被否定的，因为在过去的半个世纪之前，菲律宾的社会状况几乎是静止的。

在最初的时候，西班牙在菲律宾建立的只是传教机构，不是严格意义上的殖民地。它们的建立和管理是为了宗教利益，而不是为了商业或工业利益。这些机构成为基督教的前沿阵地，由此开始向中华大帝国和日本部署传教势力，群岛上的土著人刚刚开始服从于修士们的努力时，修士中的一些人就已经冒险进入了中国并在日本出现了殉道者。因此，在考察菲律宾的政治管理时，我们必须准备好接受它只是披着政治外衣的教会统治。精力充沛的都督们拒绝服从于教会的影响和利益，西班牙统治的历史伴随着政府和宗教权力间的斗争，这在小规模的程度上复制了中世纪的教皇和王权之争。

殖民地政府是由类似的国内机构根据其新的职能改造而来的。16 世纪的西班牙政府不是一个现代的中央集权的帝制国家，而是部分地连接起来的一组王国，这些王国拥有共同的君主、共同的语言和共同的宗教。西班牙的国王也是伊比利亚半岛以外其他王国的统治者。因此为了方便，新世界的政治架构也被分成了总督辖区和都督辖区，而每一个总督辖区和都督辖区的管理机构则是由西班牙的管理机构改造而来。根据这一流程，菲律宾群岛被组建成一个都督辖区，并由一个都督和将军进行管理，他们是王室权力的代理人，只受到检审庭检查和任期届满终任审查的考验。都督拥有广泛的特权，其中包括任免权，该权力涵盖了岛上所有公务部门，同时他也理所当然地成为检审庭庭长。[①] 他的年薪是 8，000 美元 [②]，但其收入很可能因为收受礼物和贿赂而大大增加。[③] 法国天文学家勒·让蒂尔（Le Gentil）认为，检审庭对都督权力的限制是对抗随意独裁的唯一屏障，然而一代人之后，祖尼加宣布它（检审庭）在这个方向的努力基本是无效的。[④] 上文提到的终任审查对于西班牙殖民体系而言是一项有特色的制度。它旨在提供一种对官员们任期内的一切所作所为进行严格问责

---

① 都督的权力参见莫尔加：第 344—345 页。

② 在整篇导言中西班牙比索被换算成美元。读者需要考虑变化的美元购买力，文中出现的 16 世纪和 17 世纪早期的价格乘以 10 约等于目前的价值，18 世纪中期的价格乘以 5 约等于目前的价值。

③ 需要记住的是，在 17 和 18 世纪，公务人员对于"小费"并不像今天这么敏感。勒·让蒂尔写道："马尼拉的都督们在一天天地收受贿赂中腐化堕落下去，除非都督向他们索取，马尼拉人也不再给他们送礼。都督不再像以往那样对收贿有所顾忌，行贿反而成为讨他们欢心的唯一妙方。1767 年的一天晚上，我去拜访当时的都督，他几乎来不及问候我一下就忙不迭地找出一个酒杯给我，按照巴黎的计量单位，这个酒杯大约能盛半品脱酒，表面嵌满闪闪的金子。他一面让我看酒杯，一面说这是那天人们刚刚送他的礼物。他对我说：'嗯，这是他们送我的礼物'。"勒·让蒂尔：《在印度海洋的旅行》（*Voyage dans Les Mers de L'Inde*），巴黎，第 2 卷，第 152—153 页。勒·让蒂尔在 1766 年到 1767 年之间因为科学考察曾在菲律宾群岛停留过 18 个月。他对那里情况的叙述是我们能掌握的对 18 世纪菲律宾最全面和有价值的叙述。作为非神职人员和科学家，他的观点起到了抵消神职历史学家观点的作用。

④ 勒·让蒂尔：第 2 卷，第 153 页。"成立检审庭的目的是为了限制都督的专制统治，但它从未起过作用，因为法官们总是懦弱不堪，而都督有权将他们在监视下送回西班牙，将他们送去各省对印第安人进行人口普查或者囚禁他们，这样的事情发生过若干次，但是没有导致严重的后果"。祖尼加：第 1 卷，第 244 页。

方式。今天我们依赖媒体所激发和形成的公众意见的力量，在自治群体中，依赖进行频繁的选举。现代政党的凝聚力既给这些机构注入了活力，同时也抵消了它们的有效性，这要视情况而定。不过在海外的西班牙帝国形成时期，没有自由选举，没有媒体，对政府的批评就是煽动叛乱。在都督任期内，在法庭上允许对他的权力进行辩论将会是对他权威的颠覆。他的所作所为将会被限制在一定的范围之内，因为他会意识到，对他的评判之日终将到来，到了那一天，甚至最贫穷的印第安人，都可以非常安全地提出对他的指控。[①] 在菲律宾，对都督的终任审查持续六个月，由他的继任者进行，所有的指控都会被传达到西班牙。[②] 意大利旅行家杰梅里·卡雷里（Gemelli Careri）1696 年到访了马尼拉，他将终任审查描述为"可怕的审判"，由此带来的压力有时候会让他们"吓破了胆"[③]。

　　另一方面，一位敏锐的旧时西班牙美洲机构观察者暗示，终任审查会逐渐趋于缓和，毫无疑问，菲律宾群岛就属于这种情形。[④]

---

　　① "当颁布法令时，公布和传告对总督的弹劾，以便土著人知晓，让他们为所遭受的凌辱寻求公道。"《西印度王国法律汇编》（*Recopilacion de Leyes de los Reinos de las Indias*）1556 年法律，第 5 册第 15 章第 28 号法律。

　　② 同上书，第 5 册第 15 章第 7 号法律。

　　③ 丘吉尔：《旅行》（*Voyages*），第 5 卷，第 427—428 页。

　　④ "我希望读者不要以我对弹劾法庭的观点为基础进行推断，并得出我对它抱有信心的结论。我向法律的智慧致敬，那些知道财神普路托斯对脆弱和顺从的忒弥斯的诱惑力的人，我对法律在他们身上的操作没有任何的批判。"德·庞斯（De Pons）：《1801，1802，1803 和 1804 年前往南美大陆或西班牙主要地区的旅行》（*Voyage to the Eastern Part of Terra Firma or the Spanish Main in South America during the years 1801, 1802, 1803, and 1804*），第 2 卷，第 25 页。

到 18 世纪末，终任审查似乎已经失去了它的功效。[①] 都督确实是一个很难填补的职位，远离欧洲，与世隔绝，以及终任审查的烦扰都使得为这个职位找到合适的人选变得困难。在 17 世纪早期，一位有着 30 年经验的普通教会官员向我们保证，据他所知只有一位都督真正适合这个岗位，即戈麦斯·佩雷斯·达斯马里尼亚斯（Gomez Perez Dasmariñas）。他在三年中为当地人民的幸福所做的事情要比他所有的前任或继任者所做的都要多。有的都督在上任之前没有政治经验，有的缺乏一个成功的殖民地统治者所需的品质。[②]

　　检审庭由四位法官、一位检察官、一位警官等组成。都督作为庭长没有投票权。[③] 这个机构除了作为刑事和民事案件的最高上诉法院外，正如前文所提到的，还有对都督的监察作用。

---

　　① "这是一项非常睿智的法律，但可惜收效甚微。能够抵制这种无度权力的法律，应该使每个公民都能向继任者诉讼前任都督。但这位继任者却只顾祖护对前任都督的任何指责，那些能够大胆发出抱怨的公民只能是旧仇添新恨，更加愤懑不平"。《拉皮鲁兹的环球旅行》（*Voyage de La Pérouse Autour du Monde*），巴黎，1797 年版，第 2 卷，第 350 页。

　　② 他对所需要的公职人员的评论在今天看来也是有意义的。"一名都督必须了解战争，但不能对自己的能力过于自信。他需要听取了解这个国家的人的建议，这里的行事方式和欧洲不同。那些试图在群岛上像在弗兰德或欧洲其他地方那样发动战争的人铸成了不可弥补的错误。最重要的是关注人民的福祉，善待他们，对外国人友好，努力使开往新西班牙的船只有秩序的顺利起航，促进与相邻民族的贸易并鼓励建造船只。一言以蔽之，像父亲而不像都督那样对待印第安人。"特瑟诺特编：《备忘录：菲律宾群岛及摩鹿加群岛的对外关系现状》（*Relation et Memorial de l'etat des Isles Philippines, et des Isles Moluques*），第 2 卷，"关系"部分第 23 页，作者为菲律宾群岛总检察官菲尔迪南德·洛斯·里奥斯·克洛奈尔神父。

　　③ 莫尔加：第 345 页。《西印度王国法律汇编》，第 2 册第 15 章第 11 号法律。

直到 1715 年，检审庭在都督去世和继任者上任之间的这段时间行使行政管理职能，检审庭庭长承担军事指挥权。[1]隶属于检审庭的还有被告的辩护人，印第安人的辩护人，以及其他的低级别官员。在重要的公共事务上，都督会咨询检审庭法官们的观点。[2]

为了实行地方管理，群岛被划分或组成了若干省，由市长管理，他们既有行政权又有司法权，并监督贡赋的征收。[3]市长们被允许以自己的名义从事贸易，导致他们过于频繁地将注意力放在牟利和搜刮印第安人上。[4]

省法院由市长、律师评审员和公证员组成。西班牙衰落时期，徇私枉法和贪污成风使得殖民地的行政体系千疮百孔，完全不合适的人选常常被安排到这些重要的岗位上。最合格的观察者——托马斯·德科明（Tomás de Comyn），也是菲律宾贸易公司（Philippine Commercial Company）多年的代理人，认为这一

---

[1]　《西印度王国法律汇编》，第 2 册第 15 章第 63 号法律。勒·让蒂尔：第 2 卷，第 159 页，第 161 页。

[2]　《西印度王国法律汇编》，第 2 册第 15 章第 11 号法律。

[3]　马拉特：第 1 卷，第 349—350 页。各省名称变化的历史概述参见由祖尼加编写的《菲律宾群岛的国家主义》，第 2 卷，第 376 页。

[4]　他们接受固定数量的实物贡赋，并通过市场价格的波动牟利。在物资匮乏导致物价上涨之后，这一流程会使得贡赋的负担增加到原来的两倍或三倍。参见由威廉·沃尔顿翻译的托马斯·德科明：《菲律宾群岛之国及其他》，第 197 页。马拉特称："对国家来讲最致命的事情莫过于允许市政人员为个人谋利而从事商业活动。"马拉特：第 1 卷，第 351 页。祖尼加：第 2 卷，第 530 页。这一进行贸易的权利在 1844 年被废除。

体制非常黑暗，但他或许稍微夸大了该体制的弊病。[①]

　　省又被细分成了各个村镇，每个村镇都在治安员（gobernador-cillo）的管理之下。地方长官是印第安人，并且每年由选举选出。在莫尔加的时代，似乎每一个结婚的印第安人都享有选举权，[②]但是在上个世纪，选举权被限制在 13 个选举人的范围内。[③]治安员通常被称作长官。在村镇内，缴纳 40 到 50 份贡赋的人群被称作

---

①　"经常可以看到理发师或男仆变成了都督，或是一名水手或一名逃兵成为了一个区的法官、收税员或者一个人口众多的省的军事指挥官，这些人除了他们粗浅的认识之外，没有其他的顾问，除了他们的激情之外没有其他的指南。如果这样的改变出现在一出喜剧或滑稽剧中，会引来满场大笑，但是要是发生在人类生命的剧院中，一定会激起完全不同的感觉。这样的人摇身一变，从船帆坐上了主持正义者的位置，对数以十万计的人的荣誉、生命和财产做出最初的决定，并且傲慢的要求管辖范围内各个村镇和教区的神父——他们因为才能和仁慈得到尊敬——对自己致敬奉承，如果是在这些神父的故乡，那么这些人可能会被当做佣人而遭到抛弃，而在菲律宾，神父们却被迫向这些人献媚，并像服从统治者那样服从于他们，看到这一幕，有谁不会为无辜的人们感到惊恐万分而瑟瑟发抖。"《菲律宾群岛之国》，第 194 页。

②　莫尔加：第 323 页。

③　雅戈尔描述了一场他在伊拉乌奈镇目睹的选举，伊拉乌奈镇位于萨马岛以北伊拉乌奈岛，人口为 4500 人。因为这是我记忆中对于类似选举唯一的描述，以下我全文引用。"选举在市政厅举行。桌前就座的是都督或都督的代表，神父在他的右边，左边是担任翻译的秘书。所有的村社酋长、地方长官以及曾经担任此职务的人在长椅上就座。首先，通过抽签选出六名村社酋长和六名前任地方长官担任选举人。在任的地方长官是第 13 名选举人。现在其他人离开屋子。在主席宣读选举规则并要求选举人忠实履行其职责后，他们先后走到桌前并在一张选票上写下三个名字。如果神父或选举人对马尼拉检审庭的确认没有提出有依据的反对意见——这很有必要，因为神父的影响力可以避免产生错误的选择——则获得最多选票的人当选下一年的地方长官。其他地方官员的选举也遵循同样的流程，唯一的不同之处在于新的地方长官可以被召入，他可能会对选举提出任何异议。整个过程都是在安静庄严的氛围中进行的。"《在菲律宾旅行》，第 189—190 页。

巴郎盖/村社，这些村处于村社酋长（cabezas de barangay）的监管之下。这些村社酋长代表了早期氏族部落的存留，并负责他们群体的贡赋。最初，村社酋长无疑是世袭的，但后来普遍成为选举产生的。[①] 地方长官由那些担任村社酋长或曾经做过村社酋长的人组成的选举人选出，他们在担任村社酋长三年后，也有资格当选地方长官。

在岛上有限的西班牙城镇中，其地方政府组织形式与同样来自西班牙并盛行于美洲的政府架构相似。马尼拉的地方政府就是一个例子。市政会（El Cabildo）由两名普通市长（alcaldes），八名市议员（regidores），一名书记员（registrar）和一名警官组成。议长同时也是法官，每年由市政会从市民中选出。市政会成员也是市议员，并与书记员和警官一起，作为一项特权，可以永久供职。这些市政会的永久职位可以买卖或继承。[②]

现在转向教会管理，我们在那儿发现了菲律宾政府体系真正重要的机构。以现代的眼光来看，就像法国科学家勒·让蒂尔认为的那样，群岛似乎是受神父支配的。然而，只有通过修士，西班牙才保持了对菲律宾的控制。[③] 腐败的政府机构和无效、老朽

---

（接上页）约翰·鲍林（John Bowring）爵士对地方行政体系的叙述是我在英语书籍中发现的最清楚的叙述。约翰·鲍林：《菲律宾群岛之旅》（*A Visit to the Philippine Islands*），伦敦，1859 年版，第 89—93 页。

① 在任的地方长官和其他村社酋长向更高一级的领导提交任命人选姓名。约翰·波尔林：第 90 页。

② 祖尼加：第 1 卷，第 245 页。另见马拉特：第 1 卷第 358 页。

③ 科明：第 7 卷。

的贸易体系通过他们的努力而变得相对无害，因为不良影响受到了限制。神职人员持续的、慈父般的关注不仅平衡了贡赋的负担，[①] 他们还监督土地的耕作和人们的宗教生活，教育和慈善工作也是通过他们来开展的。[②]

　　教会系统的首脑是马尼拉的大主教，他在某种意义上可以说是西印度的主教。[③] 其他的教会权贵还有三位主教，分别是宿务主教、卡加延的塞哥维亚主教和甘马辚的卡塞雷斯主教以及各个省份中的四大修会主教，即多明我会、奥古斯丁会、方济各会、赤脚奥古斯丁会和耶稣会[④]。在早期，在寺教士（regular clergy）（各修会的成员）的数量超过在俗教士（seculars），并拒绝承认在俗教士可以接受主教或大主教的探访。这个争论有时会升级成暴力斗争。在 18 和 19 世纪，在俗教士的比例上升了。在 1750 年，教区的总数量是 569，其中 142 个教区，147,269 人处于在俗教士的管理之下。在各修会管理之下的人数分布情况如下：

|  | 村庄数 | 人数 |
| --- | --- | --- |
| 奥古斯丁会 | 115 | 252,963 |
| 方济各会 | 63 | 141,193 |
| 耶稣会 | 93 | 209,527 |
| 多明我会 | 51 | 99,780 |
| 其他 | 105 | 53,384 |

① 马拉特：第 1 卷，第 40，386 页。杰戈编：《在菲律宾旅行》第 95—97 页。
② 同上书，第 380 页。科明：第 212 页。
③ 马拉特：第 1 卷，第 365 页
④ 莫尔加：第 333 页。

总共有 569 个教区，904,116 个教徒。[①]

然而，通过这些比例并不能准确得出各修会具有数量优势的结论；因为在俗教士主要是印第安人，他们不能产生像修士们对他们的传教对象那样发挥的作用。[②]

在这数百个村庄里，修士们行使着牧羊人对羊群般的温情专制主义。西班牙官员只偶尔进入这些管辖区。除了镇压动乱，也见不到士兵的身影。西班牙人不被允许居住在这些村社中，访问者被严密地监视。[③] 由于在省里很少有人认识西班牙人，教区牧师就成了土著人与官员或外地人交流的天然中介。在有的省份，除了市长和修士外就没有白人了。没有士兵，市长就必须依赖修士的影响力来帮助他履行作为行省长官的职责。考虑到修士们在开化和维持良好的秩序上的贡献，托马斯·德科明充满热情地写道："让我们去参观菲律宾群岛吧，我们会在那里惊奇地看到大量的教堂和宽敞的修道院，人们为神圣的崇拜举行盛大华丽的仪

---

① 德尔加多（Delgado）:《菲律宾历史》(*Historia de Filipinas*)，菲律宾历史书库出版社，马尼拉 1892 年版，第 155—156 页。此书为德尔加多在 1750 年和 1751 年之间完成。勒·让蒂尔根据 1735 年的官方纪录给出了不同的数据。参见勒·让蒂尔：第 2 卷，第 182 页。勒·让蒂尔给出的总数为 705,903 人。

② 勒·让蒂尔：第 1 卷，第 186 页。

③ 《西印度王国法律汇编》，第 6 册第 3 章第 21 号法律。莫加：第 330 页。"无论推荐人的面子有多大，还是会发生这样的情况，负责你所到之处的教士们很少让你单独与这些土著人交谈。当你在他的陪同下，与某个能够听懂一点西班牙语的土著人交谈时，如果这个教士认为你与这个"羔羊"交谈太久会对他不利，他就会操着本地话告诉土著人不要用西班牙语回答你的问题，并用本地话对他说：'土著人，听话'。"勒·让蒂尔：第 2 卷，第 185 页。

式；那里街道整齐，有奢华的住所和穿着；所有的城镇都有初具雏形的学校，以及精通写作技艺的居民。在那里我们能看到，堤坝加高了，结构优良的桥梁被建造起来，简言之，所有优秀政府和优秀警察实施的举措在国家的大部分范围内得到了落实；然而，以上这一切都应该归功于宗教人士所行使的使徒般的工作和纯粹的爱国主义。让我们穿越各省，我们会看到 510 个城镇，20,000 名印第安人，平静地接受一位虚弱老人的统治，而他的门随时都敞开着，在住所内睡得平静又安心，除了他知道如何以热爱和尊敬激发教众之外，他没有任何其他的魔力或任何其他的守卫。"①

如果这看起来是过于乐观的景象，我们也不能忘记，当时岛上白人和印第安人的比例约为 1∶1600，② 而且白人中的大部分人住在马尼拉，所有军事力量也不超过 2000 人的常设部队。③ 就像之前提过的，这种情况一直持续到一个相对较近的时期。1864 年，西班牙人的总数量达到了 4050 人，其中 3280 人是政府官员或其他职务，500 人是神职人员，200 人是土地

---

① 科明：第 216—217 页。这些责任，与其他欧洲人隔离，加上不适应当地气候，经常使人精神失常。勒·让蒂尔：第 2 卷，第 129 页。马拉特：第 1 卷，第 388 页。

② 马拉特：第 1 卷，第 214 页。

③ 1637 年，群岛上的军事力量由 702 名西班牙士兵和 140 名印第安人士兵组成。《菲律宾群岛总检察长胡安·格劳-蒙法尔孔回忆录》(*Memorial de D. Juan Grau y Monfalcón, Procurador General de las Islas Filipinas*)。《未出版的西印度档案文件》第 6 卷，第 425 页。1787 年马尼拉卫戍部队由一支 1300 人的墨西哥军团，2 个炮兵团，每个团 80 人，3 个骑兵团，每个团 50 人组成。拉·皮鲁兹 (La Pérouse)：第 2 卷，第 368 页。

所有者，还有 70 名商人；各省的情况与科明所描述的同样。①
在岛上的 1200 个村庄中，超过半数 "除了修士之外，没有其
他的西班牙人，没有其他的国家权威，也没有其他力量来维持
公共秩序"。②

　　暂时回顾一下更高的教会组织，教会司法作用的代表是大主
教法庭和宗教裁判所专员。主教法庭由大主教、副主教和公证员
组成，审判教会法（canon law）范围内的案件，比如和婚姻相关
的以及所有涉及神职人员的案件。印第安人和中国人的偶像崇拜
也由主教法庭进行处罚。③为了维护真正的信仰，1569 年移植到
新西班牙的宗教裁判所以特派专员的形式，跨过大洋将它的影响
延伸到了菲律宾。印第安人和中国人不在它的管辖范围之内。它
的程序繁杂，肯定还给了相当比例的罪犯逃脱制裁的可能性。专
员必须首先向新西班牙的法庭报告罪行；如果决定进行审讯，被
指控的人必须被送到墨西哥，并且如果宣判有罪，必须被押解回
菲律宾接受惩罚。④

---

　　① 维森特·巴伦特斯（Vicente Barrantes）：《一位长期在菲律宾居住，并热爱进
步的西班牙人写作的有关菲律宾群岛的有趣纪录及其他》（*Apuntes Interesantes Sobre
Las Islas Filipinas, etc., Escritos por un Espanol de Larga Esperiencia en el Pais y Amante
del Progresso*），马德里，1869 年版，第 13 页。这部有趣并且有意义的作品主要是由
维森特·巴伦特斯完成，他曾经是都督的顾问团队的一员和都督秘书。有关这部作品
的作者团队参见雷塔纳《总文库，档案二》（*Archivo ii, Biblioteca Gen.*），第 25 页，其
中他修正了在祖尼加第 2 卷第 135 页中做出的推测。

　　② 维森特·巴伦特斯：第 42—43 页。

　　③ 祖尼加：第 1 卷，第 246 页。勒·让蒂尔：第 2 卷，第 172 页。

　　④ 勒·让蒂尔：第 2 卷，第 172 页。

　　菲律宾旧政权最具特色的是它对贸易的管理。在《西印度王国法律汇编》，即西班牙殖民地立法的法典中，共有 79 部法律涉及这一内容。被征服之后的 30 年内，岛上贸易不受限制，繁荣快速地增长。[①] 之后应西班牙贸易保护者的要求，出现了限制体系，每年将群岛和美洲的贸易限制在一个固定的数值上，遏制了经济的发展。所有之前的旅行家们都惊奇于群岛的潜力，也惊讶于西班牙没有利用好这一点，这一政策尽管看起来荒谬，却是符合保护主义逻辑的，和我们今天同波多黎各、古巴和菲律宾的关系中保护主义所呈现的形式没有本质的区别。

　　从西班牙到美洲的出口贸易经塞维利亚（Seville）商人之手进行，他们充满顾虑地看着中国的丝织品进入美洲而美洲白银作为货款流出到中国。在墨西哥和秘鲁，中国丝绸以低于西班牙丝绸的价格出售，出口到东方的白银越多，进入西班牙的白银就越少。因此，为了保护西班牙工业，也为了将美洲市场留给西班牙的生产者，[②]1587 年，禁止从墨西哥运输中国的织布到秘鲁。1591 年全面禁止秘鲁或南美洲其他地方与中国或菲律宾群岛直接贸易。[③]1593 年颁布法令——这一法令在 1604 年前并没有得到严格执行——彻底地对墨西哥和菲律宾之间的贸易进行了限制，规定每年至多出口到墨西哥 25 万美元，至多从墨西哥进口 50 万美

---

①　莫尔加：第 336 页。

②　同上。

③　《菲律宾群岛总检察长胡安·格劳-蒙法尔孔交给国王的回忆录》，《未出版的西印度档案文件》第 6 卷，第 444 页。

元，这些货物由两艘船运输，重量不得超过 300 吨。[①] 禁止西班牙国民在中国或同中国进行贸易，与中国的贸易只能由中国商人进行。[②]

所有运到新西班牙的中国商品都必须在那里消费，完全禁止将任何数量的中国织布运到秘鲁，甚至是礼物、慈善的捐赠或用于敬拜神圣都不行。[③] 因为不遵守这些规定，1636 年新西班牙和秘鲁间的所有贸易都遭到禁止。[④] 像菲律宾和新西班牙之间这样有利可图的贸易，一旦被限制在如此有限的范围内，就会产生垄断利润。它就像彩票一样，其中的每一张票都可以中奖。每一个西班牙人都有权根据他的资本和社会地位按比例分享这样巨大的利润。[⑤] 能得到丰厚利润的确定性，从这一体系一开始，就阻碍了个人的勤劳和进取，减缓了西班牙人口的增长。[⑥] 在出口和进口的限额分别被提升到 50 万美元和 100 万美元之后，勒·让蒂尔和祖尼加对于这项举国"事业"的运作方式进行了仔细的描述。[⑦] 船的容量以 2.5 英尺长，16 英寸宽，2 英尺高的大包为单位进行衡量。如果船能够装载四千个这种大包，每个大包可以塞

---

① 《西印度王国法律汇编》，第 9 册第 35 章第 6 号法律和第 15 号法律。通常只有一艘船起航。

② 《西印度王国法律汇编》，第 9 册第 35 章第 34 号法律。

③ 同上书，第 9 册第 35 章第 68 号法律。

④ 同上书，第 9 册第 35 章第 78 号法律。

⑤ 同上书，第 9 册第 35 章第 45 号法律。

⑥ 莫尔加：第 344 页。祖尼加：第 1 卷，第 271—274 页。"前往阿卡普尔科的船只是西班牙人放弃群岛上自然和工业财富的原因。"祖尼加：第 1 卷，第 443 页。

⑦ 勒·让蒂尔：第 2 卷，第 203—230 页。祖尼加：第 1 卷，第 266 页。

进价值最高为 125 美元的货物。船票（boleta）代表着运输货物
的权利。在市政厅举行会议，决定这些船票的分发方式，会议由
都督、总检察长、检审庭庭长、一位市长、一位市议员和八位市
民组成。[①]

　　为了促进船票的分配和销售，每张船票被分成六份。在 18
世纪晚期的和平年代，船票通常价值 80 美元到 100 美元，在战
争年代，它们的价值上升到 300 美元以上。[②] 勒·让蒂尔告诉我
们，1766 年，船票的价格超过了 200 美元，那一年的大帆船的装
载量超过了限额。[③] 作为额外收入，每名官员都能得到船票，市
议员和市长有 8 张。

　　那些不想在航行中冒险持有小额船票的人将他们的船票转
让给商人或投机者，而这些人通常以每年 25%—30% 的利率从
宗教机构借钱并尽量收购船票，有时候购买多达 200 或 300 张。[④]
阿卡普尔科（Acapulco）大帆船指挥一职是都督能授予的最有
利可图的职位，都督将它授予"他希望用委任去取悦的人"，这
一职位的委任相当于赠送了 5 万美元到 10 万美元。[⑤] 这包括佣
金，乘客的部分旅费，货运船票的销售收入以及商人赠送的礼
物。1696 年，阿圭列斯（Arguelles）船长告诉卡雷里，他的佣

---

① 　勒·让蒂尔：第 2 卷，第 205 页。卡内里（Careri）：《环球航行》（*Voyage
Round the World*）。丘吉尔：第 4 卷，第 477 页。

② 　祖尼加：第 1 卷，第 267 页。

③ 　勒·让蒂尔：第 2 卷，第 205 页。

④ 　同上书，第 207 页。

⑤ 　祖尼加：第 1 卷，第 268 页。

金将达到 2.5 万或 3 万美元，他总共可以挣到 4 万美元；领航员可以赚 2 万美元，每名大副赚 9000 美元。[1] 海员的报酬是 350 美元，其中 75 美元会在出发前支付。商人们的利润有希望达到 150%—200%。在 18 世纪末，最艰难的航程是到阿卡普尔科的航程，旅客的去程票价是 1000 美元，返程是 500 美元。[2] 卡雷里到阿卡普尔科的航行持续了 204 天。一般而言，到马尼拉需要 75—90 天。[3]

卡雷里对于他航行的描述生动地刻画了早期航海旅行的艰苦程度，客舱乘客吃得比今天的牲口还差。航行"足以摧毁一个人，或使他在有生之年不能胜任任何事情"；但是却还有人"进

---

① 丘吉尔：第 4 卷，第 491 页。我意识到对于杰梅里·卡雷里在 18 世航行的真实性存在强烈的怀疑。罗伯特森（Robertson）称："现在普遍被接受的观点（据我所知，并没有确切的依据）是卡雷里从没有出过意大利，并且他著名的《环球航行》是对一次想象中航行的叙述。"《美洲史》（History of America），注释第 150。对卡雷里的最具体的质疑与他对在中国经历的叙述有关。普雷沃斯特（Prevost）：《航海史》（Histoire des Voyages），第 5 卷，第 469—470 页。他对菲律宾群岛和去到阿卡普尔科的航行的描述细节丰富，满足了个人观察结果的每一个要素。事实上，我并不认为他的书的某一部分是不真实的。梅迪纳（Medina）的《菲律宾的西班牙语文献》（Bibliografia Espanola de Filipinas）中描述的卡雷里之前对从马尼拉到阿卡普尔科航行做详细描述的唯一游记是佩德罗·库贝罗·塞巴斯蒂安博士（Pedro Cubero Sebastian）的《世界朝圣》（Peregrinacion del Mundo），该书于 1682 年在卡雷里的家乡那不勒斯出版，但是卡雷里的叙述与库贝罗的叙述不太一样，就像是对同一航行的任何两种描述一样，也不清楚卡雷里是否看过库贝罗·塞巴斯蒂安的叙述。

② 祖尼加：第 1 卷，第 268 页。卡雷里提到一位多米尼加人为从阿卡普尔科到马尼拉的航行支付了 500 美元，参见前述一书第 478 页，在第 423 页他提到一般的食宿费用为 500—600 美元。

③ 丘吉尔：第 4 卷，第 499 页。

行过四次，六次，甚至十次航行"。[①]

除了马尼拉大帆船和来自秘鲁的白银船队到达时的年度集市外，阿卡普尔科几乎没有存在的理由。在两周的时间里，集会将称为"贫穷的渔村"更为合适的阿卡普尔科变成了一个"人口稠密的城市"。[②]

从1604—1718年，菲律宾和墨西哥之间的贸易就是以这种方式进行，直到西班牙的丝绸制造商由于他们产业的衰落，禁止新西班牙进口中国丝绸产品。在西印度事务委员会（Real y Supremo Consejo de Indias）中发生了长期的斗争，1734年，禁令被废除，向菲律宾和向新西班牙运输的货物的价值各自定在50万美元和100万美元。[③]1811年，最后一艘"瑙"（nao），即往来于马尼拉和阿卡普尔科之间的大帆船，从马尼拉起航，于1815年返回。贸易被私人控制之后，每年的出口额被限制在7.5万美元，墨西哥的圣布拉斯港（San Blas）、厄瓜多尔的瓜亚基尔港

---

① 丘吉尔：第4卷，第491页。然而卡雷里没有遇到库贝罗·塞巴蒂安在他的航行中所经历的事。当他们接近航行终点时，船上爆发了一种极为致命的疾病，"el berben"，或叫"mal de Loanda"（很可能和脚气病是同一种疾病）和痢疾，患上这两种疾病的很少有人活下来。15天内有92人死亡。启程时船上共有400人，其中208人在抵达阿卡普尔科之前死亡。佩德罗·库贝罗·塞巴斯蒂安：《世界朝圣》，萨拉戈萨，1688年，第268页。

② 卡雷里：第503页。

③ 蒙特罗-比达尔：第1卷，第458，463页。第461页是菲律宾贸易历史的简要文献目录。在蒙特罗-比达尔看来，最优秀的有关菲律宾现代贸易历史的书籍是曼努埃尔·德阿斯卡拉加·伊帕梅洛（Manuel de Azcarraga y Palmero）的《菲律宾群岛的贸易自由》（*La Libertad de Comercio en las Islas Filipinas*），马德里，1872年。

（Guayaquil）和秘鲁的卡亚俄港（Callao）向进出口贸易开放。

其他的变化就是建立了与西班牙之间的直接联系以及 1766 年通过国家的船只建立了与欧洲的贸易。[1] 这些远航持续到 1783 年，于 1785 年被皇家菲律宾公司（Royal Philippine Company）取代，该公司以 800 万美金的规模成立，被授予了垄断西班牙和群岛之间贸易的权力。[2] 马尼拉商人怨恨公司对出口贸易的入侵和垄断，尽他们所能给公司的运转出难题。[3] 公司于 1830 年停业。

通过这一体系，在两个世纪的时间内，南美洲制造业市场由西班牙独享，但这种保护并没有挡住西班牙工业的衰败，也阻碍了南美洲的繁荣和发展。在墨西哥和菲律宾之间只允许有限的贸易，产生的利润成为居住在菲律宾的西班牙人的额外收入，并促进了宗教捐赠。但这种垄断对西班牙人居民而言不是一个永久的优势。这是一种投机活动，削弱了所有的产业精神。祖尼加说贸易在短时间内使得一些人不用付出多少努力就成为了富人，但是这种人的数量非常少；在马尼拉身家 10 万美元的西班牙人不超过 5 个，身家 4 万美元的西班牙人也不超过 100 个，剩下的人或者依靠国王的薪酬，或者生活在贫困之中。[4] 每个早晨都可以在马尼拉的街道上看到处于极端贫困之中并祈求施舍的人，这些人的父辈曾经表现良好，留下很多财富，但因为这些人年轻的时候

---

① 蒙特罗-比达尔：第 2 卷，第 122 页。
② 同上书，第 297 页。
③ 科明：第 83—97 页。
④ 祖尼加：第 1 卷，第 272 页。

没有得到良好的训练而将钱财挥霍一空。[①] 马尼拉成为亚洲贸易集散地的巨大潜力并没有实现；因为尽管其可以和中国人、日本人及其他东方人进行开放贸易，[②] 但却拒绝欧洲人，由中国人或其他人进行的贸易数额的增长总是受到缺少回程货物的阻碍，这一方面是由于同美洲的贸易受到限制，另一方面也是因为菲律宾人不愿意在足够保证他们生活舒适、交纳贡赋之外，为生产更多的东西而去劳作。很明显，这一体系对岛上的经济进步是有危害的，这一点得到西班牙官员的反复证明。进一步说，这不仅不利于岛上的繁荣，而且阻碍了墨西哥的发展。

格劳-蒙法尔孔在 1637 年记载，在墨西哥有 1.4 万人受雇于加工从中国进口的生丝。对贸易限制的放松可以促进这一产业的发展。也有可能是因为秘鲁印第安人可以从菲律宾以每码 5 便士的优惠价格买到亚麻布，而不用被迫花十倍的价格从罗恩（Rouen）购买。[③] 但是这样的推理在当时被接受了，就像现在一

---

① 祖尼加：第 1 卷，第 274 页。

勒·让蒂尔评论称由于在马尼拉的西班牙人没有地产来获得确定和永久的收入，他们依赖于和阿卡普尔科进行的贸易，并且如果大帆船在海上消失，他们就没有其他可以依靠的资源。由他人代为管理的金钱常常不知去向或被执行者或警卫盗用，财富很少能由同一个家族保持三代。《在印度海洋的旅行》，第 2 卷，第 110—112 页。

② 与中国的贸易不用过多赘述，因为莫尔加已经对此有非常详细的阐述。贸易完全由中国人和梅斯蒂索人（土著与白人混血）控制，为马尼拉带来了各种各样来自东方的织物，艺术品，珠宝，金属制品，金属，钉子，谷物，蜜钱，水果，猪肉，家禽，家畜，宠物和"一千件本身价值和价格都不高但是西班牙人非常喜爱的其他便宜货和装饰品"（莫尔加：第 339 页）。除了和中国的贸易之外，与日本，婆罗洲，摩鹿加群岛，暹罗以及印度的贸易也非常可观，以至于在卡雷里看来（第 444 页），尽管与美洲的贸易受到了阻碍，马尼拉仍然是"世界上最伟大的贸易港之一"。

③ 《未出版的西印度档案文件》，第 5 卷，第 475—477 页。

样，在接近两个世纪的时间里并没有大的变化。

我们已经回顾了菲律宾过去的政治、教会和贸易管理，现在要从总体上对这个体系引起的某些更令人注目的结果做出全面的评述。这一评述尤其必要，因为传统上广为流行的观点认为西班牙的殖民体系始终是，并且在每一个地方都是一个压迫和剥削的体系，然而，实际上，西班牙体系，作为一个法律体系，总是阻碍他们对殖民地的资源进行有效的剥削，并且，在对待附属民族上，也比英国或法国殖民体系人道得多。

一方面，如果早期的征服者们用可怕残忍的手段对待了土著人，那么西班牙政府用比其他殖民势力更加系统和仁慈的立法来保护土著人。在最早的征服时期，对于母国政府来说，事情发展太快，而且当时沟通速度很慢，残忍的淘金者和天性淳朴的土著人之间恐怖的冲突，就像拉斯·卡萨斯用充满激情的笔墨所描绘的并在欧洲广泛传播的那样，成为传统的并被公认的西班牙统治的特征。[1]西班牙殖民帝国持续了四百年，不应以它的初始或它的崩溃对其进行评判，这是简单的历史公正。

菲律宾地理位置偏远，并缺乏储量丰富的金银矿，使得政府执行人道的立法相对容易，同时，教会为了居民的利益而统治殖民地、指引殖民地的发展也相对容易，这是教会的伟大使命。[2]

---

[1]　猜测在几百个知道拉斯·卡萨斯控诉的人中有多少人了解《西印度王国法律汇编》（其中有 600 部法律是关于确定印第安人地位和旨在对他们进行保护的）是徒劳的。

[2]　雅戈尔：第 31 页。

塞维利亚商人无知的保护主义也对这一结果做出了贡献，因为他们刻意地阻碍了菲律宾-美洲贸易的发展，从而阻碍了对群岛的剥削。如果对我们美国南部各州的历史进行与西印度群岛相同或者更多的研究，我们不应该忘记，尽管菲律宾群岛地处热带，但那里从来没有出现过非洲奴隶贸易的恐怖场景，或者是旧种植园体系浪费生命的劳动场景。

　　不管我们把土著的情况同东部群岛的其他岛屿相比，或者与同一时期欧洲农民的情况相比，菲律宾传教区村民们整体的生活水平都值得羡慕。引用可靠的见证人——拥有广博东方知识的旅行家的话语，可以说明和证明这个观点。法国著名的太平洋探险家拉·皮鲁兹，1787年到过马尼拉，他写道："这些各不相同的岛上住着300万人，吕宋又包含了接近三分之一的人口。在我看来，这些人并不比欧洲人低一等；他们用智慧耕种土地，他们是木匠、家具制造者、铁匠、珠宝商、织工、泥瓦匠等。我穿过他们的村庄，发现他们善良、好客、友善"，等等。[1]

　　一代人之后，印度群岛历史学家、曾作为英国居民住在爪哇苏丹（Sultan of Java）的宫廷中的英国人克劳福德，对菲律宾群岛和东部其他岛屿的情况进行了对比，这一对比值得认真反思。

　　"值得注意的是，欧洲最差的政府之一的西印度政府——它是最不懂得立法和善治的一般原则的，这些原则也从未被巧妙地

---

① 《拉·皮鲁兹的环球旅行》，巴黎，1797年，第2卷，第347页。

执行，从总体而言，对菲律宾土著居民的幸福和繁荣造成了最小的伤害。毫无疑问，这是西班牙和菲律宾关系的特征，尽管里面带着恶习、愚笨和吝啬；现在岛上的状况为这一事实提供了不容置疑的证明。今日群岛中的任何其他国家在财富、力量和文明程度方面，都不及三个世纪前欧洲人与他们建立联系时的状况。唯有菲律宾在文明程度、财富和人口密度上均得到提高。菲律宾刚被发现时，大多数部落都是半裸的野蛮种族，与所有大的部落相去甚远，当时那些大部落已经在积极推动贸易，并在相当可观的程度上享受着文明国家的必需品和舒适度。总体而言，菲律宾人现在几乎在每个方面都要比其他种族优越。这是一个有价值的和有启发意义的事实。"①

克劳福德在 1820 年做出的这一判断，在 1846 年得到了马拉特（曾一度掌管马尼拉最主要的医院）的响应，他表达了自己的观点，认为菲律宾的居民要比任何其他国家殖民地的居民享有更自由、幸福和平静的生活。②

曾长期担任香港总督的约翰·鲍林爵士对在菲律宾没有社会

---

① 约翰·克劳福德（John Crawfurd）:《印度群岛历史及其他》(*History of the Indian Archipelago, etc*)，爱丁堡，1820 年，第 2 册，第 447—448 页

② 这是我理解的他的意思。他的原话是："这些如此睿智与充满亲和力的制度（如当地的行政管理措施）有助于西班牙永久保有这块殖民地，我们认为这里的居民比任何其他国家的居民享有越来越多的自由、幸福与安宁。"马拉特：第 1 卷，第 357 页。另见最后一章："菲律宾人是世界上最幸福的。尽管他们赋税沉重，谁少交税就无法在这个社会生活下去。但他们是自由的，他们是幸福的，而且从来没有想过造反。"马拉特：第 2 卷，第 369 页。

等级印象深刻："总体而言，我发现菲律宾人普遍友善慷慨，并且温文尔雅——寻求友好交往——和大多数东方国家相比，等级界线没有那么明显和不可逾越。我曾经看见在同一张桌子上坐着西班牙人、梅斯蒂索人（Mestizo）和印第安人——神父、平民和士兵。毫无疑问，共同的宗教形成了一个共同的纽带；但是，对于一个在东方世界的许多地方观察到等级制度所造成的疏远和排斥的人来说——等级制度是个巨大的社会诅咒——在菲律宾，人与人的交流存在巨大差异，既有自由，又受约束，值得钦佩。"①

德国博物学家雅戈尔的结论在总体态度方面和克劳福德的结论同样引人注目，他曾于 1859 年到 1860 年间到访菲律宾群岛。"菲律宾被发现时处于较低的文明水平，受到小规模战争和专制统治的困扰，西班牙将其提升到相对较高的文明程度，并极大地改善了她的状况，这份荣耀属于西班牙。西班牙人保护他们免受外敌的侵扰，用温和的法律进行统治，这些壮观的岛屿上的居民，作为整体而言，毫无疑问在最近几个世纪过着比任何热带国家更舒适的生活，不管那些热带国家是在自己的或欧洲人的统治之下。

---

① 《菲律宾群岛之旅》（*A Visit to the Philippine Islands*），伦敦，1859 年，第 18 页。另参见英国工程师费德里克·H. 索耶（Frederic H. Sawyer）最近的观点，他曾在吕宋岛生活 14 年。"西班牙对群岛的治理相当糟糕，但是西班牙人和土著人却相当和谐地生活在一起，我很难找出另外一个在社会层面欧洲人和土著人混合的如此之好的殖民地。爪哇不是这样，在那里一个有地位的土著人必须下马向最卑微的荷兰人问好。英国统治下的印度不是如此，英国女性在那里将英国人和土著人之间的鸿沟变成了无底深渊。"《菲律宾的居民》（*The Inhabitants of the Philippines*），纽约，1900 年，第 125 页。

部分原因是特有的条件保护了土著人免受剥削。而修道士们对这一结果起了至关重要的作用。他们来自普通人，习惯了贫穷和自我否定，他们的职责使他们和土著人形成亲近的关系，他们很自然地将外来的宗教和道德运用于当地的实践之中。所以，当他们后来拥有了富裕的生活，而他们虔诚的热情从总体而言随着收入的增长有所放松之后，他们仍然在培养前面我们所描述的环境条件上发挥着重要的作用，不管这种条件是好还是坏。因为他们自己没有家庭，也没有高雅文化，同这片土地上的孩子们发展亲密的关系是他们的需要。甚至他们傲慢地反对世俗统治者也一般是为了当地人的利益。"① 另一个非常不同来源的类似证据包含在威廉·吉福德·帕尔格雷夫（William Gifford Palgrave）充满魅力的《菲律宾马来人的生活》（*Malay Life in the Philippines*）中，他对东方人的生活和性格有深刻了解，他一生中如此多样的职业经历，如士兵、在印度的耶稣会传教士、麦加朝圣者以及英国驻马尼拉领事，都使他的观点具有非凡的价值。

他写道："要将菲律宾群岛内在的繁荣，马来人的富足和幸福归功于神职人员的管理，而非其他因素，这一表述在现代欧洲人听来或许是矛盾的。正是神职人员一次又一次地在弱者和强者之间、在被征服者和胜利者之间充当一个怜悯和正义的屏障；他们成为土著居民稳定的保护者、信赖的恩人、充分的领导者和指路人。由'库拉'（Cura）担任神父，地方长官作他的助手，一

---

① 雅戈尔：《在菲律宾旅行》，第 287 页。

个菲律宾村庄对与直接和外国官方管理密不可分的烦恼知之甚
少；如果处于这样的统治下，我们通常所称的'进步'就会很
少，不满和欲望将会更少。"

　　与印度相比，菲律宾不存在饥荒的意义重大，而他将这种
情况部分归因于小农的盛行。"与其说他们有什么，不如说他们
没有什么，给菲律宾带来了好运气，那就是既不存在欧洲公司又
不存在欧洲的资本。假设菲律宾存在欧洲资本主义殖民者、大地
产、集中的工厂、有组织的劳动力加上有利可图的生产，那么使
得最贫穷的小农无需为生计担忧、让整个殖民地仍然有剩余物资
的那种繁荣和生产、所有权和劳动力之间稳定的平衡将会被打
乱、被取代、被颠覆；继之将会出现日工、贫困、政府救济、捐
助和饥饿。唯利是图的、贪婪的欧洲人将会窃取收成，但对于幸
福、满足、餍足的菲律宾群岛，除了残破、贫瘠、匮乏、骚乱、
不幸，还会留下什么呢？"[①]

　　在旧制度下，土著人基本幸福安康的最新见证人是索耶先
生，我将引用他的话，"如果在最近几位作者的笔下，土著人遭
遇不佳，那么西班牙当局则更为不幸，因为它被涂上了最黑暗的
色调，受到毫无保留的谴责。西班牙当局确实腐败并且漏洞百
出，但哪一个政府又不是如此呢？最重要的是，它确实落后于时
代，但也有值得称赞的地方。"

　　"直到一个不称职的官僚机构取代了旧的父权统治，通过

---

　　① 《康希尔杂志》(*Cornhill Magazine*)，1878 年，第 161，第 167 页。这篇文章
在帕尔格雷夫的《尤利西斯》或《多地场景》上重印。

增加税收使岁入增长了四倍。在此之前，菲律宾人就像在任何其他殖民地所能找到的群体一样，是一个幸福的社群。人口大量增长；如果不能算富裕的话，也拥有相当的资产，种植的规模扩大，出口稳定增加。——让我们公正一点；哪个土著人口众多的英国、法国或荷兰殖民地能够和 1895 年前的菲律宾相比呢？"[①]

这些惊人的评价出处各异，充分证明了我们当下流行的对西班牙殖民体系的观点需要调整，就像流行的观点通常所需要的那样。

然而，我们也不能忘记，不管西班牙传教体系作为一个机构在将一个野蛮民族带入基督教文明时多么的有益和仁慈，但它不应被视为是永久的，除非这种生命只是简单地被看作进入天堂的准备。作为一个教育体系，它有自身的界限和限度；它的训练可以到特定水平，但不能走远了。延长训练就是延长精心培育的童年直到死亡，不允许它被自力更生的成年所取代。印第安人在法律面前的地位与未成年人相同，没有对他们到达成年的规定。神职人员将这些国家的被监护人看作教堂的学童，甚至用棍子强迫他们遵守法令。拉·皮鲁兹说："唯一的想法是使他们成为基督徒而非公民。这些人被分在不同的教区内，使之遵守最细微的、过分的宗教仪式。每一个过错和罪恶都用棍子进行惩罚。不参加祷告和弥撒的人会遭到固定的惩罚，神父下令在教堂门口对犯错的

---

① 《菲律宾群岛居民》，前言第 6，8 页。

男男女女执行惩罚。"① 勒·让蒂尔描述了距马尼拉几英里的一个小村庄中这样的场景：在一个星期天的下午，他看到了一群人，主要是印第安妇女，跟着一位妇女，她因为没有参加弥撒而将在教堂门口受鞭打。②

对殖民地人民普遍进行如此家长式的监督和惩罚势必会在统治阶级中产生作用，拉·皮鲁兹注意到了岛上缺乏个人自由："人们享受不到任何自由：宗教裁判所和修道士监视道德；检审庭的法官监视所有的私人事务；都督监督最无辜的活动；远足和谈话都成了他管辖的范围。总之，世界上最美丽、最有魅力的国家也是一个自由的人所最不愿居住的国家。"③

人们可以自然地推测，对于发展智力的无动于衷，肯定是这样细致入微的监视的结果，智力的进步是不可能的。科学知识方面的进步确实被阻碍了。

法国天文学家勒·让蒂尔对马尼拉两所大学的科学知识状况进行了有趣的描述。这两个机构似乎是被欧洲抛弃的学术思想和方法的最后避难所。一位西班牙工程师坦率地向他承认，

---

① "他们很愿意在各类节日期间去教堂并表现出极大的热忱。但在讲解教理、进行忏悔或教堂举行领圣体等圣事的日子里，就要采取强硬措施，像学校里的小学生那样对待他们。"

勒·让蒂尔：第2卷第61页中引自胡安·弗朗西斯科·德圣安东尼奥修士的《基督教圣格雷格里奥省编年史及其他》，又称《方济各会历史》(*Franciscan History*)。我们不能忘记的是在18世纪的美国，在学校中仍然使用体罚来维持纪律，并且在有教堂的地方，比如新英格兰，到教堂参加活动是强制性的。

② 勒·让蒂尔：第2卷，第62页。

③ 同上书，第350页。

"在科学方面，西班牙比法国落后一百年，马尼拉又比西班牙落后一百年"。除了"电"这个名字之外，人们对电一无所知，宗教裁判所禁止做和电相关的实验。勒·让蒂尔同样强烈地怀疑，耶稣会大学的数学系教授仍旧坚持托勒密体系。[①]

　　但是，当我们考虑到岛上神职人员数量之少时，我们就不能控诉他们在传播知识上的失职。另一方面，考虑到当时的环境，他们所做的努力也是令人瞩目的。[②]查看 J.T. 梅迪纳（J. T. Medina）关于马尼拉印刷业的著作[③]和雷塔纳的补充，[④]可以发现岛上 1800 年之前有接近 500 本印刷品著作。这当然没有考虑到那些被送到或带到西班牙用于出版的著作，这些作品多数与普世利益而不是地方利益相关，当然包括那些最重要的历史。此外还应该加上大量关于土著语言的语法书、字典和从未被印刷的关于传教士历史的书籍。[⑤]岛上修道院的印刷厂自然主要被用来生产关于宗教教化的著作，如教义问答，关于修会、殉道、圣徒生活和宗教历史的叙述，以及土著语言的手册。也为印第安人翻译了关于信仰、《玫瑰经》、教义问答书、基督教教义大纲和受难故事

---

　　①　勒·让蒂尔：第 2 卷，第 95，97 页。

　　②　勒·让蒂尔称，生理上的疲乏会反映在头脑中。"在这个炎热的地区，人们能做的只有无所事事。刻苦学习和过分勤勉的通常结果是精神失常。"

　　③　《1810 年之前马尼拉的印刷业》（*La Imprenta en Manila Desde sus Origenes Hasta 1810*），智利圣地亚哥，1896 年。

　　④　《马尼拉印刷业附录与批注）（*Adiciones y Observaciones a La Imprenta en Manila*）》，马德里，1899 年。

　　⑤　此方面的代表性书籍参见布鲁门特里特（Blumentritt）私人出版的《菲律宾文库》（*Bibliotheca Philippina*），前言第 1 和第 2 页。

等的简易手册。其中大约有 60 本是用塔加洛语，而用米沙鄢语、维科尔语、邦板牙语、伊洛克语（Ilocan）、班乃语和邦阿西楠语的每种有 3 到 10 或 12 本。[①]

如果阅读和书写的知识在菲律宾人中比在欧洲普通人中传播得更普遍这点是可信的话，[②] 我们就得出一个奇特的结论，和世界上其他部分相比，岛上有更多能够阅读的人，但是主要是出于纯粹宗教兴趣的阅读。然而，也不能完全肯定在 18 世纪，翻译成当地语言的书籍包括了可以找到阅读的全部欧洲文学作品，因为西班牙政府为了促进西班牙语的学习，有时会禁止印刷塔加洛语的书籍。[③] 此外，祖尼加明确地说，"西班牙人到来之后，他们（即吕宋人）就有了从西班牙语翻译过来的喜剧、幕间休息的

[①] 在所有的书籍清单中，除了一些对教义（问答）手册和教义不完整的解释，并没有对《圣经》某一部分的翻译，如果把各方面因素考虑在内，这一点是比较特别的。在梅迪纳和雷塔纳研究的参考文献中，我注意到的表明旧政权时期菲律宾群岛对《圣经》第一手研究的物品是历史学家胡安·德拉·康塞普西翁（Juan de la Concepcion）的手稿中留有《圣经》的西班牙语翻译。《马尼拉印刷业》（*La Imprenta en Manila*），第 221 页。没能将《圣经》翻译成土著语言并不是西班牙统治菲律宾群岛时的特例。信仰新教的荷兰，在为土著人提供教育方面远远落后于西班牙，也同样反对《圣经》的发行。"甚至在这个世纪的二十或三十年代，《圣经·新约》还被认为是一部革命作品，《圣经》翻译者布鲁克尔的作品被政府销毁。"吉尔马：《马来西亚和太平洋群岛》（*Malaysia and the Pacific Archipelagoes*），第 129 页。

[②] 马拉特称，菲律宾的基础教育开展得要比欧洲大部分农村地区更好（马拉特：第 1 卷，第 386 页），并引用了马尼拉大主教的话："有很多村镇，比如阿尔加斯（Argas），达拉盖地（Dalaguete），博罗昂（Bolohon），宿务（Cebu）和伊洛伊洛（Iloilo）省的一些村镇，在这些村镇，没有一个男孩或女孩不会读书和写字，在欧洲，只有很少的地方能在这方面做得更好。"马拉特：第 1 卷，第 388 页。

[③] 祖尼加：第 1 卷，第 300 页。

插曲、悲剧、诗和各种文学作品，却没有产生一个哪怕是写出幕间插曲的土著诗人"。[1] 而且，祖尼加描述了一首歌功颂德的欢迎诗，是一位菲律宾村民为欢迎准将阿拉瓦而朗诵的。这一赞词（loa），充满了对尤利西斯的远行，亚里士多德的游历，普林尼（Pliny）的不幸身亡和古代历史其他事件的引用。这些典故的引用至少表明菲律宾人了解除基督教教义之外的一些知识，但这些知识是如此的微不足道，因为似乎没有超越诗歌破格的限制，比如让亚里士多德因没能测量出海的深度而陷入懊恼，或者让普林尼因迫切希望调查火山喷发的原因而投身于维苏威火山。然而，印第安人对文学的兴趣主要通过改编西班牙戏剧在宗教节日上展示的方式来表达。祖尼加对这些戏剧进行了有趣的描述。它们通常由三到四个西班牙悲剧组成，这些材料被如此巧妙地编织起来，以至于这个拼成的戏剧看起来就像一个故事。角色总是摩洛人和基督徒，剧情围绕摩洛人想同基督教公主结婚或基督徒想同摩洛人公主结婚展开。基督徒出现在一个摩洛人的比赛中，反之亦然，男主人公和女主人公坠入爱河，但是他们的父母为他们的结合设置障碍。如果是一个摩洛人和基督教公主的话，克服困难相对简单。此时战争恰好爆发，摩洛人在战争中表现英勇，之后皈依和受洗，举行婚礼。如果是基督教王子爱上了摩洛人女孩的话，问题就不那么简单了。因为他不会放弃他的信仰，因此就会经历很多磨难。他会受到监禁，他的公主帮助他逃跑，有时他要

---

[1]　祖尼加：第 1 卷，第 63 页。

付出生命的代价；如果这一场景是在战争时期，结局或者是公主
逃到了基督教军队并皈依，或者是王子悲剧性地死去。

男主角通常会有垂死的母亲送给他的耶稣像，或者是其他
形象或遗物，使其从很多困境中脱身。他遇见狮子和熊，强盗也
攻击他，但都奇迹般地逃脱了。然而，如果一些主要的人物没有
以悲剧的结尾退场，印第安人就会觉得这一戏剧乏味。在戏剧的
间歇会出现一到两个小丑，讲笑话逗人大笑，这些笑话冷到足够
"让热带的热水结冰"。戏剧结束之后，一位小丑再次出来批评这
部戏剧，并对村里的官员进行嘲讽式评价。这些戏剧通常持续三
天。[1] 勒·让蒂尔参加了其中一次演出，声称他不相信世界上有
人会像他一样无聊。[2] 然而，印第安人却无比地喜欢这种表演。[3]

如果从雷塔纳按时间顺序编排的菲律宾作品集判断，我们列
出的 18 世纪不能用西班牙语阅读的菲律宾人所能阅读到的文学
作品的目录，在 19 世纪的大部分时间里应该也不会有变化。我
在他的目录中注意到的第一个世俗散文小说的例子是布斯塔门特
修士（Friar Bustamente）的田园小说，小说描述了与马尼拉生活
的焦虑和艰难相对比，宁静而有魅力的乡村生活。[4] 在我观察到
的他的作品范围内，不包括任何用塔加洛语写成的世俗历史小说

---

① 祖尼加：第 1 卷，第 73—75 页。

② 勒·让蒂尔：第 2 卷，第 131 页。

③ 祖尼加：第 1 卷，第 76 页。有关这出戏剧的现代作品是维森特·巴伦特斯的
《塔加洛剧院》（*El Teatro tagalo*）。

④ 雷塔纳：《菲律宾文库》，第 877 号。这本小说于 1885 年在马尼拉出版。布斯
塔门特修士是方济各会修士。

或有关自然科学的任何作品。

在乡村地区，只有很少的印第安人可以通过十分熟练的西班牙语来补偿有关世俗知识的书籍的匮乏，他们主要通过在做神父的仆人时学到这些世俗知识。西班牙当局普遍认为，修士们为了保持对印第安人的控制而故意忽略对他们在西班牙语上的指导；但是祖尼加抵制这一指控，认为这是不公正和不正确的。[①]

很明显，印第安人在传教体系（mission system）下学习西班牙语是行不通的。因为一个神父管理着有几百个家庭的村镇，教孩子们西班牙语是不可能的。他们可能会学到少量单词或简单的短语，但是在平常的交谈中缺乏不间断甚至经常的语言训练的机会，使他们的语言水平远远落后于那些在美洲城市语法学校里学习德语的孩子们，在那里语言学习是必修课。[②] 一般而言，只要传教体系将村镇和外界隔离开来，西班牙语知识必然实际上会限制那些居住在马尼拉或其他大城镇，或者在修士家中学到西班牙语的印第安人。奴隶制以其强制性的移植手段曾是将大量外来的或低等的种族提升到欧洲思想圈并赋予其欧洲语言的唯一方式。

---

① 祖尼加：第 1 卷，第 60—61 页。准将阿拉瓦当时正要对塔阿尔（Taal）火山进行科学观测。

勒·让蒂尔写道："根据国王的一项敕令（这项敕令经反复修改），命令教士教授年轻的土著人学习西班牙语。但马尼拉的西班牙人无一例外地告诉我，陛下的敕令目前为止根本没有被执行。"勒·让蒂尔：第 2 卷，第 184 页。另见祖尼加：第 1 卷，第 299—300 页。

② 另见雷塔纳十年前表达过的西班牙语在任何程度上取代塔加洛语的不切实际性。祖尼加：第 2 卷，第 59 页。

如果将来想确保在菲律宾人身上大范围地达到这一效果，只有通过将英语或西班牙语的著作翻译成塔加洛族语或其他语言，工作量不小于修士们为提供宗教著作付出的工作量。这至少需要两代或三代人的努力，也需要传教士般的奉献精神。

我们现在已经一般性地介绍了菲律宾旧政权的概况，并提供了必要的资料，以此为基础，可以就西班牙对文明进步的贡献做出判断。在概况的介绍中，与传统的对西班牙殖民体系的判断相比，某些方面得以凸显。征服是人道的，更多的受到传教士而非士兵的影响。尽管西班牙的行政机构也不能免于沾染财政腐败的污点，但它的统治是仁慈的。群岛本身和岛上的居民都没有受到剥削。实际上，这个殖民地不断地向新西班牙的财政索取资金。这项事业的成功与否不是用进出口额来衡量的，而是用得到救赎的人数来衡量的。人们接受了基督教文明带来的好处，就像在西班牙我们称之为"天主教复兴"的宗教复兴运动时那样。这一基督教教义将中世纪教会的信仰和仪式强加给菲律宾的岛民，但这正是它一千年前对法兰克人（Franks）和盎格鲁人（Angles）所做的。教义驯服了他们的生活，提高了妇女的社会地位，建立了基督教家庭观念，并为他们提供宗教著作。

他们没有为这些有益之事付出沉重代价。维持政府系统运作的代价并不高，宗教事业主要由拥有大量土地财产的宗教修会来支持。教会的花销有时会超支，但需要开支的情况并不多。教会地产上的佃户们发现修士们是随和的地主。祖尼加描述了马尼拉附近的一个奥古斯丁教派的大庄园，每年的租金不超过1500美

元，而每年的产量价值至少 7 万美元，因为它大约供养了 4000
人。[1] 在菲律宾群岛信仰基督教的印第安人中，妇女的地位就像
欧洲信仰基督教的人们一样高。但是当我们考虑到其他欧洲国家
在热带的殖民地状况时，菲律宾群岛的征服和皈依中显而易见的
功绩是在人道主义方面的进步，即禁止奴隶制并不断地努力根除
它的伪装形式。仅此一项就可以充分证明，西班牙和宗教政策的
主要动机是人道的，而非商业的。在旧的西班牙统治体制之下，
土著人总体上过着舒适、富裕的生活，人口的稳定增长可以证明
这一点。在征服时期，人口很可能不超过 50 万。到 18 世纪上半
期，根据方济各会的历史学家圣安东尼奥记载，基督教人口约为
83 万人。在 19 世纪初期，祖尼加估计总人口是 150 万，因为征
收了超过 30 万份贡赋。1819 年官方的统计接近 260 万人；1845 年，
布泽塔（Buzeta）估计人口数量接近 400 万。在接下来的半个世
纪里，人口数量几乎翻了一番。[2]

鉴于所有这些事实，想必所有人都同意祖尼加对西班牙所
做工作的致敬。"西班牙人的统治强加给印第安人非常少的负
担，并将他们从区域间频繁战争的不幸中解救出来，很多人因这
些战争死亡，活着的人过着奴隶一样可怜的生活。因此，人口增
长非常缓慢，那些没有承认西班牙统治的山区异教徒的情况就是
这样。自被征服以来，菲律宾群岛的生活水平和人口都有所提
升。在所有涉及这个群体的方面，服从于西班牙国王都是非常有

---

① 祖尼加：第 1 卷，第 12—13 页。
② 祖尼加：第 2 卷，第 527 页。

利的。我不会谈及知晓真正上帝的好处和教徒获得永恒幸福的机会，因为我不是作为一位传教士，而是作为一位学者在写作。"①

　　菲律宾的旧政权已经一去不复返了。在一代人多一点的时间里，菲律宾人已经跳出了过去的生活，过去他们距离外部现代世界是如此遥远，就好像一直生活在中世纪某个隐蔽的角落，并免受来自外部世界的肉体暴力和智力上的冲突，对知识的进步一无所知。他们突然发现自己身陷一股潮流，无力抵抗。经过血与火的洗礼，一个崭新和陌生的生活方式强加在他们身上，他们在弱肉强食的环境中谋求生存，再也没有懒惰和无能的容身之处。结果如何，无人知晓。对于历史专业和社会进化专业的学生来说，这将是一次具有深远意义的尝试。

爱德华·盖洛德·伯恩

1902 年 10 月于耶鲁大学

---

① 祖尼加：第 1 卷，第 174 页。在最后一次引用祖尼加的著作之前，我想表达我个人的观点，即他的作品是菲律宾文学中最灿烂的花朵。祖尼加对吕宋岛的贡献就像几年前阿瑟·杨（Arthur Young）为法国所做的贡献一样伟大，或者做一个类比，他之于吕宋，就像德怀特（Dwight）之于新英格兰。他细致的观察，因为其文风独特的魅力，丝毫不显得冗长，他性格温和，幽默但不张扬，热爱自然和人类，这一切加起来使得他的"游记"在任何一国的文坛都能拥有瞩目的位置。本系列将会包含他著作的英语翻译。

# 第 1 卷　1493—1529 年，教皇子午线及相关文件

通过呈现一些和教皇亚历山大六世的教皇子午线（Line of Demarcation）相关的文件可以合适地介绍菲律宾群岛的历史，该线在刚发现的新世界划定了西班牙和葡萄牙各自的领土。关于这条分界线，在不同时期出现了如此多的争议，但关于这一主题以英语的形式出现的文本却如此少，我们认为有必要将与此相关的更重要的文件置于读者面前，特在此给出一个简要的梗概。

一切始于亚历山大的教皇训谕（Alexander's Bulls）——两个是 1493 年 5 月 3 日的训谕，一个是 1493 年 5 月 4 日的训谕。第一份教皇训谕（即通常所知的 Inter cætera）授予西班牙西部的所有土地，不管是新发现的还是待发现的，这些土地至今未知且不在任何基督教王子统治之下。第二份（Eximiæ devotionis，也是在 5 月 3 日）规定西班牙在非洲新发现的地方享有和葡萄牙同样的权利。这一授予被 5 月 4 日的教皇训谕所取代，它划定了教皇子午线，将该线西部和南部的、不为任何一位基督教王子所有的土地授予西班牙。另一份教皇训谕（注明日期为同一年的 9 月 25 日）授权西班牙将她的统治扩展到东部将来被发现的土地上，包

括印度——这实际上就废除了教皇子午线和之前对葡萄牙的特许权。葡萄牙政权抗议对他权利的侵犯，这导致了《托德西利亚斯条约》的诞生，其中两国同意在亚历山大六世的分界线以西 270 里格划一条新的分界线；另一份文件（1495 年 4 月 15 日）对分界线做出了科学、公平的决定。利奥十世（Leo X）授予葡萄牙的教皇训谕（1514 年 11 月 3 日）表明了教廷对这一事件的最终决议：它确认了所有之前教皇赠与葡萄牙的东方土地，授权他过去和将来在各地进行探险和征服。在摩鹿加群岛或称香料群岛的所有权上，西班牙和葡萄牙之间出现了争论，（见卡洛斯一世［Cárlos I］在 1523 年 2 月 4 日和 12 月 18 日写给驻里斯本大使的信；1524 年 2 月 19 日的《维多利亚条约》［Treaty of Vitoria］），并在 1524 年 4 月 11 日—5 月 31 日召集了巴达霍斯会议（Junta of Badajoz）来解决这个问题。会议将教皇子午线确定在佛得角群岛最西部的圣安东尼奥（San Antonio）以西 370 里格处（为此还展示了赫尔南多·科隆［Hernando Colon］、塞巴斯蒂安·卡伯特［Sebastian Cabot］及其他有能力的法官们的观点和卡洛斯一世给西班牙代表的信）。这一协议证明是无效的，通过《萨拉戈萨条约》（1529 年 4 月 22 日），摩鹿加群岛被让给了葡萄牙，西班牙保留了菲律宾群岛。尽管该条约的条款将菲律宾群岛置于西班牙的管辖权之外。

回到较早的时期，我们偶然注意到了 1501 年 11 月 16 日教皇亚历山大六世的教皇训谕，它授权西班牙君主在西部世界新获得的领地上对土著人和居民征收什一税，并总结了麦哲伦的一生和他的航行。纳瓦雷特公布了的 1518—1527 年间的许多文件，在此给出文件概要：麦哲伦和鲁伊·法莱罗（Ruy Falero）的合同，要将他们未来发现所得收益的八分之一交给塞维利亚商会（House of Commerce of Seville）；这二人对于即将进行的探险向卡洛斯一世提出的请求；葡萄牙驻西班牙的大使对这一活动的抗议；麦哲伦请求更多的资金；船队人员的任命；对船员人数的限制；给麦哲伦的指示；王室命令鲁伊·法莱罗不得参与探险；麦哲伦的最后遗嘱；船队的费用报告；其中一艘船上未遂的叛乱；弗朗西斯科·阿尔博（Francisco Albo）对麦哲伦航行的日志；对"维多利亚"号带回西班牙的货物的描述；对麦哲伦之死的调查；和摩鹿加土著人签订的条约；迭戈·德巴博萨（Diego de Barbosa）给国王的建议；布里托（Brito）对麦哲伦航行的记述；及葡萄牙人对他的两艘船的征用。

　　这一汇总紧跟着各种补充文献。1518 年 3 月 22 日的一项王家命令授权法莱罗和麦哲伦进行探险发现。一封 1519 年 2 月 28 日卡洛斯写给葡萄牙曼努埃尔国王（King Manuel）的信保证，卡洛斯的事业绝没有侵犯葡萄牙权利的打算。一份写给胡安·德卡塔赫纳（Juan de Cartagena）的文件（1519 年 4 月 6 日）任命了麦哲伦船队的监察长，对他的岗位职责做出了详细的指示，尤其是关于船队的装备、东方的交易业务、王室从中获取的利益份额和这项事业的往来账户；要求他对日后发现的土地的殖民做出必要的安排，并命令他向国王提供关于西班牙征服者如何对待当地人、探险队官员的一般行为等信息。1519 年 4 月 19 日国王命令船队直接行进到香料群岛，规劝船上的所有人服从麦哲伦的指挥。1522 年一封给西班牙国王的信提供了麦哲伦死亡的信息，这封信是西班牙船员寄出的，他们找到了葡萄牙在印度的邮局。最早公布的关于这次著名探险的记述是 1522 年 10 月 24 日写给萨尔茨堡（Salzburg）大主教马特埃乌斯·郎（Matthaeus Lang）的信，该信是他的亲生儿子马克西米利亚诺·特兰西瓦诺斯（当时是巴利亚多利德大学的学生）所写，信中叙述了麦哲伦 1519—1521 年航行至摩鹿加群岛的经历、麦哲伦死于怀有敌意的土著人之手、他的追随者在菲律宾群岛以及返程航行的经历。这次探险的少数幸存者——"维多利亚号"的 18 人——1522 年 9 月 6 日到达西班牙，因此成为完成环球航行的第一批人。

　　至此，在本系列资料中应该出现安东尼奥·皮加费塔（Antonio Pigafetta）对麦哲伦航行的叙述，是他一直陪伴着伟大的发现者。早在 1525 年和 1536 年，印刷出版的书籍中就分别用法语和意大利语，以简略的形式呈现了皮加费塔的叙述；但显然，迄今为止，他的原著还没有充分展现给世人。本系列资料的编者力图弥补这一不足，希望将皮加费塔的原始手稿出版成精确的转抄本，并带有英语译文。这些内容本该出现在第二卷，但是他们未能及时地得到它，因此将会相应地在本项工作的稍后时期呈现给读者。

编者

# 第 2 卷　1521—1569 年，洛艾萨、比利亚洛沃斯、黎牙实比的探险

　　格拉西亚·霍夫雷·德洛艾萨（Gracia Jofre de Loaisa）进行了下一次到达香料群岛的尝试。在此简要介绍同时期的文献：关于西印度贸易署位置的讨论；对帮助前往摩鹿加群岛探险的人，西班牙政府做出的让步；对洛艾萨和他的下属航海行动的指示；对他们航行的描述等。洛艾萨的船队于 1525 年 7 月 24 日从西班牙出发，十个月之后在麦哲伦海峡（Strait of Magellan）出现。船队中有三艘船走失，还有一艘被迫在南美洲西海岸最近的西班牙殖民地寻求必要的供给；洛艾萨只剩下三艘船进行漫长而又危险的横跨太平洋的旅程。走失的三艘船中，最终有一艘成功回到了西班牙，但船长罗德里戈·德阿库尼亚（Rodrigo de Acuña）被扣留在佩尔南布科（Pernambuco），陷入了长期而痛苦的监禁。少数的幸存者之一——埃尔南多·德拉·托雷（Hernando de la Torre）将船队的部分航海日志以及探险队所遭受的灾难的描述（显然自蒂多雷［Tidore］）呈送给了国王，要求国王向他们提供救援。洛艾萨自己和几乎所有的官员都死了——其中一位船长是被自己

人所杀。1528 年 6 月 30 日船员们在蒂多雷遇见了"维多利亚号"和"萨维德拉号"上少数仍活着的西班牙人（在 146 人中，总共有 25 人活了下来），科尔特斯（Cortés）派他们搜寻从西班牙出发前往摩鹿加群岛的失踪船队。乌尔达内塔对洛艾萨的探险，进行了同样的话题讨论，但增添了很多有趣的细节。

各种文献（简介）展现了萨维德拉号从墨西哥出发的目的，对它的指示以及带给不同人的信。在这些书信中，赫尔南多·科尔特斯写给宿务国王的信是完整的；麦哲伦因为同带有敌意的土著人的冲突而死亡，他却在信中抓住时机责备麦哲伦。他还要求宿务统治者释放落入其手中的所有西班牙人，如果需要的话，他会赎回他们。萨维德拉号自己对航行的记述表明它从新西班牙出发的时间是 1527 年 10 月。到达了米沙鄢岛后，它发现了 3 个西班牙人，他们告诉船长，麦哲伦留在宿务的 8 个同伴被抓住后卖给了中国人。

不畏惧这些失败，为了使西班牙政权在西部群岛站稳脚跟，1542 年另一支探险队起程——由鲁伊·洛佩斯·德比利亚洛沃斯（Ruy Lopez de Villalobos）指挥，新西班牙两个最有权力的官员提供赞助，提供了充足的人员和供给。发起人和国王之间的合同提供了关于这项事业实施方法的有趣细节。国王对于迁入这些岛屿的殖民者提供了各种鼓励和支持；授予阿尔瓦拉多特权和恩赐，并且是世袭的。在土地授予、医院、宗教教育和崇拜、以及各自相应权利方面，对征服者和国王都做出了规定。给比利亚洛沃斯和其他官员的指示详细而谨慎。1542 年 10 月 22 日在纳维达德（Navidad），比利亚洛沃斯和他所有的官员、船员庄严宣誓，要执行他们许下的誓言，履行各自的责任。1543 年，有抱怨称，比利亚洛沃斯正在侵犯葡萄牙的分界线，掠夺土著人，他对此予以否认。赫罗尼莫·德桑蒂斯特万（Jerónimo de Santistéban）修士写给门多萨总督（viceroy）的信描述了比利亚洛沃斯的探险（像其他文献一样的概述），讲述了西班牙人所遭遇的困难、饥荒和疾病。在从新西班牙出发的 370 人中，只有 147 人活着到达了葡萄牙在印度的定居地。作者证明了比利亚洛沃斯的行动，并要求总督供养他的遗孤。另一个关于这一不幸事业的描述是比利亚洛沃斯的随员加西亚·德斯卡兰特·阿尔瓦拉多留下的，也是写给新西班牙总督的，并标明 1548 年 8 月 1 日写于里斯本。与桑蒂斯特万类似，这封信也记载了饥荒和匮乏，土著人的背叛以及葡萄牙人的敌意。最终，卡斯蒂利亚人和葡萄牙人停战，部分卡斯蒂利亚人于 1546 年 2 月 18 日登上了安汶岛，许多人在那里丧生。

几乎 20 年后才有了进一步占领菲律宾群岛的重要尝试。以 1564 年从新西班牙出发、由米格尔·洛佩斯·德黎牙实比（Miguel Lopez de Legazpi）指挥的探险为起始，而这项事业开启了菲律宾群岛真正的历史。这里呈现了很多同时期文献的概要，涵盖了 1559—1568 年。这项事业始于西班牙菲利普二世 1559 年 9 月 24 日命令新西班牙总督（当时是路易斯·贝拉斯科［Luis de Velasco］）进行"发现通往摩鹿加的西部岛屿"的探险；但是警告那些将要进行探险的人遵守分界线。国王还邀请墨西哥修士安德烈斯·德乌尔达内塔参与探险，他的科学知识，早期在东方的经历都将发挥巨大的作用。1560 年 5 月 28 日贝拉斯科认为，根据分界线，菲律宾群岛属于葡萄牙，但他会尽其所能地遵守王室的命令。他已经着手为这项事业做准备，行动的目的则尽可能保密。在乌尔达内塔写给国王的同一封信中，他同意了后者让他陪同探险的请求。他强调葡萄牙对"菲律宾群岛"（意指棉兰老岛）的所有权，认为不应派遣西班牙船只前往该地，除非国王"为此展现出一些合法的或伪善的理由"。1561 年 2 月 9 日贝拉斯科向国王报告了这一事宜的进展；船只即将造好并提供了供给，黎牙实比被任命为统帅。乌尔达内塔建议（同样是在 1561 年）选择在阿卡普尔科登船，因为它要比纳维达德更便捷、更有益。他为这次探险的装备提出了各种其他的建议，展现出了杰出的判断力和良好的实践意识；他还要求从西班牙送来各种所需物品。他期望最早可以在 1562 年 10 月出发。1563 年 5 月 26 日黎牙实比在给国王的一封信中接受了交给他的职责，并要求一定的惠赠。1564 年 2 月 25 日和 6 月 15 日贝拉斯科解释了船队的延期出发；他希望接下来的 9 月份能够准备好航行，并描述了船队的状况和装备。7 月 31 日贝拉斯科的亡故，使得王家墨西哥检审庭有必要承担起这一事业的责任。1564 年 9 月 1 日，他们给黎牙实比的指示相当详细。特别强调了发现一条从菲律宾返程路线的必要性，为此要求乌尔达内塔同返回新西班牙的船只一同返回。在一封署期为 9 月 12 日的信中，检审庭的成员告知了国王他们给予黎牙实比的指示，以及要求他的航线直奔菲律宾群岛的命令，他们认为菲律宾群岛属于西班牙，而非葡萄牙。在同一年，新任命的船队司令胡安·德拉·卡里翁（Juan de la Carrión）写信给国王，不同意（同检审庭一样）乌尔达内塔首先探索新几内亚的计划，力劝探险应直奔菲律宾群岛。但他说他已经被乌尔达内塔所否决。11 月 8 日黎牙实比向国王宣布他即将从纳维达德港出发，两天后，乌尔达内塔也写了一封类似意思的信。在 11 月 20 日那一天，他们离开了港口，25 号，黎牙实比改变了他们的航线，从西南调转方向直接前往菲律宾群岛。这触怒了船上的奥古斯丁修士，但是他们答应和船队在一起。经过了各种困难和计算上的失误，1565年 1 月 22 日他们到达了贼岛，最后在关岛抛锚。土著人被证实是厚颜无耻的流氓和强盗，他们背信弃义地杀害了一位西班牙男孩，作为报复，暴怒的西班牙人烧毁了他们的房子，绞死了三个男人。黎牙实比为西班牙正式占领了岛屿。他们继续前往菲律宾，并在 2 月 13 日到达了宿务，在那里的群岛间多次航行。他们正面临着食物的匮乏，因为他们从土著人手中获得粮食的数量少，困难却很大——经常遭遇到他们的武装反抗。经过令人绝望的交战，西班牙支队成功地俘获了一艘摩洛人船只。西班牙人释放了船上的全体人员，摩洛人就对这些陌生人变得十分友好，向他们提供了很多关于这一地区贸易的有趣信息。最终，探险的领导者们决定在宿务岛建立定居点。4 月 28 日，他们通过武力征服了宿务岛，并在其中一座房子里发现了一枚佛兰德工艺的儿童耶稣像，这被认为是贵重的奖赏，是他们事业的吉祥征兆。他们建立了堡垒和教堂，与土著人取得了名义上的和平，但土著人抓住一切机会背叛他们。

1565 年 5 月 28 日，西部群岛的官员向新墨西哥检审庭报告了他们的行程。他们已经查明，土著人的敌意是由葡萄牙人的残忍和背叛而引起，因他们在保和岛（Bohol）背信弃义地杀害了 500 名土著人，并带走了 600 名囚犯。西班牙人请求立刻支援士兵和大炮来巩固他们现在的占领，缓解威胁着他们的穷困。他们建议快速征服群岛，因为没有可以进行贸易或传播基督教的其他方式。

另一位对这次探险进行描述的是埃斯特万·罗德里格斯（Estéban Rodriguez），他是船队的领航员，他的描述包含了一些有趣的额外细节。1565 年 6 月 1 日，圣佩德罗号船带着给当局的信出发前往新西班牙，它处于两位奥古斯丁修士、乌尔达内塔和阿吉雷（Aguirre）的管理之下。由领航员埃斯皮诺萨（Espinosa）保管的航行日志做了简要的概括。当他们到达下加利福尼亚海岸时，船的主人和首席领航员埃斯特万都死于疾病。船在 10 月 1 日到达了纳维达德，8 日到达了阿卡普尔科，"全体船员都经历了巨大的困难"。在圣佩德罗号船上有 210 人，其中 16 人在航行中死亡，当他们到达阿卡普尔科时，能够工作的人不足 20 人，其余的人都生病了。

现在继续前面的对探险的记录。黎牙实比和宿务首领签订了条约，使首领承认西班牙国王是他们的宗主。渐渐地，土著人恢复了对西班牙人的信任，回到了他们的家园，与外国人自由地贸易。黎牙实比现在不得不同他的追随者的酗酒和放荡进行斗争，但他发现这些恶行并没有惹怒土著人，因为他们本身的道德标准也非常低。他们崇拜他们的祖先和鬼神，并可以通过他们自己的祭司（一般是妇女）乞灵。黎牙实比掌管司法，保护土著人免于犯罪，并善意且自由地对待他们。首领的侄女受洗了，不久后同黎牙实比的一位希腊船员结婚，其他的土著也都皈依了天主教。西班牙人帮助宿务人对付他们的敌人，因此在所有的岛屿中获得了很大的威望。他们发现摩洛人是敏锐的商人，并通过他们获得了充裕的供给；摩洛人同样诱导他们位于北部群岛的同胞来宿务进行贸易。征服马坦岛（Matan）的尝试失败了，结果只是激怒当地人民。在西班牙兵营中发现了一次危险的叛乱，叛乱头目被绞死。西班牙人在采购食物上经历了很多的困难，他们不断地被"没有荣誉观、甚至在他们自己人中也是如此的"土著人欺骗和愚弄。西班牙人派遣一些探险队去找食物，一些不满者抓住机会掀起新的叛乱，结局同前面的叛乱一样。1566 年 10 月 15 日，一艘从新西班牙派去援助黎牙实比的船到达了宿务，但它的航行也是艰难、叛乱、死亡和其他灾难的记录；它到达的时候船体腐烂程度之重，以至于不能用它再造一艘小船。一些人死于"吃太多肉桂"。葡萄牙船只四处徘徊，探究西班牙人在做什么，1567 年 7 月，早期殖民地面临着葡萄牙人攻击的威胁。

　　大约写于 1566 年的一份在菲律宾的西班牙官员签名的请愿书，包括请求更多的牧师、士兵和火枪（"这样的话，万一土著不愿皈依天主教，可以用武力强迫他们皈依"），对黎牙实比的奖励，所有参与探险的人免于税收，授予土地，贸易垄断等。黎牙实比单独写了一份请愿书，向国王请求各种特权、荣誉和授予物。他的儿子梅尔乔（Melchor）大约在 1568 年提出了其他请求，他宣称黎牙实比为西班牙服务花光了所有的财富，却没有因此得到任何的奖赏。

对于一些说明黎牙实比 1565 年事业的历史文献，给出了全文。一份有趣的文献中——最初是 1901 年在马尼拉以拉丁语出版的，我们认为，在此之前没有英语版本——墨西哥奥古斯丁会当权者正式授权在菲律宾建立该修会的第一个分支（1564 年）。该文献发现于墨西哥库尔瓦坎（Culhuacan）奥古斯丁修道院的档案之中，比利亚诺瓦学院的 T. C. 米德尔顿神父（Rev. T. C. Middleton）将其翻译成英语，传给了我们。其他的文献有：2 月 15 日占领西瓦堡（Cibabao）的行动；5 月 16 日的一份规定所有在土著人墓地所得的黄金必须向当局声明的公告；黎牙实比和其他官员写给国王的一些信（5 月 27、29 日和 6 月 1 日）；5 月 28 日官员们给墨西哥检审庭的一封信，附有一份宿务所需物品清单。此外，还有一份特别有价值、有意思的文献——我相信，至今还没有出版过——黎牙实比自己对他到菲律宾的航行和该地事务的描述，一直写到圣佩德罗号离开前往新西班牙。正如预期的那样，他讲述了他的属下没有发现或没有表述明白的很多事情。

接下来呈现的文献（在原始文本和英语翻译两方面）有特殊的书目意义——一封塞乌伊亚（Seuilla）给米格尔·萨卢阿多·德巴伦西亚（Miguel Saluador de Valencia）的信的副本。这是最早印刷的对黎牙实比探险的描述，出版于 1566 年的巴塞罗那。这个小册子的副本之一至今仍被保存于巴塞罗那。它概述了探险的主要功绩,但对于群岛和土著人进行了夸张的、添油加醋的陈述。

来自黎牙实比的一组信中(1567 年 7 月,1568 年 6 月 26 日)提到了早期在宿务岛定居的各种有趣的事件、群岛的资源和贸易。他再次请求国王援助在当地建立殖民地的忠诚的臣民;他们到达后,没有得到任何的帮助,他们所有的物资都紧缺。葡萄牙嫉妒西班牙对菲律宾群岛的任何控制,已经威胁到了初建的殖民地。1568 年他向西班牙运送了大量的肉桂,如果他有商品和土著人进行贸易的话,可以运送更多。黎牙实比建议在菲律宾建造小船,用其进行更远的探索,使更多的岛屿臣服;用奴隶劳动力开采矿山。

西班牙人在宿务的定居点被在摩鹿加建立定居点的葡萄牙人以极大的妒忌所注视着,1568 年他们派遣了一支武装探险队去搞破坏。因为这两个国家处于和平状态,葡萄牙指挥官和黎牙实比并没有立刻开战,而是进行了长期的协商——这里呈现了一份详细的记录,这是来自黎牙实比的首席公证员官方的、公正的记录,并被传递给了母国政府。黎牙实比说他之所以来,是要为国王进行新的发现,为了传播基督教,并赎回在这些区域为异教徒所俘虏的基督徒,他认为菲律宾群岛在西班牙的管辖权之内。如果他错了,并且佩雷拉(Pereira)愿意给他提供两艘船的话,他会立刻离开群岛。佩雷拉拒绝接受黎牙实比的借口,并有力地控诉了西班牙人的入侵。佩雷拉呼吁所有的西班牙人离开群岛,如果他们同意这一要求的话，他许诺将他们送到印度，友好地提供所有的帮助；但是黎牙实比婉拒了这一提议，并机敏地防范着这名葡萄牙指挥官。这些文献非常有趣，因为展现出了在这种国际难题中的法律和外交礼节的趋势。

编者

# 第 3 卷　1569—1576 年，黎牙实比、拉维萨利斯、桑德的统治

　　这卷所呈现的文献记录了黎牙实比管理群岛的最后三年，吉多·德拉维萨利斯（Guido de Lavezaris）的统治以及弗朗西斯科·德桑德（Francisco de Sande）对群岛统治的开始。在我们迄今调查的这个短暂的时期，西班牙占领的第一个 10 年（1565—1575），就已经揭示了今天东方问题的主要元素：强大的欧洲国家相互冲突的主张，在同东方丰富的贸易中谋求优势和垄断；不择手段的欧洲人渴望征服富裕但相对无防备的中国人，以及中国人将外国人从他们国家赶出去所做的努力；居于主导地位的白人同较弱的有色人种间的关系；各种东方民族种族和地方的特征；迁到群岛的中国移民；传教士的影响。可以将西班牙人对菲律宾群岛的征服和他们之前对新西班牙的征服进行有趣的对比。

　　王室在菲律宾群岛的财务主管吉多·德拉维萨利斯 1569 年 6 月 5 日写信给费利佩二世（Felipe II），描述了葡萄牙人前一个秋天对宿务的攻击，同时简略提及了其他事项。一封来自另一个官员安德烈斯·德米兰多拉（Andrés de Mirandaola）的信（时间

是三天以后），向国王报告了一艘满载香料驶向西班牙的船失事的事，他也简单地描述了同葡萄牙人之间的对抗。再次遇袭的风险让西班牙人把他们的营地迁到了班乃岛（Panay），因为那里比宿务安全。米兰多拉请求援助，并请求将更加勤恳的士兵送往群岛。他也介绍了关于中国以及中国人的有趣的信息，同时要求提高他的工资。

1569 年 7 月 1 日黎牙实比写给新西班牙总督的信描述了葡萄牙人和西班牙人在宿务的困境，同时抱怨佩雷拉在那里的敌意行为。定居点已经被迁移到了班乃岛。他们在困窘和即将到来的危险面前，派出仅存的船只到新西班牙寻求帮助，因为葡萄牙人威胁把西班牙人赶出菲律宾去。除非在某个好的港口建立长期的、适当装备的定居点，否则迄今为止引发的所有支出都会是浪费。如果不能送来物资，黎牙实比要求船舶载西班牙人回家，并希望请辞都督的职位。随信附寄了他关于群岛的描述，"以及当地居民的特征和条件"。土著人是不可靠以及十分懒惰的。肉桂是目前群岛上唯一可以给西班牙人带来利益的产物，直到他们能控制金矿，并使他们有工作可做。关于对待土著人以及进行贸易等的最好方法，黎牙实比都给出了实际的建议。1569 年 8 月 14 日王室敕令确认了他宿务都督的头衔。

1570 年 1 月 16 日迭戈·德埃雷拉（Diego de Herrera）修士写给费利佩二世的信中简单叙述了黎牙实比到达群岛后的事情。他表扬了士兵们的勇气和忠诚，并要求国王奖励他们；宣称在付出巨大努力使土著人皈依之前应该制止葡萄牙人的敌意。一个没有签名的文件记录了 1570 年 5 月"航行到吕宋"的事情。它简单而生动地叙述了一场战役，该战役导致吕宋被征服以及西班牙马尼拉的建立——很显然，这是由参加过那些激动人心事件的人写的。马尼拉的摩洛人（伊斯兰教徒）公开表示愿意和西班牙人达成和平协议，但是他们背信弃义地对西班牙人发起了袭击——后来导致了他们自己的失败。西班牙人占领了这个城市并对它放火，迫使摩洛人放弃了它。胜利者和周围的村庄达成了和平协议，之后回到了班乃岛。这个事件的说明是署期为 1570 年 6 月 6 日的"占据吕宋行动"。

1570 年 7 月 25 日黎牙实比写给国王的信描述了过去一年的事件。他再次恳求一些轻桨船舶，这样他就可以派遣探险队穿过群岛。按照王室的命令，他把在他军队中的葡萄牙人送回墨西哥，但是他不能放逐其他的外国人，因为里面有他最好的工人。他要求王室给他的官员一些厚爱和奖励。在同年 10 月 21 日，他给国王发去了一份正式的指控，说佩雷拉再次出现在西班牙的定居点（现在是班乃岛），并且毁坏了它的防御工事。

一位不知名的作家概述了 1571 年前关于分界线、西班牙人在菲律宾群岛的发现、群岛和墨西哥之间航行的争议。为艰难挣扎中的殖民地提供的物资清单有力地表明了文明的欧洲人和半野蛮部落的菲律宾人需求上的差异。

另外一个不知名的作家 1572 年 4 月 20 日提供了关于吕宋简要生动的叙述，他自称从那场战役的实际参与者那里获得了信息。他提到了之前的记录中没有涉及的各种有趣细节，并且叙述了征服马尼拉后的一些事。黎牙实比 1571 年 5 月前往那里建立了官方驻地，当地人在他到来的时候放火烧掉了村庄，这个村庄是在前一年被西班牙人毁坏之后他们又重建的。群岛政府的所在地在这里建立起来，现在西班牙人和周围村庄居民之间的友善关系（包括土著人贡赋的支付）也得以建立。其他一些部落拒绝顺从，反抗侵略者，但他们也相继地被西班牙人所征服。叙述完这些事情后，作者简单描述了吕宋人，他们的穿着模式，宗教礼仪，以及各种习俗；同时称赞了定居在那个岛上的中国人，他们已经皈依了基督教信仰。然后他列举了到目前为止被西班牙人探险的岛屿，提到了主要的资源和物产。在 1572 年 6 月，黎牙实比正式建立了西班牙的城市——马尼拉，并任命了市政官员。

1573 年 3 月 2 日，黎牙实比的儿子梅尔乔，也是王室在新西班牙的会计，做出了一份有关过去四年参与菲律宾征服事业开支的官方陈述。拉维萨利斯 1573 年 6 月 29 日报告了前一年 8 月 20 日黎牙实比的死亡，以及此后群岛的事务。该岛刚被平定就开始了分配土地以及居住在土地上的土著人口［被称作"分配制（repartimientos）"或"委托监护制（encomiendas）"］。吕宋的大部分已经被征服了，这里资源丰富，能够供养大量的西班牙移民。中国同这里港口的贸易很广泛，并且稳步增长，中国商人带来了比之前质量更好的商品。拉维萨利斯抱怨了葡萄牙人的敌意和阴谋，一个婆罗洲的国王也尝试了一次对抗西班牙人的远征。都督向费利佩国王送去了一船的肉桂，如果他有船去运输那些珍贵商品的话，他会毁掉葡萄牙人在那里的贸易。这位有进取心的官员已经向新西班牙送去了姜、酸角、肉桂和胡椒等植物，其中前两种已经在那里枝繁叶茂了。他建议，向岛上派送耶稣会修士和方济会修士是很好的，让他们继续开展奥古斯丁会修士已经开始了的使土著人皈依的工作。他请求对他的官员进行奖励，他们冒着巨大的危险和困难忠诚地为国王服务，特别是马丁·德戈伊蒂（Matin de Goiti）和胡安·德萨尔塞多。他建议市政官员每年一换以防滥用。

1573 年西班牙船长迭戈·德阿铁达（Diego de Artieda）写了一份"西部群岛报告"。他列举了到目前为止西班牙人发现的岛屿，描述了他们的位置、外貌和自然资源。他增加了一些有关于土著人的稀奇的信息——包括他们的宗教信仰，宗教仪式，习俗，穿着方式，武器，食物，产业，社会条件，等等。阿铁达记录了所有他能够学到的关于日本和中国的东西，包括同他们文明相关的有趣的细节，中国工匠的技术，他还提到了古老的印刷术。如果国王给他提供两艘船和 80 名士兵的话，他提议组织一只武装的远征军去征服中国沿海。他建议西班牙摈弃在菲律宾建立立足点的尝试，或者不管《萨拉戈萨条约》，同摩鹿加群岛进行贸易。

1573 年 12 月 5 日，新西班牙总督马丁·恩里克（Martin Enriquez）写信给费利佩二世，报告来自菲律宾群岛载有急件的船舶已经到达。一起到达的还有奥古斯丁修士迭戈·德埃雷拉，他要前往西班牙告知国王岛上的暴力和非正义的行为——尤其是士兵，他们没有报酬，因此以抢劫当地村庄为生。一些西班牙官员已经因此被送到墨西哥，因为各种不法行为而受到惩罚；从他们那里，总督得到了很多信息，并为了国王的利益记录下来。菲律宾群岛资源丰富，但是每个人都断定这个岛最缺少的是公正，没有公正就没有安全。那儿需要一个新的都督。援助和补给每年都会从新西班牙送到那里，但仍有很多人死去，人口基本上没有增长。中国的财富致使一些西班牙人计划使用武力让其屈服。同那块陆地贸易将是非常可取的，但是，根据迄今所收到的不确定和模糊的报告，总督无法说服西班牙商人着手与之经商，而且中国人已经拥有了西班牙人能出口给他们的所有东西。恩里克要求为菲律宾贸易提供一些大的船只，因为他没有足够规模的船舶。他给国王送去了一船黄金、香料、丝绸、蜡以及其他的东西。他要求国王向他提供大炮和绳索，以及一些援助用的物品，他打算明年向菲律宾群岛派送。他要求国王奖励黎牙实比忠诚的服务，可以通过供养他已经达到适婚年龄的女儿们以及给予他的儿子梅尔乔一些在新西班牙的恩赐来实现。这个总督为不同的事项请求指令，尤其是关于宗教裁判所；并列举了他和这封信一起送过去的文件。

安德烈斯·德米兰多拉 1574 年 1 月 8 日写信给国王。他列举了到目前为止在菲律宾群岛发现的金矿，以及这些群岛所具有的优势，敦促在那里建立西班牙政权。他在报告中尽其所能地描绘中国的广袤和资源，并且暗示，西班牙将会发现，征服这个富有的国家是值得的。

有意思的是，黎牙实比的公证员费尔南多·里克尔（Fernando Riquel）于 1574 年 1 月 11 日从墨西哥发出，关于群岛 1570—1573 年事件的简短叙述。都督在宿务建立了一个城镇，并将土地以及土地上的人分配给了他的追随者。在 1571 年 4 月，他进行了一场对吕宋岛的远征（其中发生的事情在之前的文献中已经提到）。里克尔提到了船舶的到来，黎牙实比的死亡，以及其他的事件。群岛现在处于和平的状况；在已经平定的区域，土地被分配，从纳贡的土著人身上有希望得到丰厚的收入；金矿十分富有。中国人的贸易也得到描述。并且里克尔认为中国虽然人口众多，但是可以被"不到 60 个优秀的西班牙士兵"所征服。他的叙述后面，附有船舶承载物品的清单——黄金、香料、丝绸、棉布以及瓷器，这也是他信中的内容。

1574 年 6 月 21 日，费利佩二世授予吕宋岛"新卡斯蒂利亚王国（New Kingdom of Castilla）"的称号，授予马尼拉"杰出和永远忠诚的城市"的称号，并允许建立一个新的市政厅。在同一天，菲律宾奥古斯丁会大主教马丁·德拉达修士就西班牙人向印第安人勒索贡赋的事情发表了他的书面意见。他声明，他和他所有的会友都认为征服群岛是非正义的，并且谴责对这些无助的土著人进行的非正义的、压迫和剥削的行为。拉达（Rada）称，考虑到印第安人的贫困，他们缴纳的贡税是应缴纳贡税的 3 倍；并要求都督削减征收量至目前的三分之一，保护土著人免于压迫。

针对拉达的指控，拉维萨利斯和马尼拉的其他官员为他们自己辩护，（或许在"书面意见"后很短的时间）写信给国王来陈述他们的论点。他们否认了拉达的一些陈述，然后用其他的事由为他们的行为找借口，把许多罪恶归咎于当地人的背叛。他们声称，他们正在保护友好的印第安人，并且基本铲除了之前盛行于这些民众中的抢劫和海盗。他们声称很好地给土著人提供了食物、衣服和黄金，并且征收的贡赋是适度的，对民众来说不是负担；并且是根据不同阶层和地区的相对财富规定的。他们通过引用有意义的价格和价值，列举贸易中获得的物品和当地产业中的产品进行解释。这些官员们承认土著人只有在被强迫的情况下才缴纳贡品，但是说"他们喜欢被强迫着纳贡"，他们认为印第安人所有的贫穷是因为懒惰和酗酒。对他们来说，缴纳贡税远远比他们被西班牙士兵为供养自己而抢劫他们好多了，就如委托监护制所做的那样。

两封来自拉维萨利斯的信（1574 年 7 月 17 日和 30 日）叙述了过去一年的事件。胡安·德萨尔塞多在吕宋已经征服了甘马粦地区富庶的省份。并且都督将尝试在那里建立一个西班牙的定居点。在宿务建立的城镇基本上被西班牙人抛弃了，但是拉维萨利斯强迫他们回到那儿，并且在他们贫困的时候帮助他们。他希望和婆罗洲通商并且最终在那个岛上建立西班牙人的哨所，此外，为了提高西班牙对东印度群岛的统治，他另有计划。胡安·德萨尔塞多征服了伊罗戈斯省，并在那里建立了费尔南迪纳（Fernandina）镇。中国的贸易稳定增长。吕宋的土著人在快速地皈依天主教，需要传教士关心他们的灵魂；拉维萨利斯特意推荐德亚底安修会的修士（Theatins）来做这项工作。他将一船肉桂运送给国王，还附带了各种古玩和东方珠宝的样本，送给新西班牙具有一定经济价值的植物和根，都是他希望能够引入到那里的。他还负责将在押的米兰多拉送往新西班牙；所以代理人的职位是空的，需要一个新的代理人。群岛上也需要一位首席检察官。拉维萨利斯抱怨了奥古斯丁修士反对向土著人征收贡赋的行为。来自新西班牙的一些援助已经到来。一接到这封信，王室委员会就命令安排从新西班牙提供给群岛必需的供给物。这份文件的另一份副本被送到了西班牙，由于搭乘之后的一艘船，都督又增加了一些消息。萨尔塞多不止平定了甘骥，还有阿尔拜湾（Albay）以及卡坦杜阿内斯岛。在吕宋岛上，对于西班牙殖民地的建立和繁荣来说前景是很好的。都督还将吕宋及中国沿海地图作为附件和他的信一起送出。一封来自拉维萨利斯的信（未注明日期）列举了土著部落中的人们被作为奴隶的原因。他建议西班牙人采取这种制度，不然，"这片土地难以维持。"

一封没有标注日期（大约为 1575 年）的、来自同一个官员写给新西班牙总督的信中，提到了后者给出的命令，即所有从群岛运出的印第安人和黑人应该被送回。一些中国的船只被抓住和抢夺。结果，西班牙人和吕宋摩洛人之间正繁荣的贸易在那时差点被毁掉——一个严重的问题，因为摩洛人向西班牙人提供必需品。拉维萨利斯要求将更多的已婚男人送到群岛。在班塔延（Bantayan）附近得到了一些非常好的珍珠。他要求总督给他提供一份为了将来通信用的密码。

胡安·帕切科·马尔多纳多（Juan Pacheco Maldonado）船长向费利佩二世（大概是 1575 年）送出了一份关于西班牙在菲

律宾殖民地的状况和需求的报告。他开始时，简述了对吕宋的征服；然后描绘了群岛和它跟中国以及日本的贸易。由于它的价值和重要性，吕宋应该被彻底征服；为了达到这个目的，马尔多纳多列举了所需的供给。应该送去 40 至 50 位神职人员，为了辅助他们的工作，应该任命一名高级教士，作者推荐由迭戈·德埃雷拉修士担任这一职位。马尔多纳多强烈要求从西班牙派去五百名士兵，拥有这些部队就可以征服琉球群岛和日本群岛。他也要求建造船舶的工匠，并提到，为了这个目的在哈瓦那使用了黑人奴隶。

1576 年 5 月 26 日新都督弗朗西斯科·德桑德颁布了一项法令，禁止在群岛上的王室官员持有附带印第安人的委托监护权，并要将那些之前由拉维萨利斯授予的委托监护权还给国王。附带在这份文件上的宣誓书列举了土著人缴纳的贡税，表明了桑德行动的必要性。都督向国王寄出了他第一年的工作报告（日期是1576 年 6 月 7 日），并附寄了一封署期为 6 月 2 日的信。他想征服中国，一项他努力敦促国王进行的事业。这份报告将在下一卷中给出。

编者
1903 年 3 月

# 第 4 卷 1576—1582 年，桑德关于菲律宾及其与中国关系的报告

　　由弗朗西斯科·德桑德都督向母国政府提交的第一份官方报告是在 1576 年 6 月 7 日，其开始描述了印度群岛（Indian Archipelago）盛行的季风。到达马尼拉后（1575 年 8 月 25 日），他发现城市的大部分已经被一个叫林凤（Limabon）的中国海盗毁坏了；同时他生动地叙述了这一事件的情景。在 1574 年 9 月的第一次袭击中，14 名西班牙人和 80 多名中国人被杀。几天后，敌人重新发起了袭击，但铩羽而归，损失惨重。附近的摩洛人背叛、侮辱和抢劫修士、玷污教堂。中国人前进至邦阿西楠，在那里建立了堡垒，决定在那里立足。所有西班牙军队集合起来，并派出一支由胡安·德萨尔塞多领导的远征军袭击掠夺者。在第一次对抗中，西班牙人取得了胜利，但是由于管理不善，他们没能延续开始的成功，最后中国人离开了吕宋。一位叫王望高（Omocon）的中国官员去搜寻海盗林凤，返程时，他将一些奥古斯丁修士带回中国，但几个月后他们又回来了。中国人给都督带来了一些礼物，都督上交给了国王。他不喜欢那些人，说他们吝

啬、无礼、纠缠不休和虚伪。关于中国以及中国人，他讲述了很多有趣的细节，这些细节来自于商人、传教士和菲律宾当地人向他提供的报告。

桑德对于同中国的贸易评价不高，中国人带给菲律宾唯一有用的东西是铁。就像这份报告之前的信中提到的，他强烈要求国王立刻派出一支远征军去征服中国，为此大约需要 4000 至 6000 人。因为一些新奇的原因，他认为这项事业是正义之举：它将不幸的中国人从统治者压迫的暴虐和残忍下解救出来；因为他们的罪行和恶习，惩罚他们是正确的；应该强迫他们允许外国人进入。关于分界线，这位都督没有被任何良心上的顾虑所扰，因为他确信从摩鹿加群岛至日本岛，包括婆罗洲和中国沿海在内的所有区域都在"西班牙的界限"以内。如果国王同意的话，他已经准备好将葡萄牙人从摩鹿加群岛赶出去。

桑德进一步给出了菲律宾群岛以及当地人的细节。这里的气候对那些生活节制的人是有益的。他描述了稻作文化，并赞扬了土壤的肥沃；给出了很多关于当地人的特征、习惯和风俗的有趣信息；他认为他们中的大多数都酗酒、放荡、懒惰、贪婪以及凶残。都督在宿务重建了被毁的堡垒，但他认为在那设置一个定居点是无用和昂贵的。他要求带桨的船舶，以便在群岛之间航行，也渴望为西班牙占领摩鹿加群岛。他抱怨黎牙实比和拉维萨利斯鲁莽地实行分配制的做法，他正试图改革这一弊端。他已经废除了很多这样的分配，并把它们都置于国王的控制之下。他建立了两座造船厂，在造船和修船方面表现良好。他需要大炮或者娴熟的制造大炮的工人；还有 50 个好枪手、两个技术熟练的工程师以及更多的军队。桑德在马尼拉建立了医院，主要是为了士兵——显然是岛上第一所医院，还在计划建立一栋房子，以便使处于恢复期的病人得到良好的照顾。他开始在马尼拉构筑防御工事，并做一些其他方面的防御准备。邦板牙省（Pampanga）几乎是西班牙人食物供给的唯一来源，桑德已经为国王占领了该地，他请求国王批准这项行动。他正在努力堵塞王室财政的各种漏洞，并提供给那些有资格的穷人。他提到了一项王室命令，该命令要求将所有印第安人引导到已经被平定地区的附近定居，目的是让他们安静下来并皈依基督教信仰——他认为这个计划是相当不切实际的。马尼拉官员对王室资金粗心、铺张地管理使都督大为恼火，他提出各种建议来实现更好、更节约的公共服务行为。他报告了这片土地的宗教地位，请求更多的牧师，尤其推荐方济会，"因为他们与当地人生活在一起，我们也不需要供养他们"。由于当地人如此贫困，一些让步和免税应该继续实行，因此，关税也不应该征收，直到人们有能力支付为止。中国船长王高望同意第二次将两名修士运送到中国，但由于修士们无法用礼物满足船长贪婪的本性，他们被遗弃到一座孤岛上，结果被路过的西班牙军队所救。桑德列出了他要送给国王的各种文件、地图等，并再次呼吁国王同意他征服中国的建议。一份包含了对这封信作答的备忘录表明，国王拒绝考虑这一计划，并建议桑德将精力放在维持和开发已征服的土地上。

　　在 1577 年 6 月 8 日的另一篇报告里，桑德提供了之前文件以外的一些信息。吕宋的摩洛人是非常精明的商人，他们熟于降低从岛上得到的金子的成色。这一做法在货币问题上给都督带来了很多困惑。在过去的两年里，他已经成功地使"王室财产事务和墨西哥一样秩序良好"，同时改革了各种或大或小的弊端。他解释了他帮助有需要的士兵和其他贫困之人的方式，并重新分配了已故之人的委托监护权。至于当地人，桑德说他们并不是天真、愚蠢或胆怯的，"只能用火绳枪或金银礼物才能同他们打交道"。他在士兵中维持了良好的纪律，改掉了士兵中过去广为流传的恶习。鉴于殖民地的贫困，他请求延续关于关税和王室伍一税的让步。他重申了对更多宗教教师的需求，不仅需要世俗的牧师，而且需要更多的修士——尤其是那些不能拥有财产的，因为印第安人会更关注这些人。他详细地解释了处理王室官员合理支配王室资金问题上的困难，对于他们的低效率和管理不善，需要一些大胆的疗法。吉多·拉维萨利斯的财产被没收，其他违法者的货物同样被收缴。这座城市现在被栅栏和城墙包围着，河岸也被保护起来以防波浪的侵蚀。他已经建好（或现在在造船厂中）所有的船只，这些船只在新西班牙价值 10 万杜卡特（Ducats），但只花费了他不到 1.5 万杜卡特。这片土地的资源正在被开发，难以控制的当地人也已被平定，建立了教堂和修士们住的房子，都督的住宅已经被建成。在所有的这些项目中，他发觉有必要注意所有事情并监督工人，细心和监督给他在公共资金的支出方面带来了好的回报。

　　一份署期为 1578 年 2 月 6 日的教皇训谕，建立了马尼拉教区，指定它的教堂为大教堂，并列举出了主教的责任和特权。主教隶属于墨西哥的大主教，平时的什一税和其他的税费被送到墨西哥。1579 年 7 月 29 日桑德写给国王一份简短的报告，报告了他之前的 3 月至 5 月期间对婆罗洲的考察，请求奖赏和提拔他和他的兄弟们。根据 1578 年 11 月 15 日的法令，教皇格列高利十三世（Gregory XIII）对这些东方方济会的"所有参观教堂的忠实信徒以大赦"。1579 年 5 月 13 日，费利佩国王签署了一项在菲律宾群岛建立修道院的法令。多明我会的多明戈·德萨拉萨尔（Domingo de Salazar）修士被任命为马尼拉主教，不久将和修士们一起前往那里。都督被命令调查需要修道院的地方，然后在那里兴建修道院。

1579 年 5 月 30 日桑德将他征服其他附近岛屿取得的成果告知了国王。在前一年被他袭击的婆罗洲的城市已经重建，那片土地的国王也准备投降。霍洛岛（即苏禄）的国王已经成为了西班牙的封臣，并且和居住在棉兰老岛大河周边的居民实现了和平。桑德仍然希望能够着手征服摩鹿加群岛和中国，为了达到上述目的，他正尽其所能地积累船只和大炮。

和这封信一起的是一大摞文件，其中包含了桑德所提到的远征的官方公证记录。都督从吕宋岛的菲律宾当地人那里得知，婆罗洲的国王压迫和劫掠来到他土地上的同胞——因此无理对待了西班牙的臣民；而且，婆罗洲人是伊斯兰教徒，正在群岛的民众中散播他们的异端邪说。桑德写信给这位统治者，表明愿意和他协商以缔结和平友好的协议。他不仅要求这位国王给基督教传道者在婆罗洲自由传道的机会，而且要求婆罗洲人停止所有在菲律宾人中进行的伊斯兰教宣传。这位国王必须交出他强行扣留的所有人，包括他们的财物，同时必须给西班牙人提供食物——当然，他会因此得到报酬。婆罗洲人没有答复，桑德的特使也没有回到船队，他不顾当地船舶的抵抗进入了港口。港口的居民逃往内地，西班牙人进入了城镇，夺取了这位国王的各种财物——其中有一些来自葡萄牙的信件，有一封署名"国王"。桑德为西班牙占领了整个婆罗洲。之后，1578 年 5 月 23 日派出他的一名官员埃斯特万·罗德里格斯·德菲格罗亚（Estevan Rodriguez de Figueroa）征服苏禄群岛。桑德指示他尽可能温和地使那里的海盗成为和平的农民，并向他们收取贡赋。然后，他去棉兰老岛执行同样的使命；此外，由于很多的当地人是伊斯兰教徒，他必须尽力根除"那可憎的教义"。桑德回到了马尼拉，由此在下一年（1579 年 2 月 28 日）他派遣胡安·阿尔塞·德萨多尼尔（Juan Arce de Sadornil）带领船队前往婆罗洲，并对他这次远征的行动给予了详细的指示。他要去摸清那里的情况，并努力使当地国王服从，使之成为西班牙的封臣。萨多尼尔去了婆罗洲，与国王进行了各种协商，但他没能使后者与他当面协商。最后，他眼望自己一无所获，而同伴们在遭受监禁和疾病，便决定返回马尼拉；他向桑德建议，为了成功，必须在婆罗洲摩洛人法庭所在的城镇建立西班牙人的定居点。在 1578 年 6 月，苏禄国王向西班牙政权屈服。从摩鹿加群岛传来的消息称，特尔纳特（Ternate）民众反抗葡萄牙人，葡萄牙人被迫放弃他们的城堡，退回到安汶岛

（Amboina）。他们的香料贸易因此受到了重创，其他的马来人对葡萄牙人同样怀有敌意。

　　1579 年 1 月桑德再次派出一只远征军，在里韦拉船长的带领下前往棉兰老岛和苏禄，以使得它们对西班牙权威的服从。他的指示中特别强调了适当关注军队健康状况。期望从苏禄获得的贡品是"2 头或 3 头驯服的大象"。里韦拉来到棉兰老岛大河，但一无所获；因为当地人由于害怕西班牙人，已经抛弃了村庄，逃到了山里。里韦拉在河流的三角洲建立了一个堡垒，得到了附近一些首领的臣服；但是，由于他的士兵正受到疾病困扰，他从一名友好的首领那里得到了印第安村庄和人口的清单，有了这些收集的信息，他就可以离开了。他派遣了一个小分队去平息武端（Butuan）地区。里韦拉前往甲米地（Cavite），在这里遇到了一个来自苏禄的代表团，他们带了一点贡品，声称自从一年前菲格罗亚到来后，向他们征收贡赋，他们的人民就一直为饥荒所困扰。通过调查发现这件事情属实，他退回了他们的贡品，作为替代，收取了他们从失事的葡萄牙帆船上获取的一支加农炮。然后，里韦拉返回了宿务。

　　1580 年 3 月 26 日的一份王室法令任命了马尼拉大教堂空缺的圣职。1581 年 7 月 17 日新都督龙基略·德佩尼亚洛萨（Ronquillo de Peñalosa）写信给国王，询问是否把马尼拉作为首都和总部，并且对许多事项给出了建议。像许多这样的文件一样，这封信的批注也是"已阅，不言而喻"。

　　因为某些到达菲律宾的方济会修士更喜欢在中国工作，1582

年 3 月 2 日，佩尼亚洛萨命令，没有他的允许，任何人不准离开岛屿。在那一年 6 月 15 日的一封信中，他向国王抱怨，他没有得到预期的来自新西班牙的人力援助；那里的检审庭（当时桑德在里面，他的菲律宾都督的职位被佩尼亚洛萨取代）干涉他的政府，并威胁要给他制造麻烦；他的机构里需要一位有能力的助手。特尔纳特目前处于西班牙的控制之下，西班牙垄断了有利可图的香料贸易，因此巴拿马成为最佳路线。一名英国海盗，很可能是弗朗西斯·德雷克（Francis Drake）爵士，一直都在和特尔纳特的马来人耍阴谋，应该更加强化那里的哨所。新任命的主教萨拉萨尔已经到了，由于他的严厉和控制欲，他并不受人们的喜爱。

编者

1903 年 4 月

# 第5卷 1582—1583年，主教萨拉达尔要求国王保护土著、建立检审庭和宗教裁判所

这一卷涵盖的时间较短——只有1582—1583年，这期间结束了西班牙占领菲律宾群岛的第二个10年，但是在这期间也发生了很多重要事件，某些深刻作用于早期菲律宾历史的影响也被揭示出来。1581年热情无畏的主教多明戈·德萨拉萨尔的到来对岛上土著来说是一个值得高兴的日子。当时西班牙征服者在无情地压迫印第安人，对于修士的反对漠不关心，但是萨拉萨尔尽可能地发挥教会的权威，还大力敦促国王庇护那些受西班牙人掠夺的不幸受害者。因此制定了许多保护土著的人道法律，当然，主教的这种干预引起了教会和世俗权力间尖锐的对立——或许永不会平息。同萨拉萨尔一起前来的有耶稣会神父，他们在岛上确立了该修会的传教工作。1582年，日本海盗开始威胁吕宋，但是被西班牙军队打败并受到控制。1583年发生了两件最值得注意的事情：其一是岛上检审庭或高等法院的任命——国王特意命令其照看和庇护印第安人；其二就是宗教裁判所或宗教法庭分支机构的

设立。关于这些事件更详尽的细节会在此处的文献梗概中给出。

　　在一封 1582 年 6 月 16 日的信中，佩尼亚洛萨都督报告，土著人的皈依工作取得了良好的进展，但没有足够的传教士。他建议在每一个城市和村庄建立修道院；传教士应该直接来自母国，而不是新西班牙，因为后一种情况的传教士在来到菲律宾不久后就变得不满足。他之所以抱怨，是因为方济会的修士已经去了中国；他重申了之前官员提出的征服中国的请求，但认为当时西班牙在菲律宾的力量还不足以达到该目的。同时，他努力巩固殖民地，并在班乃岛（Panay）建立了阿雷瓦洛（Arévalo）镇。吕宋正在建立一个新的城镇——新塞哥维亚（Nueva Segovia）。佩尼亚洛萨派遣一名官员前往摩鹿加，派遣耶稣会修士桑切斯（Sanchéz）前往澳门去安抚那里的葡萄牙人，尤其是当他们得知统治者的变化时——葡萄牙的统治权已交给了西班牙国王。他批判前任的管理，声称他们从王家国库支出时没有计划或制度。

　　这位都督认为，之前岛上征收的关税——进出口都是 3%——太少了，他已经决定将税率提高，菲律宾商人是 5%，墨西哥商人是 7%。他努力扩展岛上的贸易，为此他将载着货物的船派往巴拿马和秘鲁。为了防守麦哲伦海峡，他将一枚重型大炮送给了秘鲁总督，但后者向佩尼亚洛萨要求更多的大炮。菲律宾和新西班牙间的贸易在增长。佩尼亚洛萨赞扬来到岛上的耶稣会传教士，并建议派遣更多这样的人前来。为了防守岛屿，他正在建立堡垒和船只。他抗议最近颁布的王室法令，该法令命令解放菲律宾西班牙人所持有的所有印第安奴隶，该信以询问一些个人的喜好作为结束。

与都督的信一起寄过去的，还有一名叫米格尔·德洛阿尔卡（Miguel de Loarca）的士兵撰写的对岛屿和当地人民的描述，他是那里的早期征服者和定居者之一。宿务是那里的第一个定居点，他就从宿务开始，描述了西班牙人当时所知的所有岛屿——记录了它们的面积、轮廓和人口，并列举了那里被分配的委托监护区、西班牙定居地的官员及岛上的产品等。在这些信息中，洛阿尔卡吸收了很多关于土著人社会和经济状况的有趣细节。初步调查之后，他详尽地描述了平塔多斯（Pintados）或米沙鄢印第安人的宗教信仰，在这方面，沿海居民和山区居民也会有所不同。他讲述了他们的创世论、人类起源说、逝去灵魂的状况以及控制他们命运的神灵。当然，其中有很多观念是幼稚、粗鲁和迷信的，但在某种程度上显示了他们可观的想象力和诗意的幻想。他们有各种神灵，神职人员多为妇女，他们的宗教传统以歌曲的形式流传。也描述了他们的丧葬习俗。有一章用于描写这些种族中的奴隶制度——它的性质和原因、奴隶的价格和地位。长篇地描述了他们的婚姻习俗，包括妇女的地位、对不忠的惩罚、离婚的动机等。还有大量关于岛上的动物和植物的稀有信息。洛阿尔卡随后开始描述吕宋摩洛人类似的特性：他们崇拜被称为巴塔拉（Bathala）的神，该神是"万物的主人"，或造物主。他的助手有雨神、丰收神、树神和海神等，都被称作偶像，因此受到崇拜和祈求，他们会为了人民向伟大的巴塔拉神说情。这些摩洛人由首领管理，他颁布和执行为维持良好秩序所必需的法律——通奸、杀人、盗窃是主要的罪行，会受到罚款制度的惩罚，没有能力支付罚款的人则会成为奴隶。

新任主教多明戈·德萨拉萨尔 1582 年 6 月 20 日写信给国王，恳求矫正印第安人所遭受的不公正和苦难，他们不断受到管理他们的西班牙官员的压迫。一些印第安首领的宣誓书表达了他们的不满。由于虐待，当地村庄的人口迅速减少。

王室在菲律宾的代理人胡安·巴普蒂斯塔·罗曼（Juan Baptista Roman）在 1582 年 6 月 25 日的信中，讲述了西班牙人和日本海盗间的冲突，那些海盗洗劫了吕宋的卡加延省，他恳求快速从墨西哥派来援助以对抗敌人。有一封没有署名但明显是佩尼亚洛萨在 1582 年 7 月 1 日所写的信，其中提到了和日本人的战争，并要求军队支援。一些额外费用的支出，尤其是岛上经常出现的紧急情况，也需要更多的资金。

1582 年 9 月 15 日和 10 月 20 日的两份教皇法令建立了多明我会的菲律宾省（分会），并对那些作为传教士到该地的人给予宽容。一份大约是 1582 年的未署名的文献列举了菲律宾群岛的可出售公职，鉴于普遍的权力滥用，建议在充实机构的方法上做出一些改变。加夫列尔·德里韦拉（Gabriel de Ribera）写信给一些高级官员抱怨，称佩尼亚洛萨管理无方，对岛上的福利有害。

在同一年，为了向国王和他的王家西印度事务委员会提供信息，萨拉萨尔主教写了一份关于岛上事务的备忘录。他以描述当时吕宋食物供应的匮乏为开始。这是由于把邦板牙省的印第安人送到了矿井劳作，而该省是岛上的粮仓。西班牙人还强迫当地人在船上工作或从事其他的劳作，他们因此没有机会种地，甚至被剥夺了适当的宗教训导。贪婪的西班牙官员垄断了所有的当地交通，随意规定供给品的价格，有些人因此谋取了巨额利润。萨拉萨尔——有充分的理由被称为"菲律宾的拉斯·卡萨斯"——悲哀地列举了征服者让不幸的土著人遭受的伤害和压迫，并用强有力的和雄辩的语言敦促，保护印第安人免于不公正，并要把他们当作人类对待。他引用王家法令中保护印第安人利益的条款，宣称大部分条款一直没有得到遵守。国王所拥有的印第安人甚至比私人委托监护区的印第安人遭受更大的压迫。作为西班牙人所有这些恶行的结果，印第安人开始憎恶基督教信仰，许多人仍是异教徒，而那些名义上的基督教徒多是出于恐惧，并非自身的选择。派给印第安人的布道者应该在没有军队陪同的情况下前往，应该强迫委托监护主对他们管制下的印第安人履行其职责。

这位主教随后描述了前往菲律宾群岛的中国商人的状况。官员们在马尼拉对中国人征收无理的费用；将他们聚集在一个住处，远离城市的其他居民；给他们派去一位有专制权力的特殊监管员。此外，强迫他们以远低于商品价值的价格出售他们的商品，且经常抢劫他们；拒绝为自身的过失赔偿。结果，中国商品几乎从市场消失，能见到的少数商品价格极高。其他前往马尼拉的商人也要承担许多不公正的和专制的勒索。

萨拉萨尔抱怨西班牙人奴役印第安人，尽管牧师和修士提出了各种抗议，西班牙人也拒绝释放他们的奴隶。土著人受到官员的压迫，任由因没有薪资而且无法纪的士兵的摆布。委托监护主拒绝支付什一税，王室官员说他们没有接到给主教支付报酬的指示；他因此在经济上非常拮据，能为不幸的土著人或可怜的西班牙人做的事情非常少。都督提议对印第安人征收额外的贡税；关于这一事项，神职人员和修士们举行了一次会议，做出决定，为了支付保护土著人免受敌人攻击的费用，支付教导他们真正宗教的费用，可以合理地征收税费。然而，这位主教建议，直到国王有机会调查这一问题，并命令说这样的举措是最好的，在此之前不应征收额外的贡税。在菲律宾的士兵抛下了他们（在西班牙、墨西哥或其他地方）的家庭，实际上他们已经抛弃了很多年。萨拉萨尔希望国王下令将这些人送回他们的家乡，或施恩将他们的家人带到岛上。他再一次重申了土著人不幸的遭遇，请求应该给予一位官方“印第安人保护者”合理的供给，对于现在暂时占据的这一职位，主教可以拥有提名权。他也请求授予马尼拉城一项委托监护权，为执行市政事务和必要开支提供费用。他建议奖励弗朗西斯科·德杜埃尼亚斯（Francisco de Dueñas）少尉，他刚刚完成一项去特尔纳特的重要任务——不论他走到哪里，都带着一份将葡萄牙定居点转移给西班牙的官方公告，这都是和平完成的。去往中国的方济会修士被都督带回了岛上，没有都督的允许，禁止他们再次离开。主教为他们向佩尼亚洛萨说情，但只是徒劳。这只是主教和行政当局频繁冲突的一个例子，当局阻碍而非帮助他们。萨拉萨尔在信的末尾对国王应该派到岛上的官员给出了建议。

1583 年 3 月 1 日的一份具有特殊意义的文件指示了宗教裁判所的委员中谁将留驻在菲律宾群岛。选取这类官员时要格外小心；他的言行必须十分谨慎，在所有同他的职务和行动相关的事务中，他必须最严格地遵守保密原则。所有异端的案件应该被移交至宗教法庭，因此，主教和其他教会的权贵不会审理这样的案件。宗教裁判所警告代表委员控制好自己的脾气，进行仔细而充分的调查，将任何不尊重的案件以及不服从它命令的情况向宗教法庭报告。宗教裁判所详细指示了接受对嫌疑人控诉的程序，并对其做出了种种限制，对于这些指控所引起的逮捕也是如此。它期望委员调查各种罪行，尤其是重婚，但如果可能的话，它应该将对其的惩罚留给普通法院。如果有任何关于这个或其他罪行的指控，它应该将和被告有关的所有信息送往墨西哥的宗教裁判所；在特定的案件中，被告应该被送往墨西哥。宗教裁判所要求王室司法官员应按照委员的要求协助其工作，公共监狱也由其支配，但委员可以自主选择一个专门的、秘密的地方囚禁他逮捕的人。囚犯会被很快地押送到墨西哥，由那里的宗教裁判所审讯。宗教裁判所警告委员不要没收被告人的财产，确保他的财产由有能力的人管理。然而，供应囚犯的行程、食物、服饰以及其他必要开支的费用来自于他的财产——为了这一目的，很多财产会在公共拍卖中出售。这些诉讼程序不适用于印第安人，他们处于普通教会法庭的管辖之下，但是涉及西班牙人、梅斯蒂索人和穆拉托人的案件则由宗教裁判所审判。它的与某些书籍背离的法令应该在公共场合庄严宣读，对于这一程序也给出了指示。委员必须检查到达港口的船只，并根据他的指示调查船上的职员，但这只适用于属于西班牙的船只。这些检查的一个特殊目的就是没收任何为宗教裁判所谴责的、可能通过船只运来的书籍。可疑的情况留给委员来裁决，因为他离墨西哥的距离实在太远。

另一份有价值的文献就是 1583 年 5 月 5 日提供的，在马尼拉建立和运作王家检审庭的法令。文件规定了检审庭房子坐落的位置、检审庭的权力和司法权的范围；对于即将面临的各种事件，也给出了诉讼程序的指示。文件向检审庭成员描述了司法功能以外的其他职责，包括监督王家财政大臣，检查旅馆、药店和度量衡。检审庭应向母国政府报告岛上资源、人民状况、他们对偶像崇拜的态度、对印第安奴隶的训导等信息。检审庭应该稳定商人所要商品的价格；拥有一份包含所有西班牙市民的名单，其中记录每一个人的服务和奖励；审计检审庭所在城市的市政账目；向那些在新城镇定居的人分配土地。检审庭关于各种宗教案件的权力也得到了仔细界定。费利佩国王下令，只有在那些西班牙人定居、说西班牙语的市镇宣读教皇训谕，不应强迫印第安人听他们布道或接受训谕。文件明确指示了检审庭审计王家国库账目的方式，不允许它花费其中的钱；它也应当审计遗嘱中财产的账目。它的成员必须格外关注被征服的印第安人的福利——惩罚压迫他们的人，务必使土著人接受宗教训导，在这方面，检审庭和主教应该合作；为了保护印第安人和他们的利益，也给出了各种具体的指示。对于从属于检审庭的

官员——财政律师、警察、职员、监狱狱长以及其他人，文件
也详细规定了他们的职责，就像对辩护律师的规定一样。这份
文献中剩余的部分将会在第 6 卷中呈现。

编者

1903 年 5 月

# 第6卷　1583—1588年，征服中国的计划、与中国贸易的重要性

本卷涵盖了1583年至1588年之间所有的历史内容。在西班牙人占领菲律宾20年后，土著人口锐减，由于赋税负担沉重，西班牙殖民者处于贫困之中，并且基本没有生产活动。群岛名义上由一支小型军队力量防守，这支非常规军队由士气低落且无报酬的士兵组成，他们的目无法纪和傲慢自大，使之不仅威胁着自己的同胞，而且成为凌驾于无助的土著人之上的"暴君"。检审庭是一个花费高的机构，由此造成的负担令所有人不满。他们还有其他不满和很多要求，这些最终驱使他们向西班牙派出一名特殊使者，以获得母国政府的救济和援助。本卷的文件中包括了很多关于殖民地经济状况及其分别与中国和墨西哥商业联系的有价值信息。由于在菲律宾的西班牙殖民者发现他们的食物很大程度上依赖于中国，一些西班牙人明智地意识到在群岛鼓励和扩大农业生产的必要性；而其他西班牙人则被财富和强烈征服欲望所激励，他们敦促费利佩二世制订一个通过武力征服中国的计划，如此就能赋予西班牙对广阔的东方世界的控制权，并顺便惠及众多

贫穷的西班牙国民。

第 5 卷介绍了关于设立菲律宾检审庭的王家法令的大部分内容，这里的文献是一个总结。法令详细地规定了法庭一些下属官员的职责，包括审问官、监狱看守官、翻译官。除了准备吃掉的食物外，禁止他们参与任何投机游戏。不允许监狱犯人参与除了以食物为赌资之外的任何赌博行为。文献最后是关于公务费收费表和对检审庭档案管理的一般规定。

1583 年 6 月 21 日费利佩二世命令检审庭援助在该地的方济会传教士；1584 年 4 月 24 日的法令规定群岛的各教团继续接受王家财政的赏赐，这些赏赐最初是由黎牙实比授予的。由财政官员提供了一份他们账目的报告，其中显示出日常消费的常年赤字，此外还有非常规开支，其几乎等于该年度的全部收入。受到这种负债情况警示，检审庭在 1584 年 6 月 15 日确定了一项对殖民地商业和工业情况的调查；所有的证据都表明，供应严重不足和民众贫困是普遍存在的，也证实了相当比例的土著人口已经死亡，以及全体人口中非生产性因素过高。

一名叫梅尔乔·达瓦洛斯（Melchor Davalos）的检审庭法官在 1584 年 7 月 3 日写信给西班牙国王，其中散布着卖弄学问、盲从、利己主义和浮华的气息，同时也包含一些关于群岛事务的有用信息。他在信中提到了检审庭在马尼拉的出现和创建，抱怨他未能获得应得的薪金，并认为他所从事的职务应该得到更好的待遇。至于应该如何对待穆斯林，他请求国王的指示，并援引了此前西班牙国王授予黎牙实比在特定情况下奴役摩洛人的许可，以及西、葡君主在驱逐和镇压那些占据其领土的摩洛人时所树立的榜样。达瓦洛斯也渴望国王解决西班牙人的蓄奴问题，他倾向于使之合法化，采取这一措施就将阻止中国人赚取来到菲律宾的所有钱财。极度贫困普遍存在于西班牙士兵之中，他们没有报酬，达瓦洛斯建议允许他们去征服新的土地，这样他们就能养活自己了。西班牙在摩鹿加的据点受到特尔纳特岛国王的威胁，所以应该派一支强大军队前去支援。关于这次远征指挥官的委任，在西班牙军官中引起了一场争论，达瓦洛斯提议由他担任指挥官——正如他向王家记者告知的那样，这样会令所有心怀不满的上尉得到满足。他希望西班牙国王批准他惩罚品行不端的中国人的权力，并认为修士们应该更加迅速地让这些异教徒皈依和接受洗礼。

新任都督圣地亚哥·德贝拉（Santiago de Vera）在 1585 年 6 月 20 日写信给墨西哥大主教。其中陈述他遇到了很多困难：主教表现出来的冷漠、缺少检审庭同僚们的支持、王家西印度委员会对群岛的需求知之甚少。他的任务繁重、责任太大；他请求大主教帮助他向国王申请减轻他的这些负担和困恼。贝拉还没有获得他被要求送往墨西哥的水银，但他会努力从中国商人那儿争取。特尔纳特岛的国王已经叛乱，这导致那里的事务处于糟糕状况之中，这需要更多的军队，但不能从马尼拉抽取。贝拉讨论了有关他的某些军官、以及军事和民事的各种事务。他向西班牙发送了两名在押的囚犯，其中一个叫迭戈·龙基略（Diego Ronquillo），他是已故的都督冈萨洛·龙基略·德佩尼亚洛萨的亲属，被控告挪用由后者保管的公共财产。

赫罗尼莫·德古斯曼（Geronimo de Guzman）是一名西班牙方济各会的官员，他在 1585 年向西班牙国王提出了一些关于在菲律宾的方济各会修士的政府的建议。一名叫乔安·德巴斯科内斯（Jhoan de Vascones）的奥古斯丁会修士，显然是已经离开群岛到了西班牙，他大约在 1585 年写信给国王，代表他在群岛的同胞，要求国王派遣更多的宗教人士到菲律宾和其他东方国土，并且派出的修士应该经由印度而不是经由新西班牙再到菲律宾，要命令印度世俗和宗教当局援助这些在布道之旅中的修士；允许修士们不用等待政府许可就可以在"偏远和异教徒的土地上"建立他们可能会选择的修道院；不能允许马尼拉当局根据自己喜好而将修士们派往其他地方。

从奥古斯丁会修士胡安·冈萨雷斯·德门多萨（Juan Gonzalez de Mendoza）1586 年在马德里出版的《中华大帝国的历史》（*Historia del gran Reyno de China*）中，我们翻译了涉及菲律宾群岛部分——第 2 章的部分内容和附在该书中的《旅行日程》（*Itinerary*）。他在该书的第 1 卷第 2 部分叙述了奥古斯丁会修士们为将福音书传播到中国所做的努力。在西班牙军队击溃中国海盗林凤（详细叙述了他的壮举）之前，这些努力是徒劳的。一名曾到马尼拉搜寻海盗的名字叫王望高的中国官员与西班牙人达成一种友好的共识，即作为对西班牙人帮助追寻海盗的报答，承诺让一些西班牙修士到中国去。这次挑选了马丁·德埃拉达（Martin de Herrada）或叫拉达的修士和赫罗尼莫·马林

（Gerónimo Marín）修士到中国去，并由两名士兵陪护他们，其中一位士兵叫米格尔·德洛阿尔卡，他就是出现在该系列文献第 5 卷中的令人好奇的《联系》（*Relation*）的作者。他们受到中国人的友好接待，但是未能够在那儿布道，最后被送回菲律宾。在门多萨这本书的第 2 卷中叙述了 1579 年方济会传教士在中国的旅行。刚开始，他们提出到中国的许可请求，桑德都督不想批准；但是一名中国神职人员经过他们的努力之后皈依了基督教，这件事情使他们更加渴望到中国打开布道的大门，而桑德仍然拒绝他们到中国去，他们决定不告诉桑德自己离开。这段叙述后面附加了一份《旅行日程》，是由另一位从西班牙到中国并返回的方济会修士所写。作者讲述了关于贼岛和菲律宾群岛及其人民的各种详细情况，既有历史性的也有描述性的；存在于群岛上的奴隶制习俗、他们的宗教信仰以及基督教在群岛的发展——表明当时皈依基督教的人数已经达到 40 万。一个死人灵魂的超自然的显现被加以详细描述，他描述了进入基督教天堂的快乐。这件事情导致很多土著人皈依基督教，但有些人宣称"由于那里有骄傲的卡斯蒂利亚士兵，所以他们对去那里并不在意，因为他们不想成为士兵的伙伴。"群岛的产品，和从中国进口的物品都被一一列举，同时提到了生产这些物品的现行价格。

　　1586 年 4 月 20 日举行了一次马尼拉各阶层的集会，参加者包括教会、各传教教团、军队、王室服务人员以及市民。7 月 26 日签署的一份关于他们的不满和需求的声明，由耶稣会修士阿隆索·桑切斯（Alonso Sánchez）送往母国政府。他们抱怨说大教堂没有合适的建筑、设备及其仪式供应物品，并且没有办法来供养主教和神父。他们要求必须交纳什一税，否则就用牧师助理来替代受俸的神职人员，由他们照顾西班牙人及其印第安仆人的灵魂。王家医院和印第安人医院都处于严重的贫困之中，应该得到王家赏金的援助。需要更多的宗教导师，而为了养活他们，应该从印第安人那儿征收更多的贡税，还应该强制委托监护主缴纳什一税。马尼拉需要一些公共财产，以满足其必要的开支；废除至今强加于商业之上关税。他们请求将王室伍一税减少为什一税并永久不变，而政府官职和委托监护权只能授予那些目前在群岛定居并提供服务的人。应该在马尼拉支付该地的工人和技工的工资，而不是在墨西哥支付；应该安排一名专门管理船舶的官员；在群岛上不应该有宗教裁判所的传教士。他们抱怨从墨西哥送到这里的钱太多，很显然是那些对中国贸易感兴趣的投机者所为；并请求群岛与墨西哥之间的贸易应该被全部限定于群岛的公民手中。他们要求将来所有从中国进口的商品以批发的形式卖出，为此任命西班牙官员负责，然后通过公正公平的分配将商品以成本的价格分给西班牙公民、中国人以及印第安人；应该压制在马尼拉的中国零售商，甚至不允许他们留在城外，除了基督教皈依者和农民、工匠，以及从事食品供应的商人之外。检审庭已经成为一种负担，应将之废止，或由墨西哥财政来支付其费用。由于该国没有农业，他们要求国王将农民及其家庭一起派来，使之成为殖民者；暂时免除他们的赋税、兵役或者其他个人义务，禁止他们改变自己的职业。应该向印第安人传授欧洲的农业方式，应将

牛和马引入该群岛，并驯化和饲养本土的野牛。赐予委托监护主
的土地应强制其耕种。应该从西班牙带来妇女并为其提供嫁妆，
以便她们成为士兵和工人的妻子；同时，也应该给一些土著妇女
提供嫁妆，这样她们可以嫁给贫穷的西班牙人。应该禁止出卖官
职；应将委托监护权变得足够大，使之足以支付其必要的税赋和
其他开支。印第安人没有义务支付王室伍一税；他们的诉讼案件
应该在法庭上简单、迅速地解决。不应该通过武力或在没有为其
提供宗教训导的情况下，向土著人征收贡税；一些委托监护区的
边界应该作出变动。应该任命一位"印第安人的保护者"，而他
不应是王家财政官；除印第安人外，他还应该管理中国人。士兵
被强迫服役却没有报酬，由此产生了许多的罪恶，军队变得士气
低落，殖民地的存在由此陷入危险当中。因此，应该维持一支有
偿的大约为350人的常规军队，他们不应该从事贸易或为官员服
务。军官们应该穿着显示权威的服装；而那些从新西班牙派过来
的人员应该是士兵而不是未成年人或男侍。人们提出了加强马尼
拉城市防御工事的急迫要求，这将会引起邻国的尊重，同时使那
些时刻想要叛乱的土著人和中国人保持敬畏之心。吕宋岛受到日
本人、马来人以及英国人入侵的威胁，那里每个地方的要塞防御
都应该被建立起来。应派一小支轻盈、敏捷的舰队守卫沿岸地区
以防止海盗。应该明白，不要相信土著人，他们会利用任何机会
杀死西班牙人。西班牙人目前的征服范围应该进一步扩大，那些
怀有不满的土著人所在的地区和岛屿应该被征服和平定。如此就
要启用并奖励贫穷的西班牙士兵，并为那些皈依者提供保护，因

为后者不断地受到其异教徒邻居的突袭。应该征服从琉球群岛
（Liu-Kiu Islands）到婆罗洲的区域。应该授权都督去进行这样的
征服，甚至通过协议"将这些任务委托给其他的西班牙人"。他
们还要求国王"帮助补偿那些受到第一批征服者蹂躏的印第安
人"，教会对征服者负有责任，教会拒绝赦免他们的罪恶直到他
们为印第安人犯的错误付出代价。征服者没有能够做到这一点，
所以要求从国库得到帮助。他们还要求国王强制委托监护主为印
第安人提供宗教训导。他们还列举了对印第安人征收贡税过程中
滥用权力的普遍行为；由于遭遇如此不公平的待遇，一些地方的
土著不断暴动。一些西班牙人无视王家法令，仍然以印第安人为
奴隶，此外，土著人本身也有许多奴隶；神父们不愿意宽恕这两
者，除非他们释放奴隶。他们要求对印第安人中的奴隶制度加以
管理。人们抱怨修士们随心所欲地离开群岛，因此而忽略了他们
的职责，这引起中国人和其他外国人的反感，同时在很多其他方
面产生了危害。因此，这项弊端必须得到纠正，除当局特别许可
之外，应该禁止西班牙人离开群岛，或在修士这样做的时候给予
帮助。

接下来是一个入侵和征服中国的奇怪计划，这将会给西班
牙国王带来大量的财富，也将是一个使无数人皈依基督教信仰的
方法，因此，西班牙国王被敦促立刻实施该项计划。桑切斯神父
向国王论证了该征服的合理性。他详细列举了兵力、装备、军用
必需品，当然也包括菲律宾当地可以提供的那部分装备，而在菲
律宾已经开始为这次远征做准备。希望来自西班牙的载有军队和

军需品的船舰在吕宋岛的卡加延省登陆，并描述了这支舰队可能采取的路线，即经由麦哲伦海峡，它被认为是最短和最安全的路程。希望诱导葡萄牙人参加这次被提议的征服，同时可能有一支来自日本的辅助军队。希望在中国的耶稣会传教士作为这次远征的向导和翻译员。军队人数应该足够强大、装备足够精良，这样才能一下子震撼中国人并使之就范。但是不应该像以前的其他西班牙人的征服那样，蹂躏该国，也不应摧毁本土政府。必须认识到的是，该远征计划不应像对待摩洛人或土耳其人那样对待中国人；将派人陪护传教士，以此来确保他们可能争取的皈依者免受中国当局的打扰；因此，（这次远征）应该由令人尊敬、仁慈的基督教来指挥和带领。这次征服中国将带来的好处被一一列举：首先应该是宗教方面的，包括将为中国人设立大量学校、教堂和修道院以奠定基础，在这些机构中中国人会很快地被欧化。作者赞扬了中国人的天资和卓越的能力，尤其是中国妇女的美德。就世俗利益而言，则是众多和巨大的。每年，中国都能向西班牙国库提供载满黄金、丝绸和其他财富的大帆船；来自矿山的大量白银以及来自地租、赋税的大批钱财，等等。整个中国可以被分割成若干委托监护区；将会为国王信任的封臣们提供大量的官职和尊严——事实上，"西班牙的一大部分国民可以到那儿去居住，并成为贵族。"因为中国妇女具备端庄、顺从的美德和美丽的外貌，她们将会成为西班牙人合格的妻子，这样两个民族就会融合，"一切将会变得和睦、友好、基督化。"正是由于缺乏这样的民族混合，迄今欧洲人在东方的殖民经历才会失败，但拟议的计划将确保西班牙在这种扩张中取得成功。在菲律宾，他们蔑视土著人为低等生物，认为他们只适合做西班牙人的奴隶，所以他们在那儿失败了。西班牙人只关心自己的发财致富，却残暴地对待土著人，结果是后者人数稳步减少，群岛的状况正在恶化。但是，在中国一切都会不同，无论在世俗还是精神上。西班牙人和中国人都将得到极大的好处同时变得富裕。一些征服中国产生的较小好处也被一一提到：无数主教教座的设立、新的军团的建立以及旧军团的扩大、大量贵族的产生、被征服省份总督的任命。如此，征服中国将会成为地缘优势，西班牙可以控制整个亚洲和一条通往欧洲的陆路交通线。可以将中国移民引入到菲律宾，"如此使他们自己和这片土地变得富足"。最终，抢先一步征服中国还能先发制人地防止法国、英国或其他异端国家觊觎远东地区。这份由岛上的都督、主教、宗教的高级官员以及其他一大批贵族共同签署的计划，随着它的发展，就像一个大型的、色彩斑斓的肥皂泡，同样被证明是虚幻和短暂的。

与这份备忘录一起寄出的还有补充上述文献内容或赞扬特使桑切斯神父的各种信件。6 月 24 日军事官员们写信给国王，提醒他通过基督信仰在群岛上获得的立足点，只有通过在那里驻军才能将其保住。士兵们（在过去他们的勇气和忠诚被赞扬）感到沮丧，因为他们未能得到其所希望的奖赏；他们现在目无法纪、士气低落，他们的长官无法控制他们。由此，马尼拉的防御事宜岌岌可危，这导致土著人鄙视西班牙人。写这封信的军官们抱怨他们在为改善这种事态的努力中受到了不公正的待遇；他们要求纠正，并取消检审庭。一封来自马尼拉市政会的信件推荐桑切斯作为他们（面见）国王的特使。他们控诉"在国家尚未完全被摧毁的情况下，不能再维持检审庭的存在，"因为国家无法承担这笔开销，并要求将之废止。他们要求一支 300 人且被支付军饷的驻军，并为马尼拉市批准一项委托监护权。他们抱怨墨西哥商人取道马尼拉与中国人之间的贸易不仅使该市的商人遭受损失，而且使殖民地政府遭受损失；（所以）要求该交通要道仅限于群岛的市民使用。他们请求国王认识到，这里需要派出更多的修士，无论是奥古斯丁会还是方济会的修士。市议会建议领班神父（archdeacon）胡安·德比维罗（Juan de Bivero）接受来自国王的一些赏赐，因为他至今在菲律宾的服务没有得到报酬。同一天，马尼拉耶稣会的教区长安东尼奥·塞德尼奥（Antonio Sedeño）写信称赞作为现任大使的桑切斯，并详细叙述了他过去对菲律宾殖民地的贡献。6 月 26 日主教萨拉萨尔写了一封简短信件，内容是除桑切斯被委任以外的一些问题。其中一个问题便是在公开场合主教和检审庭各自的位次。这位主教也描述了检审庭庭长与法官之间的争吵以及他如何成功地调解分歧。虽然有悖于他更准确的判断，为服从王室敕令，他向宗教裁判所送去了一批囚犯。6 月 26 日菲律宾检审庭写信给西班牙国王，建议提高印第安人贡税比率，如此取得的这些收入可以用来支付士兵的薪水，这将会大大地改善群岛上的军事服役水平。殖民地财政因大量开支而捉襟见肘，检审庭的薪水最好由墨西哥来支付，那么，委托监护区所得贡税就可以分给那些长期在菲律宾服役却无报酬的士兵们。

国王被要求每年为群岛的军队和海军拨款。检审庭也推荐桑切斯神父作为他们（觐见）国王的特使。他们的冲突现在都解决了，一些导致这些纠纷的问题提交给国王以供他做出决定。国王被告知，他们对群岛的海关关税，尤其是在与中国人贸易问题上做出了一些改变；从中可以看出菲律宾经济非常依赖中国，尤其是在食物和家畜的供应上。检审庭提及国王已赐予主教的扩大的权力。西班牙人参与赚钱的中国贸易已经引起了在印度的葡萄牙人的嫉妒，后者尽力将卡斯蒂利亚人排挤出那个国家；国王被要求采取他认为的最佳措施来处理这件事情。一位墨西哥官员被指控违背国王的命令到中国去，显然是要去经商。

检审庭成员之一佩德罗·德罗哈斯（Pedro de Rojas）6 月 30 日也写信推荐桑切斯。他讲述了检审庭内部关于官员任命的不同意见，并要求国王采取措施解决这个困难。他表示支持其他信件中关于废止检审庭的要求，提议任命一位有能力和诚实的人为都督，并就殖民地事务的管理提出建议。他控诉了华人的丝绸和其他奢侈品贸易给殖民地的利益带来的损害，并建议将其关闭；这样中国人将会带来对西班牙人有利的牲畜、食物和其他物资。西班牙人投身于商业之中，并且，由于这些人当中大部分都是士兵，他们疏于军事任务、失掉胆略，已经变得堕落而且道德败坏。罗哈斯敦促说应该限制他们从事贸易、离开群岛，或者将委托监护权交还给国王。应该在马尼拉建设一所女子神学院，鼓励和帮助西班牙年轻妇女来到群岛。在菲律宾获得的黄金应该送往墨西哥，同时一笔固定的款项——以硬币的形式——应该每年从墨西哥拨向群岛。罗哈斯推荐萨拉萨尔主教为都督，并对其担任该职务的资格加以称赞；至于主教一职，他认为检审庭法官阿亚拉（Ayala）是最佳人选。

6 月 30 日一位名叫胡安·莫伦（Juan Moron）的军官发送了一份他随军队到摩鹿加群岛支援西班牙要塞的远征报告。他敦促应该在马尼拉的防御工事中建造一座石头要塞，为了支持市政府的工作，应该授予市政府一些委托监护权，并推荐桑切斯为特使。

一组包含"关于与中国贸易的措施"（1586—1590）的文件很大程度上为当时西班牙殖民地的经济状况投下了一缕亮光。其中署期为 1586 年 6 月 17 日的第一份文件，尽管没有签名，但能很清晰地看出作者是王家西印度事务委员会的一名成员。他引用了几位西班牙高官的信件，来说明菲律宾与中国的贸易正在损害母国和墨西哥的利益，并再一次控诉西班牙的金钱正在持续不断地流向中国，结果使殖民地的财富衰竭。作者建议应该禁止殖民地进口中国商品，命令新西班牙总督采取措施来完成这一任务。2 天后，国王签署了关于该建议的法令。在一份 11 月 15 日总督写的信件的摘录中，先讲了为维持西班牙在菲律宾的殖民地，对土著传播基督信仰所做出的努力之成功，然后表示希望继续与中国人进行那已经开始了的贸易。通过这一代理业务，国王在殖民地的臣民将得到好处，另一个更重要的考虑是，基督教信仰进入异教徒国土的开放门户已经被获取。如果华人贸易被切断，菲律宾的西班牙人口无法维持，土著人将会反抗他们的征服者。委托监护主们依赖于中国人的衣服和食品，并借此机会向他们出售作为贡税从印第安人手中获取的产品，鉴于上述这些考虑，总督取消了当下的王室法令，此外，命令对所有墨西哥从西班牙进口的布匹课以重税。

1586 年 11 月 15 日，教皇希克斯图斯五世（Sixtus V）的通谕，将此前方济各会修士在菲律宾的监护区确立为教省。

1587 年 2 月 8 日墨西哥总督向母国政府建议，鼓励继续从事菲律宾贸易的商人，特别是通过向他们出售王家造船厂所建造的船只的方式。

菲律宾都督圣地亚哥·德贝拉在 1587 年 6 月 26 日写信给国王。他恳求派来更多的士兵，并为他们提供食物或其他必需品，因为至今派往这边的士兵没有食物和报酬，其中大部分死于贫困或恶劣的气候。由于最近马尼拉市毁于大火，贝拉严禁人们建造任何木制房屋，迫使他们使用石头建造。贝拉意识到马尼拉市的防御实际上不堪一击，他已经开始着手在其附近建造要塞和其他防御工事；他要求派来一小支有报酬的士兵作为该城市的卫戍部队。他已经向委托监护主、其他市民以及印第安人分摊这些工作的费用。在甲米地（Cavite）需要建设另一个要塞，为了完成这一防御工事，他要求国王批准款项和工人。在相邻的岛屿上发现了铜和硫磺。与中国的贸易很重要并且正在蒸蒸日上，中国的产品在马尼拉以非常低的价格出售。中国人要求西班牙人在他们的国家建立一个贸易站。与日本的友好往来正在开展，在那里的耶稣会教士被允许自由地传播基督教信仰。贝拉免除了从日本和澳门进口到马尼拉的商品的关税。他跟主教之间发生了一场争论，主教下令皈依基督教的华人必须减去他们的长发，而这导致大量皈依者拒绝接受洗礼，他要求国王解决这个问题。贝拉派人到澳门寻找不服从命令的墨西哥军官，这个人在之前的文献中提到过。一个信仰基督教的日本王子愿意在西班牙人希望从事的任何战事中通过提供军队来帮助他们。

在 1588 年 6 月 25 日，检审庭写信给费利佩，报告英国冒险家托马斯·坎迪什（Thomas Candish）在加利福尼亚沿海截获了"圣安娜号"（Santa Ana）宝船，这给菲律宾的西班牙人造成了重大的损失和困难。检审庭抱怨墨西哥总督对菲律宾贸易征收过高的关税，要求国王命令他停止这些措施，他不得插手西班牙发往群岛的信件，不得干涉岛上官员的私人事务。正在开始的墨西哥与中国的贸易危及到了菲律宾殖民地的存在，殖民地失去了最好的船舶，殖民者的人数也不再增多，人口规模不再扩大。王室国库的赏金被分配给各个宗教团体。检审庭评价了耶稣会修士的工作，但却建议不必按照他们的要求为他们建立神学院。因为"在整个国家中，没有学生参与他们的教学"。医院应该从国王那里得到更多的援助。主教与检审庭之间的分歧得到解释，但他们现在正在调整，并且趋于和平。最好是派来更多的传教士，他们最好是隶属于岛上已有的传教团体。

编辑

1903 年 8 月

# 第7卷 1588—1591年，马尼拉大帆船被掠、建设马尼拉城市和大教堂、征收什一税、贸易法令

菲律宾在1588—1591年间所发生的重要事件和变化都收录在本卷的范围之内。检审庭被取缔，其位置被王室都督取而代之，在给予他的指令中具体体现了许多由人民提出来而通过桑切斯特使传达的改革要求。土著中广泛和危险的反抗西班牙人的谋反团体暴露出来，并受到了严厉的惩罚。新西班牙与中国之间的贸易正在开展，似乎威胁到了菲律宾殖民地的利益。一大批华人移民进入菲律宾，并已经严重地影响了那里的经济利益。最近毁于火灾的马尼拉市正处于重建当中，这次主要使用砖块和石头。像往常一样，宗教和世俗当局的摩擦不断，其中大部分与向印第安人征收贡税有关；而在这些争论中最显著的人物就是年老却狂热的萨拉萨尔主教。

在耶稣会修士桑切斯作为菲律宾殖民者特使前往西班牙之后，根据马尼拉市政会的命令准备了一份文件（1586年12月31日），这份文件送给桑切斯以供他在西班牙法庭上使用。由于这

份文件在圣安娜号船上丢失，萨拉萨尔主教考虑到群岛的传教士十分缺乏，他向市政会申请（1588 年 6 月 3 日）将这份文件中涉及土著宗教需求的部分再抄写一份。他将抄文送到了王家西印度事务委员会，其中增加了一些前述市政会备忘录中并未提到的关于群岛的内容。这份文件提供了大量有趣的信息，不仅关于宗教事务，还包括群岛上西班牙人和土著的社会和经济的情况。其中列举了每个岛或省份的人数，既有西班牙人的、也有土著人的；西班牙军队、委托监护区以及缴纳贡税者的数量；女修道院及居住者的数量；修士和圣职人员的数量，既包括那些定居者，还包括那些土著人所需的人员；政府雇佣的官员数量；华人移民及其职业；公共市场上的用于出售的商品；马尼拉的进出口情况。作者还提到了大量令人感兴趣的事情：这个国家的自然资源及其物产、西班牙人和土著人的生活模式、殖民地具备的防御措施以及那些尚未被西班牙人统治的印第安人。所有这些为我们刻画了一幅殖民地及其生活的有价值的和异常有趣的画面。而呈现该文件的萨拉萨尔主要关注的是土著急需更多的宗教训导，并急切地恳求国王派来更多的修士和牧师来弥补这个需求。

1588 年 6 月 26 日，圣地亚哥·德贝拉写信给向国王报告了去年的情况。他详述了英国冒险家坎迪什对西班牙商业的剥削。今后，从菲律宾出发的载货船将只装备大炮和其他防御措施。贝拉请求更多的大炮来防守群岛，目前虚弱的防御体系使群岛处于巨大的危险之中。他建造了一些大划桨帆船，却更青睐于在群岛中有一些用于航海的轻型帆船。对于马尼拉新建的堡垒也进行了描述，称其完成后将会为该城市提供有效的防御。这位都督还列举了他拥有的火炮，并要求母国政府提供更多。他已经惩罚了那些经商的王家军官。贝拉建议应该推迟几年再拍卖某些公职，直到殖民地变得更繁荣为止。

在第二天（6 月 27 日）萨拉萨尔写信给西班牙国王。他就王家谴责他与检审庭之间的冲突为自己辩解。更多的内容则是关于坎迪什对西班牙船只的捕获。由此给群岛市民造成了非常巨大的损失，更重要的是损害了西班牙在群岛的声望。在棉兰老岛，穆斯林布道者正在进行广泛的宣传。这位主教抱怨在他的教区的教堂，还有它们的设备往往是如此的不堪和不充分，以至于是有辱宗教的，甚至"不配充当马厩"。这些是由于委托监护主的吝啬和贫穷而引起的。一点儿也不能对土著寄托期望，他们"被公共的和私人的任务折磨得喘不过气来"。这位主教把降落在西班牙人身上的灾害当作是上帝对他们虐待印第安人的惩罚。他建议应该派来大量的神父，他们将会成为土著人的保护者；还应指派一名公正无私的都督。萨拉萨尔还抱怨新西班牙总督表现出的冷酷和严肃，尤其是他将不允许某些多明我会修士到菲律宾；他通过限制措施，特别是通过向墨西哥商人出售一艘将用于华人贸易中的圣马丁号舰船，而损害了群岛的商业。他把该艘船在海上的失事当作是上天的惩罚。他敦促应该停止墨西哥与中国的贸易，应下令新西班牙总督为菲律宾提供援助，但是不应干预那里的检审庭对关税的决定，等等。萨拉萨尔反对群岛上出现如此之多的中国人。

　　在1589年4月3日呈现给国王的一份印度总督信件的摘录中，总督抱怨他的一些军官违反了与中国和菲律宾交往的禁令。他已经派军官到澳门去平定那里的骚乱，同时已经下令，那里所有卡斯蒂利亚人将被遣回。他强烈地反对已开始的墨西哥与中国之间的贸易，并认为应采取严苛的措施来阻止它。

　　贝拉在7月13日写信给国王恳求为群岛提供增援和补给。三名西班牙人（其中一名是方济会修士）被背信弃义的婆罗洲人杀害了。这证明了菲律宾人、婆罗洲人以及其他种族中普遍存在旨在袭击和赶走西班牙人的谋反团体。阴谋者被查出并给予了严厉的惩罚。一些公职已经被出售，都督提供了相关说明。他正在努力获取一支小的商船队，但为此不得不向国库寻求帮助。不仅需要船只，而且需要海员和木匠，他们应以同样方式支付其报酬。还需要更多的火炮，也需要由王室支持。中国贸易正在持续不断地增长。正在用石头快速重建马尼拉市。但是这片土地并不健康，士兵很快地死去，所以群岛只有少数士兵来防御；同时，他再次诚挚地恳求国王下令立刻从新西班牙派送军队和补给。新建的要塞在地震中遭到破坏，但贝拉正在将其修建得比以前更牢固。他抱怨修士们忽视他的关于学习汉语和教授岛上中国人的建设。只有多明我会教士进入该地区，他们已经取得了巨大的成绩，现在已经身处中国人的"基督教化的村庄"。如果不是因为主教下令皈依者的长发必须剪掉，将会有更多人皈依天主教；因此，国王应该下令召开一次修士和学者大会，他们应该对这件事情和其他关于中国人皈依的事务采取适当的行动。贝拉控诉主教的傲慢、固执和坏脾气，要求国王约束他。在马尼拉没有内科医生，而王家医院迫切需要这样一位医生。这份文件之后，有一份在贝拉信中所提到过的对各印第安人阴谋团体审判的诉讼公正记录。具体描述了对他们施加的惩罚；每一个案件都上诉到检审庭，而检审庭在一些情况下修改了惩罚，在另外一些情况下则肯定了之前的决定。

岛上的王室财政官加斯帕尔·德阿亚拉（Gaspar de Ayala）在 7 月 15 日向国王呈递报告。他建议，应该在群岛建造为王室服务的船只；还有，在岛上流通的黄金应该在新西班牙兑换成西班牙硬币——这两项措施将会给国库带来利润。他叙述了群岛最近拍卖官职的行为，并建议用这种办法可以增加国库的收入。一些委托监护权已经空置，作为王室财政官，阿亚拉负责保证它们回归王室；在这件事情上，他与都督之间有冲突，都督还想与士兵一起给阿亚拉制造麻烦。后者要求解除他在菲律宾的职务，将他派往其他地区。由于战争和中国境内的瘟疫，今年与中国的贸易很少；有传闻说它正在向秘鲁或新西班牙转移。倘若这是真的，菲律宾殖民地将会被摧毁。第二个反抗西班牙人的阴谋组织被揭发，这次是在宿务岛，其领导人已经被抓捕。卡加延的印第安人也叛乱了，已派去部队镇压他们。阿亚拉补充说，"我愿意去证实这些群岛中只有少数地方的土著人是满意的。"西班牙殖民地处于巨大的威胁之中，急需增援以避免其毁灭。现在在马尼拉的大帆船毫无用处，应该代之以轻型船舰。为在马尼拉建立新的要塞，一项新的征税已经落在印第安人的身上——压在他们身上的重担。阿亚拉详细叙述了主教与世俗当局的冲突，并恳求国王来解决这一分歧。主教也得罪了奥古斯丁会修士，因为他向其教区的中国居民派去了多明我会修士。国王被要求派更多的修士来指导土著人，马尼拉的印第安人医院除了救济品外无其他收入：阿亚拉建议允许管理该医院的方济会修士在新西班牙出售一定数量的胡椒。他还列举了当年检审庭的成员以及任命的文武官员的名字。一场猛烈的暴风雨袭击了马尼拉，造成了巨大的损失，除了一艘小型船只外，港口中所有船只都被摧毁了。派往卡加延的远征队除了摧毁心怀敌意的印第安人的庄稼外，一无所获。而这将会激怒印第安人使其采取报复行为。

1589 年 8 月 9 日的一项王家法令命令新任菲律宾都督戈麦斯·佩雷斯·达斯马里尼亚斯废除马尼拉对供应品和军需品征收的进口关税，同时抑制那里的中国零售贸易。

桑切斯作为特使到西班牙的一个结果是，西班牙国王和他的智囊团决定在菲律宾实施许多改革，并派去一名王室都督以代替检审庭。而这份荣耀落在了戈麦斯·佩雷斯·达斯马里尼亚斯身上，1589 年 8 月 9 日的指示中命令他，要使殖民地的政府和生活发生改变。马尼拉大教堂开始建造，为此国王拨出 1.2 万杜卡特的款项。马尼拉的两所医院也得到了类似的援助。更多的教士被派往群岛。印第安人贡税税率应从 8 雷亚尔提高到 10 雷亚尔，提高的部分用于缴纳什一税和群岛驻军的给养；委托监护主必须支持土著的宗教训导工作，并缴纳什一税。为马尼拉市提供 6 年的资助；但是国王拒绝废除食品和军需品之外的海关税，征收关税是用来维持群岛的驻军。任命和委托监护权必须授予那些老市民，或做出实际贡献的士兵；一份因其服务而受到奖励的人员名单被提交给了新任都督。工人们将在马尼拉获得工资，而不是像从前那样在墨西哥获得。与墨西哥的贸易仅限于菲律宾人。关于是否允许中国人或者其他外国人在港口经营零售贸易则留给达斯马里尼亚斯都督来决定。只有信仰基督教的中国人才可以留在群岛上。从事农业的殖民者将从西班牙被派到那里去，同时为他们制定了各种各样的规定；希望印第安人可以从他们身上学会西班牙的农业技术。牲畜和马被运到群岛；而被派往这里的农民被命令驯化和饲养在那里发现的野牛。要以各种方式鼓励发展农业。应该建立一所女子修道院，为其居住者提供丈夫；印第安妇女应该能够与贫穷的西班牙人结婚。委托监护权的授予一定要非常慎重，并必须提供充分的宗教训导。在可能的情况下，建议达斯马里尼亚斯在庭外温和地处理诉讼案件。对于心怀不满的委托监护区，仅征收一部分贡税。必须为土著人提供适当的训导，同时那些分散的印第安人应该被聚集在一个可以传授基督教信仰的定居点。国王任命萨拉萨尔主教为印第安人的官方保护者，并下令都督与之发展友好的关系。群岛上应该维持一支人数为 400 人且支付军饷的军队，同时为其纪律和福利作了多方面的规定。参军的最小年龄固定在 15 岁，禁止征募梅斯蒂索人。马尼拉城应该有军事设防和驻军，命令都督戒备各种敌人，"主要是侵扰沿岸的信路德教的英国人"，并修建堡垒和战舰来防守群岛。都督希望继续西班牙人在那里开拓的征服事业，但是只能与布置给他的任

务一致。他必须尽其所能来安抚叛逆省份的印第安人。在尝试任
何军事探险时，都督必须征求其团体中最博学和最有经验的人的
意见；他可以就探险或安抚至今未屈服的印第安人的问题与上尉
或委托监护主谈判。为印第安人教导做出了规定，在征收贡税中
敲诈和压迫印第安人的行为必须抑制。所有被西班牙人奴役的印
第安人应该立刻被释放。所有涉及印第安人的诉讼案件应该尽可
能地及时地、简单地解决。派往群岛的宗教人士除了当局允许离
开外，必须留在那里。

　　方济会教士胡安·德普拉森西亚（Juan de Plasencia）1589 年
提供了两段关于塔加洛人习俗的具有特殊价值的记述。其中描述
了他们原始的父权社会组织、部分私有和部分集体的财产权。他
们中存在三个社会等级：贵族、平民和奴隶。每个等级的社会地
位和权利被明确定义，并提及奴隶制的原因和种类。描述了其关
于继承权的详细的规章制度，以及被收养孩子的地位问题，这种
收养行为在塔加洛人中普遍流行。与此同时，婚姻、嫁妆以及离
婚都被全面地规定。普拉森西亚第二段有价值的记述是描写了塔
加洛人的葬礼和崇拜模式，以及在这个种族中流行的宗教信仰和
迷信行为。他们没有作为庙宇的建筑物，尽管有时他们也在一个
临时的"大厦"中庆祝他们的某种崇拜活动。他们的主要偶像是
巴达拉（Badhala），但也崇拜太阳神和月亮神以及各种小神。他
们信预兆，进行占卜。对土著人相信的各等级的祭司、巫师和巫
婆等，塔加洛人以及尼格利陀人的葬礼仪式都有详细的描述。

　　一封（写于 1590 之前的）来自葡萄牙的信件，为国王提供

了他曾向在印度的葡萄牙官员征询的信息，即关于西班牙殖民地与葡萄牙人在印度、东部群岛、中国建立的殖民地之间贸易的特点和结果。他们认为该贸易的继续将会摧毁他们在印度的据点，并严重地损害西班牙的商业，同时耗尽该国及其殖民地的财富。在萨拉萨尔请求下，他在 1590 年 4 月 12 日从国王那里得到了一笔款项，用以偿还他在用石材重建马尼拉时所欠的债务。同年的 6 月 20 日，被下令取消而后被达斯马里尼亚斯取而代之的检审庭的原成员们，告知国王他们已经让出了岗位，并要求国王赐予各种恩惠。

　　6 月 24 日萨拉萨尔主教给国王写了一封关于马尼拉"常来人"的特殊信件。他致歉说以前对他们性格的错误认识得出了错误的结论，并列举了许多中国人在其国内仁慈地对外国人的事例。他责备葡萄牙人在中国传播关于西班牙的虚假报道，并认为通过这个方法，可恶的葡萄牙人正试图阻止福音进入该国。这位主教力劝不要有针对中国人的敌对示威，因为他们对基督教最有兴趣，他们中间可以产生大量的皈依者。萨拉萨尔的大部分信件专门叙述马尼拉的华人居民，他们在那里定居的区域被称为"帕里安"。他讲述了移居群岛的中国人数的逐渐增加、他们与西班牙人的关系、"帕里安"的建立以及他为使他们皈依所作的努力。这些最终并未奏效，直到多明我修士在 1587 年来到这里；他们承担了使中国人皈依的责任，并在"帕里安"附近修建了他们的修道院，这些会使修士们与中国人保持长久的友好关系。对于"帕里安"及其居民有一个有意思的描述，即那里有各种贸易活动，人们继续从事他们在中国习惯的手工制造业，因为借鉴了西班牙人的方法，其产品更加完美。萨拉萨尔热情洋溢地写到，"帕里安使马尼拉城充满活力，我将毫不犹豫地向陛下承认，在西班牙或其他地区，没有知名城市像这里一样拥有如此值得一看的东西；因为可以看到来自中国的各类商品和新奇物件在那里进行贸易的场景。"特别有意思的是他们的居住产生的经济效应，"西班牙人追求的手工艺品已经全部消逝，因为人们全都从中国手艺人那里购买布料和鞋子，他们是擅长西班牙风格的工匠，并使所有的东西成本降低。"萨拉萨尔钦佩他们在制作所有手工制品上的聪慧和心灵手巧——尤其是他们在不到十年内就学会绘画和雕塑；"他们雕塑的大理石圣婴耶稣雕像如此完美，我从未见过。"因此教堂由雕像装饰。一名墨西哥的装订工人来到马尼拉，他的生意很快被他的中国学徒取代，这名学徒创立了自己的装订厂，并超越了他的师傅。他还叙述了很多其他关于中国人的聪慧、才能以及勤勉的故事；与此同时，马尼拉几乎所有的食物供给都依赖于中国人。该城市从中国人那里得到的最大的好处是他们作为石匠、砖匠和石灰匠所做的工作，他们很勤劳，工作很廉价，所以马尼拉被迅速重建，用了大量坚固、精美的石材和砖块建造房屋、教堂、修道院的城市。中国工人每天的工资为 1 个雷亚尔（相当于 5 美分）。许多中国人正来到马尼拉，以至于需要再建另一个"唐人街"为他们提供住处。他们中将近 7000 人居住在"唐人街"以及马尼拉附近，并有 4 名多明我会修士在其中工作。萨拉萨尔汇报了该修会在群岛传教的情况和进展。那些负责中国人的牧师已经劝诫了一些皈依者，但许多有基督教信仰倾向的人不愿意因此而背乡离井脱离自己的家园。经过深思熟虑之后，多明我会决定在中国放开传教，在这种情况下，可以放松强迫教徒必须剪去他们的长发以及放弃他们的故土的规定。教士们在克服很多困难后并通过马尼拉的一些中国基督徒的帮助，将能够完成这样的目标，即两名修士被派往中国：米格尔·德贝纳维德斯（Miguel de Benavides）和胡安·卡斯特罗（Juan Castro）。多明我会还为中国人创建了一所医院，它依靠捐赠款来维持，其中一部分来自"唐人街"异教徒的捐赠；医院的医生是一名皈依基督教的中国人，他献身于医院的服务。这个机构在中国赢得了很多声誉和赞扬。萨拉萨尔请求国王给予医院一些援助，并批准都督奖赏两名中国基督徒，这两人帮助了西班牙人在中国的传教。

　　另一封标有同样日期（6 月 24 日）来自萨拉萨尔的信件详述了许多有关群岛事务的事情。他反对提高印第安人贡税税率的王室命令，说国王在印第安人的支付能力问题上被误导了。他还评价了这年邮件中的几个王室法令。其中一个命令是征服者退赔由他们带给土著的损害，但是他们或其继承人拖欠应支付的赔偿，与此同时，印第安人的生活穷困潦倒。这位主教的内心和良心不仅受到这件事情的困扰，而且受到西班牙人没有能力支付给印第安人应得的全部赔偿这件事情的影响；因此他恳求国王通过免除部分赔偿来解决这个问题。萨拉萨尔在如下两件事情上为自己辩护，一是鼓励印第安奴隶（已经被法令解放的奴隶）离开其西班牙主人，二是迫使中国皈依者剪去辫子。他还解释说，对神职人员从事非法交易的指控被极大地夸张了，并承诺尽他所能来制止他们。其中一条法令解决了他和检审庭之间之前存在的问题，但是，由于检审庭被取消了，所以法令现在无效。萨拉萨尔利用这个机会为自己辩护，以此来反驳在这事情上对他的中伤，同时反驳对他的诽谤，即控告他在一些法律程序方面藐视检审庭。他对此澄清，他一直尊重检审庭的决定或命令，除了一些案件之外，对这些案件他做了详细的解释。并抱怨说，检审庭在不同的时期篡夺了他的司法权，对此他举例说明。

仍然是这位主教同一日期的另一封信件中，他感谢国王近来对他的仁慈以及有利于菲律宾殖民地的法令。由于王家国库十分的匮乏，所以国王命令为修建马尼拉大教堂拨的款项还未被支付。萨拉萨尔评论了国王最近的一些法令：修士在未征得当局允许下不得离开群岛、群岛上新的定居者 20 年内免除什一税、审判过程简单化以及废除罚款。这位主教重申了他控告西班牙人在向印第安人征收贡税时的残忍和非正义，以及对后者宗教教导的缺乏。他感到对此负有责任，但是由于缺乏宗教导师而未能解决。如果能够派来更多的牧师，将会取得好的成果。这个地区精神上的匮乏是如此严重，以至于"主教辖区的 10 个教区中就有 8 个没有宗教教育；而一些省份已经向陛下您缴纳了 20 多年的贡税，但是并未由此获得比被贡税折磨更大的好处，然后就下地狱了。"倘若宗教教士供应充足，将会比较容易地完成对那些至今还有敌意的印第安人的平定，然后王家国库将会从增长的皈依者中获得贡税，其数量将远比现在用于委派传教士上的花销要多得多。鉴于现在他被国王任命为印第安人的保护者，萨拉萨尔要求，他的这一职位也应该有用于开支的基金和必需的助手；还有，这样的保护应该扩及中国人，他们甚至比印第安人更需要保护。1590 年 7 月 23 日的一条王家法令命令规定，在 6 年之内，与中国的贸易仅限于该群岛的居民。

接下来是一份长文件，其涉及群岛上征收贡税的（日期为 1591 年的各个时间）文件集。第一篇是马尼拉的医院资源和需求的备忘录；前者是如此少，而后者是如此巨大，所以这个机构的供需严重不平衡。萨拉萨尔主教 1 月 12 日的一封短信，根据给予当地宗教训导的数量将委托监护区分类，并奠定了需要控制的贡税征收的基础。他宣称，委托监护主们未能履行对他们所监护的印第安人的义务，因为仅保留四分之一的贡税来修建教堂。他建议小的委托监护区应该合并成大的委托监护区。这封信之后是涉及该主题的 25 条"结论"（署期为 1 月 18 日），表达了主教和神职人员对于向印第安人征收贡税的态度。这些内容明确了征收贡税的目的、对征收贡税的限制、以及就此问题委托监护主、牧师和都督各自的职责。他们宣布，所有从土著人手中征收的不法税——包括向未接受宗教训导的异教徒以及暴力征收的税——都应该归还。与这一文件在一起的还有另一封时间为 1 月 25 日的主教的信。他声称并不希望禁止委托监护主亲自征收贡税。他建议这样征收的贡税的数量应该减少，同时不应该为了赔偿印第安人而过度地对西班牙人处以罚金。都督回复了这些信件，表示对印第安人很感兴趣并希望减轻他们的负担。各地征税应该统一税率且适度。这些要求应该由委托监护主们提出，尤其是关于司法管理；但他们必须能够保持其财产。都督希望采取一些能够实施的暂时性的措施，直到国王提出适当的措施。在 2 月 15 日该市的官员和委托监护主向都督请愿。他们控诉神职人员和修士对他们施加压力以阻止他们征收贡税，恳求都督实施干预，以确保王家法令，这样他们可以不受宗教的干涉而征税，否则请准许他们回到西班牙。萨拉萨尔在 2 月 18 日回复了达斯马里尼亚斯之前的信件。这个回复是宗教修会提供的意见，由于对于我们的读者来说有些啰嗦，我们在文件里概括如下。萨拉萨尔反驳了那些对他之前信件的反对之声，并向都督担保委托监护主依靠原来贡税的三分之一照样可以存活，这对于他们放弃财产来说并没有危险，而异教徒皈依的主要障碍就是西班牙人的残忍。他敦促都督纠正他们滥用权力的行为，并公正地对待穷困的印第安人，而神职人员将会在这一点上配合他。各修会的负责人（除了多明我教会）向都督发送了对这个问题的书面意见。耶稣会讨论了主教提出的某些措施，其中一些他们不同意。这份文件中关于贡税的剩余内容将会在第 8 卷中阐述。

编者

1903 年 9 月

# 第8卷 1591—1593年，都督与主教的争端、与澳门的贸易、西部土著叛乱

　　本卷记载了菲律宾殖民地1591—1592年间更重要的历史事件。尽管都督就各种重要公众事务向各宗教修会征求意见，并就日本人威胁性的入侵这件事呼吁教会停止反对他所采取的措施，以支持他拯救殖民地的努力，但是宗教与世俗权威之间的纠纷仍继续存在。达斯马里尼亚斯在任内为殖民地的防御和发展事宜竭尽全力，但是教会的不友好态度、强加于商业上的限制、公共财产的匮乏以及官员们和其他有影响力的人物的贪婪，所有这些都极大地阻碍和束缚了他的努力。一项宗教法令命令解放群岛上的印第安奴隶。在吕宋岛北部地区的探险开辟了一个富饶、重要的地区，并开始着手征服棉兰老岛。华人贸易继续要求特别措施；群岛上的西班牙居民要求母国许可其与葡萄牙的澳门殖民地开展贸易；与此同时，为了鼓励印第安人保持他们本地的产业，禁止他们穿戴中国的东西。吕宋岛西部的三描礼士人和尼格利陀人的一次起义已被镇压，幸存的叛乱者或遭驱散或遭奴役。日本天皇要求群岛的西班牙人缴纳贡税，并效忠于他，这点燃了他们内心

对即将到来的战争的恐惧。

开始于第 6 卷的关于 1591 年在群岛征收贡税的文件在这里做一个总结。主教要求都督告诉他，都督在征收贡税这个问题上的决定，2 月 8 日都督回复，在当前情况下没有国王进一步命令他无法做出任何改变；并在 2 月 28 日颁布了一项调整征收贡税的法令。主教与都督之间的争端随之而起，接下来就是他们 3 月 4 日至 21 日互相交换的信件，这些信件对于教会与世俗当局之间的关系以及涉及其中的利益冲突都有一个有意思的披露。3 月 8 日都督反驳所谓他已经成为其他人喉舌的指控；为避免任何对主教不友好的质疑而为耶稣会辩护；并抱怨他在教堂讲坛上仍旧受到攻击。在 3 月 19 日另一封信中，达斯马里尼亚斯向主教提议，可以雇佣少量愿意做这项工作的牧师满足印第安人的宗教需求，这是最好的办法。他否认相对其他修会来说，他对奥古斯丁会有任何偏见，并就他对这个修会的态度作了多种解释。然后，他力劝主教采纳他的提议，如此以来完成他的显而易见和紧迫的职责，即劝告萨拉萨尔不要去干预委托监护主以及与他的职责无关的其他事务。达斯马里尼亚斯还抱怨，主教的确没有提供在俗教徒去训导印第安人，同时他允许心怀不满的印第安人过于频繁地来到马尼拉，还指控主教在任命牧师圣职上存在违规行为。萨拉萨尔在 3 月 21 日答复了该书信，表示对世俗当局所做的承诺缺乏信心，并要求其实现承诺。这位主教抱怨正在犯下的错误和他自己权威的减少。他声称，他拥有决定一个修会是否可以拥有新的地区的权力。他讨论了都督所谈到的关于为各个地区提供在俗教徒的建议，并解释了什么是他愿意去做的事情。他反对一个村庄只派一名修士，并希望把指派修士的管理权交给他们的上级——关于这点他援引了墨西哥已经采用的这种安排；他还反对都督对他的牧师所进行的任何干预行为，指责都督装腔作势地命令他的主教，并声称这是他的权力和特权。萨拉萨尔声称他找不到合适的在俗教徒去教导印第安人，因为都督十分粗鲁地对待他们，所以他们向他寻求帮助和咨询。他再也不担任"印第安人的保护者"这一职位了，因为这只会将他带入痛苦之中，同时他无法做自己想要为他们做的事情。

1591 年 4 月 18 日格列高利十四世的法令，要求根据征服者的个人能力赔偿菲律宾印第安人在被征服时所遭受的损失；同时释放群岛上所有印第安奴隶。同年 5 月 12 日签订了征服棉兰老岛的协议，这个任务由埃斯特万·罗德里格斯·德菲格罗亚（Estevan Rodr iguez de Figueroa）执行。他是此前被桑德派到那里的一个军官，在那里至少建立了一个定居点，委托监护区将被分配，最重要地区留给国王，其余的三分之一将分配给征服者。一些标为 1591 年 4 月 9 日至 5 月 20 日之间的文件涉及 3 月 30 日的市政条例，即禁止印第安人穿戴中国的丝绸或者其他东西。4 月 9 日达斯马里尼亚斯对强加在印第安人身上的这些法令的效果开始一项调查，以及评估在某种情况下这些法令应该被暂停的可能性。10 名见证人，他们是皈依的印第安人首领，证明了中国商品的进口摧毁了土著人的产业，使他们意识消沉，所以那条法令应该强化。

一份未署名但是奉都督之令起草（日期为 1591 年 5 月 31 日）的文件，对菲律宾的委托监护权进行了详细的记述：包括王室的和私人的、平定的和有敌意的、有宗教训导和无宗教训导的所有委托监护权；每个监护区中的委托监护主的姓名、贡税的数量以及宗教牧师和地方法官。在文件的一开始，对马尼拉城市进行了描述，包括它的教堂、公共建筑、政府和市政厅、唐人街，等等。那里大概有 3000 名中国人，其中三分之二居住在唐人街，在唐人街有 200 家商铺。在马尼拉有太多的修士，所以最好将一些修士派往缺乏牧师的地区。文件最后是对上述统计数字的一个简短总结。作者总结道，宗教导师的数量应该至少翻倍，"甚至更多，因为当他们到达这里的时候，其中的四分之一将会死去"，这是对横渡太平洋航海之艰难的令人悲伤的评论。

在达斯马里尼亚斯担任都督的第一年末，1591 年 6 月 20 日他写了一份关于那个时期的报告。在离开西班牙之前，他所接到的王室委派命令被延误了，这妨碍了他获得将用于建设马尼拉大教堂的款项，并且为此目的提出的款项数目因马尼拉管理不善而大大减少；但是他阻止了这样（主要将钱花在薪水上）的浪费，并尽力加快推进该项工作的开展。他曾资助医院，但是他们需要更多的帮助，由于恶劣的气候那里挤满了病人。他抱怨主教阻碍他从管理印第安人医院的方济会那里获得账目报表；国王随即下令应正式调查这件事情，同时都督以王室的名义接管了这两家医院。达斯马里尼亚斯提议，为印第安人医院提供更多的宗教牧师，并发送了关于委托监护区及其宗教需求的准确的报告（前于此的文件）。他向国王提出了征收贡税的议题，对这个问题他最近已经与神职人员和修士们进行了讨论；就此总结了后者的意向，以及他自己与主教的争论；抱怨后者既傲慢自大又刚愎自用。同一日期的另一封信件汇报了他对加强城市防御所采取的措施；他对所有从群岛出发的载有商品的船只征收了 2% 的税。主教反对这项措施，检审庭的成员也反对，显然是因为他触动了与他们个人紧密联系的利益。

同年夏天，马尼拉市民要求准许他们与澳门居民——定居在中国的葡萄牙人——进行贸易。达斯马里尼亚斯下令调查这个问题，并对各种证据进行检查。这项工作根据一份详细的调查，证实了澳门的葡萄牙人与菲律宾的贸易，具有巨大的利润和好处；澳门的贸易在广度和范围上迅速增长，港口拥有的大量商品没有明显地下降；如果西班牙人到那里开展贸易，将会很容易地把福音介绍到中国去；至今尚无商船从菲律宾到印度去；与澳门的贸易将会使群岛富有；澳门的葡萄牙人抢夺了一艘达斯马里尼亚斯派往该处的商船；同时中国人渴望与西班牙人交易。对此又添加了关于这个被讨论问题的各种公告和法令，最后，达斯马里尼亚斯建议国王许可群岛与澳门之间的贸易。

吕宋岛三描礼士省的敌意日益增长，都督召集各修会征求他们关于对印第安人发动战争的正义性的意见。奥古斯丁会做出了一个冗长而又详细的答复，他们宣称，要使一场战争具有正义性，必须具备三个条件：即发动战争的人必须拥有权威、正当的理由、公正的意图。这些被详细地加以解释，正如通常的感知一样，然后应用于现在面临的问题上——一切都被来自法律、神学的智者以及来自《圣经》的引文所加强。他们的结论是，可以理直气壮地发动对三描礼士省的战争。他们还制定了相应的规则，按照国际法，这个规则应该在战争中得到遵守；最后，建议当三描礼士人被征服后，应该将他们迁移到其他一些地方，并将其改造成为农耕民族。这份文件是全文提交的，作为一个奇特又有趣的典型，说明当时的教会人士如何解决公众关心的问题，以及当时关于战争法的最新观点。多明我会提到这些敌对部落的罪恶的猎首行为，并宣称后者没有权利——如他们所做的那样——去攻击和平部落；相反，和平部落有正当的理由发动对三描礼士人和尼格里陀人的战争。在这种情况下，对于他们来说，问题在于，西班牙人去攻击这些凶猛的种族是否有利和有必要。神父们认为战争是正当的；敌人应该被摧毁，所有被俘虏的人应该被奴役一段时间。耶稣会认为，首先应该确定谁是有罪的，是谁煽动了三描礼士人反对西班牙人和他们印第安盟友的暴行，是那个种族的所有的人，抑或是一部分人；是他们的首领，抑或是一些目无法纪的人。当明确了这一点后，只有那些有罪的人才应该被惩罚。如果整个部落或者他们的首领应该负责，那么针对他们的战争将是正当的；但是战争的发动应该尽可能本着仁慈和温和。这些神父还建议在有限时期内奴役俘虏；同时被征服民族的妇女和儿童应该远离他们的国家，并以小团体的形式将之分散到其他地方——这是一个"他们将会从中获得很多好处，无论是精神上还是肉体上"的程序。但是他们反对暴力伤害，除了有个人罪状的人。方济会守护人提出一个简短的意见，即作恶者应该受到惩罚，他们的印第安人盟友应该得到安全，如果有必要通过战争做到这一点，那么战争是正当的；但其中的无辜者应予饶恕。

1592 年 3 月 25 日，克莱门特八世（Clement VIII）发送给主教、神职人员以及菲律宾人民一封祝贺信。5 月 31 日都督达斯马里尼亚斯写信给国王，他陈述说，自从他来到群岛之后没有收到国王陛下的任何信件，担心自己可能与西班牙失去联系。群岛大体上处于一种繁荣的景象，贸易方兴未艾，教派和平相处，"除了主教，一切都依照本来就应该的样子发展"。大教堂已经竣工，女子神学院已经成立，其中一些居住者也已经结婚，一所新的房屋正在建造以供神学院使用。新的堡垒建设正在顺利地进行之中，一些火炮已经安装在上面。新的大帆船已经建造完工，并配备了在战争中抓获的三描礼士奴隶。现在所有的贸易都由王家船只来完成，这样更便宜也更令人满意。达斯马里尼亚斯建议，应依据吨位向私人船只收取适当的税费。三描礼士已被降服，他们的国家已经崩溃，幸存者被分散到各个新的定居点。新的探险已经在吕宋岛内陆展开；有一个似乎重要的地方，但必须放弃，因为军队中生病的士兵太多，有一半的西班牙士兵死去。该地因日本人的攻击而处于危险之中，需要及时、有效的救援；他要求从卡斯蒂利亚派来军队，"而不是来自墨西哥的克里奥尔人或被放逐者。"都督一直在试图获取水银，中国人已经给了他价格。随着这封信，他还递交了一套医院的规章制度。

达斯马里尼亚斯的儿子路易斯·佩雷斯（Luis Perez）在

1592 年 6 月 1 日提供了一份关于远征图伊（Tuy）的简短的报告。他轻而易举地平定了一个高等种族土著部落，并期望下一年在那里建立一个西班牙人的定居点。都督在 6 月 6 日写信给国王，解释了他与他的法律顾问佩德罗·德罗哈斯（Pedro de Rojas）之间的关系。这封信中充满自负和自私，偏见和蛮横。达斯马里尼亚斯控诉罗哈斯和其他后期的检审庭法官在对外贸易中表现得贪得无厌，并反对都督为必要开销而筹集资金的努力。都督已经查明了他们所从事的商业买卖，对此，他已将报告送往西班牙。他建议将罗哈斯调到其他国家去，最好不是墨西哥（一份关于 MS. 的批文称罗哈斯已经在墨西哥得到任命）。最后是圣费利佩号船运载的商品的登记表；所有的托运人都是神职人员或者检审庭官员。在另一封信件（6 月 11 日）中达斯马里尼亚斯向国王报告称，最近日本国王向他派出使者并向他递交了一封信件及其翻译件，这些信件要求西班牙人向日本屈服和纳贡。在这种紧急情况下，他们正在为应付可能的对抗而努力做准备；同时，达斯马里尼亚斯要求墨西哥政府向菲律宾提供军队和物资。日本统治者在 1591 年写的信件中以傲慢的口吻要求西班牙人向其效忠和纳贡。达斯马里尼亚斯谨慎地回应，声称他不懂日语，因此害怕使者错误表达；相应地，他派出一名使者（胡安·科沃神父［Father Juan Cobo］）带着这封信和一件礼物到日本去。

在 1592 年 6 月 20 日另一封写给国王的信中，达斯马里尼亚斯详述了他到达菲律宾后不得不遇到的困难。他对士兵们为得到应得服役报酬而提出的过分要求而感到厌恶。他没有发现任何船舶和供给品以及能存放它们的地方。他正在建造仓库，收集他能够找到的任何供给品。他在现有被许可的条件下，建成了防御工事；为此他征收了各种关税和捐助物。他招到主教和修士的敌意。国库空虚，却背负沉重的债务——检审庭留下的后遗症。都督反对中国人的贸易，并且认为本应引导群岛的土著种植和纺织他们自己的棉花。他发布了一项命令，禁止中国商人在群岛上逗留；而这点遭到了神父和修士们的猛烈的反对。达斯马里尼亚斯提醒国王，这项措施将会降低王室的收入。主教打算去西班牙，正试图给都督制造麻烦。同一日期的另一封信件则旨在阐述他自己与教会之间的问题。他抱怨他们专横跋扈的作为和主教刚愎自用的顽固性格，以及对世俗事务管理的干涉。主教和修士们都过分地利用他们之于印第安人的权力，以至于后者"除了教条的神父之外不承认任何国王或者统治者，并且相比都督的命令来说却更加重视主教的命令。"达斯马里尼亚斯指控他们奴役土著实际上是为他们自己服务和获利；主教还将委托他偿还印第安人的款项私自挪为己用。那些教士"是更好的商人而非天主教的学者的"。都督认为，最好是将主教派往西班牙。另一封信中（7月9日），他控告了寡妇和未成年委托监护权继承人之间的无规矩的婚姻所产生的恶俗，并建议赋予他控制这种婚姻的权力。

两份文件显然出自都督之手，但未签名和未标注日期，内容是面临日本人威胁性的敌意，西班牙人要提高警惕的建议。这些建议分别被递交给一个战争委员会和修道院。较早的一封信的内容是将日本和中国商人驱逐出马尼拉；积累供给品；同意如果任何人被捕，都将不会接收缴纳赎金的要求；同时在马尼拉附近的山上，为妇女、儿童和病人建造一所避难所。教士被要求在一些问题上给出他们的意见：作为对印第安人在战争行动中良好表现的保证，从印第安人那里夺走黄金是否不好？是否引导基督化的印第安人迁移到内陆更加安全的地方，到那里去生产稻米或者其他物资？夺取中国人的财产并放到城市的仓库里，拆除唐人街？是否强制委托监护主们在城市中储存他们作为贡赋征收的供给品？另一封来自都督的信是写给教会的，他提到他们一直反对他的措施，但鉴于威胁到殖民地的共同危险，他督促大家应联合起来共同努力击退危险并拯救国家。

在 1593 年 1 月 17 日国王费利佩给达斯马里尼亚斯的信中，国王赞扬了他的忠诚及尽职尽责，并回答了他在公文中提出的各种建议。达斯马里尼亚斯代表国王掌管了医院，抑制了主教的滥权，不允许他干涉教士的薪水支付。各宗教修会不能干涉世俗事务。达斯马里尼亚斯应该在任主教时为印第安人指定一名保护者。所有的贡赋都要增加 2 雷亚尔；王室的伍一税应该尽快地实行。士兵不得参与超过几百比索的贸易活动；都督可以自行决定是否允许一些士兵返回新西班牙。是否将中国商人驱逐出马尼拉，留给都督自己决定。群岛的女工应该从王家财政中得到报酬。由达斯马里尼亚斯征收的关税获得批准并可继续实行。这封信中有两条法令：一是（日期为同一天）规定，涉及一千杜卡特或以下的诉讼案件可以在群岛法庭做出判决，而那些涉及数量较大的案件则应该诉诸于墨西哥检审庭。另一个法令（日期为 2 月

11 日）规定，将与中国的贸易限制在菲律宾居民的范围，禁止其他美洲殖民地（新西班牙除外）与中国人的贸易，甚至还禁止他们与菲律宾的贸易。

编者

1903 年 10 月

# 第 9 卷　1593—1597 年，马尼拉升级为大主教区、日本的挑战、平定棉兰老岛

　　本卷（1593—1597）中所涉及的事件概括了马尼拉成为西班牙人殖民地后最初 25 年的历史。虽然小，马尼拉城却越来越重要和繁荣；其防御措施相当不错，公共机构正在完善。当时马尼拉城是大主教席位的所在地，其下设立了三个主教区，受其管辖。欲壑难填的情绪鼓舞着西班牙人去征服邻近的岛屿，这种欲望部分地在棉兰老岛实现，但该岛很快被证明毫无价值。一支远征军被派出，名义上是援助柬埔寨（Camboja）对付暹罗（Siam），但遭到了失败。与此同时，西班牙人并未摆脱危机：日本天皇似乎正在密谋他们的征服计划；而群岛上的土著尽管名义上被平定了，但实际上却倾向于反叛。群岛上中国人数量的日益增加，也给他们带来了危险，他们将各种限制措施强加到中国人身上。都督达斯马里尼亚斯被他的中国划桨手们杀死，他的儿子路易斯·佩雷斯暂时接替了他的位置；但后者太年轻了，很难胜任这么重要的职位，于是，国王在马尼拉重新设立了检审庭。检审庭庭长是弗朗西斯科·特略（Francisco Tello），同时也是群岛

上的都督。

1593 年，日本统治者丰臣秀吉又派出一位使者到达马尼拉。这位使者就是法兰达（Faranda），他完整地叙述了一年前胡安·科沃斯（Juan Cobos）修士在日本所受到的礼遇，以及他自己被日本天皇任命为西班牙人的大使的情况，根据这一任命他跟随科沃斯离开日本。后者在海难中死亡，而法兰达安全地到达马尼拉。他声称，日本人渴望与西班牙人发展和平友好的关系，而不是要征服他们，并且要求派方济会教士到日本去。由于除了携带来自科沃斯修士的信件外，法兰达并没有携带国书，于是都督决定由官方调查整个事情，寻找证据来证明之。当科沃斯修士到达日本时，一位名叫胡安·德索利斯（Juan de Solis）的西班牙船长恰好在日本，他认为日本国王只是真诚地要与卡斯蒂利亚发展友谊。索利斯叙述了科沃斯神父停留在日本时的事情，证明了法兰达的话。一位随法兰达而来的名叫安东尼奥·洛佩斯（Antonio Lopez）的中国皈依者提供了一份相似的证词。但是，随之而来的是一份有关日本人阴谋征服菲律宾——就像对朝鲜（Corea）做的那样——的长篇叙述，这份资料显然来自安东尼奥与其他几个人的谈话。西班牙人被警告要打击那些在马尼拉的中国人，这些显然是"唐人街"的风言风语，但是它从侧面反映了日本人、中国人与西班牙人之间关系。在达斯马里尼亚斯于 1593 年 5 月 20 日寄给日本国王的信中，他宣布派遣另一位公使，方济会教士佩德罗·巴普蒂斯塔（Pedro Baptista）。

1593 年 6 月 20 日都督达斯马里尼亚斯写信给国王费利佩汇

报群岛当前的事态。他要求派来更多的传教士，并陈述了他们应具备的资格。他试图在最近平定的图伊地区建立一个新的西班牙殖民地。目前吕宋岛的所有地区都已被勘探并被平定。现在马尼拉的防御情况良好；相应地，该城市没有外敌入侵的危险，土著人可以看出西班牙人的占领是永久性的。大教堂马上就要完工了，以至于现在就可以在里面做礼拜了；圣波滕西亚娜修道院正在顺利地修建中。大帆船正在海岸边巡逻以戒备敌人；但是神职人员极力地反对都督为大帆船配置人员，以至于不能如他所愿的去武装帆船。允许印第安人按照他们自己的意愿去选择是用农产品还是用硬币来支付贡税，这种做法正在引导这个国家走向毁灭，因为其结果是土著人忽视他们的产业和制造业，物价也将会更高。因此，现在王室官员只征收农产品作为贡税。都督再一次地抱怨富有的寡妇与冒险家的婚姻，这些寡妇就这样"骗取几个在那里服役的，体面且富有的上尉和士兵，"他建议未经过国王同意不得允许女继承人结婚。他还建议征收贡税的所有工作应该由王室官员来负责，而这些王室官员也应为其委托监护主身份而缴纳应付的贡税。同一日期的另一封信特别有趣，因为其包含了迄今为止在菲律宾首次印刷的最早资料。达斯马里尼亚斯希望国王为马尼拉城市的盾徽（coat-of-arms）提供一些合适的设计。他抗议对从群岛出口到墨西哥的商品征收沉重的关税。这些信件之后是一份"菲律宾所需军队"的备忘录，未署名和未注明日期，大约写于1593年；这是一份明细，并给出了一个1,517的总数。1593年9月27日，达斯马里尼亚斯向受到暹罗国王威胁的柬埔寨国王送去友好的信件和礼物；并提出要做他们双方分歧的调解人。一份未署名的大约写于 1594 年的清单，列出了在一名叫佩拉蒙塔诺（Perramontano）的军官带领下，西班牙人所减少的村庄的数量。

戈麦斯·佩雷斯·达斯马里尼亚斯的儿子路易斯·佩雷斯·达斯马里尼亚斯，继承了他父亲的职位，在 1594 年 2 月 8 日写信给柬埔寨国王，重申了他父亲提出的与这位统治者的友谊。此时，马尼拉王家医院的行政官埃尔南多·德洛斯·里奥斯（Hernando de los Rios）要求政府为该机构提供更多的援助。有证据表明，在群岛上的西班牙士兵中有大量疾病和死亡；同时，由于医院作为人们生病时唯一能照顾他们的机构，应该在目前收入不足的基础上增加份额，并再建新的建筑以供其使用。

1594 年，奥古斯丁会总视察官弗朗西斯科·德奥尔特加（Francisco de Ortega）向国王呈递了一些报告和请求。这些文件被保存在塞维利亚档案馆之中，在这里呈现的是它们的摘要。这些资料中的第一份文件包含了一份有关群岛的列表，其内容简要叙述了群岛的大小和人口，已在群岛工作的修士人数以及还需要增加多少人。接下来，奥尔特加要求王室对他的修会给予一定的恩赐：一笔固定的款项用于建设被烧坏的修道院；因为物价膨胀，增加了修士的年度津贴；为马尼拉奥古斯丁修道院的酒、油费和药品费提供的津贴；增加修道院修士的人数。他抱怨多明我会利用他们对中国人的传教使命侵犯奥古斯丁修会的权利，并恳请在他提议的地方建设一个奥古斯丁会回忆派（Recollect

Augustinians）的修道院。奥尔特加向国王力陈以下做法在世俗和精神上的重要性：提供宗教牧师、努力开辟进入中国的通道、接受日本平户藩（Firando）大名的示好、征服特尔纳特、抵制日本人的专横以及平定棉兰老岛，等等。他要求更多的军队被派往宿务；将西班牙人在那里的定居点提高到城市等级；地方长官由国王任命；并允许当地人直接向新西班牙出口商品。他还建议应大大加强甲米地港口的防御。4月27日的一条王室法令下令派往群岛100名传教士。

1594年4月22日，一次战争会议在马尼拉举行，商定给予来自日本国王的傲慢急件的回复，该急件表面上平和，实际上却暗藏威胁并且将西班牙人送去的礼物视作臣属象征的礼物。然后，阅读一份答复的草稿，这份草稿里面的表达可能会引起不必要的攻击，故受到批评；几天后，一份修改后的答复被宣读，并被会议采纳。

路易斯·佩雷斯·达斯马里尼亚斯于1594年6月15日恳请国王费利佩二世资助圣波滕西亚娜的女子修道院和仁爱兄弟会（Confraternity of La Misericordia）这两所慈善机构；以及为殖民者建设和维持一个临时的住所，为西班牙服务人员建立一所医院。在6月22日的另一封信中，都督称赞费利佩国王对卡瓦哈尔（Carbajal）的恩惠，后者是去过日本的船长，他携带丰臣秀吉的信件被送往西班牙。第二天，达斯马里尼亚斯告知国王，佩德罗·巴普蒂斯塔公使带回了来自日本的新消息和急件。日本天皇表示友好，但是达斯马里尼亚斯并不相信他，已经尽其所能加强了马尼拉的防御。

卡瓦哈尔是将方济会教士送去日本的船长，他大约在 1595 年写信给国王，报告那个国家的繁荣和重要性，以及其统治者对西班牙人的态度。日本天皇已经友好地接待了方济会修士。卡瓦哈尔建议西班牙在中国的贸易应该转移到日本。1595 年马尼拉主教区提升为大主教教区，同时建立了三个新的主教辖区——宿务、新卡塞雷斯（Nueva Cáceres）和新塞哥维亚。西班牙国王在 6 月 17 日法令中为此做了规定，也为这些职位任命了教区牧师。

安东尼奥·德莫尔加博士被派往菲律宾代替罗哈斯，1595 年 6 月 25 日他向费利佩二世报告他的到达以及作为副都督的就职典礼的情况，并力陈调查（该调查已经有了相应的命令）在群岛的王家国库的必要性。他将确定他的任命和正式就职典礼的各种文件附在信后。这一年的 8 月份，路易斯·达斯马里尼亚斯被劝服为柬埔寨国王提供援助以对抗暹罗人。这是一位名叫迭戈·贝洛索（Diego Veloso）的葡萄牙冒险家以自己的名义提出来的要求，他在那个国家待了十年，他认为其统治者保护了在该国的基督教传教士，现在应该得到西班牙人的援助。作为对西班牙援助的回报，柬埔寨国王被建议要履行某些条款，贝洛索以他的名义接受了这些条件。

关于征服棉兰老岛的命令在 1595 年 11 月 13 日下达给菲格罗亚。接着 11 月 26 日，国王颁发了重设马尼拉检审庭的法令，并任命群岛新都督弗朗西斯科·特略为庭长，并向他发送有关在接受王室印信时应遵守的仪式的详细说明，"这同接待我的王室人员时遵守的仪式一模一样"。

1595 年 12 月 6 日路易斯·佩雷斯·达斯马里尼亚斯写信给费利佩二世，为他提供了有关该省外部状况的总报告。在参考了各宗教修会任务的进展之后，他汇报说，菲格罗亚已经前去平定棉兰老岛，尽管他是否应该服从马尼拉政府的争论还未解决。他描述了贝洛索援助柬埔寨国王的计划；同时讲述了他在教会和军队当局同意的情况下，已经决定首先尝试去对抗占婆，但是他要派一名代表到柬埔寨，以便保持与它的国王的友好关系。他敦促本国政府派遣一支温和的军队去对抗暹罗。他宣布他正在计划派一名大使带着礼物到中国去；同时他祈求国王补偿他派送这位大使的花费。在信件的最后，他讨论了在中国最受欢迎的礼物。

1596 年 3 月 20 日费利佩二世赐予马尼拉城市一个盾徽，这比之前使用的那个更加令西班牙人满意。一条署期为 1596 年 5 月 15 日的王室法令规定了马尼拉大主教区下属各主教的地位。十天之后，国王对新都督弗朗西斯科·特略发出了指示。他被责成以各种尽可能的方式，促进教会的利益，特别是在训导印第安人、以及大教堂的完成和装修方面，并与大主教协调工作。为医院的维护提供慷慨的帮助，并监督它们的管理。他必须向国王提供群岛上现有传教士及其所需传教士的数目，等等；还需要跟各修会的上级商议关于每年派出的传教士的最有利配置。必须尽各种努力去让野蛮的印第安人皈依。特略被严格要求不要去干涉宗教事务，而是要与传教士和修士都保持友好关系。任何教会牧师不得向印第安人征收丧葬、婚姻等的费用。特略被命令在贼岛留下一些传教士，来负责印第安人的训导。必须从所有被平定的印第安人那里征收贡税，无论是皈依者还是异教徒。教会不得干涉贡税的征收或者反对都督的权威；他们所希望的任何改革都必须与他们的上级和高级教士协商，并向国王递交申请。什一税必须比以前支付的更加充分。市民们要求废除的关税必须征收。对马尼拉市的收入也制定了一些规定。特略被引导去视察那些被迁到城市外面的居住区的中国人。外国人带到马尼拉的供给品和必需品将不征收关税。各种其他条款实际上是重复以前给予戈麦斯·达斯马里尼亚斯的指令。必须以一切方式鼓励农业。女子修道院应该得到资助和鼓励。委托监护权不可以卖掉或者转移给其他持有人，但是应该使其足以大到能够供养委托监护主以及为土著提供宗教训导。印第安人应该被安置到"归化区"，就像美国殖民地的情况一样。他们在这里可以得到充分的训导。司法并不严苛，诉讼也不被鼓励。宗教将会根据需要提供，神父将不会发表反对征收贡税的言论。士兵们将得到很好的雇佣，只有在他们没有其他收入的情况下才能接受报酬，并免于因债务而遭逮捕。上尉仅对士兵具有权威，军队必须友好地对待印第安人。要塞和防御工事都必须得到维持，保持对敌人的不断警戒，在那些被列出的敌人中，"尤其是英国的路德教会（Lutherans）"。诸如新征服可能性的报告被期待，但是在没有得到慎重处理和论证之前，任何这样的行动都不能被采取。鉴于士兵现在能够得到很好的报酬，因此不再需要依靠征服中的战利品。马尼拉附近的地区必须被征服，因为现在在吕宋岛的中心地区存在反叛。扩大对琉球群岛、爪哇、婆罗洲和摩鹿加群岛的征服受到鼓励。由此发生的费用将由王室国库负担，只要需要，利用被征服土地来奖励征服者的计划会继续遵循。印第安人将有权根据自己的意愿以任何物品来支付他们的赋税，避免受到敲诈勒索。教士不可以到中国或者其他任何地方，而是必须在群岛上他们被派去那个地方的印第安人中工作。中国人遭受到海关人员的压迫和敲诈，这种情况必须得到改正。委托监护主们和市民未经允许不得离开群岛，违反者以没收其委托监护权论处。尽管受到葡萄牙人的异议，中国与群岛之间的贸易不必放弃。应该努力教印第安人学习卡斯蒂利亚语言。都督必须与新的检审庭和教会保持友好的关系。

1596年6月30日，路易斯·佩雷斯·达斯马里尼亚斯祈求国王允许一艘装货的帆船到秘鲁去，这样他可以挣到足够的钱付清他的债务。国王将对此信的答复推迟到他与其父亲的终任审查结果出炉之后。莫尔加在1596年7月6日呈送给费利佩二世一份总报告。国家总体上处于和平之中，来自日本的恐惧已经被在那里的方济会教士潜移默化地影响而消除。菲格罗亚已经在棉兰老岛被杀害，留下一笔足够继续探险的财产，和未成年后代来继承他未来的奖赏。到柬埔寨的远征队已经出发——莫尔加报告的语气显然不同意这一点；一支到中国的远征队已经被迫返回。这么多中国人的到来，令人感到不安，他们中的许多人已经被赶出这个国家。马尼拉的海岸线已经被重新划定，使之更容易防守。财政事务需要彻底改革。国库的官员们已经被停职，以待调查；国家收入已经被不必要的薪水和闲职浪费掉。士兵们投身到贸易之中，失去了他们的军事效能，并且干涉公民的商业。马尼拉市得到了足够的资金，财政安排是恰当的。由于路易斯·佩雷斯·达斯马里尼亚斯的能力和年轻，以及缺乏对都督的定期任命，内部事务处于困境之中。莫尔加抱怨教会爱管闲事。他祈求重新设立检审庭，并报告说这个国家已全部被平定，现在主要需要传教士。他称赞在耶稣会神学院教育土著后代的计划。他报告了从门达纳（Mendana）到南太平洋群岛探险失败的船队的归来。最后，考虑到他糟糕的身体状况和他的孩子的死亡，他祈求可以被允许回到西班牙。

特略在 1596 年 7 月 17 日写信给费利佩二世，汇报了他的到达。尽管许多公共要求未得到处理，但是他对马尼拉很满意。城市附近的中国人需要监视。大主教留在了墨西哥。贸易已经下降；应该每年派去士兵以弥补死亡者和失踪者。他建议以牺牲菲格罗亚的继承人的财产为代价继续征服棉兰老岛。在附言中他汇报了来自柬埔寨远征队的坏消息。

胡安·德龙基略（Juan de Ronquillo）继续了从菲格罗亚开始的平定棉兰老岛的事业。1597 年 5 月 10 日，他向都督特略送去一份战役报告。在与土著人的一场激烈交锋之后，双方都未取得胜利，于是就一项和平条约进行谈判。由于食物的缺乏，无论是在西班牙人中还是印第安人中，严重的危机随之而来，于是，向马尼拉请求援助。棉兰老岛是一个贫穷的国家，对西班牙来说用处很小。龙基略敦促从马尼拉派来军队、弹药以及供需品，因为只要一向棉兰老岛的土著人征税，他们肯定就会反叛，最好是尽快完成对这里的征服。该岛的传教任务已经分配给耶稣会修会，但现在那里只有一个牧师，马上就需要更多的牧师。那些得到棉兰老岛分配的委托监护主应该资助对它的征服，应立即派他们带着军队来该岛。报告后附加了一份战役梗概，没有署名和标注日期。

1597 年 6 月 27 日，一份由埃尔南多·德洛斯里奥斯发给西班牙国王的请愿书，强调了征服周边国家、特别是征服台湾的重要性。他描述了西班牙与菲律宾之间的确定的路线，这个路线比目前所有的路线都直接，还汇报了那些扰乱马尼拉的中国人的数量。1597 年 6 月 28 日，路易斯·佩雷斯·达斯马里尼亚斯向费利佩二世汇报在群岛上出现如此多的中国异教徒，他们的罪恶和狡猾，对国家来说是危险的。"除了自身的利益，我们相互对立和厌恶。"他推荐了一些严厉的措施来限制他们的活动，并在他们就业的途径上设置障碍；并对各种具体规定提出建议，附加了许多注解。

编者

1903 年 11 月

# 第 10 卷　1597—1599 年，菲律宾的内部事务

本卷涵盖了 1597—1599 年菲律宾殖民地内部事务及其发展的详细情况。棉兰老岛已经被征服，但被证明除了作为西班牙人阻止摩洛人海盗（否则他们会骚扰平塔多斯群岛）的一个要塞之外，无利可图。日本海盗威胁着吕宋岛，中国移民需要经常地加以限制。在殖民地，官场存在着大量的腐败行为，同时军队既无所作为又无能。新都督陈述了他为改善城市的情况和管理群岛事务所做的努力；但是他被控诉——特别是受到教会的控诉——说他缺乏道义和专横的行为以及不能胜任其职位。印第安人受到各种方式的压迫；其中的一些叛乱行为已经被镇压。西班牙王室需要印第安人的正式顺从，但却证明难以实行。他们需要派出更多的传教士。往常存在于世俗与教会权威之间的不和依然存在；同时马尼拉与墨西哥之间的关系也不太友好。最近在广州开始的与中国人的贸易也被投诉。

1597 年 6 月 30 日来自安东尼奥·德莫尔加的一封书信，通知国王圣费利佩号运宝船在日本海岸遇难，它的货物被日本天

皇抢占，这对于菲律宾殖民地来说是一个沉重打击。在日本的方济会修士已经被钉死在十字架上。莫尔加赞成在群岛重设检审庭。

1597年7月20日，路易斯·佩雷斯·达斯马里尼亚斯建议马尼拉的王室医院应该被置于方济会和仁爱慈善会的联合管理之下。他汇报说，教会不愿意这样做，但仁爱慈善会同意这个计划——除了他们不愿意在慈善事务上承担财政责任外。

一组特略写给国王的简短信件（1597年4月29日至8月12日）涉及了各方面利益的情况。对棉兰老岛的征服实际上已经完成。群岛上中国人的势力和人数已经被大大地削弱。平息了三描礼士的造反活动。不顺从的西班牙人受到惩罚，"在元旦那天，我以'对我不服从的行为'为由逮捕了整个市政会成员。"特略正在改善城市，并努力确保良好供水。他监禁了达斯马里尼亚斯，因为他未能为失事的运宝船提供合适的配备。日本人谈论占领台湾，而西班牙人正计划抢先一步。那些在去棉兰老岛途中杀死西班牙人的中国人已经被处死。据报告称，西班牙人在摩鹿加的要塞被土著人夺取。1597年8月棉兰老岛的土著发生了叛乱，已经派援兵前往那里结束战争。特略正在为击退可能到来的日本人对群岛的袭击做准备。

1598年1月4日，胡安·龙基略向莫尔加送去了一份有关自去年7月以来他在棉兰老岛行动的报告。他已经与来自特尔纳特的摩洛人多次交战，并赞美他们的勇敢；实际上，他完成了对岛屿的征服，并已经向霍洛岛人（Joloans）征收贡税。他正打算通过与棉兰老岛的几个首领家族联姻的方式来媾和。龙基略提供了有关棉兰老岛的气候及其物产的有趣信息。他希望委托监护主们承担起征服的任务，否则就离开该岛。士兵们必须有报酬，因为他们正在经历着严重的贫困。

1598 年 6 月 17 日，莫尔加送往西班牙一份关于菲律宾状况的总体报告。这份报告包含对以下问题的观察：负责训导印第安人的教士的行为、市政和军事事务、当地法院裁判、王室税收的征收和管理、委托监护主的行为、以及往返于菲律宾和新西班牙之间的船只上官员的行为。负责印第安人的教会被整体指控，他们的行为不检点、贪婪、残暴、爱管闲事，并未能成功制止宗教官员们的敲诈行为。甚至最神圣的人也将心思集中在到其他国家传道的远征上，而不是集中在教导印第安人身上。在涉及民事事务上，他声称王家法令都被忽视了，尤其是涉及贸易的法令。至于当地的贸易，他提出了一系列限制中国人的建议，他对后者持怀疑态度。日本人的贸易需要监管，尤其在鹿皮交易上，这项交易威胁这种动物的生存。供给品的销售尤其应该处于政府的监管之下。需要禁奢法和制止赌博。应该禁止黑人进入城市。应该禁止使用木材建造房屋。街道需要修护。官员们经常利用他们的职位之便，尤其是过度地对他们的仆从施以恩惠。军事委员会徇私枉法。士兵们纪律差、报酬低、居住差、士气低落、身体状况不佳。军事储备得不到重视；军械库里的火绳枪已变得腐烂，并且没有应对突发状况的预防措施。一般的地方官员劫掠国库，他们压迫成性、懒惰、贪污，并利用职位去从事贸易；他们没有受到严格的监督。委托监护主们勒索、欺骗，把法律掌握在自己手中，未能给印第安人提供宗教训导。对王室财政和国库的管理疏忽大意、充满浪费，缺乏充分的监管。存在大量的闲差，同时官场上不乏欺诈行为。在来往于墨西哥的航行中，大帆船上的长官犯下了许多欺诈和违法的行为。

　　在一份没有署名和日期（大约写于 1598 年）的文件中，列举了群岛所需要的改革，是对莫尔加报告的有趣补充——所有的内容更是如此，因为它显然出自一位牧师之手。作者建议对委托监护主和官员的常规检查由教会的高级教士来执行，而不是像以前一样由都督任命的门外汉来执行。他强烈要求设置更少的职位，每一个职位应拥有更广泛的管辖权。当前的制度对于不幸的印第安人来说是一个沉重且日渐加重的负担，他们处于毁灭的危险之中；同时还会引起大量不必要的王室财政的浪费。在城市里应该建设一所仓库，大米和其他供给品应被储存其中，以备需要时使用。这样就不会经常在最不合季节的时候烦扰印第安人，让他们为西班牙人提供必需品；两个种族都可以在饥荒时候得到帮助，物价也可以得到更好管理。在选择那些征收印第安人贡税的人时应该非常谨慎；就像选择印第安人的保护者一样，应该由主教来任命他们。那些为西班牙主人提供各种劳动的印第安人，他们的工资经常要等很长时间才能拿到，或者甚至被骗走了；当这种报酬是他们应得的，就应该及时、安全地发送给他们。奖励应该颁发给有功的士兵；军队不应再招募被流放者和罪犯。军队应该公平、按时地发放工资，同时应该为贫穷的西班牙人每天提供一顿饭，无论是不是士兵。此外，应该在士兵们到来之际就给他们支付薪水；因为正如实际情况所示，他们必须不带薪服役很长时间，这样就会使他们痛苦并士气低落。现在在墨西哥支付给士兵的二分之一的预付工资应该扣下来，直到他们到达甲米地再发给他们。帮助贫困西班牙人的要求再次被提出，这个慈善行为应该由仁爱慈善会负责。圣波滕西亚娜神学院进展顺利，这是一项重要的工作；它应该得到进一步的资助，现在需要一些已经立誓信教的修女在里面工作。作者再次催促往来于群岛和新西班牙之间的船舶应该由菲律宾人指挥，以避免普遍存在的权力滥用。

来自新西班牙的船只承载着即将重建的检审庭的成员和代表国王及其权威的王家印玺，该船一靠岸，就得到了都督的庄严和盛大的接待，官员们下榻于王室的楼房里；这里呈现了对这一过程的官方记录，并伴着新都督的宣誓。

1598 年 6 月 24 日，马尼拉新任大主教写信给国王，抱怨他的教区被忽视和贫困的状况，以及那里的俗人对宗教几乎不感兴趣，也不给予关注。他谴责都督的贪婪、腐败、邪恶、残暴。主教要求任命一位新都督，此人在接受这一职位的时候应没有自私的目的，最好是一位宗教人士。必须对中国人的移民加以抑制，因为他们正在毁掉这个国家并导致土著人意志消沉。应该在马尼拉重设宗教裁判所。在另一封信（7 月 26 日）中，桑蒂瓦涅斯向国王解释了他对一个亲戚的婚姻的态度，并抱怨因为这件事，都督诽谤和攻击了他。大主教再次谴责了特略的罪行，并要求允许他自己回到西班牙，因为他无法与特略共同待在这个地方。

1598 年 6 月 30 日新塞哥维亚的修士米格尔·德贝纳维德斯向国王投诉新都督弗朗西斯科·特略的作为：后者涉足非法婚姻，而且非常放纵自己；他夺占了一个公民的财产；他懦弱、奢侈、胆大妄为，甚至为私利而浪费公共储备。贝纳维德斯恳求任命路易斯·达斯马里尼亚斯代替特略的位置。这封信的附言部分（7 月 15 日）埋怨西班牙官员对中国人错误的作为，并向国王详细谈到了修士迭戈·德索里亚（Diego de Soria），他正前往西班牙。

1598 年 6 月 17 日特略呈送给国王一份有关军事事务的报告。在棉兰老岛，龙基略已经取得成功，但他退役了（根据后来被取消的法令），并面临审判。在卡加延省，反叛活动已经被扑灭，其领导人被杀；与叛乱活动起因有很大关系的西班牙委托监护主在等待审判时，死在了监狱里。尽管接受路易斯·德纳瓦雷特（Luis de Navarrete）为大使总体上是有利的，但与日本的关系仍然不明朗。一些新的经济正在军事机构中形成。一个坚不可摧的堡垒已经在城市中建成，但尚缺乏武器；新西班牙在提供可服役和装备良好的士兵方面具有重大失误。另一封署期为 6 月 19 日的信埋怨，从新西班牙派来的援兵衣衫褴褛、身无分文并手无寸铁，这很大程度上是由他们长官的无赖和贪婪造成。那个地区的总督非法允许墨西哥人带钱来到群岛，严重地损害了这里的居民。获得委托监护权的老士兵从中几乎得不到收入，因为大量的印第安人发生了叛乱，这些人需要援助，而国王被要求给予他们援助。都督声称被损害他名誉的诽谤所激怒，要求惩罚那些冒犯者。他反对有钱寡妇的轻率婚姻，向国王提出计划来纠正这种恶俗。王家财政陷入严重的窘境，为了缓解这种情况，特略要求准许向中国商人征收附加关税。在署期为 7 月 19 日的第三封信中，特略报告了群岛上属于各个宗教修会的修士数量，以及需要增加的数量。西印度事务委员会下令采取适当措施增加群岛传教士的数量，派出那些适合做这项工作的人。

1598 年 7 月 15 日，检审庭写信给费利佩二世，抱怨特略各种不当的行为和不合规则的程序；但最重要的是，特略未能认识到，检审庭的重设缩小了他的司法权。

一封 1599 年 3 月来自费利佩三世——继承了他父亲西班牙君王的位置——写给马尼拉大主教的信件，提到后者从马尼拉发送的信件中的某些抱怨，是关于一些奥古斯丁会教学修士的。

主教贝纳维德斯在 1599 年 5 月 17 日写信给国王，告知他新的大主教的死亡，并抱怨都督和检审庭派船到中国进行贸易的行为，认为这将会使各种的罪恶，包括宗教的和世俗的，对澳门和菲律宾产生不利影响。

1599 年 5 月 22 日贝纳维德斯写信给国王的大臣，力劝为群岛任命一位新的都督；他推荐了几个人选。他要求不允许任何船只从菲律宾前往中国，因为这会毁掉在那里进行贸易的葡萄牙人。他抱怨主教对各宗教修会行使得过分的权力；同时他获得如此少的薪水以至于他不能体面地在这里生存。

马尼拉大教堂全体教士的秘书赫罗尼莫·德阿尔卡拉斯（Gerónimo de Alcaraz）对直到 1599 年 6 月 28 日在吕宋岛建成的修道院作了一个简短的声明。特略在 1599 年 7 月 12 日发送给国王一份冗长的军事报告。他敦促应该每年从新西班牙派给菲律宾士兵和武器，并举出许多重要理由来支持他的建议。西班牙殖民地的周围有许多强大的异教徒国家，它们对基督教信仰怀有敌意。恶劣的气候和各种军事远征不断地导致人员的丧失。炮兵和熟练工人非常稀缺，防御工事也需要修理。新西班牙政府很少关注菲律宾的需要。日本海盗威胁着吕宋岛，中国人被怀疑密谋对抗西班牙人。由于平底大帆船不能发挥其优势，正在建造轻型帆船用于海防。棉兰老岛已被平定，但没有贡税可以缴纳，这个国家很贫穷。卡加延省的叛乱已被扑灭，其领导者被处死；所以，现在该地区和平安定。达斯马里尼亚斯到卡姆博哈的远征被证实是一个失败，并且他被困在中国海岸，非常需要帮助；但特略未能给他提供帮助，并建议他返回马尼拉。迫切需要对贫困士兵的援助。伴随这封信的还有一份关于征服棉兰老岛以及当地事务的报告和其他文件。棉兰老岛无利可图，但为了保护平塔多斯的土著人，必须使该岛处于降服地位。另外一份文件对卡姆博哈的事务、菲律宾殖民地与它的关系、以及达斯马里尼亚斯到那里远征失败的历史作了说明。文件的最后（1593 年，很显然抄自殖民地的官方记录）是证词，表明征服占婆（Champa）是正义的，因为其国王是一个海盗和暴君，一生充满邪恶，并且在公海领域抢劫和杀害基督教徒。

　　特略在同一日期（6 月 12 日）的另一封信中对群岛的事务作了一个总体的汇报。在宗教事务方面，需要更多带来福音的牧师。两名主教已经来到群岛，并主管他们的教区。医院得到了资助，其中西班牙人医院由慈善兄弟会主管，印第安人医院则从属于国王权威。圣波滕西亚纳女子神学院情况良好，所做工作非常优异。它应由立誓信教的修女来管理，其收入应该得到增加。国王被要求为这些事情提供帮助。耶稣会开始建立印第安人神学院，印第安人将在这个学校里学习西班牙语和文明的生活方式，国王也被恳求为此提供帮助。他正在采取措施来执行王家法令，这些法令要求印第安人正式降服，现在被征服的印第安人必须向国王效忠；但特略遇到了一些困难。关于十字军的教皇训谕正得到宣传，特略希望将其扩展到印第安人中。一名检审官死了，他的职位被填补。特略有责任抑制教会对世俗权力的获取。中国人应该被赶出马尼拉，"唐人街"应该被废除。已经为检审庭建造了一座石材的建筑物；特略请求批准资金来继续这项工程，并提到了其他的由他建造或完善的公共建筑。宗教训导应该从贼岛开始；新西班牙总督已经被要求派教士到那里去。教会官员忽略了几个对于菲律宾殖民地繁荣来说很必要的事情，并以专制武断的方式对待这些事情。他对国人特别抱怨道，是他通过颁发给秘鲁人贸易许可证的方式，违反了将与中国人的贸易限定于菲律宾殖民地公民的法律，秘鲁人取走了群岛上与中国人贸易的精华部分——而这些贸易正是他们主要的供养。广州为西班牙人的贸易开放了一个港口；并为改善这一机会正作出努力。与暹罗的贸易也已经开始。特略恳求允许宿务岛的市民偶尔与秘鲁进行贸易；去往新西班牙的船舶上的官员不应在那里任命，而应在群岛任命。他建议对印第安人的惩罚应该是让他们缴纳适度罚金，而不是处以鞭刑。特略将各种文件作为附件附到这封信中。其中一份是关于群岛上的皈依者和传教士数量的备忘录。另外一份是关于印第安人医院资源和收入的详细目录和本年度花销的清单。详细叙述了为获得印第安人对西班牙国王权力的正式降服而下达给市长和教会的命令，以及在内湖地区所采取的措施。

马尼拉检审庭在 1598 年 6 月至 1599 年 7 月（本卷中的部分结束于 1598 年 12 月）之间颁布的条例，使人们对于那个时代的社会和经济状况有了更多的了解。由于无法偿还债务，一些中国囚犯在监狱里呆得时间太久，从而导致了大量无用的花费；今后他们的劳动力将被出卖用于偿还债务。视察监狱时公证人必须在场。囚犯不再被允许随便地离开监狱。重罚之下，禁止所有的商贩叫卖。重罚之下，没有都督的批准，任何人不得离开群岛。检审官必须定期地访问监狱，这样司法才能及时、充分地执行。印第安人应该被鼓励并有义务饲养家禽。帮助邦板牙某些奴隶的规定得以制定。另一法令为给马尼拉提供生活物资做出了规定。应通过与印第安猎人签订协定来获得野牛肉。土著人和中国人有义务饲养家禽和猪。印第安人必须把食物带到城市里出售；肉、家禽和一些其他物品的价格应由当局来定。马尼拉城市周围的土著抗议被强制为城市提供生活物品；因此检审庭规定这份责任应分给各个地区，每个地区被安排 2 到 3 个月的任务。每两个月进行一次人口登记。各种报告被送往国王和他的委员会处。

　　本卷中其余的法令将会出现在第 11 卷中。


編者

1903 年 12 月

# 第 11 卷　1599—1602 年，检审庭的法令、荷兰人的侵扰、耶稣会的活动

在本卷记载所涵盖的 3 年（1599—1602）中，最值得注意的事件是荷兰冒险家奥利弗·范·诺尔特（Oliver van Noordt）作为舰队指挥官在 1600 年到达群岛，下决心抢夺和摧毁该地的西班牙殖民地；虽然给西班牙人造成了巨大的损失，但是他仍被击败并逃走。这一事件及其在马尼拉引起的争论、对未来可能发生类似危险事件的恐惧困扰了殖民地多年。西班牙人和印第安人仍旧处于摩洛人（Moro）海盗对平塔多斯海岸发动袭击的恐惧中，西班牙军队从棉兰老岛撤离，助长了他们发动劫掠的气焰。除了需面对以上所有的这些困难外，政府还陷入了当地财政困难的窘境。它的资金被不必要的花费和职员薪金所浪费，因关税欺诈和其他妨碍贸易的法规而减少。那里有太多的行政官员，包括世俗官员和宗教官员。其中，前者大多是腐败无能的。印第安人因为学会了使用白人的钱财而被腐化，其本土的产业被忽视，造成了商品和物资的供应不足且价格高昂。耶稣会会士以新的激情和更大的规模投入到他们的传教布道中。他们将分散的印第安人聚

集起来转移到传教村庄，这样更易于使他们接受教化并成为基督徒。佩德罗·德阿库尼亚（Pedro de Acuña）被任命为岛上的新都督。

本卷的文件延续了第十卷中的"1598—1599 年间检审庭颁布的法令"，这里提供其中的 1599 年上半年的部分。市长在收税时必须遵守王室税率。为避免对下级法庭征收过高费用，检审庭在处理所有的讼案时，必须如实声明本案所支付的费用。诉讼案件中被接受的契约应更为可靠。法官在加速审理监禁个人的案件中应被赋予特殊权力。除非有地方法官在场，否则不允许口译员与土著进行交易。未成年人监护人的账目应受遗嘱认证官检查。律师在受理新的印第安人之间的诉讼案件中，应受到限制。在拍卖中出售的与王室利益攸关的商品，必须与最高出价人拍板成交，并且只允许接受现金。当涉及诉讼时，律师要遵从土著的风俗。贡税不应由市长出面征收，任命的贡税征收者必须得到检审庭的批准。各种法令规定了检审庭官员的职责和特定案例的程序，以及律师的诉讼限制。检审庭官员必须每年都进行签约。案件所涉金额为 20 比索及以下者，不需要进行审讯。法令对审判印第安人之间的诉讼给出了指示。治安长官在夜间必须对其所在的城市进行巡视。所有与王室财产相关的账目，应在接下来四个月内结清并平衡收支。检审庭的官员未经许可不得出城。对于中国居民的恶习、制造或剪裁硬币、从印第安人手中购买偷盗而来的商品等行为，规定了特定的惩罚措施。所有居住在马尼拉但没有工作的土著居民，必须在接到通知后三日内离开马尼拉。已故审计官阿尔瓦罗·坎布拉诺（Alvaro Cambrano）的职责由其他审计官承担。对检查、估价和销售从中国带来的商品做出了规定。所有隶属于王室委托监护权的印第安人，即使他们居住于马尼拉，仍须缴纳贡税。分配 300 比索给检审庭，用来布置和装修它的小教堂。中国人被禁止充当教父，这种做法此前导致了许多的罪恶行为。基督徒被命令应继续从事他在皈依之前所从事的职业。必须给任期已满的官员提供住处，直到他得到新的任命。

1599 年 7 月 3 日，马尼拉负责印第安人医院的一位方济会修士写信给国王，要求为其所做的工作提供进一步的援助。都督与主教根据国王的指示，就医院需求问题向他提供了一些建议。7 月 21 日，在王室财政官向国王递交的信中，罗列了国库对该岛物产的需求，并就如何供应提供了一些建议。在信中，他抱怨了在一名大主教和三名主教支持下而强加给殖民地的负担；太多的资金被浪费在因无用的或名义上的服务而付给职员的薪金上。萨拉萨尔-萨尔塞多（Salazar y Salzedo）建议，应裁撤职员并减少职员薪金。在与墨西哥贸易中，违法和欺诈行为给王室收入造成了不小的损失和伤害。印第安人以金钱支付贡税的方式正在使其意志消沉，他们不再继续以前他们所从事的体力劳动，这使得他们生产的产品变得稀缺且价格高昂。印第安人应被强制在农业、畜牧业和矿业中工作。国库需要更多的财富，更多的印第安人应该被分配给国王。委托监护权被都督欺瞒性地加以分配。在委托监护区建造木材的教堂，是又一项无用的开支，这些教堂应该使用石头或者砖块来建造。应该撤掉某些公职人员，将他们的职位授给那些有个性和声誉的人。财政官抱怨其行政人员对国库管理松懈，要求对此进行调查，这一现象同样出现于马尼拉的市政会。其他公款开销应经由王室监督，这些资金的浪费应该被制止。但即使是所有的这些改革，也还不能为必要花销提供其所需的全部经费。于是，财政官提议，应由王室垄断香料和生丝的贸易，以此为国库获得巨大的收益。同一时间，在来自财政官的另一封给国王的信里，针对政府的某些事务提出建议。他敦促检审官应对全岛司法管理进行定期的官方检查。他投诉贸易利润被官员及其仆从所占有，使得市民普遍贫困。公职和其他来源的利润应授予市民，而不是这些仆从。前往新西班牙的商船上的官员应该在岛上被任命，而不是在新西班牙。这些船只应受到更为严格的检查。

婆罗洲的统治者送给都督特略一个礼物，并附上书信一封，表示要同西班牙人维持牢固的友谊。在 7 月 14 日的信中，特略投诉了莫尔加对他的敌意，此人甚至写匿名信反对他。8 月 7 日，他向国王报告了英国船只驶抵摩鹿加群岛一事，并计划对此地和宿务岛的西班牙堡垒进行增援。他向新西班牙总督请求援助，并试图在马尼拉制造更多的火炮。在 1599 年 8 月 16 日费利佩三世写给特略的两封信中，国王称赞了他在某些事务中的行动，并命令新西班牙总督今后只能将有用的殖民者送往菲律宾。同时，国王也要求特略，在是否增加中国商品的关税这一问题上提供建议。

一份关于平定棉兰老岛（约 1600 年）的记述材料，为在该岛发生的事件提供了一些额外信息。由于收到一份警报，称有来自英国海盗的威胁，军队已从该岛撤退。但事后证明，那只是友好的荷兰商人。在那一年的 10 月，某些外国船舶（可能是英国的）进入阿尔拜海湾，安东尼奥·德莫尔加受检审庭命令，负责加强甲米地港口的防御并追击敌人。12 月 10 日，都督向他提供了关于这一行动的指示。他转而给舰队司令霍安·德阿尔塞加（Joan de Alcega）下达了命令。随后的记录不仅提供了西班牙与荷兰舰队之间交战的情况，也提供了范·诺尔特前往菲律宾的整个航程的情况。战争的结果对范·诺尔特来说是悲惨的。在荷兰船只上发现的战利品中，有一份（荷兰人）给埃萨亚斯·德伦德（Esaias de Lende）的委托书，委托他作为私掠者在印度群岛与西班牙人作战。一起诉讼指控舰队司令阿尔塞加在与范·诺尔特的战争中抛弃旗舰的行为，莫尔加提供了他关于此事的说法（1601 年 1 月 5 日），他将损失了旗舰的责任推卸到阿尔塞加的身上，称这一损失是阿尔塞加没有遵守他先前给出的命令而导致的。

弗朗西斯科·拜斯（Francisco Vaez）向耶稣会主教报告了耶稣会传教中心在该岛传教的状况。他提到某些神父及弟兄在履行职责的过程中去世，并详细报告了每个修会的所在地。马尼拉的耶稣会教堂已被地震摧毁。在那里的神学院的神父通过他们自己的劳动，特别是在囚犯、战士和孩子的帮助下，很好地完成了重建。他讲述了几个皈依者奉献及其虔诚精神的实例。损失和灾难的降临，使人们更加倾向于宗教。联谊会在土著居民中的成立，激发了他们的忠诚与热情。在安蒂波洛市（Antipolo），一所医院落成，同时启用的还有一所男校。同样，在宿务岛也已开办了一所学校。在这里，人们高度接纳了耶稣会修士的传教活动，这得到了主教的赞赏。很多印第安人通过他们实现了宗教信仰的皈依。与宿务岛的居民相联系的是保和岛（Bohol）。该岛的神父巴莱里奥·莱德斯马（Valerio Ledesma），劝说未开化的土著人离开山区，沿河居住，以使他们处于传教士的照顾之下；他们已经修建了教堂，并快速地实现了宗教信仰的皈依。保和岛的其他传教士报告了数以百计的洗礼仪式。各种不可思议的治愈疾病的事件被提及。萨马岛（Samar）同样传来了好消息，近 4000 人接受了洗礼，这几乎涵盖了全岛所有的成年人。位于杜拉克（Dulac）的男校已经建立起来，发生了许多信仰皈依的情况。在阿兰加拉（Alangala）有三个印第安人小教堂。在这个有前景的区域，拜斯要求有更多的传教士存在。几天后，7 月 8 日，耶稣会传教中心的官方视察者迭戈·加西亚（Diego Garcia）向费利佩三世递交了一封信。他建议成立教导异教徒男子的神学院，以作为加快推动土著居民信仰皈依的一种方式，且印第安人应被聚集在殖民定居点中。加西亚主张应授权马尼拉的耶稣会神学院通过课堂教学使学生毕业的权力。信的最后，他向国王称赞了莫尔加和其他官员的功劳。

1601 年 7 月 16 日，财务官萨拉萨尔-萨尔塞多公开宣布特略正在包庇莫尔加，并向国王呈递了一份有关与荷兰方面冲突的完整的调查报告。1601 年 7 月 20 日，由马尼拉的市政会送给国王一份备忘录，就莫尔加的行为提出了各种控诉。由莫尔加和特略下达的放弃棉兰老岛的指令，使得这一地区的土著居民纷纷对西班牙人统治的岛屿展开海盗行为。莫尔加为他的亲属和朋友获取公职，这违背了王室的法令。其中一个人，完全不能够胜任其工作，没能击退来自棉兰老岛的海盗，造成了很大的损失。通过各种阴谋诡计，在同范·诺尔特的争斗中，莫尔加成功地剥夺了龙基略的舰队指挥权。但正是在这一冲突中，暴露了他在指挥军队中的无能和面临危险时的懦弱。结果，莫尔加的旗舰失事，导致大量的西班牙人丧生，并损失了价值高昂的军事用品。此外，他使敌军得以逃生，使这些岛屿在未来面临更多来自敌人袭击的威胁。这封信的作者通过附上相关文件来证实他们的指控，同时他们还指控莫尔加写匿名信。在 7 月 30 日莫尔加递交给国王的信中，讲述了他在海战中所做的努力，指责霍安·德阿尔塞加在此事和其他诸多事务中辜负了他的信任。莫尔加请求解除他在菲律宾的职务，并将他送往其他国家。在 1601 年 12 月 11 日，宿务岛的耶稣会学校得到王室的援助，得以建造教学楼。

　　1602 年 2 月 16 日，佩德罗·阿库尼亚取代特略，成为新任都督，阿库尼亚携带着国王的指示而来。他必须同新西班牙总督协商要对岛上移民点采取的措施，总督受命协助都督。阿库尼亚受命照看海岸线的防御工作，并负责维持棉兰老岛的驻防。他必须尽其所能免除多余的公职和职员薪金，对此国王给出了多方面的建议。发生在前往新西班牙的载货船上以及在关税支付中的诈骗行为，必须予以禁止。在委托监护权分配过程中的违规和欺诈行为也必须停止。1599 年 7 月，根据财政官的建议，国王讨论了以上案例和其他一些事务。对于岛上事务的官方检查必须由检审庭法官进行，王室官员必须停止将从美洲所获的钱财用于投资同中国的贸易。马尼拉的大教堂必须完工，对医院进行资助，修女将被送往圣波滕西亚娜。对于针对印第安男孩而建的耶稣会神学院，阿库尼亚应当予以关心，并应探明学院的处境和需求。阿库尼亚必须就废止唐人街这一问题进行调查，务必为贼岛的土著居民提供宗教导师。阿库尼亚必须鼓励菲律宾的农业生产。2 月 16 日，两道王室法令命令新西班牙总督向菲律宾输送更多的品质优秀的殖民者，另输送两名修女负责位于马尼拉的圣波滕西亚娜神学院。1602 年 6 月 4 日，加利纳托（Gallinato）船长向马尼拉都督发出警告，说有一大批来自棉兰老岛的远征掠夺者，将要蹂躏平塔多斯岛。霍洛人同样抱有敌意，并准备袭击西班牙人，特尔纳特岛的土著居民为棉兰老岛人提供援助。

在 1602 年 6 月 8 日路易斯·德达斯马里尼亚斯写给费利佩三世的信中，催促西班牙人应夺回摩鹿加群岛的要塞，以保护菲律宾远离"那些英国和荷兰异教徒恶魔"的袭击。在 6 月 30 日给国王的信中，莫尔加再次向国王说明，在同范·诺尔特的对抗中他所做的努力；而在 7 月 8 日的另一封信中，莫尔加的敌手就此事针对他进行了攻击。7 月 4 日，马尼拉奥古斯丁会的官员告知国王，他们选举佩德罗·阿尔塞（Pedro Arce）作为该岛的大主教，并解释他们拒绝接待近期从新西班牙派来的使者的原因。

7 月 10 日，一封来自财政官的信，详细说明了强制都督特略偿还其在塞维利亚所欠债务的措施，他在新西班牙有财产，但在该岛什么也没有。

编者

1903 年 12 月

# 第 12 卷　1601—1604 年，大火灾和马尼拉华人的反抗

　　这一卷中包含了 1601—1603 年的一般文献，并根据出版于 1604 年，由奇里诺（Chirino）著述的《菲律宾群岛的关系》而写成，但是其中所记述的事件却止于 1602 年。这一时期的两大著名事件，一是一次大型火灾，二是发生于 1603 年的中国人在马尼拉的暴乱。后者以在马尼拉岛上的近乎全部的中国人被屠杀或被驱逐而结束。在这一时期，海盗仍持续袭击岛屿北部的海岸，但是殖民地政府可用的武装力量却被用于援助一支来自印度的远征队伍，这支队伍试图将荷兰人驱逐出香料群岛。此时，主要由墨西哥投机者未经授权插足菲律宾和中国之间有利可图的贸易，以及出台的多种规范贸易的政策而带来的贸易困境，依然影响着岛屿的繁荣。那场大火是对西班牙殖民地的一个沉重打击，并且人们担心中国人会对他们屠杀其同胞而进行复仇。马尼拉新的大主教抱怨宗教秩序有必要进行检查和改革，有些人忽视了本应是他们传教对象的印第安人，其他人仍然允许异教的中国人居住在岛上，并且允许他们的恶习腐化那些印第安人。中国人的暴乱被

镇压之后，其他人抗议的矛头便指向了当地政府，特别是那些神职人员，他们抗议政府在执行限制中国移民进入海岛的法律时，太过宽松放纵。

这些文档主要来源于耶稣会修士佩德罗·奇里诺（Pedro Chirino）撰写的著名且珍贵的《菲律宾群岛的关系》（罗马，1604 年）。它主要打算将其作为描述 1581 年以来耶稣会在岛上开展的传教活动的史书。奇里诺在 1595 年来到岛上，并且他对从那一时期一直到他离开时的 1602 年这一时期的传教情况给予了完整、详尽地描述。不仅如此，他还描述了许多有趣和重要的事情，包括那里的民众、他们的风俗习惯和性格特征、他们的语言及文明状况、他们的宗教信仰和崇拜以及传教士传教的情况和对民众的影响。耶稣会修士深入西班牙文明没有影响到的地方，走进了一些之前从来没有见过白种人的部落之中，他们记录的这些信息，是描述菲律宾人在与白人接触前的原始状态的最早记录，有着特殊的价值。奇里诺的《菲律宾群岛的关系》首先以英文出版，并且编辑者有幸从来自西班牙巴塞罗那的巴勃罗·帕斯特利斯神父（Pablo Pastells）手中，获得了关于这本出版物的一些有价值的注释，帕斯特利斯此前曾在菲律宾的耶稣会修会中担任了大约 18 年的高级职务。奇里诺的文章从本卷开始，在第 13 卷结束。

奥利弗·范·诺尔特的舰队靠近东方岛屿，引起了西班牙人的不安，西班牙人担心他们在那里的财产可能会受到袭击，尤其是富庶的香料群岛。据此，印度总督决定派一支舰队去驱逐在那

些海域上的荷兰人，并且将这一消息告知了特略。1602 年 9 月
1 日，战争委员会在马尼拉召开，决定给抗击荷兰人的远征队提
供援助。此时，远征队的指挥官已攻陷并征服了安汶岛。随后是
一份给葡萄牙舰队提供物资供应的清单。这些供应物资的价值总
计超过 22000 比索，包括 2000 名士兵和一些水手 8 个月的开支。
一份官方数据列举了马尼拉当局扩大其部队以及供应物资的情
况，并通知葡萄牙使者们准备好向舰队输送这些援助。10 月 26
日，都督阿库尼亚给国王写信，信中报告了摩洛人的海盗行为。
摩洛人进行了几场成功的海盗袭击，有必要加强岛屿的防御来抵
抗这些袭击。一支远征队计划去抗击摩洛人海盗，但是都督及其
军事顾问为了援助摩鹿加远征队而推迟了这项计划。阿库尼亚准
备前往阿雷瓦洛，为远征派遣船只和人员。阿库尼亚尽他所能去
实施这一援助计划，但还是担心这一计划会失败。阿库尼亚请求
国库援助那些患病和有需要的士兵。

阿隆索·费尔南德斯·德卡斯特罗（Alonso Fernández de
Castro）是一名律师，他写作了包含"关于菲律宾贸易的主要观
点"的一篇文章。他指出，法令禁止墨西哥人和秘鲁人与这些岛
屿进行贸易，但他们违背了这一法令，这一非法贸易的结果对西
班牙贸易来说是极具灾难性的。他抱怨船只的长官是在墨西哥任
命的，这造成了巨大且并不必要的开支。在菲律宾贸易中丢失的
船只以及其丢失的原因都被列举出来，在其中也提及了商品的种
类。菲律宾市民对他们的贸易被部分转向美洲殖民地是十分不满
的。违反王室法令，在墨西哥人看来，并不是不可饶恕的罪过。

于是，他们便忽视王室法令。卡斯特罗建议，在禁令和处罚上要更加仁慈一点。一些神职人员则建议应由罗马教廷决定这种违法行为是不是不可饶恕的大罪。墨西哥总督应对即将到达的来自菲律宾的货物有更多的责任，承担在航程中保卫那些商品的士兵及火炮的开支。在太平洋中丢失的贸易船舶，由在阿卡普尔科建造的新船只所代替，总督已经派出一些他"信任"的私人船只，这种行为遭到了谴责。不允许墨西哥与南美殖民地交易中国商品。

　　一组贸易文件尽管有些不完整，但其中包含了许多关于西班牙和它的殖民地之间贸易的有趣信息。马丁·伊格纳西奥·德罗耀拉修士（Fray Martin Ignacio de Loyola），是拉普拉塔河地区的大主教，书中写了他对西班牙王国殖民地管理的观点。他认为：殖民地应当保持其从属的、次要的地位，殖民地的高级官员应当从西班牙委派。其贸易应当在殖民地与母国之间进行。现在，贸易的条件与结果是毁灭性的。罗耀拉主张在马尼拉建立贸易"领事馆"，就像在墨西哥的那样，并且严格禁止墨西哥人参与中国的贸易，其贸易由菲律宾居民所垄断。在墨西哥总督的信中提到，由于资金回笼周期长以及对商品征收的过高关税，和西班牙进行贸易的秘鲁商人遭到了毁灭性打击。结果他们便将其货物送到墨西哥，并且，他们要求获得可以直接与中国进行贸易的许可。蒙特雷（Monterey）建议这一需求可以在有限的范围内被允准，并且，对于在新西班牙使用中国商品不设限制。他对违反贸易条例的行为使用严厉的措施。但是，在马尼拉的海关检查上却有着十分明显的疏漏。另一份文件则对来自菲律宾请愿书的一些观点进行了概括。文件中要求与新西班牙贸易的船舶上的官员必须是菲律宾岛居民，船上的空间不能私自出售，秘鲁商人不允许前往菲律宾，军队的开支要从一份特殊的和单独的账目中支付，并且，贸易船只的装船工作改由马尼拉市政会负责。所有的这些观点都由一些主教来评判，这些主教的建议显然是被西印度事务委员会所要求的。随后的多种备忘录，记载了给菲律宾和新西班牙之间的贸易提出的建议，包括在马尼拉建造贸易领事馆，减少造币，允许和秘鲁有限地贸易，管理在阿卡普尔科及马尼拉的海关等等。来自莫尔加 1602 年 12 月 1 日的信件报告国王，都督阿库尼亚援助了来自印度的远征队去夺取摩鹿加群岛，并且有些被派往新西班牙的贸易船只，在经受了风暴带来的巨大损失以及承受了在日本海岸被捕获的风险之后，没有穿越海洋就返回了。

　　1603 年 5 月，三名中国官员来到马尼拉，财政官萨拉萨尔-萨尔塞多将这一消息告诉了国王，并且将中国官员给都督的信件的翻译版本呈送给了国王（在这些信件中他们解释，他们接到报告说这里有金山所以此行是为了来此寻找）。财政官向检审庭提交了控诉，对那些中国官员用自己的司法方式审查定居马尼拉的中国人的行为表示不满，这份控诉的副本也被呈交国王。都督禁止他们继续这些行为，并且还采取措施保护城市免受中国人可能的入侵。

　　7 月 4 日，米格尔·德贝纳维德斯修士放弃了主教职位，成为马尼拉的大主教。第二天，他向国王报告他来到了马尼拉，同时也向国王禀告了当时岛上令人沮丧的一些情况。棉兰老岛的海盗在海岸边肆虐，杀死了许多俘虏。城市最富庶的地方，包括储存商品货物的仓库被大火毁坏；并且今年从墨西哥来的船到得太晚，耽误了商人运送货物。人们因可能会与中国人发生战争而充满了焦虑；并且大主教对王室官员放纵众多中国人居住在岛上加以抨击。岛上的中国人很多，他们的存在对西班牙人来说是一种威胁，他们自身堕落的风俗习惯同时也带坏了当地人。他强烈要求将多数中国人驱逐出海岛，以及对公职人员的行为进行调查和惩处。接下来的一天，他写信要求妥善处理岛上的某些事物。人们赖以支撑的贸易被来自墨西哥和秘鲁的西班牙人肆无忌惮地夺取。大主教甚至被要求将那些从事非法贸易的马尼拉市民驱逐出教会，但大主教拒绝了这么做，他不认为这是处理此事的正确方法，他试图寻求检审庭的帮助来纠正这一情况，但没有结果。他也抱怨神职人员与审计官过从甚密，审计官和他们的女眷垄断了教会最好的席位，并且多种不法行为也已经蔓延到马尼拉的教会之中。贝纳维德斯批判岛上的宗教秩序，认为神职人员经常忽视他们对印第安人的责任，并要求修道士不能随意离开其教区。多明我会修士和方济各会修士坚持严格的戒律，却忽视了印第安人。圣奥古斯丁会修士们急需检查和改革。耶稣会修士引领着一种典范性的宗教生活，对其他的教派是极好的指导，但是印第安人抱怨这些教父剥夺了他们的土地和财产。贝纳维德斯建议国王纠正这些错误做法。他们仍旧允许那些带坏印第安人的异教中国人居住在岛上。主教要求，分配教区的时候都督应当征求他的意见，而且教士的任命不应由检审庭进行指派，而是通过教会法庭。他寻求多种支持来帮助城市和居民，并且寻求来自墨西哥的军事援助。大教堂需要修缮，主教的住处十分狭小，无法满足主教的需求。不允许耶稣会建立大学，也不允许他们拿由老兵们提供的资金去补偿被征服的印第安人。

1603 年 7 月 2 日，马尼拉检审庭对众多的事件作了一份报告。两名新的审计官来到马尼拉，莫尔加被调往墨西哥。他们叙述了"罗萨里奥号"船只的危险境况及从日本安全返回的情况；以及马尼拉因大火而遭受的损失，半个城市被毁。他们提到了许多与他们收到的王室命令有关的事项，这些事情中最为重要的一件便是印第安人提供的劳役。对此，检审庭声明，只在有需要的时候索取印第安人的服务，并且会支付公平的报酬。两天之后（7 月 4 日），财政官建议国王，应当将马尼拉的主教任命为检审庭的庭长，这一建议曾被都督忽视。1603 年 7 月 20 日，阿库尼亚向国王报告了葡萄牙远征队进击摩鹿加的失败，并且力劝国王立刻采取措施征服那个要塞。

1603 年 11 月 29 日，国王命令阿库尼亚将居住在岛上的中国人驱逐出境，并且严格限制外来移民，直到仅剩 3000 人，也就是只留下为群岛提供服务所需的劳工。由于施加在中国人身上的种种限制，他们在 10 月 9 日发起暴动并攻击了马尼拉，但是在经过几场激烈的交战之后，西班牙人镇压了他们的反抗，许多中国人被杀死，暴动的元凶被处死。一个在马尼拉的耶稣会修士——格雷戈里奥·洛佩斯（Gregorio Lopez）12 月 10 日写信给国王，要求国王向海岛增加援助，来抗击可能会再次袭击海岛的棉兰老岛海盗，这些海盗还袭击了米沙鄢群岛，并危及了耶稣会修会在那里组建的基督教社区。教士委员会在 12 月 11 日的来信中向国王报告了中国人的暴乱，以及随后在马尼拉发生的火灾。多明我会的大主教在 12 月 15 日信件中抱怨，由于王室法令没有被遵守，尤其是那些对中国移民的限制，殖民地日益遭受破坏。于是，大主教要求对殖民地当局的执行能力进行严格的调查，最好是由一名神职人员进行调查。与此同时，主教贝纳维德斯给国王写了一封简短的信件，内容与大主教的信件相似。他向国王推荐迭戈·德格瓦拉（Diego de Guevara）修士承担这一使命。关于中国人暴动事件的信件通过都督和检审庭于 1603 年 12 月 12—18 日，送往了西班牙。马尼拉的防御工事向前推进，并且还派遣了一名使者前往中国去解释最近的暴乱及对暴乱人员的惩处。阿库尼亚同时也努力去获得军事援助来支援现在的军事不足；他担心与中国的贸易可能会被切断，这样将会毁坏菲律宾的殖民地。阿库尼亚还在那些曾在镇压华人暴动时表现优秀的印第安人中征募了几支连队。他叙述了在装备一支保卫岛屿的小舰队时所遇到的困难。棉兰老岛海盗再次袭击了岛屿，但是中国人的暴动使得都督不得不召回那些曾派遣去镇压海盗的军队。阿库尼亚叙述了过去一年在棉兰老岛战役中发生的主要事件，以及那里现在的情况。他抱怨资金的缺乏，并恳求尽快从新西班牙送来经费。在这封信件的附言部分，他也要求对马尼拉的王室官员进行调查，因为他们曾非法地允许大量的中国人居住在这里。

我们按时间进行的叙述到这里打断一下，现在，就像佩德罗·奇里诺在他的《菲律宾群岛的关系》中提到的那样，谈一谈耶稣会修会的经历。简短的前言之后，他开始描述这个岛屿的位置以及西班牙人对当地的发现和殖民。他用大量篇幅记述了 1565 年在宿务发现的圣婴像（Santo Niño），以及与他相关的大量神迹与崇拜事件，还列举了西班牙人祈求的各种主保圣人。在这些圣人中，最为重要的是圣波滕西亚娜，他被推选为抗击飓风的主保圣人。奇里诺简单地描述了当地居民的穿着、风俗习惯以及性格特征，他们的娱乐活动，他们充当食物的鱼类和水果；并且还相当详细地描述了他们十分擅长的竹子种植。他列举了从周边国家进口到菲律宾的东西，来到海岛上的人们的日常活动以及赞扬了这一地区的富庶和舒适。

奇里诺然后提到了来到海岛上的各个修会，特别叙述了他所属的修会，即耶稣会的劳苦和贫困，以及他们在马尼拉定居的开始。五位神父和一位世俗僧侣是这项工作的创始人。其中，苏亚雷斯（Suarez）死于过度工作，桑切斯回到了欧洲，塞德尼奥（Sedeño）管理传教事务，在所有教俗事务上为殖民地谋利。耶稣会修士对来到马尼拉的中国人和日本人发挥了相当大的影响。在第六章中列举了菲律宾较大岛屿的名称并将其范围与西班牙进行了比较。

奇里诺接着便界定了岛上的主教辖区和教省，并插入了对纹身（tattooing）过程的描述。接着讲述了耶稣会修士如何将他们的工作扩展到马尼拉外的印第安人村庄。在巴拉延地区（Balayan），在十年内有近 7000 名当地居民受洗。由于奇里诺的影响和当地居民的迷信恐惧，泰泰村（Taitai）迁移到了一个更加安全和健康的地方。他描述了当地居民沐浴时的风俗习惯，这是他们十分惯常和普遍的行为。在贝湖（the lagoon of Bai）边有温泉，这里已经成为了著名的疗养胜地。他还详细地描述了生长在当地的多种树木，以及中国人将大树修剪为较矮的盆栽植物的方法。尤为有趣的是关于居住在班乃岛上的米沙鄢人和尼格利陀人以及发生在这些人之间的小规模的战争。在蒂格瓦奥安（Tigbaoan）地区，耶稣会传教士做了极好的传教工作，关于此事的详情，也进行了叙述。他们中的一个人——马丁·恩里克斯（Martin Henriquez），死于过度工作。之后，奇里诺奉命回到马尼拉。在 1595 年 6 月，莫尔加和八名耶稣会教士带着传教任务而来，现在传教任务扩大到了宿务、莱特和萨马。有一个章节专门叙述了神父安东尼奥·塞德尼奥虔诚的工作和他的过世。在 1596 年，一大批耶稣会传教士来到岛上，由弗朗西斯科·德贝拉（Francisco de Vera）带领，这里的传教工作得到了新的动力。所有修会的传教士都能较为容易地掌握当地的语言，对他们而言，"这就像是来自天堂的礼物"。奇里诺对这些给予了一些描述，以塔加兰（Tagalan）、阿拉鄢（Harayan）和米沙鄢这三个地区为例子，介绍了菲律宾字母。他赞扬了塔加洛人礼貌的语言和行为，称赞他们有很高的音乐天赋。有一章节专门叙述了当地居民的字母和写作风格。所有人无论男女，都可以写作和阅读，并且他们也学会了用西班牙语来做这些事情，就像用他们自己的语言一样。

奇里诺叙述了耶稣会教士在 1596—1597 年传教的进展。马尼拉神学院的课程进一步扩展，他们的教堂也更加完善。一份小文档，记录了一个为期九天的为存放在教堂的圣人遗迹而进行庆祝的宗教节日。在这个时候，活动开始于教士的自我鞭笞，这是一种自愿的苦修行为。耶稣会教堂经常有大量的印第安人光顾，不仅仅是在特殊的节日，而是贯穿全年，他们显示了最大程度的虔诚，甚至在他们自己当中形成了崇拜遗迹的团体。他们的虔诚得到了实际的结果，尤其在女人们的谦逊和美德上，这些品德是异教徒从不重视也不渴望的；奇里诺也叙述了一些传教成功的例子。同时他也描述了圣波滕西亚娜女子神学院的创立和发展以及耶稣会教士在马尼拉医院和其他地方的服务。作者叙述了在泰泰进行传教的方法及在 1597 年间发生在这里的事情。建立了三座宏伟的教堂，印第安人和山区里的土著人对传教士表达了善意。传教士驯化和改变这些人中的一个人，他常常是这一部落中最有影响力的那个人。在他之后，整个村庄的人便生活在靠近传教中心的地方，由神父负责帮助他们建立村落，他甚至使部落中全部的异教徒改变了信仰。不仅仅是塔加洛人，尼格利陀人也求助于传教士，并且他们中的许多人都改变了信仰。奇里诺痛惜偶像崇拜和迷信依然徘徊在人们之间，甚至是在更加文明的当地居民之中；他继续叙述了他们的宗教信仰和迷信。他们所有的宗教信仰都以传统和习俗为基础，并且通过歌曲传递下去。他们的信仰，包括上帝、魔鬼等都被提及，奇里诺将这些中的大部分概括为祖先崇拜，在这种崇拜中，他们礼拜各种偶像。他们也崇拜动物、鸟类和其他的自然事物，有很多迷信思想。奇里诺致力于捣毁那些给偶像建立的小型建筑。在这些人中，他们的祭司同样也是他们的医生或者是开药的人，他们欺骗那些无知的，轻信迷信的崇拜者。作者还描述了人们奉献牺牲的方式。在传教村庄泰泰，在异教祭司们的影响之下，一些盲目崇拜的仪式被秘密地进行。但是当地居民中的一些忠诚的居民将这一情况透漏给了传教士，传教士便迅速地消除邪恶，拆除偶像。所有异教祭司都改变了自己的信仰，并且过上了模范的基督教生活。

在塞德尼奥去世之后，奇里诺独自留在宿务。他不仅在耶稣会教堂维持日常的服务，还要引导中国人，为了这一目的，奇里诺已经很快学会了他们的语言。他和城市里的奥古斯丁会修士和睦相处，他们在他需要的时候给他提供帮助，他与时而来到宿务的其他教派的修士相处得也都很好。1596 年 9 月，最近到来的一些耶稣会传教士被分派到这个城市，在他们传教使命中接着发生了一些重大的活动，包括给孩子们创建学校。耶稣会教士将他们的活动扩展到了莱特岛，奇里诺曾描述过这个岛屿。他赞扬了盛行于人们之间的好客、友好的态度。在这里建立了五个传教地点，许多人皈依了基督教。作者也同样描述了 1597 年，在每一个传教区，传教士们传教的情况，像在杜拉克、卡里加拉（Carigara）、帕洛克（Paloc）、阿朗阿朗（Alangalang）和奥格穆克（Ogmuc）。在杜拉克，传教士建立了教堂，开设了学校，许多人改变了信仰。在卡里加拉，传教情况也是十分兴盛，作者尤其提到了在这里两个值得注意的皈依基督教的例子，其中有一个年仅五岁的小男孩。在帕洛克，这里的神父遭到一些人的厌恶，显然他们是受到异教祭司的鼓动，但很快这种情况就被对基督教的感情和宗教热情所取代。在这里，还发生了一些被神迹治愈的现象。在阿朗阿朗，科斯莫·德弗洛里斯（Cosmo de Flores）将许多分散的小村合并成了一个大的传教村，但是，在它建立不久之后，科斯莫便去世了。在奥格穆克，神父受到民众的欢迎，并且建立了学校，这些聪明的、温顺的孩子们让传教士们十分高兴。村里的许多人改变了自己的信仰，其中还包括一些部落的酋长。

在书中，奇里诺再次叙述了菲律宾人的婚姻、嫁妆及离婚等情况。在奇里诺得知一些当地居民实行的是多重配偶制时，他已经在菲律宾居住了近十年之久。这种制度并不是马尼拉、班乃岛和其他西班牙人长期居住的岛屿上的风俗习惯，但在米沙鄢人之间很流行。在棉兰老岛上的一些地区，女性拥有两位丈夫，但是一夫一妻制却是这一群岛上十分流行的风俗。唯一被禁止通婚的是直系血亲关系。在此，作者描述了多种订婚、结婚的仪式，对嫁妆的使用和离婚情况。奇里诺认为在这些岛上流行的多配偶制或许来源于穆罕默德的"可恨的教义"。

奇里诺接着便叙述了耶稣会传教士进入伊瓦瓦奥（Ibabao，今萨马岛）传教，他们发现这里的人们很愿意信仰基督教，不久，他们就建立了教堂和学校。有一次，马里皮皮岛（Maripipi）上的全部居民都得到了教父的洗礼，他们已经做好了受洗的准备。一个传教中心开始在卡杜维格（Catubig）传教，此处位于萨马岛的东部地区，但是由于缺少传教士，没能很好地维持下去。

另一个传教地点建立在保和岛上，传教士们在这里的努力得到了岛上实行一夫一妻制人们的协助，他们迅速地抛弃了他们的偶像崇拜和在宴会上喝醉的传统。

奇里诺描述了岛上普遍流行的葬礼和关于死亡的风俗。当地人对死者的尸体进行防腐处理。死者一般被埋葬在自家房子的下面，葬礼一般以宴会和畅饮而结束，但死者的直系亲属却是严禁进食。如果死者是部落的酋长，则全村将会进行一种古怪的禁忌仪式，全村人都必须保持沉默，否则处于死刑。如果一个人是被暴力所杀死，他的亲属将会替他报仇，无辜的人和有罪的人会一起被他们杀死。从那些崇拜神灵或亵渎神灵的作家记录的各国历史中，奇里诺得到所有这些习俗的奇怪的相似之处。他写了一个章节来描述菲律宾人的宴会和宴会中喝醉的场景。其中写到：他们吃的很少，喝酒却很多，但是当他们喝醉的时候，他们却不会变得疯狂和毫无能力。

奇里诺进一步叙述了保和岛上的耶稣会传教士的传教情况。他们发现，岛上的人们表现出一种不同寻常的对天主教的倾向，并且，他们是十分认真和虔诚的。他们所有的偶像崇拜及不道德的行为不久就被抛弃掉，以免触怒传教士们。许多人改变了自己的信仰。在传染病流行时，这些基督教徒通过把圣水作为药物而得到了保护。

奇里诺对棉兰老岛及岛上居民的性格特征给予了些许的描述。他赞扬了岛上人们的勇敢，对此，他还列举了一些他们的例子。耶稣教徒莱德斯马（Ledesma）和马丁内斯（Martinez）在该岛的南部开展了传教工作，不久之后，便有许多人皈依基督教，其中还包括一些部落的酋长。作者也对他们中的一些情况进行了描述。胡安·德尔坎波（Juan del Campo）和一名俗人修士陪同菲格罗亚去棉兰老岛大河远征，那里的统治者被杀死，不久之后，牧师也死去了，奇里诺对他的一生和品德给予了一个简短的概括。

关于此书写作的一些有用的信息，所参阅的书籍，以及其他有价值的支持与帮助，编辑者要对以下人员表示感谢：爱德华·阿耶尔（Edward E. Ayer，芝加哥）；E.I. 德维特神父（Rev. E.I.Devitt，耶稣会，乔治敦大学，华盛顿）；詹姆斯·坎菲尔德（James H. Canfield，哥伦比亚大学图书管理员，纽约）；阿萨·C. 蒂尔顿（Asa C. Tilton，威斯康星大学，历史学院）；赫伯特·E. 博尔顿（Herbert E. Bolton，德克萨斯大学，历史系）；威廉·比尔（William Beer，霍华德纪念图书馆管理员，新奥尔良）；罗兰 G. 厄舍（Roland G. Usher，波士顿）；詹姆斯·A. 莱罗伊（James A. Leroy，美国领事，杜兰戈，墨西哥）；大卫·P. 巴罗斯（David P. Barrows，公共机构管理员，马尼拉）；T.H. 帕尔多·德塔韦拉（T.H. Pardo de Tavera，美国菲律宾协会成员，马尼拉）；A. 科尔曼神父（Rev. A. Coleman，O.P.）；亚瑟·S. 里格斯（Arthur S. Riggs，马尼拉）；安东尼·休德神父（Rev. Anthony Huonder，耶稣会，《天主教使团》的编辑，卢森堡）；弗朗西斯科·埃尔勒神父（Rev. Francesco Ehrle，S.J.）；马里亚诺·乌戈利尼主教（Mons. Mariano Ugolini，梵蒂冈图书馆，罗马）；温策尔主教（Mons.

Wenzel，教廷档案员）；阿方塞·希罗科斯神父（Rev. Alphonse Giroux，S.S.，Colegium Canadense，罗马）；安东尼奥·塞里亚尼神父（Rev. Antonio Ceriani，安布罗希亚图书馆馆长，米兰）；保罗·莱莫索夫（Paul Lemosof，地理学会，巴黎）；安东尼奥·格赖尼奥–马丁内斯（Antonio Graiño y Martinez，马德里）；何塞·玛利亚·德巴尔德内夫罗（José Maria de Valdenebro，塞维利亚大学）；何塞·冈萨雷斯·贝赫尔（José Gonzales Verger，印度档案管理员，塞维利亚）；C.J. 苏卢埃塔（C.J. Zulueta，菲律宾群岛政府图书管理员，目前在塞维利亚）。还有下列图书馆的工作人员：大英博物馆（伦敦）；国家图书馆（巴黎）；埃马努埃莱图书馆（罗马）；圣吉纳维夫巴黎高等学院（巴黎）。还要感谢在第一卷中已提到的有关人员给予的帮助。

编者

1904 年 2 月

# 第 13 卷　1604—1605 年，奇里诺 《菲律宾群岛的关系》

　　耶稣会修士奇里诺的叙事占据了本卷的很大一部分，他的叙述始于第 12 卷，至此完结，记录了到 1602 年为止耶稣会修会的发展情况。在当时，耶稣会组织不仅建立于吕宋岛和宿务岛上，在保和、莱特、内格罗斯（Negros）、萨马和棉兰老诸岛北部地区之上也已经建立起来。1599 年，教会视察员加西亚的到达带来了新的活力和更为严密的组织形式，使受洗者的人数快速增长。在很多地方，传教士们能够根除偶像崇拜，在那些无法根除的地区，他们极力阻止其宗教仪式的进行。传教士们在各地引进了鞭笞仪式，即"圣血游行"（the procession of blood），土著人接受了这一仪式，并从中得到教化。在皈依者们中间形成了宗教团体，这对神父们的工作有很大帮助。神父们开设面向西班牙人和印第安人男孩的学校。在瘟疫时期，传教士们对生病者和濒死者予以照料，他们在所有阶层中都产生了很大影响。他们赢得了原本敌对的土著人的善意，并镇压了莱特地区有威胁的反抗，并感化了罪犯与土匪。西班牙人也接受他们的帮助，特别是在马尼拉。神父们调解纠纷和家庭争吵, 并改造一些放荡之徒。马尼拉的神学院兴盛起来, 并开设更多课程。在耶稣会修士工作的影响下, 土著人的社会状况确实发生了重要的转变。在传教区的印第安人中, 高利贷、不公的奴役和多配偶现象大大减少, 有时甚至被彻底废除。最引人注目的结果是: 神父成功将人们集中于村庄之内, 村中不仅包括那些皈依者, 甚至还包括那些野蛮粗鲁的山里人, 村庄被置于神父们的照料和监管之下。

一个新的修会, 奥古斯丁会回忆派被允许将传教士派往（菲律宾）诸岛, 在 1604 年的时候, 这一事实对于当地并不十分重要。但是, 当地的西班牙人都十分害怕华人入侵——为他们在吕宋大屠杀中遇难的同胞报仇。但是, 由于当地官员的贪婪和松懈, 大量华人被允许留在岛上, 人口不断增长, 超出适当限度。马尼拉大主教倾尽全力, 以确保针对这些危险移民的法律能够被严格执行。奥古斯丁会的高级神职人员们向他们的行省主教抱怨移民肆无忌惮, 繁衍无度, 他们要求救助, 并对行省事务进行适当调整。

奇里诺关于耶稣会的叙述（至此完结）始于 1598 年。在那一年的六月份, 贝拉神父从欧洲招募了更多的传教士。在墨西哥, 他接到了来自耶稣会总会长的命令, 迭戈·加西亚将带着一批传教士增援菲律宾。在马尼拉, 耶稣会修士们的工作在那一年取得了很大的成功, 他们在忏悔室中听人忏悔、在公众面前布道, 做了各种各样的善事。在处理私人事务中, 他们也取得了诸多成绩, 他们使仇人和解, 预防滥诉, 并制止放荡行为。随着

1598 年传教中心在安蒂波洛的拓展，编年史的撰写工作也被继续推进着。不断有山里人来到传教团，他们中有很多人都受了洗礼，其中还有一些曾是异教祭司。在这些皈依者中形成了宗教团体，对传教士的工作起到了最有效的帮助。这些人摒弃了异端信仰，表现出了作为基督徒的极大虔诚与热爱。

在宿务岛，主教很赞赏耶稣会修士，因为耶稣会修士开办了学校，面向他手下的神职人员以及部分市民之子。耶稣会修士的工作主要在米沙鄢人和华人中开展，并取得很大成功。作者叙述了一些能够体现皈依者美德和虔诚的事例，正如在其他修会中表现的那样，当地传教中心里的妇女在上述（美德和虔诚）方面颇为杰出。宿务岛上，耶稣会修士的工作在西班牙人中的重要性，并不亚于在其他人群中的重要性，在西班牙人中，耶稣会修士有很大的影响，就连主教都依赖于他们的建议；他们的布道活动常常在主教座堂进行。宿务岛的主教"模仿马尼拉主教"，在四旬斋节介绍鞭笞的做法，并亲自引领"圣血游行"的队伍。

在保和岛上，新教堂的建造进度在不断推进，皈依者们完全摒弃了偶像崇拜；一些人的疾病被奇迹般地治愈了，这点燃了他们的宗教热忱。莱德斯马神父的信件被引用，据他所言，在武端（位于棉兰老岛北部），"基督教欣欣向荣"。皈依现象与日俱增。很快，几个酋长接受了洗礼，虽然最著名的酋长西隆安（Silongan）还没有摆脱一夫多妻的倾向，但他是对神父们最友善的一位，并在他们陷入险境时予以保护。在阿朗阿朗，托马斯·德蒙托亚（Tomás de Montoya，一位来到岛上的美洲印第安人）恢复了因科斯梅·德弗洛雷斯之死而停滞的工作，他叙述了一些能够表现皈依者虔诚的事迹，也叙述了一些冥顽不灵者受惩罚的事例。在奥格穆克，传教士在施洗时非常谨慎，那些受洗者接受教化，表现出极大的虔诚。在圣周的队伍中，"最令人欣喜、感动的景象是，孩子们用鞭子抽打着自己，那些鞭子是他们为了这一天的到来专门制作的。"传教士们调解了各种家庭纠纷，并使岛上的高利贷和不公奴役走向终结。奇里诺对这些罪恶做了一些说明，但他补充道，它们已经从岛上基督教化的部落中被革除。

从卡里加拉和帕洛克传来了好消息，后者变得异常繁荣，原因在于一位耶稣会修士帮助村民建造了更好的居所。村民们丢弃了偶像，并乐于在星期五鞭打自己。在杜拉克，洗礼多有发生，通过这种仪式，很多疾病得到治愈，例如当地的麻风病。奥塔可神父主管迪那贡（Tinagon）的事务，他的信中说，当地的偶像崇拜被废弃，不道德的习俗也被根除。他对传教士们的布道方法，以及一位帮助传教士工作的土著人在教育其同胞时所用的手段进行了有趣的描述。

1599 年 6 月，迭戈·加西亚作为耶稣会的视察员被派往岛上，他很快就重新制订了当地耶稣会的计划，使之系统化，并付诸实施。在他到达后不久，马尼拉发生了一次猛烈的地震，两座教堂受损。耶稣会修士们在修复房屋方面得到了很多帮助——来自西班牙人的捐赠，以及由印第安人进行的维修工作。在一场流行病中，皈依者们建立的宗教团体做了大量善事，生病者从神父们那里获得精神慰藉。当人们收获稻米时，他们首先想到的是把最先收获的谷物送到教堂去。像往常一样，耶稣会修士作了很多事情去改善信徒的生活，无论印第安人还是西班牙人；他们还使仇敌和解，打破道德败坏的联盟。瘟疫蔓延至安蒂波洛和其他马尼拉附近的村庄，传教士们和皈依者们竭尽所能，对生病者和濒死者施以援手。

耶稣会在泰泰岛上根除偶像崇拜的工作卓有成效，奇里诺叙述了其中一些事迹。比如，一个精神病人由于打扮成"上帝的羔羊"（Agnus Dei）而恢复了正常。视察员加西亚于 1600 年抵达宿务岛，他做出了让其他牧师管理当地华人的安排，由此，耶稣会修士得以脱身，能够自由地投身于印第安人工作中。但是，渴望皈依的灵魂如此之多以至于超出寥寥无几的传教士的能力范围，增加传教士的需求尤为迫切。奇里诺叙述了一些皈依者的事迹，还有一些关于修会成员殉道的事迹。

接下来，他叙述了传教中心在保和岛上的发展，为了这一目的，他引用了两名在当地的传教士的来信。新的皈依者表现出极大的宗教热情，甚至连异教徒都善意地接待了神父们。很多皈依者，包括其中一些人的孩子，都接受了培训，为当地人讲授基督教信仰。在一些村庄中，桑切斯破坏了巫术器具。据奇里诺叙述，通过举行圣礼，一些疾病被奇迹般地治愈了，此外，他还叙述了一些关于女性美德的事迹。

在武端（棉兰老岛），莱德斯马和马丁内斯取得了灵魂上的丰收，甚至异教徒都对新的宗教相当友善。皈依者十分虔诚，而且不再支持异教的宗教活动了。一些不可思议的治疗被记录下来。"鞭笞仪式"在当地，以及其他地方的耶稣会教堂中持续举行着。

此前，菲律宾的小酋长们和他们的追随者们生活在互相攻伐、征战不休之中，现在他们可以移居至内陆的新家，因此，山区的局势稳定下来。为了接近土著人，阿朗阿朗的传教士们竭尽全力，很快，他们就取得了成功，将分散的定居点聚拢成大的村庄——传教中心减轻了工作量，之前他们在巴拉圭等地就是这样做的。因此，他们的工作能够更好地进行下去，很多人完成了皈依。在卡里加拉，一个当地唱诗班对传教士在教堂的工作有很大帮助，唱诗班有两种歌唱风格，当地的和欧洲的。一封来自恩希纳斯神父（Father Enzinas）的信赞扬了一位皈依基督教的印第安妇女的纯洁性。桑切斯神父叙述了他在巴鲁戈（Barugo）传教时的一个案例。他还叙述了奥格穆克教堂的建造过程，并热情地称赞了皈依者的虔诚与热忱。异教徒们渐渐地倾向于接受基督教信仰，多配偶制也受到了抑制。在帕洛克，罗德里格斯神父带领的一个传教中心使 50 人受洗；其后到达当地的其他传教团也在灵魂上获得了丰收。在莱特岛，"鞭笞仪式"成为了常见的宗教活动；几乎所有人都接受了洗礼；皈依基督教的酋长们给予所有曾被虐待的人以补偿。

来自杜拉克的传教中心的报告表明，在一年中有 700 人受洗；一些皈依事件的细节被记录下来，尤其是两个聋哑人的皈依，他们的虔诚最有教化意义。在圣周期间，皈依者们举行了"鞭笞仪式"；有一次，一位神父给他的牧区上了一堂关于基督教善行的实用课。

截至 1600 年 4 月，迪那贡有近千人在那一年接受了耶稣会的洗礼。由于在该地区传教士人手不够，所以，他们派受过教导的印第安男孩去往一些村庄，教当地人学习教理与教义。神父们的信件中关于传教中心工作以及一些皈依现象的描述被摘录出来。当地所有人都对新的信仰十分友好，前景十分鼓舞人心。

奇里诺提到了一次船难，那艘船是开往墨西哥的，他还提到了与奥利弗·范·诺尔特的冲突，在他的描述中提及了在船难中丧生的耶稣会修士，以及他们虔诚的一生。在 1601 年，格雷戈里奥·洛佩斯神父带来了 9 名传教士支援菲律宾诸岛，在圣伊格内修斯（St. Ignatius）的庇佑下，他们经过了漫长而艰险的跨太平洋航行，安全地到达目的地，这一旅程被完整地记述下来。这两年，还有很多其他修会的传教士们到达。奇里诺赞扬了他们的奉献精神与宗教热忱，各修会之间的友好精神，他们在马尼拉的西班牙人中发挥的非凡影响，还有马尼拉西班牙人展现的宗教精神；他还描写了当地各种各样展现宗教虔诚的活动——建立在耶稣会学校学生中的修会，以及之后建立在市民之中的修会；在一年中"鞭笞仪式"每周都要举行，在莱特岛上也是一样；出席在星期日下午的布道；通过抽签的方式决定主保圣人。他还叙述了某些皈依和善行的细节，尤其是那些荷兰囚犯的改宗，他们是从范·诺尔特那里抓来的。

格外受耶稣会修士照顾的马尼拉印第安人生性虔诚，他们渴望做告解和其他敬神的事。他们建立的一个宗教组织做了很多虔诚而慈善的工作，并在组织以外的人群中发挥了很大的影响。在泰泰岛上，传教中心取得了可喜的进展，很多山区里的印第安人，先前是异教徒，现在皈依并受洗。访问员加西亚在安蒂波洛建立了医院和神学院，后者面向男孩，这都给传教士们的工作提供了很大的帮助。

1600 年底的时候，宿务岛的主教召开了一次传教士和俗人修士共同出席的会议，在会上，教士们的工作得到了更好的规划与管理，各种对主教教区有益的法案被制定出来。耶稣会的神父们对印第安人和军人格外关心，他们放弃了对宿务岛上中国人的管理；一个邻近城市的印第安人小村庄出现了很多的皈依者。一封来自瓦莱里奥·莱德斯马（Valerio Ledesma）的信上记录了传教中心在保和岛的进展与收获，令人振奋。他成功将分散的定居点聚拢为一个教化村——在洛沃科（Loboc），"来自群山与河流的上千灵魂汇集于此，他们中的大多数人生长在战乱、抢掠与凶杀之中"；比加河（Viga River）的两个山野部落在此前从未见过牧师。

莱德斯马寻访岛上的众多村庄，发现当地人渴望接受洗礼，而且对传教士很友好；有很多皈依行为发生在野蛮凶残的山居部落之中。有一次，莱德斯马不带武器，独自去见一群怀有敌意的人（那群人此前从未见过西班牙人）；由于他温文尔雅，举止亲切，并携带有小礼物，为他和他的皈依者赢得了那群人的友谊，使得那些人和平地撤离。他的工作取得丰硕的成果，当地亟需更多的传教士。这很大程度上要归功于传教士们简化皈依程序的政策。山野之人不断地迁居至教化村；异教女祭司也改变了信仰。在保和岛上，传教区中现有逾 3000 名基督徒。这座岛屿再次受到棉兰老岛摩洛人海盗的威胁；1600 年，摩洛人海盗劫掠了其他岛屿，但对保和岛的破坏并不大。传教士的报告表明，土著人十分顺从，他们渴望接受基督教信仰。

应当地教士之求，塔奈区域（Tanai，在内格罗斯岛）被置于耶稣会教区管辖之下，加夫列尔·桑切斯（Gabriel Sanchez）从保和岛前往对岸；他受到人们的欢迎。在他的报告中，记录了许多皈依行为和奇迹般的治愈，还有皈依者们所看到的天国般景象。回到塔奈之后，桑切斯发现皈依者们信仰坚定，堪为人生典范。

在伊瓦瓦奥传教飞速进展，从迪那贡的主要居民区开始，不知疲倦的传教士沿着海岸航行，并去往临近岛屿"撒下收获灵魂的大网"。在这一年，他们为近 4000 人施洗，其中大多数是成年人。六个传教中心得以形成，他们记录了神父们的工作、方法与成就。

杜拉克的传教中心（位于莱特岛）的神父们同样收获了很多灵魂，仅在圣诞节的宴会上，就有 600 名之多的异教徒在帕洛克受洗。传教士们的殉道，以及他们从险境中脱身的经历被记录下来。

在莱特的阿朗阿朗、卡里加拉等地，传教中心得到了良好的发展；在1600—1602年，有近3000人受洗。在阿朗阿朗的耶稣会教堂中，有三个印第安人的唱诗班，他们（的水平）"超过了许多西班牙人"。奥格穆克的基督徒格外狂热；在耶稣会学校中受训过的孩子成为他们父母的老师。阿朗阿朗的印第安人在圣周期间举行"鞭笞仪式"，"他们血流不止，因过于狂热，以致必须去制止他们的行为。孩子们的热情也丝毫不亚于成人"；他们太过年幼，以致不被允许鞭打自己，这时，他们就自己发明了另一种苦行。在莱特岛上，发生了一起土著人的骚乱，发起者是一个谋杀酋长的凶手，由于耶稣会的影响力，骚乱被平息了下来，耶稣会修士调节不同派别之间的矛盾，使他们恢复和谐，改造非法之徒。

与此同时，一位神父（1602年）将工人们集中到巴拿马奥［Panámao，现在的比利兰岛（Biliran）］建造船只，工人中有西班牙人、印第安人等。一个西班牙年轻人被一个黑人杀死；这一悲伤的事件把所有人的精神都引向了宗教，传教士因此在灵魂上取得了丰收。在工作方面，他几乎不堪重负，但忏悔者所表现出来的深深的忏悔和奉献使他感到安慰，在当地皈依者的请求下，同时也为了拯救他们的灵魂，传教士两次推迟了出发日期。

1601年底，弗朗西斯科·德阿尔梅里克神父（Father Francisco de Almerique）在马尼拉去世，长期不断地管理印第安人的工作使他筋疲力尽。奇里诺描述了他的美德、他的工作以及他的殉道；他做出了突出贡献，将山中的野蛮印第安人吸引至教化村定居，从而使他们沐浴在福音的光辉之下。马尼拉的耶稣会学校蓬勃发展；一门哲学课程开课，两个宗教团体激起了其内部成员的宗教奉献精神。在那城市（马尼拉）中，某些巫术所使用的符咒被"上帝的羔羊"的影响抵消了。

1602 年，泰泰岛和安蒂波洛的传教中心迅速发展，当地需要更多的传教士。在莱特，人们的宗教虔诚照例在"圣血游行"中得到突出表现，队伍中的信徒在穿过街道的同时鞭打自己。阿尔梅里克神父的职责落到了安赫洛·阿尔马诺（Angelo Armano）神父的肩上。那些皈依者的宗教虔诚被称赞。医院，以及为印第安男孩开设的神学院，有效地帮助了传教士们的工作。

最近，在西兰（Silan）传教的使命被分派给耶稣会；传教士们发现当地人对他们很有好感，颇为驯良，很快，就有很多大人和孩子接受了他们的教导。在照顾当地人的时候，传教士们得到了一位当地盲人的大力帮助，他曾是异教祭祀。管理这个传教中心的一位神父在信件中描述了他们的辛勤劳动、新入教者的忠实与虔诚，以及圣伊格内修斯的肖像所显现的一些奇迹。在这里，传教士们也同样推行了他们喜欢的政策，把土著聚集起来，以减少工作量。

奇里诺用一章来描述菲律宾人取名字的习俗。只有在结婚的时候，人们才有姓氏；但是，在孩子们出生时，人们会根据亲属关系给他们一些称呼和昵称。奇里诺称赞了塔加洛语，认为它生机勃勃、高贵典雅、彬彬有礼。他说，以前土著人不喜欢给自己加头衔，但如今"出于虚荣心，'唐（Don）'被过度使用了，无论男女，人人都持有类似看法——那就是一定要在自己的名字前面加上'唐'这个头衔；因此，在菲律宾，名字前带'唐'的人甚至比在我们西班牙人中还要多。"

宿务岛的主教在一位耶稣会修士的陪同下参观了保和岛，该耶稣会修士简短地记录下了他们旅途中的一些经历。主教为当地耶稣会传教区中的 3000 名基督徒行坚信礼，用他父亲般的爱与仁慈赢得了基督徒们的心。皈依者们热情高涨，甚至连小孩子都满怀热忱地学习基督教义。那里的人全部被引向了基督教信仰，如果有传教士指导他们的话，"岛上所有人都恨不得立刻皈依基督教。"在毗邻保和的一些岛屿上，有人因缺乏宗教援助而下了地狱，但由于人手不够，耶稣会爱莫能助。在萨马岛上，人们也遇到了这样的困难，这一问题显得格外突出。胡安·德托雷斯神父（Father Juan de Torres）访问贫穷传教站的行程被详细记录下来。一个欣欣向荣的传教中心组织在卡图维格（Catubig）建立起来（1601 年）；村庄中的酋长皈依基督教，并通过虔诚的工作来表现自己的信仰。传教士们数次与鳄鱼遭遇，并屡次从险境乃至绝境中奇迹般地被拯救出来，这些都发生在卡图维格。奇里诺的叙事至此完结，在结尾，他呼吁向菲律宾输送更多传教士，在这里，灵魂的丰收等待着他们。

1604 年 2 月 23 日，奥古斯丁会回忆派得到了在菲律宾建立组织的许可。6 月 3 日，国王向阿库尼亚下达命令，要求抑制当地修会的霸道行为；7 月 30 日，国王命大主教惩罚那些弃传教区于不顾，并出卖教堂家具的教士。

7 月 15 日，阿库尼亚给国王写信，汇报一些商业方面的事务。他请求国王拨款，用来对华人进行赔偿，并用来赏赐克里斯托弗尔·德阿斯克塔（Christoval de Azqueta）。马尼拉被笼罩在华人入侵的恐惧之下。与日本人之间的贸易状况良好；但阿库尼亚拒绝日本人赴马尼拉投资。阿库尼亚在官员任命方面提出一些建议，并提议对官员的工作进行视察；并且请求对岛上的王室金库进行适当监管和规范。同期，都督在信件中强烈要求废除马尼拉的检审庭，他认为马尼拉人口甚少，以致检审庭事务轻省；审计官将众多亲朋好友带到岛上，占据了本属于当地居民的职务与福利。他们占据了与华人通商的好处，不准当地人染指，责令其靠边站；并以各种手段欺凌当地人。审计官插手兵役事务，妨碍都督履行职责。对于一个贫困的地区而言，支付给审计官们的薪水是一笔沉重的负担，岛上的财政不足以满足他们不断提出的要求。当地人对此非常不满，抱怨连连，他们应该从这种负担中解脱出来。7 月 19 日，在一封信件的附言中，他向国王提到了检审庭与大主教关于圣波滕西亚娜神学院的争论。

佩德罗·奇里诺写信给国王，请求王室向宿务的耶稣会神学院拨款，该神学院面向男孩。为了使这一请求更合理，他列举了当地人与西班牙人从这所学校中获得的益处，并在信中表明，对该校实施管理的耶稣会是服务于所有阶层的。为证明这一点，他引述了多位见证者的话语，这些见证者或为世俗之人，或为教会中人，表达的都是相同的意思。他的请求得到了王室委员会

（Royal Council）的批准。根据 1604 年 12 月 31 日的法令，西班牙政府对美洲殖民地与菲律宾之间的贸易进行管理。这实质上是对此前法令的重复，费利佩国王下令，菲律宾诸岛与新西班牙总督辖区的贸易将继续下去，尽管会受到一些限制。军事指挥官和其他官员由马尼拉的都督与大主教任命，从岛上居民中选拔。船上的官员不得从事贸易，其中职位最高的两名官员的薪水被固定下来。针对船只及其所携货物的监管条例愈发严格，以实现空间的公平分配，并确保船员的人身安全。货运费得到平抑，并受到监管。货物将被征收额外的关税，为了对关税的保管与支出进行管理，对在阿卡普尔科装船的货物与钱币进行检查，当局制定了相关的条例。任何人都不准前往菲律宾，除非他保证永久定居于此。

在 1605 年 2 月，在马尼拉当局提出控告之前，大主教贝纳维德斯正式对华人发起控告，几名目击者提供的证词可作为支持。在城市中，在 1603 年暴乱中被毁的帕里安已经得到重建，再次住满了"华人异教徒"。那些华人崇拜偶像，无法无天，品行不端；他们引诱印第安土著人走向堕落，背离基督教信仰。不仅如此，华人想要为他们在 1603 年暴乱中遭西班牙人屠杀的同胞报仇，因此，他们成为了常在的危险。大主教提议，将华人赶出城市，仅在墨西哥贸易船装卸货物的那几个月，留出一块地方让华人居住，不允许他们与印第安人交往。大主教公然谴责日本人（在马尼拉，他们与中国人住得并不远），称日本人与华人一样堕落，一样危险。基于上述理由，他发起了一项秘密调查，不过，他并未能促使都督去做此事。几名目击者进一步提供了内容相近的证词。马尼拉当地的一位牧师塔拉韦拉（Talavera）指出，他听说，华人煽动了棉兰老海盗的敌对情绪；同时，那些堕落外国人与当地土著的接触产生了罪恶，为了惩治这些罪恶，大主教一再努力，却徒劳无功。7 月 15 日，弗朗西斯科·德阿维拉（Francisco de Avila）的就职声明的附录显示，华人居住在马尼拉杰出市民的房屋当中。1605 年 3 月，中国漳州的一位官员给阿库尼亚都督写信，要求对马尼拉华人起义事件进行调查，并对大量华人死难者进行赔偿。

马尼拉的奥古斯丁会领袖正式向国王控告洛伦索·德莱昂修士（Fray Lorenso de León），后者专断独行，行为非法，阴谋窃取修会的权力，并试图强行当选教省主教。他们请求国王敦促教皇特使收回对莱昂的授权，并派访问员前往菲律宾诸岛，对当地的修会事务进行监管。宗教法庭的代表（一位多明我会的修士）写了一封简短的信件，对奥古斯丁会的请求表示支持。一位奥古斯丁会的神职人员在该文件上签字，霍安·德塔皮亚（Joan de Tapia）也给国王写了一封信，进一步向国王说明莱昂的行为非法，不胜其任。塔皮亚同时指控阿莫林修士（Fray Amorin）侵吞多项资金，那些钱本来是委托他们保管的；塔皮亚还声称，莱昂进行商业投机活动的资金是从修道院来的。

6 月 28 日，一位名叫安东尼奥·德里韦拉·马尔多纳多（Antonio de Ribera Maldonado）的审计官给国王写信，控诉阿库尼亚都督，他对都督对审计官们的做法很不满，对政府职位的任命颇有怨言。马尔多纳多也声称阿库尼亚违反了墨西哥贸易法规，利用特权为他和他的朋友谋取私利，大大侵犯了当地居民的权利。他请求国王允许他继续留在马尼拉，而不是前往墨西哥。

编者

1904 年 3 月

# 第 14 卷　1605—1609 年，华人起义
## 与墨西哥的贸易

　　本卷文件的时间范围是从 1605 年到 1609 年，其中很多描述涉及中国人在 1603 年引发的暴乱。这场暴动的结果所带来的影响依然存在，但是令人不安的威胁已经消除。岛上的驱逐"常来人"的法律条令是如此宽松以至于帕里安的规模很快恢复到 1603 年时那样。教会和世俗权威之间的矛盾依然存在，一个新的宗教教派进驻该岛，即赤脚奥古斯丁会，或称回忆派。阿库尼亚带领一支探险队把荷兰人从摩鹿加群岛上驱逐了出去，不久他就去世了。各种各样的商业限制阻碍了这个岛的繁荣，新任财政官员吉拉尔（Guiral）经常抱怨部分官员非法且有害的行为。政府的开支几乎是收入的两倍。某个热衷于勘探金矿的私人探险家勘探了卡加延省。

　　1605 年 7 月，几封反对马尼拉主教的信件呈交给了国王。阿库尼亚在信中写道，马尼拉主教贝纳维德斯自大傲慢、刚愎自用，经常和人争吵。他建议今后任命岛上的主教时要多加谨慎。奥古斯丁会的大主教和其他领班神父指出，马尼拉主教鲁莽的行

为方式与中国人叛乱之间有很大的联系，他与都督之间的争吵是没有必要的。贝纳维德斯已经臭名昭著，更重要的是，他以各种方式反对行政命令。因此他们要求国王限制贝纳维德斯的权利，并且限制他的行为。同时，检审庭指控贝纳维德斯妨碍他们的工作进程，对他们不尊重，认为自己比检审庭更优越。

有意思的是，与上面几封反对信日期接近的文件涉及菲律宾殖民地和中国人的关系。在 6 月 10 日至 13 日呈上的备忘录中，主教向检审庭呼吁，要求其同意中国皇帝的要求，即归还中国商人在暴动时尚在马尼拉并被西班牙人出售的财产，并把那些被判入狱的中国幸存者送回自己的国家。一名中国官员在 1605 年 3 月给阿库尼亚寄去一封信，现在得到了回复（显然是在 7 月初期）。在 1603 年"常来人"暴动后，阿库尼亚就写了一封信，他责备澳门的葡萄牙人没有把回复及时交给中国官员，并且声称在冲突中被杀害的中国人要归咎于他们自己。为了坚持这一立场，他列举了西班牙人对岛上中国人的种种善意，并称中国人的暴动并非是因为西班牙人的挑衅而引起的，这些暴动者杀害或虐待了许多西班牙人和印第安人，而且西班牙方面已经对暴动的幸存者做了宽大处理。他返还了原本属于中国商人的一部分钱，并且承诺第二年会返还剩下的钱财。马尼拉一位检审庭检审官写信告知国王，被允许留下的中国人已经限制在 1500 人。

在阿库尼亚写给国王的信件上（7 月 1 日—15 日）做了年度事务报告。来自墨西哥的增援军队已经到达，他们的到来增强了阿库尼亚探险队的力量，他正在为重新夺取特尔纳特岛做准备。他详细说明了他所作的准备，并介绍了军队和船只的情况。他痛诉大主教和审计官马尔多纳多反对他的计划的。他计划在 1606年 2 月离开班乃岛，有很多人自愿携带食物等供应品追随他。他已知晓荷兰人正在准备建立一支强大的舰队，以便把西班牙人从摩鹿加群岛驱逐出去，并稳固荷兰在彼处的势力。阿库尼亚需要更多的资金来供应在摩鹿加群岛上作战的军队。他向国王请求更多的补给，并强烈希望切断荷兰与香料群岛之间的物资联系，同时他建议更好地调整士兵的薪资。在另一封信里，阿库尼亚报告了今年商船前往墨西哥的失败，其中一艘船被迫返航，其他的船只可能在海上迷失，这给岛上造成了极大的财政困难。阿库尼亚诉说了加夫列尔·德里韦拉（Gabriel de Ribera）常年不在菲律宾的情况，他已将此人的委托监护权转交给了别人。摩洛人海盗表面上趋于和平，于是阿库尼亚与他们商议定居一事。但除了可以利用敬畏和恐惧来控制他们以外，阿库尼亚对于海盗的承诺非常没有信心。1603 年中国人暴动引发了屠杀，所产生的社会动荡成了西班牙人焦虑的源头，但是这些问题可以以一种公平的方式加以解决。财政官萨拉萨尔-萨尔塞多去世后，检审庭委任阿库尼亚评价极高的罗德里戈·迪亚斯·吉拉尔暂时代理这个职务。都督抱怨主教妨碍他们对船上牧师的任命，同时他还要求拨款来维护船只以便保卫岛屿。在第三封信中，阿库尼亚抱怨审计官马尔多纳多残暴专横的行为，要求国王对其进行纠正。这种邪恶行径，在此人确保自己控制和获得一位未成年富家女的财产的过程中尤为明显。

　　一些文件提到了多明我会的修士，这些修士在 1606 年到达岛上。这些文件描述了多明我会修士漫长、辛苦的航海经历以及他们遭遇到的种种困难。迭戈·阿杜阿尔特（Diego Aduarte）是多明我修会在远东最著名的传教士之一，他负责指挥前往菲律宾的增援队，他向西班牙国库的官员申请了途中所需的资金（在 1604 年某个时候），款项已经获批发放。他列出了一个清单，上面记录着跟随他的修士，以及他们所属的修道院的名称。在 1605 年 1 月 20 日阿杜阿尔特所写的一封文件中，他详细说明了前往菲律宾群岛进行宗教活动的困难。长途跋涉的困难与危险在一开始就吓住了很多人，作为负责人，阿杜阿尔特必须慎重地管理他们。在法庭上，他必须通过三催四请、四处活动，经过一段漫长的等待，才能得到他所需要的文件。用于航行到塞维利亚的开支非常庞大，而经费远远不够，他们到达以后会遭遇更多的繁文缛节和耽搁。为航海所准备的物资依然不够，同时在等待船队启航时给修士的津贴也是不充足的。王家委员会还要求将传教士名单提交给他们，以供批准，这在船队停留在塞维利亚的短短时间内是无法完成的。除此之外，他们还因为委员会强加给他们的考核而受到不必要的烦恼。那些最终到达港口的人面临着非常高的入港费用，这些费用在航行到中段的时候再次收取，在新西班牙、墨西哥和阿卡普尔科登陆时也都收取过。在这些地方，修会再度遭遇到了在西班牙时相同的烦恼和障碍。阿杜阿尔特非常愤怒地指出了这些困难，并且请求政府放宽限制，为修会提供更慷慨的津贴。关于这次请愿，当局同意了部分要求。

当去往摩鹿加群岛的西班牙探险队到达蒂多雷岛时，一名荷兰囚犯在 1606 年 3 月 16 日被审问。关于荷兰人在香料群岛上的计划和行动，这名囚犯提供了许多有意思的细节。他介绍了他们与蒂多雷岛统治者订下的条约，荷兰人为这次贸易带来的商品，以及荷兰人在这些岛上建立殖民地的意图。另一个介绍 1603 年中国人暴乱的文件也被展示出来，这是驻守菲律宾的一个士兵写的，却是由一个叫马尔多纳多的人编辑的。他用一种简单清晰的叙述方式描述了暴乱，其中许多情况在官方的报告里没有提及（见卷 12）。例如，他提到许多修士参与了马尼拉的防御战，详细叙述了与中国人的每一场战争，介绍了中国人翻越城墙的攻城器械，描述了（西班牙人在反击过程中对）唐人街的洗劫，在村庄以外地区对中国人的屠杀，以及对这场暴乱元凶执行死刑的场面。在叙述结束时，信中给出了一些额外的信息，包括当局派出一名特使前往中国告知这一不幸的消息。作者还提到了一些从中国传到马尼拉的消息，诸如由洪水和地震引起的毁坏，以及与日本之间的战争。

在日期为 1606 年 7 月 6 日的一封信中，检审庭向费利佩三世报告了阿库尼亚过世的消息。西班牙制订的菲律宾岛的新商业规则被接受，但同时也衍生出了新的不满。与墨西哥进行贸易的额度被限制在 25 万比索，从墨西哥发送的货值也降至 50 万比索。岛上的居民表示这严重限制了他们的收益，他们应当被准许进行更多的投资。这种投资自由不仅会增加他们的财产，而且会吸引更多移民前来定居。他们提议每艘船从岛上挑选 50 名士兵用于护航，但是这个提议是不切实际的，因为船很小而且很拥挤。相较于政府提出的给予士兵和下级官吏工资的提议，更好的方法是延续现行制度，允许每个人从事一些商业活动。审计官建议在商品的税收上做出改变，之前的税收对商人而言太过沉重。

　　一封信件从新任财政长官吉拉尔处发出，向国王汇报了岛上的事务。他控诉"常来人"被允许留在马尼拉是检审庭的主意，而没有听从地方官员和他本人的意见。许多中国人也没有登记注册，连过去出台的轻微的限制措施都不遵守。中国人的数量逐渐增长，帕里安的规模变得和暴乱发生前差不多。他建议对中国移民实施更加严厉的限制。吉拉尔告知国王，关于继承委托监护权的法律不断地被违反，他建议对那些错误持有的监护权要宣布作废并加以重新分配。那些不满王室法令实施的委托监护主应该向训导他们所监护的印第安人的牧师提供其主持弥撒的葡萄酒。他建议应该进一步权衡向小的委托监护主授予公职的事情。马尼拉城郊牧牛场的数量和范围不断扩大，这对印第安人造成了很大的损失。吉拉尔建议距离所有城镇一定距离以内的农牧场都要放弃。爱好和平的邦板牙印第安人经常受到以狩猎为生的三描礼士人的骚扰，阻止这种情况的唯一办法是允许所有俘虏三描礼士人的人去奴役他们。关于奴隶子女社会地位的问题应当被解决。关于公职出售和一些资金的使用，吉拉尔提出了各种建议。圣波滕西亚娜神学院因为火灾受损的房屋，近期已开始重建，吉拉尔请求国王对其进行援助。马尼拉一位热心公益的市民为西班牙女性修建了医院，而且王室也被要求对这所医院进行资助。但这所为西班牙人建造的医院没有得到妥善的管理，信中建议国王派遣圣约翰骑士团的修士来管理。对未成年人的监护经常是不到位的，监护人应该得到检审庭的认定。在检审庭临时接管岛上政府的情况下，其拥有怎样的权利与特权引发了一些争议，吉拉尔向王室询问应对措施。财政官抱怨许多修士的暴虐行为，尤其是一些奥古斯丁会士对待印第安人的态度。吉拉尔已经尽可能地反对这种残暴行为，但是他希望国王做进一步的纠正。赤脚奥古斯丁会士的到来对于监督该修会的其他分支是有益的，特别是监督像大主教洛伦索·德莱昂这样的傲慢分子，吉拉尔抱怨洛伦索·德莱昂的非法行为，并要求对其进行调查。他负责将在马尼拉流浪的印第安人遣返回原居地，他要求那些被留下来为教会服务的人员必须限定在已经规定的数目之内，修士们必须付给他们公平的薪资。检审庭已经批准加夫列尔·德里韦拉恢复他的委托监护权，此前这一权利因他的擅离职守而被剥夺，在财政上必须对此给予纠正。他还建议国王拒绝菲格罗亚的继承人的请求，此人期望能免除因征服棉兰老岛而产生的债务。吉拉尔指出，特略、莫尔加都应负责一部分支出，其余的花销应该由检审庭从王室财政上支出。信的最后，吉拉尔请求在新的财政官任命下达后允许他离开菲律宾岛。

1606 年 8 月 5 日至 15 日，西印度事务委员会处理了阿库尼亚努力从荷兰人手中收复摩鹿加岛一事，总结了他在 1605 年 7 月 1 日到 7 日信件中建议的西班牙政府有关此事应该采取的措施。在后来的建议中，阿库尼亚强调了香料群岛局势的严重性。委员会赞扬了阿库尼亚的行动，并且建议国王为阿库尼亚的进一步努力（从墨西哥）提供军队和财力支持。国务委员会立即支持了这些建议，并且建议大主教和马尼拉检审庭注意不要干涉战争事务。

令美国读者感兴趣的是 1606 年 8 月 19 日的王室法令，该法令要求阿库尼亚都督在加利福尼亚海岸为菲律宾船只建立一个中途驿站。国王叙述了 1602 年比斯凯诺（Vizcaino）在海岸进行的勘探结果和选址蒙特雷的优势之处。据说那里盛产黄金，并能积累许多其他优势。国王指定蒙特雷作为菲律宾船只的中途站，比斯凯诺作为建设的指挥官，并命令阿库尼亚从菲律宾派遣两人协助比斯凯诺，了解关于新站的一切必要情况，以便他们能指挥从马尼拉来的大帆船。

中国人继续向岛上移民，1606 年的官方声明显示，那一年超过 6500 人登陆马尼拉。在此后的 11 月 4 日，费利佩三世警告阿库尼亚，除了必要的社会服务所需，不要让更多的中国人留下来。同时，国王还写了一封信给都督，赞许了他派遣军队抵御摩洛人以保卫萨马岛，削减政府及其他事务开支，并指导重建医院和一些其他的行动。

1607 年 1 月 18 日，王家委员会批准了耶稣会会士的请求，提供了一笔赠款用于建设莱特岛印第安人神学院。7 月 6 日的一份炮兵长官的报告上展示了马尼拉各防御工事中火炮的数量和分布，共包括 83 门火炮，大小、火力各异。在国王的要求下，7 月

11 日检审庭提供了仁爱慈善会的宗旨、服务范围和人员的声明。该组织有 150 名修士，他们已经为妇女建立和维持着一家医院，并为奴隶提供了一个病房，此外，他们还为穷人和所有阶层的人提供援助和需要。他们为那些贫穷的囚犯提供食物和水，帮助圣波滕西亚娜的聚居者，为孤儿提供家园，并帮助了许多过路人。他们也解决了诸多争端，安顿流离失所者。

　　1607 年 12 月 18 日，西印度事务委员会讨论了限制西班牙殖民地间贸易的问题。他们认为一定限度的限制是必要的，但又不欲采取过于有力的措施。1606 年至 1607 年委员会多次商讨是否允许修士通过菲律宾前往日本。反对的意见诸如：日本人怀疑西班牙人企图征服他们的国家，墨西哥白银向中国的流动应当停止，已经进驻日本的耶稣会排斥其他教派的进入，葡萄牙人企图使西班牙人远离日本和中国。委员会回应了这些反对意见，建议允许修道士经马尼拉前往日本，但应搭乘日本船只而非卡斯蒂利亚的船只。10 个月后（1607 年 3 月 31 日），同样的问题再次被提出，像之前一样，葡萄牙议会拒绝卡斯蒂利亚修道士进入日本。西印度事务委员会对此表示反对，指出菲律宾群岛与日本的贸易是有利可图的，宗教活动在那里也是成功的，并且在那片广阔地域上需要更多传教士。他们坚持此前允许修道士前往日本的做法，并且建议至少应该允许菲律宾与那个国家进行适当贸易。这些报告都在 1607 年 9 月 7 日和 12 月 20 日的国务会上进行了讨论，会上对耶稣会修士在日本的行事提出了异议，建议国王允许其他教派修士进入日本，并禁止从菲律宾到日本的贸易。国王随后要求从罗马撤销过去要求修士们通过印度前往日本的公文，重新将这件事置于菲律宾的控制之下。

1608 年 8 月 18 日的一份菲律宾政府的年度收支清单列举了下列内容。其中收入包括来自委托监护区的贡税，十分之一的王室黄金税，教会什一税，海关关税，来自法院的罚款。所有这些收入总计超过 12 万比索。随后是开支，包括政府官员、市长、地方官员的工资；政府工人、领航员、航海者、以及其他人员的薪水；造船厂的耗材，其他目的的采购，神职人员的薪资和其他教会及传教中心的开支；等等。还有一些特殊支出，例如向相邻统治者派遣使团的成本，向贡物征收者发放的薪资，士兵及军官的开销，要塞看守员的薪水。所有这些花费一年总计超过 25.5 万比索，是收入的两倍有余。

1608 年 9 月 27 日，费利佩三世写信给新西班牙总督贝拉斯科（Velasco），信的内容与为菲律宾船只提供中途驿站有关。在总结了贝拉斯科的前任蒙特斯克拉罗斯（Montesclaros）关于这个问题的一封信之后，国王同意了蒙特斯克拉罗斯的意见，选择里卡德奥罗（Rica de Oro）与里卡德普拉塔（Rica de Plata）代替蒙特雷做为中途站，并命令贝拉斯科去视察在那里建立的港口和定居点，开发建设事宜由塞瓦斯蒂安·比斯凯诺（Sebastian Vizacaino）负责。另一则法令（1609 年 5 月 3 日）表示，中途站的建设工作应由来自菲律宾而非新西班牙的人完成的建议已被采纳，如果贝拉斯科还未开始执行此前命令，国王决定采取此种措施，并将此事安排给菲律宾都督。国王写信（5 月 26 日和 7 月

29 日）给新都督胡安·德席尔瓦（Juan de Silva），命令他不允许印第安人以人身劳役代替贡税，并就多明我会在岛上建立一个神学院的建议向国王报告。

探险在吕宋岛的北方沿着卡加延大河进行了多次。有关于此事的信息是由胡安·曼努埃尔·德拉·维加（Juan Manuel de la Vega）汇总的。1609 年 7 月 3 日他简要总结了拉维萨利斯、贝拉、达斯马里尼亚斯为了使该省处在西班牙控制之下所做的努力。其中由路易斯·达斯马里尼亚斯率领的第三次勘探（1591 年 7 月），是对卡加延大河谷的第一次有效地考察。他得到了各个原住民村庄的服从，并以温和的态度来对待他们。几周后，弗朗西斯科·德门多卡（Francisco de Mendoca）沿着这条路线，发现了敌对的印第安人，他们甚至拒绝卖给他食物。他没有找到达斯马里尼亚斯（他此行的主要目的），便沿着卡加延大河去了新塞哥维亚，结束了他的旅程。同年 11 月，佩德罗·席德（Pedro Sid）跟着几名士兵去了图伊，并且发现当地人十分友好。他在他们中间发现了黄金，他们告诉他，这是从伊戈罗特人（Igorrotes）的国家带来的。他做了进一步的探索，并得到了所有他遇到的首领的服从。三年后，路易斯·达斯马里尼亚斯派遣托里维奥·德米兰达（Toribio de Miranda）带着军人和修士，去做进一步的探险，以及安抚图伊地区。当地居民看起来和善，但叛乱事件却时有发生。西班牙人必须持续在此守卫。在另一份报告中，按序提到了到访过的每一个村庄以及许多相关的有趣细节。在阿尼特（Anit），房子用男性和动物的头颅装饰，"这是他们的风俗"。

在班塔尔（Bantal）米兰达修建了一座堡垒，并且要求一些心怀敌意的酋长上交人质。在阿古兰（Agulan），小孩子戴着质量很好的金项链，这些项链"在马德里佩戴也很上档次"。在图盖伊（Tuguey）以及其他一些村庄的居民反对西班牙人的进入，但他们害怕火枪的声音，因此很快屈服。折返的时候，西班牙人发现许多他们离开时还很平静的村庄，现在正发生叛乱。他们抓住了煽动群众的叛乱头目，并将其带回马尼拉。此人在马尼拉受到都督的热情款待，并被送回自己的村庄，他转而对西班牙人很满意。米兰达搜寻金矿，但没有找到，最后，疾病加上心灰意冷，他和修士们返回了马尼拉。船长克拉维霍（Clavijo）出发去探寻矿山，由于遭到超过 1000 多印第安人的袭击，被迫撤退。在 1607 年，图伊的很多首领，来到马尼拉，宣布他们对西班牙人的服从，但检审庭对这一事件并不感兴趣。之后，这些首领请求得到马尼拉的保护和宗教指引。作者描述了那些国家的富有和丰饶，对毗邻的山脉上的金矿做了一个报告，矿山最初的开采是由当地居民进行的。关于伊戈罗特人的外貌和习俗都稍有提及，尽管他们是异教徒，但他们并不热衷于偶像崇拜，因此很容易使他们成为基督徒。有理由相信，伊戈罗特盛产黄金。报告中还提及了其他相关的事。其中之一涉及达斯马里尼亚斯去图伊探险的前情，另一个是他的都督父亲给他的授权令和指示的副本。其次是一份稀有的文件，是由维加代表他本人和其他有意征服图伊和黄金之城伊戈罗特的人写的，信件寄送给西班牙的一些高级官员，这其中可能有费利佩三世的宠臣莱尔马（Lerma）。它包括更进一步的规定，关系到影响这些当事人利益的事项。将以大帆船货位的小份额形式给予前往图伊探险的人一份适当的报酬，这些报酬只能在某种特定方式下使用。这些发起人要求被授予在被征服地区有必要建立要塞时任命官员和士兵的权利，并由王室财政提供给这些人固定的薪酬。如果他们有重要的急件要送往西班牙，他们希望从吕宋岛的太平洋海岸直接送出，而不是经由马尼拉。如果他们能成功地平定那些野蛮的部族，他们可期望按照他们的意愿而获得对那些当地人的委托监护权。他们还要求将黄金伍一税减为什一税。此外还有另外一个罗列规定的表单，也由维加署名。图伊计划的发起人要求王室通过回信做出答复，否则他们将免除所有义务。这次征服的费用应当由王室提供，维加委托自己和他的合伙人作为这项事业的领导者，并敦促王家法令尽快承认此事。最终，图伊省的边界被划定，对于在此分配委托监护权有了确切的规定，维加的权利被承认，士兵也被授予了一些特权。

1609 年 7 月 25 日，米格尔·巴那尔（Miguel Banal）（在马尼拉被黎牙实比废除的摩洛人统治者的后代）向国王递交了一份请愿书，祈求纠正耶稣会修士在奎阿波（Quiapo）抢夺他与其他印第安人土地的行为。他要求国王重新调查这个事情，并保护他免受进一步的掠夺。多明我会修士阿杜阿尔特声明了为什么与他同属 1606 年修会的一些修士还留在新西班牙，而没有前来菲律宾的原因。一些在途中去世了，一些未能赶到港口，而且指派给修会的船太小了，不能装下所有修士。阿杜阿尔特抗议他和他的修会所面对的窘境和限制，像以前一样抱怨为他们的旅行提供的津贴是多么微薄——他用自己和他人的经历证明了这一点。最后的文件中，赤脚奥古斯丁会士要求延长以前的许可，以将更多的修士送到菲律宾。

编者

1904 年 4 月

# 第15卷　1609年，莫尔加《菲律宾群岛事件》（上）

　　本卷呈现了安东尼奥·德莫尔加博士的《菲律宾群岛事件》的第一部分。这里叙述了包括1493—1603年间发生的事件，与1565年以来的岛屿的历史。作为一名王家官员和一位敏锐的观察家与事件参与者，莫尔加的这本著作很重要。他更多地关注岛上的日常实践性事务，在他的叙述中阐述了政府的政策、理想、优势和弱点。他的书是以真正的历史精神来写的，关于岛屿的历史线索有条理地整合在一起。作为与菲律宾群岛相关的首批出版的书籍，它有着独特的价值。关于当地人和征服者生活中的政治、社会和经济方面，都有涉及。西班牙对外远征政策的徒劳无功及其因此导致的对内部事务的忽视；重大的中国问题；贸易的增长；与日本的交流；从诸岛屿到周围国家的传教活动；站在对立面的葡萄牙人的嫉妒和羡慕；海上航行的危险性：所有这些都被生动、严肃地描绘出来了。莫尔加在国家的地位允许他查阅许多文件，而且他似乎同各阶级人士都有广泛的交往，这使他很容易获得事实情况。莫尔加的工作性质和他对待菲律宾历史、制度和产品的全面眼光，使得本卷和后续卷的丰富注释的呈现成为可能和可取的。这些注释一部分是由斯坦利勋爵（Lord Stanley）对莫尔加的文献的翻译组成，一部分是由黎萨尔（Rizal）的重印版组成，其中《西印度群岛法律汇编》（*Recopilación de Leyes de Las Indias*）提供了相当数量的法律信息。

本书按惯例以特许和授权为先导，其后是作者的题词和介绍。在介绍中，他声明写这本书的目的是"我们西班牙人在发现、征服和改造菲律宾群岛时的行为，以及我们在这片广袤土地上拥有的各种财富，还有岛屿周围的异教徒的情况"应该为人所知。本书的前 7 章叙述处理了"发现、征服和其他事件……直到唐佩德罗·德阿库尼亚的死亡。"第 8 章叙述了原住民、政府、宗教皈依和其他细节。

作者简要交代了亚历山大六世的划界线和麦哲伦、埃尔卡诺（Elcano）、洛艾萨、比利亚洛沃斯，以及其他人的航行，直到黎牙实比的考察。这次考察突出的重点简要概述为，他被图帕斯当地人和平接待，但他们后来产生了敌意，因为西班牙人"夺取了他们的生活物资"，他们的战败，西班牙人在宿务的第一个定居点以及派遣联络船到新西班牙以寻找返回航道，以及通知总督远征的成功。从宿务开始，征服和定居扩展到其他岛屿，西班牙的资本最终流向马尼拉。各种事件来得很快。征服是"通过武力或通过播撒福音的种子的传教者的努力而得到的。"土地被分配给征服者，城镇逐渐建立，当地人的贡品的数额固定下来。

黎牙实比去世后，吉多·德拉维萨利斯根据黎牙实比文件中的一份王室调令，继任他的职务，并继续其计划。海盗林凤在杀死马丁·德戈伊蒂之后被击败。与中国的贸易建立并持续增长。黎牙实比分配给自己的两个小镇贝蒂斯（Betis）和卢瓦奥（Lubao），后来在他的继任者，弗朗西斯科·德桑德的命令下被取消，但通过国王的专门的命令得以恢复，同时恢复的还有其军衔。

在 1575 年接替黎牙实比后，弗朗西斯科·德桑德继续实行"岛屿的安定……特别是甘马鳞省"。新卡塞雷斯镇成立，桑德对婆罗洲开展的部分有效的行动及其分支，即埃斯特万·罗德里格斯·德菲格罗亚对棉兰老岛开展的行动都持续开展。"圣华尼略"（San Juanillo）号被派往新西班牙，"但是它在海上失踪了，再也没有听说过它的踪迹。"桑德都督职位被贡萨洛·龙基略·德佩尼亚洛萨（Gonzalo Ronquillo de Peñalosa）接替，之后他返回"新西班牙成为墨西哥的审计官"。

第 3 章详细叙述了贡萨洛·龙基略·德佩尼亚洛萨政府以及迭戈·龙基略过渡政府。随着岛上稳定性的不断提高，事件迅速跟进。根据与国王的协议，贡萨洛·佩尼亚洛萨，需要带领 600 个殖民者——已婚的和单身的——到岛上，作为回报，他将成为终身都督。他在班乃岛建立了阿雷瓦洛镇，建造了中国人聚居区帕里安，努力从南海寻找一个返回新西班牙的航道，尽管没有成功。他派出了"一艘满载货物的船到秘鲁去交易某些他说菲律宾会需要的物品"。他对出口到新西班牙的商品加收了 2% 的出口税，对中国商品加收 3% 的关税，"虽然他被指责没有国王陛下的命令就这样做，但这些规定仍然有效，并继续强加。"第一支援助蒂多雷的远征队被派去征服特尔纳特岛，但被证明是失败的。卡加延被首先平定，新卡塞雷斯镇成立。加夫列尔·德里韦拉在去婆罗洲考察后，被送往西班牙去谋求岛屿价值的最大化。多明戈·德萨拉萨尔被任命为主教，并由岛上的第一批耶稣会修士安东尼奥·塞德尼奥和阿隆索·桑切斯陪同到岛上。1583 年贡萨洛·佩尼亚洛萨去世，由他的亲属龙基略继任。此后不久马尼拉发生了第一次特大火灾，但城市进行了重建，虽然进行得十分艰难。里韦拉的西班牙之行的结果，是马尼拉的王室检审庭的建立，以及圣地亚哥·德贝拉成为岛屿的检审庭庭长和都督。

第 4 章是关于圣地亚哥·德贝拉政府期间的事件，以及撤销检审庭一事。贝拉在 1584 年到达岛屿，不久之后，他派出另一个远征队到摩鹿加，也以失败告终。局势持续平静，岛屿从马尼拉和邦板牙酋长之间的叛乱和暴动中解放出来。岛上建造了防御工事，在当地人的指挥下建立了一个火炮铸造厂。在此期间，坎迪什进行了令人难忘的航程，穿越了一些岛屿。最后，检审庭被撤销，阿隆索·桑切斯被授权派往西班牙和罗马，代表岛屿所有社会阶层进行活动。在他回来的时候，他从罗马为菲律宾带来了许多文物、教皇法令和信件。通过耶稣会的影响，戈麦斯·佩雷斯·达斯马里尼亚斯接受任命成为岛上的都督，他的工资增加到"一万卡斯蒂利亚杜卡特"，拿到了撤销检审庭的公报和常规军的编制，他于 1590 年 5 月到达马尼拉。

第 5 章讨论了戈麦斯·佩雷斯·达斯马里尼亚斯的任期以

及佩德罗·德罗哈斯和路易斯·佩雷斯·达斯马里尼亚斯的过渡阶段。新都督的任期特点是他旺盛的精力和热情。马尼拉城墙和其他防御设施，单层甲板大帆船的建设，贸易的监管，各种和解措施，马尼拉的重建，以及开启与日本的谈判，都是他的行政事务的一部分，他是这一切的鼓动者。关于远征柬埔寨和暹罗及其中的麻烦的第一个记录，来自前一个国家的大使馆，其负责人迭戈·贝略索（Diego Belloso）以贸易和友谊作为条件，请求帮助反对暹罗，后者在当时选择拖延。按照都督征服特尔纳特的伟大愿望，他在 1593 年配置了一支庞大的舰队，派出先遣船只在他儿子的照看下赴平塔多斯。不久后，戈麦斯·佩雷斯留下迭戈·龙基略负责管理城市，只带着很少的防御部队出发加入了他儿子的队伍，但是他手下的中国水手叛变，将他暗杀，还带走了船只。他死后，争夺他遗留的职位的拼杀开始，因为死去的都督已经向很多人保证，在他死后他们将被任命为都督。尤其是他跟平塔多斯的一个富人埃斯特万·罗德里格斯·德菲格罗亚保证，向他"表明对任命他的青睐"。在马尼拉，中尉助理佩德罗·德罗哈斯，被选为临时都督，但 40 天后，路易斯·佩雷斯·达斯马里尼亚斯经任命成为下一任都督。部队返回马尼拉表明了对中国入侵的恐惧得到有效缓解。1593 年发往新西班牙的船只由于暴风雨天气而无法航行，但都督去世的消息经印度传到了西班牙。主教和都督之间的矛盾，在后者去世前达到了顶峰，前者离开去往西班牙后，这些事情导致在这些岛屿设立了一个包括数位副主教的大主教管区，检审庭重新设立。中尉助理的职位被赋予更多的权力，莫尔加在 1595 年被派去填补该职位的空缺，此时这一职位已经改为副都督。在路易斯·佩雷斯·达斯马里尼亚斯的管理下，与柬埔寨的事务积极展开，通过胡安·苏亚雷斯·加里纳托（Juan Xuarez Gallinato），以及布拉斯·鲁伊斯·德埃尔南·冈萨雷斯（Blas Ruiz de Hernan Gonzalez）和迭戈·贝略索派遣的远征进行。都督完全是在多明我会的影响之下，他向柬埔寨派出了一支舰队，尽管这违逆了"城市中的大多数人"的建议。加里纳托没能到达那个国家，直到后来布拉斯·鲁伊斯与贝略索与那里的中国人发生争吵，杀死了篡位的柬埔寨国王阿纳卡帕兰（Anacaparan），引发了国家的混乱。令他们不满的是加里纳托拒绝继续征服，粗暴地指责了其他人，并经交趾支那（Cochinchina）去了马尼拉。在交趾支那，布拉斯·鲁伊斯与贝略索前去老挝王国寻找柬埔寨的合法国王普朗卡尔（Prauncar）。在他们到达时发现他已经死了，但部分意义上通过他们和那两个马来人的努力，国王的年轻的儿子被扶上了宝座。加里纳托在交趾支那遇上了困难，他努力重新获得那些被中国人从戈麦斯·佩雷斯的大帆船上偷走的军旗和其他用品，但最终只是安全返回马尼拉。同时埃斯特万·罗德里格斯·德菲格罗亚同意自费征服棉兰老岛，作为回报，他将得到两代人的统治权。为了追求这些，他准备了一次大型远征，但他在到达该岛不久后，在一场战斗和埋伏中被杀害，于是他的第一指挥官胡安·德拉·萨拉（Juan de la Xara）计划继续远征，并在坦帕坎（Tampacan）附近的一个叫作穆尔西亚（Murcia）的定居点组织他的人手。

　　都督弗朗西斯科·特略的行政管理成为了第 6 章的主题。在他 1596 年到达的时候，他在岛上收到消息，伊格纳西奥·德桑蒂瓦涅斯（Ignacio de Santibañez）修士被任命为大主教，还有两个主教的任命。埃斯特万·罗德里格斯死亡的消息被带到马尼拉，还有胡安·德拉·萨拉决定不受马尼拉管辖独立进行远征的消息。在前往奥顿（Oton）推进与罗德里格斯的遗孀进行的诉讼时，他被逮捕，不久就死了，他的计划也无法再进行。龙基略被送往棉兰老岛，接管那里的指挥事务，但他对棉兰老岛的景象感到失望，遂提议疏浚棉兰老岛的河道，设防于棉兰老岛海岸的拉卡尔德拉（La Caldera）。然而，他在促进棉兰老岛人和特尔纳特人联军方面大获全胜，这使得他再次发信件给特略。但是特略对第一次来信的回复已经送到，根据第一次的命令他烧了堡垒，在拉卡尔德拉建立驻军，并带着剩下的指令返回马尼拉。在那里，他因为没有等待特略的第二次回复而被逮捕，但在展示了一封命令他在任何情况下都要返回马尼拉的信件后被释放。加里纳托在他从交趾支那回来时被他自己的人指责不跟进在柬埔寨的胜利，如果他这样做了，"希望在那个王国得到的一切都将会得到。"卡加延省的早期叛乱是因其领导人被自己的同胞谋杀而遏制的，据称他这么做是为了"通过谋杀获得酬劳"。在 1596 年，阿尔瓦罗·德门达尼亚·德内拉（Alvaro de Mendaña de Neira）远征队的幸存者从秘鲁开始，重新探索所罗门群岛（Solomon Islands），在遭受饥饿和疾病的巨大痛苦之后，以及在许多人，包括指挥官本人死亡后到达菲律宾。这次航行在领航员佩德罗·费尔南德斯·德基罗斯（Pedro Fernández de Quiros）致莫尔加的信中有详细的相关描述；它充满了激动人心的冒险，以及敏锐和充满感激的观察。其中一艘船，"圣赫罗尼莫号"（San Geronymo）于 1596 年被派遣至新西班牙，因为暴风雨被迫在日本港口停留。在那里他们受到虐待，在日本的方济各会修士代表他们进行了一番努力，却被法令判决死刑，根据这一判决，6 个方济各会士、3 个耶稣会修士和 17 个当地帮助者在 1597 年被钉上十字架。丰臣秀吉（Taicosama）[①]的怒火愈演愈烈，他指控西班牙人的征服"首先通过把他们的宗教传到日本"，随后"通过他们的武器"进入。随着修道士及其助手被钉上十字架，他感到满意了并允许"圣赫罗尼莫"号上的船员返回马尼拉。修道士向莫尔加写了一封告别信，信中告知他日本打算攻打菲律宾。路易斯·纳瓦雷特·法哈多（Luis Navarrete Fajardo）被送到日本要求一个满意的结果，但是少有收获。法利达·奎埃蒙（Farida Quiemon）是太阁大人的附庸之一，他本是一个籍籍无名的人，获得了进行远征活动的许可后，进行了他的准备，但由于缺乏资源和主动性没有完成计划。同时在马尼拉的人极为谨慎，居住在那里的日本人被送回日本，而来自贸易船只的日本人受到很好的待遇，但很快被驱逐。虽然提出了一些反对建议，但通过多明我会神父阿隆索·希梅内斯（Alonso Ximénez）的斡旋，柬埔寨的事务再次走上了正轨。神父在之前的远征中就伴

---

① Taicosama，日语"太阁样"，中文"太政大臣"，此处译为丰臣秀吉，是因为丰臣秀吉在这一时期是日本的"太阁"。——译者注

随着加里纳托，但由于他自己不服从命令而被留在交趾支那。棉兰老岛和霍洛岛的事务具有威胁性。一个叫胡安·帕乔（Juan Pacho）的人，拉卡尔德拉的指挥官，在与他的 20 个人入侵霍洛岛时死亡，直到可以采取惩罚性的远征后一个拉卡尔德拉的新指挥官才被任命。1598 年大主教到达马尼拉，马尼拉检审庭通过王家秩序重新建立，并在盛大的仪式中授予印章。同年莫尔加收到布拉斯·鲁伊斯的一封信，详细说明了自从他和贝略索陪同加里纳托的远征队去后，他们在那里的活动。布拉斯·鲁伊斯寻求对他们在柬埔寨的行动的原谅，并提出了对西班牙征服和影响大陆的愿望，并寻求岛上的帮助。作为这封信的结果，路易斯·佩雷斯·达斯马里尼亚斯获得许可自费尝试远征大陆，以帮助柬埔寨国王，然后夺取占婆王国，该国国王长期威胁着该地区所有航海者。与中国的谈判和向西班牙人开放埃尔皮纳尔（El Pinal）港口的许可，通过胡安·德萨穆迪奥（Juan de Zamudio）的努力得以实现，他被送往中国以求获得硝石和金属，此举受到来自葡萄牙人的极力反对，他们害怕失去他们在澳门的贸易。在埃尔皮纳尔，路易斯·佩雷斯的三艘船中两艘船的幸存者在遭受了巨大的风暴、艰难和沉船事故之后，遇到了胡安·德萨穆迪奥。中国人对萨穆迪奥青睐有加，但葡萄牙人对他表示了敌意，将他送到澳门去寻求帮助的人关进监狱，甚至企图武力对抗他。萨穆迪奥和来自路易斯·佩雷斯的一个信使各自把船只遇难的消息带到了马尼拉，于是马尼拉方面为他提供了一艘船和补给，并命令他返回。上校埃尔南多·德洛斯·里奥斯·科罗内尔，被路易斯·佩雷斯派往广州（Canton）与中国人进行谈判，他从那个城市向莫尔加写了关于中国的文章，以及在中国而不是马尼拉与中国人进行贸易的可能性、可取性和优势，以及与葡萄牙人的对立。中国被他描述为一个"充满了河流和城镇，没有一寸土地有所闲置"的国家。同时，路易斯·佩雷斯舰队的第三艘船只，由路易斯·奥蒂斯（Luis Ortiz）指挥，到达柬埔寨，在那里他和他的同伴加入已经在那里的西班牙人、葡萄牙人和日本人。这支小部队，被马来领导者怀疑的目光注视着，还有其他人羡慕的，或因他们的实力及他们对弱小国王的影响而敌视的眼神注视着。这支小部队的力量由胡安·德门多萨·甘博亚（Juan de Mendoza Gamboa）上尉和一位博学的多明我会士胡安·马尔多纳多（Juan Maldonado）及他们的手下进一步加强。前者获准继续前往暹罗进行贸易考察，为此他获得了大使馆的信件，他也被委托向身在柬埔寨的堂路易斯（Don Luis）送去一些专门用品，但他没有找到路易斯。马尔多纳多受他的命令被送去做堂路易斯的同伴。这种额外加入的武装力量受到在柬埔寨的西班牙人欢迎，他们拒绝让他们离开，直到听到有关路易斯·佩雷斯的确切消息。一支日本人、梅斯蒂索人和一个在远征海盗中离开日本的西班牙人的队伍的到来，进一步加强了在柬埔寨的力量。领导人布拉斯·鲁伊斯、贝略索和马尔多纳多与国王协商自己的花费账单问题，但不尽如人意。他们的武装力量与马来人之间开始发生冲突和争吵，后者最终取胜并杀掉了西班牙人，葡萄牙人和日本人，除了几个留在城内的人，门多萨、马尔多纳多和几个用之前的船只逃脱的人外无一幸免。在柬埔寨，混乱和无政府状态再次笼罩这个国家，国王被欺凌，最终被马来人杀害。霍洛岛人和棉兰老岛人因为拉卡尔德拉的港口最终被遗弃和拆除而变得大胆起来——这是由都督反对检审庭的意见而决定的——并加入由棉兰老岛的爱好和平的本地人组成的自卫队伍，他们于 1599 年发动了反对平塔多斯的西班牙人和当地人的侵略，在那里他们获得数量巨大的战利品和许多俘虏。第二年，他们带着更强大的武装力量返回，但被阿雷瓦洛镇的镇长击败，因此他们决定报复。在日本，丰臣秀吉的死亡鼓励赫罗尼莫·德赫苏斯（Geronimo de Jesus），一个逃脱了被钉十字架的命运的方济各会修士，开启与他的继任者德川家康（Daifusama）[①]的谈判。后者想要使得他自己在关东地区（Quanto）北部的封地加入贸易，他通过修道士要求马尼拉都督与他建立贸易往来，并提供劳动力，为他希望开放的与新西班牙的贸易建造船舶。他不谈论关于宗教的事，因为"从与西班牙人的友谊和商业中衍生出的利润和利益，比宗教方面的事更合德川家康的口味。"然而，修道士写道，在日本各地宣传福音的自由被给予，尽管唯一的让步只是允许修道士在他们的贸易站建立一座房屋。在 1600 年 10 月，奥利弗·范·诺尔特的两艘船即将来此劫掠的消息传到了马尼拉。莫尔加对准备工作做了说明，包括都督是如何指示他的，他又是如何指示胡安·德阿尔塞加（Juan de Alcega）的，还提及了战斗

---

① Daifusama，日语"内府样"，中文"内大臣"，此处译为"德川家康"，是因为德川家康在这一时期是日本的"内大臣"。——译者注

及其后果。同样在 1600 年，"圣玛格丽塔号"（Santa Margarita）和
"圣赫罗尼莫号"都无法到达新西班牙，而且两船都失事了——后
者在卡坦杜阿内斯附近，前者在贼岛，该船被当地人和生活在不
同村庄的人洗劫一空。在 1600 年，"圣托马斯号"（Santo Tomas）
在开往岛上的途中停留在贼岛，但指挥官担心有风暴来临，虽然
修道士和其他人一再请求，他还是拒绝等待被困的"圣玛格丽塔"
号上的西班牙人。于是，一位对这些不幸的人充满同情的方济各
会修士胡安·波夫雷（Juan Pobre），自愿留下与他们同在。"圣费
利佩"号在距离马尼拉 80 里格的地方失事，船上装载的货物改由
陆路运送。棉兰老岛和霍洛岛的事务由加里纳托同时指挥，虽然
他只是得到了部分的成功，例如暴雨、饥饿和影响当地人的疾病
方面，最终在 1602 年 5 月，加里纳托请求马尼拉方面的指示。胡
安·门多萨和胡安·马尔多纳多修士离开柬埔寨后继续他们前往
暹罗的旅程，但遭到暹罗国王的冷遇，他们的贸易往来也不令人
满意。他们害怕遭到暴力对待，在没有通知暹罗人的情况下于一
天晚上离开，与他们一起走的还有某些在暹罗形同囚犯的葡萄牙
人，但他们被暹罗人追赶，一直追到公海。在接下来一周持续冲
突期间受到的创伤，使得门多萨和马尔多纳多死亡，后者第一次
写下他的命令，并告诫他们"凭良心说，不要再回到柬埔寨成为
别人手中的工具"。在摩鹿加群岛，荷兰人和当地人之间，以及葡
萄牙人与西班牙人之间的动乱，使得有必要从马尼拉多送来几次
援助。1601 年 3 月，蒂多雷的国王写了一封信给莫尔加，请求帮
助对抗特尔纳特人与荷兰人，作为回应，1602 年莫尔加给他送去

了补给品和援助。

第 7 章讨论佩德罗·德阿库尼亚当政期间的事件。随着他在 1602 年 5 月的到来，新的生机和精力注入了公共事务。新都督首先关心自己的家乡事务。他建造单层甲板大帆船，以便参与日本和霍洛岛事务，并派遣赴新西班牙的船只，但必须推迟对平塔多斯的访问。他决心开启与关东地区的贸易，但决定推迟派遣工人到日本，向日本人展示如何建造船只一事，因为这将是有害的。各教派的修道士前往日本，赫罗尼莫·德赫苏斯的书信中描绘的情形使他们产生了许多期待，但实际上他们受到的欢迎远远低于预期。赫罗尼莫被德川家康强迫履行他的承诺，最终他请求亲自前往马尼拉去促成与关东地区进行贸易的保证。发往那里的船只被迫在另一个港口装船，但允许在那里进行贸易并返航。在 1602 年发往新西班牙的两艘船只被迫返回，停留在途中——第一艘在贼岛，另一艘在日本。第一艘带回了大多数在贼岛失事的船只上的人。第二艘在日本受到粗暴对待后终于逃脱。这艘船向德川家康派去了一个使团，因此，代表安全的徽章或令状被授予西班牙人，将来进入日本港口的任何船只都将得到良好的对待。送给在霍洛岛的加里纳托的支援只是为了使他能够整装返回马尼拉。当阿库尼亚正在前往平塔多斯视察那些岛屿的时候，摩洛人海盗的袭击一直达到吕宋岛和民都洛岛（Mindoro），导致了大规模抢掠，从而迫使都督回返，他本人差一点被捕。一次由西班牙人和印第安人组成的队伍被派去给摩洛人一点惩罚，但只造成了轻微损失。就在这之前，在果阿

（Goa）准备的一支用于惩罚摩鹿加群岛的舰队在安德烈亚·富尔塔多·德门多萨（Andrea Furtado de Mendoza）指挥下出发，但在风暴中失散。一些与指挥官同行的船只到达安汶岛，但在受到重创、贫困潦倒的情况之下，他们被迫向马尼拉寻求帮助。阿库尼亚在1603年派出军队在加里纳托指挥下帮助葡萄牙人，虽然他已经独立安排了一次对摩鹿加的远征。在那一年早些时候，来自中国的麻烦的前奏是中国官员来到当地看黄金岛，这使得许多人建议要引起警惕，这些人中包括大主教和一些修道士。在1603年马尼拉发生第二次灾难性的大火，损失超过100万比索。

在柬埔寨占据优势的马来人终于被爱国官僚的联合势力驱逐了，并由他们的老国王的兄弟继位，因此柬埔寨和菲律宾之间的关系再次依靠送修道士过去的方式来建立。在1603年5月，两艘载有补给的船舶到达马尼拉，带来某些教会新闻。加里纳托给予富尔塔多·德门多萨的援助被证明不足以征服特尔纳特人，加里纳托回到马尼拉。本书的这一部分，莫尔加以由富尔塔多·德门多萨写给阿库尼亚的礼貌信函为结束，在信中他对加里纳托和他的手下表示赞扬。本书的其余部分将在后续卷中出现。

本卷结尾有两个附录：第一个是托马斯·坎迪什环球航行的摘要；第二个是荷兰远征东印度群岛的摘要。

编者

1904年5月

# 第16卷 1609年，莫尔加《菲律宾群岛事件》（下）

本卷主要总结莫尔加的名作——《菲律宾群岛事件》，它是从15卷开始的，读者可以参考15卷的前言去了解本书的内容，并了解该书在本卷中的呈现方式。关于菲律宾历史的另一部名著是阿亨索拉（Argensola）1609年在马德里出版的《摩鹿加群岛的征服》。在呈现这部作品时，编者遵循了一个计划，事实证明，该计划也或多或少帮助阐述了菲律宾岛早期的历史，翻译过来的只是书中那些与菲律宾群岛有直接关系、特别有价值和重要的部分。为了使读者对全书有整体的把握，理解各部分之间的联系，编者对所省略的部分作了简要的概述。这种方法有效地突破了空间的限制，尤其是像阿杜阿尔特、圣奥古斯汀以及拉·康塞普西翁的旧历史作品都是多卷本的；用这种方法，就会有更多的篇幅去介绍日本、中国以及菲律宾之外的国家的事情。类似的情况必须要省略，保留下来的大多是对注释有用的，或者是对出版相对不重要的。编者认为，鉴于许多人对此项文献感兴趣，将这些文献的大部分（尤其是菲律宾的早期历史）呈现出来是很有必要的，这些文献来自在外国档案中保存的手稿和迄今未发表的资料，比起在本套丛书宝贵而有限的篇幅内编入那些，翻译完整并且能够在美国国家图书馆找到的书籍来说，这种方法更能给学者以及研究人员提供方便。只要可能的话，所有资料的所在位置在本系列卷宗结尾的书目信息处都会进行标注。与此同时，通过省略问题的梗概以及在注释中灵活使用拉·康赛普西翁和圣安东尼奥（San Antonio）等人的作品，大多数读者的需求将会得到适当的满足。编辑者的目的是要以完整的形式呈现一些这样的历史，特别是早期史，这些内容涵盖了菲律宾的历史；所有这些都是一手资料，以后的作者将会从中获得他们的许多素材。这种方法使得这套菲岛资料的历史资料价值异常丰富，所有资料都是精挑细选的，经过了去粗取精。正如前面所说，省略的部分和概要将会用括号加以说明。

　接着，莫尔加描述了他 1603 年去墨西哥的旅行，在那里他成为检审庭一员。他描述了那年发生在吕宋岛的中国人起义，虽然这次事件在先前的篇章中已经详尽地描述过，但他简单而又生动的描述使人们对这次起义有了新的认识。许多马尼拉的西班牙人对这次起义的危险如此警惕，以至于带着家眷和财产搬到了新西班牙，但是，他们乘坐的船只，其中一艘在海上失踪了，另一艘在受到巨大损害和损失之后，不得不重新返回马尼拉，这对殖民地的人们来说，无疑是场巨大的灾难。都督尽已所能修筑防御工事，并得到了来自新西班牙的支持。大主教贝纳维德斯死于

1605 年。修士们去了日本，在他们布道期间，日本天皇受到了冒犯，所以他建议阿库尼亚去阻止他们布道。1605 年的夏天，来自新西班牙的支援到达了，并且阿库尼亚继续为对抗位于摩鹿加群岛的荷兰人的远征做着准备，1606 年春天，他着手进行这项事业，并亲力亲为。莫尔加详细记录了这次海军战役。在没有遭到炮击，损失很小的情况下，西班牙人夺下特尔纳特岛。逃亡的岛国国王被劝说投降于西班牙，并做费利佩的封臣，一些小统治者也学习他的样子，并承诺不允许荷兰人卷入丁香贸易。阿库尼亚在那里新修建了一处要塞，另一个要塞则位于蒂多雷，为了防卫，由胡安·德埃斯基韦尔（Juan de Esquivel）担任摩鹿加群岛的长官，他拥有要塞和几艘船只用来防御。特尔纳特岛的国王以及贵族们被带回马尼拉，作为人质。在阿库尼亚不在的这段时间，靠近马尼拉的地方出现了一起日本人的叛乱，叛乱得以平息主要是受修士们的影响。都督回到马尼拉不久便死去，显然是由于中毒死亡。菲律宾岛上的贸易因宗主国实行的限制政策而受到损害，削弱特尔纳特并不足以抑制摩洛族的海盗。摩鹿加群岛上的土著极不安分，进行反叛，尤其是他们希望得到荷兰人的帮助，因为荷兰人正在努力夺回他们在那里失去的财产。莫尔加援引西班牙官员在拉帕尔马（La Palma）写的一封信，重申了范·诺尔特远征印度群岛的目的和结果。

　　莫尔加描述历史的部分到这里就结束了，作者在本书的最后一章主要描述了菲律宾岛，岛上的人民，风土人情，宗教信仰，西班牙殖民地的现状以及马尼拉这座城市。他以吕宋岛为首开始介绍菲律宾群岛的主岛，接着是多民族的当地居民——有摩洛人、尼格利陀人还有米沙鄢人，又描述了他们的穿衣风格、日常活动、行业以及生活习惯，紧接着是武器及船舶，还有岛上的植物水果、动物鸟类、飞禽走兽、爬行动物、鱼类和其他生物以及各种各样的植物。槟榔就是其中的一种，咀嚼槟榔在西班牙的各个阶层大为盛行，并且它还可以作为药物使用，同时也介绍了多种药物和治疗方法，还提到了解毒剂。并且涉及了矿业、渔业以及能够做成商业工艺品的一些产品。他写到了吕宋岛最有名的两个湖，邦邦湖（Bombon）和贝湖，马尼拉的海港海岸以及与其他岛国相邻的主要港口，叙述了米沙鄢人和他们居住的岛屿，还有群岛上的潮汐。接下来是比较有趣而又详细的介绍菲律宾民族，涉及他们的语言、文化风俗、宗教信仰等等。吕宋岛以及北方岛屿所运用的语言与米沙鄢不同，但是大部分居民能够流利且正确地书写和表达，他们所运用的字母很像阿拉伯语。对于他们的住所、生活方式、政府、社会组织和立法司法机关也都描述得细致入微。也写到了奴隶的等级、社会地位以及奴役的缘由；还有婚姻、嫁妆、离婚、领养、继承、放高利贷、贸易以及犯罪惩罚等的风俗习惯，但是作者却对社会纯洁度评价较低，但是这种臭名昭著的缺点并不是与生俱来的，而是通过与外国人，尤其是与中国人交流时学到的。比起米沙鄢人，吕宋岛上的人在智力以及道德方面都要好得多。他们的宗教信仰又被阐述了一遍，莫尔加将这些归因于鬼怪的影响，他也说到了穆斯林传入菲律宾岛以及如何被西班牙人的到来所阻止的事。

　　接下来，莫尔加概述了当时岛国上西班牙殖民地的状况。他详细描写了马尼拉这座城市及其防御工事、军火库，政府和市政建筑，大教堂以及女修道院，以及圣波滕西亚娜的神学院和医院。那里共有 600 座房屋，大部分都是由石头建造的，甚至在郊区更是如此；"所有这些都是西班牙人的住处和住所"，所有人，不论男人还是女人，全都穿着华丽的丝绸衣服。在食物以及其他生活必需品方面，其他地方都不如马尼拉丰富，莫尔加列举居住在城中的权贵、神职人员以及市民，并提到这里才是菲律宾群岛的中心和大都市。然后他简要地介绍了菲律宾群岛上其他的西班牙人居住区，然后按照顺序依次介绍了各种制度，工作种类以及劳动力数量。他称赞了他们在对印第安人皈依天主教、教育以及社会改良等方面所做出的努力，他界定了市政和教会当局的职能，以及政府对当地人的政策，并描述了菲律宾从美洲引入的委托监护制的实施及其成效。他反对准许印第安人根据他们自己的选择来用实物或金钱缴纳贡税，因为这样导致他们忽视了先前的产业，也导致在一定程度上损害了这个国家。他们之中始终存在着奴隶制，西班牙人已经被禁止奴役当地人。但是，土著要向委托监护主、教会、国王提供各种各样的人身服役，他们由此可以得到微薄的工资；所有其他为西班牙人提供的服务都是自愿和有偿的。然而，在西班牙人同当地人的交往过程中，却存在着严密的限制。被提到的各种信息包括：官员的任命、询问、选举、市镇政府、金融，还有教会组织、开支、管理以及宗教修会的收入。莫尔加重申了岛上的军队及海军数量，人员组成、薪资以及组织结构。岛上大部分居民都是商人或贸易者，商业是西班牙殖民地的支柱产业，马尼拉是从日本到婆罗洲的所有东亚国家的市场。中国贸易被限制于菲律宾居民区，莫尔加介绍了此项规定的性质、范围及其实施的态度，以及中国商人的特点和他们的应对策略，并且，来自日本、婆罗洲以及周边民族与菲律宾的贸易，以及与新西班牙的海上贸易，都受到了同样的待遇。这种海上贸易是"如此巨大和如此盈利，且易于掌控，以至于西班牙人本身不再愿意去从事别的产业"，于是他们不仅忽视利用自身优势发展这个国家的自然资源，而且土著也忽视和忘记了先前的产业。这个国家的白银供给持续外流，流到了异教徒手中。莫尔加列举了官员、税收以及殖民地政府的开支情况，由于入不敷出，每年的财政赤字都是由新西班牙的王家财政部来补足，这项巨大的开支就引来了"花钱只是为了使土著基督教化和皈依天主教，为了在亚洲其他王国和省份取得更大利益"的言论。

莫尔加并不赞同大量的中国移民涌入菲律宾岛，因为对于西班牙人和当地居民来说不安全，甚至会造成损害。一些中国人需要为西班牙人服务，因为他们掌管着贸易，但是居住在岛上的中国人的数量应由西班牙人的需求而定。作者描述了马尼拉附近中国人的性格、服装、生活方式以及居住情况，在宗教问题上，多明我会的男修士们很是照顾他们。中国的天主教徒并没有和异教徒住在一起，他们住在 500 人的居住区，莫尔加对这些改变了信仰的中国人评价较少，但却对居住在马尼拉的日本人评价较多，将他们评为最好的天主教徒。

莫尔加通过详细描述往返菲律宾的航行和旅程作为全书的结束。这一航路的墨西哥出发港已经从纳维达德移到阿卡普尔科。莫尔加描述了向西的航行，在贼岛的停留，与当地人的交易，以及此后在菲律宾群岛中的航线。返回墨西哥的航线既困难又艰险，因为风向多变且多是逆风，因此船舶必须经常改变航线，去到北方更远的地方以求得顺风，却会遇到极寒天气。这些重要的变数造成了很大的损失，甚至还有人员伤亡。大约要花费五到六个月的时间，航船才能到达阿卡普尔科，期间没有地方停泊。莫尔加也记述了取道果阿和好望角（Cape of Good Hope）去西班牙的航行，这条航线同样既漫长又凶险。

阿亨索拉撰写了一本《摩鹿加群岛的征服》的历史书。他在开始描述了岛国名字、那里的居民、风俗习惯、穿衣风格以及语言。他讲述了他们的起源和他们与西方人交流，特别是通过香料贸易接触的流行故事。葡萄牙人前往摩鹿加群岛的早期探险缘起于当地人的仇视，这样做既困难重重且开支巨大，费利佩二世的顾问建议他放弃菲律宾群岛和摩鹿加群岛，因为此地不值得付出这么大的代价。费利佩二世拒绝了这个建议，他觉得改变岛上的异教徒既有必要又是他的责任，这一决定得到了费利佩三世的肯定。关于西班牙该不该保留这些岛屿，阿亨索拉列举了一些观点，既有支持的又有反对的，不过他是从转化异教徒的角度评判的。对这些观点的更加详细的介绍，可见那些简短的梗概，这些梗概来自对《征服》第1卷到第4卷的概括。在第5卷中, 我们可发现一个黎牙实比征服菲律宾的简要轮廓, 以及那里的人民、特产和动物。文中描述了佩尼亚洛萨对于特尔纳特岛的远征, 由于多种原因, 这次远征遭到了失败。1588年西班牙国王派出"无敌舰队"出击英国, 期望减少那些在东方对抗西班牙商业的北方异教徒的侵扰, 但是, 无敌舰队被击败并且被打散了。圣地亚哥·德贝拉也派出了一支远征队, 对特尔纳特岛出兵, 但却遭到失败。该岛国的一位王子请求西班牙援助以保住他的王位, 作为回报, 他甘愿做西班牙的封臣, 然而, 他的死亡阻止了此后任何进一步的类似安排。在第六卷书里, 作者详细记述了戈麦斯·佩雷斯·达斯马里尼亚斯对摩鹿加群岛的征服以及他的悲惨结局, 并提供了不少在别处找不到的有趣的信息。达斯马里尼亚斯通过强制手段在菲律宾当地人和中国人中间征募划桨手, 这种做法引起了他们的仇恨。他从摩鹿加岛上的耶稣会修士那里得到该岛情况的详细报告, 以及关于实施岛上战役的建议。1594年10月17日, 达斯马里尼亚斯出征了, 他自己乘坐的大帆船是由中国划桨手掌握的, 这些人由于曾被粗暴对待, 因此发动了哗变, 结果, 除了一个修士和都督的秘书之外, 船上的其他西班牙人全都被杀光了。都督的死亡提醒人们有必要推选出一位临时的继任者, 这就是他的儿子路易斯·佩雷斯·达斯马里尼亚斯。谋杀者们乘坐全副武装的船只返回吕宋岛, 期望发现这个国家是没有防守能力的, 并占领它, 但是, 马尼拉的武装足以吓住这些中国人。

在这间隙, 柬埔寨的国王兰加拉 (Langara) 向西班牙人求助，达斯马里尼亚斯为此派出了由加里纳托率领的远征队，西班牙人斩杀了篡夺柬埔寨皇位的人，所以有人主动提出由加里纳托继承皇位，但他拒绝了，最后鲁伊斯和贝略索（Velloso）代替他继承了王位。达斯马里尼亚斯想凭自己的力量对柬埔寨进行另一次远征，但因遭遇风暴，他被刮到了中国海岸，他的一些船只失事了，还有些船只和大多数船员被在柬埔寨的马来人给捣毁了。在当时，这些灾难终止了攻占特尔纳特岛的任何进一步的企图。

阿亨索拉还叙述了菲格罗亚开拓以及他的继任者们征服棉兰老岛的故事，后者得到了作为臣服者的特尔纳特国王的帮助。1598 年费利佩二世逝世，摩鹿加群岛的事一度被搁置了。第七卷书主要讲述了荷兰人出航到东部群岛，荷兰人的存在鼓励了特尔纳特岛继续反抗西班牙人和葡萄牙人。1602 年 5 月阿库尼亚都督到达菲律宾，在一段时间里，他忙于处理殖民地的内部事务和与日本建立友好关系，待这些事情处理完毕，他将心思转向了征服摩鹿加群岛。他与富尔塔多·德门多萨的探险队合作，该探险队是为此目的从印度派遣来的。联合舰队在特尔纳特暂时取得了成功，但最终被迫放弃了这次行动。宗主国政府最终决定必须高效地重启这一行动，阿库尼亚本人应该对摩鹿加群岛再进行一次远征。1604 年 6 月 20 日针对此次行动王室颁布了详细的法令。

阿亨索拉介绍了发生在 1603 年的马尼拉大火和中国人的暴动，并且披露了一些在其他文献中找不到的细节信息。这次反抗尽管被镇压了，但还是造成了工商业的紊乱，引发了物资匮乏和贫困，因为马尼拉平常主要是依靠它的中国人口。不久之后，马尼拉收到了来自墨西哥的援助和物资供应。1605 年 2 月，一支荷兰船队出现在东部群岛，占领了安汶岛和蒂多雷。来自蒂多雷的葡萄牙逃难者告诉阿库尼亚，荷兰人的目的是要攻击墨西哥航路上的大帆船，和获取其他的西班牙人的利益，并将西班牙人从世界的这一地区赶走。阿库尼亚立即向平塔多斯要塞增派人员，并且采取了其他防备措施。许多援助到达马尼拉之后，给他以鼓励，并抑制了周边民族的傲慢。当阿库尼亚为对抗敌人做着充分准备时，荷兰人解救了特尔纳特一族。1606 年 1 月 5 日，阿库尼亚率领 3000 多人分乘 36 只船从伊洛伊洛（Iloilo）出发，但旗舰却在拉卡尔德拉失事，其他船只迷失航路，直到 3 月底才到达摩鹿加群岛。他们将特尔纳特包围，最后攻占它，官兵们掠夺了城市和要塞，后来，国王被劝降，并同阿库尼亚签订了条约，国王放弃了要塞并且归还所有俘虏，交出了特尔纳特境内的荷兰人和西班牙人变节者，放弃了对邻近岛屿天主教信徒的村庄的统治权。阿库尼亚在特尔纳特修建了坚固的要塞，将国王和其他俘虏带到了马尼拉。据大众传言，阿库尼亚回来后几周就死了，是因为中毒身亡。

　　本卷的最后附加（由莫尔加暗示）了一项对古代习俗的有趣报告，是在邦板牙省当地居民的司法管理中观察到的。根据当时不同派别的社会地位和犯罪种类，这些习俗是不同的，但是，一般而言，对大多数犯罪来说，要缴纳固定数目的罚金，对有些案例的惩罚是以命偿命。如果犯人无法支付罚金，他通常会被卖身为奴，显然，他们中没有杀父母者和杀婴者罪犯。据方济各会的胡安·德普拉森西亚从当地人那里汇集的信息，这一报告中包含了结婚、离婚、继承、奴役和纠纷等多个方面。

编者

1904 年 6 月

# 第 17 卷　1609—1616 年，贸易和航海法令、修会活动、大学和医院的建立

　　本卷涉及从 1609—1616 年这 7 年的时间，本卷的主题是贸易、航海、传教和耶稣教会的其他一些活动。在整个 17 世纪四分之一的时间里，菲岛商业和航海活动十分兴旺，这自然使我们对岛上这一时期的社会和经济状况产生浓厚的兴趣。经由马尼拉大帆船贸易从新西班牙流向中国的白银引起了菲岛西班牙人的警惕，但很明显禁止阿卡普尔科和马尼拉港口之间的贸易往来并非明智之举。此时菲岛的对外贸易还受到荷兰人的干涉，并且此时岛上的西班牙人还要与其他外敌抗争，贸然断绝与新西班牙之间的往来对菲律宾岛上的西班牙人有害无利。这一时期岛上的印第安人受到西班牙人沉重的公共工程和防御工事的剥削。但是当地政府也试图减轻他们的负担并保护他们免受西班牙人的压迫。这一时期耶稣会的职能是促进社会进步，具体的工作由耶稣会会士和其他一些笃信耶稣信仰的人承担。多明我会在马尼拉建立了圣托马斯大学，教会中一些有权势的人物要求国王压制检审庭的权力。岛上各方势力之间并不是那么和谐。西班牙人在此地的势力

和菲律宾殖民地未来的前景受到摩鹿加群岛荷兰人势力的威胁。

1583—1609 年间（西班牙政府）陆续颁布了有关航海和贸易活动的各项法令。整批交易被保留下来并加以规范。美洲殖民地和中国、菲律宾之间的贸易被禁止了。菲律宾当地的西班牙人获得了与新西班牙进行贸易的垄断权。但是这种贸易有数量上的限制，每年来往的船只数量也仅限于两艘。菲岛上的奴隶不得流入新西班牙，但是一小部分特定的王家雇工则不在此列。这两艘船上搭载的官吏和人员的数量都是限定的。船上的士兵都是装备优良、有一定战斗力的。菲岛官员不得剥夺船上的军事防御设施。船上的领航员必须经过检查。马尼拉和阿卡普尔科港口的西班牙官员必须对这些船上的财物信息了然于心。船上所载货物不得超重。除非可以证明自己是新西班牙或菲岛的合法居民或是被运送的士兵，否则任何人不得乘船往来于两地之间。船上的官员不得以任何形式参与到船上的贸易中。船票的价格会根据运输的实际情况浮动，以确定能够和运费相抵。货物抵达阿卡普尔科港口和墨西哥之后还要经过检查。中国商品不得以任何形式在新西班牙和秘鲁之间进行流通和售卖。阿卡普尔科港口对菲岛货物所征的税将被用于菲岛所需。从阿卡普尔科港口运回菲律宾的财物价值限制在 50 万比索之内。这其中包括了与遗产、慈善捐赠相关的部分。除非在严密的控制下，否则马尼拉大帆船贸易的回程不得携带任何银制品。新西班牙总督和菲岛的西班牙政府之间经常交换船上货物往来的信息。菲岛西班牙当局会任命一位可靠的官员负责管理移民到岛上的中国人或其他外国人。这名官员需对货物的存储、放置、运输、保存作出指示。这些船只需在马尼拉装备而非阿卡普尔科港口。船只和船员都全副武装以用于防御外敌。船员除必需品外不得携带其他任何辎重。船上不得搭载女奴。同样不能强迫任何已婚妇女搭载船只。菲岛居民可以与日本发生贸易，但是日本人不得来到菲岛。

1610 年有一份关于耶稣会在菲岛传教的报告。报告以一些数字表格开头，记载了耶稣会在马尼拉开办的大学和其他一些传教地点。在那所大学中有两名在俗修士去世了，他们的生平和功德被简单地加以介绍。马尼拉居民心中的宗教热情日益高涨。这里的耶稣会教堂装饰得富丽堂皇。其中一所新建的教堂中还有当地信徒捐赠的雕塑。有一位耶稣会的神父致力于使异教徒皈依基督教信仰。这些异端是在同荷兰人的战争中被西班牙人俘虏的，其中 20 人被成功救赎。新的都督胡安·德席尔瓦，不仅给予耶稣会很高的荣誉，还给他们很多实际的帮助。在安蒂波洛和泰泰有很多热情且虔诚的皈依者。但是这些皈依行为中也产生了一些混乱。安蒂波洛的教堂经常被烧毁，又被重建。在宿务，耶稣会修士为了培养西班牙居民的宗教情感以及促进社区间福利做出了极大的努力。在保和岛也出现了很多皈依行为，皈依者中的上层人物通常会对传教产生巨大的帮助作用。连一些信仰异教的祭司们也皈依了耶稣会。皈依者都拥有虔诚的信仰，积极参与慈善活动，他们还资助建立了一个新的医院。他们没有稳定的偶像崇拜，他们现在信仰圣母玛利亚，这样能给他们的狩猎带来巨大成功。在杜拉克也出现了很多皈依者，但有些皈依行为是通过不正当的手段促成的。帕拉帕格（Palapag）遭遇饥荒的时候，耶稣会大力资助贫苦人，在那里人们的宗教情绪很快被调动起来，出现了一所所新的教堂和很多皈依者。在远征摩鹿加群岛的队伍里也有很多耶稣会修士。那里有很多基督教徒，受到荷兰异教徒的压迫。在这份文件中的许多报告都记录了耶稣会神奇的治愈术和其在危难中的救赎。值得一提的是在很多情况下菲律宾人信仰的转变都被视为一种献身行为。

1609 年 5 月 26 日颁布的一项法令中，明确规定了印第安人的职责。情况允许时，公共工程需从中国人或日本人中招募工人。除非菲律宾当地人自愿工作，否则不可强迫他们。但是如果遇到劳动力不足的情况，则不得不强迫本地人工作，但是这只能在某些极端的情况下：他们所从事的工作是必须的。若要征兵则必须给予士兵们妥善的装备。必须按时付给工人合理的薪资。农忙之时不得征兵。船上必须为划船手设置遮风避雨的地方。所有违反规定的不公平对待印第安人的情况一经发现，相关人员就要受到惩罚。若违法者是官员，则更应严惩。

1610 年 6 月 30 日奥古斯丁会向国王写信，要求解除施加在他们身上的束缚，否则他们的工作就会受到损害。马尼拉的多明我会在同一天向当地政府请愿要求压制检审庭的权力。他们认为王家法令并没有得到相应的尊重。管理王家财政的官员存在违法行为和任人唯亲的现象。多明我会建议大主教和宗教界被授予监督政府的权力，这样检审庭才会认真履行自己的职责。他们要求西班牙国王增加大主教的收入。他们在信中还列举了限制检审庭权力的原因：自从检审庭建立之后，诉讼案件的数量增多；监狱变得更加拥挤；监狱里犯人的状况也每况愈下（这点受到漠视）；公平和正义正在消失；西班牙本土的法律程序又不完全适用于这些案件，无辜的人遭到惩罚而有罪的人则逃之夭夭；人的尊严变得不再重要；担任官职的人都是些无能之辈，官员和罪犯互相勾结以谋取暴利。由于国王同这些人的利益密切相关，所以事实上，国王不会与检审庭的利益相左。

耶稣会修士格雷戈里奥·洛佩斯在 1610 年 7 月 1 日回顾了过去一年岛上所发生的事。传言荷兰人将要进犯，席尔瓦加强了甲米地地区的军事工程。之后西班牙人遇到了一些不好的情况，其中最令人感到不可思议的就是一些来自中国和日本的船员杀害了他们船上的西班牙人。1609 年末 1610 年初，由弗兰西斯·德韦特尔特（Francis de Wittert）指挥的一支荷兰人中队靠近了马尼拉，抓捕了几艘与吕宋岛贸易的中国商船和其他船只。与此同时西班牙人也做好了军事防御的准备。4 月 24 日双方军队在翁达滩（Playa Honda）遭遇，这个地方位于马尼拉湾的外面。一番激战之后，韦特尔特被杀，荷兰军舰以及船上的海军上将投降。另一艘荷兰船只由于起火被毁，剩下的溃逃。为了庆祝西班牙人的胜利，马尼拉举行了盛大的（世俗的和宗教的）庆祝活动，以及对战争遇难者的悼念活动。从荷兰人那里掠夺过来的战利品被瓜分，总价值大约 40 万比索。很多被抓捕的荷兰异教徒在西班牙神父的布道下也皈依了基督教。格雷戈里奥·洛佩斯将许多事情的发生都与这场战争联系起来。他对马尼拉大帆船海上航行的危险和艰难进行了生动的描述，尤其是在日本海岸沉没的"圣弗朗西斯科号"。这艘船本来是要到摩鹿加群岛传教的，但被荷兰人扣住。其中也包括神父马索尼奥（Masonio），但他历经艰险，从荷兰人手中逃了出来。

1610 年 9 月 5 日都督席尔瓦向西班牙国王汇报了岛上的情况，尤其是在摩鹿加群岛发生的事情。他在信中说，荷兰人除了特尔纳特的要塞，几乎夺得了一切。他们甚至在日本也拥有了一个据点，并且他们还打算进军中国。如果荷兰人控制了同这些国家的贸易，那么西班牙在印度和菲律宾的殖民地就会受到损害。最后，席尔瓦在信中说，他准备同葡萄牙军队联手，阻止荷兰人收复摩鹿加群岛。他会使特尔纳特的国王重新回到他的领土，因为这个国王已经承诺会从属于西班牙并断绝同荷兰人的来往。但是席尔瓦没有充足的金钱支撑这次远征，因为王家财政状况早已负债累累。1610 年 12 月 7 日西班牙国王回信给他，让他去调查奎阿波地区当地菲律宾人对耶稣会修士不满的情况。

马尼拉圣托马斯大学的建立始于 1611 年，由多明我会负责，其资金来源主要是已故大主教贝纳维德斯为此目的留下的遗赠，以及其他一些遗产。当时关于这所学校的建立和所获的捐赠被大肆报道，其中包括这所学校的基金、地点、管理方式和特色等。如果任何宗教的或世俗的权威想要获得对这所学校运作和财产的管辖权的话，则必须建立在这所学校的财产属于多明我会和教省的基础上。

1611 年 7 月 20 日，新卡塞雷斯的主教请求国王对当地医院

提供援助。同一年，国王给席尔瓦写了好几封信，他在 11 月 12
日的信中要求都督压制不可一世的教会的势力，但是他的口气很
谨慎。同时要求席尔瓦规范商业中的违法行为，对菲律宾同墨
西哥之间的贸易作出明确的法律规定。继续禁止日本人在岛上定
居。此后停止对当地人的军事训练。11 月 20 日他又对席尔瓦下
达了一项命令，要求他释放在马尼拉湾战争中抓捕的卡埃尔登
（Caerden）和其他荷兰人，并告知他们以后不得因任何理由被再
次逮捕。12 月 19 日国王又命令他在吕宋海岸驻扎一支舰队以防
止荷兰人劫掠来岛上进行贸易的商船。12 月 31 日国王写信给多
明我会在马尼拉的教省主教，要求他纠正他的一些修士目无法纪
和不服从权威的行为，同都督保持良好的关系。在没有得到都督
允许的情况下，不得派遣修士到日本传教（类似这后一封信的重
要命令也被送给其他修会的主教）。

　　1612 年在王室命令下，由他们的上级提供了不少有意义的关
于岛上各个修会的传教人数和场所的统计。奥古斯丁会有 56 处
传教的场所，155 名神父和 13 名在俗修士。耶稣会在马尼拉和宿
务有 2 所学院，此外共有 6 个定居点，2 个布道所，共计 45 名
神父，28 名在俗修士，8 名初学者，11 名学院派人士，共 92 人。
每一个定居点都是耶稣会向周围村庄传教的中心。在这些定居点
中，有的有教堂，另外一些则是定居点的神父们不时地到周围村
庄布道。方济各会有 48 所布道处，其中 4 处位于西班牙人的市
镇中。还有 6 家医院和 101 名神父，38 名在俗修士，此外还有在
日本传教的 21 名传教士。多明我会有 18 所布道处，1 家医院，

62 名修士。在日本有 3 所布道处，9 名宗教相关人员。奥古斯丁会主要在吕宋岛西部、班乃岛、宿务和附近的一些村庄中传教，他们约有 17.64 万名信徒。耶稣会主要在吕宋岛、班乃岛、莱特、萨马岛，保和以及附近的岛屿传教。除了在马尼拉和宿务的教堂，他们还拥有 68 所教堂，约 5 万名信徒。奥古斯丁会也在吕宋岛传教，约 8 万名信徒。同时他们也在摩鹿加群岛和日本传教，约有 1.6 万名信徒。

　　1612 年 4 月 12 日秘鲁总督就菲律宾与墨西哥的贸易问题写信给费利佩三世，在信中他对这一问题阐述了自己的看法。费利佩三世下令将菲岛与墨西哥的贸易转为菲岛与西班牙和葡萄牙的贸易。这封信很有意思，其中披露了一些西班牙政治家关于殖民地管理的理论，几乎涉及了西班牙政府当时所奉行的政策。蒙特斯克拉罗斯在西属美洲殖民地任总督已经 9 年了，拥有极高的声望。他认为自从发现新大陆后，欧洲的商人大量涌入新世界，他们从新世界所获得的利润已经大幅度减少。他认为可以将菲律宾与墨西哥之间的贸易转向西班牙，他还畅想了一番此举的前景。马尼拉大帆船贸易主要以丝织品为主，并与墨西哥印第安人生产的棉织品发生交换。若将丝织业引入墨西哥将会取得很大的成功，但这样一来菲律宾可能因为与墨西哥之间的贸易受限而受到损害。这对西班牙也会产生不好的影响。而且他对塞维利亚的商人并没有信心，因此放弃了这个想法。经由阿卡普尔科港口运回马尼拉的西班牙货物主要是小而贵重的奢侈品。西班牙人的服饰在日本和吕宋并不受欢迎。蒙特斯克拉罗斯拒绝将中国的丝绸运往西班牙，因为这会使西班牙本国的丝织业受到损害。而且中国货物质量差且不耐用。蒙特斯克拉罗斯着重强调，菲律宾贸易的中止实际上将不会影响到新西班牙的白银外流，也不会对西班牙有好处。并建议国王不要偏向塞维利亚商人和印度的葡萄牙人，而忽视了他的卡斯蒂利亚臣民。他还比较了从马尼拉至西班牙的两条航路各自的优势，认为经过太平洋的路线更好走一些。总督还谈到了援助菲律宾的问题，并建议如果经由巴拿马地峡（Isthmus of Panama）将军队运送到阿卡普尔科港口会更有利一些。他还指出了有人提出的抑制菲律宾和墨西哥之间贸易的种种危险。

1613 年 8 月 15 日新塞哥维亚的主教写信给西班牙法庭中的高级官员，请求他们为圣托马斯大学的建立再拨点资金援助。索里亚抱怨耶稣会和政府，因为这两者都反对多明我会。但是菲岛需要更多的神父。他对奥古斯丁会和它的主流地位也给予了诸多批评。

1613 年 12 月 2 日，费利佩三世给席尔瓦写信，要求他将从中国得到的水银全部送往墨西哥。在信中国王对他关于中国移民的看法表示赞同，还赞许了他对官员腐败问题展开的调查。同时他让席尔瓦向他提供更多关于与日本开展贸易的信息以及菲律宾土著居民的信仰情况。1613 年 6 月 28 日（和 1616 年 7 月 1 日），王家市政会向国王写信建议为马尼拉年老的大主教分配一个助手，这名助手的薪俸为大主教的三分之一，还有其他一些报酬。1616 年 8 月 20 日耶稣会修士莱德斯马在写给费利佩三世的信中表达了对这个岛屿未来前景的担忧。岛上西班牙人的贸易规模在不断缩小。为了防备荷兰人，大量的军事开支转嫁到西班牙居民身上，菲律宾当地人民的负担则更加沉重。而且菲岛还经常面临其他敌人的攻击而陷入危险的境地。因此他要求国王对菲岛进行紧急援助。

1616 年左右，马尼拉一位耶稣会修士胡安·德里韦拉（Juan de Ribera）写下了自 1615 年菲律宾人为了菲岛的军事开支所承担的财政负担。荷兰人在东方获得的稳定的落脚点将会对西班牙人的商业利益造成损害。不仅如此，西班牙人还会面临荷兰海盗劫掠的危险。席尔瓦派里韦拉去印度，让他去寻求当地总督的帮助。随行的有四艘帆船。经过漫长而艰险的旅程他们抵达了马六甲，虽然有一点延误。在那里他们遭遇了一支马来的舰队。尽管双方都遭受到了很大的损失，但是西班牙人获得了胜利。几周之后，一支荷兰舰队抵达马六甲，同之前被打败的荷兰舰队汇合，又同西班牙人开战。在这场战争中，葡萄牙人的船只被摧毁了。1616 年 2 月席尔瓦带领一支舰队抵达马六甲，但不久他于 4 月 19 日去世，死于一场高热。

这里列出了从 1565 年至 1898 年菲律宾所有西班牙都督的传记和年表。这份列表的准备经过了对现存最权威资料的校勘、整理和验证。因而可供一般读者和历史学者参考。随后是 1664 年的一则法令，规定了岛上的临时政府和耶稣会修士德尔加多（Delgado）1751 年写的《历史》的一个摘要，摘要提到"菲律宾群岛诸位都督的相关情况是值得了解的。"德尔加多说："由于没有国王和其他高级官员的管辖，菲律宾的都督和政府官员拥有

极大的特权。"为了说明自己的观点，他还列举历史事件来证明
自己的观点。他在摘录中概述了菲律宾土著人民同当地官员之间
的关系以及西班牙殖民者在菲岛的征服。接下来的是西尼巴尔
多·德马斯（Sinibaldo de Mas）的《1842 年菲律宾群岛状况》中
的一章，马斯是一名西班牙外交官，他就岛上"都督和政府的行
政管理"进行了访问。他也描述了岛上菲律宾都督的极大权威和
特权。概述了都督、行省和地方的计划。菲岛上的混血人有他们
各自的政府。由于菲律宾当地的酋长以及他的一些家人可以不交
纳贡品，他们构成了一个特权阶级，是那些纳税人的负担。这是
菲岛政府管理体系中的一大弊端。对于居住在岛上的中国人，要
对他们进行登记、分类来划分不同的税收标准。最后一章是关于
"菲律宾的政治和政府组织"的，来自蒙特罗–比达尔 1886 年写
的《菲律宾群岛》，他对土著城镇的地方政府问题给予了特别的
关注，他还解释了为什么菲律宾当地人渴望获得治安员职位。此
外，作者还对地方土著权贵的服装、礼仪以及政府管理形式进行
了介绍。还有其他一些低级官员的情况也得到描绘。最后他通过
对岛上都督、督军、行省官员权力和职能的讲述，尖锐地批评了
"菲律宾各行省不完善的、出格的、不合适的组织结构"。

编者

1904 年 7 月

# 第18卷 1617—1620年，荷兰海盗、马尼拉大帆船的建造、对华人贸易的限制

本卷起自1617年，讫至1620年。此时岛上仍然不时地遭受来自群岛南方摩洛人海盗的蹂躏。但更糟糕的，则是荷兰人给本岛贸易带来的负面影响。他们的船舶侵袭了吕宋岛和摩鹿加群岛的海域，在那里他们稳步地，甚至是迅速地取得立足点，并巩固了在这些地区的贸易优势。香料群岛行政管理中的腐败行为，留给西班牙一块昂贵且令人尴尬的领地。然而，新任都督法哈多发现，在西班牙殖民地本身，特别是在检审法官和其他高级官员中，也有同样的情况。殖民地财政一如既往地缺乏资金，对于保卫岛屿、抵御荷兰人来说无济于事。面对强横的荷兰人，尽管为拯救殖民地和西班牙商业的请求所困扰，马德里政府也不愿意在菲律宾投入更多。一贯在岛上建造船只的行为，已经使不幸的当地居民感到厌烦和疲惫，因而有必要在印度和其他木材和劳动力更丰富的国家为菲律宾建造船只。殖民地与中国的贸易经常成为讨论的话题。为了保护母国的商业利益，限制菲律宾与中国以及

与新西班牙贸易的建议被再次提出。最后一份文件，以有力的语言详细说明了当前岛上行政部门的滥用职权——检审法官的独断与压迫，官员腐败，公共资金挥霍无度，法律执行不力，对印第安人、中国人施加沉重的负担等问题。因此，这些市民需要补偿和赈济。

安德烈斯·德阿尔卡拉斯（Andrés de Alcaraz），是在席尔瓦去世后负责军事事务的官员。他于 1617 年 8 月 10 日写信给国王。（信中说）船只在 1616 年不能前往新西班牙，是因为海上有虎视眈眈的荷兰人。好在阿卡普尔科的帆船安全抵达了马尼拉，它带来的金钱足够缓解一时之急。虽然面临很大的困难，但阿尔卡拉斯已准备好了一支舰队驱逐荷兰人。1617 年 4 月 14 日，这支西班牙舰队与荷兰军队在翁达滩交战。经过漫长而激烈的战斗，敌人落荒而逃，他们失去了几艘船和大量火炮，人员负伤惨重。此后，阿尔卡拉斯即刻向特尔纳特的西班牙要塞提供物资，召回赫罗尼莫·德席尔瓦（Geronimo de Silva）到马尼拉担任临时都督，并派遣领航员去迎接假道好望角的西班牙舰队。席尔瓦性格中所带有的粗鲁和傲慢，已经在许多方面表现出来。阿尔卡拉斯感谢国王允许他辞去检审庭法官一职，返回西班牙，并解释了他为什么还没有空出他的职位。他还提到了菲律宾官员中值得嘉奖的一些人，特别是那些在翁达滩战斗中表现突出者。继任的行政官员从西班牙到此，但对他们来说这里已经没有财富了，岛上的财政空空如也。这里只有繁重的债务，而且急需援助。因为疾病和其他各种原因，除了阿尔卡拉斯，没有其他检审庭的法官在职。

　　一封未署名且未注明日期的文件（约作于 1617 年）讨论了西属殖民地与中国和日本的贸易问题。这种贸易促进了那些异教地区的宗教利益，其特征、方法和最终结果是通过一系列有趣的事实来说明的——首先是一般调查，然后对每个殖民地进行详细说明，最后是分别比较这些殖民地与中国和日本的贸易。东印度地区依靠这种贸易来维持，王室从那里得到的关税利润高于其他殖民地。对于西班牙和葡萄牙来说，如果禁止新西班牙和菲律宾与中国和日本的贸易，东印度的关税收入将大幅度增加。此份文件的作者（似乎是国王的议员之一）提出了实现这一目的的各种手段，并敦促国王限制菲律宾商人与新西班牙的贸易。

　　1617 年 6 月至 1618 年 6 月期间的一些事件由某个无名作家（可能是马尼拉的耶稣会修士之一）记录下来。翁达滩的战争打击了荷兰在群岛的势力，一些摩鹿加群岛上的当地人起来反抗荷兰人。一个小的英国据点被荷兰人摧毁。从翁达滩战争中逃离的船只开赴日本。他们在那个国家的冒险有详细的记载。一些荷兰船只再次来到吕宋海岸，并劫掠中国的贸易船。西班牙人不能阻止这种情况，因为他们的大帆船正在维修。提供给特尔纳特驻军和传教使团必需品的船只从马尼拉出发。该船船长，趁着一些乘客和雇工不在的时候，偷走了船和货物。因此，耶稣会通过招揽、施舍，为他们的使团提供了新的食物补给。这些岛屿仍然遭受摩洛人海盗的掠夺。作者描述了纪念圣母玛利亚的特殊庆祝活动，以及一些传教士在日本的殉道事迹。然后，他继续谈论关于奥古斯丁会大主教比森特·塞普尔韦达（Vicente Sepúlveda）被他教会中的修士谋杀一事的细节，以及对犯罪分子的惩罚措施。这封信的后记中说，运送补给到特尔纳特的船只遭遇了荷兰人的袭击，一些船员被打死或受伤，大部分食物丢失。不过，其他补给已经从印度送到特尔纳特。蒂多雷的王子已经对荷兰人产生敌意。一个西奎拉人（Sequeira）进行了一次航行，最后死在了科钦（Cochin）。菲律宾新任都督于1618年7月到达马尼拉。

几乎同一个时期，有一份关于菲律宾群岛情况的细目，包括其居民、政府、产品等，甚至包括了每个岛屿上的印第安人进贡数量的说明，其总数达16万。作者注意到与西班牙殖民地的利益和社会情况休戚相关的各种问题，特别是有必要采取强有力的措施，以惩罚不断骚扰平塔多斯的摩洛人海盗。

佩德罗·德埃雷迪亚（Pedro de Heredia）是摩鹿加群岛的西班牙官员。他于1618年向国王提供了一份荷兰在东方的工厂和要塞的名单。从这份名单和荷兰每年出口的产品的价值来看，显然，荷兰人已经在远东获得了良好的基础和声望，以及丰富的利润。而西班牙人在此地的商业，尤其是过去获利最高的那些部分，现在已经失去。作者敦促国王考虑这些事项，并采取措施改善目前的状况。

马尼拉王家医院的前管家，回忆了西印度事务委员会（1618年）由于其资金管理不善而蒙受的损失，以及该委员会下达的各种有利于改善医院的命令。

1618年8月10日，新任都督阿隆索·法哈多·德滕萨（Alonso Fajardo de Tenza）在他抵达岛屿后不久写信给国王，谈到菲律宾的事态。他指出，在近期的种种灾难中，这个殖民地饱受磨难，这里的人民感到恐惧和不安。他恳求国王的援助，以维持菲律宾殖民地和抵挡入侵者。他正努力利用微薄的海军力量，去面对敌方舰队对岛屿的袭击。此外，他已向新西班牙方面请求增援和补给。他的前任，赫罗尼莫·德席尔瓦想回西班牙，但检审庭命令对他在职期间的行为进行调查，特别是关于大帆船的损耗。法哈多建议更加慎重地组建这些岛屿的临时政府，并且他要求降低自己的岗位津贴。反对检审庭的情绪在人民中很普遍，因为岛上最好的职位和最高的收入条件，都被检审法官的亲戚和下属占用，他们谋取私利，压迫民众。法哈多请求国王彻查他们的自私和傲慢。他正试图纠正一些检审法官在他们的临时政府中的非法行为，他要求国王暂停对这些行为的裁定，直到他提供进一步的资料。他对于其他个人谋取利益的案件也提出同样的要求。他请求派熟练的职员和船长。在叙述了在岛上建造帆船对印第安人造成的伤害后，他声明他将努力采购葡属印度的船只。岛上也有一些私人建造船只的作坊，但在那里使用的印第安劳工是有偿的和自愿的。法哈多提出了一些建议，以便更好地管理海军事务。他还转达了马尼拉市民提出的将委托监护权延长到第三代的要求。他还要求奖励某些勇敢的军队和海军军官。检审庭最终迫使赫罗尼莫·德席尔瓦提交了他个人的终职审查报告，解除了对他的一应指控。

信中还涉及了一些摩鹿加群岛的事务。耶稣会修士曼努埃尔·里韦拉（Manuel Ribeyra）说，摩鹿加的管理者加维里亚

（Gaviria），在任期内强化了西班牙的据点，目前情况非常好。然
而，他们需要一些补给和一些更好的属官。加维里亚在性情上可
能有些霸道，但里韦拉赞扬了他的能力。这位官员亲自写信给法
哈多，解释他目前为什么不能完成都督所要求的丁香数额。荷兰
人和英国人在摩鹿加群岛互相争斗。前者，据说打算近期进攻西
班牙的堡垒。加维里亚手下的人手很少，其中有些人并不称职。
他需要几艘船，因为他现在"只有一艘朽烂的单桅船"。此外，
还需要部队、金钱和衣物。加维里亚认为，某种程度上，荷兰人
正被英国人取代，并且后者将乐意与西班牙人联合对抗共同的敌
人。他建议放弃希洛洛岛（Gilolo）的西班牙据点。同时来的还
有一封蒂多雷国王的信，那位统治者要求法哈多立即赈济西班牙
要塞。

　　1618 年 12 月 19 日，国王在给法哈多的信中，就某些菲律
宾政府的管理事项发出命令。信中称，应给予那些有功绩的岛民
职务，以示嘉奖。摩鹿加的令人震惊的财政支出，并没有被香料
贸易中的回报抵消。并且，信中公然称，西班牙官员侵吞了本应
属于王家财政的利润。因此，法哈多被命令调查此事，惩罚嫌疑
人，并负责目前在特尔纳特的丁香贸易。为了减少财政开支，在
可行的情况下，应裁减军队，放弃摩鹿加的某些堡垒。其他方面
的开支也须减少。都督和大主教必须整顿宗教秩序，停止他们对
印第安人的役使。另一封单独的信件警告都督必须将费用减至最
少。信中要求他必须用殖民地的收入维持殖民地，不必求助于政
府。他被告知要努力在岛上勘探和开采矿产，但在这样做的同

时，他不能骚扰或伤害印第安人。他应该努力在这项工作中召集印第安人的帮助，传教士也应该利用他们在当地的影响力促成这一局面。

1618 年 12 月 20 日，耶稣会修士霍安·德里韦拉（Joan de Ribera）写信给西班牙某位高级官员，信中强调了马尼拉和菲律宾的重要性，以及反对荷兰人在印度、日本和群岛发展的必要性，以保持西班牙富裕的东方贸易。另一重要考虑，是需要保持这些岛屿，以作为在异教地区孕育宗教的中心。

1619 年，海军军官塞瓦斯蒂安·德皮内达（Sebastian de Pineda）从新西班牙向国王发送了一份关于菲律宾船舶和造船业的文件。他首先描述用于造船的各种木材，然后列举了岛上的船厂，并说明了支付给工人的工资数额。过去，仅甲米地的造船厂就雇用了 1400 名木匠，但是他们中的一半在 1617 年被海盗杀死或掳走，又有许多人因过度劳累而死亡，还有许多人因工资拖欠了五年而逃往他处。铁从中国和日本带到马尼拉，并由中国人和印第安人工匠进行锻造。中国工匠"从午夜到日落"都在工作，每天所得不足一个雷亚尔。然而，有时为了某些特殊目的，铁可能从比斯开（Biscay）进口。信中提供了许多关于索具和帆布的材料、质量和价格的有用信息。皮内达就将各类货物运往马尼拉的问题提出了建议，以期减少当前费用和在许多方面避免浪费。他说，这些岛屿的海军防御严重不足，因此有被荷兰占领的危险。但目前尚不可能在岛上建造所需船只。因为土著人，在经历了前几年施加于他们的劳动和压迫，以及战争死亡和被强制在海

军服役的艰苦之后，已近灭亡。皮内达建议，在印度或科钦建造
岛屿所需的船只，并从那里带奴隶到菲律宾的战船上。许多菲律
宾本地人正移居到新西班牙，这一行为应当被制止。其中一个原
因是，这些菲律宾人酿制的棕榈酒，会破坏西班牙在新西班牙地
区的葡萄酒贸易。棉兰老海盗的入侵也是在菲律宾造船的一个严
重阻碍。他们不可能将拉·卡尔德拉作为西班牙船只的停靠点，
因为那里欢迎荷兰人靠岸。皮内达建议国王宣布，任何人，只要
他愿意，就可以发动战争征服这些异教徒，也只有这样他们才会
被征服。他以一篇 1617 年岛上大帆船的测量报告结束这封信。

　　1619 年 2 月 19 日的一项王家法令，承认了马尼拉大教堂的
主教和教士会议颁布的法令，拒绝给予被驱逐的宗教人士以福利
和尊严。

　　大约在 1619 年 5 月，多明我会教士迭戈·阿杜阿尔特建议
西印度事务委员会检查从新西班牙到菲律宾的白银流出量。阿杜
阿尔特建议抑制与新西班牙岛屿的贸易，允许岛上居民与日本
贸易，在日本售卖他们从中国人手里购买的丝绸。但是，这一贸
易的大部分已为澳门的葡萄牙人掌控，为了使它可以被马尼拉垄
断，阿杜阿尔特建议，澳门应该被放弃，将其居民迁移到印度的
其他城市。通过一项禁止澳门与日本贸易，从而迫使澳门人迁往
别处的王室法令，这一点可以很容易地实现。他列举了这项措施
的有利结果，并宣称，即使没有上述因素，澳门也应该被放弃。
因为那里的人民无法无天，不信宗教，他们甚至不是西班牙的臣
民，而是中国的臣民。印度需要澳门的葡萄牙人，该国将通过上

述建议的措施而在许多方面受益，受益者当然也包括西班牙和葡萄牙。此外，由于不良榜样的影响，他们会阻碍中国原住民皈依天主教。

1619 年 7 月 12 日，一位马尼拉耶稣会修士记录了过去一年在菲律宾和邻国发生的大事。孟买附近的城市勃生（Bassein），被风暴和地震摧毁。在中国，基督徒一直遭受敌视，四名耶稣会修士被逐出帝国，剩下的人还在那里尽可能地传播福音。在某些内陆地区，这些传教士遇到了犹太教的教区，犹太教徒崇拜十字架，尽管他们是异教徒。鞑靼人（Tartars）入侵了中国领土，这位耶稣会修士抄录了关于这次入侵的历史记载文本。该文本由官员呈送给中国皇帝，详细说明了中国人遭遇的失败和不幸。臣子们抱怨皇帝对公共事务的忽视，以及他对官员的苛待，并要求他采取措施驱逐鞑靼人。在交趾支那，最近开始的耶稣会修士的传教正蓬勃发展。为了实现在日本传教的使命，耶稣会传教士队伍再次得到加强，但那里的事务是如此令人不安，因为目前他们还不被允许进入这个国家。作者叙述了许多据说发生在中国和日本的征兆。在后一个国家，对基督徒的强烈迫害反而有助于展现传教士及其皈依者的坚定和热情。作者还记录了几次荷兰、英国和葡萄牙的海军遭遇。好消息来自摩鹿加群岛：万鸦老（Manados）的国王与他的许多酋长改信基督教。蒂多雷和特尔纳特正在交战，摩鹿加尚处于和平。荷兰人和西班牙人都在那些岛屿上建造了更多的堡垒。其他欧洲国家也正努力在群岛取得立足点。作者描述了在马尼拉观测到的两颗璀璨的彗星。蝗虫瘟疫正在破坏粮食作物。1618年10月，荷兰人再次来到吕宋，掠夺中国商船，但他们没有攻击马尼拉。在下一个春天，他们离开了岛屿，也许是西班牙人会集在这里的武装船只和枪械威慑了他们。

1619年7月30日，宿务的主教佩德罗·德阿尔塞写信给国王。他赞扬了都督法哈多，并要求国王派遣更多船只援助他。主教请国王允许他辞去职务，并请求一笔退休金。他向国王推荐佩德罗·德埃雷迪亚。他要求临时任命的教职可以得到王家认可，并期望宿务教堂可以得到一笔修缮费和更多的收入。他要求在大主教去世的情况下，授权马尼拉的教士会议管理主教区。据报告，耶稣会修士正在努力将其他修会驱逐出日本。阿尔塞并不赞成这一行为，他建议国王任命方济各会修士路易斯·索特洛（Luis Sotelo）为东日本的主教。阿尔塞关于马尼拉大主教的要求，得到了其信中所附各种文件的附议，其体现了检审庭法官和王家官员支持阿尔塞的主张。

1619年8月10日，法哈多在给国王的信中，给出了他关于许多重要事项的报告。他已收到了一些来自墨西哥的增援和补给品，并希望这能成为每年的定例。他描述了荷兰人在菲律宾水域的最后一次入侵，有赖于他的军事准备，荷兰人不得不撤退。他现有的防御资源很少，又不能指望印度的援助，因为在那里，葡萄牙人也正陷入困境。因此，国王必须从西班牙派遣一个舰队来援助这些岛屿。他已尽其所能帮助特尔纳特，如果有条件的话，还将提供更多帮助。那里的省长在面对诸多对其统治的抱怨之后，已经辞去职位。法哈多任命了一个临时官员，并请求国王肯定这一任命。群岛上的英国人与荷兰人发生冲突，据传闻，前者希望与西班牙人结盟，以对抗他们共同的敌人。法哈多困惑于如何处置仍被关押在马尼拉的特尔纳特的国王，并请求西班牙国王给予指示。他就某些下属官员的任命提出了各种推荐和请求，希望得到最适合的人选。他详细地叙述了政府中存在的滥用职权的现象，并试图纠正这一情况。法哈多对检审庭中的不断争吵感到恼火，不过，在检审法官阿尔卡拉斯的不情愿的帮助下，他尚能安抚他们。阿尔卡拉斯和大主教塞拉诺，是他最明智和最有帮助的顾问。但其他官员与他关系恶劣，其中一人有着公、私丑闻。圣波滕西亚娜神学院发生了一桩丑闻，但罪人已受到惩罚。法哈多和检审庭之间发生了裁判权上的冲突，特别是在对士兵和水兵进行犯罪审判方面。都督抱怨退休军官拒绝在常规公司服务，并要求额外的薪酬以作为这种服务的前提。在向日本皇帝赠送常规礼物方面，他请求指示。马尼拉的西班牙公民的忠诚和勇气受到热烈的称赞，特别是胡安·龙基略和其他一些被提到名字的人。信中还叙述了已经发现的某些阴谋和骗局。法哈多建议派遣更多的耶稣会修士到岛上，他抱怨多明我会教士准备离开他们的岗位，但他赞扬奥古斯丁会教士。法哈多的信中附有一份简短的文件，比较了分别经好望角和合恩角前往菲律宾的路线的相对优势。

1610—1619 年的一组文件表明，圣波滕西亚娜神学院被授予一个带有印第安人的委托监护区，以维持其日常运转，该院此前因其聚居者众多而面临贫困。

　　一份重要的文件是 1619 年和 1620 年 3 月的两份备忘录，由在菲律宾长期任职的总检察长埃尔南多·德·洛斯·里奥斯·科罗内尔分别呈送给国王。文件关乎岛上"必要的改革"，他是代表岛上公民告知国王的。为此，他（显然是在马德里）写下了关于"要求改革的事情"的详细说明。由于从马尼拉派遣商船的延误，造成了生命和财产的严重损失，都督们本应在最有利的季节派船。这些船只上的官员也本应从岛屿上称职的公民中选任，而不应该是都督或其他王家官员的亲戚或仆役。在分配大帆船舱位时，公民受到了极大的欺骗，并且大部分舱位被给予了慈善机构。商船不应用于任何其他目的。马尼拉当局在中国购买武器和其他补给，"为了不使澳门的葡萄牙人愤怒"，他们应从葡萄牙人那里购买而不是从当地人处购买，但这些供给品的价格也由此高于其本身价值的三倍。负责采买的代理商，应从任何可能获得最大利益的地方，即直接从中国人处购买。王家船只应在印度建造，并且应消除印第安人在这项工作中因被强制服务而造成的负担。日本与新西班牙间的商业应该终止，西班牙人也不应该被允许成为日本船只上的人。敌人可以封锁马尼拉港而不准所有船只入内，因此应该设计和提供另一条路线。必须防止摩洛人海盗骚扰岛屿，为此，最好的办法是宣布任何一个人，只要他愿意，即可捕获和奴役这些海盗。不应允许任何王家官员出席审理有关他的案件的检审庭会议。当菲律宾当地人当兵时，他们的家人在其服役期间应该免除贡赋和徭役。摩鹿加的教会事务应由宿务管辖，而不是果阿。商船的指挥官不应该被允许从事他们现在所做的贸易，并且应该检查阿卡普尔科官员的敲诈勒索行为。无知和无效率的人不应作为船上的水手。那里的普通海员（即菲律宾当地人）受到了非人道的待遇，在每次的航程中都有许多人被饿死、渴死或冻死。尽管有王家禁令，女奴还是被运到船上，因而产生了"许多冒犯上帝的行为"，并且造成许多丑闻。不应允许水手或乘客（除非是有身份的人）携带一个以上的男奴。文件中还提到了许多滥用职权的行为，涉及奴隶贩卖、海员待遇和船舶超载。在马尼拉的中国人被王家官员压迫，而且，这些官员以最低的价格从王家仓库获得他们自己的口粮。市政官员和其他精英市民不应该像现在一样被迫生活在他们的监护区。面粉、索具和许多补给应该在岛上获得，而不是从新西班牙进口，这将大大节省资金。应该检查修士对印第安人的压迫行为，并且不允许再有其他修会在岛上立足。在吕宋岛的中国移民应该被集中在一起，并引导他们耕作。任何王家官员的亲戚或仆从，不应在马尼拉市政会中占有席位，或担任中国贸易船只的检察官。修会需要更坚定的宗教信仰。中国居民应该得到更加公正的对待，避免繁重的劳役。来到马尼拉的日本人应该被遣返回国。不应再由当地人建造船只，并应偿还拖欠他们的报酬。

1620 年 3 月，里奥斯·科罗内尔的另一份历史记载对前者进行了补充。他请求由检审庭挑选出马尼拉的议员，允许他们的服务得到一些报酬，并且不允许都督强迫市议会在他家中召开。他谴责那些修士们将印第安人从委托监护区迁到马尼拉附近的地方定居。在那里，土著人被要求只为修士们谋取利益，他们变得消极颓废。对中国人发放的岛屿居住许可证应该仔细管理，在任何情况下都不应该允许他们在马尼拉的城内过夜。日本人也是不受欢迎的，他们进入岛内必须受到限制。印第安人缴纳的"公共用米"或储备用米，对他们来说没有好处，因为这些米都被西班牙官员所掠夺了，这些压迫者的数量已经过分地增加。还有其他一些伤害也被强加在当地人身上，因此，作者恳求对他们给予保护。这些不公正的行为是由官员和宗教人士共同施加的。里奥斯·科罗内尔不同意对印第安人进行军事训练的流行做法。他反对来自摩鹿加群岛的奴隶贸易，这给菲律宾带来危险的和犯罪的黑人。公众案件应该在检审庭审判和裁决，而不应该再送到墨西哥。都督们不应该无礼地对待公民，并应负责在正确的季节将商船派遣到墨西哥，以避免目前这种经常发生的，因船只失事而导致的财产和人员损失。造成这些损失的另一个原因是王家官员和都督们带有犯罪性质的疏忽大意和胆大妄为。作者指出了在设备、装载和商船管理中的各种职权滥用，并提出纠正措施。土地肥沃和气候宜人的新塞哥维亚省被忽视，其人口正在减少，殖民当局应对此进行补救。里奥斯·科罗内尔请求任命一位合格和可靠的海事专家，在船舶设备和派遣船只上协助他，以及对岛内王家官员所做的工作进行更彻底的检查。对于后一个目的，他建议从他所提名的几个教士中做出选择。摩洛人海盗仍然蹂躏这些岛屿，国王应该允许那些任何可能抓捕他们的人有权奴役他们。吕宋的善猎的三描礼士人和尼格利陀人，不断骚扰着和平的邦板牙省。这只能通过允许邦板牙奴役被捕获的敌人才能制止。菲律宾土著由于西班牙人强加给他们的劳役，特别是造船和航海中的劳役，几乎被灭绝。里奥斯·科罗内尔说："正如我亲眼所见，也正如该国所有居民所知，菲律宾人的大帆船代表着他们的毁灭。"里奥斯·科罗内尔描述了应该在岛上使用的船只的种类（其中一个由他自己出资建造），并请求这些船只应该被提供给殖民地使用。马尼拉驻军的数量不足且士气低落，作者提出了改进其地位的各种建议。许多在炮兵服役的人是无能的，作者要求对那些被指派到这些地方的人进行一种公务员考试，他还要求配备一个合格的火炮铸造人。应对岛屿的教会机构做出更好的规定。他请求将来自日本的银条在菲律宾可以合法化为货币。最后，他要求宗教人士和官员们应该善待印第安人。在本文档中所包含的里奥斯·科罗内尔的信件，可参见第 19 卷。

编者
1904 年 8 月

# 第19卷 1620—1621年，菲律宾的民事、军事和宗教事务

　　本卷中的文件涵盖范围很广，或详尽或简略地讨论了群岛上的民事、军事和宗教方面的事务，其中涉及各种细枝末节的事宜。包括：民事和宗教在内的改革被敦促进行；商业、贸易以及总体的经济和社会状况遍布所有的文档之中。荷兰、英国、法国、葡萄牙和西班牙等国家在东方水域的努力，预示着即将到来的霸权之争。日本正在考虑对欧洲关闭国门，尽管仍然允许荷兰人在那里进行交易，但他们却继续迫害基督徒。而另一方面，在中国（对基督徒的）暴力迫害正在减少。摩洛海盗危及群岛，荷兰人希望与他们结盟以对抗西班牙人；这些岛屿对西班牙的重要性愈加凸显。

　　洛斯·里奥斯·科罗内尔发给国王的一封信（可能是在1620年），敦促国王向菲律宾人提供及时的援助，以抵御威胁其海岸的荷兰人和英国人。在信件中，他又附加了一篇"关于菲律宾航海论文"的大纲，该大纲的有力论据支持了他的要求。东方的贸易额每年高达500万比索，主要用于供养西班牙的敌人——荷兰

人和他们的盟友，如果不对他们的野蛮行径加以管理，商业活动将被彻底摧毁。这样做的有效方法是剥夺他们的贸易权。为了援助这些岛屿，国王正在准备一场军事远征；派出的远征队应该途经好望角，尽所有可能的努力，把荷兰和英国驱逐出东方海域。洛斯·里奥斯建议，为了这个目的，要从新西班牙和秘鲁的富人那里得到贷款；所需船只应该在印度建造。他对船只往返的路线和装备，以及对最适合航海的季节提出了建议。

一封来自弗朗西斯科·德奥塔克（Francisco de Otaco）1620年 1 月 14 日的信件，提到了为这些岛屿派遣更多的传教士的各种安排，并对最近失去的一支舰队感到惋惜，这支舰队被派来援助菲律宾殖民地。同年 5 月 29 日的一项王家法令命令都督和检审庭纠正修士对印第安人强制征调劳役的行为。

1619 年耶稣会的编年大事记一直记录到了 1620 年 7 月底。其中对中国和鞑靼人的战争进行了一些描述。在中国，对基督徒的迫害已经减弱，中国当局更偏爱那里的耶稣会传教士。但在日本，迫害仍在继续，澳门的神学院里挤满了因没能进入日本而感到失望的耶稣会修士。来自日本的耶稣会修士的信件中，列举了许多传教士和皈依者的殉道，并描述了他们殉道时的神圣热情和信念。日本当局和有影响力的人士认为，允许荷兰人进入港口是可以的，为了摆脱西班牙人，他们甚至在讨论征服菲律宾；但也有传言称，他们也在考虑将所有欧洲人从日本驱逐出去。在摩鹿加群岛，"英国人和荷兰人冲突不断"，而法国人正在获得一个立足点。葡属印度对荷兰和其他敌人的防御手段并不充分。有一个关于宗教节日的生动有趣的描述，这个宗教节日在马尼拉举办，庆祝圣母玛利亚的纯洁受孕；最主要的特点是游行、戏剧表演、舞蹈、烟火等——更不用说斗牛和化装舞会了。这些岛屿发生了可怕的地震，造成了相当大的生命损失，特别是在吕宋岛的伊罗戈斯和卡加延；它们被认为是受前一年看到的彗星的影响。马尼拉的商业活动增加了；大量的货物从世界各地运来；马尼拉是一座宏伟的城市，很少有欧洲城市能与之媲美。

方济各会修士佩德罗·德圣巴勃罗（Pedro de Sant Pablo）1620年 8 月 7 日的一封信，呼吁国王废除殖民地当局为造船和其他公共工程而向印第安人摊派的强制劳役和物品。他叙述了这种做法所造成的压迫、残忍和奴役；他以西班牙人和印第安人的名义，要求这种摊派代之以某种货币支付，并且与每个家庭的收入成比例。

马尼拉检审庭 1620 年 8 月 8 日向国王发出了一份投诉法哈多都督的卷宗。他被指控对检审庭人员滥用暴力语言，在量刑和释放囚犯方面均有任意专断行为；以及向他的朋友、亲戚和王室官员授予某些非法的任命和特权。他为击退荷兰人而做的远征准备行为也受到了激烈的批评；攻击他通过印度订单的买卖、允许不计后果的公费开支来骗取国家钱财；他还被指责未能执行有关中国商品销售的规定。

法哈多于 1620 年 8 月 15 日向国王发送了一份很长的事务报告。今年船队的到来被推迟了；由于遭遇了风暴和荷兰人，两艘船只都遇险。但由于发生在菲律宾海岸，这使他们能够抢救下丰富的货物。由于荷兰人未能获得战利品，他们已经失去了声望，而西班牙人相反却获得了声望。这里有一个旁注，显然是西印度事务委员会对法哈多信件的回应，指责他允许船只离开马尼拉的时间太晚，并警告他以后要及时派出船只，且不能超载。他还被指示，要对向荷兰人提供武器和其他装备的日本官员进行抗议；并努力打破日本人与荷兰人的友谊。法哈多接着说，他正在为往返航行装备船只，以避免在新西班牙购买装备的更大开支；为了同样的目的，他要求新西班牙总督不要对船只进行不必要的维修。他抱怨阿卡普尔科负责船只的官员们的鲁莽专断行径。西印度事务委员会建议他给委员会发送一份详细的报告，说明可以避免不必要开支的所有事项。法哈多讲述了他与新西班牙总督在贸易船队的职务任命方面存在的困难，以及一些菲律宾居民的托词，他们要求获得奖励和任命，但是却配不上这些。他抱怨说，刚从新西班牙到来的部队大多是"男孩子，梅斯蒂索人，穆拉托人和一些印第安人"。总督被指示从今以后向菲律宾派遣更好的和更有能力的士兵。法哈多不确定他能在多大程度上从总督那里得到援助；他建议这些部队和物资从西班牙通过巴拿马配送给他，并列举出这个计划相对于前一个计划的优点。他感谢国王通过印度路线向菲律宾派遣的援助，并且请求（国王）在未来的几年内定期提供这样的援助；他概括地陈述了在过去两年里，在缺乏公共资金的情况下，他在群岛获得的成就。他已将马尼拉和特尔纳特的士兵的工资等同起来，并向后一地区派遣了大量的军队和物资。法哈多抱怨修士们的对抗和阴谋。他希望王家给特尔纳特任命一位长官，并对那里的某些困难进行调整。他被告知，这一任命已经授予了佩德罗·德埃雷迪亚，并且被劝告不要允许宗教人士干涉纯粹的世俗事务，特别是涉及政府官员行为的事务，警告各宗教团体对协调这些事务保持克制。荷兰海盗侵扰中国海，掠夺中国的商船；但法哈多能够在危险发生之前通过警告他们而避免这些事情的发生，并且他能够让他们对自己的力量感到敬畏。他已经开始在日本为菲律宾建造船只，这样做更方便、更便宜；委员会愿意为南美洲殖民地提供这样的船只。

关于检审庭，都督有许多烦恼，环境迫使他不得不尽其所能地去忍耐。他被指示去检查由政府官员从事的贸易，并惩罚那些有罪的人，并尽其所能地从岛上获得资金以支付他们的开销，包括在吕宋岛开矿，在摩鹿加群岛建立贸易站。在回答对他的关于检审庭法官插手军事部门司法程序的抱怨时，他被告知，他们必须遵守关于这些事情的已经制定的法律；并被责令严惩群岛上任何妨碍司法程序的人。法哈多讲述了他们所经历的其他各种烦恼——他们要求有权限制中国移民，并有权任命某些小官员；他感到遗憾的是，检审庭官员一次性全被换成新人，使得他们对自己的职责一无所知。他建议国王把大主教塞拉诺的能力为他所用，以防他死后或其他紧急情况需要临时都督；并描述了检审官罗德里格斯的性格。都督对涉及圣波滕西亚娜丑闻人员的审判并不满意，一些他认为有罪的人已被释放。官方对国家的视察，特别是为了土著的利益而进行的视察任务，法哈多已经交付给了检审官，但后者不愿意接受它。西印度事务委员会命令，任何检审官都不得逃避这一重要职责。都督还详细地提到了各种小问题，表现出急于得到宗主国政府的批复以对照行事。他被命令削减军事人员的薪水，但他反对这一点，并列举了付给每个军官的金额。这项命令来自西印度事务委员会，委员会还提出了关于都督对费用的管理的要求，等等。法哈多推荐实行王室的委托监护制，至今还没有产生效果。这项建议得到委员会的批准，但委员会命令他禁止任何不公正的征收贡税。他认为某些军官应得奖赏，并免除许多宗教人士侵扰印第安人的罪责。他能够与宗教人士保持友好关系，特别是通过允许教士为他办理某些世俗事务；但他发现，他们专横跋扈，刚愎自用，并暗示，如果不改变目前的管理模式，他们就无法保持秩序。他被建议去抑制他们的傲慢，特别是他们在对教会或世俗的上级进行公开和坦率的责难时所表现出的那种傲慢。他叙述了他和佩德罗·阿尔瓦雷斯（Pedro Alvarez）签署"常来人"许可证的困难。他已经派遣了一支探险队，试图开采伊戈罗特的矿山，这件事情得到了宗教修会的支持。他赞扬奥古斯丁会回忆派，不干涉那些与他们无关的政府事务，并主动提出接受偏远地区的传教任务。缴纳贡税的印第安人是平和的，他们感激法哈多为减轻他们的贡税和虐待所做的努力。他们的负担之一是众多教堂的建立，仅仅在马尼拉和它的附近地区就有三十个，几乎全部由石头建成。委员会命令，今后在没有世俗和教会同意的情况下，不得再建造宗教房屋或教堂。在法哈多的信的结尾，附加了一些评论和委员会的指示。他们倾向于通过巴拿马向菲律宾人配送援助、供给和商品，就像法哈多建议的那样，但是，船只必须直接返回阿卡普尔科。政府官员非法参与贸易将受到严厉的惩罚。由都督建议的官方巡视将会进行，由检审庭官员负责履行这一职责。

1620 年 12 月 13 日国王给法哈多的一封信回答了之前的问题。他赞扬法哈多所进行的中断某些委托监护权的赐予，并命令他在撰写报告时要小心，尽可能地保持检审庭内部的和谐关系，调查检审官黎牙实比的行为，有效地纠正圣波滕西亚娜的丑闻，加强军事部门的纪律，并与日本保持友好关系。费利佩对殖民地人士在公共事务上的忠诚和服务以及对群岛上奥古斯丁修会的热情服务表示感谢。

埃尔南多·德洛斯里奥斯·科罗内尔是在菲律宾群岛长期任职的总监察长，他于 1621 年在马德里写的回忆录是一特别有趣和有价值的文件。这本著作的引言声称，他是作为"整个王国及其财产"的特使来到西班牙的。他以对群岛的发现和定居，以及西班牙殖民地增长的历史叙述作为开始。回忆录的第一部分呈现给读者的是对早期历史的概要性叙述，在很大程度上重复了我们以前的章节中已经出现过的内容。在第七章中，洛斯·里奥斯给出了关于胡安·德席尔瓦政府的一些描述，特别是后者对造船业的迷恋，以及它对殖民地和土著居民繁荣的有害影响。他叙述了通过与西班牙和葡萄牙的联合远征（1615—1616）来驱逐荷兰人的一场灾难性尝试，以及它的失败和席尔瓦在马六甲的死亡。然后，他描述了在马尼拉出现的对席尔瓦计划的反对，尽管那里有一个支持他雄心勃勃计划的派系，但"所有人都希望他不在。"

洛斯·里奥斯引用了赫罗尼莫·德席尔瓦发给都督信件中的一部分内容，指责后者不去摩鹿加岛，在那里，他可以保证所有这些岛屿上的土著人的服从；并敦促他尽快这样做，因为这是保持西班牙目前的立足点的唯一方法。荷兰舰队出发前往马尼拉，并在棉兰老岛听到席尔瓦的死讯，他们与摩洛人协商一起行动，劫掠菲律宾人。一部分摩洛人在班乃岛海岸被打败了，但是他们获得了足够多的成功，激励着他们进一步的劫掠。西班牙人没能惩罚这些进行劫掠的人，群岛正在被毁坏并变为废墟。基督徒和友好的印第安人受到这些残酷敌人的摆布，而西班牙人不能保护他们免受伤害；因此，他们要求自由和武器，这样他们可以自卫和反抗入侵者，如果不是因为传教士的影响，尤其是耶稣会的影响，所有人都会反抗。

洛斯·里奥斯抱怨群岛上的都督在面对民众抵御那样多的敌人时所表现出来的冷漠、疏忽和失误。并用因荷兰人和摩洛人劫掠所造成的毁坏，以及在西班牙人控制范围内的失败的详细描述来支持他的立场。

在第二部分中，洛斯·里奥斯讨论了"菲律宾人的重要性，以及保护他们的手段"。他列举了西班牙王室要留这些岛屿的原因，显示了一种世俗智慧和传教热情的奇妙混合；并驳斥了那些人的观点，即放弃菲律宾、将菲律宾转移给葡萄牙以换取巴西的主张。洛斯·里奥斯详细地解释了保留马尼拉的意愿，它作为商业和军事中心、以及抑制荷兰人野心的重要性和可取性。他接着说，西班牙政府向这些岛屿派送的资金主要不是用在菲律宾上，而是为了保卫摩鹿加群岛；他列举了前者的资源，如果不是把资金花在了别处，即便是没有王家援助，他们也能保护自己。接下来他评述了群岛上发现的巨大财富，特别是在伊戈罗特发现的金矿；他向国王极力主张开发这些矿藏，以及使该地区印第安人皈依天主教的必要性。他要求国王派遣到菲律宾的都督必须有资格胜任这个职位。他赞扬戈麦斯·佩雷斯·达斯马里尼亚斯是所有都督中的佼佼者，并且描述了一个好的都督所需要的品质。洛斯·里奥斯考虑了菲律宾的生存和发展所应采取的措施。他建议派一艘舰队来援助和加强管理。如果成本太高，就应该把八艘战船送去特尔纳特——这是作者出于多种原因所提出的建议，他详细解释了这些战船如何以低成本高效的方法抵御荷兰人。他们可以用摩洛人俘虏和其他战俘，或者是在马六甲买的黑奴来增加人员。第三种方法他"不敢写，因为这不是权宜之计"，但他会亲自向国王解释。他再次坚持由一个有能力的和称职的人来担任群岛都督的必要性，评述了这个官职所拥有的强大权力和权威，以及由此产生的所有阶级对他的专断意志或偏见的依赖。洛斯·里奥斯列举了许多证明他的立场的例子，并明确表示他对现任都督法哈多的好感。他更希望看到检审庭被废除。群岛上需要一个特别的监察官，此人应有丰富的经验、能力和权力来管理事务，能够解决群岛上所有的冤屈。中国和日本的移民进入殖民地应该受到限制；而棉兰老岛海盗应该被招安。应该立即改进与望加锡（Macassar）国王已有的、开放而友好的商业往来，以及福音传播。应该将耶稣会修士派去做传教士。派往新西班牙的船只应该更谨慎更及时。应该更多地关注驻军，特别是在摩鹿加的驻军，以防止他们的不满；应该采取措施鼓励和帮助新殖民者在菲律宾定居。最近对委托监护权占有和享用的限制应该被取消。在此附加了摩鹿加指挥官卢卡斯·德贝尔加拉（Lucas de Vergara）的一封信。他叙述了荷兰在近期（1617 年）攻击马尼拉的损失，以及他们要把西班牙人驱逐出摩鹿加群岛的计划；还有他自己在获得食物、加强岗位、维持正在被疾病和死亡摧毁的军队等方面所面临的困难。他敦促马尼拉的舰队立即向他提供救援，这样就可以防止荷兰人获得今年丰收的丁香。

在回忆录的第三部分，洛斯·里奥斯简要地描述了菲律宾和摩鹿加群岛，列出了一些关于那里的人民、自然产品、荷兰人的工厂、产品以及丁香贸易的价值等有意义但有点散乱的信息。他描述了在三描礼士省人中猎取人头的野蛮习俗，并拥护他们把奴隶制作为使友好的土著人免受攻击的唯一手段。他还叙述了这些岛屿上委托监护区和被监护的纳税人，以及修道院和教士的数量，以及马尼拉的面积和范围。除了吕宋岛中部的一些部落，所有的土著人现在都皈依天主教了。洛斯·里奥斯描述了摩鹿加群岛及其附近的一些岛屿，并列举了荷兰和西班牙在这里的堡垒；继续说明香料贸易的范围和利润。他以一份详细的清单结束了他的回忆录，其中记录了西班牙王室在维持蒂多雷和特尔纳特要塞中所开支的费用。这些数额每年将近 22 万比索。

在本卷的附录中，展示了几篇简短的论文，这些论文建构了17 世纪早期远东贸易的一个缩影，在标题为"东方产品的买卖价格"的论文中，菲律宾总监察长马丁·卡斯塔尼奥斯（Martin Castaños）试图证明，经由马尼拉的摩鹿加香料和中国丝绸，给西班牙王室每年带来的净收入达到近 600 万比索。另一份论文显示了在澳门的葡萄牙人与日本进行的贸易的范围和价值；还有一篇展示的是，这些富有进取心的商人，与从摩鹿加群岛到阿拉伯半岛的南亚国家保持的贸易种类。所有这些都列举了商品的种类，大多数商品的买卖价格，以及其利润率，等等。

编者

1904 年 9 月

# 第 20 卷　1621—1624 年，菲律宾的政教事务

在 1621 年至 1624 年，尽管没有重大战役、征服活动或灾祸的记述，但包含了许多对菲律宾殖民地内部的发展感兴趣的内容。而且，这些文献生动地说明了人类的兴趣和激情之间无休止的游戏和互动，尤其是关于法哈多妻子浪漫却悲惨的风流韵事，这为一部精彩的小说提供了素材。冲突通常发生在世俗政府与修士之间、都督与检审庭之间。但是，关于这些冲突的记录，却揭示了人性及其复杂性。荷兰和英国联盟的威胁给西班牙远东殖民地所带来的危险要远远大于其所经历到的。而且，殖民地孱弱的防卫，人员和武器装备的不足，使得这里的民众长期处于恐惧和焦虑之中。为了抵御来自异教徒对马尼拉的进攻，更多的船只和防御工事被建造起来。而这又加重了贫困印第安人的负担。都督则尝试通过保护土著免遭西班牙人的压迫来缓解他们肩上的重负。不同的修会之间、以及在圣方济各会内部也发生争执，这些争执在主教和都督的干预下才得到解决。各修会的报告显示，有50 万以上的土著居民接受了宗教训导。但是，主教并不赞成将皈

依者聚集到"归化区"的这一有利的传教政策，并建议所有的传教士都应该被置于主教的监督之下。马尼拉的外国人口依旧增长，超过了安全线，时断时续的努力被用于抑制这一趋势。但是，腐败和松散的官员使得这些努力所起到的作用微乎其微。卷入中国人贸易的困难及其对西班牙殖民地所造成的经济影响的问题仍旧处于讨论之中，但对这个问题仍没有令人满意的答案。对吕宋北部金矿的勘探仍在进行之中，但所得成效有限。

一名在马尼拉的耶稣会修士叫阿隆索·罗曼（Alonso Roman），他于 1621 年提供了一些"源自菲律宾的消息"。他描述了日本对基督徒的迫害仍在继续，并已出现了许多殉道者。荷兰人和英国人之间发生多次冲突，直到他们结成了同盟，然后，他们的船只联合起来劫掠中国、葡属印度以及菲律宾等海域的商贸活动。这位作者叙述了几次海上遭遇战以及对贸易船的捕获。其中有一次，中国人将溶化的糖倾倒在敌人身上，"将 14 名荷兰人送进了地狱"。罗曼以一个悲剧事件作为他的信的结尾，在 1621 年 6 月21 日，都督法哈多杀死了妻子和她的情夫，后者是一名判教的耶稣会修士，他的名字叫霍安·德梅萨（Joan de Messa）。另一个关于此事的记录增加了一些细节。

1621 年 7 月 21 日，法哈多向国王呈交了他的年度报告。他描述了他迅速派遣贸易船只前往新西班牙的措施，以及近来荷兰人和英国人在马尼拉湾表现出的敌意。他打起十二万分精神警惕着这些人，但是由于缺少军队，而不能采取武力攻击他们——这是他要解释的一个不足。由于法哈多及时警告了抵达此地的中国商人和其他附近的有贸易关系的国家，直到其上书之时，敌人并未造成太大危害。他听说，其他敌舰正打算进攻这些岛屿，于是集中力量准备抵御他们的攻击。他要求，在群岛的事态缓和之前，马尼拉检审庭要停止工作，因为检审庭的检审官使他的工作难堪和受阻，而且没有能力履行其职责。教会也给都督职责增添了负担，因为其对土著的征税阻碍了后者服务于国王。荷兰人知道如何更好地对待土著居民。他们免除了土著的贡税、劳役以及对土著的宗教训导。法哈多被要求推进的一项任务是开采伊戈罗特的矿藏，但是进展甚微。他已经安全地将军队和补给派遣到了特尔纳特岛。他在对已故的前任都督胡安·德席尔瓦的"终任审查"上遇到了不少麻烦。他抱怨由多明我会给予检审官梅萨的庇护和宽恕。法哈多叙述了政府的各种事务以及他的处理程序，还有因修士们造成的烦恼和障碍。但是，他表扬了耶稣会修士和他们的工作，并建议应该派遣更多的耶稣会修士来菲律宾。他因士兵的匮乏而遭受困扰和阻碍，但他已经利用这少量的士兵做到了最好。西印度事务委员会命令新西班牙总督动用其权力，每年派遣一定数量的援军到菲律宾。

1621 年 7 月 30 日，马尼拉大主教向国王呈送了一份有关教会和教区其他事务的文件。他要求获准召开教会委员会（Ecclesiastical Council），以及灵活开展（而非严格按照圣历）基督教圣体节庆典活动的权力。他抱怨马尼拉大教堂的贫穷，希望获取资助。他还抱怨都督在教士薪俸问题上没有向他咨询，以及一些王室任命的教会法规机构人员的不作为。塞拉诺推荐了一些隶属他主教座堂的修士，并逐个地列出了他们的名字。马尼拉的两所神学院培育了许多学生，以至于他们很难在教会里找到职位。大主教对他们所遭受的贫困和屈辱痛心疾首。他要求派遣更多有能力的主教到菲律宾。他还要求当局授予教会牧师，允许宽恕婚姻破裂的权力，有些障碍导致土著很容易离婚。那些负责训导土著的教士应该接受主教的视察。这样，各种虐待行为才能得以纠正。由于对基督教徒的迫害，日本的传教事务处于混乱之中。塞拉诺认为，不应该将索特洛修士作为主教派遣到日本。他详细记录了马尼拉的耶稣会修士与多明我会士之间，关于拒绝给面临垂危的胡安·德梅萨（Juan de Messa）做忏悔的种种分歧。大主教有义务召集教会委员会来解决这一问题，委员会决定支持耶稣会修士。圣方济各会修会中因巡查员的任命发生了矛盾，这件事情被塞拉诺的类似行为平息，都督也干预了此事。耶稣会的任务需要更多的人手，修士们所进行的训导也同样如此。塞拉诺敦促圣约翰医院骑士团（The Hospital Order of St. John of God）应该在菲律宾岛上建立起来，因为这里的医院需要得到比圣方济各会所施予的更好的照料。他抱怨各修会官员很草率地开推荐信，检审庭官员在出席宗教节日时过于松懈；发往新西班牙的船只出发时间太晚，因此返回菲律宾的时间也太晚；那些在菲律宾岛上被雇佣的人员，在薪金问题上受到了欺骗；马尼拉城的中国人和日本人过多，远远超过了王室法令规定的额度，并有必要考虑西班牙市民的安全；私人通过与官员勾结，非法获取了菲律宾与马六甲以及其他临近地区的最佳贸易。在塞拉诺信件的最后，是关于修改在东方地区举办基督教圣体节庆典时间的教皇训谕。

1621 年 8 月 1 日，赫罗尼莫·德席尔瓦呈送国王的一封信中，记录了由于恶劣的天气，一艘驶往新西班牙的船只不得不返回菲律宾，而这对群岛造成极大困扰。每年定期给特尔纳特岛的救济品已经发送了，荷兰人和英国人对吕宋岛的攻击在预料之中，但结果是，他们仅仅俘获了几只中国小船。席尔瓦提道，殖民地防卫力量弱小得令人可怜，并敦促加强海岛军事援助和其他援助。这个国家不欢迎的居民正在被迁出，尤其是日本人，他们比中国人更危险。席尔瓦指出了都督和检审庭之间的矛盾，他认为这些都是由于检审庭的存在，检审庭花费巨大，是殖民地无用的负担，并且是司法管理和都督履行其职责的障碍。

在菲律宾，圣方济各会管辖下的教省处于不良状态中。1620 年 7 月 31 日，经由教省代表佩德罗·德圣巴勃罗，该修会的一份信件呈送给了国王。他声称，由新西班牙派来的巡查员不是赤足修士（discalced），因此并不受菲律宾的圣方济各修士们的待见。他还认为，一些混入赤足修士中一起到来的布衣修士，仅仅是为了获取前往东方地区的许可。因此，出现了派系林立、争端不休的情况，他们丧失了宗教兴趣和工作，这些闯入者还企图统治其他人。圣巴勃罗要求国王下令，仅向菲律宾派遣一个修会或一个修会中的一支教派，这样就没争端了。闯入的方济会严修派修士（Observantines）打算剥夺赤足修士的日本使命以及马尼拉附近的圣弗朗西斯科·德尔蒙特（San Francisco del Monte）女修道院的使命。王室权威受到刺激，要限制他们的侵占。这封信还附带有一份由圣巴勃罗和修会其他人员签署的信件（1621 年 7 月 20 日），其中，他们为其教省进一步恳求救济和援助。另一份信（只知道日期是在 1621 年）也拥有类似的主旨，抱怨检审庭法官梅萨和罗德里格斯在向方济各会派遣不受人欢迎的巡查员一事中的不公和独断行为，并敦促国王向这里提供救济、斥责检审庭。

法哈多在 1621 年 12 月 10 日向国王呈送了一封信。这封信关注各类行政和商业问题。他解释了船只迟发新西班牙的原因，以及其中一只船所报告的死亡率问题。他讨论了从新西班牙到东方白银流动衰减的问题，还建议禁止从菲律宾向新西班牙出口丝绸和其他织品。但他表示反对放弃澳门。他认为，这样会立即把与中国的贸易拱手送给荷兰人和英国人，并因此而摧毁菲律宾殖民地。法哈多建议菲律宾和新西班牙航线上仅有中等体量的船只来往就可以了，更明确的措施要等到两地的贸易问题得到进一步调查之后再实施。他否认了下列说法，即他对运送货物到新西班牙感兴趣，并将一些他作为都督所蒙受的批评归咎于检审庭长官。他还指控了多明我会修士资助并庇护了敌人。1610 年的一份王室诏令将任命下属的权力赋予检审庭法官和财政官，而不是如之前一样下放给总督和都督。征服者和定居者的后代得到了偏爱。法哈多对此表示反对，并引用大量论据证明这一诏令是如何束缚了都督的努力和权威，如何在其与检审庭之间造成了裂痕，如何打乱了菲律宾的行政路线以及损害了公众服务。法哈多支持马尼拉市民抑制检审庭的要求，声称检审庭造成的害处比益处多。他给特尔纳特岛发送了补给品，并向西里伯斯岛（Celebes）

派遣了一小支部队以强化当地的岗哨，还有方济各会教士向那里的土著传播福音。他释放了一些西班牙人囚犯，并着手建造两艘船。一些土著造反后，他派遣一支军队去镇压他们。法哈多试着保持印第安人的臣服，但还未能以公正和善良来对待他们。他抱怨道，修士们（尤其是多明我会修士）对土著暴虐和残酷的行为以及其控制所有事务的野心阻碍了他试图这样做的努力。这位都督采取了任何其所能采取的措施来维持在甲米地和奥顿的防御工事。他还修理并装备了一些由他支配的船只。他得到消息称，荷兰人和英国人的舰队正要来骚扰西班牙人以及他们与中国人的贸易。

　　法哈多在检审庭的首要对手是阿尔瓦罗·梅萨–卢戈（Alvaro Messa y Lugo）。他在 1621 年向国王上书，认为都督任职内的行为正在摧毁整个殖民地。梅萨指控都督挥霍公共资金，利用这些公共资金投资与墨西哥的贸易以获取私利；都督允许印第安人要求工资被以其价值的三分之一出售，然后全部兑换成现金；都督给中国居民颁发了太多的许可证，并将收费占为己有；都督忽视审计政府账单。按照梅萨的说法，法哈多恐吓检审庭，干涉司法程序，轻率释放罪犯，迫害与他意见相左的市民，不遵守王室诏令，甚至威胁教士和修士，对整个殖民地施以暴政。值得注意的是，梅萨大部分的指控都是基于报告和传闻，没有引用任何佐证以支持其说法。梅萨指控都督玩忽职守，未能给殖民地提供有效防卫，同时还肆意挥霍王家税收；甚至对法哈多进行人身攻击。他以冗长乏味的细节叙述了他本人与都督之间的各种分歧，以及都督对待他的专断行为。他还讲述了他自监狱中获救的经历，并将其归功于向圣母玛利亚祈祷而带来的一场奇迹。梅萨避难于多明我会的一个女修道院。他恳求国王纠正他的过错，并惩罚都督及其同党。他花费了大量的篇幅来假设都督逮捕他的原因。接下来，他以自己的方式叙述了都督杀死其不忠妻子的故事，添加了大量坊间传闻，而这些传闻都是对都督的贬损之词。他还提到，检审庭实际上是不存在的，因此在殖民地没有主持正义的高等法院。梅萨敦促国王委任一名新的都督，并就派送人选的个性给出了自己的建议。他暗示道，法哈多拥有大量非法资产，可能达到100 万比索。相较于对都督的指控，甚至这个数字都是远远不足的。梅萨提到，一些终任审查被委托给他，但这项工作的所有努力都受到都督的阻碍，尤其是在胡安·德席尔瓦的案例中。他抱怨道，都督的权威与检审庭的权威激烈冲突，特别在战时更是这样。都督享有的管辖权太宽泛，以至于他能够审理检审庭官员的案件。梅萨建议以人员和资金的方式给菲律宾殖民提供援助，所需的船只和大炮就在殖民地建造。他抱怨道，中国商人被非法强迫缴纳估价费，作为他们名义上的保护人的财政官就从中获取额外收入。梅萨要求升职和获得荣誉，以此来补偿都督对他不公对待。最后，他要求没收法哈多在墨西哥的资产。

上述信件的副本还有一个附言，也是由同一位作者写的，时间在 1622 年的 7 月 30 日。梅萨记录了法哈多是如何召见他，并让他重新承担起检审庭庭长工作的。但是，他对都督的诚挚表示怀疑。他还指控都督各种违法和狡猾的手段，尤其是他走私黄金和珠宝到墨西哥。梅萨记录了圣波滕西亚娜丑闻的发展，并指责都督在其中所扮演的角色。在结尾，是一封检审庭的信，建议国王拒绝给马尼拉大主教增薪，并有一个法哈多做的注释，建议这样的增加。

马尼拉大主教，米格尔·格拉西亚·塞拉诺（Miguel Gracia Serrano），在 1621 年写了他的第一年任期的报告。但是，直到 1622 年，他才将它发往西班牙。他忙于官方视察（official visitation），主要是在马尼拉城内。除了极少数的教士进行公开赌博之外，他并未在马尼拉的教士中发现犯罪行为。这里的大教堂是唯一的西班牙教区教堂。它照料着 2400 多个灵魂。另一个教区牧师负责印第安人和马尼拉城的奴隶，前者有 1640 人，后者有 1970 人。但是，这些人中的大部分是在各修会的女修道院里进行忏悔的。印第安人应该有一个适合他们自己的教堂，塞拉诺建议国王给他们提供一个。在甲米地港口，有一个教区教堂，它照料着超过 3000 个灵魂。马尼拉大主教区的印第安人主要受以下几个修会的照看：奥古斯丁会照看 9 万名；圣方济各会照 4.84 万人；多明我会照看 2.8 万人；耶稣会照看 1.06 万人；奥古斯丁会回忆派照看 8 千人。除此之外，还有 2 万名印第安人受在俗教士的照料。因此，印第安人共计 20.5 万人。塞拉诺描述了紧随传教之后的政府举措。在少数大村镇中，能够很容易地接触到土著居民，并对他们进行指导。但是将他们聚集在"归化区"的努力要么不令人满意，要么无利可图，在菲律宾如同在新西班牙一样。中国人的皈依者居住在马尼拉城的郊区，人数达到 1500

人，他们主要由多明我会和圣方济各会负责。在菲律宾的日本人
中，大约有 1500 多人是基督徒。在宿务岛主教辖区，有 200 名
西班牙人。受训导的印第安人和其他族群的数量有 11.96 万人。
其中大约 1.6 万人由在俗教士负责。大约 5 万人由奥古斯丁会看
管。5.4 万人由耶稣会照料。在卡加延主教辖区（吕宋北部），仅
有 70 个西班牙人。奥古斯丁会训导 5.8 万名印第安土著，多明我
会训导 7 万名印第安土著。在甘马粦主教辖区（吕宋东部），仅
有大约 50 名西班牙人。在俗教士照料着 8600 名土著，圣方济各
会负责 4.5 万名，耶稣会照看 3200 名。在菲律宾群岛上，受宗教
训导的土著总数超过 50 万——很明显，不包括孩童。但是，还
有大量的印第安人没有接受福音。因此，还需要更多的传教士传
教，国王被敦促多多派遣传教士。这位大主教还讲述了一些医院
及其管理措施。他建议将这些医院置于圣约翰医院骑士团的照料
之下。他还列举了马尼拉的各种虔诚和乐善好施的基督教兄弟会
（confraternities），谈到它们的目的和收入情况。其中最主要的是
仁爱慈善会。塞拉诺描述了圣何塞（San José）和圣托马斯这两所
马尼拉的神学院的特点和现状。此外，还有圣波滕西亚娜女子神
学院。对于前两所大学，他要求给学生颁发证书。对于女子神学
院，他要求给予大量的资金帮助。总体而言，他认为，印第安人
受到了其宗教导师的良好对待。但是，他建议，应该给菲律宾的
主教更多管理传教士的权力。但是，殖民地受到荷兰人持续不断
的威胁，这给印第安人带来了大量令人痛苦的负担。在船只建造
和备战的其他事项中，他们受王室官员的驱使。在信的末尾，塞

拉诺回应了一些关于牧师薪俸以及教区牧师身份等问题。

1622 年 12 月 31 日，一封王室诏令禁止菲律宾的多明我会修士干涉政府事务。同一时期，费利佩二世之前的另一份诏书（1603 年）生效并开始实施。他要求，所有向印第安人传教的传教士都要接受工作能力的考核，尤其是在掌握土著语言方面。考核人由大主教或他任命的人来担任。1623 年 10 月 9 日，法哈多收到国王的来信，指示他推进对伊戈罗特矿藏的开发，并将菲律宾的肉豆蔻运送到新西班牙。都督提出的各项问题也得到了或模糊或正式的答复。随后，11 月 27 日，费利佩四世批准了由都督和大主教对多明我会在马尼拉建造一所学院的许可。

1623 年年末，一支远征队被遣往伊戈罗特省（吕宋北部）进行远征和平定当地人的反抗。伊戈罗特省因其丰富的黄金矿藏而为人所熟知。远征队队长，阿隆索·马丁·基兰特（Alonso Martin Quirante）留下了关于此次远征的大量报告（1624 年 6 月 5 日）。他详细记录了每天的进展，远征的计划，西班牙人与伊戈罗特人的遭遇，西班牙人成功抵御土著的进攻，以及获取了矿石。马丁描绘了他所经过的地区。他还描述了土著部落，其风俗，其开采黄金的方式，矿藏，以及从他们手中获取矿石的事情。他认为，通常认为的关于此地矿藏十分丰富的看法是有误的。但是，他仍旧仔细地勘查了此地，并收集了各类矿石标本。随后的各种测验结果也并不乐观。一张表格显示了每次测验中矿石所含有的价值。随后检审庭采取了相应的行动——他们决定停止进一步勘探和开发伊戈罗特矿藏的计划，并将马丁带到马尼拉的矿石送往新西班牙进行进一步的测验。而当下在伊戈罗特矿山的工人必须被送到新塞哥维亚，去镇压那里的印第安人起义。

编者

1904 年 7 月

# 第21卷 1624年，政教冲突、奥古斯丁回忆派的活动

本卷涉及1624年，完全着眼于宗教领域的教会问题和传教问题。现有的1624年的文件主要关注以下几个问题：教区当局与宗教团体之间的冲突，以及马尼拉政府和教会当局之间的冲突；检审庭驳回已故都督法哈多建立神学院的建议，法哈多试图建立一个神学院来训练日本的传教士，学成后送他们回国传教；西班牙政府审查宗教团体的努力。接下来是根据安德烈斯·圣尼古拉斯（Andrés San Nicolas）、路易斯·德赫苏斯（Luis de Jesús）、胡安·德拉·康塞普西翁（Juan de la Concepción）的作品编辑的一系列关于1624年前奥古斯丁会回忆派在菲律宾群岛活动的历史资料。

一份题为"菲律宾群岛教会事务"的文件，包含了从1574年至1624年之间的有关这一问题的信件、法令等文件。1574年对戈麦斯·佩雷斯·达斯马里尼亚斯的指示谨慎地限制了王室或其所有官员行使王室庇护权，并详细说明了都督和教省主教在涉及这项权利的事务中所应遵循的路线。接下来是在1622—1624

年大主教塞拉诺与宗教团体的争论中发布的各种官方文件，要求大主教和主教在进行牧灵工作时，像对待在俗教士一样，对宗教团体行使同样的管辖权和权威。塞拉诺通过各种王室法令及教皇训谕来强化他的地位。这些文件显示了在选取向菲律宾群岛派遣的传教士时有多么漫不经心，那些牧师中甚至有些根本不懂他们将进行传教的当地语言。他们对教区居民所行使的权力甚至比他们传教地区的大主教和主教行使的权力还要大。在 1622 年 6 月 20 日，大主教开始了他对于迪劳（Dilao）（在马尼拉附近）教区的访问，他的法令要求教区居民向他提出一些对于牧师或教区牧师的过失、违法行为、失职的信息或投诉。当时修士阿隆索·德巴尔德莫罗（Fray Alonso de Valdemoro）负责迪劳教区的传教，他未遵守大主教的命令，后来被开除教籍，并被送入一个修道院的监狱中。但是检审庭拒绝支持大主教，大主教写信给国王抱怨修士们的抵抗。费利佩四世在 1622 年 8 月 14 日的法令中，要求在菲律宾的传教士必须遵守另一项为在新西班牙传教而颁布的法令（在同年 1 月 22 日发布）。这提供了与在秘鲁传教所遵守的同样的程序。这些修会仍然负责管理其宗教团体，但此后传教士不再负责传教工作。在与教会以及牧灵工作的有关事项上，他们应服从大主教的要求，但与此牧师的个人品格有关的任何事，都应私下告知其上级，并由上级设法纠正。

一份未署名和未注明日期的文件（1624 年？）生动地描述了马尼拉民事和宗教当局就罪犯在教堂避难的权利问题发生的冲突。至少在当时，决定是有利于教会当局的。

　　1624 年 7 月 11 日，在都督法哈多故去后，检审庭接管了政府。他们的首要措施之一就是撤销不久之前提供给神学院的拨款，该神学院由法哈多创立，其目的是为了教育日本基督教徒作为受命的传教士去他们自己的国家传教。鉴于日本对基督徒的迫害，其统治者对西班牙人的驱逐法令，以及禁止国民与西班牙人进行贸易等行为，检审庭成员宣称法哈多的这一举措是不合时宜的。此外，神学院的选址违反了王家法令，这块土地是从它的原主人那里被蛮横没收的。并且，这对许多人来说是一种苦难和伤害，尤其是对居住在马尼拉附近的印第安人来说。因此，检审庭撤销了这些行动，并下令拆毁神学院建筑，他们根据这一决定发布了一项王家法令。

　　在 1624 年 8 月 15 日的一封信中，大主教塞拉诺建议国王要么给予检审庭更多的权力和权威，要么压制它。同年晚期，国王颁布了一些法令，影响了岛上修道士。第一个法令（日期为 8 月 30 日）引用了早期的法令，规定了宗教的特权和管辖权，并规定这些权力要被严格执行。在给马尼拉大主教的信中（日期为 10 月 8 日），费利佩四世对宗教修会作出了一些指示。一封于 11 月 27 日写给多明我会的信中列举了该会修士们对印第安人的种种恶行，并指示他们改正这些错误。

　　早期奥古斯丁会回忆派在菲律宾群岛活动的相关资料，构成了教会历史中有趣的一章。这些资料是从下列印刷作品中挑选出来的：安德烈斯·圣尼古拉斯所作的《圣奥古斯丁赤脚派修会通史》（*Historia General de los Religious Descalzos del Orden de San*

*Avgvstin*，马德里，1664 年），以及路易斯·德赫苏斯所作的同部作品的第二部分（马德里，1681 年）；胡安·德拉·康塞普西翁所作《菲律宾通史》（马尼拉，1788 年）。从所有这些书籍中我们只选择与我们的主题密切相关的部分，例如包含特殊价值的信息，或者那些以其他方式无法获得的部分。

我们以圣尼古拉斯的作品作为研究岛上奥古斯丁会回忆派活动的基础。这一切开始于 1605 年 5 月，修士霍安·德圣赫罗尼莫（Joan de San Jerónimo）及其他 13 个传教士启程并于 1606 年 5 月 10 日抵达宿务岛，其中一名传教士在途中死亡。在对吕宋岛和马尼拉进行简要描述之后，作者叙述了奥古斯丁会回忆派如何进入这座城市，包括他们被当地人热情接待，以及他们在城外建立了自己的房子。在一些神父学习了塔加洛族语之后，他们开始了在马里韦莱斯（Mariveles）的传教工作，那里离马尼拉不远，当地的居民非常残忍和凶狠。对于这些人的习俗和信仰的简要概述，虽然简单，但是作为菲律宾人民民族学的另一个原始信息来源来说是很有价值的——早期奥古斯丁会回忆派修士，例如奇里诺和他的同事们的回忆录，他们混迹于与西班牙人鲜有接触的当地土著人之中，因此，可以说他们观察了当地人最自然和原始的状态。

第一批送到马里韦莱斯的传教士很快就死于苦难、贫困和苦修，但其他一些传教士立刻自愿去接替他们。罗德里戈·德圣米格尔（Rodrigo de San Miguel）是第一个去的人，而他和其他人一起，在凶狠的三描礼士省人中完成了一项伟大的工作。每个传教士传教的细节中都充满了非同寻常的死里逃生的经历。由安德烈斯·德尔埃斯皮里图·桑托（Andrés del Espiritu Santo）在马辛戈洛（Masinglo）创建的一个女修道院成为一个大型的地区传教中心。在严格的规定和纪律的约束下，传教士们自制和节俭的生活方式可能会突显他们的传教信念，他们的传教工作以及与印第安人的关系也有章可循。一些年后，奥古斯丁会回忆派的主要定居点被迁入马尼拉城内，并由一位虔诚的市民出资捐建了一所气派的教堂。作品中提及了教堂里一些引人注目的雕像。

罗马教廷和西班牙都在试图压制奥古斯丁会回忆派，各种关于他们工作价值的证词，以及他们的虔诚和热情，都由各种官方人士，包括公民和教会人士提供。且与此有关的是，对在和平与战争时期奥古斯丁会回忆派所扮演的角色和提供的服务的陈述。这些传教士在博利瑙（Bolinao）和卡加延修建了女修道院。在卡加延，一名神父被一个印第安人杀死，教堂被反抗的印第安人烧毁，但是不屈不挠的传教士们又回到了这片没有信仰的土地上，再次征服了印第安人，恢复了他们所毁灭的一切。另一个传教据点在甲米地建立，给生活在那里的水手们带去了极大的福音。

奥古斯丁赤脚派修会的历史由路易斯·德赫苏斯续写。1621年，奥古斯丁改革后的分支机构建立了独立于原始修会的圣会。同年，得益于里韦拉的慷慨捐赠，在宿务建立了一所该修会的女修道院，还有一个建立在马尼拉城外的卡隆潘（Calumpan）。卡隆潘为神父们提供了一个安静的休养所，这对他们的身心健康都有好处，并在他们的照顾下建设了桑帕洛克村（Sampaloc），里面保存着令人惊叹的圣母像。1622年，奥古斯丁会回忆派开始在棉兰老岛传教，关于这个岛有一段简短的描述，其中更详细的描述是关于一些稀奇的鸟类和动物，以及当地人的习俗和信仰。他们的政府只不过是强者对弱者的暴政，是压迫、残酷和卑鄙的。奴隶制以前是这里的惯例，在传教士传播基督教的地方这种制度被打破了。1609年，卡拉加（Caraga）被西班牙人征服，1613年，他们的起义被镇压，最后（1622年）奥古斯丁会回忆派在他们中传播福音。

传教士们为征服这些凶狠的野蛮人做出了许多努力，并拥有了许多皈依者——其中值得注意的是一位名叫易努克（Inuc）的强大首领，他的案例被许多人追随效仿。一个繁荣的传教所在武端河边建立，以前是基督教传教所，现在已经被弃置。对神父们所经历的辛苦和危险以及一些特定的改变宗教信仰的案例有详细的叙述。我们的历史学家对卡拉棉群岛（Calamianes）和库约（Cuyo）的传教工作进行了同样的研究。可以注意到，回忆派传教士在宗教皈依者中，推行与耶稣会修士同样的组建归化区或传教村的政策。传教士经历的各种奇迹事件都与此有关，特别是一些驱魔活动，那些恶魔试图将西班牙士兵赶出此地。另一项传教任务在北棉兰老岛米萨米斯（Misamis）的卡加延河上展开。神父们遭遇了巨大的考验和艰难困苦，但最终成功地使该地区拥有众多追随者的领军人物皈依天主教。这种皈依很大程度上是因为驻扎在丹达（Tandag）的西班牙军队帮助这些印第安人成功地反抗了伊斯兰教首领科拉拉特。1650 年在马尼拉召开的省级教士会议的记录，列出了棉兰老岛和卡拉棉地区奥古斯丁会回忆派女修道院的清单，并附上了附属家庭的数目。作者接着讲述了回忆派传教士在他们的工作中所经历的一些考验、艰辛和危险，其中几位为这种宗教热情殉道。1624 年在菲律宾的奥古斯丁会回忆派的新教省召开了第一次全体教士会议，修士奥诺弗雷·德拉马德雷·德迪奥斯（Onofre de la Madre de Dios）选为教省首脑，并对该地区的奥古斯丁会回忆派进行了一些规定。

这些早期的叙述可以与胡安·德拉·康塞普西翁的《历史》（第四章和第五章）相对照，尽管他的《历史》主要来源于这些早期的叙述，其中还是包含了一些其他的东西。奥古斯丁回忆派正如耶稣会一样，将分散的皈依者组织到归化区中，以便更有效地继续他们的指导。方济各会严修派和奥古斯丁会改革分支之间的问题得到了充分的说明。在新回忆派教堂里举行的宗教仪式，驱散了甲米地人对于恶魔的疯狂迷恋。在宿务主教的要求下，奥古斯丁会赤脚派扩展了他们的工作范围，从西班牙到米沙鄢群岛和棉兰老岛（1622 年）的传教工作再度加强。作者对他们在棉兰老岛的成功传教进行了一些叙述。他们还将传教成功推进到了卡拉棉群岛和帕拉瓜（Paragua）（1622 年）。在这些岛屿中，作者给出了一个关于他们主要产品和自然资源，以及当地人的性格和宗教信仰的有趣描述。这些人异乎寻常的野蛮凶猛，但无畏的奥古斯丁回忆派神父们很快在他们中建立了繁荣的传教所，把人们聚集到归化区中。然后，他们向马尼拉发出一项请求，要求西班牙士兵来占领帕拉瓜。这些传教传播得更远，岛上的大部分地区被基督教信仰和西班牙国王所征服。

编者

1904 年 10 月

# 第22卷 1625—1629年，贸易限制、政教冲突、荷兰人和华人

本卷述及1625—1629年，涵盖了费尔南多·德席尔瓦的任期及胡安·尼尼奥·德塔沃拉（Juan Niño de Tavora）的上半任期。除贸易限制、民事和教会当局之冲突，及与荷兰间的敌对状态三个主题之外，还清晰展现马尼拉社会情况的俗世事务和殖民地内部事务。一份名为"王家庆典"的文件对马尼拉社会生活进行了生动别致的描绘，教育事业体现在其他文件中，包括帮助那里的耶稣会学院和一个孤儿学校。在某个时间里一个修女会也在马尼拉建成，他们要求招收新人的更大自由——不过那个社区显然反对这一做法——但修女会获得来自许多人的慷慨的援助，特别是富家妇女的帮助。帕西格河（Pásig River）上建了一座坚固的石桥，有助于促进人们的内部交流和交通。帕里安已经被一场大火所毁，但正在重新修建，而且规模更甚于昔。对那些居住于此并常遭西班牙人暴虐对待的中国居民，已经被给予特别努力的保护。在这一卷中，有更多关于天主教在日本被迫害、荷兰人在东海的行动、中国方面的事务以及平塔多斯岛遭到摩洛海盗袭击

等方面的内容。西班牙的统治限界已通过在台湾岛驻军而多少得以扩大，但是许多人感到这是一项花费高昂而且负担沉重的事业。

西班牙王家国务委员会在 1625 年 3 月 7 日给国王递交了一份关于任命一个菲律宾都督，替换法哈多的报告，后者曾在 1623 年请求允许返回西班牙。报告列举了这个职位的每个候选人的优点和服务情况，以及每位候选人在委员会会议上所得的票数，都被提交给国王以供遴选。同年 6 月 1 日，费利佩同意给予马尼拉的耶稣会学院 16 年的年度拨款。

1625 年 7 月 25 日，一封来自塞拉诺大主教呈交给国王的信，报告了新都督费尔南多·德席尔瓦的到来以及其开始任期的黄道吉日。日本对天主教徒的迫害日益严重，因此塞拉诺试图切断任何进入该国传教的途径，但是传教热情盖过了他们的谨慎，有的人已经抵达日本。塞拉诺请求国王介入，限制修道士。新塞哥维亚主教去世，塞拉诺任命了一个牧师主持那个教区的工作。菲律宾政府官员应接受正式检查，或者他推荐他的副手胡安·塞维科斯（Juan Cevicos）担任那一职务。大主教还请求国王帮助马尼拉的耶稣会学院。

费利佩四世的加冕在马尼拉以"王家庆典"的方式庆祝（1623 年 1 月）——包括斗牛、竞赛、装饰街道等活动，被一个马尼拉市民描述为别致的、热情洋溢的活动。费尔南多·德席尔瓦，作为法哈多的钦命继任者，在 1625 年 8 月 4 日报告国王他已经到任，并报告了那里一些事务的情况和很多相关事件。他抱怨检审庭侵犯了原属于都督的权利，并且取消了他们在分派委托监护权方面的行动。赫罗尼莫·德席尔瓦的军事指挥官之职已经被检审庭罢免，他们中还有人非法任命陆军和海军军官，都督也已经将这些命令取消。敌对的荷兰船只正在威胁往返于新西班牙的满载的贸易船只，席尔瓦已经对他们采取了防范和预警措施。一支强大的荷兰舰队已经开到特尔纳特，他希望由传教士提供一些船只，来保护岛屿免遭敌人侵略。然而，王家财政部和仓库却空空如也，他不得不运送一船货物去日本购买物资。但是，该国对天主教的迫害导致了西班牙人在那的贸易面临巨大的限制。从马尼拉派出的大使在日本甚至没有受到召见。卡加延的叛乱将会被尽可能严厉处置，席尔瓦将会尽力改善摩鹿加群岛的状况。他建议将特尔纳特被俘的国王遣送回国。尝试开采伊戈洛特金矿的工作已经被放弃。席尔瓦已经售卖了一些市政官职，但是建议以后的职位应该授予那些有资格的公民。运到新西班牙的商品出口税应该减少。都督抱怨了教会的非法行为，他们不服从当局，伙同印第安人任意妄为，他要求获得更多权力以约束教会。岛上需要更多军队，席尔瓦希望去遏制荷兰人在台湾岛上的据点。他还抱怨了墨西哥的财政官员越权审计马尼拉方面提交的财务账目。席尔瓦最后向国王举荐了马尼拉的一些西班牙公民，并请求在他去世的情况下，他的夫人可以离开岛屿。

　　马尼拉大主教在 1626 年 7 月 25 日写给国王的信报告了教会方面的事务。他列举了大主教和受俸牧师的薪水并请求增加薪水。教堂的收入还很短缺，故而需要资助。塞拉诺列举了他所在教区内世俗慈善机构的数目，以及从属于各修会的女修道院、教士和信徒的数量。另外他还列举了大量在他关照下的副主教区。随后，大主教赞许了费尔南多·德席尔瓦和其领导下的临时政府，叙述了都督对殖民地有益的各种行为。新的都督，胡安·尼尼奥·德塔沃拉已经到达马尼拉。过去一年，荷兰人没有进行他们对各岛的惯常袭击，和中国、印度及其他国家的贸易因此越来越繁荣。然而，摩洛海盗却造成了相当的破坏。他们的舰队甚至攻击正在进行官方访问的塞拉诺和他的随从，他们在逃跑中险些丧命。塞拉诺表扬了检审庭法官梅萨-卢戈，并向国王讨要对他的升迁。多明我修会在埃尔莫萨岛（Hermosa）上建立了一个布道团，西班牙最近刚在那里建立了据点。

1626年7月31日，费尔南多·德席尔瓦向国王做了最后一个政府报告，报告内容截止至他的继任者，胡安·尼尼奥·德塔沃拉的到来。摩鹿加群岛和菲律宾两方的事务都进入平静和安全状态，王家仓库得到很好的补给，要塞也装备了火炮。席尔瓦减轻了当地人的负担，镇压了卡加延的叛乱。他惩罚了烦扰爱好和平的印第安人的野蛮部落。马尼拉军队士兵的营房，以及帕西格河上的石桥得到改善。西班牙人被排除于对日贸易之外，荷兰人在台湾岛上建立一个要塞。席尔瓦向该岛派出一支探险队并在其北端建立了一个西班牙的据点。他陈述了此举在恢复马尼拉与中国的贸易中的好处，这一贸易是之前被荷兰和葡萄牙破坏的。这一据点也将成为对日贸易的一个有利条件。席尔瓦陈述其个人对各位检审庭法官的看法，最后他重申他的要求，希望他的妻子可以不居住在该岛但享受在此的委托监护权。

1620 年，贫穷修女会（Poor Clares）已经在菲律宾建立，6年后的 7 月 31 日，修女会写了一封信给国王，请求不限制她们吸纳入会的妇女数量。同一时期，一个面向西班牙男性孤儿的神学院在马尼拉开办，它的建立者在 1626 年的一封信中，请求国王以金钱和其他方式资助他的事业。为满足他的要求，当局拨付一部分政府收入给那个学校。该年 6 月 19 日的谕旨命令各岛的修会（特别是奥古斯丁会）应停止违反世俗政权的各种非法行为。当天的另一个命令要求市政法庭的开庭不受拍卖活动的阻碍。10 月 16 日的命令要求塔沃拉视察马尼拉的医院是否得到妥善的资助和管理。

各岛的军务记载在未署名的小册子里（塞维利亚，1626 年）。棉兰老岛的摩洛人停止了一段时间的掠夺远征并向西班牙寻求帮助，打击另一批与他们为敌的摩洛人。这一要求被答应了，但是摩洛人与西班牙人之间很快因为某些细节的原因而萌生敌意。荷兰人包围了葡萄牙人在澳门的居民点，但是遭到驱逐而损失惨重。费尔南多·德席尔瓦船长指挥一支军队从马尼拉出发去给澳门解围，却传来他在暹罗陷入敌人攻击的消息。日本对天主教徒的迫害变本加厉，所有与菲律宾的贸易都被严厉禁止了。

在未注明日期的一份文件中（1627 年？），西班牙法院中菲律宾殖民地的检察官马丁·卡斯塔尼奥（Martin Castaño），敦促国王注意保持他对远东的控制权，不准他的敌人荷兰在那里谋取利益。卡斯塔尼奥汲汲于承担起在异教徒间传播基督教的责任，而菲律宾为此提供了全世界最好的机会。在荷兰新教徒的影响下，这一目标在日本遭受重创，他们正试图垄断日本的贸易，且侵害了西班牙人与中国贸易的利益。如果荷兰人获得了菲律宾，他们不久就会占领葡属印度，甚至骚扰西班牙在美洲的殖民地。卡斯塔尼奥呼吁注意各岛上的天然财富——金矿和丁香，以及与日本和中国有利可图的贸易，所有这些资源产生的利润应归西班牙国王所有。

一份"1626年叙述"（事实上还包括1627年的一部分），未经署名但很明显是出自马尼拉的耶稣会修士之手，叙述了这些年在远东诸国发生的主要事件。摩鹿加群岛一直保持和平，但是可以预料，一旦在弗兰德斯（Flanders）的战争结束，荷兰船就会再次出没于东方海域。卡穆科内斯（Camucones）海盗已经袭扰了一些岛屿，并进行了劫掠和杀戮。都督已经派出惩罚性的军队，但是效果有限。然而，更为成功的是一系列抵御棉兰老岛人的事务。一支援救军队在费尔南多·德席尔瓦的率领下被派往澳门。在其返程中，军队被一股风暴刮到了暹罗，在一场与暹罗人（Siamese）和日本人的战斗中，他的人大部分被杀死。费尔南多·德席尔瓦都督派了两位耶稣会修士作为特使出使暹罗，去要回在席尔瓦船长船上的属于西班牙的财产，但是大部分的财产已经被暹罗士兵抢夺走了。一位耶稣会修士留在那里进行传教。在台湾的定居已经获得成功，当地印第安人对西班牙人非常友好。塔沃拉为那里的军队送去补给，被一场风暴天气耽误很长时间之后最终成功抵达。从马尼拉到日本的贸易受到比以前更加严格的禁止。

1627 年 9 月 3 日费利佩四世给塔沃拉都督的信，对一年前都督给国王的信做出回复。国王支持他在西里伯斯岛北端建立一个要塞的建议，并承诺给他援助和军队，在处理各类事务的步骤上给予他详细的指示。

一组从《西印度群岛法律汇编》翻译过来的法律（1594—1627 年）与在菲律宾的中国人有关。它规定中国人离开马尼拉时不需缴纳费用；出售他们的商品应受到管理；不允许对他们有任何压迫和伤害；不允许他们居住在西班牙人的房屋；他们的诉讼应该首先由帕里安的长官审理，并向检审庭上诉，检审庭官员和市政官员不得提起诉讼；检审庭不得干预帕里安的事务，而应由各岛长官管理；家禽税不得向中国人收取。法令命令都督敦促他们发展农业，而非发展个人服务。他们的人数必须限制在 6000 人，并且不能索取贿赂和许可证费用。他们必须保持适当的服从，但要以温和与公正的方法。要提供有关许可证费用条款的规定；中国人转变信仰可以免除十年的贡税；他们为王室提供服务的定额被设定了限制。

1627 年 5 月 21 日，国王命令马尼拉的检审庭惩罚那些攻击政府官员的奥古斯丁会士。接着在 6 月 11 日，他批准了一项给奥古斯丁女修道会的额外补给。之后（11 月 4 日），西印度事务委员会建议应该补给岛上的奥古斯丁会回忆派一些药物。在 9 月 10 日的一项法令中，国王命令应任命一位中国人的保护者，保护者没有国库提供的薪资，他们为王室服务而保留的任何资金余额都应交给他们处理，或是将其归入下一年的预算中。11 月 19 日下达的另一个谕旨陈述了在帕里安对中国人的迫害：包括在洗礼时剪掉他们的头发和征收额外的贡赋。谕旨命令结束这两项招致民怨的举动。

　　胡安·塞维科斯是一个在西班牙法庭任职的马尼拉居民。1627 年 12 月 20 日，他写了一份"西班牙在台湾岛上据点之失策"的奏陈。他认为，荷兰人在那已经不再频繁地劫掠中国商船，并于台湾建立了贸易站以希图从中日贸易中牟利。他们在那里成功建立贸易站会导致澳门的毁灭和菲律宾在日本的贸易失败。因此，应该在荷兰人有能力从西班牙人手中夺走中国贸易之前，将其驱逐出台湾岛。即便如此，对于西班牙人来说，在那里维持一个要塞，也是一个代价巨大而且不合时宜的事业，因为台湾岛的出产无足轻重，将其打造为一个对中国贸易的中转站也不具有优势。这样做只会徒增与荷兰人的敌对感，并在已经承受过重赋税的菲律宾人头上强加新的负担。保留这座岛屿作为西班牙船只的避风港是毫无用处的，但却会有被中国人攻击之虞，即便是出于使异教徒皈依的理由，国王也没有义务做比他在菲律宾的子民所要求的更多的事情。

　　1627—1628 年的耶稣会编年史则更加有趣。1627 年 7 月和 8 月，塔沃拉装备了一支军队准备驱逐台湾岛上的荷兰人。但是他起航得太晚，遭到风暴阻遏后返回甲米地，一些船还失踪了。其中一只船到达了西班牙在台湾岛的港口，不料据点的一位长官和一些士兵竟已被当地反叛的土著居民杀死。船只供给了要塞急需要的食物后返回吕宋岛。不久后一艘满载的葡萄牙船从马尼拉驶向澳门时，两艘西班牙大帆船作为陪同护卫舰，保护他们免受荷兰人侵扰。大帆船从澳门返航时，变成半职业的海盗，几个月内劫掠了几艘暹罗人的价值连城的货船，作为西班牙人在暹罗受到的伤害的报复。他们带着的其他战利品，并非全部合法。

天主教会在中国逐渐繁荣起来。该国沿海地区被海盗骚扰，他们甚至占领和破坏城镇。一块有字石碑在新安府（Singanfu）被发现，这让基督教在中国的早期建制为人所知。中国政府的敌人努尔哈赤去世了。在台湾，中国人正在调查西班牙占领的情况。司令官卡雷诺（Carreno）从敌对的当地人手中解救了明朝的使者。前往特尔纳特的救援队被荷兰船只攻击，西班牙人失去了两艘船。本年，卡穆科内斯海盗被驱逐。一些也许是来自远方的岛民被吹到宿务岛。一个新的船坞在甘马粦建成，它遭到了霍洛海盗的攻击。随后，一支西班牙远征军从奥顿和宿务岛发出，霍洛人受到严厉的惩罚，他们最好的城镇被毁灭，他们的船只和粮草补给也被付之一炬。西班牙进入叛乱的卡加延并将其化为废墟。这期间发生了几起破坏性的火灾，受损地区包括马尼拉的帕里安，其在四个月内完成了重建。

同一时期的另外一份陈述包含了一些补充的信息。吕宋岛北部发生一次地震。两艘西班牙的大帆船进入台湾岛侦察荷兰人的港口，然后一次风暴又迫使它们回到吕宋岛，最后毁灭了它们。特尔纳特的老国王被禁马尼拉多年，最后死在那里了。

依照王家命令，塔沃拉在1628年8月2日发给国王一份由他做出的人事任命的报告，包括他们的薪水、收入等。他叙述了每个人的优点和业绩等，并陈述了如此任命的理由。这份名单包括委托监护权的授予，司法和军事官职的任命。

两天以后，都督递交了一份岛屿政府完整的年度报告，包括司法、财政和行政。他首先提到了一些已经在岛上的检审庭出现的司法难题。这些问题涉及已婚夫妇的两个委托监护权，印第安人法律诉讼的判决，检审庭在有关中国事务上的司法权以及政府官员的特权。塔沃拉不厌其烦地描述中国人的性格，中国人以控制贸易和商业的方式确保了凌驾于他们身处的西班牙人之上的权力。他建议他们应该通过适用于他们国家的方式进行审判和惩罚，而不应该交由检审庭审判。

在一封关于财政事务的信中，塔沃拉对他与马尼拉王家官员之间的关系进行了解释。他发现有必要对他们王家财政的预算进行监督，因为资金确实很少。他接管了向生活在各岛的中国人颁发许可证等方面的事务。塔沃拉尽力在节省政府开支的情况下减少费用支出，保护经济。他请求不要出售公证方面的职务，而应该通过任命填补空缺，而且每年要进行改换。关于印第安人以实物还是以货币支付贡税的问题，他认为应采取前种方式，否则这些居民会因为懒惰而不再生产粮食。各岛的财政因为非常规支出增加已经负债累累，税收也寥寥无几。士兵遇到巨大的困难，有的士兵当了逃兵。新西班牙的总督必须全力帮助菲律宾，各岛的长官必须明白他们需要依靠何种援助。塔沃拉请求解除他目前的职务，除非能够提供维持岛屿政府的必要措施。

第三封是有关政府常规事务的信，他报告了各个部门之间相安无事和平相处的情况。帕西格河上的桥已经建好。马尼拉帕里安在 1 月被大火烧毁，但是已经建得比之前更好，其他几次毁灭性的火灾也被顺带提及。水稻产量很高，农业收成提高。考虑到各岛的贫穷状况，塔沃拉与其他王家官员一起，解除了平时的限制，允许居民运送商品去墨西哥售卖。他发现印第安人因对他们强加的公共服务所困扰，在利益相关各方——王家官员、委托监护主和教会——的同意下准备颁布新的命令和条例，尽量解除当地居民所遭受的各种压迫，并为他们提供的各种劳动和公共服务支付公正的工薪。王家官员正在努力为定居或流动于各岛的中国人制定更为令人满意的措施。塔沃拉请求印刷所有对其政府的训令。他已于职权内竭尽所能帮助马尼拉孤儿学校，但学校需要更多帮助，他请求国王授予一项委托监护权以支持这项慈善事业。他尽己所能帮助医院，但仍请求派出相关修会的修士来帮助管理医院。始发于墨西哥的船只今年启程较晚，并几乎毁于风暴。塔沃拉认为这种事情不允许再次发生，因为这会置菲律宾殖民地生存于危险之中。

一份日期标着 1628 年 10 月 7 日的文件（很明显是送往西印度事务委员会的），显示了各种有关在西班牙及其殖民地抑制中国丝绸贸易的争论。旧的抱怨被反复提及，新西班牙的银币正在流失到中国。另外，这项贸易使西班牙耗尽资财，海关税收相较预期也大幅减少。而且大宗走私商品流入到南美殖民地，严重伤害了母国出口。中国的商品明显很廉价，但是它们的商品质量很糟糕，而且抑制了西班牙商品的价值，减少了对中国贸易的实际收入。保护格拉纳达丝绸工业的必要性被当作一个重要的论据来反对允许西班牙殖民地间进行中国丝绸贸易，因为前者对王室收入贡献甚多。如果中国丝绸被禁止，对格拉纳达丝绸（现在销量大幅下降）的需求量就会大增，生产者就会履行他们的义务，而王家财政收入相应就会提高。

费利佩四世下达了一些保护中国人的命令。一项 1628 年 6 月 8 日给菲律宾都督的命令要求保护中国人免受贡赋的剥削和压迫，允许他们在各岛之间旅行。8 月 17 日的命令提到除已婚的天主教徒，所有中国人必须严格限制在帕里安的要求。1629 年 3 月 7 日，国王命令他确认中国人是否需要保护人，如有需要，列出一份候选人名单，以便西印度事务委员会从中挑选任命。

耶稣会编年史继续叙述了 1628—1629 年的事。本年有两件事，其一，包括成捆的各神父的来信。埃尔南多·埃斯特拉达（Hernando Estrada）提到了从奥顿来的西班牙舰队惩罚了霍洛海盗一事。佩德罗·德普拉多（Pedro de Prado）记载了卡穆科内斯人和其他海盗的袭击以及传教士遇到的危险，另外还描述了那个国家的动物和产出。另外一封未署名的信讲述了荷兰人被驱逐出他们在东印度的居住地的事。

同年的第二份未署名的叙述，包括了一系列教俗事务。11 月 25 日晚上耶稣会教堂第三次被毁，目前正在重建中。保存在教堂的圣体匣及圣饼被亵渎神灵的人偷走（这件事导致了塞拉诺大主教的辞世）。有人看到一幅圣母玛利亚的画像流泪了，好像为平塔多斯岛被海盗蹂躏而哭泣。在这些劫掠中，少数几个耶稣会传教士幸免于难。爪哇岛上的荷兰人被土著居民攻击，并且遭到那里的葡萄牙人和其他地方的人威胁。西班牙人去柬埔寨寻找木材，多明我会教士随同前去在异教徒中传教。与暹罗的关系尚未恢复到和平状态。在交趾支那和东京的传教进展顺利。中国正在进行与鞑靼人的战争，并从澳门葡萄牙人那里获得援助。在日本，天主教士正在受到严刑拷打乃至处死。有传言说那个国家要驱逐荷兰人，但是西班牙人摧毁一只从暹罗出发的日本船的消息传来之后，日本人开始讨论联合荷兰人攻击在台湾甚至是在马尼拉的西班牙人。"菲律宾岛正有被毁灭之危险"。附录部分描述了一艘从印度出发的小型西班牙船与一艘大型英国船在法亚尔（Fayal）遭遇的事，前者在与后者激烈冲突之后保全了自身。

编者

1904 年 10 月

# 第23卷　1629—1630年，都督报告、奥古斯丁会《历史》（上）

　　本卷只包含很少一部分有关1629—1630年时事的文件，更多部分则是奥古斯丁会修士梅迪纳所著的1630年前其修会在菲律宾的历史。都督的年度报告对当时的殖民地事务提出了有趣的观点。像往常一样，殖民地财政仅仅只提供了政府运营所需的一小部分资金，塔沃拉提出了获得这些资金和利用迄今为止被忽视的国家资源的权宜之计。他不得不面对王室官员的敌意，面对墨西哥方面漠不关心的态度——那里对菲律宾这个依赖于它的遥远西部殖民地的福祉无动于衷。南部的马来人是有敌意的，但是到目前为止他们已经被控制住了，与日本的敌对行动也已经被避免了。梅迪纳所写的历史基本上是宗教的，但是它包含了大量提及世俗事件和社会、经济环境的内容。限于篇幅，我们必须将这类事情作为第二重要的内容，并在第24卷中完成我们的相关翻译。

　　1629年4月6日，一则王室法令要求西班牙殖民地宗教团体的教省主教服从王室庇护或改变传教职务的权利。1629年5月

12 日，在马尼拉的多明我会的要员写信给国王，告诉他受荷兰海盗的影响，这个国家正处于一种毁灭性状态中，这也破坏了岛上的贸易。他们请求国王的某些帮助，并派使者去马德里与他讨论相关事务。

1629 年 8 月 1 日，塔沃拉都督的年度报告包含了许多重要事务。像往常一样，他因为资金短缺备感窘迫，他几乎没有收到来自新西班牙的资金，并且岛上的税收因贸易衰落极大缩减。他竭力确保能从摩鹿加群岛取得丁香，并且建议以王室的名义，在印度用这种产品以物易物换取马尼拉的王室仓库所需的供给品，这项交易能够赚取高额利润。塔沃拉弱化了运输这些货物时可能面临的在新加坡的荷兰敌人的风险，请求允许他在收集足够数量的丁香后运送到印度，并不允许财政官员干涉这一事务。他也提议通过让华人农民在未使用的王室土地上耕作来提供政府发放给工匠们的大米配给，他甚至已开始计划这项工作。塔沃拉讲述了他在与马尼拉财政部门官员打交道时遇到的一些困难，并要求王室裁决。在这方面，他评论说："除非有人盗窃，否则在西印度的办事处是一文不值的。"这封信后附有西班牙王家财政部的决定，包括向王室议会提出在印度交易丁香的建议，批准使用王室土地进行耕种，但是墨西哥财政部门能否提供必要的额外款项还不得而知，建议彻底检查遗产认证的财务账目，并严格禁止都督使用这些资金，反对以付款凭证代替现金，并声明金库中小官员的免职和向他们支付的费用一事是应该调查的事项。财政部后来的意见是，那些小官员将由财政部官员而非都督免职和任命，这一点迄今为止都是如此。

塔沃拉同一日的另一封信涉及各种管理事务和同其他国家的关系等问题。他再一次谴责来自新西班牙的船只迟到，并且敦促这些船只要在本季节更早些时候发船。他没有多等待就派船前往阿卡普尔科，由于今年马尼拉异常缺乏中国货物，这些船只携带的货物不多。市民们希望派出一个委员会到墨西哥去指导交易，以挫败墨西哥商人所谓的不友好的计划。但都督不赞成这一做法，因为这不利于岛上利益。他正在执行一项由古老王室法令支持的法令，但他认为这项法令不太合理，因此他要求王室议会来裁决此案。他不赞成各省长官从居民那里强制贷款，并敦促从新西班牙取得更多援助以阻止这种事情。都督正努力在印度、柬埔寨和交趾支那建造船只，以减轻岛屿的负担，他的这些努力有望成功。截留西班牙人财产的暹罗国王已死，他的儿子，畏惧西班牙的武力，寻求同马尼拉建立友好关系。塔沃拉力图恢复同日本的贸易，并且派出一个使团为焚烧暹罗海岸的日本帆船道歉。关于那个事件，在马尼拉和澳门之间出现了激烈的纷争，此事已提交宗主国政府。费尔南多·德席尔瓦已经离开这些岛屿，对他任期的审查仍有一些遗留问题，其中涉及了都督的管辖权——这一问题塔沃拉通过常识来决策。横跨帕西格的大桥近乎完工，其花费已由中国居民的普通基金支付，对医院的资助也已到位。在新西班牙的船只抵达后，都督对从新西班牙总督那里得到的帮助太少感到失望，并恳请国王为这些岛屿提供更可靠和永久的援助。他正在向墨西哥输送大炮。在这封信中附加了一份有关地方议会会议的报告，目的是讨论与日本的关系，以及关于费尔南多·德席尔瓦离开岛屿的各种官方行动。

1629—1630 年的耶稣会编年史作者叙述了战争的各种事件。一支远征队被派往霍洛岛，但是，他们的指挥官在一次袭击中受伤，西班牙人惊慌失措，未能完成什么就撤退了。阿琴（Achen）的马来人袭击马六甲，并围困此地 4 个月。然后由印度总督带领的援手适时抵达。敌人最终被打败，他们损失了很多船只和火炮，他们的所有人几乎都被杀或被捕。不久之后，总督意外淹死，结束了他的征服计划。交趾支那的传教士受迷信的当地居民迫害。

7 月 30 日和 8 月 4 日，塔沃拉的信件叙述了一些 1630 年殖民地事务中更重要的事件。日本人仍然对西班牙人焚烧他们的帆船感到愤怒，并且讨论在台湾和吕宋岛袭击西班牙人。因此，塔沃拉大大加强了马尼拉的防御工事。他按惯例向特尔纳特送去补助，但是在那儿发现了敌对的荷兰船只，并且被报告在距离不远处有更多的荷兰船只。他提及了马六甲之围，和葡萄牙人的其他丰功伟绩，还有对霍洛岛的失败探索。卡加延事件正在改善，更多反叛的印第安人正在被制服。在第二封信中，塔沃拉说明了他同检审庭官员之间的矛盾，他们向西班牙发送秘密信件，要求王室官员不顾都督的命令支付他们的薪水，竭力统治华人，干涉与他们无关的事务，并且抱怨都督的行为和计划。塔沃拉详细说明这些事务，对检审庭官员所做的指控为他自己辩护，声明自己对国王的忠诚。最后，他请求辞去都督一职。

奥古斯丁会修士胡安·德梅迪纳（Juan de Medina）的《历史》（*Historia*）写于1630年，1893年在马尼拉出版。他记录了他的修会1630年前在菲律宾的历史，增加了许多有关于世俗生活和群岛及其人民的情况的有趣信息。他从这一群岛的发现和其早期历史的概述开始——在对前者的记述中，人们会意识到，奥古斯丁会修士乌尔达内塔是多么重要。黎牙实比的旅程及他同土著居民的相遇都记载详细。梅迪纳描述了宿务岛（西班牙人首先停留的地方）以及他写作时的经济和宗教状况。他补充了一些有关班乃岛、内格罗斯岛和其他相邻岛屿的信息。然后，他描述了黎牙实比在宿务建立起一座城市和安抚土著居民的事迹。这最初是一个非常困难和伤脑筋的问题，因为土著们对他们的承诺没有信心，但是他们最终被说服了，因为一个酋长的妻子被西班牙人抓住，她受到良好的对待，并被放还。在记述中间，梅迪纳插入了另一件事，描述了被黎牙实比派遣回国、携带急件的乌尔达内塔是如何发现从菲律宾到新西班牙的返回路线的，并叙述了乌尔达内塔和他的同伴阿吉雷生活的后续事件。同宿务土著的友谊已经建立，那里的奥古斯丁会修士开始努力于印第安人的皈依，并且有相当多人受洗。这个初生的殖民地遭到葡萄牙人的袭击（在魔鬼的煽动下），他们必须在不伤害此地的情况下离开。传教士团体快速发展，并延伸到邻近的岛屿，修士迭戈·德埃雷拉去西班牙为这个如此有前途的地方争取更多的劳动力。回来后，他把王室支持的象征带给了传教士和黎牙实比。这位官员最后决定将他的政府所在地转移至吕宋，特别是为了确保与中国的宝贵贸易，而梅迪纳在此也作了一些交代，但他还是再次抱怨所有的白银都被运往中国去了。

梅迪纳热情描述了马尼拉的壮丽海湾，在那里西班牙人进入了吕宋，并且将侵略行为同摩洛人联系起来，摩洛人像往常一样背信弃义、不可靠。然而，一段时间之后，他们不得不变得顺从，主要是因为伴随着黎牙实比的宗教人士的努力。据描述，奥古斯丁会在马尼拉拥有大量美观的修道院。他们在菲律宾教省的组织是在 1572 年临时完成的，迭戈·德埃雷拉被派往西班牙，以确保他们修会的独立，并吸纳更多的传教士。

梅迪纳叙述了由他所在的修会相继建立的女修道院和教堂，以及一些关于邦邦湖和贝湖及其社区的描述。说起医院时，他高度赞扬掌管它们的圣方济各会的修士们。他描述了由帕西格河灌溉的地区和那里的奥古斯丁修道院，并且继续以类似的形式描述了班乃岛和其他奥古斯丁会所在的岛屿。从始至终，他断断续续地提供了许多有关社会和经济环境的宝贵信息。

回顾马尼拉的事务，他叙述了在那里中国贸易的开始和发展，和早期奥古斯丁会修士在中国开展传教活动的失败尝试。黎牙实比之死（1572 年）对该修会是巨大的损失。民都洛岛人听说林凤袭击马尼拉后，反叛、威胁要杀死那里的传教士，但是之后他们释放了那些神父。马尼拉的摩洛人也反叛，但是最终被安抚了。

许多新奥古斯丁会传教士在 1574 年和 1575 年抵达马尼拉，但是在次年一个巨大的损失降临在他们头上，传教士迭戈·德埃雷拉和他带至这一群岛的十名传教士遇难，他们的船只在靠近马尼拉的地方失事。奥古斯丁会修士看到他们无力教化这样大的一个传教区域，邀请其他修会来帮助他们。因此，赤脚派方济会修士在1577年抵达这一群岛，耶稣会修士在1580年抵达，多明我会修士在1581年抵达。梅迪纳列举了由后来的修会组建的传教团体和学院，同时热烈地赞扬他们的教育工作和虔诚的热忱。多明我会修士主管"常来人"，梅迪纳抱怨他们同西班牙人狡猾的交易。在奥古斯丁会给予多明我会的传教区域中，有邦阿西楠省和卡加延省，在后者中，当地人经常反抗西班牙人。

梅迪纳赞美马尼拉教堂的富丽堂皇，以及信徒们在装饰它们时展现的慷慨。外国人来到这个城市，尤其是日本人，就会注意到这一点。那个国家的皈依者表现出了他们的热忱和圣洁的奉献精神，因为有九百多人在日本为了真理而殉难。1575年，两名奥古斯丁会教士带着菲律宾都督的信前往中国，希望能在该国开始传教。这次尝试中，他们没能成功，但是他们带回了许多有关中国的信息，在那之前中国一直是一片未知之地。

马尼拉市已经在稳步前进，修会们正在为他们的修道院建造石制建筑。起初，梅迪纳介绍，这些建筑主要是土著风格的木制建筑。城内和城外的许多房子现在都用石头建造，但是城市的卫生不如人们居住在木制房子时那样好。

在1578年，修士奥古斯丁·德阿尔武凯克（Agustín de Alburquerque）被选为会省大主教，他立刻开始扩展他修会的传教团体——特别是在邦板牙省，书中对该省有一些描述。这个曾经人口众多的省份，由于西班牙堡垒征兵而失去了许多人，甚至被派往摩鹿加群岛。它经常遭到内部的猎头部落的突袭——这一点是无法核实的，尤其是考虑到印第安人粗心和缺乏远见的特点。他们懒惰，缺乏公共精神，没有主动性，他们所取得的成就只是在传教士或市长的警惕和催促下完成的。班乃岛的修道院在阿雷瓦洛的西班牙堡垒附近，神父们享有由那儿的医生治疗的特权——（这个医生是个）"不能区分他的（左）右手的人，（他只会）放血和用泻药，因此病人在很短的时间内就被安放在了他自己的坟墓里。"新西班牙的克里奥尔人（creoles）死得早，"没有占到他们（人口）的多数"。

在 1581 年，修士安德烈斯·德阿吉雷（Andrés de Aguirre）被选为菲律宾会省大主教：他的许多品德和成就被我们的作者所赞美。这里梅迪纳趁机倡导将印第安人聚集到归化区并在那里向他们传授欧洲文明方式的政策。他对土著居民的性格和气质做了有趣的观察，并抱怨西班牙传教士所遭遇的对抗，"通过他们的手，魔鬼发动反对牧师的战争；结果虔信者使自己疲惫不堪，魔鬼收获他想要的收成"。但西班牙人压迫印第安人，而且"如果不是为了保护虔信者，现在不会存在一个印第安人，或者任何定居点"。而且，是虔信者在驯服那些野蛮的人民，并且使他们变成西班牙王室的臣民。所有这些要点都由实际经验中的趣闻和引述来说明。在阿吉雷作为大主教的统治下，传教活动的一些扩张实现了。这之中有班塔延岛——自从那时被奥古斯丁会抛弃后，如梅迪纳所记载，摩洛海盗的袭击致使人口几近灭绝。也曾试图将其居民迁移到宿务岛上的定居点，但是他们拒绝离开家园。梅迪纳记述了大量西班牙人残酷和压迫地对待印第安人的事例，和部分印第安人对传教士团体和他们的工作的傲慢无礼与反对的事例。在这种情形下，他也呼吁，当土著不服从或犯下罪行时，允许修士对他们施以惩罚。在这个论点上，梅迪纳不同寻常地坦白，特别是当他的传教工作已在岛上开展 65 年后写道——说到印第安人："通常，由于他们憎恶教会事务——达到这样一种程度，以至于他们会为脱离教会而付两份贡税。他们热爱他们的旧信仰和狂欢活动如此之深以至于他们会为之失去他们的灵魂。没有任何恐惧，他们将如何履行他们的职责？"传教士们也希望通过强迫印第安人居住在乡村中来打破土著居民的懒惰和流浪习俗，但许多西班牙人反对这一政策。梅迪纳叙述了萨拉萨尔大主教时代修士与教会当局之间有关前者的宗教管辖权方面遇到的困难。

1584 年，修士迭戈·德阿尔瓦雷斯（Diego de Álvarez）当选会省大主教。在他任职期间，传教任务进一步扩大。我们的作家描述了引入或扩大传教团体的每个地区，他对土著居民和他们的性格、他们与西班牙人的关系、他的教会的事务、殖民地的进展、国家的产品等，提出了许多相关的、有趣的观察。

编者
1904 年 12 月

# 第24卷 1630—1634年，奥古斯丁会《历史》（下）、马尼拉与日本

　　本卷的一半以上都是胡安·德梅迪纳的早期奥古斯丁会《历史》的结尾部分。他叙述了其中的主要事件，从一个会省到另一个会省，并提供了该修会中一些较为杰出的修道会士的生平事略：他提及了各种重要的世俗事件，特别是那些与传教士的工作有关的事件。在这一时期（1602—1630年），最引人注目的事件是奥古斯丁会回忆派修士来到岛屿，对主教塞普尔韦达的暗杀，荷兰人对殖民地的频繁攻击以及当地人的一些反抗。1630—1634年间各种各样的文件构成本卷的剩余部分。基本上，岛上的事务处于相当繁荣的状态，发动叛乱的当地居民已经被平定，各修会平稳发展，荷兰人近来一直沉寂，而日本贸易也显示出一些复苏的迹象。这里需要更多的传教士，在选择他们时也需要多加小心。国库负债沉重，没有足够的收入，贸易限制以及葡萄牙人的竞争极大地损害了岛屿的贸易。对菲律宾来说，令人痛心的是仍在日本肆虐的残酷迫害。

　　紧接着，梅迪纳叙述了洛伦索·德莱昂被选为奥古斯丁会的

大主教，及随后被革职一事，但是作者用的是一种简短和谨慎的叙述方式。1602年，佩德罗·德阿尔塞（后来的宿务岛主教）当选为那一高级职位。梅迪纳赞颂了这位著名的高级教士的美德和能力，并提到了很多事情来证明。他接着又记录了另一个版本，叙述了洛伦索·德莱昂第二次选举中面临的困难，这部分在第13卷中有所阐述。梅迪纳站在大主教一方，为他的革职感到遗憾，但他只满足于一些实情的评述和一些一般性的评论。

1606年，奥古斯丁会回忆派进入菲律宾。梅迪纳盘点了他们建立的传教机构，其中许多是由正规的奥古斯丁会让给他们的。他们的工作甚至延伸到库约和卡拉棉群岛，以及东棉兰老岛的摩洛人中。莱昂作为大主教的未满任期由佩德罗·德阿尔塞完美填补。1608年，修士佩德罗·德索列尔（Pedro de Solier）继任了这一职位，他是一个有着极大能力和热情的人，他很好地管理着本省事务，并将那里的宗教事务置于更严格的纪律之下。两个奥古斯丁修道会之间有一定的区别，罗马教廷方面下达了检查他们的教堂和宗教事务的命令。为了那些菲律宾人，1609年，修士迭戈·德格瓦拉得到任命，他在担任马尼拉市特使和那里的圣职之前曾被派往欧洲多年。他带着大批传教士动身前往菲律宾，但是并非所有传教士都被允许从阿卡普尔科出发。梅迪纳对这些人的性格和生活进行了简要概述，并叙述了格瓦拉对该教区的访问。大主教索列尔被免除了罪名，这项罪名来自其行为被误报，但是他有义务到西班牙做出解释，他做得很好并且被任命为波多黎各的主教。1611年，修士米格尔·加西亚（Miguel García）被选为菲律宾大主教，并且他将宗教事务管理得十分令人满意。另一支传教士增援队伍在 1613 年到达，他们的装备非常简陋，勉强熬过了艰苦的生活。根据 1611 年全体教士投票表决，其会议间隔延长至四年。许多不满情绪由此产生，这一法案被撤销，下一次教士会议于 1614 年召开。虽然面对强烈的反对，减少其中有投票权的人数这一尝试最终成功了。在 1614 年会议上，修士比森特·德塞普尔韦达被选为大主教，他的严格统治对属下来说是不堪其重的。荷兰派遣了一支舰队到阿雷瓦洛，那里的西班牙司令官连同他所有的军队一起，如胆小鬼一般逃之夭夭，敌人烧毁了这个城镇。传教士们在别的地方寻求庇护，他们的修道院竭尽全力为无家可归的难民和饥饿的士兵提供庇护和食物。在敌人撤退后，神父们回到他们的教堂，并鼓励印第安人恢复他们以前的家园和劳作。另一场攻击是荷兰人在奥顿发起的，在西班牙人的殊死抵抗下被击退。西班牙人在这里建立了一个很好的堡垒，来防御这样的袭击。

1617 年，修士赫罗尼莫·德萨拉斯（Fray Jerónimo de Salas）被选为大主教，但是他只干了三周就去世了，塞普尔韦达接任了他的职位。他的严酷统治引起了很大不满，即使得到建议和警告，他仍固执地拒绝放弃他的职位。最终，在同年八月，塞普尔韦达被他的修道会里的三个宗教人士谋杀。在这三人中，其中之一从岛上逃走了，另外两个被绞死。另一场教士会议于 1617 年 10 月 31 日召开，修士阿隆索·巴劳纳（Alonso Baraona）成为大主教。

　　大主教巴斯克斯·德梅尔卡多（Vázquez de Mercado）去世，由奥古斯丁会修士佩德罗·德阿尔塞继任。1618 年，荷兰人试图攻打吕宋岛，但是在翁达海滩被龙基略击败。胡安·德席尔瓦死后，他带到马六甲的西班牙大帆船遭受了损失。来自棉兰老岛的摩洛海盗掠夺了这些岛屿。一支西班牙舰队被派去对付他们，并摧毁了对方很多艘船。一位奥古斯丁会修士劝说幸存者投降，这些人后来成为奴隶。梅迪纳记叙了巴劳纳任大主教期间的事务管理工作。

　　在 1620 年牧师会议上，胡安·恩里克（Juan Enríquez）当选大主教。他对宗教事务进行了谨慎和认真的管理。梅迪纳记录了他任职期间发生的各种事情。在那一时期，奥古斯丁会回忆派的足迹扩大到宿务岛和棉兰老岛。在保和省发生了一场起义，起义发端于当地巫师或祭祀中。这里的耶稣会传教士劝诱在宿务岛的西班牙当局派军队去镇压起义者，在宿务的"圣子"（Holy Child）的帮助下起义者被制服。在莱特岛的另一场起义也被镇压，这个岛屿被西班牙占有。一场地震震动了整片岛屿，并带来了极大损失。荷兰人不断袭击的危险极大地阻碍了传教士来到这些岛屿。我们的作者描述了这群福音传播者经历的危险和艰苦。

　　1623 年，修士阿隆索·德门特里达（Alonso de Méntrida）成为大主教，在教会内获得极大声誉，并表现出了极大的能力和热情。梅迪纳列举说，和其他地方一样，这个教区的传教士也是从西班牙来的。接下来的选举中，修士埃尔南多·贝塞拉（Hernando Becerra）当选大主教，但是他的健康状况很糟糕，在成为大主教后不久就去世了。他的临时继任者门特里达遭到许多人反对，最终被迫辞职，人们要求都督尼尼奥·德塔沃拉介入解决此事。修会事务现在由修士弗朗西斯科·博尼法西奥（Francisco Bonifacio）负责，"他是菲律宾最温和的人"。梅迪纳提到这个国家的传教士必须面对的一些艰难险阻：在塔沃拉统治下的霍洛人和西班牙人的敌对行为；宿务岛奥古斯丁会回忆派修道院的焚毁；紧接着这里的奥古斯丁修道院面临类似的毁灭。梅迪纳去了马尼拉，给他的宿务修道院提供了足够的帮助以重建那里的教堂，并提供给他们必需的所有装备，这些装备甚至比以前还好。他描绘了在席尔瓦和塔沃拉的带领下对台湾的远征，后者（一次失败的尝试）由一位奥古斯丁会修道士陪伴，以及帕里安的焚毁。在摩鹿加和甲米地的奥古斯丁会传教所被放弃了。

1629 年，胡安·德埃纳奥（Juan de Henao）成为大主教，这一时期教会内部产生了各种争议。为了解决其中之一，修士佩德罗·加西亚（Pedro García）作为使节被派往罗马，但是他在抵达新西班牙之前就去世了。马尼拉的大主教被热病夺去生命，梅迪纳赞颂了他的美德和能力。他讲述了一场由奥拉索（Olaso）带领的对霍洛人的失败远征，他"回到马尼拉并成为全岛的笑柄"。为装备这些远征队伍而强加给印第安人的重担引起了极大痛苦，其中很多人死亡。这场失败也使卡加延省人心不稳。由于 1630 年异常的暴风骤雨，阿卡普尔科沿途的所有船只都遭受了灾难和生命损失。宗教人士不愿冒着生命危险穿越太平洋，岛上的传教工作也因此受到影响。在甲米地建的船只构造很差，以致在起航时部分倾覆，造成了巨大的财产和生命损失。梅迪纳非常幸运地逃到岸上，成为许多类似的脱险者之一，他开始记叙此事，称其为宿务岛的"圣婴"带来的奇迹。

在日本的迫害仍在继续，但是宗教人士冒着生命危险，乔装去往那里。从马尼拉派出了一支探险队，去捕获可能在暹罗和柬埔寨海岸遇到的荷兰船只。他们摧毁了一艘日本船，这引发了菲律宾和日本频繁的使者往来（最后一次在1631年），希望能重新开始两国贸易。这件事和那一年发生的其他事情似乎是梅迪纳后来才加到他的手稿中的，这本手稿称是在1630年写成的。1629年，一支由宗教牧师组成的探险队派遣传教士到日本，但是结果是失败的。在马尼拉举办的追封日本殉道者为圣者的仪式非常壮观，包括游行、舞蹈、喜剧等节目。由于被一位傲慢的西班牙军官的粗暴对待所激怒，卡拉加的印第安人发动叛乱，杀死西班牙人，受害者中有几名是传教士。但是来自宿务岛的军队被派往那里，并镇压了起义。

1630年12月，国王就提交给他的各种问题向马尼拉发送了信件。费利佩四世命令必须出售某些官职，当地人必须至少以实物形式支付一部分贡税，并且检审庭官员的薪水更要及时支付。根据命令，岛屿上的战舰不用建得像以前那样庞大，因为它们昂贵、笨重，并且在某些情况下是无用的。给检审庭官员的信对某些上诉案件审理的程序方法作出了指示，并回答了检审官提出的一些问题。1631年7月31日，宿务岛的阿尔塞主教写信给国王，他祝贺费利佩四世的儿子降生，对刚收到的王室法令作出评论，推荐了一个人当马尼拉教会的校长，并建议任命王室财政官作为"常来人"的保护者。

1632 年初，几个王室指示被发送到殖民地。在 1 月 27 日的一封信中，国王在给塔沃拉的信中提到了几件事：垄断对扑克牌、公职的出售以及代理大主教的薪水。3 月 25 日的法令向马尼拉市政当局发出警告，要求他们执行王室有关以正确方式运送和登记发往墨西哥的货物的命令。另一封信是第二天发出的，命令禁止东印度的在俗教士去菲律宾。

1632 年 7 月 8 日，都督塔沃拉的例行报告分为三部分，第一部分是关于政府的一般事务。他抱怨说，新西班牙的汇款很难满足殖民地及其军队的需要，他需要的士兵人数要比目前派到岛屿的士兵更多。王室视察官罗哈斯在检查殖民地的管理方面做得非常仔细和彻底，但是他在公共资金的支出方面赋予了自己太多权力。因此，塔沃拉就罗哈斯的某些决定向国王提出上诉，主张在这件事上给都督和检审庭合理限度的自由。这是非常必要的，因为殖民地有众多敌人，以至于它必须一直处于防御状态，而当敌人来的时候，人民来不及等待王室指示。王室和市政官员关于他们各自优先权利的争论已经得到妥善解决。日本和马尼拉的关系不久前因为西班牙捕获日本帆船一度紧张，现在已经有所好转，两国之间的贸易正在进行当中。日本人已经运送了许多从那个国家到马尼拉的基督徒麻风病人，西班牙人接受了这个职责，并在本地人的医院为麻风病人腾出地方。国王被要求帮忙支付照顾他们的费用。塔沃拉描述了他与对面大陆居民的关系，对某些公职提出了推荐意见，解释了上一年度在马尼拉沉没的船只的状况，以及为自己遭受的非法参与墨西哥贸易的指控辩护。

另一部分是关于军事的。塔沃拉（他在死前两周写的）感谢国王授予他的美差，但是他担心自己不能活到享受这一职位的时候。他告知费利佩四世他在来菲律宾和担任都督期间所遭受的重大损失，要求他做出一些安排，以解决他紧迫的债务问题。与日本人的贸易正在恢复。炮兵司令的职位是多余的，应该被废除。台湾的事务正值兴旺，卡加延省已平定下来，叛乱的卡拉加人受到严厉惩罚。对特尔纳特的救援行动取得了成功，荷兰人的力量似乎在这些海域逐渐减弱。但是对荷兰敌军的唯一有效的控制是位于菲律宾和摩鹿加群岛上的西班牙统治机构，塔沃拉敦促国内政府采取更加系统和可靠的援助——不仅是为了菲律宾殖民地，更是为了东印度的一切利益，如果异教徒不被击退，这里将面临毁灭的危险。都督已经成功开始在柬埔寨建造菲律宾需要的船只。某些与兵役有关的争议问题被提交给国王。

一些教会事务也被提及。当选大主教在保护他的辖区财产方面遇到了一些困难，检审庭已经决定反对他。修会拒绝服从关于改变和任命传教士的王家法令。甘马粦的主教职位长期空缺，塔沃拉建议把这个教区废除，将其版图并入宿务岛和马尼拉。岛上的修会处于和平状态。岛屿上需要更多的传教士，但是塔沃拉强调在选择他们时要多加小心。他称自己在这方面的担心已经招致了修道士对他的憎恶。

在 1630 到 1632 年之间的耶稣会编年史中，作者注意到菲律宾殖民地享有的普遍和平，近来没有受到荷兰人的骚扰，也没有被卡加延的印第安人叛乱（现在已被镇压）影响。日本人提议重新开放与马尼拉的贸易，但是这位作者认为这些友好的提议只是为了掩盖他们的不轨之心。在日本，对天主教教士和皈依者的迫害依然非常激烈，在那个国家的一名耶稣会修士克里斯托弗尔·费雷拉（Christoval Ferreira）写给马尼拉大主教一封信，这一主题占据了信的大部分。信中提到对五个牧师和两个女人施加的酷刑，但是并没有成功使他们放弃天主教信仰，还有其他许多人殉道。这是一个特殊而可悲的故事，因为它的作者费雷拉，在酷刑的压力下，成为在日本被逮捕的耶稣会修士中唯一一个叛教者，这发生在他写完这封信的一年之后。

1632 年，马尼拉的教会写信给国王，强烈要求王室考虑到大教堂的贫困和需要，给予其补助。他们抱怨说，主教教区的最高职位都是由修道士担任，这是对在马尼拉两所大学接受教育的土生土长的世俗教士的忽视和阻碍。教堂需要永久性的补贴来满足目前对酒等物品的供应，还需要一笔特殊的拨款来完成圣器收藏室的修建。它的服务极其不充分，为了节省支付给额外的教士的工资费用，教会建议将现在由修道会持有的一些教区和圣职移交给大教堂。他们建议王室为马尼拉的某些牧师提供帮助，特别赞扬了岛屿上奥古斯丁修会的努力。这里需要更多的传教士，特别是奥古斯丁会回忆派修士。作者也称赞了某些军官，但是他们谴责财政部官员放任与墨西哥进行大规模的违禁交易。他们反对将修士格雷罗（Guerrero）任命为大主教，并高度赞扬了王家视察官罗哈斯的性格、能力和工作。

1633 年 6 月 28 日，乌尔班八世（Urban Ⅷ）发布了一项关于修会的教皇训谕。乌尔班引用了以前教皇法庭关于派遣到日本和菲律宾的传教士以及他们在这两国间旅行的法令，准许修会首脑派遣传教士通过除葡萄牙以外的其他航线到这些国家以及东印度的岛屿国家。他还警告那些这样被派去的宗教人士，要遵守对新皈依的异教徒的统一指示，"特别是在与道德有关的问题上"，以及"为了把他们的教导限制在一般原则上"，他们必须以罗马教义和贝拉尔米诺（Bellarmino）的基督教教义为基础。他们被授权为在日本的基督徒主持圣礼，严禁他们从事任何直接或间接形式的贸易。修会首脑可以对那些可能违反了这方面的禁令的宗教人士施加惩罚。修会之间的争端将由各地区的主教解决，主教们也被指示强制执行这些法令。

一个叫胡安·加西亚（Juan García）的多明我会修道士将他在到达岛屿不久后所能收集到的消息送往塞维利亚。在日本，据说天皇囚禁了很多荷兰人，并且随着他们影响力的下降，天皇已经变得对基督徒更加宽容，把他们流放而不是处死。但是，任何在那里被抓的修道士或者牧师或都遭到了可怕的折磨。去往柬埔寨的多明我会没有取得成功。台湾正在被士兵征服，多明我会修士正在那里传教。其中有些传教士已经去了中国，那里幅员辽阔，充满了希望。

在塔沃拉和科奎拉（Corcuera）任期之间，1633 年 8 月 14 日，临时都督胡安·塞雷索·德萨拉曼卡（Juan Cerezo de Salamanca）

给国王发了一份报告。报告第一部分与军事有关。他盘点了岛上的堡垒和军队，对是否应该对台湾保持占领抱有疑问，认为在给特尔纳特增援的时候应该多加小心，作为都督的埃雷迪亚应该被取代。政府的海船是无用的，塞雷索将摒弃特尔纳特所有的海船。在法庭上，人们对军人的法律地位争论不休，这是应该得到确认的。

另一部分是关于政府的一般事务。塞雷索再次指出了与中国和日本贸易的重要性。然而，马尼拉和日本的关系不再是一种友好的状态，政府将这种状态怪罪于某些宗教人士的"盲目热情"，他们违反王家法令，去日本当传教士。他要求国王命令修会不要再派修士到那个国家。与中国的贸易正在减少，这主要是因为在澳门的葡萄牙人已经吞噬了大部分。塞雷索建议禁止他们与马尼拉的贸易。他评论了男性人口的缺乏，对王家视察官罗哈斯的工作进行了表彰，并向国王提出了一些小建议。

关于公共财政收入，塞雷索指出，国库背负着沉重的债务。造船厂缺乏供应，与墨西哥的走私贸易达到很大比例。为了控制后者，都督建议所有发给马尼拉的钱都在阿尔普尔科公开登记，并收取百分之五的关税。另外，对菲律宾货物实行一套不同的检查制度。

根据王家命令，1634 年 8 月，马尼拉大主教在马尼拉的公共面包店里做报告。他发现这里建得很好，管理得也不错，并建议将城市所有的烤箱都并入这个面包店。

1634 年 8 月 20 日，从马尼拉来的耶稣会的信，带来了从日本传来的有意义的消息。那里的迫害仍然很残酷，并且不久前还有许多传教士被逮捕。但是受到某些征兆影响，以及由于国王的疾病在被捕传教士的祈祷下得以治愈，天皇正变得越来越宽容。因此，作者希望日本德川家光（Iyemidzu）能成为"基督教的君士坦丁大帝"。

都督塞雷索的1634年年度报告是从财政收入开始的。国库官员拒绝听从罗哈斯给他们留下的指令，因此都督将他们逮捕，这很快就使他们达成了协议。然而，塞雷索在某种程度上原谅了他们的反抗，原因是罗哈斯指令的严格性和艰巨性。他举例说其中有些命令让他自己和王家官员都感到为难。国王要求对出口到新西班牙的货物征收额外的关税。市民们反对支付这一费用，最后这件事由一个包括民事和宗教的政府委员会做出了暂时解决，直到母国政府能够采取行动。都督报告说，王室视察官罗哈斯并没有真正为国库完成多少任务，而是夸大了他自己的贡献。他还提醒了国王他之前提出的审查非法向菲律宾提供金钱的建议。

至于政府的事务，检审庭和都督之间经常存在冲突，这阻碍了后者履行职责。检审庭干涉他的权力，试图确保对中国人诉讼的审判，宣告违法者无罪，以及干预市政事务。都督暗示他想让他们被派到其他部门为国王服务。塞雷索在有关自己和检审庭各自的司法管辖区的几个难题上寻求启示。今年，在澳门的葡萄牙人没能在马尼拉做生意，中国人尽管带来大量货物，但是只提供了少量的布料。派往台湾的探险队遭到了在澳门的葡萄牙人的残忍对待，塞雷索向国王抱怨此事。他描述了台湾岛，那里的西班牙定居者，人民的性格，以及西班牙据点在那里建立的原因，他认为此事是无用且不受欢迎的，并指出马尼拉需要这个岛屿上的士兵。日本的基督徒迫害仍在继续，塞雷索怀疑幕府将军所谓的改善态度，建议任何宗教人士都不要去那个国家。他描述了他对待中国人的步骤和方法，无论是常住居民还是非常住居民，他都力图以公正和仁慈的态度对待他们，并推荐了一个合适的人担任他们的保护人。墨西哥在这一年向菲律宾发出了慷慨的援助。

在军事方面，塞雷索建议放弃台湾和其他不必要的要塞，将西班牙军队集中在马尼拉。那里的堡垒处于良好的防御状态，但是城墙已经破败，都督正在修理和加固。他建议在奥顿或宿务岛保留一些船只，以使摩洛海盗保持敬畏。此外，一个新的司令官会被派往特尔纳特取代埃雷迪亚，埃雷迪亚已经证明自己不适合担任这一职务。特尔纳特发生了一场叛乱，但已经受到了残酷惩罚。他因为蒂多雷暴动遭受指责，这场暴动的结果是一个对荷兰人友好的国王取代了原来的国王。必须维护好甲米地港并提供补给。或许是因为马六甲海峡和邻近水域受到荷兰人的侵扰，没有印度船只抵达港口。

对教会事务提得很少。"修会以一种堪称典范的方式行事，只不过它们经常假借保卫当地人的名义篡夺王家管辖权，并剥夺了市长的权威。"代理大主教受到称赞，最近的委任也被提及。

编者

1905 年 3 月

# 第25卷 1635—1636年，贸易、财政和教会

　　本卷（1635—1636年）所提及的主要内容一方面是有关于贸易与财政的，另一方面是有关于教会事务的。在贸易与财政方面，伴随着对贸易的诸多限制与强加于所有人的税收，西班牙政府家长式统治的趋势愈加明显。在澳门地区的葡萄牙人被指责毁坏了西班牙人往来于中国与马来诸岛的贸易，这些葡萄牙人垄断了所有的贸易利润，损害了西班牙人的利益。在教会范围内，最感兴趣的话题则是都督科奎拉与大主教格雷罗之间的争论，这一争论结束于大主教被流放到马里韦莱斯岛。这是教会与国家之间不断争夺至高无上地位斗争中的一个重要插曲，因此，这一系列无疑会引起广泛关注。在本卷和接下来的几卷档案中，我们会发现，在这一时期的菲律宾，耶稣会修会的权力和影响力在稳步扩大。

　　《西印度群岛法律汇编》汇总编纂了1611—1635年所颁布的一系列有关于航海与商贸的法律，这是第17卷所记录的法律条款的补充与延续。按照规定，从新西班牙来的已婚男子必须

携他们的妻子一起迁移，或者在离开期间向他们的妻子提供生活费用。修道院中不允许藏匿中国商品。禁止王家官员们以私人名义携带商品，这一禁令适用于从西班牙到菲律宾的所有航线。政府所用的面粉应产自岛上，而非从新西班牙运来。驶向新西班牙的商船上所搭载的货物，在优先考量菲律宾殖民者的福祉的条件下，应公正合理地分配。这些商船不能雇佣残疾与无法自理的海员，船上的印第安人水手应受到保护，只有拥有头衔的人才可以带超过一名的奴隶。墨西哥与秘鲁之间的贸易往来再次被禁止。私人无权派遣船队、军人与船员驶出菲律宾群岛。从菲律宾群岛运往新西班牙的货物需要根据一系列规定在墨西哥被估值。商船上的随行官员，在每趟航行中至多只能拿到四个月的工资，且商船必须在十二月前离开阿卡普尔科港口，在次年三月前到达菲律宾群岛。在阿卡普尔科，王室官员被严格禁止敲诈船员。在马尼拉专门检查中国船只的官员应由都督和检审庭共同选出。对从新墨西哥运往菲律宾群岛的货币数量是有明确限制的，对于超出部分有严格处罚。菲律宾都督需保证造船厂设备齐全且运营良好。从这里出发前往新西班牙的船只必须在六月出发，须派遣专门官员细心记录往返船只上的所有货物。

1633—1635 年间，致力于保护菲律宾人利益的王家条款政策相继出台。1633 年 9 月 30 日的政策要求新西班牙总督确保菲律宾群岛所需的水手，在阿卡普尔科得到良好对待，命令也允许总督少量投资墨西哥的贸易。1634 年 3 月 10 日的法令要求菲律宾都督确保公平地向民众分配船只上的载货空间。与此同时，都

督也被要求招募更多人前往岛上。本应用来修筑军事防御建筑的
资金现已转为未指明用途的资金，1634 年 9 月 9 日的命令告知都
督应该修正这一错误，并阻止两个月之后来这里进行贸易往来的
葡萄牙人。同样在 1635 年 2 月 16 日，都督被要求出面阻止人们
离开菲律宾群岛，阻止教士离开岛屿前往日本。同一时期的命令
回复了检审庭上报给国王的一些事宜。1635 年 11 月 5 日，命令
要求都督检查特尔纳特岛的驻军是否定期轮换。

　　胡安·格劳-蒙法尔孔是菲律宾驻西班牙法院的检察长，
1635 年在他呈交国王的请愿书中，强调了菲律宾群岛对于西班牙
的重要性，保有这片领土，不仅仅是为了服务于上帝并传播天主
教信仰，而且也能大大增加王室税收。文中提供了在群岛的中国
人口的数量以及中国贸易的范围，以及印第安人所缴纳的贡品的
数量。马尼拉的西班牙居民在火灾以及船只失事事故中遭受了巨
大的损失，迫切地需要王室的支援救助。如果未给予马尼拉西班
牙居民支援的话，马尼拉将被荷兰吞并，荷兰在东方的实力与财
富的扩张是显著的。尤其是岛上的人要求废止他们所负担不了的
对运往新西班牙的货物所征收的两成的税。为了废止这一税款的
征收，他们理清了这一税收的历史，并且列举了很多废止原因。
马尼拉的居民们在与新西班牙的贸易交往中已经获取不了多少利
润了，并且这一贸易往来所产生的开销也增加了国库支出的负
担。对运往马尼拉的中国货物征收税款也产生了相同的影响，这
一额外征收的税款一直都是人们沉重的负担。王室对资本的投资
征收高达 27% 的税，但是王室的开销甚至还要高于这一数额。高

额的税收会使马尼拉的居民放弃这一毫无利润可言的商贸交往，如此一来，海关税收将被迫中断，整座岛屿也将被荷兰人控制。马尼拉居民在火灾和沉船事故中所遭受的不幸和损失以及他们对国王的忠诚都应被考虑进去，他们总是准备以财产甚至生命为代价效忠国王，并在国家需要时支持国库。王室财政大臣建议王室会议高度重视这一情况，不仅要考虑居民的需要，还要考虑王室财政的困难，他提出了一个折中的建议。随即，检察长就敦促尽快废止对运往新西班牙的货物所额外征收的两成税（同样也是依据先例）。我们可以从马尼拉王室国库的记录中看到一些有趣的记录，一直到 1635 年 1 月 1 日，五年内的国库的每一笔收入都有详尽的记载。

菲律宾耶稣会的大主教胡安·德布埃拉斯（Juan de Bueras）于 1635 年 2 月 1 日向平塔多斯耶稣会教士致以慰问，那里的耶稣会教士长期遭受摩洛海盗的侵扰。安德烈斯·德尔萨克拉门托（Andrés del Sacramento），是一位在新卡塞雷斯的方济各会修士，他在 1635 年 6 月 2 日向国王上书抱怨方济各会严修派的人干预他们的事务并阴谋控制菲律宾教省。这位方济各会修士向国王建议道，应该将菲律宾教省分配给一个修会，不允许其他修会进入。大约在同一时间，一个在马德里的方济各会高级教士，应该是向国王的一位助理大臣写信讲道，会调查并处罚那些在马尼拉违法的方济各会修士。

马尼拉的耶稣会教士向国库申请了一笔资金用于重建他们的居所，这一申请在王室委员会上被讨论，随后在 1635 年 7 月 10 日，国王下令要求菲律宾都督去调查这笔拨款的用途并作出汇报。马尼拉大主教区的临时大主教佩德罗·德阿尔塞在 1635 年 10 月 17 日告知国王他将返回他的原管辖教区即宿务岛教区。他委托耶稣会修士关照棉兰老岛的原住民，棉兰老岛大约在刚刚建成西班牙防御工程的三宝颜（Zamboanga）附近。阿尔塞也要求国王确认这一请求的落实，并向这里输送更多的传教士。

1632 年，马尼拉市的一名官员向市政会提交了一份备忘录，展现了澳门葡萄牙人在那里从事的贸易所带来的伤害与损失。似乎是澳门葡萄牙人接手了之前由中国人与马尼拉所进行的商贸往来，然而他们大大提高了货物的成本，使得将货物运送到新西班牙的马尼拉商人几乎赚不到利润。纳瓦达（Navada）提出了 17 个有关这一情况的建议案。他讲道，在早些时候，马尼拉当局一直是禁止葡萄牙人到马尼拉，禁止的原因和现在所出现的情况不无二致。由于缺乏回报，菲律宾人现在很少进行资本投资。与对中国商人的货物征税所实现的收益相比，葡萄牙人带来的关税收益使王室收入蒙受巨大损失。葡萄牙人赚取了巨额利润，但这却使岛上的居民损失巨大。更甚的是，葡萄牙人以足够的价格向中国人购买他们的商品以满足中国人，但他们同时还歪曲西班牙人的状况和行为，以致中国人不愿前往马尼拉。葡萄牙商人对于定价也没有合理的解释，有些人留在马尼拉售卖滞销过期的商品，在一些市民的纵容下，这些滞销的商品甚至经由王室船队运往新西班牙，这一过程欺瞒了西班牙当局，也违反了相关政策法规。更甚的是，葡萄牙人只从中国购入丝绸，从而从中谋取巨额利润。但与此同时，穷人们所需要的棉布和其他商品却紧缺，这些商品早前也是由中国人提供的，从而导致价格奇高无比。葡萄牙人应该被禁止参与到与中国的贸易中，这样就会使得中国商人自然而然地回到与西班牙人的贸易中，从而增加西班牙王室国库的收入。马尼拉是这一交易过程中唯一的市场，并且可以被轻易掌控。葡萄牙人甚至肆无忌惮地攻击中国的贸易船只（可能是因为检审庭没有为中国人伸张正义），葡萄牙人同样也会不公正对待在澳门做生意的西班牙人，他们会在与西班牙人的贸易中要花样。如果禁止葡萄牙人在马尼拉进行商贸活动的话，中国商人会重新回到马尼拉，马尼拉人也将从他们的投资中获得可观的收入，以及获得来自帕里安的收入。纳瓦达所出的这一备忘录在市政会得以讨论，市政议会也毫不犹豫地接纳了他的建议，准备将这一情况报告给都督和马尼拉市民们。西班牙统治者倾向于禁止葡萄牙人在其殖民地进行商业贸易活动（1634—1636 年），于是西班牙统治者颁布了政令，授予殖民地都督及相应官员见机行事之权。在呈给国王的文件中，一封由胡安·格劳-蒙法尔孔所写的信夹在其中，这封信力促国王重申 1593 年所颁布的法令，这个法令禁止西班牙船在中国购买商品，这使得中国商人必须承担运输货物的风险。在信中，蒙法尔孔还附上了马尼拉当局对中国商人和葡萄牙商人所征收的关税的表格，以及这之前提到的 1593 年法令的副本。

　　1636 年 2 月 1 日的一项王室法令，鉴于委托监护权持有人对王室财政的贡献，在一些西班牙殖民地，允许将委托监护权的持有时间延长到下一代人，对相关程序也作出了各种指示。1636 年

6月 13 日，检察官蒙法尔孔在另一封写给国王的信中称赞了菲律宾人的军事服役，并提议嘉奖这些忠于王室的士兵。

在奥古斯丁会修士卡西米罗·迪亚斯（Casimiro Diaz）的《征服》（*Conquistas*）一书中，提到了 1635 年至 1636 年间有关于政府和教会之间的冲突矛盾。在这本书中，他也按照时间顺序记叙了这一时期所发生的一些事件。在这些记叙的事件中，包括 1634 年发生在莱特岛、班乃岛的摩洛海盗的劫掠。在这些劫掠的过程中，一名耶稣会修士被杀害。在 1635 年 6 月，新都督塞瓦斯蒂安·乌尔塔多·德科奎拉（Sebastián Hurado de Corcuera）上任。与此同时，大主教格雷罗开始了其对这些岛屿上教会的管控。但是关于王室庇护权与教会其他事务管理的矛盾很快就在大主教与都督之间出现了。其中包括试图将菲律宾的多明我会会省一分为二，这一计划有利于都督科奎拉。但是这一计划使双方矛盾更加深化，因为这一计划涉及教会与世俗世界的诸多利益。发生在马尼拉的一起案件涉及教会对罪犯的庇护权，这导致了政府与教权的矛盾冲突，许多修会牵涉其中——耶稣会修士支持都督，而其他修会则支持大主教。接下来发生的事情与所采取的动作，都与这一矛盾有着深刻的联系，而本书作者，可以想到的是，将大多数罪过归咎于都督。1636 年 1 月，各派之间达成暂时的和解，但这一和解很快就被新一轮的纷争所取代。这次的矛盾持续到同年的五月，以大主教被流放到马尼拉海湾的马里韦莱斯岛为最终结局。教士会议临时接管了这一教区。然而仅在一个月内，大主教就被释放，并且被允诺可以再次返还并管理原来的辖区，但是这次不占任何优势。迪亚斯提到，在这次风波之后，都督科奎拉也不断承受着各种损失、麻烦以及苦恼的干扰，他的很多亲属以及支持者突然离去。同一时间大主教的住所也在地震中完全被毁，在大主教被流放之后，马尼拉海湾里的沙丁鱼也几乎全部消失。甚至在大主教被释放返还之后，各种矛盾又重新出现，这也同样使他接下来的几年生活备受困扰，他勉强逃脱了摩洛海盗的俘虏。

另一个记载都督与大主教和修会之间的竞争的纪录，主要是出自 1636 年 6 月 15 日 "一个马尼拉市民寄给不在马尼拉的朋友的信件"，这份资料保存在马德里的一些耶稣会档案中。这些档案的叙述立场与迪亚斯的不同——其立场是庇护都督以及耶稣会修士的，并指责天主教教士们是引起这些冲突的根源。作者引用了很多有关事件的档案资料和信件，使得叙述更有说服力，同时也提到了很多并未在其他资料中见到过的事件。这些信件也公然驳斥了多明我会在 1635—1636 年间的言论。这些档案信件很明显是由耶稣会修士们的某位律师朋友所写——可能是法维安·德桑蒂连（Fabian de Santillan），他被耶稣会修士任命为法官以对抗主教。在这些档案资料中，描绘了生动且有趣的冲突斗争，这些斗争将马尼拉所有的官僚都卷入其中，世俗官员和宗教教士都无一例外。同样，其中所展示的人性的许多方面也很有趣，虽然其中一些并没有指导意义。

都督科奎拉于 1636 年 6 月 19 日写信给费利佩四世，夸赞了耶稣会修士在岛上进行的工作，并提议可以优先送更多的耶稣会教士来到岛上。新卡塞雷斯的主教同样也写信给费利佩四世，提到了都督科奎拉并且对一些修会反对都督之事，以及他们的野心和傲慢态度提出了不满。主教（其本人是奥古斯丁会成员）控告除了奥古斯丁会之外所有其他修会，并且用极其严厉的口吻说道："他们根本不相信上帝，也不忠于国王，更未遵守法律……他们按照自身的意愿行事，而非法律。""他们在布道的过程中公然宣称自己就是国王或者是教皇。"萨穆迪奥（Zamudio）指控他们是"臭名昭著的商人"，他们欺瞒岛上的土著居民以及市镇的长官，并且侵犯了王家庇护权。他宣称甘马獜的方济各会的一些作为使其不能继续留在其辖区。他在信中还提到了大主教近期的麻烦主要是受到了教士们所作所为的不良影响，他解释说他回到自己教区的做法是"基督徒绅士的行为"。萨穆迪奥教区的修道士拒绝让他在他们中间进行探视，尽管他从都督那里获得一些士兵保护他。他提议剥夺教士们布道的权利，由在俗教士来替代。

马尼拉的大主教在 1636 年提供了一份马尼拉大教堂教士会议组成人员的名单，以及此外其他能够为国王所任命的人员的名单。在历次汇报中，大主教都会提及这些人的年龄、家庭、上任资格等，以及这些人在教会中的履历。据大主教所言，其中一些人不能够胜任在教士会议中的职位。

编辑

1905 年 4 月

# 第 26 卷　1636 年，都督科奎拉的施政报告

　　本卷的时间范围虽然仅限于 1636 年，但是在这短短一年里却发生了很多值得探讨的事件。这要归功于当时"精力过剩"的新任都督——塞瓦斯蒂安·乌尔塔多·德科奎拉。本卷记载了他在当年的三部分经历。一是他在到任后如何迅速地重新组织起政府的各个部门；二是他与当地大主教和修士之间产生的矛盾与冲突；三是他在实行政令过程中遇到的种种困难和争议。本卷的绝大部分材料都来自于科奎拉都督当年在任期间的行政报告。

　　大约 1635 年，圣克莱尔修女会的修女们向王家国库寻求财政帮助，而她们的代理人并没有为她们请命，反而借此机会为自己所在的方济各会回忆派谋利。1636 年 6 月 30 日，这些修女通过她们的修道院院长亲自写信给国王。安娜·德克里斯托（Ana de Christo）向国王汇报了她们在菲律宾传教的进展和成就以及一些其他事项。她们在澳门已经建立起了属于自己教派的修道院，并在马尼拉建立起了住所。她们抱怨都督科奎拉将方济会信众从王家医院的管理层排挤出去并强迫主教服从其命令，甚至强调主

教受到了都督的"虐待"。因此，她们请求国王指派高阶教士来解决这一问题。她们同时希望国王帮助她们在当地的医院设立告解室，以便修女进行告解仪式。修女们还抱怨修道院周围建立的高墙和建筑造成了不好的影响，影响了修女们的正常生活，并指出这些建筑正是科奎拉都督"武断"下令修建的。她们也向王家表达了自己的另一项诉求：希望王家帮助她们完成修道院的建设，并感谢国王帮助将修道院的创立者追封为圣者。

对 1635 年到 1636 年菲律宾岛事务的叙述，可以概括为两部分内容，一是科奎拉都督到任马尼拉的执政情形，二是他与大主教之间的冲突。与第 25 卷中迪亚斯对此的叙述相比，本章中这些内容的背景和事件叙述得更为详尽。这两大部分内容构成了一个很有意思的章节，因为它不仅仅是在记叙教会历史，也深入描绘了人性。修士们最终向国王派遣了密使，以通报其遭遇到的种种困难。在其他方面，文件记载了日本当地重新迫害基督徒的消息，记录了在日本的耶稣会大主教叛教之事，他甚至娶了一名异教徒为妻。文件的最后一部分附上了当时马尼拉的一些讽刺文学，这些作品大多是讽刺科奎拉都督及其追随者的。

1636 年 6 月 30 日科奎拉的一组信件，组成了其向母国提交的第一次年度报告。

首先，教会事务占据了这份报告的绝大部分篇幅，而其中大多记录的都是科奎拉都督与大主教之间的冲突。将本卷中都督本人的说辞与第 25 卷中耶稣会和奥古斯丁会回忆派的相关记录对比来看，双方的冲突就显得十分耐人寻味，而在本卷中也给了较多的笔墨来记录这部分内容。而大篇幅记叙双方的冲突一方面是因为这种世俗和教会之间的争论是众多矛盾中较为典型和重要的，另一方面是因为通过这种矛盾可以从不同的视角观察和了解那个时代的马尼拉。而从不同视角分析问题是探寻史实的一个必要的过程。在这个过程中，不仅仅要考虑事件本身，同时应该考虑到事件中的各方面因素，例如人性。在科奎拉的字里行间，"马尼拉市民"这样的字眼时常出现，通过诸如此类的措辞，也可以带来一些对于这些事件，以及对当时殖民地社会情况的启发性思考。总之，这些材料主要记录了双方的诸多矛盾，并且都是经过核签证明的、真实可信的材料。

报告的另一部分记录了都督与各教派之间的矛盾。这集中体现在，他必须让各教派的教士和修女认识到，只有王权才是他们自然意义上的君主，而只有君主和王权才是菲律宾岛的主宰。他宣称，多明我会是反对殖民政府政令最为"积极"的教派，方济各会的某些行为也让整个西班牙殖民地感到愤慨。而奥古斯丁会应该进行改革，因为其行为是"无耻"和"自私"的，而且他们试图攫取王室在殖民地本土居民中建立的权威。科奎拉建议母国为年老的大主教埃尔南多·格雷罗（Hernando Guerrero）指派一位副手以协助其工作，并提出从此以后菲律宾岛内修士不得再晋任主教。他认为，这些教派将过多的修士带入殖民地，而这一行为超出了殖民政府允许的限度。科奎拉也建议，那些必须前往菲律宾的教士应该取道墨西哥，这样可以节省不必要的交通费用。同时他提到在菲律宾，在俗教士比修士更受欢迎。而当时很多的宗教职位却被修士占据，神学专业的学生被弃置一旁不能被授予职位，因此减少修士的数量也可以为墨西哥大学世俗的神学学生提供一些职位。另外，科奎拉都督在他与修士的冲突中向国王寻求支持，在其中一些信件中便提到了这一点。在一封信中，他叙述了自己与多明我会接触中产生的诸多冲突，并请求国王可以介入其中进行调解。而在另一封信中则记叙了当时都督与方济各会之间的摩擦：方济各会严修派试图驱逐奥古斯丁回忆派修士。科奎拉请求国王与这些宗教派别在西班牙的领袖交涉并施加影响，使其检视各自的传教计划，并约束各派别下傲慢的传教士们。此外，在一封信中还简略提到了墨西哥与菲律宾群岛的贸易问题，对此科奎拉强烈主张西班牙政府给予这一贸易航线加倍的贸易额度。而对于来岛贸易的中国人，科奎拉也给予了一定的关注。他描述了这些商人当时在菲律宾的居住情况和社会地位，并提出对于这些商人应该进一步地课税，以补充菲律宾殖民政府的财政。他还提到了多明我会和耶稣会之间的冲突，冲突根源有关从帕里安收缴的基金中支付给圣克鲁斯（Santa Cruz）牧师工资一事，以及他对这一争议的解决。科奎拉在信中还提到过一些人的名字，其中有些人可选为中国居民的保护人，并宣称他对这一职务已经做出了暂时的任命。他声称他所采取的这一行动是考虑到尚有一些空闲的委托监护区。他要求对这些委托监护权赐予应该更加严格地分配，应该将大块的委托监护区划分为许多小块的委托监护区。

科奎拉这一报告的另一部分是关于行政和财政问题。他抱怨王室财政被非法和不公正的手段征收并随后耗尽。而"可怜"的债权人遭到了王室官员不体面的对待。他强烈要求空缺的都督职位由任命的人员来填补，并在紧急情况发生前派往群岛，这一人员应该来自欧洲，而不是派送自新西班牙。关于财政部分他随函附上一份完整的、逐项列明的支付凭证账目，这些支付凭证在过去一年从王家财政部提取，但作为对国王陛下贫困财政部的"自愿捐款"被折算为其面值的三分之一。另一份清单记载了 1632 年到 1635 年王室财政的支出情况。通过这些材料，可以对王室官方当时特殊的财政手段以及殖民地行政事务的大体情况有一个较深层次的了解。

科奎拉在当时重新组织起菲律宾殖民地的武装力量，并尽全力以期节约成本和填补财政缺口。他组建了几支由邦板牙地方土人为主体的军队，当地人在受过军事训练之后可以成为合格的士兵，并且比直接使用西班牙人成本更低。在他到任后不久，他就审订了政府和军事人员的薪资名单，并且同时审查了殖民地政府的其他开支。科奎拉认为，这些手段对于提高当地经济水平和提高行政效率等都是必要的。他在自己修订的新规章中列出了各个详细的事项，包括薪资名单上的办公机构和雇员，以及这些雇员在新规章执行前后的薪资情况等，并把这个新章程递交给了国王。从这些记录中可以推算出，按照新章程，科奎拉可以每年节省近 42000 比索的成本。

耶稣会修士克里斯托瓦尔·德拉腊（Cristóbal de Lara）在 1636 年 7 月 3 日给朋友的一封信中，记录了在岛上危险和艰辛的传教生活。一周之后，已经收到王室发来的各种法令的科奎拉，向国王寄去了他的陈述，说明他就法令中提到的内容已经做到的和试图去做的事情。在某些问题上，他甚至尽力在收到王室政令之前就按照国王的要求完成了任务。科奎拉亲自参与装载阿卡普尔科大帆船，关于从墨西哥阿卡普尔科港到菲律宾的航线的问题，他在信中对每年 6 月 1 日起航的命令提出异议，他认为，7 月中旬起航更为合适。同时他建议，在阿卡普尔科授予大帆船指挥官对其下属的纪律处分权力。科奎拉禁止澳门的葡萄牙人与菲律宾贸易，并建议放弃对台湾的占领。科奎拉训练了一支由当地人构成的武装部队，并认为可以以此抵御摩洛海盗对船队的侵犯，他在提高军队和海军力量方面做了很多工作。同时，他还在信中抱怨修士不遵法令，不守规矩，而在俗教士则完全相反，他们听从政令并且更为友好。关于船只问题，他提到菲律宾本土居民不堪忍受殖民地政府强征他们去完成繁重的造船任务，为了局势稳定和航运顺畅，科奎拉建议可以从秘鲁直接调配船只到菲律宾岛。

本卷最后收录了关于 1636 年 7 月到 8 月马尼拉一些医院运营情况的文件。科奎拉都督写信给国王汇报当时医院的管理情况。首先，他提到这些医院的运营成本过高。针对这种情况，科奎拉对官员和士兵的薪资进行评估，以期削减薪资来帮助医院财政。其次，他发现王家医院有着管理失范的问题，并罢免了负责管理事务的方济各会成员。他建议将医院置于圣约翰医院骑士团和世俗官员的管理之下。在工匠和水手的税收支持下，科奎拉在甲米地建立了一所医院，他还在马尼拉的医院为西班牙人设立了康复病房。接着是王室委员会内部对科奎拉实行措施所进行的评论，有赞成，也有批评；科奎拉发布的设立康复病房的法令，以及为此分配的一项委托监护权；以及一份岛上每一个公司和驻军为医院基金捐款数额的声明和官方证明等。

编者

1905 年 5 月

# 第 27 卷　1636—1637 年，贸易问题、摩洛人海盗

本卷探讨的主题是菲律宾群岛的贸易（特别是与新西班牙的贸易）以及科奎拉施加于棉兰老岛的摩洛海盗的惩罚。前一个主题由西班牙法庭的菲律宾检察官胡安·格劳-蒙法尔孔充分地探讨，后一个主题由众多文件共同组成，这些文件主要由棉兰老岛战役的参与者编写而成。还有一些小文件与菲律宾群岛的行政管理和宗教秩序相关。

科奎拉在 1636 年 6 月 30 日的一封信件中简要地描述了当年的教会大争论。我们在这里提及这封信并不是因为它所包含的新信息（信件中并没有很多新信息），而是因为它是都督自己观点的直接表达，而不是像他的其他一些报告一样，或多或少掺杂了别人的想法。科奎拉说"修士是没有法律观念的人，他宁愿在弗兰德斯与荷兰人战斗也不愿意和修士打交道"。他要求国王协调这些问题，或者再向菲律宾群岛派遣一名都督，这样一来两位都督就可以一个负责处理教会事务，另一个处理世俗事务。1636 年 10 月 10 日国王给科奎拉的信件对塞雷索 1634 年 8 月 10 日写给

国王的信件中的部分内容做出了批示，信件涉及军事事务，赞成塞雷索的行动，并且给科奎拉一些指示。

1636 年 8 月 14 日的一个王家法令命令马尼拉的市政当局对他们的总检察长胡安·格劳-蒙法尔孔进行赔偿，以补偿胡安在西班牙法庭中处理他们的事务所花费的时间和金钱。另一份 1636 年 11 月 6 日的文件，就科奎拉的前任塞雷索提交给西班牙政府的一些问题给他提出一些指示命令。同一天的第三个文件批准了佩德罗·德埃雷迪亚为特尔纳特岛的行政长官，并且许诺巩固那里的西班牙要塞。

西班牙法庭的菲律宾总检察官胡安·格劳-蒙法尔孔著名的《备忘录》(*Memorial Informatorio*，马德里，1637 年）被本卷收录。它涉及一个重要的、并且具有长期争议性的问题——限制菲律宾群岛与新西班牙贸易的问题。一些人向西班牙政府提出了一些提议，但是检察官认为这些提议损害了菲律宾方面的利益，并且用大量强有力的论据极力地反对这些提议。他声称，如果采用了反对派的提议，必然会导致市民的破产，以至于王室只能支付岛上的全部费用，或者放弃对群岛的控制权。前者意味着王室资产受损，后者则会损害王室的政权和威望。一位大臣被派遣到阿卡普尔科去调查税收欺诈事件，这严重地妨碍了在菲律宾群岛和新西班牙进行贸易的商人。建议放弃菲律宾群岛的声音又重新出现。检察官历数这样的观点，并且强有力地反击这些观点，主张王室应该像保留对弗兰德斯的占有一样保留对菲律宾群岛的占有。他接着说明菲律宾群岛的重要性，列举出许多论据去证明这一点：

对菲律宾的摩鹿加群岛的依赖，群岛的数量和规模，马尼拉的重要性，群岛上的矿物资源，以及最重要的，它们的商业贸易。

检察官描述了菲律宾的内部贸易和海外贸易。在内部贸易方面，他列举了群岛上的主要产品、岛上族群的多样性、王室和个人从印第安人和外国人身上获得的大量贡品。他强调群岛中心位置的重要性，以及群岛对荷兰实现东方贸易控制计划的抑制阻碍作用。关于菲律宾群岛的海外贸易，他把它看作是目前为止贸易上最有价值的部分，并对东方贸易的总体情况做了历史概述，他列举出从这里获得的商品，以及关于很多商品的产地、质量、价格等一系列更加有价值的信息。他叙述了荷兰人是怎样被驱逐出了摩鹿加，以及他们随后又是怎样在西班牙人的极力阻止下，重新获得不少香料地区的事情。一份关于荷兰人在群岛上所拥有的要塞和工厂的清单被提及。从这些数据中，检察官获得了强有力的论据来论证王室应该保留和支持菲律宾殖民地。丁香贸易的重要性（如果放弃菲律宾群岛，西班牙将会失去这一贸易），以及在与中国的贸易中享受的利益，都充分证明了这一观点的正确性。保留菲律宾群岛将有助于支持远东的传教事业、保证印度的安全、使荷兰丧失这一地区的贸易、减轻保留西属美洲殖民地所需要的费用、维持西班牙王室的威望。王室国库无力独自承担群岛的全部费用，给予群岛太多的与新西班牙的贸易权利也是不明智的。因此检察官建议国王结合两个办法来减轻负担。为了给国王提供指导，检察官提交了以下几个有价值的信息：关于保留和统治菲律宾所需要的费用（包括八条细则，涉及民事、宗教、军事，详细地逐条记载，使得对每个条目的费用有一个清晰的轮廓，并且在最后有一个总结），殖民地财政税收状况，以及那里的财政赤字状况。他宣称群岛的收益大于支出，尽管群岛需要承担维持摩鹿加、抵御荷兰侵扰的巨大花费（此项花费超过菲律宾总花费的三分之一）。作为志愿者，一些市民付出时间、财产和生命保护公众需求，因此给王室节省了巨大花费。检察官认为他们的付出应该得到王室充分的奖赏，建议应该把地方行政长官的职位授予这些市民作为奖赏，而不是像之前那样拍卖出售。但是最主要的，他强调与新西班牙的贸易对他们的重要性，这些贸易主要基于马尼拉从事的与中国和西印度的贸易。西班牙采取措施抑制与中国的贸易，因为它不利于西班牙和西印度的贸易。他承认后一种贸易（即西班牙和西印度的贸易）在减少，但是宣称菲律宾对此没有责任，衰退的原因在于美洲贵金属的大量减产，殖民地印第安人的大量减少，殖民地西班牙人商品消费的减少，及对商人征收过高的关税。剥夺菲律宾的贸易是一个既不公平又无用的措施。作者简单回顾了菲律宾和美洲的贸易史，由于强加于它的众多限制，这项贸易现在处于衰退和无力的状态。并且讨论了在菲律宾和秘鲁贸易中的一些被认为是违反王家条例的歪曲误传。这些行为中的一些被夸大，另一些在所有贸易中都是不可避免的，应该予以忽略。一些例子被援引来证明即使在塞维利亚，对一些王家条例的违反也被认为是理所应当的，有些时候，即便是被发现也会被赦免。检察官认为菲律宾应与其他王家领地一视同仁。他承认，他们的货物像其他殖民地一样，包含一些未登记的商品，但是声明其数量被极大地夸大了，对于这一点他举出很多论据。他还解释说运往新西班牙的菲律宾本土产品在许可数量之外，被错误地记录了。他再次提出要重新考虑强加于菲律宾货物的额外 2% 的关税，要求取消它。检察官甚至宣称，菲律宾的贸易比其他地区支付了更高的关税，马尼拉的市民在这个过程中得不偿失，为了证明这一点，他提交了一个从马尼拉城建立以来发生的船只失事、战争和军事探险、叛乱、火灾和其他造成损失和破坏的事件的清单。然后他列举了从菲律宾运送到新西班牙的货物，这些货物对于供应当地人民的需求极其重要。他将这些商品和从西班牙运去的商品进行对比，并且讨论了中国商品对西班牙丝织业的影响。在备忘录的结尾，总结了菲律宾群岛的诉求和争论，并且要求减轻对菲律宾商品征收关税。

在 1636 年的夏秋之际，棉兰老岛首领塔加尔侵扰了库约和卡拉棉群岛的海岸，满载战利品和俘虏归去。12 月 21 日，这些海盗被一个匆忙集结的西班牙军队袭击，在这场战斗中，塔加尔和他的众多随从被杀死，他们的大部分战利品被夺回。这场胜利有利于西班牙人保持其与摩洛人对抗中的优势地位，从这时起，众多摩洛人归顺。这些事情在一封写于 1637 年早期，但没有具体姓名日期的信件中被提及，很有可能是耶稣会修士佩德罗·古铁雷斯（Pedro Gutierrez）写的。

根据王室委员会的命令，在政府记录中的所有关于马尼拉账目审计办公室的信息被汇编在一起。作者（一些政府职员）简要地介绍了该办公室的历史概况、和王家官员的关系、它的相关的优势和不足，以及到 1637 年为止关于该办公室的委员会会议记录。

摩洛人 1636 年的袭击，让西班牙人看到了抑制这些残暴的海盗行为的急迫性和必须性。为了惩罚他们，科奎拉组织了一场由他指挥的、对棉兰老岛的远征。关于这场有深远影响的战役的诸多描述被呈现出来，主要来自耶稣会的原始资料。耶稣会的一些成员一直在都督身边，考虑到棉兰老岛摩洛人的敌对性，在那里他们的传教工作也是最危险的。

其中一份资料是来于马塞洛·弗朗西斯科·马斯特里利（Marcelo Francisco Mastrilli）的一封信件，写于 1637 年 6 月 2 日。马斯特里利是一位著名的日本传教团殉道者，曾跟随科奎拉前往棉兰老岛。他提供了关于这次远征行动的很多细节，这次远征从一开始就受"魔鬼"的阻挠。西班牙人夺得了在棉兰老岛大河河口的摩洛人要塞，杀死一些科拉拉特的得力助手，夺取众多船舰和军事供给，接着摧毁了许多摩洛人的村庄。在 3 月 18 日，西班牙人猛攻一个高地要塞（在他们最先进入的口岸的背面）。科拉拉特被赶走，逃到他的领地里的一个小村庄。在战斗中，他的妻子和众多随从被杀死。一些摩洛人俘虏的奥古斯丁会回忆派神父也死亡了——其中一个是被出于泄愤的摩洛人杀死。科拉拉特的财宝被夺取，被士兵平分。并且，摩洛人在劫掠教堂中所获得的很大一部分战利品被追回。在摧毁所能发现的东西之后，科奎拉返回三宝颜，留下军队征服另一个摩洛统治者——蒙卡伊（Moncay）。受伤的西班牙士兵（很多是被毒箭所伤）在三宝颜得到了很好的照料，80 个伤员中只有 2 个死亡，且是因为他们自己拒绝治疗而死。马斯特里利把这份成功更多地归因于圣弗朗西斯·哈维尔（Francis Xavier）的遗物和伤员的信念，而不是从马尼拉带来的解毒药。被派去征服蒙卡伊的支队按时归来，带回首领的兄弟作为全权使者向西班牙投降，并且承诺帮助西班牙人攻打科拉拉特，接纳耶稣会传教士。在派遣远征队攻打小岛西海岸的村庄，以及向巴西兰岛（Basilan）派遣传教士团，并且安排三宝颜西班牙要塞保护愿意与西班牙保持友好关系的当地居民后，科奎拉返回马尼拉。南部海岸的其他的摩洛人主动提出臣服于西班牙人，霍洛人加紧与征服者维持和平。这一切为传播福音开辟了广阔的区域，马斯特里利敦促耶稣会传教士们加紧传教工作。

耶稣会年鉴由胡安·洛佩斯（Juan Lopez）（1636—1637年）继续编写。大主教现在和耶稣会相处得很友好。著名的殉道者马斯特里利来到菲律宾群岛，因为他身上带有的一些圣迹光辉，岛上的人们非常尊敬崇拜他。他离开马尼拉前往日本。一些被监禁在马尼拉的荷兰人改了宗。一些荷兰人和不满的西班牙人试图逃离菲律宾群岛，但是大部分的逃亡者都很不幸。荷兰人和爪哇岛、安汶岛的当地人剑拔弩张。被派往特尔纳特岛的西班牙救济船遭遇了荷兰人，并且战胜了他们。西里伯斯岛和锡奥岛（Siao）的首领把他们的儿子送到马尼拉的耶稣会学校接受教育。已经向西里伯斯岛派遣了士兵和传教团体。卡穆科内斯海盗在1636年异常大胆，从萨马岛带走很多俘虏，但是在他们返回自己家乡的时候，很多人死在暴风雨和敌人手中。同年棉兰老岛发动的劫掠、科奎拉领导的棉兰老岛战役被简要地叙述了一下。霍洛岛的统治者满怀敌意，科奎拉向那边发兵以摧毁摩洛人的骄傲。在日本，所有拥有葡萄牙和卡斯提里亚血统的人都被驱逐到澳门。

1637 年 5 月 24 日，从棉兰老岛远征归来的科奎拉举行了凯旋仪式。这件事情被耶稣会修士胡安·洛佩斯记录下来。世俗的和宗教性的庆典持续了数周，包括游行、化装舞会、花灯、弥撒、音乐、舞蹈等各种形式，最后是一个征服棉兰老岛的戏剧表演。当年 8 月，马尼拉耶稣会通过菲律宾都督向国王呼吁，要求进一步的恩赐以帮助建造他们的宗教建筑。大主教格雷罗支持这个请求。

在 8 月 20 日，科奎拉向国王提交了关于近期征服棉兰老岛摩洛人战役的述职文件，他承诺明年向霍洛岛和婆罗洲远征。他要求国王批准对伤兵的额外拨款，他还投诉佩德罗·德埃雷迪亚（长期以来担任特尔纳特岛的行政长官）的违法行为，要求从西班牙派遣官员替代埃雷迪亚。

编者

1905 年 6 月

# 第 28 卷　1637—1638 年，教会体系、各修会的地位和活动

　　本卷绝大部分文件，主要讲述菲律宾群岛的修道士和宗教事务——这些事件主要来自当局对菲律宾群岛宗教史的记录，这些文件收录在本卷附录中。这一卷以讲述有关 1585—1640 年菲律宾群岛传教士的法律条文为起点，叙述了殖民地教会组织的诸多事宜，各种宗教团体的地位和传教活动，以及一些其他有价值的信息。这些都展现了群岛不同时代的宗教环境，时间范围主要是从 1656 年到 1899 年。这些历史从耶稣会、奥古斯丁会、方济各会和奥古斯丁会回忆派等修会的编年史中获得，还有一些来自非宗教人士的资料，例如法国科学家勒·让蒂尔，西班牙官员马斯（Mas）和德国旅行家雅戈尔，这些都可以使学者能够公正地、明智地思考本卷的主题。

　　本卷中只有两份按年代顺序收录的文件，它们涉及的年份分别是 1637 年、1638 年。1637 年 9 月 9—10 日岛上的奥古斯丁会神职人员上报国王，称大主教在实行修会神职人员"轮换"（alternativa）任命一事上，给他们制造了很大难题，要求国王不

要相信任何可能呈递到其手中的有关这个事件的报告。他们记录了格列高利十五世颁布的"轮换"法令给菲律宾带来的问题，同时向国王汇报了修道会中各派别修士的行动，一些人坚持次要的少数派和更重要的多数派应该享有平等的权利。

耶稣会修士胡安·德巴里奥斯（Juan de Barrios）曾经跟随着科奎拉的远征军攻打过霍洛岛，他在 1638 年 3—4 月寄往马尼拉的信中叙述了这次战役。西班牙人在攻击摩洛据点时多次被击退，其中一支队伍蒙受了巨大的损失。科奎拉派军队包围了山冈并在那里布设了防御工事，对摩洛人的要塞不断发起进攻。这次围攻的种种事件都被记录了下来。复活节后的那天，饥饿的和病弱的摩洛人向科奎拉发出了投降的请求。最后他们抛弃了自己的大本营，逃之夭夭。这使得西班牙人控制了他们全部的财产和要塞。一封来自三宝颜的信件增补了这次投降事件的许多细节，霍洛人的逃亡，西班牙人的死亡率，科奎拉留在那里的卫戍部队的情况等内容，这封信可能是巴里奥斯写的。

关于群岛修士的通常地位，我们从《西印度群岛法律汇编》中挑选了资料。这些法律是与菲律宾群岛的宗教事务相关的，时间上包括 1585 年到 1640 年。没有得到政府和教会当局的特许，这些人不能前往中国或者其他国家，也不能返回西班牙或墨西哥。加尔默罗会（Carmelites）修士可以从墨西哥前往菲律宾。每个宗教团体都各司其职，并且相互隔绝。日常的供给将会给予那些得到允许进入中国和日本的修士。全体王室官员被要求援助神父们的传教之旅，不能妨碍传教。那些有丑闻、被其修会驱逐的修士，不能继续留在菲律宾。教皇颁布的"轮换"法令应在东印度地区强制执行。赴日宗教活动的限制被取消，所有的宗教团体都可以去，但被要求规范自己的行为，树立和谐友好的榜样。传教士们被禁止从事商业贸易或者其他所有的生意，各修会的传教范围应适当分配。所有日本的主教都应辅助马尼拉主教。来自东印度的牧师不允许在菲律宾主持圣礼，也不能进入菲律宾。通过出售圣战的诏书（The Bulls of The Crusade）所得的收益必须存放在国库中，不能用于贸易。

　　耶稣会修士科林（Colin）在《传教工作》（*Labor Evangélica*，马德里，1663 年）的最后呈现了一份说明，他说，是按照国王的命令准备的。内容包括 1656 年菲律宾岛上传教中心、房屋的数量和受耶稣会帮助的劳工的数量，一份其田地和劳工的调查。他描述了马尼拉大学的规模、功能和财力，城市附近的传教中心，各岛屿上耶稣会维持的聚居点和传教所等内容。

　　一份有意思的关于 1735 年群岛上宗教地产的记录，由方济各会修士胡安·弗朗西斯科·德圣安东尼奥（Juan Francisco de San Antonio）记录。以马尼拉大教堂为起点，他概述了教堂早期建立的历史，描述了其内的建筑和宗教服务、教士的薪水，并且记录了历任大主教的小传（本卷宗省去了）及他们的权限。然后是关于教会法庭、教堂、教会大学和慈善机构的记录——特别是圣费利佩学院和仁爱慈善会。圣安东尼奥列举了大主教区的助理牧师，以及奥古斯丁会回忆派的女修道院和传教所。然后他描述了耶稣会的教育事业，对他们的圣伊格纳西奥耶稣会学院和圣何塞学院的历史进行了梳理，并且列举了他们的房屋和布道任务。然后他简要介绍了多明我会的类似信息，他们对吕宋岛上的中国人负有特别责任。作者对奥古斯丁会回忆派，圣约翰医院兄弟骑士团，和他本人所在的方济各会回忆派的信息也都做了记录。同样地，他调查了附属于马尼拉的所有主教辖区的宗教地产，并最后计算了岛上当地人皈依基督教的人数。

另一个对宗教事务的调查由耶稣会修士胡安·J.德尔加多（Juan J.Delgado）完成。他以所有的 53 个主教区的在俗教士为起点，有条不紊地枚举了各宗教团体。他以同样的方式收录了奥古斯丁会回忆派的信息，方济各会、耶稣会、多明我会的信息，圣约翰医院兄弟骑士团的女修道院和医院方面的信息。他还提及了由宗教团体所领导的教会学校、学院和医院。德尔加多认为，岛上信仰基督教的人员实际超过了 90 万，如果加入 7 岁以下的儿童（这些儿童未被修会记录在内），他估计数量将会超过 100 万。他列举了由各个宗教团体所负责的归化区及其居住人员的数量。他估计当地人每年支付的贡税价值为 25 万，并描述了支付的要求和方式，以及贡税是如何在各修会之间分配的。他详细地描述了从主教到牧师，各神职人员的数量和薪酬。德尔加多随后描述了岛上的教会法庭，仁爱慈善会的组织机构和工作，马尼拉的其他慈善机构、礼拜堂、医院和神学院。

通过 1766—1768 年的观察，法国科学家勒·让蒂尔记述了岛上的宗教环境。他枚举了马尼拉大教堂的有俸圣职，领圣俸者的薪水和职责，这个城市的教会法庭——包括大主教法庭、宗教裁判所和十字军法庭。然后他详细叙述了教堂、女修道院、学校和其他公共机构，包括王室礼拜堂、圣费利佩神学院、圣伊莎贝拉神学院、仁爱慈善会、大学和医院。勒·让蒂尔描述了副主教教区的教会机构，以及在其内的女修道院——所有这些都比这个国家的人口和财富所能证明的更为广泛和昂贵。之后他描写了"菲律宾群岛上的宗教团体之间所分享的权力和影响力"。他说："各省的宗教领袖像土皇帝一样统治那里，他们非常专制，除了他们，任何其他西班牙人都不敢在此树立权威……在菲律宾群岛上他们比国王都专制"。他们蔑视王家法令——印第安人的孩子们必须接受西班牙语的教育，因此，修士们得以奴役印第安人，并且阻碍西班牙人了解省内事务的真正事态。他们拒绝大主教们的访问，作者用了很长的篇幅解释这件事情。当地人有时会反抗，然而修士们无法有效说服阻止他们，这时就必须派遣军队来惩罚叛军。勒·让蒂尔也记述了修士们对不加入其宗教团体的当地人的惩罚措施，主要是在大庭广众下鞭打他们（不仅包括男人，也包括女人）。

西尼瓦尔多·德马斯是西班牙的一位官员，他曾在马尼拉待过一段时间。在他的《报告书》（马德里，1843 年）的一章中描写了修道士们的性格和影响力，这些描述一部分来自他自己的观察，一部分来自科明的《1810 年菲律宾群岛概况》（*Estado de las Islas Filipinas en 1810*），这本书很有价值，于 1820 年在马德里出版。他讲述了让这些修士们参加教区访问的尝试中所遇到的困难，虽然这个目的最终还是达成了，但马斯认为这导致了牧师的道德标准低下。他引用了诸多有关修士和当局之间、政府和宗教之间争论的法令和实例。然后他从科明的记叙中引用了大篇文字，展现了巨大的影响力及其产生原因。科明将教士视为群岛真正的征服者和政府中最有力的因素——至少在马尼拉之外是这样。他指出，除了神职人员的影响力之外，世俗政府本身统治力量相当弱。作者叙述了宗教团体在印第安人中所实现的有益成果，并反对当前的种种试图限制他们权威的做法。马斯支持科明的观点，并进一步为修士辩护以反对各式各样的对修士的指控。为了支撑他的观点，他也引用了修士曼努埃尔·德尔里奥（Manuel del Rio）的观点。他自己赞扬牧师的公益心、公正无私和对印第安人利益所做的奉献，他们大多数人是修士。他认为他们甚至表现出了太多的对当地人的宽容和慈善，这些当地人实际上是非常懒惰的。他认为禁止神父对有过失的印第安人进行肉体上的惩罚是一个巨大的错误。相比西班牙修士数量过多的情况而言，马斯对群岛上缺乏修士很是奇怪，并且相比来说在菲律宾群岛的修士生活水平更好一些。他列举了各种主教区，及其中助理牧师的数量，包括了普通教士和在俗教士。马斯最后以一段关于教区牧师向印第安人传道的职责的文字做结尾，这些内容摘录自耶稣会修士穆里略·贝拉尔德（Murillo Velarde）的作品。

　　一份关于教会体系的调查在奥古斯丁会修士曼努埃尔·布泽塔（Manuel Buzeta）和费利佩·布拉沃（Felipe Bravo）的《菲律宾群岛词典》（Diccionario de las Islas Filipinas）中有所提及。像之前的著作一样，不同教区被分开描述，分别列举了教区的属地管辖权、管理模式、教会法庭、助理牧师的数量及其如何举行圣礼、其他教会工作人员的数量，如教授和神学院学生等。在宿务的记录中有一份来自宿务主教的信件（1831 年），呼吁将其教区分为两部分。

德国旅行家费奥多拉·雅各尔对修士的性格和影响力提出了一种有意思的观点。他赞扬他们对外地人友好和热情的行为及其所展现的能力和知识，并为他认识的修士（主要是西班牙人）所遭受的指控进行反驳。他讨论了牧师和市长之间的关系，前者经常作为印第安人的保护者以反对后者。

在《奥古斯丁会赤脚派圣尼古拉-托伦蒂诺会省》（*Provincia de San Nicolás de Tolentino de Agustinos descalzos*，马尼拉，1879 年）中，记录了奥古斯丁会赤脚派的势力范围和人员。这个调查部分是翻译，部分是概要。这份调查列出了该修会下的所有传教中心，及每个传教中心的信教人数。文章还经常出现对某一传教中心的起始和发展历程的记录，和著名传教士的人物传记，包括一些早期卡拉棉群岛和棉兰老岛的殉道者。最后文章呈现了一份图示，展示了不同时期贡品数量、信教人数和会省中的牧师数量。

1896—1898 年之间群岛上宗教环境的概述由何塞·阿尔戈（José Algué）和马尼拉其他耶稣会教士完成，这些内容包括在《菲律宾群岛》（*Archipiélago Filipino*，华盛顿，1900 年）一书中。对 1735 年到 1898 年本地人中的基督教徒数量的统计，其资料来源丰富多样。这一时期的增长是显著的，编辑们将其归因于传教士的功劳。各个主教区被一一列举，包括它们的主教、大教堂、法庭、神学院和牧师，以及除了西班牙各派的学院外，岛上各宗教团体所拥有的各种房屋建筑、学院和其他机构。有相当大的篇幅来描述菲律宾人普遍存在的宗教精神，并得出结论认为：对于任何统治菲律宾的政府来说，群岛内存在普遍的崇拜自由是致命的，并可能会导致一场政治—宗教战争。因此美洲政府被警告，不允许群岛上存在这种自由。

编者

1905 年 7 月

# 第29卷 1638—1640年，对摩洛人的战争、华人起义

　　本卷内容主要集中在 1638—1640 年，包括与摩洛海盗的战斗。这是一个动荡的时代，"战争和战争的传言"、阴谋（存在于中国人与土著人中）、暴风雨、海难和疾病，都使这块殖民地上充斥着不安的情绪。1639 年中国人的起义被完整地记述。科奎拉高明地控制着政府，由此激起了许多怨恨。关于群岛有两则有趣的描述，分别由一个西班牙官员和一名耶稣会会士提供。

　　马尼拉的耶稣会编年史家撰写（1638 年）了过往的新闻。显然这些内容是根据他的笔记本或日记的记录而来，这些记录涵盖了每个事件的发生和重要人物的到来，并且未经任何官方编辑的"改进"，因此这些"事实"有着特殊的价值。这份文档与魁北克（Quebec）著名的《耶稣会修士杂志》（*Journal des Jésuites*）在内容以及涉及范围上具有很大的相似性。从某种程度上讲，与由胡安·洛佩斯全部或部分撰写的年鉴，在这些方面都有相似性。但是，在本卷中呈现的这份文件却非常的新颖。他讲述了荷兰对西班牙和葡萄牙商业的破坏，尤其是对马六甲海峡造成的经

济困境。多明我会的蓄须派（Barbones）已被镇压。马尼拉的中国人对科奎拉而言象征着巨额财富，有了这些财富便可以为国王购买礼物。记录中给出了关于一些教士和其他人的记载。台湾的定居点被放弃了，那里的教士们随即前往中国。卡穆科内斯人曾试图突袭米沙鄢，然而被印第安人和西班牙人击退了。耶稣会会士马斯特里利已经在日本殉教，在马尼拉为他举办了隆重的葬礼。科奎拉前去惩罚霍洛人。甲米地的耶稣会教堂和马尼拉的多明我会教堂已经被盗贼光顾。与荷兰人也有一些小规模的遭遇战。在中国，对基督徒的迫害业已展开，相当大的原因在于修士们的鲁莽行为。暹罗及其周边国家的传教士们陷入了荷兰制造的诡计之中。霍洛人的据点被科奎拉攻占，他最好的两位官员被送回家休养身体，但却被他们的中国船员杀害。耶稣会修士在海南岛完成了一次成功的传教任务。日本人逐渐放松了他们对基督徒的迫害，所有传教人员中只有三人留在那里，而且关于这一点再没有确切的信息。科奎拉于 5 月 23 日到达马尼拉，他带回了很多俘虏，其中相当数量的人死在路上，但"让人备感安慰的是摩洛人死时都已被洗礼"。凯旋的军队扬扬得意地回到马尼拉。蒙卡伊在棉兰老岛被杀害，科拉拉特已不再受特尔纳特人援助，摩洛人逐渐陷入对西班牙权威的恐惧中。在中国的传教士们做得很不错，并且得到了皇帝的扶持。洛佩斯记录了各方面的一些小信息，包括关于文明的情况、教会以及外国人，这些不同的传闻有些来自修道院，有些来自他所处的港口城市。

1638 年 8 月 21 日，科奎拉给国王的一封短信中陈述了他已经委派路易斯·阿里亚斯·德莫拉（Luis Arias de Mora）作为"中国人的保护者"。此人是一名律师，也是大主教的顾问，能够对高级教士的德性进行约束。

1638 年 8 月 31 日，马尼拉的王室财务官给国王的信中，抱怨了因科奎拉的鲁莽和铺张管理导致王室财产受损一事。科奎拉因拒绝派送货船到墨西哥、因成立一支城市夜巡队、因组建了几个印第安士兵连队、因支付某些没有必要的薪金、因给士兵修建了一所教堂等而遭到谴责。埃斯卡洛纳（Escalona）声称岛屿和墨西哥的贸易是被疏忽、未监管的，因而殖民地处在经济凋敝之中。他宣称对棉兰老岛和霍洛岛的远征已经花费了太多的不必要的金钱与生命，而且科奎拉则试图以似是而非的借口掩盖这些花费。这位财务官抱怨都督对王室医院的花费太多，还干涉王室官员的职责与权利。财务官进而恳求国王看到他职权受限的现状。

关于菲律宾岛的一则有趣的描述于 1638 年在墨西哥由一位西班牙海军上将耶罗尼莫·德巴纽埃罗斯-卡里略（Hieronimo de Bañuelos y Carrillo）完成。它被寄给西印度事务委员会主席。目前所知，它的原始版本已经不在，孤本是被特维诺所发现的法文版。巴纽埃罗斯发现生活在马尼拉"十分愉悦"，因为这里有丰富的供给和充足的舒适感。他记录了帕里安，赞美了中国人的能力。但是，他认为中国人与墨西哥贸易的不合法的联系正在损害岛屿利益。这项贸易的情况和特性记录在了文本中，他的叙述与格劳-蒙法尔孔的记录有着很大的不同。这位作家反对菲律宾与新西班牙之间的丝绸贸易，认为这一贸易仅对中国人、澳门的葡萄牙人和墨西哥人有利。此外，"委托监护制遭到破坏"，土著人并没有得到天主教的宗教教化，并敌视西班牙人。特尔纳特的马来人与其他边远岛屿的荷兰人暗中勾结，因而与他们的贸易走向崩溃。巴纽埃罗斯为菲律宾的商贸提出了新的计划，他将贸易主要限制在生丝和棉花上（仍然控制其贸易量），这些产品在墨西哥可以生产，他列举了如果遵从这个方针将获得的收益。日本的贸易在这个问题中不被考虑，这与西班牙人受到的宗教迫害紧密相关。关于最后一点及其影响，巴纽埃罗斯进行了深入的叙述。他再次敦促与中国物品的贸易必须加以抑制，他对应该如何进行贸易提出建议，他还描绘了他在那里发现的各种暴行与丑闻。

耶稣会修士博瓦迪利亚（Bobadilla）出版了《胜利对抗摩洛伊斯兰教徒的故事》（*Relation of the Glories Victories... Against the Mahometan Moros*，1638 年，墨西哥），其中收录了马斯特里利1637 年 6 月 2 日的信件（见第 27 卷），以及编辑从马尼拉获得的信件中记录的其他问题，我们呈现这些部分的原因在其内容的新颖。博瓦迪利亚用一篇给科奎拉都督的兄弟伊尼戈（Inigo）（墨西哥军队长官）的演讲作为本汇编的前言，文中，他借机歌颂了两人在光辉岁月中的美德。本书第一部分叙述了神父马斯特里利的神圣救赎事业与他进入传教工作（此处仅简要概述），紧随其后的是"对伟大的棉兰老岛的描述"，一部分是描述，一部分是史实。文中简要叙述了棉兰老岛海盗对西班牙殖民地和米沙鄢海岸的袭击，顺便提及西班牙在棉兰老岛建立的军队和堡垒。文中还提及卡穆科内斯人，霍洛人和婆罗洲人的劫掠。接下来是对弗莱洽斯角的海军战役的记述，马斯特里利的信件记述了棉兰老战役和洛佩斯对科奎拉胜利的描述——所有有关一切我们早先已经出版。

1638年王室颁布的不同的决议和法令在此呈现。科奎拉被告诫（3月15日）要谨慎继续处理他从这个城市带回的自由黑人，并且从今以后在他可能考虑采取任何重要举措前都要获得王室的许可。9月2日的法令对岛上的宗教团体加以限制，准许都督将世俗教士作为传教士。国王命令他（10月2日）在新的传教所任用当地世俗教士取代修士，同时，对圣克莱尔修女会的修女给予更多的关注，并且对他曾带给她们的某些不便予以补偿。他被授权（11月8日）采取必要措施，以维护圣波滕西亚娜神学院的清净。12月8日，王室命令墨西哥总督和检审庭官员，对增加菲律宾市民与新西班牙的贸易量是否是最佳选择给予报告。同一天的其他法令赋予大帆船官员权力，以惩罚他们的人员在港口时所犯的任何违法行为，并要求更严格地执行有关装载这些船只的规定。

一个已出版的小册子，《菲律宾与特尔纳特幸运的成功》（*Fortunate Successes in Filipinas and Terrenate*，马德里，1639年），对一些年内摩洛海盗对菲律宾的袭击给出了简要的概括，以及描绘了科奎拉对抗海盗的成功战役。很明显，这是由耶稣会修士所执笔的，抑或很大程度上遵循了马斯特里利的信件。结尾处，记述了西班牙与英国船队在马来的邂逅。我们增补了一小部分文件以此枚举出在霍洛战役中西班牙军队劫掠的战利品，以及每一项的价值。远征队的花费主要由出售摩洛俘虏所得款项提供。

"1638—1639 年菲律宾的大事件"和之前一样，由一位耶稣会修士完成，很有可能是胡安·洛佩斯。来自棉兰老岛和霍洛岛的消息不够激动人心，摩洛人奋起反抗，在霍洛岛，瘟疫和传染病使人恐惧。此外，这里的指挥官被证明是不合适的。耶稣会修士古铁雷斯在一封信中讲述了棉兰老岛的事件。他主要叙述了西班牙指挥官采取措施去控制、安抚不忠的摩洛人。被中国流放的西班牙修道士已经抵达台湾，但是，他们期望再次进入中国。澳门的耶稣会修士亦渴望在日本重新获得立足点。作者提供了甲米地港口船只来往的各种有趣新闻。关押在马尼拉的摩洛人多次逃狱，他们中的很多人被重新追回。神父亚历杭德罗·洛佩斯（Alejandro Lopez）的一封信中记述了霍洛人企图以背信弃义的手段从西班牙人手中夺回他们的据点一事，以及佩德罗·德阿尔蒙特（Pedro de Almonte）对叛乱分子施加的严厉惩罚。中国海盗对吕宋岛进行了掠夺，常驻中国人反对西班牙人的密谋被发现并遭到惩罚。新塞哥维亚的印第安人叛乱也被镇压。棉兰老岛和霍洛岛最新的消息展现了不断上升的西班牙的优势，但是对摩洛人造成了灾难性的损失——人民遭到屠杀，土地被破坏，饥荒又再度带来大量死亡。前往墨西哥的一艘货船失事，这对殖民地来说是个相当大的打击。一场猛烈的飓风给甲米地及其周围地区带来了巨大的破坏。吕宋已经出现传染病，很多人因此丧生。可怕的是两艘阿卡普尔科大帆船消失在大海之中，所有这些都使人们充满了悲伤。一年前在贼岛失事的西班牙大帆船的一小部分船员到达马尼拉。

1637年12月4日，科奎拉去信圣仁爱慈善会要求他们为他前往霍洛岛的远征祈祷。1639年10月26日，他送去两名摩洛人质，要求用基督教义教育他们。1639年11月9日，费利佩四世给罗马的信中请求把马尼拉的圣托马斯学院建成大学。

1639年王室颁布的一组法令记录在本卷中。都督要在棉兰老岛安置宗教牧师的行动得到批准。马尼拉市政当局被要求保留格劳—蒙法尔孔作为他们在王室法庭的代理人。这些岛屿新任的都督，迭戈·法哈多（Diego Fajardo），被要求修正（但是要温和、谨慎的）奥古斯丁会的贸易和对印第安人的压制，恢复由科奎拉分配给在俗教士奎阿波和耶稣会修士的教区。甘马燐的主教被命令返回他的教区，王室官员扣留了他的薪金直到他自愿这么做。新西班牙总督得到指示仔细检查阿卡普尔科的菲律宾船只，以及确认运送更多殖民者到岛上的必要性。大主教先前的信件已经对不同问题做出了回答，检审庭被要求更公正地对待印第安人。

1639年8月到11月菲律宾岛的主要历史事件，早年已经被耶稣会编纂者记录下来了（可能是胡安·洛佩斯）。往来的船只构建了事件的骨架，作者记录了更多有趣的相关新闻。一场暴风雨推迟了大帆船前往新西班牙，并导致两艘中国帆船失事，淹死了许多中国船员。而在这个时候，两艘阿卡普尔科的大帆船来到新塞哥维亚，在那个港口沉没，伤亡惨重。最近对霍洛的征服眼见要完成。望加锡的国王非常友善，他为马六甲海峡的葡萄牙殖民地运送粮食。一支攻打果阿城的荷兰海军分遣舰队几乎被葡萄牙人毁灭。蒂多雷和特尔纳特的人民联合在了一起，这导致西班牙人担心会发生一场反对他们控制的起义。棉兰老岛的摩洛首领们正共同密谋反对西班牙人。几乎一半的文献都在讲述 1639 年 11 月末大量中国人起义之事，但不久起义就被镇压，很多中国人被屠杀。关于这一时期的一个细节描述在文中得以呈现，大概就是洛佩斯在他最后的笔记中提到的那一处。这份资料很有价值，特别是其中对人性的揭露，可惜的是其中教化性的资料过多。洛佩斯的看法是这些反抗的很快结束在于其不成熟。反抗持续了几乎四个月，给西班牙人财产带来相当大损失，大量叛乱分子失去生命。吕宋大多数中国人灭绝了，幸亏中国人缺少大炮、火枪以及"我们的上帝对我们军队特殊的保护"，西班牙人的损失甚至不到五十人。这是对屠杀令人作呕的记录——不仅在于所谓的战役，还在其冷血、蓄意和系统地对没有武器的人的屠杀，这一切是通过出其不意的作战和谎言的诱惑完成的。最引人注目的例子是对马尼拉的仆役和其他中国人的盲目、恐慌性的屠杀，另一个例子是焚烧帕里安，包括里面所有昂贵的商品。同时，甲米地的几百中国人被蓄意带走斩首。但在这两处事件中，不幸的受害者，如果他是异教徒，他有机会接受洗礼，如果他是基督徒，则有做忏悔的机会。和平最终来临是由于起义者所剩能力有限，这些人被带去马尼拉并小心看管囚禁起来。随后作者描述了他们的作战方式，清点了在这次叛乱中被他们烧毁的村庄和其他损失。

奥古斯丁会在菲律宾的历史，已在第 23—24 卷中梅迪纳的《历史》中得以呈现，此处从迪亚斯的《征服》(*Conquistas*,

1718 年）中提取内容，继续叙述 1630—1640 年奥古斯丁会在菲律宾的历史。这些内容部分概述，部分翻译。他讲述了对马尼拉大主教席位的竞争，以及 1630 年修士佩德罗·德阿尔塞的当选。1632 年，赫罗尼莫·德梅德拉诺（Gerónimo de Medrano）当选为会省大主教。迪亚斯还讲述了日本对基督徒的迫害，殉教者在那里的生活，都督科奎拉和主教之间的争论，一些著名奥古斯丁会修士的小传和许多世俗问题（这些我们都予以省略）。这里有一则很有价值的，关于传教士阿隆索·德门特里达在班乃岛印第安人中传教的记录。他发动持续的战争对抗"魔鬼"和他的中间人——土著的偶像祭祀，前者常以一种丑陋的、可见的形式出现。对胡安·德梅迪纳的生活也有类似的描述。1638 年，修士马丁·艾拉斯蒂（Martin Errasti）被选举为会省大主教。米沙鄢岛在晚些时候被摩洛海盗骚扰。1639 年对拉瑙湖（Lake Lanao）地区进行了一次著名的远征，在这次远征中，有一位杰出人物，他是一名奥古斯丁会回忆派传教士，被尊称为"老船长"（Padre Capitan）。那时，这些摩洛人都很敬畏和警惕他。迪亚斯叙述了那个时代重大的历史事件——科奎拉对霍洛的远征和中国人的起义。艾拉斯蒂死于 1639 年，他的空位由上一届会省大主教修士胡安·拉米雷斯（Juan Ramírez）填补。

1640 年，耶稣会修士博瓦迪利亚写下了对菲律宾及其人民的叙述。前者仅做一个简要的概述，大部分文献致力于叙述印第安人及岛屿的自然产品。神父记录了其中奴隶制的风俗；他们的宗教信仰、风俗习惯以及迷信；他们的祭祀仪式；他们的外观及着装；他们纹身，补牙和洗浴的习俗；他们的语言，书写和音乐。他描述了他们的婚姻、房屋、职业、船只和武器；以及他们的医学实践和丧葬习俗。而后，他分析了岛屿的气候，稻米文化以及自然产物——动物、矿产和水果，特别是棕榈树和竹子。他描述了槟榔在那里的广泛使用，还有很多奇异的动物。博瓦迪利亚随后提到西班牙殖民统治的方式，他们在岛屿的卫戍部队，以及那里的主教辖区。他简要地描述了马尼拉城，菲律宾的贸易，西班牙人与中国人及其他民族的关系，以及马尼拉与阿卡普尔科间的航行。

编者

1905 年 7 月

# 第30卷 1640年，贸易、多明我会

本卷没有收录对 1640 年发生事件的记录，但本卷中有两份文献与这一年度有关。第一份文献是关于菲律宾和新西班牙之间商贸的历史调查，这份调查截至 1640 年。调查内容选自《历史摘要》（*Extracto Historial*，马德里，1736 年），这是一份由西班牙政府下令整理的，有关上述主题的作品。第二份是阿杜阿尔特有关多明我会传教士在菲律宾传教的著名史书，尽管这部作品大部分内容都只是简短的概括，但它的浩繁的篇幅，难以尽数囊括在本卷中，我们必须另外用两卷的篇幅来完整收录这一著作。

关于菲律宾和新西班牙之间的贸易信息是由《历史摘要》提供的。从中我们提取了直至 1640 年为止的贸易相关内容。在一份王室法令的概要之后，是一份 1640 年由西班牙法庭的菲律宾群岛代理人胡安·格劳-蒙法尔孔，发给墨西哥的王室视察官胡安·帕拉福克斯-门多萨（Juan Palafox y Mendoza）的相关备忘录。帕拉福克斯受命调查群岛的状况、需求和商贸，因此格劳给他发去这份备忘录以提供相关信息，并作为反对对群岛与新西班牙总督区之间贸易施行严厉限制的辩护词（后者是中国丝织物的

主要出口地）。格劳的辩护条分缕析，他的论述并非完全符合真相，时而有所夸大，时而在同一个前提下得出不同、有时候甚至相互矛盾的结论。但总体上看，它充分论述了岛上商业活动遭遇的困窘，殖民地到了挣扎求存的境地。格劳不断强调菲律宾对西班牙王室的重要性：它不仅是在东方进行传教的中心，更是摩鹿加群岛和香料贸易的屏障，有助于维持东印度地区，并且能分散敌对的荷兰人在这一地区和美洲海岸的注意力，菲律宾殖民地对他们而言是一个持续而有效的掣肘。作者详尽地讨论了所有的因素。他赞扬了在群岛上的西班牙人的勇敢、忠诚、虔诚以及他们对国王的重大贡献。他计算了维持菲律宾殖民地所需的花销以及它贡献的税收，并指出维持菲律宾的实际支出并不大，远比所认为的要小。甚至在此基础上，还需要扣除维持摩鹿加群岛的花销，尽管香料群岛以及它的贸易是属于葡萄牙的资产，维持它的负担却落在了菲律宾身上。计算得出，维持菲律宾的实际花销仅为每年 26000 比索。格劳提出两个方案来实现这一结果：一是从王室国库中直接支付群岛的所有支出；二是批准他们进行足够的商业贸易——后者是最便捷且最令人满意的方案。在批准足够数量的商业贸易之后，剩下的问题就是这一贸易的性质、数量和形式。格劳在第三个问题上进行了特别详细的叙述，再次指出菲律宾商人在阿卡普尔科所遇到的麻烦事，他们和他们的商品所受到的损失。

格劳注意到针对菲律宾贸易违反相关法令的诸多指控，尽管他并没有否认这些指控的内容，但他认为菲律宾贸易的违法行为并不比印度贸易更多或更严重，没有必要施行目前的严厉措施。作为群岛利益的代言人，格劳请求增加批准的贸易数量，因为限制贸易已经极大减少了他们的财富，而保卫群岛免遭众多强大敌人攻击这一必要性所造成的持续负担正需要这些财富。马尼拉的人口数量已经超过了其首次遭遇贸易限制时的人口数量，也更需要贸易的支持。此外，很多的贸易权被授予给了女修道院等其他机构以及一些特权人士，再加上各种额外的扣除费用，因此实际的贸易总值减少了。格劳主张，群岛贸易充分增长可以解决非法商品船运问题，除非出口商人受到更开明的对待，否则他们无法获得应得的利润。他建议，允许商人们自由地出口商品，只对其出口的白银数量加以限制。他还主张群岛货物应免于各种限制，不应包含在批准的商品总量之中，商品总量的批准额应只适用于来自中国的商品，为此他列举了许多有力的观点。通过对新西班牙总督区和秘鲁总督区之间贸易的讨论，他指出1635—1640年间贸易的中断对菲律宾群岛造成了相当大的伤害，这是由多个方面导致的。这一中断也对秘鲁和墨西哥造成伤害，这主要是因为限制了后者的丝绸产业造成的——秘鲁是丝绸产业的市场。在针对秘鲁商人超出获准的贸易许可的指控中，格劳为秘鲁商人辩护，主张为了所有西方殖民地，恢复秘鲁的贸易许可。

在格劳的备忘录的后面，是几份发给帕拉福克斯的王室诏令（发布日期为1640年2月14日）。这些诏令主要是通知性质的，此外，还有群岛居民就他们的困境向这位官员发出的请愿书，诏令要求他仔细而全面地调查菲律宾事务，并就此向西班牙政府报告。本丛书的随后数卷将会收录《历史摘要》的许多内容——如我们所知，这部作品在此前尚无英文译本——之所以要翻译这部作品，不仅是因为它作为一份官方报告的重要性，更因为菲律宾商贸是远东地区西班牙殖民地历史和发展中的一个重要因素。

阿杜阿尔特的《圣罗萨里奥会省的历史》（*Historia de la Provincial del Sancto Rosario*，马尼拉，1640 年）在此首次被翻译成英语——部分是全文翻译，部分是提要，这是因为这一作品除了篇幅浩繁外，还提及了日本等许多其他国家，以及一些超出我们讨论范围的内容。卷一的前面数章（第一至九章）在这里我们简单概述，这几章讲述了会省设立以及首批多明我会传教士赴马尼拉的旅程，以及同时发生的对中国传教的失败尝试。第十章叙述了他们进入马尼拉的过程，他们受到的热情接待，以及他们在当地建立宗教团体的过程。随后到达的人被吸纳到在巴丹（Bataán）的传教工作中，很快受命负责邦阿西楠的土著居民以及在马尼拉的华人。在主教萨拉萨尔的帮助下，多明我会传教士们获得了一片土地，以作建立修道院和教堂之用。他们也从虔诚的市民中获得许多礼物和捐赠。他们为在马尼拉的西班牙居民的利益工作，很快对居民的道德、宗教生活产生巨大影响。这一宗教社团发展繁荣，一座美丽的新石制教堂以及其他必需的建筑建立起来，但发生在 1603 年为人所熟知的一场大火毁掉了这些杰作。这些杰作在以后被重建，比以前更坚固，而这都是有赖于信众的捐赠，第 12 章至 15 章讲述了多明我会女修道院所拥有的玫瑰圣母像，以及通过它的作用所创造的奇迹。有些修士曾经抱怨他们严酷的生活方式以及加在他们身上的规条，但凭着伟大的忘我与奉献精神，他们最终还是认可了这些生活方式与规条。阿杜阿尔特接下来再次列举这一过程给会省带来的好处，以及多明我会神职人员在吕宋展现出的圣洁品质——相关论述可以从许多可信的作者寄回西班牙的书信中得到证实，这些书信的作者不仅有多明我会修士，也有不属于该修会的人士。

第 19 章的主要内容涉及多明我会的首个传教地区巴丹以及他们在当地的工作。曾有其他传教士在这一地区短暂活动，但由于当地条件过于艰难贫瘠，因此没有人能坚持在那里的教化工作。然而多明我传教士"面对困难也只是舔舔指头"，他们十分英勇地把自己奉献给这些可怜的灵魂，学习他们的语言——这对上了年纪的人是一个困难的任务。其中一人，佩德罗·德博拉尼奥斯（Pedro de Bolaños）就被这种劳苦艰难的生活击倒，被迫返回马尼拉，并在当地去世，其他人也遭受了疾病的折磨。在学会了土著语言之后，神父们马上在土著中产生了巨大影响，尤其是在告解室中。酗酒是印第安人中最卑劣的恶习，他们为了减少酗酒现象，把每个醉鬼都隔离开。他们也劝说异教徒抛弃偶像和迷信习俗，甚至解放了许多奴隶（这可能是他们诸多成就中最伟大的一项），并且把那些通过高利贷和其他方式巧取豪夺的财产物归原主。以上成就都在一年之中达成，巴丹也因其土著居民虔诚平和的生活而闻名。神父们凭着神圣力量的帮助完成了许多非凡的工作。"另一方面，魔鬼也曾骚扰他们"。他们遇到了一些巫师和魔鬼，但主帮助他们战胜了这些邪恶的存在。

邦阿西楠是多明我会负责的另一个传教区，由于土著居民对基督信仰的顽固敌意，这片区域还没有成长出福音的硕果。起初，他们试着赶走多明我会传教士，但每个神父的圣洁生活使奇迹出现在这些土著顽固的心中，引导他们获得了信仰。在 1589 年，贝纳维德斯主教写给教皇的信中讲述了这些事迹。他讲述了他们在面对土著居民的憎恨、敌意之时的困难、耐心和奉献——这些传教士受尽苦难，不仅西班牙官员，甚至主教萨拉萨尔都恳求他们离开邦阿西楠，但他们拒绝了，最终他们的坚持、对印第安人不停歇地施行的善行以及他们坚定的基督徒品行，软化了这些顽固的心灵。在三年的耐心守候之后，神父们在拯救灵魂上取得了极大成功。这些印第安人成了优秀的基督徒，展现出让人欣慰的奉献和虔诚，这一评价为后来的报告所完全证实。早先对于传教士的迫害获得了令人接受的解释：在传教士到达之后，本土偶像不再发布神谕，而这些魔鬼及其追随者对基督徒的不当指控引发了迫害。两个主要的酋长的皈依以及虔诚的行为也有所叙述，除此之外，还有在传教区出现的各种神迹事件。

接下来是下一阶段的传教（1588—1589）过程中的主要事件和人物。神职人员在极困难危险中展开了马尼拉之旅。1588 年 6 月 12 日，首届会省全体成员会议在马尼拉召开。这次会议完善了会省的组织结构，并定期选举管理人员。在这一年里，在邦阿西楠取得了一些进展，但仍有些土著保留着顽固的敌意，传教士常常受到恶劣的对待，有时面临生命危险。他们对印第安人的善行，尤其是对一些病人的成功治疗，逐渐赢得了当地人的好感。

神父们改善了这些人的生活状况——其中最重要的是为他们建立医院，为病人提供医疗服务，因而拯救了许多生命。

多明我会传教士一到达群岛，就承担了对在马尼拉的华人的传教工作。就如同在印第安人中那样，他们通过不倦地照顾大量病人而站稳了脚跟。很快他们为贫困的中国病人建立了一所医院，这所医院的规模迅速扩大，获得的捐助也迅速增多，几乎所有的病人在离开医院前都皈依了基督教。其中一人为医院服务多年，给负责医院管理的神父提供了大量帮助。新的建筑也建立起来，皈依者迅速增多。岷伦洛村（Binondo）扩展了，一座美丽的大教堂为华人基督徒建立起来。一些皈依者的虔诚工作也有所叙述。

灵魂方面的巨大丰收在继续，在 1589 年，一支规模虽小但发挥了一定作用的后续传教士队伍来到群岛。他们在邦阿西楠和巴丹的工作，为土著而施行的诸多奇迹，异教徒抛弃偶像崇拜的过程，以及皈依者展现出来的奉献和虔诚都被完全记录下来。卡斯特罗神父和贝纳维德斯神父在 1590 年前往中国，尝试建立一个传教区，但他们的事业因中国人对外国人的敌意而失败了。胡安·科沃在卡斯特罗离开时代理会省主教一职，在代理此职务时，他视察了诸传教区并且作了些安排，以改善它们的管理。数年的丰收加上传教士给予的建议和帮助，使印第安人繁荣更盛。他们对于信教人士也更为友好，更愿意接受宗教指引。

戈麦斯·佩雷斯·达斯马里尼亚斯在 1590 年抵达马尼拉，担任都督。不久，他和主教萨拉萨尔产生了分歧，后者在贝纳维德斯的陪伴下于 1591 年 6 月前往西班牙。都督在随后被他的几个华人桨手杀害。1592 年 4 月，修士阿隆索·希梅内斯被选任为会省主教。他划分了不同的传教区，通过了一些关于传教士行为和会省管理的敕令。修士胡安·德卡斯特罗和修士胡安·科博不久后离世，阿杜阿尔特详尽地记录了他们的一生。1594 年 12 月召开了一场特殊的宗教会议，在这场会议上，确定了有关神职人员行为的新规定。他们也被要求向新塞哥维亚派遣传教士，两位神父受命前往。阿杜阿尔特讲述了那一会省的状况以及它于 1581 年被西班牙人征服的事，这避免了它为日本人所占有。该省的印第安人十分好战，因而西班牙人只能保持宽松的控制。修道士发现在这一地方，无论是在西班牙人身上，还是印第安人身上，他们都无法取得任何进展。多明我会的传教士们进入了一块艰苦而难有成果的土地。但相当数量的传教士后继而来，给他们提供了帮助，尽管这些后来到达的传教士很多人在从西班牙过来的旅途上去世了。阿杜阿尔特再次列举在卡加延岛的印第安人中流行的迷信观念和习俗，这些观念和习俗塑造了，或者说规定了他们几乎所有的社会风俗。从他的角度看，他们在方方面面都是魔鬼的奴隶。多明我会的传教士，现在有 8 个人，计划并开展了对卡加延岛的精神征服之旅。在将近一年时间里，由于土著居民的敌意，他们承受了巨大的痛苦，缺衣少食，似乎劳而无功，然而凭着永不停歇的自我牺牲、耐心和爱，他们逐渐赢得了土著居民的心。首批成果主要包括 8 名酋长的皈依，他们在复活节（1597 年）接受洗礼，这意味着丰收的开始。起初，主要是患天花的儿童在临终前受洗。渐渐地, 他们开始可以在不同的村庄建立教堂, 并给印第安人引入文明的、基督教式的生活。在阿杜阿尔特写作的年代 (约 1637 年), 土著居民已经变得十分喜欢他们的神职人员, 并且请求神职人员教导他们——在需要取得宗教上的指导时, 甚至不惜迁出居住地。这一区域的传教士数量严重不足, 亟须马上增加。

编者

1905 年 7 月

# 第31卷　1640年，多明我会《历史》（上）

本卷将进一步论述阿杜阿尔特的《历史》。对其著作的论述开始于本书第30卷，并将在下一卷结束。本卷涉及1596年至1608年多明我修会在菲律宾活动的相关历史。

承接上卷，在阿杜阿尔特对于多明我修会在吕宋北部的卡加延印第安人聚居区所进行的传教活动的叙述中，皈依者的虔诚行为和修士的欢喜与感激都得到了详尽的记录。1596年，萨拉萨尔主教于西班牙去世，其死讯传到菲律宾岛后，阿杜阿尔特详细记录了这位主教的生平、成就与美德。早在定居菲律宾以前，萨拉萨尔在新西班牙总督区居住时，作为印第安人朋友和保护者的他就已经十分优秀了。其生活方式极为简朴，但在他有限的财力范围内，他又是慷慨、热衷慈善的。尽管本性上易怒易躁，但他锤炼自己以达到平和安然的心境。即便是恶毒的诽谤，也只能使他抱以怜悯与同情。他拥有爱国情怀，并始终将修会的利益放在首位。耶稣会能够获得维持学校运转的王室拨款，以及为照顾伤病印第安人的医院得以建立并获得大量的捐款都要归功于他的努力。

　　萨拉萨尔主教的西班牙之旅，使得他能够确保其主教座堂获得至关重要的帮助，并将其主教区进行细划，以便教区中的众多职责得以圆满履行。但不久后，萨拉萨尔在马德里去世。在主教职位空缺期间，他的主教区由代理主教（vicar-general）克里斯托巴·德萨尔瓦铁拉修士（Christobal de Salvatierra）管理，关于他模范的生活、富有价值的工作以及使徒般的美德在本卷中都有记录。他保护印第安人，并为提高西班牙人的道德水准付出了大量心血。在其他事务中，他迫使中国人停止了偶像崇拜和其他迷信活动等夸张的行为。他也使西班牙人放弃参与此类活动。是他启动了对于卡加延地区的精神征服并参与了对其他区域的远征。在传教士们未抵达之前，他承担了在巴丹地区传教的工作。他去世的时候，他指定了两名多明我修会教士来接替他的工作，作为代理主教。但是这一任命遭到教士会议的反对致使他们最终放弃了这一职务。随后是年轻人胡安·德卡斯特罗的略传，他被派往邦阿西楠进行艰苦的传教工作。在1593年的12月，他和一个使团一起出访中国，在回程中，船只失事了。卡斯特罗逃到了岸边，但很快死于休克和伤口感染。

　　随后，阿杜阿尔特叙述了1596年对于柬埔寨的远征，其中包含着大量细节。他和另一个多明我修士，阿隆索·希梅内斯共同参与了这次的远征。贝略索的船只因风暴而被迫靠岸，在经历生活必需品匮乏和众多痛苦之后，船员们将船只改造成浅桨船沿岸航行，寻找水源和可以落脚的地方。在穷途末路之际，他们发现了淡水，由此得救。最终抵达了由柬埔寨士兵驻守的一处堡垒。这些西班牙人从他们那里得知，亲西班牙的国王被一位篡位者推翻，而且一只西班牙舰队的随行船只也抵达了柬埔寨。他们登上了这艘船。不久他们得知新国王正密谋将他们一网打尽，并鼓动那些抵达乔尔德姆科（Chordemuco）的中国商人和他一起动手。夜间，西班牙人袭击了柬埔寨人并击败了他们的反攻，杀死了反对西班牙的柬埔寨国王。西班牙指挥官加利纳托抵达后，决定班师回马尼拉。但是在经历了两次遭遇战之后，逆风迫使他们在马六甲登陆。近一年之后他们才成功回到马尼拉。他们旅途中"除了沐浴于福音之中"以外别无所获。

1596 年，贝纳尔多·德圣卡塔里纳（Bernardo de Santa Catharina）被选举为会省主教。在其治理下，土著居民皈依天主教的进程大大加快。不久，一批新的传教士抵达菲律宾，他们中的大部分人在卡加延地区开展工作。在柬埔寨地区，西班牙探险家贝略索和布拉斯·鲁伊斯帮助那位正统的国王重新获得王座，并劝说国王派使臣出使马尼拉以寻求武力帮助，还希望能带回两个多明我会修士。路易斯·佩雷斯·达斯马里尼亚斯愿意自费参与此次远征，阿杜阿尔特和希梅内斯也加入进来。但一场猛烈的风暴却使他们分散开来，达斯马里尼亚斯的船只被迫航行到中国沿岸，阿杜阿尔特的船只则在巴布延群岛失事。他将这一不幸的消息传回马尼拉，都督立刻派人到中国去。在中国海岸他们再一次遭遇了失事，但是他们发现了达斯马里尼亚斯，他遭遇了极大的灾难，长期处于生计必需品缺失的匮乏状态中。与此同时，阿杜阿尔特回到了马尼拉。达斯马里尼亚斯不幸的消息传回马尼拉之后，特略都督给他提供了一条船，并命令他立刻返回马尼拉。阿杜阿尔特与这艘船一同出发。他抵达广州，去寻求当地总督的许可，允许达斯马里尼亚斯返回马尼拉。但这事却葬送在了一位贪腐官员的手中，他认为能够从这位修士那里榨取金银，因此囚禁并折磨了他。最终阿杜阿尔特和其他西班牙水手被投入监狱，但很快他被其中国朋友保释出狱。他逃离监狱后很快与达斯马里尼亚斯碰面。后者返回了马尼拉，但由于健康原因，阿杜阿尔特不得不在澳门停留。由于在柬埔寨远征中所遭遇的困苦，阿隆索·希梅内斯修士在澳门去世。关于他的生平经历以及个人品质，在本卷中也有记录。

1597 年，另一支传教士队伍在贝纳维德斯主教的带领下抵达菲律宾。此时正值多明我修会辖下会省的中级教士会议召开期间，这些新抵达的教士自然而然地被分配到所需地区。发生在卡加延和邦阿西楠教士中的各类事件在本卷中也有叙述。本卷也提供安东尼奥·德索里亚（Antonio de Soria）和其他先驱传教士的生平传记。这些人中有两位修士在 1598 年与一名叫作门多萨的西班牙军官一起被派往柬埔寨，他们承担着政治宗教任务。他们遭到马来人的攻击，队伍中大部分人遭到屠杀。其他人逃往暹罗，但在那里再次遭到攻击，人员进一步损失。在死去的西班牙人里就有那两位多明我会修士和门多萨。

在 1600 年的主教座堂教士会议上，胡安·德圣托马斯（Juan de Santo Tomas）被选举为会省主教。卡加延地区的传教士进一步向内地深入，其狂热的宗教追求摧毁了当地人各类偶像崇拜的痕迹。在 1602 年的中级教士会议期间，为处于康复期的修会修士建立的休养所——圣胡安·德尔蒙特（San Juan del Monte）之家——在教区落成。与此同时，一位被魔鬼掌控心灵的修士奇迹般地痊愈，而且一大批从西班牙到来的传教士如有神助般地躲开了各种致命的瘟疫和船只失事的危机。这些教士被分配到会省的各个修道院中，甚至有些人去了日本。阿杜阿尔特解释了这些修士被召唤到日本的原因，也描绘了他们在萨摩藩（Satsuma）取得的第一次成功。

1603 年柬埔寨的新国王向马尼拉寻求士兵和传教协助。三名多明我会修士以及少许作为警卫人员的士兵被一同派往了柬埔寨，并且携带着给国王的信。他们受到了良好的接待，但其中两人还是去世了。柬埔寨国内的派系争斗和土著人嬗变的态度导致剩余的那名教士返回了马尼拉。1604 年 4 月在马尼拉发生了规模巨大的火灾，同年秋季，马尼拉城及城周边地区爆发了反抗和屠杀中国人的骚动，这在前几卷中已经提到了。

1604 教士会议期间，米格尔·德圣哈辛托修士（Miguel de San Jacinto）被选举为会省主教，在一些异教徒聚居地也建立起了新教堂。这些教堂配有同年从西班牙来的传教士。本卷提供了一些关于上述传教士旅途中所遭受的艰难险阻的记录，他们中有些人在瓜达卢佩（Guadalupe）岛遭到敌意深重的印第安人的攻击，有 6 人死亡 3 人受伤。其他一些传教士被派往卡加延展开传教工作，其中一些传教士负责向伊塔维斯（Itaves）印第安人传教。这一民族被西班牙人认为是好战的而且难以驯服，在镇压他们的过程中很多西班牙人被他们杀死，直到"多明我会修士向他们传播福音之后，他们才从嗜血的豺狼转变为温顺的小羊"。阿杜阿尔特认为之所以能够取得如此成就全靠传教士的善良与大度，使得印第安人变得顺从与道德端正。印第安人甚至同意将自己的居所转变为传教归化区。神父们被传教任务弄得精疲力竭，甚至一名神父过劳死亡。但是他们受到其劳动成果和上帝赐予他们的奇迹的鼓舞。

阿杜阿尔特花费了大量的篇幅来记录贝纳维德斯大主教的生平，他是萨拉萨尔的继任者。他在西班牙的时候，作为学者和教师就已经很出名了。抵达菲律宾之后，他立即开始学习汉语，这样他便能帮助那些从中国抵达菲律宾的汉人，而且他还在菲律宾建立起了一座为伤病中国人服务的医院。贝纳维德斯到中国后（如前文所说），就回到了西班牙。在那，他为批驳流行于西班牙的传统观念做出了极大的贡献。这一传统观念认为征服必要先于传教，士兵为传教士清理障碍。此外，他还克服重重困难使得一份教皇敕令（papal brief）得以撤回，这份敕令授权主教巡查那些负责印第安人皈依的修士，仿佛他们是教区神父似的。他还取得了一些其他极为重要的成就，尤其是在为印第安人的利益方面。这些事迹使公众对他的能力、公正严明和品质给出了一致好评。返回菲律宾群岛后，他负责起新塞哥维亚主教区的工作，他狂热地为提升西班牙人的道德水准做出了一系列工作，主要是保护印第安人使其免于由西班牙人的贪婪所导致的迫害。在萨拉萨尔死后，他开始承担空缺教区的工作，并最终被任命为大主教。他的生活方式始终如最贫穷的修士那般简朴，并将其全部的收入用于救济与施舍。在他临死之际，他将自己仅有的财产赠予修会的兄弟姐妹，为在马尼拉建立大学贡献自己的力量。关于其他修士的生平本卷也有记载。其中有一位叫作哈辛托·帕尔多（Jacinto Pardo）的修士死于意外事故，据说是死于敌意深厚的印第安人的毒害。另有一位叫作胡安·德拉·克鲁斯（Juan de la Cruz）的修士是一位语言学家。

在1605年，一份教皇敕令（由耶稣会教士保存）禁止任何教士去往日本，除非经由印度。这一敕令在三年之后就被撤销了。但在此期间，这一敕令给修士带来了许多麻烦。而且此时的日本由于政治问题导致国内极为动荡。1606年马尼拉举行的中级教士会议上，会议要求修士收集资料（阿杜阿尔特利用了这次机会）为编撰多明我会会省的历史做准备。几乎与此同时，阿库尼亚在摩鹿加群岛取得大胜。这场胜利归功于玫瑰圣母（Lady of the Rosary）的帮助。多明我会修士对于玫瑰圣母有着显著的虔诚。在阿库尼亚的军队中，为了纪念她建立了一个团队，而且那个被征服的市镇也被奉献给了她。同年，另一组来自西班牙的传教士抵达，其中一人在抵达马尼拉之前就去世了。那个时候，一个多明我会的传教士团体在日本的肥前藩（Hizen）成立。

1605年，邦阿西楠的传教士们逐渐将活动地域进一步向内地扩大到马瑙阿格（Manáoag）村附近。而且"在随后的几个月里，村庄里不存在任何一个异教徒了"。毗邻村庄的一位酋长也改宗皈依，一个神迹发生在他身上。1607 年，两座新的教堂在卡加延地区落成。在纳尔福坦（Nalfotan），印第安人在其杰出的酋长的带领下，在传教士抵达之前就建立起了一座教堂。当一位旧神崇拜的女祭司鼓动人们反对天主教信仰时，天主教在这片地区的发展是繁荣的。一些村民被她鼓动，逃往山上，随后他们焚毁了教堂。但善良的酋长拯救了传教士的性命。另一场发生在这一省份的暴动是因委托监护主的残暴行为引发的。军队从马尼拉出发，指挥官揪出了挑事的印第安人，并将纳尔福坦人遣返回家乡，并派给他们神父。传教活动如火如荼，而且其酋长在传教过程中起到了中流砥柱的作用，其死后他的妹妹（或姐姐）继续承担他在传教过程中起到的作用。

1608 年巴尔塔萨·福尔特（Baltasar Fort）被选为会省主教。本卷中有一些关于传教士在日本受到迫害的记录。他们在萨摩藩遭到禁止，但是许多传教士在长崎藩（Nagasaki）找到了庇护所。多明我会修士在肥前藩收获良多。他们同样将传教活动扩展到吕宋北部的野蛮的山区人中。传教士们将许多分散的小村庄聚拢成为一个大的村落，并且使其中很多异教徒改宗皈依天主教。在伊图伊（Ituy）地区，他们本打算开展传教活动，但是方济各会宣称伊图伊是他们的活动地域。多明我会修士屈服于这一声明，并对这一地区的人们在方济各会修士离开后迅速放弃天主教信仰表示遗憾。1609 年，修会首脑要求各个会省的主教报告每年的工作状况以及传教士取得的成就，并且要附上关于各会省修会数量和条件状况的信息。若干修士在这一年里去世，关于他们的生平事迹本卷也有记载。其中有一位叫作佩德罗·罗德里格斯（Pedro Rodriguez）的修士为马尼拉的医院在医疗服务上的发展做出了杰出的贡献，这一医院为马尼拉的中国人提供服务。

编辑

1905 年 8 月

# 第32卷 1640年，多明我会《历史》（下）

　　本卷内容主要是多明我会的作者迭戈·阿杜阿尔特所著《历史》，这部作品在第30、31卷中都已做过叙述，本卷涉及的内容是1608年到1637年的传教史。1636年，阿杜阿尔特去世，1634年以后的传教事件和有关阿杜阿尔特生平的简述，由其编辑多明戈·冈萨雷斯（Domingo Goncalez）修士补充完成。

　　本卷中，阿杜阿尔特继续叙述多明我会会省创始人之一，路易斯·甘杜略修士（Luis Gandullo）的生平，讲述了他令异教徒皈依的非凡力量、降临在他身上的神迹、发生在他身上的异象以及其他许多奇妙的经历。1612年，主教座堂教士会议再次选举米格尔·德圣哈辛托修士为会省主教。在日本，宗教迫害变得更加广泛和严重，许多相关事件被阿杜阿尔特记录下来。作者还简述了新塞哥维亚的第二位主教迭戈·德索里亚修士的生平，以及另一位早期传教士弗朗西斯科·米纳约（Francisco Minayo）的生平。

　　《历史》第二卷从1614年的日本开始叙事，那时在日本开始了新一轮、更残酷的基督教迫害。幕府将军（shogun）通过法律规定，要求将所有的神职人员和修道士驱逐出日本本土。当这个法令颁布以后，许多传教士仍然留在日本，他们或躲藏或乔装打扮，穿梭在这个国度指导和宽慰基督教徒，这过程困难重重，最终，大部分的传教士以身殉道。在弗朗西斯科·德圣何塞夫·布兰卡斯（Francisco de San Joseph Blancas）修士的长篇传记中，最有意思的一个地方在于他在塔加洛语言上的成就，以及其将印刷术引入菲律宾群岛之事，阿杜阿尔特将这些功劳都归于弗朗西斯科修士。这位神父学习了一些中文，同时也负责教导马尼拉的黑人和奴隶。

1615 年，拥护旧宗教的祭司们，为了让人们继续信仰旧宗教，怂恿许多本已集中到传教区的印第安人逃回山林，以至于卡加延传教活动受到打断和损害。同年，一大批宗教人士到达这里。贝尔纳多·德圣卡塔利娜（Bernardo de San Catalina）修士在 1616 年的会省主教选举中当选，但他不久就去世了，阿杜阿尔特为他撰述了一部长篇传记。1617 年 4 月 15 日，梅尔基奥尔·德曼卡诺（Melchior de Mançano）修士接任为主教。1615—1616 年，在日本的宗教迫害逐渐变得更加严重。1616 年，德川家康（Ieyasu）[①]去世。1617 年，两个修会（多明我会和奥古斯丁会）的修士赶往大村，指责大名诸侯对基督徒的残酷迫害，并在公共场合宣传上帝的福音，他们和其他一些被捕的宗教人士都被

---

　　① 德川家康，英文译名是 "Tokugawa Ieyasu"。——译者注

处死。他们将生死置之度外的举动，深深鼓舞了日本的基督徒，许多人前仆后继地殉道，吸引许多异教徒信仰上帝。一些传教士被逮捕，在监狱中困苦度日。

阿杜阿尔特叙述了多明我会为居住在马尼拉的中国人所做的工作。多年来，不少传教士居住在岷伦洛村。那里是皈依基督教的中国人在接受新的信仰时要去居住的地方。但那些传教士综合各方考虑，认为在帕里安修建修道院和教堂会更好。1617年，他们着手建造这些建筑物，修会的牧师们就住在那里，在这个大市场及其众多商人和工匠中，传教士们的工作很快得以成功——不仅能确保为生病和垂死之人进行洗礼，还引导那些健康的人，将福音传入自己的国家，传教士们希望将来某一天可以在那个国家实现一个伟大的皈依。最初建造的教堂比较简陋，而后建立了一座更为雄伟的教堂——按照中国风格，不使用钉子，全部使用木质榫卯结构。1628年帕里安发生大火灾，信众们将圣母像放在逼近的火焰之前，使教堂幸免遇难。后来教堂的木料腐朽了，只得再建造了一座由石柱支撑的教堂，这座教堂的墙壁装饰着教导异教徒的画作。在15年的时间中，在这所教堂中进行的洗礼达到4752人次。多明我会赢得了中国人的尊重和喜爱，很少有人不在临终前受洗。

多明我会派出许多传教士前往其他国家传播福音。中国当然是其主要目标，但多明我会修士们对此一筹莫展。1618年，一位试着深入中国内陆的修士，由于风暴的影响而在台湾登陆。他后来提交的关于该岛优势的报告，成为西班牙人占领该岛的动因。

另一位传教士本打算去往朝鲜，但最终只到达长崎，也因此失败告终。同年，24 位新传教士由西班牙到达此地。在甲米地建立了一个新的定居点，牧师们在当地西班牙人和本地人中取得了很多成就。一个新的传教中心在卡加延北部的巴布延群岛上开展活动，尽管大多数修士都贫穷，但他们在那里开心地传教，他们发现该岛的人是非常优秀的基督徒，尽管他们十分贫困。为了帮助这些贫穷的信徒，神父经常向新塞哥维亚的修道院和基督徒请求施舍。1618 年，一些仍旧留在日本的修士殉道。尽管身处残忍的迫害之中，还是有新人改信基督教，这些本地基督教徒对他们的灵父（spiritual father）表现出了极大的忠诚和慷慨。

1619 年，中级教士会议在新塞哥维亚召开，在那时，马尼拉圣托马斯学院正式并入多明我会会省下，作者简要介绍了该机构的历史情况。同年 11 月，在吕宋发生了异常严重的地震，这场地震被详细记载下来。建筑物相继倒下，马尼拉的多明我会修道院也无法幸免，然而修道院中的被收容者都安全跑出来了。1621 年，米格尔·鲁伊斯修士（Miguel Ruiz）当选为主教，同年 11 月 6 日，在吕宋北部的加丹尼斯（Gadanes）发生了一场被完整记载的叛乱。一位多明我会传教士，佩德罗·德桑圣托马斯（Pedro de Santo Thomas），为了劝服叛乱者，独自一人赤手空拳地前往叛乱分子的据点。几个月后，他从判军中带回 300 户人，这些人在低地安稳地居住下来。阿杜阿尔特在第 18 章至第 26 章中记录了 1621—1623 年间在日本殉道的多明我会修士，并简述了他们的生平。对于读者来说，这只是那些殉道者们简单的一生，但却间接地折射出菲律宾的历史。

1625 年，巴托洛梅·马丁内斯修士（Bartholomé Martinez）被选为会省主教，他长期以来一直为马尼拉的中国人服务。1625 年在卡加延也发生了印第安人的动乱，他们背信弃义，杀死了两位宗教人士之后逃到了山林中。1626 年，费尔南多·德席尔瓦派遣一支远征队去往台湾，多明我会传教士们想要将台湾作为他们进入中国的跳板，于是他们和远征队一同前往。西班牙人在台湾建立了要塞，多明我会则充当士兵们的精神导师。学习了当地语言之后，他们逐渐赢得了当地人的信任，并开始教化地人。一批传教士死亡后，会有新的传教士作为补充。1627 年举办了中级教士会议。那时曼达雅人（Mandayas）的反叛已经被镇压下去，多明我会的传教士努力说服他们回到自己的小村庄去，并接受传教士的看护。这一年，日本发生了多起有记录的殉道事件。1628 年，在菲律宾的四个修会的修士们联合要求去日本增援，但这样的尝试由于船只遇难而受阻。与此同时，阿杜阿尔特和一群修士到达马尼拉。一支西班牙远征队被派往柬埔寨，多明我会也同样派遣传教人员前往，但这两项计划都失败了。在台湾，他们取得了一些进展。

1629 年，弗朗西斯科·德埃雷拉修士（Francisco de Herrera）就任会省主教。不久之后，巴托洛梅·马丁内斯修士去世，阿杜阿尔特为他写了一部长传记，他在台湾建立了传教中心，也在那里去世。1629—1630 年，在日本的迫害活动仍旧在继续，在整个国家的每个角落都在严格地巡查基督徒，数以百计的人以身殉道。难以从日本发送任何有关这个事件的消息。在 1630 年末，一些西班牙人和两位多明我会修士，作为大使前往中国福州（Ucheo）。在路上中国船员叛变，杀了大多数西班牙人。有四个人逃到中国海岸，其中包括一名修士，这名神父留在那里并在异教徒之间传教。1633 年 12 月，福音已传递到吕宋岛的伊图伊。两名多明我会修士到达那里，在传教中心的领导者托马斯·古铁雷斯修士（Tomás Gutierrez）的传记中，记载了传教过程和当地的风土人情。1633 年新选任的多明我会主教是多明戈·冈萨雷斯修士，同时他也是阿杜阿尔特的编辑。在本次教士会议中做出了一个重要的改变，即废除了中级教士会议。传教活动前所未有地扩展了，为了更好地扩展教会，需要新的传教士。同年，许多宗教人士在日本殉道，迫害活动持续增长。传记中简单地记载了一些殉道者，其中之一在台湾影响很大。在台湾岛本地人中发生了一起反抗事件，1633 年他们谋杀了一名传教士。

阿杜阿尔特描述了 1631 年开始对吕宋北部的曼达雅人的传教活动。传教十分成功，曾经好战且暴躁的居民被基督教的教义感化了。1634 年，日本有一些传教士和女信徒殉道，阿杜阿尔特简单记录了他们的生平。阿杜阿尔特用两个章节的篇幅，介绍了多明我会在中国的传教，包括许多虔诚的基督徒的事迹。有时，他们面临着被暴徒杀害的危险。在台湾的多明我会传教中心，没有发展很多基督教徒，在那里不少传教士献出了生命。

阿杜阿尔特自己在《历史》中的记叙截止到 1634 年，剩下的章节都是由他的编辑，多明我会的多明戈·冈萨雷斯修士完成。他充分关注了迭戈·科利亚多（Diego Collado）修士对菲律宾会省进行细分的努力，以及为他的蓄须派教徒提供最佳岗位和收入一事。这些企图使阿杜阿尔特大为不满，以致阿杜阿尔特在临终前分外忧郁，甚至加速了他的死亡。但在他去世后不久，这个问题也不复存在了，因为整个教区已经回到了之前的状态中——这一切得益于圣母玛利亚的干涉。科利亚多的新圣会也消失了。之后，冈萨雷斯为阿杜阿尔特写了一部长篇传记，在本卷中我们对此适当删减，其中特别地保留了大量的这位高级教士和没有在他的《历史》中记载的传教士的信息。最后，冈萨雷斯歌颂了阿杜阿尔特的美德，赞美了他为多明我会做出的贡献，以及他为需要帮助的人和印第安人所做的功德。

冈萨雷斯修士将阿杜阿尔特的《历史》扩充至 1637 年，因此本书包含了菲律宾多明我会最初 50 年的历史。1637 年，卡洛斯·甘特修士（Carlós Gant）被选为会省主教。在日本，最后一名留在那里的多明我会修士殉道，本书简单记载了他的生平。书的末尾记载了费利佩四世给在马尼拉多明我会省主教的信，命令取消该省最近的教区分割行动，并命令科利亚多回到西班牙。

编者

1905 年 8 月

# 第33卷　1519—1522年，安东尼奥·皮加费塔关于麦哲伦的《航海记录》

　　在本卷和下一卷中，我们收录了很多种类的文件，尤其是安东尼奥·皮加费塔的《航海记录》。这些文件无法按照时间顺序来出版，有些内容作为附录加入本卷中。

　　麦哲伦带领的环球航行是人类历史上的一大壮举，也是航海大发现时代的一次伟大航行。安东尼奥·皮加费塔在随麦哲伦进行环球航行时写下了航海记录，这一卷就从他的航海记录讲起。作为第一次环球航行的参与者，皮加费塔的航海记录比任何其他对航行的叙述都更有价值，这方面的内容从来没有被充分地翻译成英语，它的重要价值促使编辑们将这份记录放入本系列出版物中，并同时放入了其原始语言即意大利语版本（严格遵守和保留原始手稿的所有特性）和英文翻译版本。皮加费塔的航海记录里有很多关于东方海域不同人民、国家、物产和语言的记载，这些都非常有价值，同时对于第一次环球航行历程的记载也非常重要。从本质上讲，这本航海记录需要很多注释，这些注释从各种不同来源中大量取材：主要是莫斯托（Mosto）在《文献收集与研究》（*Raccolta di Dicumenti e Studi*，罗马，1894 年）第三卷第五部中对皮加费塔做的注释，这套书是在纪念发现美洲 400 周年时，由公共教育部部长主持，哥伦比亚皇家委员会出版的；纳瓦雷特的《旅行选集》（*Col.de Viages*）第四卷（马德里，1837 年）；哈克路特学会（hakluyt society）出版的一系列书籍；F.H.H. 吉尔马（F.H.H.Guillemard）的《费尔南多·麦哲伦的一生》（纽约，1891 年）。出版的意大利语原版和英文版都在卷尾加上了注释，而不是在页脚添加这些注释。出版过程中意大利原稿中的各种航海图全部被临摹下来了。为了将手稿中各种独特的记录真实地保存下来，在翻译过程中必须特别地注意和琢磨皮加费塔故事中出现的词汇的准确涵义。莫斯托同样大量使用了缩略语，而并没有将这些缩略语重现为原词。自始至终我们都致力于呈现出文件的原始样子，它现存于意大利的安布罗夏纳图书馆（Biblioteca Ambrosiana），它的排版很奇特，段首会采用悬挂式缩进，总是用一堆圆点或者破折号结尾，随后是这份记录的概要。

作为罗德岛医院骑士团（后来被称为马耳他骑士团）的一员，皮加费塔首先简短地对医院骑士团团长进行感谢。随后他讲述道，1519 年他和教廷使者在巴塞罗那时，他第一次听说在麦哲伦带领下即将出发的探险船队。由于对未知世界的好奇，他争取到加入麦哲伦的船队的资格，不久之后他就加入了塞维利亚的舰队，从此踏上了环球航行的征程。作为一个智慧的指挥官，麦哲伦在船队离港之前，对各个指挥官发出指示，以保证他们在面对未知海洋时可以协同合作。

　　1519 年 8 月 10 日从塞维利亚启航，五艘小船组成的舰队在炮火齐鸣中开始了漫长的旅程。在瓜达尔基维尔河（Guadalquivir）河口，圣卢卡尔·德巴拉梅达（San Lucar de Barrameda），他们停泊到 9 月 20 日。当再次启航时，他们驶向加那利群岛，9 月 26 日到达，他们在这里补充了食物供给，并在 10 月 3 日起航沿非洲海岸向南航行，在这一段航行中，风平浪静和狂风暴雨交替出现［但好在圣艾尔摩之火（St.Elmo's fire）的出现让他们欢欣鼓舞，因为这预示着平安］，直到他们越过这条线。因此，沿着西风的路线，巴西海岸上的圣奥古斯丁海角很快就可以看见了。船队在巴西海岸停靠，船员们得到了新鲜的食物供给。也是在这里，他们第一次遇到了土著居民，并以很低的代价和土著进行了贸易。皮加费塔对接待的过程进行了简单的描述，还提到了一些有关土著语言的内容，尽管这些土著居民是残暴的食人族，他们还是热情地接待了船员们，他们认为船员们会留下来，甚至给船员们修建了房屋。然而在停留 18 天之后，船队就离开了这里并继续向南行进。麦哲伦带领船队沿着海岸线向南走，在拉普拉塔河（Rio de la Plata）靠岸，拉普拉塔就是西班牙航海家胡安·德索利斯和他们队员遭受毁灭性打击的地方。麦哲伦的船队在这里遇到了吃人的土著，他试图与这些土著交流，但是这些土著都逃跑了，于是麦哲伦的船队只能重新上路，停靠在两个有很多海狼和企鹅的小岛上，这样他们就可以获得新鲜的食物了。船队继续向前，下一次停靠的地点是著名的圣胡利安港，位于荒凉的巴塔哥尼亚（Patagonian）海岸，他们在这里停留了 5 个月以过冬。麦哲伦在这里待了两个月之后，终于第一次看到了人影，他们惊讶地发现巴塔哥尼亚土著的块头很大，像巨人一样。当地四处游荡的印第安土著友好地接待了麦哲伦一行人，出于那个时代的猎奇品味，麦哲伦滋生出一个想法：抓两个土著带回西班牙当作纪念品。他的阴谋得逞了，只是在试图引诱一个印第安人的妻子上船的时候失败了。充满好奇心的皮加费塔对这些土著巨人很感兴趣，他对这些人的记录是最早的有关他们行为举止、风土人情和语言样本的记录。两个被抓获的巨人被分别安置在两条船上——逃跑的"圣安东尼奥号"和麦哲伦自己所在的"特立尼达号"，然而不幸的是他们在航行结束前都死了。

在圣胡利安港停留的 5 个月里发生了很多事。在刚上岸没几天的时候，麦哲伦就遭遇了人生中最困难的时刻，这也是他从航行之初就在担心的。一只船的船长胡安·德卡塔赫纳带领一些因麦哲伦是葡萄牙人而对其不满的人发起了反叛。然而麦哲伦证明了自己有能力应对紧急情况，他迅速地做出了反击以及他对反叛者的宽大处理，最终他平息了这场叛乱。麦哲伦派船长若昂·塞拉（João Serrão）带领"圣地亚哥号"沿着海岸线拓展，虽然这艘船最后遇难了，但是所有的船员都被救了起来。皮加费塔没有很详细地记载营救这些船员的过程，但船员们显然和大自然做了殊死搏斗，最终才得以生还。

当水手们离开圣胡利安港沿着海岸线继续前行时，船队只剩下 4 艘船了，他们在沙丁鱼河（River of Sardines）停下，这里的气候十分恶劣，狂风暴雨严重威胁着他们的航行。他们在这里停留了两个月，船队在这里补给了大量的必需品、木材还有水。在他们离开之前，出于对船员们精神生活的关心，麦哲伦举行了宗教仪式，船员们做了忏悔并举行了圣餐仪式。1520 年 10 月 21日，船员们取得了环球航行进程过半的第一个成就，他们发现了一个海峡，"海峡长达 110 里格，宽 0.5 里格左右"，这一重大发现归功于麦哲伦不屈不挠的精神和他对这个海峡存在的坚信（皮加费塔可能过度赞扬了麦哲伦）。接着皮加费塔简单地叙述了他们穿过海峡的经历，"圣安东尼奥"号的领航员埃斯特万·戈麦斯（Estéban Gomes）嫉妒麦哲伦，认为他自己野心勃勃的计划被麦哲伦的航行破坏了，于是他绑架了船长阿尔瓦罗·德梅斯基塔（Alvaro de Mesquita）——他是麦哲伦的亲戚，开船逃回了西班牙。另外三艘船在 11 月 28 日离开海峡继续前进，他们在海峡留下了书信和记号，以防"圣安东尼奥"号想要重新和他们取得联系。他们进入了太平洋，开始了漫长的荒无人烟的航行，"真的……非常太平"。在继续航行了三又三分之二个月后，他们仍然没得到任何补给，除了对饥荒的恐惧，他们还在遭受坏血病的折磨。皮加费塔没有患上坏血病，他像以前一样保持旺盛的好奇心，他和被抓的巴塔哥尼亚人进行了交谈，这名巴塔哥尼亚人后来受洗了，但最终还是死于坏血病。在海峡和贼岛之间的广阔空间里，船员们只发现了两个全是荒漠的小岛，他们无法在这里停船寻找补给，因此他们把这两座小岛称为"不幸的岛"。皮加费塔提到了南十字座（Crux），还有后来以麦哲伦命名的星云。

他的地理学知识有时却并不准确，就像他以为日本在开阔的太平洋上。当他们看到一群小岛（因为岛上居民盗窃成性所以他们称之为"贼岛"）时终于松了口气，但轻松感很快消散了，因为岛上的居民对他们怀有敌意。岛上居民非常粗鄙（皮加费塔简单地描述了他们的外表，生活习俗），他们对船员们进行了劫掠，甚至偷走了"特立尼达"号船尾绑着的小船，于是双方爆发了冲突，一些土著被杀死，一些房屋被烧毁了，但是船员们抢回了他们的小船。

　　1521年3月16日，他们终于来到了菲律宾群岛［他们称其为圣拉萨罗（San Lazaro）群岛］，这是欧洲人第一次到达菲律宾。他们在一个叫作"霍蒙洪岛"（Humunu）①的荒漠小岛登陆了（船员们将其称为"有好兆头的绿洲"，因为这是第一个他们发现有黄金的地方），他们很快在萨马岛附近为生病的船员搭起了两个帐篷，麦哲伦也开始变得焦虑。3月18日他们第一次接触到了热情的当地居民，他们答应为麦哲伦提供补给。3月22日他们得到了补给，这些欧洲人第一次看到了纹身的米沙鄢人首领，米沙鄢人都佩戴着黄金饰品。在停留一周之后，麦哲伦再次扬帆起航，皮加费塔在钓鱼时不幸摔下船，差点死掉，在圣母玛利亚的保佑下他获救了。

　　3月28日，他们在利马萨瓦岛（Limasaua）的一个小岛上停靠，麦哲伦的马来族（Malaccan）奴隶恩里克（Enrique）担任了

---

　　①　现拼写为 Homonhon——译者

翻译的工作。他们和当地的马来人关系非常友善，甚至举行了歃血为盟的仪式。利马萨瓦岛的国王和他的兄弟——棉兰老岛某一区域的国王，给船员们提供了许多帮助，通过赠送礼物明智地赢得了船员的好感。当地土著看到了麦哲伦的炮兵装备和盔甲，感到十分震惊，当他们看到麦哲伦绘制的从海峡到他们的小岛的航线时，更感到震惊。

在一个美好的星期五，皮加费塔和一个人一起考察了当地的海滨，并在这里国王的宫殿里过夜。国王的宫殿是标准的米沙鄢风格，房子是悬空的，房顶是棕榈树的叶子。在这里皮加费塔看到了很多让他印象深刻的仪式，他的朋友比他更加放浪随意，开始陶醉于这里的典礼。皮加费塔对遇到的土著的语言很感兴趣，他记下了一些他们的话，让当地土著感到震惊。皮加费塔写道"在神圣的周五我不由自主地吃了肉"。在周日的复活节上，船员们在小岛的最高处立起了十字架，并且表达了对上帝的崇敬，这些景象使当地土著印象深刻。

利马萨瓦岛上的食物有限，这里仅仅是两位国王消遣的地方，他们在这里会面、打猎，因此麦哲伦需要寻找资源更丰富的港口。国王为麦哲伦指出了一个资源丰富的小岛——宿务，麦哲伦决定前往此地，"他的不幸也由此开启"。在利马萨瓦岛停留7天后，在利马萨瓦岛国王的带领下船队到达了宿务，行进途中国王的小船跟不上麦哲伦的大帆船，他被邀请登上了"特立尼达"号。4月7日他们在炮火声中登上了宿务岛，当地土著非常惊愕，但那个马来族奴隶上岸向他们说明了自己主人友好的意图，他宣传麦哲伦是"世界上最伟大的国王和王子的船长"，他"被派去寻找摩鹿加群岛"，但在途中他听闻了宿务国王的美名，于是决定来到此处，希望能和他们进行贸易。宿务国王很愿意和欧洲人友好相处，但是他要求麦哲伦上交贡品，每一个来到宿务的人都必须向他缴纳贡品。但恩里克表示不会向国王纳贡，一位摩洛商人曾经听说过葡萄牙人在马六甲和印度海岸的事迹，他把麦哲伦一行人和葡萄牙人搞混了，恩里克向他解释了自己和葡萄牙人不一样后（他说他们要比葡萄牙人好多了），国王听取了商人的意见决定与麦哲伦保持友好关系。在利马萨瓦岛国王的友好帮助下，船员们和土著举行了马来人的友好仪式，并且交换了礼物。和那个时代所有人一样，麦哲伦是一个虔诚的基督徒，他希望使当地土著也受洗皈依基督教。他向土著们展示基督教最具吸引力的特质，并答应宿务国王如果他成为基督徒，就送给他一套盔甲，同时他又要求土著皈依基督教必须是出于虔诚，而不能是为了礼物或者因为恐惧。皮加费塔和他的同伴拜访国王，巩固了双方的和平状态，他们在那里又参观了一些典礼，发现和利马萨瓦岛的很相似，他们把礼物送给国王和一些其他人。他们也去参观了王子的房子，并在那里第一次听到了米沙鄢音乐，观看了土著的舞蹈。在随后的周三，他们举行了盛大而神圣的葬礼，埋葬了两位死去的船员。

在国王的保护下，双方在岸上进行了贸易，船员们发现当地人有度量衡，除了锣之外，他们还有一种音色非常像长笛的乐器。当地人的房子设有楼梯。周五他们开始贸易，当地人用金子和船员们换金属和大件物品，用食物换一些小物件。水手们对黄金表现出了极大的渴望，甚至愿意用一切去换取，如果没有麦哲伦的警惕性，欧洲人所获得的好处会少得多，贸易也将永远被破坏。到了周日，国王和他的酋长们，还有王后和许多女人都已经受洗成为了基督教徒，也有了新的欧洲名字。在那一周结束之前，所有的宿务岛居民和一些临近小岛的居民都受洗成为了基督教徒。在王后真诚的请求下，她还得到了一小尊圣婴像，这尊小像后来被黎牙实比找到，现在还在宿务岛受到最高的尊敬。麦哲伦的武器还成功帮国王吓退了几个反对者。麦哲伦和当地土著为他们的友谊而真诚宣誓，土著们也宣誓效忠西班牙国王。然而当地人并不能向他们所宣誓的那样完全放弃原有的信仰，麦哲伦发现他们还是会祭拜那些当地神灵，求神灵救助生病的人。因此，取代旧信仰的保证是新信仰也能表现出其治愈能力，麦哲伦以人头担保，于是那个病人（他是王子的哥哥，也是岛上最勇敢、最聪明的人）奇迹般地痊愈了。于是许多旧偶像在大规模示威中被烧毁。皮加费塔对当地人民、习俗和仪式进行了生动的描述，尤其是祭祀和哀悼仪式。

　　4 月 20 日，附近岛屿麦克坦（Mactan）的一个酋长给麦哲伦送去一个小礼物，希望麦哲伦能带一船人帮他打赢西拉普拉普[①]（Cilapulapu）的酋长，这个酋长还拒绝宣誓效忠西班牙国王。麦哲伦怀着满腔激情，不顾朋友的劝告，带着三条小船的人（一

---

　　①　现拼写为 Lapu-Lapu——译者

共有 6 条小船）去了西拉普拉普。他要求宿务的国王和他一起前去，作为唯一的目击者见证他和土著的战斗。战斗损失惨重，西拉普拉普岛上的敌人人数众多，欧洲人被迫撤退，撤退途中受到了猛烈的攻击，他们溃不成军，英勇的麦哲伦和几个朋友勉强将船员从几乎一面倒的屠杀中救出。作为入侵者的首领，麦哲伦被当地土著集中火力攻击，当他摔倒跌落水中的时候，土著终于杀掉了他，但是其他人都活了下来。皮加费塔感到非常悲伤，认为土著"杀掉了我们的榜样，我们的明灯，我们的安慰和我们的领袖"。西拉普拉普的土著为自己的胜利感到十分自豪，他们拒绝了宿务国王希望他们交还麦哲伦尸体的请求。船员们对于失去首领感到非常震惊，他们带着物资和武器返回了大船，准备再次起航。杜阿尔特·巴尔沃萨（Duarte Barbosa）和若昂·德·塞拉被选为新的领导者。第二件大事迅速地发生了。奴隶恩里克由于杜阿尔特·巴尔沃萨严厉地训斥和威胁而发怒了，于是他和宿务国王密谋意图叛乱。由于这场叛乱，5 月 1 日包括两位领导者在内的 26 名船员在国王举办的宴会上被杀死了。若昂·卡瓦略（João Carvalho）急切地想要成为领导者，所以不顾同伴若昂·塞拉的恳求驾船离开，留他死在岛上。皮加费塔命名了宿务岛上的很多东西，并且制作了具有价值的米沙鄢语词汇表，其中大部分词语至今还被那里的人们使用着。

剩下的三艘船互相商量之后决定来到了保和岛，剩下的船员人数过少，无法管理好三艘船，"康塞普西翁号"在这里被烧毁了，不过船上的物资都被转移到了"维多利亚号"和"特立尼达号"上了。他们继续航行来到了棉兰老岛，在国王和船员们建立友谊之后，皮加费塔一个人上了岸。船员们在这里听说了中国人每年会过来进行贸易的吕宋。离开棉兰老岛后，他们在卡加延苏禄岛靠岸了，婆罗洲的犯人会在此地定居，这里的人会使用有毒的吹箭，还会用黄金装饰匕首。下一个停靠地是帕拉瓜，在到达这里之前，船员们差点因为饥饿弃船逃走。巴拉望的人把米包进竹叶，然后放到火的下面弄熟，这样比用陶罐煮熟的米更好。这里的人还会举行斗鸡比赛，为自己最喜欢的鸡下注。距巴拉望岛10 里格的地方就是婆罗洲最大的岛屿，船员们在一座叫文莱的城市靠岸，这座城市建在水上，包含了 25000 个火堆①。当地的8 个首领到欧洲人的船上进行了参观，船员和当地人建立了友谊，7个船员作为代表去拜访国王，并带了礼物送给国王和各首领。船员们看到了富丽堂皇的宫廷，皮加费塔简要地进行了记载。国王允许船员们在这里补充食物、淡水、木材等供给，也可以在这里进行贸易。婆罗洲人后来的一些行为让船员们害怕他们会反叛，于是船员们先发制人攻击了他们附近的土著的小船，最终俘虏了四艘船，其中一名俘虏是吕宋国王的儿子，同时他还是婆罗洲的一个酋长。为了获得一大笔黄金，卡瓦略在没有和别人商量的情况下就放他跑了。卡瓦略的行为遭到了报应，国王后来拒绝两个上岸的船员和卡瓦略的儿子（与一位巴西女人所生）返回船上，于是他们被船队扔在了岛上。皮加费塔描述了婆罗洲人和他们的

---

　　① 意指人口——译者

小船。婆罗洲人会使用一种世代相传的瓷盘子，这种瓷器的原料白色陶土需要在地下埋 50 年以提纯。船员在岛上获得了樟脑，这个岛非常大，马来人的细长快速帆船需要行驶 3 个月才能环岛一周。

船员们离开婆罗洲的时候，带走了一些俘虏的土著，其中有 3 个女人，卡瓦略说带走她们是为了献给女王，但他其实是为了自己。船员们在到达婆罗洲时，"康塞普西翁号"刚刚因火灾沉没，他们一直很担心又有火灾引发沉船事件，所以停靠使他们松了一口气，船员们在婆罗洲停靠的 42 天里，忙碌地进行了修船的工作，他们填补了船上的漏洞，还添置了装备。航行继续，他们返回了巴拉望，在途中他们还抓住了一个巴拉望岛上某区域的统治者，这个人和船员们建立了友好的关系。船队继续在卡加延、霍洛岛和棉兰老岛之间航行，他们在到达下一个岛屿的时候又抓获了一艘从棉兰老岛来的小船，他们从船上俘虏的口中得知了摩鹿加群岛的情况。由于暴风雨的天气，船员们在棉兰老岛南边的萨兰加尼（Sarangani）靠岸，之后一直向南走经过很多小岛之后才终于到达了摩鹿加群岛，在 1521 年 11 月 8 日星期五，他们终于进入了蒂多雷港，这时距离他们从西班牙出发只差 2 天就到 27 个月了。

在蒂多雷，船员们受到了国王的热烈欢迎，国王是一个占星家，他早已料到了船员们的到来。国王答应船员们，要多少丁香就给他们多少，甚至去自己统治区域以外的地方为他们找丁香也可以，并且可以很快就把丁香给他们，而作为回报，国王希望他们帮助自己加强统治权力，尤其是可以帮助他对抗特尔纳特岛的国王。在这里他们听说麦哲伦的好朋友弗朗西斯科·塞拉在 8 个月前被蒂多雷的国王毒死了，弗朗西斯科·塞拉曾经拜访过蒂多雷的国王，他曾经帮助特尔纳特岛国王对抗蒂多雷国王。皮加费塔认为，弗朗西斯科·塞拉就是麦哲伦决定进行环球航行的原因，塞拉已经在摩鹿加群岛待了 10 年，葡萄牙人很早就发现了这些岛屿。特尔纳特岛争取这群新的欧洲人的努力失败了，因为他们早已向蒂多雷的国王做了保证。11 月 12 日他们在岸上建起了一座房子，13 日他们把用来贸易的商品搬到了这里，其中包括在婆罗洲赢得的各种小船。因为船员们急切地想要回到西班牙，所以并没有很认真地讨价还价。蒂多雷的国王一直对他们非常友好，蒂多雷国王是一个伊斯兰教徒，船员们为了使他高兴，把船上所有的猪都杀掉了。他们之间的故事在下一卷会做出一个总结。

编者

1905 年 12 月

# 第34卷　1519—1522年，麦哲伦探险；1280—1605年，赵汝适笔下的菲律宾等

本卷中总结了皮加费塔的记载（从第33卷开始）。本卷还收录了一段关于菲律宾群岛的描述，这份作品由13世纪左右的中国地理学家赵汝适（Chao Ju-kua）撰写。另外，本卷展示了1565—1605年间的诸多档案文件。介绍极具趣味性和价值，是麦哲伦船队探险之前对菲律宾群岛最早的真实可信的记载。现存的文献中探讨了岛上的世俗和教会事务，并涵盖广大范围内的诸多事项。有关于宿务、马尼拉的第一批殖民者和早期开发的大量细节，以及对菲律宾和当地人民的描述，对前几卷的信息做出补充。黎牙实比探险中，王室的目的和黎牙实比本人的记载在一系列文献中被记述下来，构成有意义的一章，人们或许可以在本卷中探究第四次向西班牙开放的新东方对西班牙造成的影响。第一批传教士早期的努力、几乎一开始就在传教士与世俗政府之间产生的混乱、奥古斯丁会的内部问题，都得到了足够多的关注。应特别说明的一点是，主教萨拉萨尔的宣言使马尼拉大教堂得以创

立和建造，在此宣言中，除了对其他相关事项的叙述，他还概述了各类官员的职责。早期政府事务和其中所出现的问题，以及我们能够借以了解西班牙宗教与世俗政府之间亲密关系的贡礼与商业贸易，也都在此文献中有所涉及。1565—1605 年的文献记载展示了宿务岛上的第一个菲律宾永久定居点，它在风雨飘摇中生存，但在更加稳定的政府组织推动下，这一定居点艰难而蹒跚地向前发展着，从一种简单形态进化到更加复杂的状态。以下是本卷中文献的概要。

皮加费塔记述道，一个在塞拉死后去过特尔纳特的葡萄牙人，佩德罗·阿方索·德洛罗萨（Pedro Affonso de Lorosa），1521 年 11 月 13 日来到了船上。他们从此人处得知了葡萄牙人为了阻止他们的远征所做出的努力，并了解到那个地区的大量消息。他们将这个人招待得非常好，以至于他离开时承诺说会回到船上，和他们一起去西班牙。在 11 月 16—17 日，希洛洛岛的摩洛人国王造访了这艘船，为船上的大炮、船只和人们的作战能力感到高兴，因为他自小就是一个伟大的勇士，为整个地区的人们所敬畏。在 18 日，皮加费塔到岸上去看如何种植丁香，作为这次拜访的成果，他给出了一个对于丁香和肉豆蔻树的相当正确的描述。他写道，那个地区的女人是丑陋的，男人们则十分嫉妒他们，并对欧洲人充满恐惧。

同时，特尔纳特岛人每天给船上带来一船船的丁香和其他各种物品，但是船员们只从特尔纳特人那里购买食物，丁香贸易依旧被蒂多雷的国王所把持。晚些返岛的船只在 11 月 24 日带来了消息，说是许多的丁香即将被送来。第二天，伴随着炮声，第一批丁香被装入底舱。为了庆祝第一批丁香的装载，国王依照那个地区的习俗，邀请水手们来参加宴会。但是水手们对五月份那次危险的宴会依然保持着警觉，怀疑国王有阴谋，并做好了离开的准备。国王得知了他们要离开的打算，恳求他们留下来，如果他们真的离开并拿回他们所有的礼物，国王会被所有邻国视为叛徒。在他的恳求起效后，我们可以看出一部分首领试图令国王偏向葡萄牙人，并转而对付西班牙人的努力徒劳无功了。在 11 月 27 日和 28 日，更多的丁香被交易。巴羌岛（Machian）①的首领在 11 月 29 日来到船上，但是他拒绝登陆，因为他的父亲和哥哥正被流放在蒂多雷岛上居住（东方政府统治习惯的一种奇特表现）。由于船员们的货物已经被送出去了，国王再次证明自己的友善，将船员们的一部分礼物还给他们，以便于船员们把礼物拿给这位首领。到 12 月 2 日时，国王离开了他的岛屿，帮助船员们快速启程离开。在 5 日和 6 日，最后一笔交易完成，船员们按照他们所渴望的以货易货的条件，以衣物交换了丁香。于是在摩鹿加群岛以及其他各岛的诸多国王和首领到访之后，在葡萄牙人洛罗萨来到船上之后——尽管特尔纳特的一个王室成员试图逮捕他，在见证了巴羌岛和蒂多雷岛的国王之间的多次仪式之后：船员们扬起风帆，准备启程。他们给蒂多雷的国王

---

① 或作 Batchian，今名 Bacan（巴占群岛）——译者

留下了一些火炮和火药，还有他们的婆罗洲岛人俘虏（他们拥有的其他全部囚犯在之前就交给国王了），他们还同环绕在这一片区域的各位统治者都建立了和平：于是"维多利亚号"升起了船锚，驶出港口等候"特立尼达号"。但是后者却无法升起船锚，并突然开始漏水。"维多利亚号"回到了港口，"特立尼达号"被减轻负重，但是所有寻找裂缝的努力都失败了。国王做出了极大努力，他无比担心如果这些船只不能回到西班牙，他日后的远大计划会失败，但是他尽最大努力所做的各种尝试都没能成功。最后大家决定，"维多利亚号"将凭借风向绕过好望角返回西班牙，而"特立尼达号"在经过大检修之后，将会从巴拿马地峡的航线回去。由于"维多利亚号"已过载，在减轻其上 60 公担（quintales）的丁香之后，船只离开了，47 个欧洲人和 13 个原住民随"维多利亚号"返航，53 个人依旧和若昂·卡瓦略留在一起。伴随着双方的泪水，"维多利亚号"离开了，他们途径马雷岛（Mare），在那里砍了一些木头并很快把木头装上船，然后从东印度群岛中的众多岛屿中选择了一条路径离开。在皮加费塔看来，世界得益于最早的马来语词汇，也受益于很多关于岛屿、人民和当地作物的描述。"维多利亚号"取道，向开阔的印度洋进发，这期间它间歇地停靠在众多不同的岛屿，寻求新鲜的补给和木材。皮加费塔同时不断向马来的领航员提出关于整个地区的问题，并学到了关于中国、马六甲和印度海岸沿岸的众岛屿的诸多知识。这些知识一部分是真实的，一部分具有传奇色彩。他们最长时间的一次停留是在提姆尔岛（Timur），在那里，有两个人出于对葡萄牙人的恐惧逃跑到了苏门答腊岛南部，那天是 1522 年 2 月 11 日，一个周三。在前往好望角的路上，一些人被饥饿所迫，希望能在葡萄牙在莫桑比克（Mozambique）的殖民地那里停下来，但是大多数人视荣誉高于生命，决定他们甘冒一切危险返回西班牙。九周以来，他们在海角奋勇前进，最终在五月取得了双倍成效，不过在此前损失了一根桅杆。他们在没有新鲜补给的情况下航行了两个月，最终在 7 月 9 日，一个周三，抵达了佛得角群岛之中的圣地亚哥岛。他们向岸上派去一艘小船，并虚构了一个故事来迷惑葡萄牙人，然后以他们的货物换了两船大米。皮加费塔一直在勤劳地记录每一天的事，一件事一直令他很困惑，即这些人有一天惊讶地发现他们的计划暴露了，直到后来皮加费塔才找到原因。载了 13 个人的小船回来了不止一次，但是秘密被泄露了一部分，而那艘载了仅仅 18 个欧洲人的船为了避免被抓捕就匆忙地离开了（算上欧洲人和马来人，有 21 个人在离开提姆尔岛的时候死去了，其中一部分是因为他们的罪行而被处决的）。在 9 月 6 日周六，这艘船到达了圣卢卡尔，几乎所有船员都病了，而在 9 月 8 日的周一，他们在塞维利亚再次停靠。第二天，人们相继拜访了两个著名的教堂，为他们能够回来而感谢上帝。仍然休息的皮加费塔去了巴利亚多利德，在那里把一本书呈交给卡洛斯一世。他还去了葡萄牙和法国，在那儿他讲述了自己美妙的经历。最后他去了意大利的威尼斯，打算在那儿安度晚年。

　　对于研究菲律宾的学者而言极其有价值的资料就是赵汝适

对菲律宾群岛的简要描述，这很可能是他在 13 世纪的时候写的，比第一批欧洲人在此的探索早一个世纪甚至更久。赵汝适的记载似乎是从来到菲律宾的中国商人那里得到的，尽管非常不完善，而且都很短小，我们依旧可以基本确定地辨别出吕宋岛、民都洛岛、棉兰老岛、帕拉瓜和米沙鄢群岛等岛屿。他对当地人的叙述较少，但列举了这些岛屿上的各种作物并描述了贸易方式。第一个被命名了的岛屿上所存在的佛陀雕像是很有意义的，很可能证实了中国人与菲律宾人的长期持续性交往。

1565 年 5 月 30 日，吉多·德拉维萨利斯给费利佩二世写了信，简短地提到他在比利亚洛沃斯的远征队中参与的行动，以及他紧接着前往西班牙传递信息的行程。同样也提到了他参与到特里斯坦·德阿雷利亚诺（Tristan de Arellano）带领的佛罗里达探险远征队中的行动。在为黎牙实比舰队的准备工作提供帮助后，他作为财务官与他们一起航行。作为引进生姜植株方面所做工作的奖励，他要求王室的奖赏，这些生姜在新西班牙生长得极其旺盛。但他被弗朗西斯科·德门多萨欺骗了，此人原本答应为他去商议这件事。黎牙实比探险队在 64 天之内就到达了菲律宾群岛，西班牙人现在在菲律宾地区的中心宿务岛定居了，他们在 1565 年 4 月 27 日第一次到达这里。黄金、蜡、肉桂的样本被送去西班牙，并且探险队急需补给以武力登陆该地。

同一艘船上的安德烈斯·德米兰达奥拉也给费利佩二世写了信。远征队在 1565 年 2 月 16 日到达菲律宾。那附近的大片土地被纳入西班牙所占领的地界，但是为了传入天主教，或许有必要以武力征服此地，因为当地人是危险且好战的族裔。这里已经确定的产物有黄金、蜡和肉桂，如果西班牙人培养这些作物，那里的贸易量将会增加。摩鹿加群岛的原住民和葡萄牙人结盟，对黎牙实比舰队停留数日的保和岛发动了一场灾难性的突袭，造成巨大损失并引起了当地居民的恐慌情绪。拉维萨里斯和米兰达奥拉探索了棉兰老岛的一部分地区，在那儿摸清了作物和贸易关系，并且与武端的首领树立和平、建立贸易关系，在那儿他们听到了有关婆罗洲岛的描述。舰队到了宿务，他们在与当地居民发生了小规模冲突后就定居在那里，当地人无理取闹地拖延了一段时间后，双方才以平等公平的方式建立了和平和友谊。西班牙人在那儿找到了圣婴雕像和两个重炮，可能是属于麦哲伦时代的。宿务岛人口主要由好战且危险的族裔构成。乌尔达内塔受到费利佩·德萨尔塞多（Felipe de Salcedo）和胡安·德阿吉雷（Juan de Aguirre）的命令，回到即将启程寻找回程路线的船上。殖民者需要人手和供应物资。米兰达奥拉请求王室对其办公机构的批准，并要求加薪。

随后，又有一封来自吉多·德拉维萨利斯的信，写于1567年7月25日，信中提及了他1565年的信和他的工作。1566年从新西班牙被派来的"圣赫罗尼莫"号已经到了，在一段充满了艰难险阻和反叛暴动的航行之后，带来了发现返航路线的新消息。黎牙实比和王室给出了更详细的描述。在棉兰老岛的考伊特（Cauit）地区发现了长满肉桂树的山，为了获得收益，有必要在那里建立殖民地，从马六甲到摩鹿加群岛的葡萄牙人途经此地时，这个殖民地还可以对他们起震慑作用。1567 年 7 月 10 日两艘葡萄牙的航船在宿务停靠，带来了佩雷拉写来的信，信中命令西班牙人放弃他们的殖民地并前往印度。佩雷拉接到了将他们从那块陆地上驱逐的命令，已经带着九艘船和八百个士兵前往那里。葡萄牙人和特尔纳特人已经在菲律宾群岛上进行了许多次掠夺。摩鹿加群岛上其余的原住民已经基本上都被西班牙人妥善安置，蒂多雷岛的人则要被迫给葡萄牙人进贡。葡萄牙船在 13 天内离开了宿务岛，但那时拉维萨利斯已经设法从他们那里借了一张地图和航海图，他从图上抄画了西班牙势力范围内的土地。写完这部分，他结束了他的这封信。

第二天，7 月 26 日，王室成员给国王写了信，给出了一些在某些方面比拉维萨里斯所写的更详细的信息。1565 年"圣佩德罗号"离开之后，宿务人及其他原住民与黎牙实比和解，但是他们是个没有信仰的族裔，很容易在武力胁迫下抛弃自己的家园。黎牙实比明智地避免了与他们开战，因此殖民者还能够生存下来。通过交换得到的肉桂正要被运往新西班牙。拥有黄金的棉兰老岛已经被西班牙占领。宿务已经被从吕宋岛和民都洛岛来的摩洛人造访，他们用黄金和大米换取银器和珍珠。他们还记录了与中国人的活跃贸易往来。1565 年 11 月 28 日，在宿务发生的一场暴动被镇压了，黎牙实比仁慈地赦免了大多数的反抗者。"圣赫罗尼莫号"遇到的困难和叛乱也被生动地记载下来。信中讨论了与葡萄牙人的关系，从中可以看到黎牙实比一方在尝试争取时间。由于马特奥·德尔萨斯（Mateo del Saz）的逝世，戈伊蒂接手了其军营指挥官一职。王室官员申请加薪，并申明对人手和供应物资的需求，现在正由新西班牙勉强供应着。在信仰教化方面有了一个开端，但是为了更加稳定，还需要更多已婚殖民者。

在 1569 年 7 月 8 日，圣奥古斯丁会的马丁·德拉达，向新西班牙的总督法尔塞斯侯爵（Marquis of Falçes），祝贺他的任职。他提供了有关于吕宋岛、婆罗洲岛、班乃岛和棉兰老岛的各种数据。马尼拉的富庶村庄距离宿务只有 70 里格。所有岛屿的黄金都非常丰富，为当地人所拥有，但是他们从不会开采超过满足他们直接需求的数量。来自吕宋岛、婆罗洲岛和霍洛岛的商人们时常穿梭在各岛上探寻黄金和奴隶。原住民很傲慢，由于他们并没有真正的统治者，建立统治是有可行性的。征服这片土地不需要士兵们，他们已经造成了很大的破坏，原住民非常害怕他们，以致他们在士兵们靠近的时候就抛弃了自己的村庄。尽管有一些摩洛人，原住民大多数还是异教徒，他们很容易被转变信仰。黎牙实比的无所作为应当受到指责。这个地区还需要更多的协调，尽管岛上有充足的供给，饥荒还是蔓延开了。没有船能把极具价值的、充足的木料运送出去。如果西班牙国王想要征服中国，在菲律宾的殖民地就很有必要。修士还未开始非常认真地传教，因为并不能确定殖民地是否能长久存在。

1570 年 7 月 25 日，圣奥古斯丁会的迭戈·德埃雷拉同样给费利佩二世写信，以比较相似的方式提出了政治改革的必要性，阐述了那些熟悉战争的人们，以及西班牙人对待原住民的糟糕方式。他猛烈抨击从至今看起来依旧最强大的宿务岛转移到沼泽遍布、疾病多发的班乃岛的行为。西班牙人们请求允许掠夺和奴役摩洛人，埃雷拉不建议对此请愿做出让步。吕宋岛的摩洛人几乎只是名义上的信徒，基本不禁食猪肉，并且多是近期刚开始信教的。婆罗洲岛的摩洛人稍微比他们安定一些，并且只住在沿海地区。埃雷拉请求只定期从新西班牙给虔诚的修士供应物资，直到菲律宾人能提供足够的支持。尽管由于对殖民地长久性所抱有的不确定性，他们已经普遍地克制了传教洗礼的行为，但现在这种不确定性已经消失，他们将会投入到这项工作中去。

接下来有一系列相关联的文件，涵盖 1568—1570 年，由黎牙实比的相关文件和王室与他的通信构成。1568 年 11 月 16 日，一封承载着国王指示的正式信件对 1567 年黎牙实比的两封信进行了回复。他被命令继续在众岛屿上推行他的政策。王室将会考虑大帆船的问题，同样会考虑从新西班牙派送供应物资的问题。他必须谨慎处理对当地居民的传教事宜。委托监护制管理下的土地必须留给王室来进行分配。如果摩洛人想要鼓吹伊斯兰教，他们就应当被奴役。一份关于菲律宾人奴役情况的报告被送到了王家西印度事务委员会。所有殖民者中的葡萄牙人必须被送到西班牙，因为他们是对新殖民地的一支威胁力量。在 1569 年 8 月 6 日的一个文件的记载中，黎牙实比被授予了宿务岛一处要塞的中尉职衔，并应当以这一身份在岗位上恪尽职守。在 1569 年 8 月 14 日，他又被王室特别授予了贼岛都督的头衔。黎牙实比将为西班牙治理这些岛屿，他应当被视为这个地区拥有正当权力的都督和海军统帅，同时他被给予额外津贴和

两千杜卡特的工资。同日的一份文件授予黎牙实比贼岛先遣官
（adelantado）的头衔。1569 年 8 月 28 日由 22 个章节部分组成的
王家指示，概述了黎牙实比在贼岛应当遵循的政策。这些指示包
括以下几个方面：殖民、对原住民的政策、军事防御、宗教和传
教、民事政府和公职人员、工业以及贸易。1570 年 8 月 29 日，
这一系列文件的最后一份对黎牙实比做了嘉奖，给予他两千杜
卡特。

　　1573 年 6 月 6 日，圣奥古斯丁会的弗朗西斯科·德奥尔特
加（Francisco de Ortega）的信，探讨了这些岛屿的大致状况。奥
尔特加叙述了 1572 年 8 月 21 日黎牙实比的逝世，由于他本人良
好的品行和出色的治理，他的逝世被所有人深切惋惜。胡安·德
萨尔塞多已经从吕宋岛的勘探工作中返回，在此期间他环航了这
座岛屿——他是第一个完成这一壮举的人。一支由拉维萨利斯派
出的远征队没能找到新事物，士兵们仅仅走出了以前探测过的地
区，在那里他们对原住民进行了大肆掠夺和破坏，许多原住民被
杀害，另一些人在西班牙人来之前逃跑了。他们交给国王的黄金
是从贫穷的当地人那里抢到的，与黎牙实比远征队已经消耗的巨
额花费相比微不足道。肉桂和对黄金矿产的开发将是恰好有收益
的资源，而这甚至也意味着对原住民的摧毁。总督不应当只信任
即将前往新西班牙的胡安·帕切科所言，因为他收受贿赂，会偏
心支持这位都督。真实可信的新闻和信息可能会从迭戈·德埃雷
拉那里得到，他即将到新西班牙和西班牙去报告世俗与教会的相
关事务。奥尔特加强烈愤恨地抱怨了充满偏见和狂热的拉维萨利

斯这个人，他对待修士和印第安人以及贫苦的西班牙人都不公平。他应当退休了，因为他已经超过 70 岁了。他错误地重新分配了已经归还王室的未被占用的委托监护区，与黎牙实比坚决拒绝这样做形成了强烈对比。这个岛屿的人口被过分地高估了。如果不委任一个新的都督，至少应该派来一位有能力的视察员。奥尔特加称赞了胡安·德萨尔塞多和胡安·德莫隆（后者被不公正地逮捕并遣送到了新西班牙）并为他们申请奖赏。他哀叹道，黎牙实比所计划的、修士们所渴望的前往中国的探险并没有能够实施，这主要是由于拉维萨里斯和他朋友的反对。如果远征队能重组的话，他自荐重新加入远征队，建议到属于中国的考奇尔（Cauchill）[①] 岛屿去探险，开展胡椒与摩鹿加岛丁香的出口贸易。

一份未标日期的备忘录与上述这封信大约写在同一时间，内容有关于迭戈·德埃雷拉，他曾在 1573 年前往新西班牙，向国王告发各种暴行，并报告诸岛情况，提出各种请求。备忘录用最阴暗的色彩描绘了征服战争的状况，详细叙述了西班牙人的残暴，和由此导致的菲律宾人对西班牙的仇恨。正义几乎是陌生的字眼，审判则取决于谁付的钱最多。对菲律宾人造成的伤害加以报复已经成为当时的一种常态，而没有人留意始作俑者是否受到了惩罚。有许多劫掠发生，土地被分割为若干委托监护区，尽管仍不安定。委托监护主只是压榨并不保护他们的原住民。奴隶制在原住民之中很常见，出于各种原因，西班牙人很快也开始毫

---

① 指交趾支那——译者

无正义地利用起这种制度。一系列指令即将下达，其中一部分是为了进行改革。以上所有这些对待原住民的错误方式都应当被纠正，并有一份关于不法使用奴隶的调查。应当派遣诚实的人来监督这里的情况。这里需要建两个医院，宗教传播也极其必要。两个在俗教士被命令照顾西班牙人。如果中国远征队被派遣过来，圣奥古斯丁会的修士希望有优先权。这里也需要援助来支持传教活动。如果允许奴隶制存在，应当需要多项措施来规范它，并且有关奴隶的最终发言权应该由教士们掌握。不应当违背当地人的意愿对他们发动袭击。这些岛屿的主要产物是黄金、珍珠、香料和药材，其附近主要岛屿上产量丰富。

在 1574 年 6 月 30 日，圣奥古斯丁会的马丁·德拉达给新西班牙的总督写信，讨论西班牙人与菲律宾人的重大事件和状况。他同样以阴暗的色彩描述了西班牙人的贪婪掠夺行为，他们非正义的袭击和过度索取贡赋的行为持续骚扰着菲律宾人。萨尔塞多和查维斯派出的前往比科尔河（Bicol River）和甘马粦的远征队对阵吕宋岛最勇敢的一批原住民并取得了胜利，后者因此蒙受了严重的损失。查维斯带着一个小队被留在伊罗戈斯，以便经营殖民地。拉达把一份关于进贡的“观点”的复制件装在信里。尽管记录了对立状况，诸岛还是稍微地安定了一些。原住民并不安宁，海盗依旧时常出现。不义的战争被加诸于原住民身上，尽管西班牙人试图在乌尔达内塔和拉达的背后掩盖他们自己的行为。进军马尼拉的行动被狡辩成正义的行动。这里的都督收受甚至要求贿赂，但是对原住民毫不关心。因为这种普遍状况，修士们想要回新西班牙，拉达留住了他们。一场天花传染病导致许多人死亡，"无论幼儿、青年和老人"都未能幸免。文件最后是关于各阶层的记录和原住民中奴隶制的形成原因，其中提到了很多菲律宾人的性格特点。

1574 年 7 月 17 日，在王室官员们给费利佩二世的信中，祝贺国王生下一个儿子，并给他送去一份礼物，同时祝贺奥地利的堂胡安（Don Juan）赢得了对阵土耳其人的勒班陀战役。伊罗戈斯被划分出若干委托监护区，同时甘马粦已被开发，形势已经稳定，这一片土地即将被分配出去。婆罗洲岛原本计划在 1573 年进行一次袭击，但是后来的报告大意上说那里的国王想要与西班牙人建立友谊。棉兰老岛的一个首领同样表明他渴望和平。与中国有一个稳定的贸易往来，但是中国的货物并不具有非常高的价值。他们请求国王重新组织与西班牙的商业交流，并允许私人船只通商。肉桂很充足，尽管由于船上缺少空间而极少能够船运。大量需求充斥着各个岛屿，墨西哥地区的王室管理者们也并未缓解这种需求，因为他们宣称这并非出于王室法令。黎牙实比曾经没能够展示确凿的王室旨意，而他们请求国王下达指令让都督不要参与到王室官员的事务中来。在贡物方面与奥古斯丁会的修士们产生了一些矛盾，王室官员从他们的立场阐述了这个问题，修士们甚至断言国王在这些岛屿上并没有合法的头衔。然而，贡物是从黎牙实比所安排的路线上被收集上来的。官员们［考切拉（Cauchela）和阿尔达韦（Aldave），因为米兰达奥拉已被逮捕送去新西班牙］请求加薪，由于拉维萨利斯升任为都督，阿尔达韦被正式任命为财务官。

1576 年 6 月 2 日，政府的公证员埃尔南多·里克尔（Hernando Riquel）提供了一份黎牙实比所分配的委托监护区清单。这份清单中包含宿务岛、班乃岛、棉兰老岛、莱特岛、吕宋岛、民都洛岛、卢班岛（Lubán）、艾林岛（Elin）、伊马拉斯岛（Imarás）、马斯巴特岛（Masbat）、卡普尔岛（Capul）、马萨瓜岛（Mazagua）、马里皮皮岛、甘米银岛（Camiguinin）、塔布拉斯岛（Tablas）、库布延岛（Cubuyan）、保和岛、班塔延岛、马林杜克岛（Marenduque）、堂布隆 / 郎布隆岛（Donblón/Romblón）、班顿岛（Bantón）、内格罗斯岛。其中记录了很多早期征服者的名字，而且这份文件很具有价值，因为它展示了在人口评估方面的早期尝试，尽管那些估算只是模糊且极不充分的。

1580 年 6 月 15 日，洛阿尔卡的信抱怨了桑德都督的敌意，这个人憎恨他，因为他在拉维萨利斯的命令下踏上了前往中国的远征，与此同时桑德当时还留在岛上，他抱怨那些关于征服战争的不实报道，以及因此浪费的很多钱。他不敢在信里说的太具体，以免让他的信被误解。他请求援助，因为他已经数年没有收到过薪水，甚至已经为了公共事务开始花自己的钱，并且已经开始变得穷苦。

以所有修会兄弟的名义，巴勃罗·德赫苏斯（Pablo de Jesus）不久就当选成为马尼拉的方济各会的管理者。1580 年 6 月 18 日，他给教皇格列高利十三世写信，提供了第一批前往菲律宾的方济各会传教士的航行记录。在前往那里的路程中，他们在贼岛做了短暂的停留，这位神父对于岛上的居民提供了一个简短的描述。在马尼拉，奥古斯丁会（至那时为止一直是那些岛屿上唯一的修会）的修士们对他们表示了衷心的欢迎，但是他们称在土著人中的传教进度是令人沮丧的。但是这些勇敢的新传教士们以坚定信仰开始了传教工作，不久取得了显著的成效。伊斯兰教的邪恶影响已经进入婆罗洲岛，并对当地人产生了影响，但是随着充足的传教士的支援，这些菲律宾人，根据所描述的他们的习俗（社会的和宗教的），将会很快皈依基督教。第一批去中国的方济各会的修士远征队在佩德罗·德阿尔法罗（Pedro de Alfaro）的带领下，在 1579 年 5 月 20 日离开了马尼拉，这件事也被记录了，中国人也描述过这件事。巴勃罗·德赫苏斯乞求教皇下命令，让马尼拉政府当局停止对那些想要去中国、向那个伟大帝国传教的修士们设置障碍。

在 1581 年 10 月 17 日，一个由主教萨拉萨尔组织的、多位修士组成的委员会，对西班牙人所持有的土著奴隶的释放问题展开了讨论，这一问题有相关王家法令可依：1、1530 年法令禁止西班牙人奴役西印度群岛原住民，那道法令本身已经足够使所有奴隶被释放。因此，新的法令也必须被遵守。2、并没有任何合理的理由要因为请愿而去等待新的命令，因为这种请愿仅仅是为了争取时间和延缓释放奴隶的一个托词。3、奴隶们必须被立刻释放，尽管他们可能会被命令继续留在他们主人家中 20 至 30 天，以便于留出一些时间使他们适应突然的变化。

1581 年 12 月 21 日主教萨拉萨尔的文件，具有独特的宗教意义和历史意义，文件有关创造和建立马尼拉大教堂。他规定了多种教会职位的任命，比如主任牧师（dean）、执事长、唱弥撒曲的神父（chanter）、校长、财务主管、咏礼司铎（canon）、受俸牧师（prebendaries）、受俸教士（racioneros）、半俸教士（half-racioneros）、教士助手（acolytes）、专职教士（chaplain）、圣器保管员（sacristan）、风琴演奏者、教区执事（beadle）、财务管理员、教士会议公证员（notary of the chapter），以及特有的捕狗人办公处，他大致概述了所有职位的责任并列出了每个职位应得的薪水。文件的大部分内容有关于什一税、税收和圣俸，众多已经存在的和可能将建立的教区教堂，以及它们的神父，任何一个神职人员的失职，教士会议（必须每周举行两次），教堂服务等。还有一些占据了大篇幅的问题，即王室赞助、圣俸发放、以及主教的司法管辖权，也都被提及。这份文件展现了马尼拉的教会体制的萌芽。

耶稣会的安东尼奥·塞德尼奥，是耶稣会第一批前往菲律宾的修士之一（陪同主教萨拉萨尔，与另一个神父一起——阿隆索·桑切斯——和两个在俗修士［lay-brothers］），在 1583 年 6 月 17 日写信给费利佩二世，请求从岛上的居民中任命都督，而非从西班牙派遣一个新人来填补这个位置。由此可以避免给贪污渎职创造机会，王室的花销会极大地降低，而所有的土地都将受益。他建议任命胡安·巴普蒂斯塔·罗曼，因为这是个谨慎精明的人，通常不会做错事。他还请求允许建立一座神学院，使耶稣会修士得以留在这个国家并完成他们的使命，并为学院的建立请求王室的援助。

　　在上述信件日期的后一天，即 6 月 18 日，主教多明戈·德萨拉萨尔给费利佩二世写信，催促由王室援助来建立一所耶稣会的学院，因为随之将会从中得到巨大的好处。大体上他提到了与塞德尼奥督促建立学院的相同理由，并深入探讨了能为王室财产做出的节省和对这片土地的巨大好处。他要求公平地把各个区域划分给教会和世俗政府，包括那些没有命令就先行占领了多于他们本应拥有的领土面积的成员们。这曾经引起了他和教士们的摩擦，但王室命令将消除这一矛盾。

　　一份由一本印刷小册子翻译过来的，没有记载日期和地点的匿名文件随之被发现。由其内在证据来看，它是由一个教士所书写的——奥古斯丁会修士、方济各会修士或者耶稣会修士，较有可能是第二种——并且写成于 1587 年之前（多明我会修士到达的那一年），尽管英国博物馆的副本（我们的抄本就是从那里获得的）认为其时间是在 1595 年。这份文件包含了很多对于岛屿、当地居民、作物以及历史的有价值的观察。较好的部分是它包含了对于吕宋岛的四个省区的描述，包括塔加洛和邦板牙、伊罗戈斯、卡加延和甘马粦。作者提到了一个很重要的事实，就是塔加洛人被错误地认作摩洛人，但他们从来都不是摩洛人。在他其后的写作中，这位教士简要概述了婆罗洲岛并提出了在那里桑德的战争的主要特点。米沙鄢人和他们的岛屿也被提及，宿务岛上本有一些被第一批西班牙殖民者占领的小土地，在经历被佩雷拉（Pereira）地区的葡萄牙人袭击以及与他们的谈判后，西班牙人由此迁移到了班乃岛。需要更多的人和教士来发展菲律宾，并使当地人全部成为天主教徒。

1588 年 7 月 2 日，胡安·巴普蒂斯塔·罗曼给费利佩二世写信，叙述了一个重要事件，即托马斯·坎迪什在菲律宾群岛的一部分区域的具有纪念意义的远征。他愤愤地抱怨这位 22 或 23 岁的长官对于追击英国海盗的漠不关心，并认为放弃一切追求而一味试图壮大马尼拉城，是对大好时光的浪费。他提出这种方式的远征在将来恐怕难以实施了。他还提出了一贯的对于低效的行政系统和无用的经济损耗的不满，罗曼提出了一个弥补方案，即希望从此鼓励私人船只代替王室船舶的使用，通过这种方法都督以个人名义参与到贸易中，并以此致富，但他的富裕是以王室财富的损失为代价的。最后，在马尼拉建造的石头堡垒是无用的，因为它的设计过时，且无法保护城市。

1591 年 6 月 21 日，戈麦斯·佩雷斯·达斯马里尼亚斯在给无论是新西班牙的总督还是西班牙的一些高等官员写的信中，都完全地将自己投身于军事事务中。他讲述了马尼拉地区之前所缺乏的体系和纪律，并且为士兵们建了一个兵营。他激烈地抱怨了在他到达之前那里的士兵的不服从行为，以及他们为新兵提供的糟糕榜样。他也为城市建立了一堵石墙，这呈现出城市外观上的稳定性和城市的安全保障。他请求可以允许他去奖励所有陪伴他的绅士们和士兵们。叛乱的三描礼士省和卡加延省已经被平定下来，出于卡加延省临近中国的缘故，以及它所拥有的优良港湾，达斯马里尼亚斯提出了在那里建立一个西班牙殖民地的可取性。

他和主教以及修士们之间有很大的问题，他们在所有事情上都与他对立，还表现得如同这个国家的统治者。

在 1599 年，有三个同一系列的文件分别涉及菲律宾检察官托马斯·马克斯（Tomás Marquez）请求保留其职位，关于西班牙教省的奥古斯丁会的管理方法，以及给教皇的信（当时是克莱门特八世），很好地展示了西班牙的奥古斯丁会修士们所采用的政治手段，他们努力将权力掌握在他们自己手中，以与西班牙教省施加的压力抗衡。第一份文件是由上述神父所进行的一次小型请愿，他希望重回菲律宾群岛总检察长的位置，他被西班牙教省的人剥夺了这一位置，并请求允许他和愿意陪同他的修会兄弟前往菲律宾。第二份文件有着与第一份同样的结尾，但是更加具体，详细地给出了西班牙教省所使用的各种手段。马克斯祈望菲律宾的修道会都只听从修会的领导，而不是听从西班牙教省，那些西班牙教省的人宣称自己是拥有司法权的代理主教。西班牙教省尽全力想要统治菲律宾和其他西印度群岛的修道会，不是为了全体教会谋福，而是为了他们自己的利益，他们使用与法律和教会法令相悖的方式，而且有违于道德。西班牙的修道院中那些堕落的人被送到岛上，而非更适合这份任务的人，而后者中那些想去的人却没有得到前去的许可。第三份文件明显是罗马教廷大使的报告，针对为什么西印度群岛的奥古斯丁修会会省不受西班牙教省管辖，而只应服从于总修会的命令这件事给出了理由。西班牙教省力争领导权的说辞是基于一个事实，即在新大陆的第一个奥古斯丁修会的建立是受其支持的。自从 1592 年罗马的大议会

（general chapter）下令免去代理主教职位的所有权力后，教省就已经这样做了。

1593 年 1 月 17 日，国王给主教萨拉萨尔下达了一封王家判决书信，通知他，根据国王作为医院赞助人的权力，都督已经被命令接管为马尼拉原住民所建的医院。

1602 年 7 月 3 日，关于教会问题的讨论被写在由马尼拉教士会给费利佩三世的一封信里。检审庭试图强迫宗教法庭在其帮助下实施拘捕，但是这样一个过程会在那可怜的印第安人身上消耗大量时间与金钱，按照现在宗教法庭的管理，印第安人的案子已基本了结，而如果向检审庭求助，将会带动所有低效率法律机关的运作。这种宗教拘捕只是被用来纠正罪恶的。马尼拉的一些宗教团体要求王室给予大学特许权，并在那里进行任命。这样的一种进程对于在俗教士来说是不公平的，现在修士们甚至拥有所有最好的东西，如果他们建立了大学，那么在俗教士就没什么可追求了，教授职位之任命的诱惑将使他们鼓起勇气并努力学习，于是教堂将一直得到前来学习的人。耶稣会修道士希望使用由委托监护区的人们所收集的贡税，来建立一所医院，作为萨拉萨尔组织讨论的成果。这就会使这笔钱与其原本的用处相悖，它本来是用来赎回菲律宾俘虏、支援他们的医院，因此教士会请愿不要同意这个请求。耶稣会修士们力图获得在马尼拉对面的一个城镇的宗教司法权（这个镇子现在正被一个在俗教士管理着），他们数年前在那里买下地产，并逐渐获得了所有他们曾租给中国人的土地。另外，耶稣会修士们也在尝试取得对马尼拉外的一个小村庄圣米格尔（San Miguel）的精神管控，现在正被在俗教士们管理着。教士会请愿，希望现在正管理这两个地方的那些牧师可以保留他们的土地。奥古斯丁会修士们也为剥夺那些在俗教士在甲米地和圣母玛利亚小教堂的司法审判权感到愧疚。他们是如此的放肆，以致他们拒绝接纳自己修会派来的视察人员。方济各会修士们尽管很谦卑，他们也已经在迪劳以他们自己的权威建了一座教堂。于是教权凌驾于王室权威之上，而都督也被认为是对教会更偏心。教士会主张，那些被给予教士们的捐款也应当被给予大教堂，因为大教堂非常贫穷。在教堂内是一张给检审庭法官的妻子准备的长椅，还有另一张给宗教法庭的官员们的长椅——这两个都是与其他大教堂不同的。属于宗教法庭的那张长椅导致了教堂的一位咏礼司铎被开除教籍，这位司铎有一天移动了长椅，以此引起了一位多明我会修士的怒火。教士会要求两把长椅都要被撤走，以展示对双方的公正，因为他们不能派任何人去西班牙辩护他们的案件，教士们也同样不可以。

1605 年 6 月 21 日，关于马尼拉要塞的情况在给费利佩三世的另一封信里被提到，信来自要塞总统领贝尔纳迪诺·马尔多纳多（Bernardino Maldonado）。根据这份文件，可以做出对马尼拉社会经济状况的很多有价值的推论。像很多其他文件一样，这也是一份抱怨和展示政府的低效的文件。尽管这个要塞很重要（因为它是被用作军械库的），贝尔纳迪诺付出了努力，对要塞的守卫却并不充分并且几乎被忽视着。戍守部队只有 50 个人（尽管在马尔多纳多认真的恳求下，特略承诺过要增加人数），而且基本是军营中的无用之人。一名中尉需要通过诉讼才能拿到工资。炮兵应当住在堡垒中，并且不应当驻扎在其他任何地方，且应为富有经验的人，而不是那些通过关系获得任命的人。特略使用了炮兵队的一部分去对抗奥利弗·范·诺尔特，结果失败了，而现在阿库尼亚打算从所剩无几的残余队伍中选取一部分到他的摩鹿加远征队中。1603 年，马尔多纳多准备应对中国人的可怕暴动，但并没有得到支持，而且他完全无法获得食物，甚至被迫以他所拥有的微不足道的食物去支援其他的士兵。自从那次暴动以后，中国商人开始每年来到这个城市，并且在一定程度上开始定居在城市居民中，因为他们的生丝市场（alcaicería）被烧毁了，尽管帕里安现在正在重建。马尔多纳多抱怨道，从那些菲律宾人成立的连队中他看到了巨大的危险。要塞的士兵们得到的报酬极少，而且由于他们一直驻扎在要塞，并不像其他的士兵那样去进攻，他们忍受了相当大的痛苦。因此，马尔多纳多请求先支付他们的报酬，并且给他们的薪水涨六个雷亚尔。这里需要武器，尤其是火绳钩枪和步枪。最后马尔多纳多提到他自己的工作，并请求对他的忠诚给予丰厚的奖励。

编者

1906 年 1 月

# 第 35 卷　1640—1649 年，修会活动、华人居住证、荷兰人的侵扰

本卷的内容主要叙述了 1629—1649 年的事情，其中，涉及到的最主要的话题是宗教团体的传教工作，以及西班牙和荷兰在东方海域的冲突。这场冲突的最后一章是关于荷兰人夺取了台湾，以及他们的武装舰队在与从马尼拉派来对抗他们的西班牙船只的角逐中接连失败。随着台湾的沦陷，多明我会修士们被剥夺了他们在那进行的繁荣的传教工作，但是，这通过对他们修会中以科利亚多为中心的小团体的镇压得到补偿。奥古斯丁会回忆派在棉兰老岛遭受了一些损失，但作为其中的一员，"老船长"以他的勇敢、本领和奉献给他们带来荣耀。圣方济各会的传教中心处于一个令人满意的条件下，基于他们严格的宗教工作，他们对患者和麻风病人更加关心。岛上的繁荣已经被大帆船的失事、粮食的贫乏、中国商人被课以重税以及 1645 发生的大地震大大摧毁。

这段时间多明我会在该岛的重要事件，可以参考圣克鲁斯的《圣罗萨里奥会省的历史》（萨拉戈萨，1693），这是阿

杜阿尔特的《历史》的续篇，在前几卷中已经介绍过。圣克鲁斯的作品从 1635 年开始记录，叙述了科利亚多和蓄须派修士的到来，内容比阿杜阿尔特的记载更详细，而且他补充了科利亚多修士所受的惩罚和悲惨死亡。在 1637 年，卡洛斯·甘特修士被选为会省主教。圣克鲁斯描述了台湾岛、它的人民和多明我会修会在那里的建立。他列举了一些都督科奎拉的错误和过失，这对岛上造成了负面影响。在这些罪恶中，最为多明我会修士谴责的事件是台湾岛的丢失。当然，多明我会传教士的生平事迹和成就也都包含在本书中。1639 年，卡加延原住民发生暴动，起因是西班牙人对他们的虐待：西班牙人无法制服这些在山区避难的人。在同一年，来自阿卡普尔科的大帆船失事，这对该岛造成严重损失。圣克鲁斯抄录了和科利亚多以及镇压圣巴勃罗会（San Pablo）有关的法令。

　　1625—1638 年奥古斯丁会回忆派修会的历史，见于路易斯·德赫苏斯的《圣奥古斯丁赤脚派修会通史》。1625 年，回忆派修会的修士胡安·德圣尼古拉斯（Juan de San Nicolás）和一个同伴在棉兰老岛的北部扩展他们的工作。在接下来的几年，摩洛人被科拉拉特唆使，袭击了卡加延的村庄。但是卡加延戒备森严，而且卡加延的人们在传教中心中那位"战斗的教区牧师"奥古斯丁·德圣佩德罗（Agustin de San Pedro）修士的带领下进行军事训练，于是袭击者被击退了。在 1631 年，卡拉加的印第安人，因受到西班牙指挥官的虐待而发起反叛，他们杀死了西班牙指挥官和一些士兵，以及在卡拉加的一些奥古斯丁会回忆派传教士，其他的一些人被友好的印第安人拯救。尽管叛乱分子努力引诱他们，但武端当地的人们仍然忠于传教士。其中的一名教士驶往宿务，为在丹达处于危险中的守备部队寻求救援。救援及时送达，不久叛乱平息下来。在这一困难重重的阶段，一位身为逃犯的印第安人首领和他的几百名追随者的改变信仰，给教父们带来许多的安慰。一些内容提到了在日本的迫害以及西班牙人对台湾岛的占领和失去。在 1635 年，回忆派修会进入朗布隆及其附属岛屿，在这里他们勇敢地劳动，但是暴露于由摩洛人海盗的接连袭击所制造的危险中。一些居住在库约和卡拉棉群岛的修士被敌人捕获，最终在那里殉道。胡安·德拉康塞普西翁在他的《菲律宾通史》中对此作出了补充。他在某些方面紧紧追随路易斯·德赫苏斯，但是增加了一些关于回忆派修会在棉兰老岛北部开始的传教工作的记录，在该地的传教后来不得不放弃。1639 年，"老船长"阿古斯丁·德圣佩德罗修士帮助西班牙人入侵拉瑙湖地区，这件事得到充分的描述。在摩洛人被西班牙人击败后，耶稣会声称拉瑙湖地区是他们的势力范围，回忆派修会应被驱逐出去。另一支远征队被送去拉瑙湖地区建立堡垒。当堡垒建设已经完成一半时，奸诈的摩洛人受科拉拉特怂恿去攻打那里。在拉瑙湖的耶稣会修士乞求回忆派修会的"老船长"去帮助这些被包围的西班牙人。后者很快就作出回应，而且不久就解放了他们，指挥这些军队安全到达海岸。然而，根据康塞普西翁的描述，由于耶稣会的阴谋诡计，这个地区没有再被归还给回忆派修会。

到 1641 年 7 月为止的这一年里值得注意的事件，是由马尼拉的方济各会修士讲述的。澳门的葡萄牙人已被从日本驱逐出去，许多人正处在危险中，因此澳门与日本间的交通被切断，而这条航线正是这座城市赖以生存的根基。糟糕的噪音响彻整个岛屿的天空（之后获知这是由火山喷发造成的），每当这时，人们心中就充满了恐惧，尤其是自从荷兰人控制了马六甲城之后，这种恐惧更甚。关于荷兰方面不断增加力量以及充满敌意的计划的消息传到了马尼拉，荷兰声称要占领这座城市。而且，他们甚至正埋伏在菲律宾东部门户恩博卡德罗（Embocadero）附近，等待阿卡普尔科大帆船。在日本的血腥的迫害，使得那里只剩下很少的传教士。一些相关的谣言已经传到了马尼拉，而且作者也提及了几位殉道者。他也引用了一封来自特尔纳特岛西班牙长官的信。信中要求更多的修士去从事最近在西里伯斯岛开始的传教工作。

1642 年 7 月 25 日的一封未签署的简短来信，叙述了菲律宾群岛正遭受极恶劣的干旱。从阿卡普尔科来的船已经安全抵达，侥幸躲过了埋伏它的荷兰人。来自澳门的葡萄牙人自称忠于卡斯蒂利亚。这些岛屿还没有遭受到摩洛人的常规袭击，争取和平的谈判正在棉兰老岛进行，而且霍洛岛表面上也处于和平中。1642 年 10 月 24 日，一则王室法令命令科奎拉感谢菲律宾当地人为西班牙服务的忠诚和热情。

一位在台湾岛传教的多明我会传教士，于 1643 年 3 月对荷兰夺取台湾岛的行动进行了详细的描述。在 5 天的围困后，西班牙人投降了。这些囚犯被送往哈卡特拉（Jacatra，现在是巴达维亚［Batavia］），然后被送往马尼拉。荷兰在台湾建立了一些坚固的设施。他们在那勘探金矿，但是没有成功，而且，他们粗暴地对待当地人，因此当地人希望西班牙人再重新回来。作者继续去描述荷兰人在东方获得的日益增强的权利，他列举了一些武装舰队，随着这些舰队，荷兰人四处巡视海域，确保控制该地区富有的贸易。所有这些，加上荷兰人的要塞，装备了大量补给，而且荷兰人的士兵也是训练有素和守纪律的。他们的商业价值几乎是令人难以置信的，而且为荷兰在欧洲发动反对西班牙权威的战争提供了财富。荷兰的目的是成为整片东方群岛的主人，而且正计划着把西班牙人从菲律宾岛上驱逐出去。这封信后附有从费尔南多的《多明我会史》（*Historia de los PP. Dominicos*）和康塞普西翁的《菲律宾通史》中截取的片段，它们提供了更多的信息。前者指责科奎拉，后者是耶稣会修士针对失去台湾一事制订的计划。

1643 年 8 月 4 日，国王写信给科奎拉，责备他接受王室服务人员的部分工资"捐款"以存入国库的举动，并命令他去支持和保护印第安人，要求他提供信息，说明是以何种方式、手段筹集修建马尼拉大主教所需建筑的资金——如果确定是出于自愿的话，可以接受私人捐款。信中其他段落批准了科奎拉在其他一些小事上的计划，而且给他在其他方面指明了方向。在 1644 年，菲律宾的耶稣会官员要求国王确认科奎拉对马尼拉耶稣会作出的承诺。这份请愿书带有一张地图，和一份科奎拉 1640 年 9 月 1 日法令的副本，法令授予耶稣会一片土地。

一份未被签署、未注明日期的文件记录了 1643—1644 年的新闻，显然这是从马尼拉耶稣会送来的年度大事记。一艘来自阿卡普尔科的大帆船安全地到达了岛上，带来了新的都督迭戈·法哈多。荷兰军队认识到马尼拉防御系统是多么的不完善，但是特尔纳特岛戒备森严，这可以抑制他们的嚣张气焰。他们已经俘获了一些中国人的贸易船，马尼拉因此在这年遭受了很大的损失。在中国发生了一场严重的叛乱，那个国家的国王支持耶稣会传教士，允许他们在中国讲道、建立教堂，并且委托他们去改革中国的历法。日本禁绝基督教，并切断了与欧洲贸易的联系（除了荷兰）。在日本，许多传教士殉道事件已经发生。在澳门的葡萄牙人已经逮捕了来自马尼拉的西班牙使者，还有其他的卡斯蒂利亚人，并且监禁和虐待他们。葡萄牙人把特使送到果阿后，荷兰人俘虏了特使所在的船并友好对待他。在澳门的西班牙人最终被送往马尼拉，但他们所有的财产都被葡萄牙人夺走了。荷兰已经占领了马六甲海峡，他们尝试占领锡兰，但没有成功。棉兰老岛和霍洛岛的摩洛人自称渴望和平，但是他们的诺言被认为是不可信的。持久的干旱和一场蝗虫灾害已经几乎毁灭了菲律宾岛上的大米作物，印第安人正遭受着饥荒。

一个非常罕见、独一无二的小册子（马尼拉，1644 年）提供了马尼拉王家财政官关于发给中国人岛上居住许可证的报告。

由科奎拉本人主张，购买许可证的费用不断增长，部分原因是要为城市的防御工事筹钱，还有一部分原因是为了惩罚反叛的中国人（正如他们在 1639 年所做的）。财政官从一个法律的角度讨论这个措施，而且证明它是违法的。科奎拉没有权利对中国人增税，当前没有迫切需要能为其行为辩护，他应该从国王那获得许可再去做。而且，他已经有足够的资金去修理防御工事，这是因为他垄断了纸牌的收益。如果需要更多的资金，那么他们只能由市民和永久居住在马尼拉的居民来提供，而不是像"常来人"那样的外国人和过往旅客。即使新税被证明是合理的，它仍然是很不明智的，而且在任何情况下，它的收益应该被放置在王室财政部的总资产中，按照王室官员的命令而不是都督的命令使用——对于科奎拉的花费，他应该负责。这些施加在中国人们身上的新的税，已经对整个殖民地造成很大的损失和破坏，因为它阻止中国人离开帕里安去耕种稻田，从事捕鱼和其他职业。真正缴纳这些税款的是马尼拉的 70 名市民。基于此，财政官商品和劳动力价格的快速上涨，都是因为施加于中国人身上的这些税。

　　1645 年 9 月 18 日的王室法令，命令墨西哥总督派遣更大规模的援军，这支军队可以在新西班牙的流浪汉和罪犯中征召。1644 年 12 月 20 日费利佩四世给在罗马的大使和教皇英诺森十世（Innocent X）的信中，希望能得到一分教皇敕令（这份诏书于 1645 年 11 月 20 日颁布），将马尼拉的多明我会学院，即圣托马斯学院建成大学。1647 年 1 月 30 日，来自王家国务委员会的报告涉及英国东印度公司想要和菲律宾进行贸易的尝试，而这对于西班牙政府来说是不允许的。

1647年，在马尼拉出版的两个小册子对1644—1647年发生于该岛的事情进行了有趣的记载，这个宣传册是由那个城市的王室牧师（royal chaplain）所写。在简要地提及在这之前十年的主要事件之后，他从1644年7月都督法哈多的到来以及在那年发生的更重要的事件开始写起。1645年4月，在伊罗戈斯海岸附近的荷兰船只被几艘小型西班牙船只击败。在那之后不久，阿卡普尔科大帆船给该岛带来了大量的援手。随他们而来的大主教，在到达马尼拉之前就死于疾病。在那一年（1645年）的11月30日，发生了自西班牙征服以来岛上所知的破坏性最大的地震，法约尔用大量细节记录了此事。马尼拉成为一片废墟，所有的神职人员和宗教人士都立即到城里寻找死者的遗体，安慰那些被埋在废墟下的垂死之人。这场灾难造成主要的建筑被毁，对周边也造成损失。都督采取迅速和警觉的措施去阻止任何非法行为，并向无家可归的难民提供保护。大部分人离开城市，在田野和海边扎营，在这些地方，牧师会跟随他们，听他们的忏悔并且劝诫他们为他们的罪恶忏悔。这场地震给该岛的其他地方也带去灾难，之后，余震持续了一段时间，尽管强度大大降低。不幸的是，马尼拉紧接着被荷兰舰队屡次攻击侵扰。他们的第一个舰队在马里韦莱斯附近被西班牙军队击退，而这支西班牙军队由两艘阿卡普尔科大帆船和马尼拉最勇敢的人组成。这支船队不久后被送到圣贝尔纳迪诺海峡（San Bernardino Strait）去保护阿卡普尔科大帆船。在那里，他们遇到了另一支荷兰舰队，在守卫海峡一个月后，迫使敌人离开。西班牙人去追赶，在靠近马林杜克岛的地方，以很少的损失打败了荷兰人。两天后，在靠近民都洛岛的地方，西班牙舰队再次击溃了荷兰人，在那之后，他们返回马尼拉。不久之后，阿卡普尔科大帆船在距离马尼拉湾不远的地方遭到其他荷兰船只的袭击，但安全撤退到甲米地，然后它又被派出，但这次是由马尼拉湾所有船只组成的舰队护送。在靠近民都洛岛的地方，他们打败了另一支荷兰舰队，但是因为此时风向不支持船队通过太平洋，"圣迭戈"号返回马里韦莱斯等待进一步的命令。西班牙的旗舰再次遭到荷兰人袭击，最终击退了荷兰人，西班牙人举行了一场盛大的庆祝活动来庆祝这一系列辉煌的胜利。随后的大帆船迷失在卡加延港口，但是船上的人和银币没有损失。荷兰的舰队捕获了一艘中国的平底帆船，将捕获的全体船员带上他们的船，但是中国人进行反抗，而且杀死了所有的荷兰人。荷兰和中国的贸易仍在继续，但是由于那个国家正遭受满族入侵，这一贸易大大减少。

法约尔教士的第二份叙述涉及荷兰人在 1647 年夏天的入侵。早在 6 月，敌人就带着一大支舰队进入了马尼拉海湾，而且最终轰击了整个城市。但西班牙人击退了他们，给他们造成了很大的伤害，而西班牙人几乎没有损失。然后荷兰人沿着海湾进行了一系列的掠夺，随后袭击了阿布凯（Abucay）的邦板牙人村庄，一些中国商人曾在那里藏了一大笔钱。邦板牙人进行了勇敢的抵抗，但是由于西班牙市长的怯懦无能，反抗以失败告终且他们蒙受了巨大损失。荷兰人再次袭击了阿布凯，但被另一名西班牙军官击退，而且在这次的对抗中许多荷兰人丧失性命。两个来自荷兰的囚徒给了西班牙人许多有用的信息。这本小册子以对西班牙军事指挥官贝内加斯（Venegas）的长篇颂词结尾。

1647年9月17日，王室象征性地给予法哈多关于传教士的指示，但如果事情出了问题，这份模棱两可的指示足以让都督承担责任。

在1649年的一封匿名手稿中，对岛上的方济各会修会做了记录。手稿开头记录了岛上52个方济各会修道院以及依附于修道院的本地人和宗教人士的数目，大多数修道院是石质建筑。由方济各会管理的医院被罗列出来，包括每个医院的资源和管理等方面的细节。手稿简短介绍了被荷兰人或异教徒杀害的修道士的生平。手稿描述了贫穷修女会（Poor Clares）（这些修女组成了方济各会的一支）在马尼拉的建立。自从地震后，这个女修道院非常贫穷。它已派遣许多成员去澳门建立一个女修道院，但是在葡萄牙人的反对下，这些修女被强迫回到马尼拉。这个文件的另一些片段是关于该岛及其自然特征、物产、居民的各种事实。然后提及圣方济各会是如何传入菲律宾，王室对它的援助和赞助，以及它在特尔纳特、望加锡和其他岛屿的传教活动，也记述了一些传教士的殉道。方济各会修士们接管了从日本送往马尼拉的基督教麻风病人。在菲律宾传教士之中的著名的语言学家以及他们的主要工作被列举。作者通过描述一些传教士的英雄就义行为以及一些特殊情况下的洗礼作为结尾。还有一些附加内容，取自康塞普西翁的《菲律宾通史》，涉及方济各会修士和甘马辚主教的争论。

编者

1906 年 1 月

# 第36卷 1649—1666年，耶稣会活动、修会与主教的冲突、华人的反抗

　　本卷涵盖了1649—1666年以教会为主的内容。附录中增加了一份文件，说明了1842年菲律宾群岛的司法情况。大量的文件来自耶稣会的文献，或者是涉及与耶稣会有关的事务。其中一份记录有关岛上的耶稣会修会，以及他们反对将马尼拉的多明我会学院建设成一所大学。马尼拉的大主教区力求在东部群岛的边远岛屿和教区的日常管理上获得更多的权力。大主教还努力加强马尼拉宗教裁判所的权力。主教对普通牧师的定期巡视问题已经很严峻了，而且之后的关于这一问题的矛盾早有先兆。奥古斯丁会回忆派传教士在这一时期的历史展现了他们的繁荣事业，直到修士大量死亡以至于传教工作部分地瘫痪了。至于世俗问题，最严重的是中国人在1662年的反抗。这一事件和其他的动乱极大地阻碍了岛屿的繁荣发展。

　　重新回到那些分散的文件：1649年，一个稀奇的册子上描述了最近在马尼拉为纪念去世的西班牙王子巴尔塔萨·卡洛斯（Baltasar Carlos）的隆重的葬礼。仪式在庄严肃穆中举行，市民

与宗教人士都来参加。一个火葬用的柴堆，在王家军事教堂内搭起来，其宏伟的景象被细致地描绘出来了。

1652 年 6 月 20 日，马尼拉的市议会给国王写了一封信，表扬了耶稣会在菲律宾的工作，并要求国王派遣更多耶稣会修士到这边来。信中记录了他们作为告解神父、布道者、传教士和调解者的工作，信中还提到了他们窘迫的经济状况。这些人派遣了一名使者去西班牙，请求王室的援助，市议会对他们的请求表示支持。

1652 年 9 月 15 日，耶稣会修士马希诺·索拉（Magino Sola）在致都督曼里克·德拉腊的请愿书中，陈述了菲律宾群岛的需求。这里最需要的是士兵和装备，因此必须提供钱来供养士兵。索拉列举了许多使岛屿贫困的不幸之事，并极力主张应该加大来自墨西哥的援助。

1655 年，在都督曼里克·德拉腊的命令下，米格尔·索拉纳（Miguel Solana）记录了岛上耶稣会修会的相关信息。他列举了由耶稣会管理的村庄，以及负责村庄的教士的名字。对此，我们附上了一份相似的报告，这份报告完成于前一年，罗列了棉兰老岛的传教中心和每个传教中心的人数。

1656 年 7 月 30 日，马尼拉大主教米格尔·波夫莱特（Miguel Poblete）给国王写信，提出了一些关于主教管区事项的建议：取消甘马磷的主教区，并将其主教职位分配给摩洛人和更南方的异教徒；从马尼拉派遣牧师去边远岛屿进行精神教化，目前那里的牧灵工作都依赖于果阿。波夫莱特询问，他是否要任命来找他的葡萄牙神父来担任这一职务。关于这一点，王室委员会要求提供更多的信息。

1658 年耶稣会向国王递交了两份请愿录，要求在马尼拉建立宗教裁判所，以及将特尔纳特岛的宗教司法权授予马尼拉大主教。

米格尔·索拉纳向国王递交了一份备忘录（1658 年？），索拉纳是菲律宾耶稣会在马德里的首席代理人。他反对将圣托马斯学院建设为一所大学，宣称这将会影响已经授予耶稣会圣伊格纳西奥学院的权利。索拉纳指责多明我会在为圣托马斯学院争取特权这件事上使用了诡计和贿赂，并且坚持他所在的修会的权利是合法且被认证的，而多明我会的声明仅仅只是声明罢了。然而，多明我会正在策划获取批准他们主张的新函件和教皇诏书。索拉纳举出了不同的论点来说明多明我会不应取得将圣托马斯学院建成一所大学的特权，而有权利这么做的是圣伊格纳西奥学院，这所学院"将会在所有事情上遵守陛下您和委员会的命令"。索拉纳请求国王调查特定的档案，这些档案显示了圣托马斯学院的学生被强制发誓效忠阿奎那（Aquinas）的教条，学院也不允许教授除了哲学和神学之外的其他学科。甚至学院里"没有老师是熟识基本原理的"（关于医学和法律）。还有一种令人好奇的现象，因为医生在这里无法谋生，所以菲律宾群岛上没有毕业的专业医生，一般都由中国人来治病。这里不需要也没有正规大学存在的空间，资助它们的压力也不应该施加于国库。但是，如果要建一所大学的话，应该是圣伊格纳西奥。

从 1658 年有关于宗教裁判所的档案中，我们可以提取一份对菲律宾群岛的描述，这份资料写于墨西哥，参考了耶稣会修士马希诺·索拉提供的资料。文件概括了马尼拉的政府、民政和宗教情况，提到了修道院、医院和其他公共设施，列举了主教管辖下的村落，还提到了在那里做指导的各修会的传教中心。档案也给出了副主教辖区内城镇、乡村的相关信息，群岛中主要岛屿（包括摩鹿加群岛）的位置、范围、政府和修会也都有提到。最后，是关于一份关于岛上需要的宗教裁判所代表的数量的声明。

奥古斯丁会回忆派史学家路易斯·德赫苏斯在他的《历史》（*Historia*，马德里，1681 年）一书中，讲述了一个棉兰老岛当地受赐福的妇女伊莎贝尔（Isabel）圣徒般的生存与死亡（1646年）的故事。书中还记录了 1647 年在墨西哥城建立了一个救济院来收容和庇护那些路过这座城市去往菲律宾的奥古斯丁会回忆派修士。奥古斯丁会赤脚派修会在 1651—1660 年这十年间的历史，见于迭戈·德圣特雷莎修士（Fray Diego de Santa Theresa）的《历史》（*Historia*，巴塞罗那，1743 年）一书。这本书是对安德烈斯·德圣尼古拉斯和路易斯·德赫苏斯的作品的续写。其中涉及菲律宾群岛的内容呈现在本卷中（部分为概要）。1647 年奥古斯丁会回忆派在棉兰老岛的丹达遭遇困境，那儿的修道院被军队破坏，万一修道院被入侵的敌人所占领，对那个地方的要塞同样危险。对那里奥古斯丁会回忆派传教士的指控已经被送到国王那里，国王提醒菲律宾奥古斯丁会会省的主教去视察修士们是否有助于政府安抚当地人。圣特雷莎收录了从马尼拉当地的政府和教会获得的信件，信件中高度赞扬了岛上奥古斯丁会回忆派和他们在各个方面的服务工作，并且向王室要求为他们的贫困生活提供资助。修士佩德罗·德圣何塞夫（Pedro de San Joseph）的生平被简要概括。在棉兰老岛利瑙（Linao）的乡村，当地人于1651年发起了一场反叛，这次反叛在书中有详细描述。这次叛乱是由都督法克斯阿尔多·佩德罗（Faxardo Pedro）发布的一则命令导致的，命令要求从每个岛上征用大量当地的木匠为马尼拉政府工作。一名马诺沃（Manobo）的酋长，被叫作达宝（Dabáo），煽动利瑙那些皈依基督教的当地人中的不满情绪，通过阴谋将反叛者带入要塞，几乎杀了所有西班牙人。军队被派遣到这里严厉地惩罚了反叛者，甚至是那些投降者。这些惩罚使人们感到胆怯，但人们心中还是充满了怨恨。奥古斯丁会回忆派的传教士做了很多工作以帮助当地人，忽视了后者曾经杀过他们的一位神父的事实。他们中一位被称为"老船长"的人，从检审庭那里获得了一个命令，释放所有因上述反叛而被奴役的印第安人。随后是关于修士圣玛丽亚的生平简介。同年，他被叛乱者所杀。作者详细记述了菲律宾奥古斯丁会回忆派会省所面临的困难，以及1652年一大批奥古斯丁会回忆派传教士来到马尼拉的事情。他们中的很多人的生平都有简单记录。

有相当大的篇幅专门讨论宗教人士在担任教区牧师时，接受主教巡视一事。圣特雷莎叙述了在菲律宾的各修会一直执行的这一计划，以及修会们与主教管区当局的关系。他简明地记述了在巡视问题上修会与主教之间的争论，和这段历史的主要内容。他写这些是为了抵制那些在欧洲流传的、关于修会对主教管区态度的谣言，并用大量篇幅讨论了教区教士对主教巡视制度的反对意见。这些内容代表了所有修会的普遍观点，然后作者列出了一些特殊的原因，与奥古斯丁会回忆派有关。他列出来了各岛上奥古斯丁会回忆派管理的村落，以及该修会进行的精神征服。在他们的传教点，基督徒的数量稳定增长，反对的异教因素也减少了许多。圣特雷莎叙述了奥古斯丁会回忆派在传教过程中遭受的危险与磨难，那个修会位于直面摩洛人海盗的前沿地带，许多人献身传教事业，死于摩洛人的袭击。面对这样的情况，难道这些修士不应像在新西班牙的修士一样，免于主教巡视制度吗？此外，传教中心需要更多人手，但这笔开支超出了他们的收入（王室从各地的贡赋中拨款），修会只能自己维持这些额外的人手。如果这些传教区被置于主教区的控制之下，那么对该修会来说，有必要放弃这些传教区。在这种情况下，除了维持岛上主要的修道院，该修会不会再做任何事了。最后作者简单介绍了一些在菲律宾工作过的杰出的奥古斯丁会回忆派修士。

在方济各会修士巴托洛梅·德莱托纳（Bartholomé de Letona）所著的一本珍贵小册子里呈现了对菲律宾的精彩描述，在此我们将其内容（以翻译和概述的方式）收录。这本小册子和他的《完美的宗教》（Perfecta Religiosa，墨西哥，普埃布拉，1662 年）装订在一起。他描写了到那边去的航行过程，岛屿的位置和分布情况，吕宋岛的不同省份，气候、人民和物产，莱托纳将马尼拉的城市描述为世界上最具有世界性的城市，还有中国人聚居地帕里安。莱托纳记述了贝内加斯的下台（他是法哈多的宠臣），曼里克·德拉腊的成就，列举描述了许多在马尼拉的各种教堂，学校和神学院，修道院和医院。他对每个修会都做了简要介绍，当然，他对他所在的方济各会有着特别的关注。

保存在马德里的王家历史学院的一份耶稣会档案，详细记述了 1662 年中国著名首领郑成功（Kue-sing）[①] 向马尼拉派遣使者，要求西班牙人臣服于他并向他纳贡一事。这一要求被西班牙人严厉地拒绝了，在马尼拉的中国人十分害怕会遭遇不幸，还听说岛上有意驱逐他们，于是他们开始盲目地挽救自己的生命，着手从帕里安和其他邻近的定居点逃走。在圣克鲁斯的耶稣会传教士，匆忙地去寻找都督，希望能为这些可怜的逃亡者们取得宽恕，其他的神父也支持他的努力。同时在帕里安的其他"常来人"因为十分恐慌，以至于许多人在试图游到河对岸时淹死了，有一些人则自杀了，大多数的人逃到了山上。马尼拉的西班牙人因为害怕中国人的攻击打算进行大屠杀。有赖于都督曼里克·德拉腊的谨慎和明智，才避免了 1639 年中国人暴动的恐怖重演。他以严厉和人道的态度，平息了中国人的恐惧和西班牙人的愤怒。他对所有在某一天前返回马尼拉的人提供保护，允许一定数量的人留在那里为西班牙人提供援助和服务，并要求其余人立即返回中国。那些没有回到马尼拉的逃亡者，在当地人的协助下被西班牙军队追捕杀害。两个领导反抗的中国人被公开处决了，那些留在马尼

---

① 郑成功（1624—1662 年）：闽语发音 Tēnn Sîng-kong，原名号做郑森（Tēnn Sim），据说明朝唐王隆武皇帝赐予他姓"朱"，名号做"成功"，所以人们称他为"国姓爷"，音译为 Kue-sing 或 Ko-xinga。

拉的人被限制在帕里安并由印第安人军队严加看管。之后这些中国人被当作强制劳力送去修建马尼拉和甲米地的防御工事，分担了当地人肩负的很大一部分压力。那位曾受郑成功派遣的使者于1663年4月返回马尼拉，这一次他带来了那位海盗（即郑成功）去世的消息，还有他的继任者的请求，希望双方约定友好相处并保持贸易往来。我们的作者对郑成功的事业做了一个有趣的简介，特别是他征服了台湾（1600—1661），这是中国人第一次在战争中打败一个欧洲国家。这位令人敬畏的敌人的去世缓解了马尼拉殖民者的恐惧，当局决定让适量的中国人在岛上居住，因为他们的服务对西班牙人来说是必需的。

1664年7月16日，都督萨尔塞多在他到达岛上的时候给他的一位朋友寄了一封信，描述了殖民地的情况——国库所剩无几，士兵的军饷还在拖欠，商贸也瘫痪了，当地人则"由于残酷的惩罚而心怀愤怒"。他立刻采取了有力的措施来改善殖民地的情况。

一份没有署名的文件（1666年？）解释了为什么民政当局没有执行王室法令，法令要求负责教区的菲律宾修道士服从于主教巡视制度。这份文件显然是一名修士所写，文件中给出了理由，解释了为什么传教中心必须在修会的管理之下，而非由在俗教士管理，以及为什么修士们反对把他们置于主教的权威之下。他们声称在全岛依然有许多异教徒和穆斯林需要接受信仰的改变，这一任务将十分艰难。在主教区的监管下，修士们的勇气和严格的纪律性将会松懈，他们中最有能力的人也不会同意这种服从。当一位修士的上级既是修会又是教会，并且不受民政当局的干涉时，他在服从上级的过程中必然会遇到困难。在这样的情况下，一些丑闻和逾越的事容易出现，不仅影响传教士也影响当地人，包括那些在马尼拉周边的野蛮人。

本卷最后，是一份附录，作者是西尼瓦尔多·德马斯，它展示了1842年菲律宾的司法情况。司法由检审庭、议长和治安员监管，后者是一位菲律宾人。市长的能力十分有限，而且依附于检审庭。马斯描绘了一幅关于一些市长的生动景象，展现了这个被贪污渎职弄得千疮百孔的体系。这一丑恶现象主要是由于市长被许可进行贸易活动，因此，生意上的事就消耗了他们六年任期中的所有精力，这段时间他们一定会变得十分富裕。人们不需要为了当市长而去做律师，这个岗位一般被分配给了军队军官，这一职位的现任者需要一位顾问。这种情况导致了事务的严重耽搁，司法经常被完全地破坏。通过提高高利贷的利率，市长榨取着那些向他借钱的人，事实上，这些不幸的人们几乎永远不会在这个世界上再次得到公平了。菲律宾治安员相应地可以鞭策市长们，因为市长需要他们，也必须与他们保持友好相处。一般的法律事务市长都依靠着他的事务员处理，事务员是当地人，处理事情是按照自己的习惯，于是他的办公室变成了一个贪污受贿之地。地方教区的神父之前在乡村有着很大的影响力，现在政府人员禁止他们干预世俗事务，然而，他们中的一些人与市长勾结，为了他们的目的努力地援助市长。尽管这些市长们在任期内经常被罚款。政府要为这种事情负大部分责任，都是由于它的制度方式默许市长们成为流氓无赖。犯罪在后几年内迅速增加。惩罚太轻，许多犯人甚至免受处罚。这只能产生恶劣的结果。政府拖沓地去逮捕犯人，因为根据一般规定他们会被很快地释放，而且很可能会报复。尽管马斯认为死刑作为一种不必要的酷刑应该被废除，但他也认为鞭刑不能抛弃，因为适当的鞭打可以比其他方法更能改正错误。监狱成为了大多数菲律宾人所向往的地方，因为那里通常比他们自己的房子还要好。法律在岛上执行时让人没有头绪，它是由《西印度群岛法律汇编》、王室法令、政府条令、《七章律》（*Siete Partidas*）的部分法律、部分《罗马法》（Roman Law）等等共同组成。马斯主张禁止市长的贸易权并延长市长任期。他认为形成一种通用的本土语言将会十分有用。他还认为应该效仿英属印度那样设立一个委员会，为修改现行法律提供建议。

编辑

1906 年 3 月

# 第37卷 1669—1676年，多明我会和奥古斯丁会活动

本卷大多是关于1641—1670年多明我会和奥古斯丁会在菲律宾群岛上的传教活动。他们在援军的帮助下能够维持相当繁荣的活动。这些记录（编年史）也如往常一样包含有趣的世俗信息。在岛上世俗事务中最重要的事件莫过于法哈多都督的宠臣贝内加斯的起起落落，以及宗教裁判所对迭戈·萨尔塞多都督的逮捕（这起事件由审计官博尼法斯（Bonifaz）主张，他后来篡夺了政府权力）。后一件事由一位被篡位者送进监狱的西班牙长官详细叙述。

1669年1月15日，一封来自马尼拉的圣地亚哥要塞地牢的信令人很感兴趣，作者是一位未透露姓名的官员，这位官员被篡位的审计官博尼法斯关押在地牢里。这位长官完整地讲述了1668年迭戈·德萨尔塞多都督被宗教裁判所代表所逮捕，博尼法斯篡夺岛上政府权力，以及他本人和其他效忠者因有企图营救被监禁的都督之嫌而被监禁等事件。作者的态度是不同寻常的，因为从一开始，他就宣布他对于他的赞助人、萨尔塞多的前任——曼里

克·德拉腊的感激与忠诚，之后他在他的居住地受到指控，后来被无罪释放。而且他谈及萨尔塞多时没有任何责备或怨恨，尽管都督已经剥夺了他的军事指挥权。另一个同时期的、冗长且分散的文件能够解释这份文件。这两者都阐明了当时马尼拉的政治和宗教事务，尤其阐明了可能有邪恶存在于宗教裁判所中。

从圣克鲁斯的《历史》（萨拉戈萨，1693 年）中摘录的选段，涵盖了 1641—1669 年菲律宾多明我会的历史。弗朗西斯科·德保拉（Francisco de Paula）修士在 1641 年被选举为会省主教，当时的多明我会几乎没有足够的修士来填补其现有的牧师职位，后来，在他们的祈祷下，这些空缺被填补。1640 年，帕里安的位置发生了改变。两年后，该居住区的四分之一都被大火焚毁了。1644 年，迭戈·德法哈多来到菲律宾群岛担任都督一职，在他的统治下大家"尝到了不同种类政府的滋味"。书中叙述了他任期内的主要事件，也叙述了更重要的 1647 和 1650 年多明我会教士会议的讨论。前一年，年迈的会省主教多明戈·冈萨雷斯去世了，卡洛斯·甘特修士接任这一职位。在 1648 年，一艘货船安全到达了菲律宾群岛，尽管为使其免于荷兰人的抢夺，不得不在卸货后立即焚毁。于是那些敌人随即离开了菲律宾群岛，此后他们再也没有出现过。这艘船也带来了 30 位多明我会修士作为支援，这很大程度上鼓励了传教士，这艘船还带来了许多基督教会的支持和让步。圣克鲁斯叙述了更重要的行动，即 1650 年会省教士会议，并且提供了许多在菲律宾群岛的多明我会传教士的传记草稿。之后他继续讲述法哈多原来的宠臣贝内加斯的被捕和去世。

1652年，佩德罗·德莱多（Pedro de Ledo）修士成为会省主教。在这一全体教士会议上，正式地宣布将圣托马斯学院建为大学。伊图伊的传教活动被更充分地组织起来。我们的作者很好地描述了那一地区野蛮的山民，他们的皈依是个难题。1653年，包括都督曼里克·德拉腊和大主教波夫莱特在内的一些知名人士到达了马尼拉。多明我会的全体教士会议颁布法令，规定大学中每个讲师都必须了解至少一种当地语言。1654年教会试图向日本派出一个传教团，但徒劳无功。最终五名传教士到达了中国，他们在那里很有激情地努力使异教徒皈依天主教。1656年修士哈辛托·加里（Jacinto Gali）当选会省主教，但是之后不久他就在访问卡加延时去世了，修士卢卡斯·蒙塔内罗（Lucas Montanero）接替了他的职位。1658年8月20日发生了一场地震，这场地震比1645年地震更加严重，但是之后的余震小了很多。多明我会修道院严重受损，修士们很难找到住所。同年，大量增援的传教士到达这里。在1659年的全体教士会议上，多明我会拒绝允许他们在中国的传教士接受土地，担心中国人会认为他们是被自私的动机所驱使。1661年，费利佩·帕尔多修士被选举为会省主教（他此后作为宗教裁判所的代表和马尼拉大主教而闻名）。两年后，安排将仪规印刷成册供修会的传教士使用。同年（1663年），萨尔塞多作为都督到达了马尼拉，他的事业被简要地回顾。1665年所选举的会省主教是胡安·德洛斯·安赫莱斯（Juan de los Angeles）修士。在接下来的一年有超过39位多明我会修士加入了他们在菲律宾的同仁。这艘将他们带来的船被萨马岛海岸的坏天气耽搁了，在那里耶稣会传教士向他们展示了最慷慨的款待，并拒绝任何补偿。一封多明我会的领袖给莫拉莱斯（Morales）的信被收入书中。在服务 14 年之后，1667 年，大主教波夫莱特死在马尼拉。那一年举行了中级教士会议，会议上要求采取措施，防止修会成员未经授权干涉或非难民事政府。1668 年，又有两位多明我会修士从墨西哥来到这里，且其中一人与其他几个西班牙人一起，从海难中死里逃生。几位修士冒着巨大的苦难前往中国执行传教任务。多明我会在三描礼士省传教，许多三描礼士人都成为了基督徒，并定居于归化区中，并且他们希望自己也能尽快对异教徒伊拉亚人（Irrayas）做同样事情。

1641—1670 年，卡西米罗·迪亚斯在他的《征服》一书中为在菲律宾的奥古斯丁会修士提供了一份报告。在 1641 年的全体教士会议上，赫罗尼莫·德梅德拉诺修士被选举为会省主教。之后不久，大主教格雷罗去世了，他的生平与性格大体上被迪亚斯记述下来。三年后，梅德拉诺的职位由阿隆索·卡瓦哈尔（Alonso Carvajal）修士接任。迭戈·法哈多成为菲律宾群岛的都督，我们的作者概述了他的个性和执政特点。来自荷兰人的威胁以及他们对于埃尔莫萨的征服使西班牙人充满了焦虑。不幸的是，法哈多被一位名为贝内加斯的宠臣的影响所主导，而这种影响招致了非常糟糕的后果。与摩洛人的和平只是暂时的，因为当他们看到西班牙人被荷兰人骚扰时，他们再一次骚扰了米沙鄢群岛。阿卡普尔科大帆船安全到达，尽管荷兰人的船只一直设伏等待着他们。其中一艘船载有新任马尼拉大主教，而他在到达菲律宾群岛之前就去世了。1647 年，奥古斯丁会修士选举迭戈·德奥尔达斯（Diego de Ordás）修士为会省主教。之后不久，他们决定在墨西哥建立一个招待所，以招待那些从西班牙到菲律宾行程中在这里休息的修士们。就在这一年，荷兰人最终停止骚扰这些小岛，同时在霍洛岛荷兰人也无法驱逐西班牙人，尽管他们得到当地居民的支持。荷兰人也在一次对三宝颜的袭击中遭到挫败。一位奥古斯丁会的修士被尼格利陀人所杀，迪亚斯对于这些人作出了有趣的描述。后来，这次谋杀被上天报复，所有与之相关的人都得了麻风病。迪亚斯用有说服力的口吻描述了法哈多的宠臣的残暴手段在马尼拉引起的不幸、痛苦和恐怖。另一个大不幸是大帆船"恩卡纳西翁（Encarnción）"的迷失，这给马尼拉的许多市民带来了灾难。

1650 年，梅德拉诺第三次被选举为会省主教。面对诸多困难，奥古斯丁会修士最终成功将一位教会官员派去西班牙，以获得传教士的增援。迪亚斯叙述了 1651—1652 年的大事，主要包括法哈多的宠臣——贝内加斯的恶劣及违法行为，及其垮台——奥古斯丁会的主教梅德拉诺向都督投诉贝内加斯的恶行，他的勇气导致了贝内加斯的垮台。1653 年，安德烈斯·德贝尔杜戈（Andrés de Verdugo）修士被选举为会省主教。新的都督曼里克·德拉腊与大主教波夫莱特以及三位副主教一同抵达。法哈多被派往西班牙，但是在航行中去世了。他的宠臣贝内加斯在监狱中死去，其所有财产都被充公。新的都督和大主教用尽所能去补救马尼拉的悲惨状况。然而，大主教企图强制执行主教对教区牧师的巡视权，因此，这些教区牧师的岗位被各修会弃之不顾。这一问题被提交给检审庭，检审庭嘱咐大主教暂停行使巡视权，直到西印度事务委员会能在此问题上采取措施，但委员会并不支持他的主张。迪亚斯主要从实际的角度出发，充分地讨论了这种巡视权。他认为这种在新西班牙流行的体系不能准确地应用到菲律宾群岛，这里的状况十分不同。波夫莱特致力于重建在 1645 年地震中被毁的大教堂，但是许多障碍阻碍了它的完成，直到 1671 年才被投入使用。1654 年，奥古斯丁会传教士的增援到了，这是该会省急需的。关于这一问题有简要说明，这些增援都是新西班牙人。迪亚斯叙述了菲律宾人在马尼拉造船时受到的压迫，这是过去几次叛乱的原因。许多人认为，海难造成了一些帆船的损失，这是上天对西班牙人的审判，以惩罚他们对建造船只的当地人施加的残酷行为。1656 年，阿隆索·基哈诺（Alonso Quijano）被选举为会省主教，在他的任期期间，会省的许多成员死去，人们的负担也非常沉重。奥尔达斯在 1659 年再一次被选举为会省主教。迪亚斯叙述了曼里克·德拉腊的任期内菲律宾人民的巨大损失，主要是由沉船造成的，这些沉船埋葬了人、金钱和船只。当地人的起义虽然平息了，但损失惨重。1662 年，阿隆索·科罗奈尔（Alonso Coronel）修士被选举为会省主教。奥古斯丁会特别关注他们在吕宋岛北部的传教士。那年出发的大帆船安全到达了阿卡普尔科，这给了新的都督萨尔塞多和一名奥古斯丁会传教士机会，他们在墨西哥等船去菲律宾等了许久。一个奥古斯丁会回忆派的传教士也在同一个探险队中到达了菲律宾。因暴风雨的缘故船只被迫在卡加延的海岸登陆，他们经由陆路到达马尼拉，经历了很多艰难险阻。迪亚斯对他所在修会的新传教士们做了简短的介绍，并讲述了萨尔塞多任职初期更重要的事件。两个新的审计官之间发生了纠纷，后来引发了整个区域的灾难。曼里克·德拉腊被送回西班牙，并免除了他在居住地所受到的指控。萨尔塞多在造船业和商业扩张方面成就斐然。阿隆索·基哈诺修士在1665年被选举为奥古斯丁会的会省主教。那次全体教士会议再次拒绝了都督对于列出其所有神职人员名单的要求，多明我会也拒绝提供这类资料。同年，奥古斯丁会开始了向阿帕尧人（Apayaos）传教的任务，这一任务由富有激情的贝尼托·德梅纳（Benito de Mena）修士负责。经过艰苦卓绝的努力，他成功地建立了三个归化区。萨尔塞多决定"为了上帝的荣耀并扩展西班牙政府势力而进行征服"。他召集会议以征询意见，（军事长官和宗教最高领袖都）一致认为在这件事上最有希望的事业是对吕宋岛北部的伊戈罗特部落的征服。迪亚斯简要地描述了这些民族，并叙述了1668年他们被西班牙远征队征服、以及奥古斯丁会使那些异教徒皈依的过程。

萨尔塞多在阿尔拜建造了一艘帆船，这是这些岛屿上建造的最大最好的船。迪亚斯谴责将罪犯从墨西哥送往菲律宾的行为。1667年，第一个去往马里亚纳岛（Marianas）的传教团出发了。传教队伍由圣维多雷斯（Sanvitores）领导下的耶稣会修士组成，圣维多雷斯也因他在该岛殉难而闻名。1668年奥古斯丁会选举的会省主教是迪奥尼西奥·苏亚雷斯（Dionisio Suárez）修士，他被我们的作者描述为"比起人类，更像天使"。该传教团的传教士人数远远不够（其他修会也有这种不足），因此当 1668 年的 17 位修士的增援到达马尼拉时，他们感到非常高兴。在那时，一些来自偏远而未知岛屿并遭遇沉船事故的人们被赶到卡普尔岛岸边，一些西班牙人在试图穿过恩博卡德罗时而被淹死。萨尔塞多统治了五年，在社会上的显贵人士间引发了强烈的敌意，最终他被宗教裁判所逮捕，并被判处严厉的监禁，直到去世。迪亚斯在萨尔塞多监禁期间常去看望他，并对他做出了一个有趣的概述，赞扬他在痛苦中虔诚的顺从和耐心，但是他很小心地避免对与萨尔塞多被捕的相关事件或者是参与其中的人作出更多评论。迪亚斯非常简要地提到了审计官博尼法斯担任地方长官一事（他称赞博尼法斯谨慎、无私），以及他在短暂统治期间的一些著名行为。他几乎一度被火枪子弹夺去生命，但不能确定是否是故意开火。萨尔塞多两次坐船去新西班牙，但是在第一次航行中因暴风雨而返回，第二次在途中死去。1669 年新的都督堂曼努埃尔·德莱昂（Don Manuel de León）到达。他的统治因使群岛和平富足而得到赞扬，那时贸易繁荣，没有战争和起义。与莱昂一同到来的还有 32 名奥古斯丁会传教士，这对修会来说是可喜的补充。篡位者博尼法斯在方济各会修道院里避难，直到去世。西印度事务委员会宣布对他的判决，并作出了有利于审计官科洛马（Coloma）的决定。1670 年春天，在马尼拉大教堂发布了一份宗教裁判所法令，这是一项被长期废弃的宗教活动。法令的颁布伴随着游行和各种仪式。在新的传教士的帮助下，奥古斯丁会省能够更令人满意地进行工作，并取得更大的成就。

多明我会修士多明戈·F. 纳瓦雷特（Domingo F. Navarrete）在他的《条约史》（*Tratades Historicos*，马德里，1676 年）一书中，对 17 世纪中期的马尼拉和菲律宾进行了漫谈式的叙述，对其中的人物和事件提供了许多有趣的信息。正是由于这种表述，以及由于这些特点，学者能够在任何时间或国家的历史中，获得额外的、有价值的侧面信息。《条约史》的主要内容是清帝国，作者曾于 1658—1669 年间在中国做传教士；我们在此（在翻译和概述中）提供了与他在菲律宾停留有关的部分（1648—1653年）。纳瓦雷特用生动的笔触描绘了他的旅程。阿卡普尔科有着"可恶的天气"。传教士必须从兰波（Lampon）经陆地到达马尼拉，这是一段充满艰辛和危险的旅程。但是他们却为被宫殿、花园和村庄所点缀的帕西格河的美丽而欣喜。那时，菲律宾群岛被迭戈·法哈多统治，他"有统治的天赋，因为他对金钱和女人都感到厌恶"。纳瓦雷特对科奎拉做的许多事给予谴责，其中包括强加于当地人身上的税收，他描述得非常充分。这些压迫和勒索如此之多，导致印第安人逃离群岛，或者拒绝去耕地。他提到了许多这种压迫的例子。他以散文的方式叙述了当地人的主要特征，传教士的工作，官场的变化等等。这份文件将在第 38 卷中结束。

编者

1906 年 3 月

# 第 38 卷　1674—1683 年，修会间的矛盾、菲律宾土著暴动

　　这一卷（1674—1683）的部分内容是多明我会修士纳瓦雷特对菲律宾群岛的描述，另一半内容有关 17 世纪菲律宾土著人的暴动，这其中特别重要的一个主题是土著人及其征服者之间的关系，以及传教士的影响。

　　跟随纳瓦雷特的叙述（从之前一卷就已开始），我们可以看到法哈多的宠臣贝内加斯的倒台过程，也可以看到作者记述的他所逃脱的各种各样的危险等等。他用很长的篇幅称赞了都督曼里克·德拉腊卓越的品格和能力。他讲述了一个前往卢班岛和民都洛岛的传教行动，并且描述了这些岛屿，包括它们的物产和人民。纳瓦雷特作为一位助理神父驻扎在民都洛，并且说到他在那里的一些经历。在回到马尼拉之后，他前往了巴丹，在那里他和其他人被一些妖魔鬼怪严重地搅扰了好几个月。他和另一位神父再次前往民都洛，那次在那里发生了一次可怕的海盗袭击，以致印第安人都逃到了山里，迫使神父们又返回了马尼拉。纳瓦雷特提到好几艘帆船由于风暴而失事。他悲叹西班牙人在修造船只的

劳役中对待土著人的残酷，并且说"有时，修士们被派去从西班牙人地狱般的暴虐下保护这些人"。之后他用概括但热情的笔法描绘了马尼拉，又描绘了吕宋的物产。除了混血人和土著人之外，他还记录下中国人的惊人数量，他们都驻留在这里为西班牙人的殖民地服务。中国人在宗教事务方面是在多明我会修士的关照下。纳瓦雷特列举出许多他所知的马尼拉的著名人物，既包括世俗人员也包括神职人员，并且描述了被驱逐到马尼拉的日本基督徒对他热情而虔诚的款待（他们中有些人是麻风病患者）。后来他决定离开这片群岛，并（于 1653 年）前往望加锡。他生动地描绘了这次航程的艰难和凶险。剧烈的风暴不断地袭击他们，船只直到离开马尼拉九个月后才到达目的地，其中两个月则是在西里伯斯岛北岸的一个马来村庄度过的，并且船上的西班牙乘客在这里受到了严重的饥饿的折磨。他们最终到达了望加锡，纳瓦雷特在这里又度过了好几年，随后在 1658 年启程前往澳门，开启他在中国的布道活动。他的叙述尽管粗略而又漫无边际，却也原汁原味、生动形象。它向我们呈现了一个敏锐且精明的观察者形象，以及纳瓦雷特智慧、热情、坦率和高尚的品格。

　　马德里的多明我会总代理于 1674 年向西班牙政府陈述了菲律宾群岛主教教职"几乎一直空缺"一事，由此导致了邪恶的滋生，以及他们对那里的世俗政府的依附，并就纠正这些罪行提出了建议。由于他的努力，王室委员会为这一事项提出了许多应对措施。

一份 1677 年 12 月 17 日的教皇法令给予奥古斯丁会官员享有与修会的前任会省主教同样的特权。

1680 年 5 月 17 日，一份王室法令规定圣托马斯大学处于王室赞助权之下。

新塞哥维亚主教弗朗西斯科·德皮萨罗（Francisco de Pizarro）1683 年 2 月 24 日写信给卡洛斯二世，记述了耶稣会修士与多明我会修士之间的争论，争论有关于他们各自在马尼拉的学院。他趁机表扬了耶稣会修士和他们所做的工作。

通过这里呈现的（很多是同时代的）对 17 世纪菲律宾人暴动的描述，我们可以很清楚地看到西班牙人和菲律宾人之间的关系，以及当地人的性格。这几次暴动发生在吕宋北部（1621 年、1625 年、1629 年、1639 年）、保和岛和莱特岛（1622 年）、棉兰老岛（1629 年、1650 年）、吕宋的邦板牙（1645 年、1660 年）和邦阿西楠（1661 年）、米沙鄢群岛（1649—1650 年）、班乃岛的奥顿（1663 年、1672 年）、三描礼士整个地区（1661 年、1681 年、1683 年）。对于这些内容的叙述由更早的编年史翻译而来，它们的作者代表了各种各样的宗教团体，并按年代顺序安排叙事。这些反抗部分由于西班牙人的压迫造成，但更多则是受某些部落首领的影响。这些首领想要保持对旧的偶像的崇拜，并诉诸他们追随者的迷信、轻信和易变的人性。他们在不同情况中或早或晚地被西班牙人借助勇气和枪炮所镇压，严重的刑罚降临在这些头目身上，从而限制了他们进一步摆脱西班牙人枷锁的试图。1649—1650 年的反抗十分广泛，以至于西班牙人被迫请求了前不久还是他们的敌人和海盗的棉兰老岛南部卢陶斯人（Lutaos）的支援，但卢陶斯人却更想攻击他们的宿敌米沙鄢人。在其中好几次暴动中，传教士们凭靠他们在土著人中获得的影响力避免了许多巨大的风险，有时甚至能阻止叛乱。他们总是冒着生命危险游走在起义者之间。尽管如此，叛乱者的第一把火却是直指教会的，而且有时像针对其他西班牙人一样针对传教士。他们击杀了一些修士，烧毁了修道院和教堂，并且亵渎了圣像。迪亚斯将其归因于叛乱的头目们用狡猾的阴谋将乌合之众卷入了广泛的犯罪中，并以此来确保他们追随者的服从和更加不顾一切的反抗。其中一次叛乱是由一位诡计多端的祭司领导的，他让土著人相信他就是上帝，几个他的协助者则扮演基督、圣灵和圣母玛利亚，但这只能使他们在反叛被平定之后遭受更大的惩罚。西班牙人对土著人的政策从这些记载中明白地展示了出来，并时时能使人想起被法国人驱赶的北美部民，以及被英国人驱赶的印度本土人。

英国的海盗威廉·丹皮尔（William Dampier）在菲律宾群岛度过了 1686—1687 年的大部分时间，他自己对于这次逗留的陈述（于 1697 年出版）是对菲律宾文件材料的一个有趣的而又有价值的补充。1686 年 3 月 31 日，他们从墨西哥科连特斯角（Cape Corrientes）启程，他们为劫掠参与菲律宾贸易的船只而穿过太平洋，于 5 月 21 日到达关岛，那里的人民和物产被他细细地描述了下来。岛上的人口大量地下降了，因为大部分土著人在一次反抗西班牙征服者的失败后就离开了。通过声称自己为西班牙人，这位英国人在那里获得了一次食品补给。从那里他们启程前往棉兰老岛（6 月 2 日），在这里他们又停留到次年 1 月 13 日。丹皮尔以大量的细节详细地描述了棉兰老岛的动物种群、物产、人民和风俗。这份文件会在第 39 卷完结。

编者

1906 年 4 月

# 第 39 卷　1683—1690 年，教会与世俗当局间的冲突

　　本卷的范围涵盖 1683—1690 年，主要总结了帕尔多大主教、宗教修会一方同世俗政府之间的论战，与这次冲突相比，1591 年萨拉萨尔与达斯马里尼亚斯之间的争论，及 1635—1636 年格雷罗同科奎拉之间的争论，只能算作小规模冲突。在本次论战中大主教占据了优势地位，他得到了一位都督的支持。

　　前卷所涉及的有关丹皮尔在菲律宾群岛逗留过程的记述于本卷完结。他发现棉兰老岛上的人对英国人十分友好，但不信任荷兰人与西班牙人。他们在金属加工工艺上表现得心灵手巧、聪慧机敏，能以原始的工具与设备制作出优质的器皿，并能进行船舶修理，他们的另一项行业则是造船业。英国的船只为了等待适宜的天气，在棉兰老岛的南岸逗留了一周左右，然后继续深入棉兰老岛大河，并于 7 月 18 日抵达目的地。那里的原住居民迫切渴望同英国商人之间进行贸易，丹皮尔十分遗憾地表示他的同伴们并不打算放弃对香料群岛贸易的劫掠，尤其他们已经具备充分的经验与训练，并掌握了富裕的装备，足以实现建立一个交易站的

目的。英国官员同当地居民保持友好的往来，这使得他们能够深入了解马来人的生活与风俗习惯。一部分英国海员逃离了此地，一部分被当地人毒害，而大多数船员变得喜好酗酒并心生叛意。船长疏忽了对他们的管制，最终，1687 年 1 月 14 日，那群船员将船开走，把船长和 36 个忠于他的人抛弃在棉兰老岛上。那群人为了"擦洗"船只停泊在吉马拉斯岛（Guimarás）附近的水域，随后，2 月 10 日，他们经过班乃岛向北方驶去。在民都洛岛他们碰到了一些印第安人，并从中获取了有关马尼拉贸易的情报。他们计划去实施袭击与抢劫活动。2 月 23 日，那群英国人开始了他们在菲律宾群岛的海盗行径，他们首先在吕宋岛沿岸捕获了一只西班牙的三桅帆船。在描述完棉兰老岛之后，丹皮尔叙述了被遗留在那里的英国海员是如何找到去往马尼拉的方法的。在丹皮尔船上的人并没有找到他们想要抢掠的中国船只，他们决定在柬埔寨及暹罗沿岸停留，直到阿卡普尔科大帆船到来之时。7 月 29 日他们完成了对陆地沿岸的巡航，确定前往巴丹群岛，该岛位于吕宋岛的北向，并于 8 月 6 日抵达。他们同当地居民进行贸易、清理船只、储存补给品，为此后掠夺马尼拉贸易做好准备。然而一场猛烈的风暴来袭（9 月 25 日），他们被迫延误了一周左右，这令他们感到灰心丧气。最终他们于 10 月 3 日从吕宋岛北端启航，途经该岛东岸及莱特岛，在抵达萨兰加尼时停下来修理船只。11 月 2 日他们再次启程去往澳大利亚，不久之后丹皮尔便离开了该船，他在马来西亚群岛度过了接下来的四年时光。在经历形形色色的冒险之后，1691 年 9 月，他终于回到了英国。

弗朗西斯科·德比利亚瓦（Francisco de Villalva）是多明我会在马德里的代理人（procurator），他请求王室的援助，将该会的 40 名传教士送往菲律宾。

一位不知名的耶稣会修士提供了一份"1686 年 6 月至 1687 年 6 月的事件记录"，它囊括以下内容：甲米地港口船只进出港情况；重要人物的死亡记录；耶稣会修士同大主教之间、及各修会之间的纠纷；都督与检审庭之间的冲突，以及二者同大主教的关系；海盗的袭击；还有其他各具特色的新闻。一份类似的记录（无法确认是否出自同一人之手）继续记载至 1688 年为止。

菲律宾历史上一场引人注目的事件是 1681—1689 年大主教帕尔多同世俗当局之间的论战。与此相关的现存文件和印刷书籍多达上百种，但限于篇幅我们无法复录其中的大部分，最有益于我们目的的做法是提供一份该时期主要事件的概要，其内容由亲身参与其中并代表论战不同阵营的世俗与宗教人士所讲述。这些文件为丰富的引文所充实，它们出自各修会的编年史记录者——奥古斯丁会的迪亚斯，耶稣会的穆里略·贝拉尔德，多明我会的萨拉萨尔，以及奥古斯丁会回忆派的康塞普西翁，这些内容见于我们文本中随附的注释。第一份记录由检审庭的书记官胡安·桑切斯（Juan Sánchez）所写，日期为 1683 年 6 月 15 日，他叙述了此前三年里世俗机构同宗教机构之间所产生的隔阂——争论始于 1680 年，维甘城的神父投诉新塞哥维亚主教教区的领导者，后者并不关心其主教辖区，却对维甘城的事务加以干涉。检审庭试图解决此事，大主教坚持它归属于他的管辖权限。大主教

堂全体教士会议因他的这项举动备感恼火，并对雷蒙多·培拉特
修士（Raimundo Berart）对大主教的影响力感到妒忌（他同帕尔
多一样属于多明我修会）。新塞哥维亚的新任主教同样声称维甘
属于他的管辖范围，而非大主教的管辖范围之内。还有其他几件
因帕尔多专横行为而引起的事例，如他扣押了耶稣会的一批货物
并将一位耶稣会修士逐出教会，因为此人受托履行某一遗嘱的执
行人职责，但拒绝将相关账目汇报给他——奥尔特加宣称这项事
务是完全世俗的，仅应属于检审庭的处理范围。检审庭竭力约束
帕尔多，但徒劳无功，他们之间的紧张关系迅速上升为公开的敌
意。这种情况为多方面的敌对因素所恶化，它们可以简要归结为
以下几种：大主教对他手下的传教士和其他人的专断行为，以及
对其教会特权的强烈坚持；多明我修会同僚对他的过度影响力；
蔓延于各个宗教修会间的妒忌之情；更为根本的是教会同世俗权
威之间持续不断的冲突——后者主要是检审庭，因为都督们总是
慑于教会影响的威力，而站在同检审庭相对抗的一方。除此之外
可能还要算上殖民地同西班牙距离遥远，且范围狭小，因此在这
里工作的人们更为拘束受限，以至于他们变得行事激烈。帕尔多
同检审庭的冲突持续了很长一段时间，在此过程中双方无所不用
其极——他们颁布法令、上诉、抗议、责难，用上了世俗和宗教
可用的所有法律手段—— 1682 年 10 月 1 日，检审庭决定驱逐大
主教，但判决直至 1683 年 5 月 1 日才生效。然后他被检审庭官
员逮捕，并被放逐到卡加延省的一个叫作林加延（Lingayén）的
村庄里。他的助理主教巴里恩托斯（Barrientos）要求获得大主教

的职位，但其诉求为大主教堂教士会议所驳回——后者宣称鉴于帕尔多被放逐的结果，主教职位保持空缺。另一位多明我会修士弗朗西斯科·德比利亚瓦，因煽动性的布道活动被流放到新西班牙，其他人被逐至卡加延。

另一份文件继续叙述了自 1684 年 7 月至 1685 年 6 月在马尼拉发生的事件，这份记录没有署名，但有迹象显示它仍出自先前的作者桑切斯之手。前一年的 8 月 24 日，新任都督库鲁塞拉埃基（Curuzelaegui）在马尼拉正式就职。行政方面的变化使得被驱逐的多明我会修士们有了回归的机会，而鼓动帕尔多恢复原职的计划也迅速实现了。不久后帕尔多对先前所有反对他的人施以铁腕政策。前任都督巴尔加斯（Vargas）被强制逐出教会，审计官及其他牵涉放逐大主教事件的人们也未能幸免于难。大主教堂教士会议的成员被暂停职务，在大主教离职期间他们所进行的所有公务行为被宣布无效。他们直到 1685 年大斋期（Lent）的末尾才得到赦免，而这场苛刻的公开赦免令忏悔者们蒙受了极大的耻辱。在库鲁塞拉埃基急切地规劝与恳求之下，帕尔多最终同意赦免前任都督巴尔加斯，但他附加的让步条件使后者感到非常屈辱与痛苦，致使他极不情愿去接受它们。

还有一份未署名的文件记述了"库鲁塞拉埃基当政时期的事件"，其中有一部分单独涉及到帕尔多之争事件，我们将它同与此问题相关的其他文件一同收录于此，它只涵盖 1684—1685 这一个年头。其作者流露出对审计官的同情，他的记录主要反应冲突一方中的普遍感受。1685 年 6 月 15 日，一封由检审官博利瓦尔（Bolivar）致其在马德里的代理人的信件，从内容中呈现出有关该事件的耐人寻味的观点，并表明一系列阴谋诡计使得马尼拉在帕尔多的大部分任期内处于骚动状态之下。博利瓦尔不敢写信给西印度事务委员会，以免他的信件被没收，因此他指示其代理人以他的名义采取一些措施，"因为不能信任修士"。他叙述了对巴尔加斯任期届满的审查，其间充斥着大量虚伪的证人。他认为在马尼拉的西班牙人比任何人都要浮躁易变，并将殖民地比作"地狱的小型翻版"。他渴望逃离菲律宾群岛，并催促他的朋友替他弄到许可及做好安排，以防他被不必要地扣留在岛上。1686 年 2 月 8 日，一封来自耶稣会修士皮门特尔（Pimentel）的信件叙述了帮助帕尔多从流放中复位的计谋。另一份未署名的文件包含"自 1688 年来的新闻"，作者声称其目的仅仅是"使真相为人所知"。这份记录主要记载了那些审计官和其他官员们的命运，他们因参与放逐帕尔多一事而遭到报复，经受监禁、困苦及流放。恐怖的统治盛行于马尼拉，而都督与大主教保持了密切的联合，因此"除了诉诸于上帝，再无求助之法"。作者提及几件事情表达出对都督个人品行的责难，将他视为寡廉鲜耻与残暴专横之人。最后，维森特·德萨拉萨尔（Vincénte de Salazar）完成了有关这场争论的多明我会的记录，他是该修会的官方历史学家之一，在他为帕尔多所撰写的传记里提及到此事。1677 年这位高级教士（帕尔多）接受了马尼拉的大主教一职，他发现存在许多神职权力滥用、社会丑闻以及官员贪腐现象，他尝试惩治此类事件，却招致许多人的恨意，教会法庭也被大量案件所充斥。此后近三年间大主教同都督及检审庭保持着良好的关系，然而最终（1680 年）一些受到责难的神职人员求助于检审庭以对抗大主教的权威，很快导致宗教同世俗的权力机构陷入敌对状态。紧接着座堂圣职团不再服从于帕尔多，其领袖和成员也转向检审庭求援，一场漫长的法律战争随之爆发，双方以官方行动作为他们的武器。最终，1682 年检审庭判决帕尔多离职流放，但在一段时间里并未执行此令。帕尔多激怒了耶稣会，因为他控诉其中的一位修士，此人作为一份遗嘱的执行人为耶稣会聚敛商品财富，这些商品由阿尔普尔科大帆船运送至此。不久大主教就遭到了各方势力的抱怨和不满。流放大主教的判决被强制执行，1683 年 3 月 31 日帕尔多被捕并被放逐至邦阿西楠省的仁牙因村庄。教士会侵占了大主教之位，驳回帕尔多对巴里恩托斯的大主教任命，帕尔多的许多支持者也遭到流放或严惩。新任都督抵达菲律宾群岛后，大主教才恢复原职（1685 年 11 月 16 日），随后此案由罗马和马德里的法庭做出对他有利的判决。他致力于将其教会复建到原来的状态，维持教会的权利与特权——这是一项使他深陷冲突之中的事业，但丝毫减损不了他的热忱与决心。最终的结局证明他是正确的，连上帝也对大主教的敌人们施加报复，而他圣洁的品质被萨拉萨尔大加赞扬。帕尔多死于 1689 年 12 月 31 日。

　　1688 年，一位王室官员抵达了菲律宾群岛，对那些流放大主教的审计官提起诉讼，然而他发现他们中绝大多数人都已死去，唯一例外的人是博利瓦尔，而他在前往马尼拉的途中也去世了。一位多明我会修士和一位耶稣会修士分别记录了巴尔迪维亚（Valdivia）的诉讼过程（作为出庭的内部证据）。这位官员调和了在马尼拉的耶稣会和多明我会修士之间的关系，并将巴尔加斯遣送至邦阿西楠省，任期届满时的弹劾已经判决他赔偿 100000比索，该官员坚定不移地站在大主教这一边。帕尔多受他支持继续对其敌人采取复仇手段，他与巴尔迪维亚以极为专横的方式惩罚了他们想要对付的任何人——这位巡查官协助帕尔多处理了许多案件，在其他纯粹世俗的案件中他又惩罚了涉事的马尼拉市民。巴尔加斯被放逐，大主教不顾检审庭的命令，始终拒绝赦免于他。第二封信件写自新西班牙（可能于 1691 年），显然出自一位耶稣会修士之手，他简要叙述了巴尔迪维亚在菲律宾群岛的行动。作者发出警告，极力抨击那些可能会对法庭施加影响的存在，那些人试图使巴里恩托斯获得大主教职位。他坚称巴尔迪维亚将从马尼拉诉讼中获得的巨额财富（其中部分已被查没）据为己有。都督于 1690 年 4 月去世。

编者

1906 年 5 月

# 第 40 卷　1690—1691 年，考察土著居民的人种及其风俗信仰

　　本卷中只有一份文献，是按照时间顺序记录的，其篇幅较短，主要关注教会的争论，该争论因大主教帕尔多的离世才在某种程度上有所平息。人种学附录占据了本卷的剩余部分，展现了早期传教士作家——耶稣会，奥古斯丁会，方济各会——对土著人及其风俗信仰的观察结果。由于他们的教会立场，这些作者大概会被视为这一领域的杰出权威——特别是孔贝斯，他是进入棉兰老岛的耶稣会先驱者之一。

　　首先提及的是一封来自马尼拉耶稣会修士的信件，叙述了这个城市在 1690—1691 年间的事件。在帕尔多的一生中，基督教会与世俗权力间有所纷争，前者的代表是主教巴里恩托斯，他是大主教辖区的统治者；后者在 1690 年 7 月前的代表是检审庭，随后是新的都督萨瓦尔武鲁（Zabálburu）。主教试图通过武力从奥古斯丁会修道院挪走一部分他的牧师俸禄，但这被修士们的机敏所挫败。检审庭法官对这个计划是反对的，于是巴里恩托斯将他们逐出教会，但法官们对此不予理睬。在新任都督到来之前，

他的喜好已为军事长官托马斯·德恩达亚（Tomás de Endaya）了然于心。随后检审庭法官在一段时间里遭到二者的蛮横对待。萨瓦尔武鲁很快就表现出他独断专横的个性，他表现得相当自大，谴责修士，并且在公共事务中剥削压迫印第安人。

耶稣会修士科林，是在菲律宾修会人员中的先驱者之一，把一则有价值的、关于土著人种及其风俗的记述载入他的《传教工作》中。他做过一些尝试去追溯马来人部落的起源，从中他断定，大多数来自苏门答腊岛和望加锡（或者西里伯斯），一些来自摩鹿加群岛。尼格利陀人的来历，他认为，来自印度以东地区，或者也有可能来自新几内亚。有一章专门讨论菲律宾人的字母表、书写方法和语言运用。科林赞扬了他们的敏锐和聪明。他们中的一些人充当了马尼拉公共事务的办事员，并且一些人能够胜任掌管这样的事务，他们也是合格的印刷工人。科林对土著语言作了长篇大论——对塔加洛语的丰富和优雅表示欣赏——并讨论了他们的起名风格。随后，他继续描述他们的外表、衣着、装饰品、清洁头发和牙齿的过程以及纹身；他们的食物，饮食风俗以及制酒方式；他们的歌曲和舞蹈；他们沐浴的爱好。他们的神灵、宗教仪式和迷信均有叙述——包括对灵魂、祖先、偶像和自然现象的崇拜——以及他们对创世和人类起源的看法。他们的丧葬习俗包括雇佣租赁吊唁者，对尸体的防腐处理，杀死奴隶陪葬以及仪式中令人生畏的寂静。科林对他们有限的政府组织进行了描述（它们组织起了巴郎盖/村社），也提到了他们的民法和刑法，还有他们的刑罚（其中包括可怕的折磨）；社会不同的阶级，人们的职业；他们的武器和盔甲；他们的婚姻和离婚，以及对私通的惩罚。他也叙述了他们在领养儿童、财产继承和奴隶制度方面的相关风俗。相同的史料见之于另一位耶稣会修士弗朗西斯科·孔贝斯（Francisco Combés）的笔记，他记录了棉兰老岛和其他南方诸岛的土著人，在那里他以传教士身份待了12年。他列举了一些部落和他们独特的特征。其中卢陶斯人（或者"海之人"，Orang-Laút），即首要的航海和贸易部落，他们比其他例如北美印第安人中的易洛魁人（Iroquois）更具优势。孔贝斯描述了他们的战争方式，以及棉兰老岛酋长中地位最高的酋长科拉特对他们的帮助，因为卢陶斯人除了海战以外，其他的战斗能力非常弱。海岸边的这些卢陶斯人是苏巴诺斯人（Subanos）的附庸，苏班诺人也被称为河流居民（river-dwellers），这些人懒惰、无知野蛮、阴险且胆小。孔贝斯随即又赞扬了"达皮丹人（Dapitans）的高尚和勇敢"，这是一个从保和岛移居到棉兰老岛的小部落。他将他们的历史建构为人民的历史，叙述了他们改变他们住所的原因，以及他们如何成为西班牙人忠实的伙伴和跟随者。他们妇女的美德和能力得到相当高的赞美。孔贝斯探讨了棉兰老岛各民族的起源，并且简述了每个民族的大致特点及其相互关系。根据我们作者的记录，霍洛岛人和巴西兰岛人来自棉兰老岛东北部的武端，他们迁徙的历史被详细记录下来，作者还讲述了霍洛岛人沉迷当海盗的事。

孔贝斯继续叙述南方诸岛当时的信仰和迷信。异教盛行于他们之中，但是棉兰老岛南部海岸，巴西兰岛和霍洛岛上都是穆斯

林。孔贝斯记录了关于伊斯兰教创始人的有趣传说，这个宗教的
创立者几乎被敬为神。但是，岛上居民对伊斯兰教认识很浅，仅
限其外在，实际是"未开化的无神论者"。这些人很大程度上受
到预兆的支配，他们有时会献祭于旧时的偶像，但是这种情形对
他们产生的实际影响很小。妖术在他们中非常流行，科拉拉特和
其他有权力的首领擅长于此，这是他们优势地位的来源之一。孔
贝斯描述了他们的生活方式：他们的食物（除了煮米饭外没什么
其他东西），他们的衣着，他们的房屋和家具，他们与行为有关
的习惯和法律，犯罪和刑罚。他惋惜于奴隶制度的盛行，因为
这亵渎了所有的社会关系，甚至破坏了所有的善良和宽容。这里
没有自由民阶层，所有人不是首领就是奴隶。金钱可以弥补一切
犯罪，除了那些违背人道的罪行，这类罪行会被处以死刑。摩洛
人中会施行可怕的火刑，对某些罪犯进行活埋。但是一些人可以
安然逃离，因为他们作为巫师的力量保护了他们。孔贝斯对首领
的权力和政府加以描述，他们既独裁又贪婪，甚至受制于他们的
首领也被待若奴隶。孔贝斯特别提及了苏班诺人的奇特习俗。他
们非常地粗鲁、野蛮，没有任何政府组织，无休止的小规模战斗
总是萦绕着他们。然而，他们的女性要比其他部落的女性更加忠
贞。为了安全起见，卢陶斯人中有地位的女孩，会养在苏班诺人
中。在这些人中，有一群穿着举止如同女性一般的男性阶层，而
且严格禁欲，他们中的一人被孔贝斯施以洗礼。有一章阐述了他
们的葬礼和婚俗。在葬礼上，他们为死者穿着华丽、富贵及珍贵
的衣服。但是在基督教的影响下，他们已经停止了为死者陪葬珍

宝的行为。婚礼伴随着最大程度的炫耀、殷勤和盛宴，还有极致的妥当和得体。另一章描述了土著人使用的船只和武器。

接下来，我们会展示这一主题中的一封著名信件，由加斯帕尔·德圣阿古斯丁（Gaspar de San Agustín）写于 1720 年 6 月 8 日。我们的文本与其他版本进行了核对，并且大量地从其他版本那里，以及从德尔加多和马斯对圣阿古斯丁报告的评论中，引用内容作为注释。圣阿古斯丁在研究菲律宾人上花费了四十多年时间，他的研究开始于详述在理解土著性格中遭遇的巨大困难，这是很有指导意义的——"不仅在于个人，更在于族群"。他们善变虚伪，而且性情冷淡，恶毒、无聊、懒惰——（这些特征）源于"月亮的影响"。他们忘恩负义、懒惰、粗鲁而且缺乏耐心，傲慢且常常难以相处。圣阿古斯丁叙述了很多他们古怪的品质，并且举出了相关事例，表现出了对土著人的轻视。他严厉指责了他们的无知和迷信，他们性格的缺陷，他们对待西班牙人的态度，他们缺乏对宗教的热情投入等等——然而，邦板牙人未受指责，他们更加高尚、勇敢且诚实，是"印第安人中的卡斯蒂利亚人"。他们的女性是虔诚的、谦逊的和有德性的（尽管他将这些归因于男性对其的统治，以及女性不仅要照看孩子，还要服侍男性）。当所有抱怨过后，圣阿古斯丁重回先前的论调，即理解菲律宾人的天性是不可能的事，他所做的仅仅是大概的和不确定的。因此，有必要（尤其为了宗教）知道如何与之相处。他为此制订了不同的计划使传教士指导他们的行为成为可能。比他对这些人的评论更有趣的，是耶稣会修士德尔加多（他在很长时间内都在岛上做传教士）和西班牙官员马斯随后的评论，马斯也在那里待了一些时间并且游历了岛上很多地方。德尔加多批驳了圣阿古斯丁很多观点，有些非常尖锐，马斯总是支持圣阿古斯丁的观点，但是有时也会发现与他亲身所见相矛盾的地方。加斯帕尔修士的信件让读者印象深刻，首先，他作为一个易怒、爱发牢骚的老人（他在 70 岁时写下这些）表达了他的不满，但他之所以表现出这种态度的另一个理由，可以在他信件的尾声部分看出，即他反对将菲律宾土著人任命为牧师的提议——这个计划在宗教团体中激起很大的反对。我们使用的手稿包含了一种在圣阿古斯丁书信后的附录，转引自著名耶稣会作家穆里略·贝拉尔德。这些记录很显然是为了支持圣阿古斯丁的立场，并以激烈的语言贬低印第安人的性格。最后，我们展示的章节来自德尔加多的《菲律宾历史》，更加深入地探讨了圣阿古斯丁的信件，从阿古斯丁偏颇的指责中为土著人辩解。德尔加多驳斥了许多观点，严厉谴责了加斯帕尔修士。同样地，他将穆里略·贝拉尔德对土著性格的描述视为草率的、肤浅的和言过其实的。此外，德尔加多提醒读者，印第安人的帮助成就了西班牙人——印第安人独自治理农业、畜牧业、贸易以及航海，西班牙人（"当来到马尼拉时，他们都是绅士"）完全依靠他们——进而宣称西班牙人自身是傲慢的，他们专横地对待印第安人。

　　有关土著人更多的信息是由方济各会作家胡安·弗朗西斯科·德圣安东尼奥在他的《编年史》（Crónicas，马尼拉，1738—1744 年）提供的。他的研究开始于菲律宾印第安人起源的专题论文，在这个过程中发现了很多困难。他记叙了不同族群的融合已经产生了截然不同的新种族，在这中间，他倾向于把半文明的山居者归类于较大的岛屿——他认为这些山居者来自于文明的但退居到山丘的印第安人，或者来自于当地菲律宾人与日本人、中国人以及其他外国人的混血。居住在或者毗邻马尼拉的中国人、日本人，以及一些马拉巴尔—梅斯蒂索（Malabar Mestizos）人，都是理想的人口构成基本要素。尼格利陀人是原生居民，早些时候，他们频繁地骚扰袭击印第安土著，并处决了所有冒险进入山区的人。在圣安东尼奥时期，印第安人私下给尼格利陀人进献贡品，目的是避免他们的袭击。他叙述了他们的外在方面，装束，以及生活方式。他推测道，这些人最初从新几内亚到达菲律宾。文明的族群可能都会融入到塔加洛人、邦板牙人、米沙鄢人和棉兰老岛人中，所有都是马来血统。其中，塔加洛人有可能是来自马六甲的商人，后作为征服者留在吕宋。邦板牙人来自苏门答腊。米沙鄢人有可能来自所罗门岛，但这并不确定。在棉兰老岛，就像在吕宋岛，黑人土著被来这里的马来商人驱逐到内陆。棉兰老岛的族群高度多样化，但是肯定都来自附近的婆罗洲、望加锡或者摩鹿加群岛。圣安东尼奥分别描述了棉兰老岛民族。海岸部落里一部分是伊斯兰教徒，另一部分是基督教徒，他们中的传教士是奥古斯丁会回忆派修士和耶稣会修士。高山部落似乎都是原生的土著——从某种程度上讲，也是马来人，但是他们可能来自西里伯斯或其他岛屿。我们的作者展现的所有信息仅仅是推测；"上帝才是全知一切的唯一存在。"他继续叙述了菲律宾土著的特征和性格，这些叙述充满了矛盾。他们非常热情好客，但却疏忽父母，并且狡猾、忘恩负义。他们非常地聪明且会模仿，甚至在很多体力和脑力行业中表现出很高的能力，但是他们又是肤浅的、不正确的、冷漠的，懒惰并且缺乏思想集中。"他们的理解力好像被别针维系，常常依附于物质方面的事情。"我们的作者接着叙述了当时人们通用的语言、书写规范、礼俗和姓名，亦提到他们的形象特征，衣着和装饰品。足够让人好奇的是，圣安东尼奥记述到米沙鄢人已经（在他的时期）放弃在自己身上纹身的活动。他继续叙述菲律宾人的宗教信仰和迷信，有很多与科林及其他早期作家所书写的如出一辙，但是某些问题有了更多的细节，特别是关于这些人的预言和迷信。他们的政府和社会地位（特别是先前奴役的惯例）被叙述得很细致，还有关于他们的婚姻和嫁妆、商业贸易、度量衡、遗产等等。

编者

1906 年 6 月

# 第41卷 1691—1700年，奥古斯丁回忆派修会的历史

　　这一卷的主体部分是一个关于1661—1712年菲律宾奥古斯丁回忆派修会的记录。这一活动主要发生在吕宋岛西部、棉兰老岛、卡拉棉群岛，并且阿西斯（Assis）的描述文献中包含了许多关于这些区域状况的相关信息。"发生在17世纪的摩洛人劫掠"概括了与这一主题相关的主要事件。耶稣会修士克莱恩（Clain）提出一个关于地理发现的有趣说法：帕劳群岛（Palaos）在菲律宾群岛的范围内。

　　从1691—1694年间马尼拉耶稣会修士信件中摘录的文献提供了一些新信息。克鲁萨特-贡戈拉（Cruzat y Gongora）都督正向市长和附属的印第安人进行严苛的税收勒索。他卷入贸易活动，并接受寻求公职者的礼物。在1692年，从马尼拉出发的两艘满载的船只失踪；在1694年，另一艘运载着马尼拉市民所有可用财富的船只失踪。各种教会的争吵依然是帕尔多辩论的继续。

　　1697年6月10日，一封来自耶稣会修士保尔·克莱恩（Paul Clain）的信件对一群陌生人被从帕劳群岛驱逐而来到萨马岛提供

了生动的描述。并且报告了从他们那里得到的关于这个在宽阔太平洋上的至今未知人群的信息。这些外来人得到萨马岛当地人的友好招待，并且从当地的传教中心那里得到了宗教教育。他们希望他们自己的群岛与菲律宾之间有一个开放的沟通。

这一卷的主要部分是关于在菲律宾众多地方存在的奥古斯丁回忆派修会的，关于它的探讨大体上出现在 1661—1712 年间，虽然有一些言论涉及到一个稍后的时期。记述的主要部分取自佩德罗·德圣弗朗西斯科·德阿西斯（Pedro de San Francisco de Assis）的编年史，他是《奥古斯丁回忆派通史》（Recollect Historia General）第四部分的作者。较次要的部分取自胡安·德拉·康塞普西翁的《历史》的第 8 卷和第 9 卷，这一部分仅仅是为前面的内容做补充。

圣佩德罗·德·阿西斯粗略地描述了邦板牙叛乱（仅仅是一个尝试）以及邦阿西楠省和三描礼士省更加严重的起义，奥古斯丁回忆派在其中扮演着恢复和平的角色。邦板牙叛乱的兴起，和过去很多小的叛乱一样，是由于小官员的不公正——这次是伐木监督员。在一个当地军事官员弗朗西斯科·曼亚戈（Francisco Manyago）的领导下，邦板牙人试图获得自由，并且在其他众多省份中策划总起义。他们虽然是菲律宾人中最好战的，但同时也是最通情达理的，因此，就很容易通过都督个人努力，并巧妙借助各宗教团体的配合来加以平息。但邦板牙人注入到伊洛克斯和邦阿西楠省的不断发酵的不满情绪很难被消除。这些北部省份开始考虑为了确保自由、建立自己的中央政府而联合起来。我们的作者选择详细地叙述三描礼士省的反叛，他把这个地方看作邦阿西楠省的一个区，而邦阿西楠省是一个奥古斯丁回忆派的传教领地。邦阿西楠省反叛由安德列斯·马龙（Andrés Malong）领导，他渴望王位，并且逐渐地聚集了自己的军队，有人说达到 4 万人。他与三描礼士省的亲信和拥护者密谋迫使三描礼士省人宣布拥护他。但是，尽管有很多人同情他，由于奥古斯丁回忆派宗教力量强大并且勇敢地对抗他的反叛，他的努力作用不大。最后，被来自马尼拉的军队完全镇压，他没有逃脱其他反叛领袖的命运。马龙通过他的亲信苏穆雷（Sumulay）实施的、在博利瑙的村庄的行动被胡安·德拉·马德雷·德迪奥斯（Juan de la Madre de Dios）的警戒和勇气所挫败，他是掌管这里的修道院的牧师，但是他的教堂却被叛乱的同情者烧毁。虽然面临着一再的死亡威胁，神父们和忠诚的当地人，在上文提到的神父的领导下，坚守自己的岗位，尽管其中的神父之一路易斯·德圣约瑟夫（Luis de San Joseph）自动地放弃了他的职责。然而，他在向马辛洛克（Masinloc）的修道院传达林加延的牧师的信息时却表现得很勇敢，后者描述了邦阿西楠省的叛乱，并且向马尼拉寻求援助。从那里，这些消息被博纳迪诺·德拉·康塞普西翁（Bernardino de la Concepcion）带到了马尼拉，随行的有三位忠诚的首领，这三人因为他们的服务而得到了相应的奖赏。

在上文提到的三位忠诚的首领离开马辛洛克的情况下，那个村庄发生了反叛，反叛的立即爆发是由于修道院院长对一个忽视参加弥撒的酋长的不恰当的训斥。修士和忠诚的当地人被围困在修道院，但他们利用策略，通过截获一艘进村的印第安人的船只而逃走。当到达巴加克（Bagac）村庄时，他们遇到了从马尼拉返还的三个忠诚的首领，在他们和巴加克修道院院长聚集起来的30人的帮助下，他们从反叛者手中夺回了马辛洛克村，大部分的居民被赦免了，但是三个罪魁被处死。

在西加延（Cigayen）村，首领希瑞（Sirray）作为马龙的代理人而行动，但他谋杀这里的修士的计划没有成功，最后带着25个追随者投奔了马龙。而当神父撤退到马尼拉后，这个村庄被其他居民抛弃了。阿格诺（Agno）村在奥古斯丁回忆派的路易斯·德·圣约瑟夫的努力下恢复了平静。而造成动乱的杜雷（Durrey）首领和他的12个追随者被迫逃亡。在博利瑙，叛乱的火焰再次爆发，因为胡安·德拉·马德雷·德迪奥斯牧师现在落单了。马龙派使者给他带了一封信，要求他把这一地区移交给自己。但是神父利用一艘舢板到来的机会暂时用计谋战胜了敌人，这艘舢板上乘坐着从伊洛克斯逃来的修士、西班牙人和当地人。叛乱的平息仅仅是在舢板停留在这里的时候。当舢板离开之后，马龙企图通过杜雷和苏穆雷谋杀修士，杜雷被劝阻了，而苏穆雷依然坚持，最后反而被神父打伤，但是，在博利瑙的一些居民的纵容下，他逃走了。

同时，马尼拉也做出了明确的安排，——而且比那里的惯例更快，派遣军队镇压刚刚发生的叛乱。援军包括由费利佩·德乌加尔德（Felipe de Ugalde）领导的一支舰队，和弗朗西斯科·德埃斯特瓦尔（Francisco de Estebar）领导的一支由200名西班牙

人和 400 名当地人组成的军队。他们还得到一些三描礼士省人的
进一步帮助，很快便打破了有组织的反叛。叛乱首领受到了惩罚
（有人认为太重，但是我们的作者认为很合理）：马龙被击毙，苏
穆雷、考卡奥（Caucao）、希瑞、杜雷被绞死，而另一位首领为
了逃避死亡审判而自杀。这样，在 1660—1661 年间持续了一小
段时间的叛乱结束了。这大概是菲律宾众多部落、族裔显示出一
致行动愿望的最早的尝试，这次尝试以失败告终。曾经公开鼓励
叛乱，甚至在他们的队伍中战斗过的中国人也试图反叛，部分原
因是为了回应海盗郑成功的努力。但是，他们在 1661 年和 1662
年的计划都是徒劳的，每次都是神的旨意，允许奥古斯丁回忆派
做代理人。第二次尝试在"常来人"流了更多鲜血之后被镇压。

　　大约是 1662 年，在方济各会修士的邀请下，奥古斯丁回忆
派在正对着马尼拉的吕宋海岸开始了首次传教工作，前者曾在这
里工作，但由于缺乏修士，不得不放弃这一贫穷的土地。奥古斯
丁回忆派很快接受了邀请，并热情地投入到工作当中，创建比南
戈南（Binangonan）、瓦莱尔（Valer）、卡西古兰（Casiguran）、
帕拉南（Palanan）几个修道院。在这个区域，传教工作收获
巨大。但是在 1704 年，由于修士的缺乏（1692—1710 年间没
有一个修士从西班牙来到菲律宾），这片区域被重新划归给了
方济各会。紧接着，记录了传教士胡安·德圣安东尼奥（Juan
de San Antonio）和约瑟夫·德拉·阿农西阿西翁（Joseph de la
Anunciation）分别在 1663 年和 1664 年去世，并且简述了他们的
生平。

在第八章，阿西斯回过头来去介绍奥古斯丁回忆派在1640—1668年间的遭遇。这些痛苦和迫害主要来自摩洛人，通过持续的劫掠活动，他们成为了所有菲律宾传教村庄的灾难。这些海盗如此的大胆，以至于在临近马尼拉的地方，他们也毫不犹豫地施展暴虐。除了摩洛人外，荷兰人施加的伤害也增加了恐怖氛围。这些异教徒甚至和摩洛人联合起来来破坏真正的天主教信仰。西班牙和荷兰达成的和平对殖民地来说是一个最受欢迎的解脱。在摩洛领地之间的奥古斯丁回忆派村庄和传教中心受到的折磨最严重。这些可怜人的求助请愿被置若罔闻，因为对于马尼拉来说，自身利益最重要，贸易是最重要的，而不是宗教。由于摩洛迫害，奥古斯丁回忆派有的人成为信仰的殉道者，但是，其他人则服从于传教工作的艰辛。

在1670年，我们的作者再次提到了在三描礼士省人中间的传教活动。这一地区的居民是一个凶猛的族群，居住在山上的族群比居住在海岸和平原的族群更加凶猛，住在海岸和平原的居民与当地土著人与西班牙人之间会有交往。山上的人们中间有很多叛教者和异教徒，很多尼格利陀人居无定所，快速流动，处在一种完全野蛮的状态。虽然这些族群之间互相敌对，但对西班牙人共同的仇恨把他们聚集起来，他们联合起来反对西班牙人。所有的修道会都致力于减少那些凶猛的族群，奥古斯丁回忆派获得了最大的成功。奥古斯丁回忆派采用温和的手段，让自己适应当地人的精神文化，他们使很多人转变了信仰。数量最多的年份集中在1668—1671年间，那时，克里斯托瓦尔·德圣莫妮卡

（Cristóbal de Santa Monica）指派 9 个修士在这里传教。由于他们的努力，2000 人皈依了天主教并转入定居生活，其他人也接受了这种信仰。伊瓦（Iba）[以前被叫作派纳汶（Paynaven）]，苏比克（Subic）、莫隆（Morong）这些新的村庄是为改宗者建立的，同时，所有的老村庄的人口都有增加。两个新的修道院被建立起来，一个在派纳汶，一个在巴加克。这一切完成于 1670 年。在 1671 年，约瑟夫·德拉·特立尼达（Joseph de la Trinidad）使得天主教在三描礼士地区获得很大收获。并且他在 1674 年成为大主教，对这些传教中心给予了特殊照顾。但是不幸的是，奥古斯丁回忆派和多明我会（管辖区域在巴丹半岛）发生了冲突，尽管奥古斯丁回忆派进行了抵抗，但他们最终（1679 年）被大主教费利佩·德帕尔多驱逐，他企图让整个地区都听从他的命令。都督把三描礼士省的传教事务割让给了多明我会，作为交换，奥古斯丁回忆派获得了民都洛岛，这个岛长期以来由世俗教士管辖。

接下来简略地介绍了米格尔·德圣托马斯（Miguel de Santo Tomas）的生平，他传教生活的大部分是在卡拉加省度过的。1672 年西班牙宗教团体的全体会议上，将确定权和自由裁量权分配给了菲律宾省。

关于第九个 10 年历史的第 4 章把我们带到棉兰老岛，回顾了在异教徒塔加瓦洛耶人（Tagabaloyes）中间进行的传教工作。在卡拉加省的比斯利格（Bislig）（离马尼拉最远的奥古斯丁回忆派传教中心）的邻近地区居住着一个异教徒族群，他们住在巴隆（Balooy）山上，他们的名字来源于此。他们是一个内向的族群，勇敢智慧，信守承诺，据说是日本人的后代。在 1671 年之前，在他们之间的传教工作成效不大，由于摩洛战争、政府援助少、缺乏传教士，这个地区的两个传教士很难把传教工作向更远的地方扩展。但是，在 1671 年，比斯利格地区的传教士、新任大主教胡安·德圣费利佩（Juan de San Felipe）派遣一个修士，专门处理山区族群的改宗工作。在其他两个修士的协助下，到 1673 年，他已经给 300 名成年人洗礼，此外还有 100 人在接受了圣礼之后很快地去世了。到 1674 年，比斯利格地区的贡税数量由 200 份增加到了 800 份。改宗工作还受到了一定的神迹显现的帮助。

在 1674 年，大主教约瑟夫·德拉·特立尼达增加了传教力量，他任命特派牧师，不断地访问广阔的地区，给分配给他们的区域中最需要帮助的地方带去援助，由此减轻了在众多村庄已经成立的传教中心的负担，给他们更多的时间去处理常规工作。他在棉兰老岛省的武端（Butuan）和卡加延做出了最大的努力，因此，在这些地方，基督教获得了很大收获。基督教信仰被带到了利瑙地区的马诺沃，并且村庄的人口增加了。在卡加延山区以及马拉瑙湖附近工作的三个修士，尽管存在着摩洛人的敌对，仍然使超过 100 人皈依天主教，改宗工作从始至终都受到神迹显现的帮助。

关于第九个 10 年的第九章与新领地民都洛的传教工作相关。这个岛（对于岛和岛上的居民给了简单介绍）的传教工作首先由奥古斯丁会开始，他们把这个区域割让给了方济各会。稍后，耶稣会在这里保留了几个传教士，并且在瑙瀚（Naojan）建立了永久传教区，这个传教区一直保留到了路易斯·德圣比托雷斯（Luis de San Vitores）前往贼岛或马里亚纳群岛的传教区，这时，这个岛被移交给了三个在俗教士。这是一个贫瘠之地，三位在俗教士尽管工作很热情，但他们没有得到足够的支持，最终在 1679 年转交给了奥古斯丁回忆派。正如上面提到的，奥古斯丁回忆派经历了在菲律宾的光荣历程和在三描礼士省地区卓有成效的传教工作之后，在对他们被驱逐出三描礼士传教区进行抗议的徒劳之后，占据了民都洛传教领地。在这里，在俗教士很快地完成了交接工作。奥古斯丁回忆派占据了这个新的传教领地，立即派遣六名修士进行工作。新的变化很快就能感受到，并且信奉天主教的人数由 1679 年的 4000 人增加到了 1692 年的 8000 人，乃至 1716 年的 12000 人。虽然后来由于摩洛人劫掠使得人数减少，在圣安东尼奥的记录中，在 1738 年依然有超过 7000 人。第一个修道院在巴科（Baco）建立，后来移到了卡拉潘（Calapan）。在瑙瀚、卡拉维特（Calavite）和曼格林（Mangarin）〔由于地理位置不安全和摩洛人劫掠，后来被移到了邦阿邦（Bongabong）〕也建立了修道院，所有的这些修道院都有自己的朝拜者。后来建立了一个山区传教区，导致民都洛的天主教人数大增。

接下来的一章论述卡拉棉群岛地区奥古斯丁回忆派传教工作的恢复，这里由于 1662 年中国海盗郑成功以及随之而来的军队支援的撤出而被迫放弃。所有传教区中，只有在库约和阿古塔亚（Agutaya）的两个传教区被奥古斯丁回忆派保留下来，交给了一个在俗教士管理，这一安排持续到 1680 年，之后，奥古斯丁回

忆派（尽管他们有些不情愿）重新接管了这些岛屿上的圣职。在
1680 年 11 月，三位修士被派遣到这里，到 1682 年王室确认了奥
古斯丁回忆派对这里的占有，1684 年一个新的传教团到来，使
得他们能够派遣其他人士到这个领地上传教。他们遇到了很多困
难，但也取得了丰硕成果。新的传教区被建立，到 1715 年信奉
天主教的人数已经由 1680 年的 4500 人增加到了 18600 人；在
1735 年，卡拉棉和朗布隆已经有 21076 名天主教徒。一些传教士
因为他们的工作成果而被命名和受到表扬。顺带提到一个有趣的
描述是，当地人的孩子被训练来为教会服务。我们的作者通过这
件事情来反驳修士们有许多仆人的指控。

　　尽管付出了努力，但是尝试了几次都没有成功，奥古斯丁回
忆派没能把福音传到中华帝国，这些和第十个 10 年的第二章有
关系。接下来的篇章讲述在 1661—1690 年三个 10 年间从西班牙
向菲律宾派送的奥古斯丁回忆派传教团。第一次在 1660 年离开
西班牙，由欧亨尼奥·德洛斯·桑托斯（Eugenio de los Santos）
领导，包括 20 个唱诗班歌手和两个世俗助手。其中一个在 1662
年到达马尼拉，其他 14 个在下一年到达。第二个传教团由克里
斯托瓦尔·德圣莫妮卡管理，他在 1663 年被任命为代理人。这
个传教团的 24 名成员在 1666 年起航，除了 2 个留在了墨西哥之
外，其余的在 1667 年到达马尼拉。第三个传教团在 1675 年由胡
安·德拉·马德雷·德迪奥斯（Juan de la Madre de Dios）组织，
他把由 26 名修士组成的传教团带到了墨西哥，在这里把他们交
到了另一个修士手中，自己返回了西班牙。他们在 1676 年到达

菲律宾群岛。在 1680 年，克里斯托瓦尔·德·圣莫妮卡被派到西班牙做代理人，1681 年到达目的地。在 1683 年，他带着由 9个神父、9 个唱诗班歌手和 5 个世俗助手组成的传教团从加的斯（Cidaz）起航。除了一个在海上死亡，两个在波多黎各逃跑并返回家，其余的在 1684 年 4 月到达菲律宾，被派遣到了各个修道院。1684 年在西班牙举行的宗教团体全体大会上确立了菲律宾的确定权和自由裁量权。

关于第十个 10 年的第五章的大部分内容我们简要地叙述了胡安·德拉·马德雷·德迪奥斯的一生。在群岛上的修会中，他是最积极、最能干的人之一，他在修会中有很多公职，同时在传教区中也勇敢地工作。他是对偶像崇拜的最坚持不懈的反对者之一，甚至敢于在异教徒举行集会、进行他们邪恶的崇拜的地方独自冒险。就修道会来讲，他的工作具有政治性质，绝不是微不足道的，并且他为他西班牙的行省获得许多好处。1685 年他在西班牙去世。在这个篇章里，同时还简要地叙述了托马斯·德圣赫罗尼莫（Thomas de San Geronimo）的一生，他是米沙鄢地区的一个传教士。在 1680 年他被选为大主教，他很受欢迎，以至于在1686 年人们违背他的意愿，再次选举他为大主教。他在同一年去世。

在关于第十个 10 年的第八章里，回顾了奥古斯丁回忆派在马斯巴特、蒂考（Ticao），布里亚斯（Burias）三个岛的工作。这些岛屿在黎牙实比来到群岛的最初几年已经被征服，它们是新西班牙和菲律宾群岛之间来往船只的重要中转站。天主教信仰是由阿隆索·希门内斯（Alonso Jiménez）领导下的奥古斯丁修士引入马斯巴特的，他被称为"马斯巴特的使徒"。然而，奥古斯丁修士在 1609 年放弃了马斯巴特和蒂考岛，从这时起直到 1688 年，世俗教士管理这里的传教工作。在 1688 年，根据新卡塞雷斯主教的计划，奥古斯丁回忆派替代了世俗教士，该地区被划归给了正规的修会。1685 年 8 月 13 日的一项法令把这些群岛和吕宋岛的一些村庄授予奥古斯丁回忆派。吕宋岛的那些村庄被让给了方济各修士，因为他们可以更好地管理这些地方，但是（奥古斯丁回忆派）在 1687 年接受了马斯巴特、蒂考、布里亚斯三个岛。在 1688 年，马斯巴特岛上的莫博（Mobo）地区的世俗教士完成了交接转让，这使得支持奥古斯丁回忆派的当地居民很满足。在莫博，一个宏伟的修道院被建立，并且除了奥古斯丁回忆派进驻之前已经存在的 6 个村庄之外，又建立了 3 个新的村庄。1726 年，在一艘帆船失事后，又在该地区建立了另一座修道院，以便使该船运载的布尔戈斯的圣克里斯托的塑像被妥善安置，他的塑像通过船上一名乘客——胡利安·德贝拉斯科（Julian de Velasco）的努力而得救。1724 年奥古斯丁回忆派请愿要求王室确认马斯巴特传教区，作为回复，王室下令要求提交一份关于他们在那里工作的报告。据发现，家庭数从 1687 年的 187 户增加到了 1722 年的 585 户，增加了 398 户家庭，换句话说，增加了 1592 人。在 1738 年，岛上有 5000 个人，3 个新村镇，一个在蒂考，两个在马斯巴特。这意味着在他们控制这个区域的时间内，修道会建立了 6 个村庄，把 3252 人带到了教堂的怀抱之中。这些数字因为摩洛人的侵略而减少。在异教徒、叛教者、来自其他岛屿的难民中（他们都代表着最坏的因素）皈依行为不断发生。奥古斯丁回忆派修士不得不和自然力量、摩洛人以及巫术力量做斗争。他们面临种种艰难困苦的局面，据一些在这里待过的传教士说，马斯巴特地带比任何其他传教区都更艰难。康塞普西翁的摘录部分和圣弗朗西斯科·德阿西斯的历史有部分的重合；除了第三部分，这一部分讲述了奥古斯丁回忆派重新获得三描礼士省传教区，并简要叙述了该传教会与多明我会之间的司法程序。

　　第一个摘录涉及将三描礼士省传教区强制性地移交给多明我会。这直接来自于迭戈·德比利亚罗托（Diego de Villaroto）在西印度委员会上的陈述，大意是，如果把民都洛岛授予最适合的修道会，并且如果担任副牧师的世俗教士被任命为牧师，则民都洛岛的皈依将进展得更快。王室很关注这份请愿书，并且在1677年的一项王室法令中命令都督和大主教进行移交。因此，主教费利佩·帕尔多在都督的帮助下，迅速抓住机会，迫使不情愿的奥古斯丁回忆派修士放弃三描礼士省传教区，而获得民都洛岛传教区，以便多明我会能够接受前者。这种安排对多明我会来说非常便利，使他们能够更好地将其传教工作集中在邦阿西楠省，并使他们在各传教区之间的交流更容易。奥古斯丁回忆派修士抗议说：三描礼士省人更喜欢他们的修会，而民都洛岛的居民更喜欢旧的耶稣会修士，（这样的安排）将使两个地区受到干扰、动荡不安。但是这份抗议没有分量。他们在那里的西班牙官员的压力下保持了沉默。被委派到民都洛岛的三个奥古斯丁回忆派修士分别是迭戈·德拉·马德雷·德迪奥斯（Diego de la Madre de Dios）、迭戈·德拉·雷苏莱克西翁（Diego de la Resurrection）和欧亨尼奥·德洛斯·桑托斯，每个人都有一名助理。接着是对民都洛岛及其人民的描述，以及对其早期征服和传教工作的回顾。自从耶稣会修士放弃了这块土地（路易斯·圣比托雷斯前往马里亚纳群岛），世俗教士就控制了该岛的教会事务，但这是一个贫穷的地方，几乎找不到任何世俗教士愿意接受它。在奥古斯丁回忆派进入之后，基督教徒的数量稳步上升，在芒扬人（Mangyans）、尼格利陀人和其他族群中福音传播取得了进展。四个修道院被建立起来，每个修道院都有一些朝圣者，前往芒扬的传教团在伊洛湾（Ilog），在最后一个修道院里，没有一个叛教的基督徒被允许进入，以免他们破坏新的植物。但这座美丽的花园（指民都洛岛）却被摩洛人践踏，甚至被摧毁了。多明我会人在他们新获得的三描礼士省传教区内不遗余力地工作。但不能令人满意的是，康塞普西翁报告说，他们的努力主要以失败告终。他们认为，从奥古斯丁回忆派那里得到的 11 个村庄太多，无法进行最好的管理，他们努力巩固和迁移其中的一些村庄。在奥古斯丁回忆派管理体制下，位于三描礼士省海岸附近的小岛上的博利瑙人，被迁移到了贫瘠的海岸，那里有诸多不便，无任何优势。阿格诺人从海岸被迁到了内陆；锡各延人（Sigayen）也被迁移了，改变位置唯一的优势是它所在的地方有一条淡水河流。派纳汶人被迁往伊瓦内陆，并且伊瓦成为该地区的首府，为了使它成为首府，一些家庭被从博利瑙迁到了这里。卡万丹（Cabangan）和苏比克村是由其他几个村庄合并而成的，难民留下的空地被来自邦阿西楠省的家庭填补，由于该省人口如此稠密，以至于没有足够的空间容纳他们，从这里迁移当地人更容易些。从三描礼士省人的不满和许多家庭逃往伊罗戈和山区中得出的结论是，多明我会的管理所造成的弊端大于好处。

　　第二个摘录相当类似于圣弗朗西斯科·德阿西斯给出的版本，详细地叙述了奥古斯丁回忆派传教团体在马斯巴特、蒂考和布里亚斯三岛的工作。这些岛屿是新塞雷斯主教教区的一部分，而且在阿尔拜市长的民事控制下。马斯巴特岛是其中最大的，岛中有黄金的痕迹和一些精美的铜矿山，但是黄金没有带来丰厚的利润。这三个岛屿都拥有优良的木材和许多麝香猫（civet-cats）。这些岛屿的早期历史和早期的精神征服过程（在书中）被叙述。在主教安德烈斯·冈萨雷斯的努力下，这些岛屿被授予奥古斯丁回忆派，主管这里的世俗教士被授予了一个牧师职位。本来要授予奥古斯丁回忆派的吕宋岛的某些村庄，反而被授予了方济各修会（他们和奥古斯丁回忆派争夺这些村庄）。从世俗和宗教观点来看，这些岛屿都是重要的，因为他们是阿卡普尔科的船只的中转站，也是宿务岛和棉兰老岛的奥古斯丁回忆派传教团体的中转站。如上所述，在1724年，奥古斯丁回忆派要求王室确认这些岛屿为他们的传教区，随后提交的报告表明，他们的工作取得了很大进展。他们使这些岛屿成为一个安全的地方，而在以前，无论是海岸还是内陆，这里都是最危险的地方。

　　第三份摘录涉及多明我会在三描礼士省传教区的工作，以及奥古斯丁回忆派在该地区的传教工作的恢复。从康塞普西翁的叙述来看（必须与多明我会教士萨拉萨尔所写的东西联系起来阅读），多明我会没有获得像他们的前任那样的在凶猛的三描礼士省人中所取得的成功，他们侵略性的处理方式，反而疏远了三描礼士省人。相反地，奥古斯丁回忆派却用温和的手段赢得了三描礼士省人的心。派纳汶的要塞增加了，却被不公正地允许在任何情况下都可以袭击当地人。麻烦出现在达林恩（Dalinen）酋长的侄子被另一名酋长卡利格瑙（Calignao）杀害，后者似乎是一个完全不可靠和怀有恶意的人。为了按照三描礼士省传统为侄子报仇，达林恩带着他的追随者去了荒野，他与跟随他的人一起，被守备部队的士兵追捕。由于卡利格瑙没有逃脱，为了赢得卡利格瑙的支持，传教士多明戈·佩雷斯（Domingo Perez）轻率地宣称对达林恩侄子的谋杀是政府下的命令，这个命令要求杀掉所有拒绝乡村（定居）生活的人。作为悲剧的另一幕，卡利格瑙计划杀死达林恩，并在一个尼格利陀人的帮助下完成这一计划。然后，他策划制造了多明戈·佩雷斯的死亡，致使后者重伤，因缺乏有效的照料而死去。虽然多明我会声称在多明戈·佩雷斯神父去世时降生了某些神迹，康塞普西翁却否认了这一切。摘录的其余部分与奥古斯丁回忆派和多明我会之间关于三描礼士省传教区的诉讼有关，这些诉讼从奥古斯丁回忆派被迫放弃这一地区之时起，一直到该修会 1712 年重新获得这一传教区，期间断断续续地一直进行。奥古斯丁回忆派自始至终都声称他们被不公正地掠夺了传教区，虽然他们接受民都洛传教区（他们别无选择），但是并非把它们作为对三描礼士省传教区损失的赔偿而接受。事实上，他们从未放弃对这些传教区的要求，经常为这些地区任命牧师（当然，这些牧师并没有在这些传教区工作）。另一方面，多明我会声称，他们只是按照大主教和都督的命令接管了这些传教区。诉讼拖得很累，双方都坚持自己的权利，而这件事被这样的程序拖延到似乎没有尽头。最终多明我会，随着教会官员的更换，改变了他们的战术，并声称他们不是任何诉讼的当事人，因为他们按照都督的命令接受了传教区，如果他们被要求放弃（这一地区），他们就准备放弃。奥古斯丁回忆派保持相反的立场，即多明我会是诉讼的一方。裁定最终支持奥古斯丁回忆派，在1690 年，多明我会被命令在三天内出庭为他们的权利辩护。而传唤一直被忽视，直到 1710 年，奥古斯丁回忆派律师再次提起诉讼。尽管多明我会仍然坚持他们以前的陈述，即他们不是诉讼的一方，但这件事还是提交法院审理。通过特殊审判，三描礼士省传教区被移交给了奥古斯丁回忆派。

在菲律宾几乎所有的西班牙政权中，那些岛屿，特别是米沙鄢岛，饱受来自棉兰老岛和其他南部岛屿的摩洛海盗的频繁和野蛮的袭击。对这些内容的叙述是这本书的必要部分，但我们的空间有限，不允许我们再现像孔贝斯（在他的《棉兰老岛史》中）那样冗长而详细的叙述，特别是因为这部分内容和其他一些类似的事件只覆盖了很短的时间。在本卷的附录中，我们简要地总结了这一主题，时间截点到 17 世纪末；第一部分仅仅是一个大纲，从我们以前的卷册中摘录，引用全文，显示从 1565 年至 1640 年西班牙人与信奉伊斯兰教的马来人之间的关系。第二个部分讲述的是其余世纪的同一主题。它由穆里略·贝拉尔德、迪亚斯和其他历史学家的描述组成，按照时间顺序排列，有时是简要的叙述，有时是全文翻译，根据是否冗长或各自的相对重要性而定。从一开始，西班牙人和摩洛人之间就有明显的敌对因素——种族、宗教和商业上的敌对，而西班牙的征服欲望和摩洛人对掠夺和流血的贪婪很快就加剧了这种敌意。在被西班牙人征服的北方岛屿上，不幸的土著人无法保护自己免受敌人的攻击，西班牙的军力往往不足以保护他们或惩罚入侵者。海盗被科奎拉在棉兰老岛和霍洛岛的辉煌战绩（1637—1638）遏制了很久。其他惩罚性的远征在后来也有类似的效果，尽管常常是暂时性的。在本世纪后半叶，和平在这些敌对者之间持续了很长一段时间，可能是因为摩洛酋长中没有一个拥有像著名的科拉拉特那样的能力和军力。

在 1639 年，阿尔蒙特战胜凶猛的圭姆巴诺人（Guimbanos）——苏禄地区的一个山上族群。后来，他们和霍洛岛人一起反叛，在 1643—1644 年，奥古斯丁·德塞佩达（Agustin de Cepeda）再次惩罚了他们，在几个战役中击败当地人，并且劫掠了他们的国家。其中一次远征是由霍洛岛的一个耶稣会修士详细介绍的，他和往常一样，把西班牙人的成功归功于圣伊格纳西奥和圣母玛利亚。在棉兰老岛，科奎拉的进攻（1637 年）长期抑制了科拉拉特，但在 1655 年，科拉拉特的背信弃义导致三名西班牙使节被杀，并企图（但徒劳）煽动其他摩洛统治者反抗西班牙人。西班牙人没有强大到足以与他开战，因此对他的蛮横视而不见。这激励他重新开始对其他岛屿的海盗劫掠。对此，（当局）进行了多次进攻以遏制他们，但是大部分被证明是无效的，尽管在 1658 年的 1 月至 2 月，埃斯特瓦尔率领一队武装船只捣毁了一些棉兰老岛村庄。最终（1662 年），马尼拉当局决定放弃在棉兰老岛和霍洛岛的要塞，这导致了西班牙在这里的领土的丧失，并且皈依基督教的摩洛人很快堕落为以前的异教徒。一些霍洛岛人酋长对北部岛屿进行了多次非官方的劫掠，但是受到了他们的首领的惩罚，并且归还了俘虏。同时由于科拉拉特年纪已大，想要维持和平，并且命令他的继任者也这样做。霍洛岛的首领也效仿他的做法。卡穆科内斯人对马尼拉建造的轻型大帆船保持敬畏。因此就西班牙人、米沙鄢人与摩洛人的关系来讲，该世纪的后半叶处于一个相对和平的时期。

编者

1906 年 7 月

# 第 42 卷　1670—1700 年，修会教士与在俗教士间的争端、17 世纪晚期奥古斯丁会的历史

这一卷的主要内容是传教，也会涉及一些市政和社会生活的内容。在卡马乔（Camacho）争论中可以看到在寺教士和在俗教士的斗争，前者承认他们在菲律宾为生命和存在而斗争，因此不遗余力地为他们的目的而努力。正如稍后看到的，这场在寺教士与在俗教士之间的斗争只是暂时地平静下来，在大主教圣胡斯塔-鲁菲娜（Santa Justa y Rufina）的领导下以更大的力量爆发出来。而在我们自己的时代，1898 年的一位修士（从未被提及过的）也记录了相同的在寺教士辞职的威胁。这场斗争，以及 17 世纪晚期奥古斯丁修会的历史（占据了本卷的大部分），构成了对时代生活的丰富评论，人们可以重建那个时代的马尼拉，并认识到各个阶级的希望与恐惧。

大主教卡马乔与各个宗教教团间的著名论战，起始于这位大主教踏上这片岛屿之时（1697 年），他的前任帕尔多与世俗政府之间斗争的苦果和重要性则是第二位的。我们仔细地收集了这一

时期真正在当地发生了的故事，但是这故事都是由反对卡马乔的
教团修士所写的，因此没有为卡马乔辩护的内容。第一份未署名
的这方面的记录显然来自马尼拉的耶稣会。在卡马乔来到这里不
久后，在寺教士就向他求助，因为他们和世俗政府关于土地问题
发生了争论。但是卡马乔的帮助是有条件的，他希望这些教区牧
师接受主教巡视制度。这些教士拒绝了卡马乔的要求，并向罗马
教会代表提起诉讼。然后，两位高级教士之间的争论接踵而至，
争论的焦点是在寺教士提出的税收减免问题，每一派都采用了宗
教的手段来处置对方，包括责难、罚款，甚至是逐出教会。教会
中的人还将拳头和石头当作武器攻击对方，这使得双方的名声都
受到了很大的损害。最后都督进行了干涉，他们先后互相赦免了
对方，这场斗争才终于平息。检审庭要求宗教教团从它们的大地
产收入中，缴纳什一税供养教会。缴税的记录附在（前文提到过
的）教皇代表给教皇的信后面（1698 年 6 月 2 日），他在信中仔
细汇报了自己在斗争中的行动，并向教皇抱怨大主教蔑视他作为
教会代表的权威，也蔑视教皇本人。写信者安德列斯·冈萨雷斯
（Andrés Gonzalez）修士建议教皇给在群岛上的代表职位提供新
的保护。

　　为了尝试对在寺教士的大主教巡视制度，卡马乔正式地视察
了马尼拉附近的一些土著村落，对这里的教区发布了命令。这里
有两个例子。因为当地教区居民对天主教纪律的普遍忽视，大主
教严厉地指责了这些管理者，要求他们给民众定期的、彻底的信
仰方面的指导，接受民众忏悔时不能收费，对出生、结婚和死亡

要有详细的记录，也要更加细心地记录收费的账目。在为教民服务时，不能因为贫富差距而对他们区别对待，要对教堂的收支情况进行详细的记录。此外要对关税记录进行备份，以备神父、唱经人和教堂司事的不时之需。

　　1700 年，菲律宾 5 个修会通过他们在马德里的代表向国王提出要求，他们拒绝接受大主教卡马乔的定期巡视的制度，他们愿意放弃在菲律宾群岛上的神父的身份和使命，他们再也无法接受卡马乔通过定期巡视制度对他们进行的令人厌恶的限制。他们提出这一要求是有原因的。他们并不是为了来这里传教而成为神父的，只是这里有空缺的神父职位而他们愿意填补这些空位，所以他们只愿意服从自己所属修会的会省主教，如果要听从大主教的管理，这会给他们的财产和安全都造成更大的负担，所以他们不愿意服从于大主教的安排。此外，从公平正义的角度出发，作为教区的神父，他们应该和在俗教士享有同样的特权和优待，而现实却并非如此。卡马乔所坚持的让各修会从属于大主教的制度将会破坏各修会的自由权利，让他们依附于大主教和都督的意志。各修会和宗教当局会采取不同的规定，来防止在寺教士做出不道德的行为，这会使双方发生冲突，这种冲突会造成殖民地政府对教会的镇压。此外，由于母国距离遥远，母国政府很难解决这样的冲突，而冲突的不断扩大会使大主教和各修会双方都遭受过分的损失。在寺教士比在俗教士能够更好地拯救灵魂，但是如果修会要从属于大主教，各修会的会省主教的权利将会削弱，会省主教将很难去检查在寺教士是否遵守了修会的严格誓约。同时，这也会激起在寺教士的世俗性，他们可能采取阴谋手段来谋求世俗利益，尤其是修会的土地。历史和现实都能证明以上的观点。修会反驳了大主教提出的观点。如果依附于在俗教士，在寺教士为所有阶层所有人民的灵魂的虔诚付出将会受到损害，在很多地方，尤其是马尼拉，在寺教士将再也不会是有修养的了。卡马乔反对罗马教皇代表、拒绝给予修会涉及他们的法令副本的行为受到了审查，他的证词反而被用来攻击他自己，因为在这件事中就像他向法院抱怨的那样，事实上各修会并不服从于大主教，大主教的权威、职能和作用都无法限制各修会的行为。大主教希望辞职回到欧洲的请求被批准了。记载这一事件的作者支持各修会在菲律宾群岛的既得利益，也认同他们从上帝那里获得的免税权和其他特权。鉴于所有这些情况，尤其是由于岛屿的偏远使他们在这些困难中获得西班牙救济的可能性非常小，即使王室法令被送达这些海岛，大主教也很有可能拒绝执行，各修会正式宣布放弃他们的传教工作。他们抱怨大主教反对他们的种种行为，尤其是通过他的影响导致的检审庭给予他们的训斥，以及对他们免税权的无视。各修会在菲律宾人中和谐友好地开展工作，但这种情况并不适合大主教。他们认为，只要他们在那里担任神父而卡马乔担任大主教，他们就不能指望和平和安全。卡洛斯二世（1700 年 5 月 20 日）发布了一条敕令，批准了大主教的诉讼，承诺王室将帮助他协调与各修会之间的矛盾，并授权他在必要时改革和匡正各修道会。

　　奥古斯丁会的修士卡西米罗·迪亚斯在他的书《征服》（大

部分内容已经出现在这个系列当中，在这里是总结）的第四卷中
记录了菲律宾奥古斯丁会 17 世纪后期的历史。这最后的部分包
括了数量多得出乎意料的世俗的历史，因此我们省略了一些叙
述。他记录了从 1671 年到 1689 年奥古斯丁会的每一次会议，和
领导人的选举。他还以编年的方式记录了一些与自己修会相关的
事件和修会的财产状况。菲律宾殖民地动荡不安的年代始于科奎
拉，在曼努埃尔·德莱昂（1669—1676 年）时恢复和平。他扩
张了菲律宾群岛和中国、印度、爪哇的贸易，因此马尼拉的公民
能够获得不同寻常的财富和成功。他把耶稣会传教士送到锡奥
岛，他们随后被占领那个小岛的荷兰人抓获了。不幸的是，都督
介入了 1671 年奥古斯丁会领导人的选举，阻止了修会会议所期
待的神父的当选。这一年，马尼拉新的教堂投入使用。有传言说
将会有中国海盗进攻这个城市，人们做了预防措施，但是却没有
任何敌人出现。一位打算去中国的法国主教在菲律宾停留时被截
住了，他最终被送往西班牙了。这件事促成了一条菲律宾教会所
厌恶的法令——王室任命当地人成为教士，迪亚斯也不赞成这条
法律的实施。在大主教洛佩斯和王室军事教堂神父赫罗尼莫·德
埃雷拉（Jerónimo de Herrera）之间爆发了冲突，大主教本来就年
事已高，这场冲突和其他麻烦导致他去世了（1674 年 4 月）。

　　1674 年的修会会议标志着发生在赫罗尼莫·德莱昂（Jeró-
nimo de Leon）修士任会省主教时期内的修会内部的各种麻烦的
暂停。修会秩序规则的遵守开始大幅度增加。何塞·杜克（José
Duque）被选为会省主教，他派了一个代理人回欧洲要更多的教

士，于是 1679 年有一批新的教士来了。迪亚斯详细地描述了这个时期马尼拉由于对外贸易，尤其是跟中国的贸易而造成的繁荣，城市中流行享乐和奢侈的生活，大量的财富被挥霍。他描述了科罗曼德尔（Coromandel）海岸的人们和产业情况，还有在马德拉斯（Madras）定居的英国人和葡萄牙人的情况。之前，这里盛行宗教宽容的氛围，基督教、犹太教、伊斯兰教和异教徒都能和谐共处。1676 年，都督曼努埃尔·德莱昂由于过度肥胖突然去世，他把所有的遗产都捐给了慈善事业。1677 年胡安·德赫雷斯（Juan de Jeréz）修士当选为会省主教，就在同一年多明我会修士费利佩·帕尔多成为了马尼拉的大主教，检审庭长官、在任的都督科洛马去世了，他的继任者是检审庭长官曼西利亚（Mansilla）。在 1677 年 12 月 4 日—7 日，在马尼拉举行了盛大的庆典，庆祝西班牙的卡洛斯二世成年。在愉快的庆典结尾时发生了一场严重的地震，造成了巨大的破坏，但幸运的是几乎没有生命损失。1678 年新的都督胡安·德巴尔加斯·乌尔塔多（Juan de Vargas Hurtado）上任了。他刚上任时非常顺利，但是一段时间之后他对于自己肩上的重担开始感到厌烦，他狡猾而又自私的亲戚弗朗西斯科·格雷罗（Francisco Guerrero）对都督施加了影响。亲戚使都督做任何事情都要考虑他自己的好处，成为了"王冠背后的权力"，但是他之后逃到了新西班牙，让巴尔加斯一个人承受他们两个人的处罚。在巴尔加斯任内，菲律宾和印度以及其他国家贸易的繁荣维持得很好，马尼拉的繁荣和财富都大大增长了。1679 年又来了两批传教士，分别属于耶稣会和奥古斯丁会，他们（尤其是后者）来得特别是时候，因为修会的成员太少了以至于他们无法填补分配给他们的牧师职位，其他各修会也是一样的情况，甚至连世俗教士的数量也不够。跟大帆船一起被运来的还有一个政治犯费尔南多·德巴伦苏埃拉（Fernando de Valenzuela），他是西班牙王后玛丽安娜的宠臣，在失宠后被发配到菲律宾 10 年。巴尔加斯对政府的管理非常成功，马尼拉的繁荣持续了下去。婆罗洲的统治者派来的大使要求和马尼拉通商，同时也希望可以解决西班牙人和婆罗洲人的矛盾，改善他们之间的关系。

在赫雷斯任内，奥古斯丁会发展繁荣。在 1680 年奥古斯丁会宗教会议召开之前，一些在西印度群岛出生的修士要求他们在修会中的地位，并试图通过法律程序来诉诸自己的要求，大主教决定反对他们，他们因叛乱而受到处罚。迭戈·德赫苏斯（Diego de Jesús）修士被选为会省主教。宿务岛一个教区的主教在这一年来到了这里，他是菲律宾群岛在数年之中唯一一个被尊奉的主教，他授予很多人等待已久的特权——圣职，并调解了都督和很多教士的矛盾，都督在这个时候因为贪婪地搜刮财物和一些暴躁的讨人厌的行为受到民众的普遍反感。对他的弹劾被送到马德里，随后他被解职了。1680 年的 11 月出现了一颗美丽的彗星，由于当时人们迷信的思想，认为这颗彗星造成了很多灾难。马尼拉向澳门派去了使者，同葡萄牙人商量贸易的管理问题，和他们希望通过澳门这扇门向中国派遣西班牙传教士。当这个使者来到马尼拉（1681 年）的时候，一些传教士接到了任命，但载使者从澳门返回马尼拉的船在途中迷路了，这位使者和一些耶稣会信徒都失去了音讯。这一年有两个助理主教、三位检审庭官员、以及大量的西班牙军队的补给被送到了马尼拉。一艘驶往阿卡普尔科的大帆船由于逆风的原因又返回了菲律宾群岛，给市民造成了很大的损失。（迪亚斯会记载每年大帆船离港和到岸的时间，也会记下那些给马尼拉造成灾难的航行事件。）迭戈·德赫苏斯修士领导的会省是安静的，宗教在他的关怀下取得了巨大的进步，他的个人品格和虔诚受到了我们的历史学家的赞扬。1683 年何塞·杜克修士被选为他的接班人，这是他的第二任期。一些同道人作为传教士去了中国，他们遇到了更大的烦恼，因为那里要求他们必须从属于罗马的使徒牧师。但 1688 年罗马教会的代理人阿尔瓦罗·德贝纳文特修士获得了法令，调整和减弱了这种从属关系。1683 年一个从暹罗来菲律宾的使者，在一定程度上是为了获得该国大臣在马尼拉定居的许可：这位宠臣是一个希腊人，他和法国人密谋要使暹罗臣服于他们，但是这个计划失败了，希腊人失去了他的财富和生命。这个使者（一个名叫索萨（Sousa）的奥古斯丁会修士）在另一段旅途中遭遇了沉船事故，在暹罗做隐士度过余生。帝汶岛（Timor）和索洛岛（Solor）的葡萄牙都督在他去马尼拉的路上生病了，巴尔加斯都督宽待了他，帮助他治病，并派西班牙护卫送他回去。但是昂图涅斯（Ontuñez）在回到自己的小岛时，发现已经有篡位者夺去了自己的位子，并且有武装的守卫对抗他们，于是他只好又返回了马尼拉。在那个城市，在大主教被流放期间（为了避免重复，省略了具体内容）教士会议以驱逐的方式惩罚了他的主要支持者。

1684 年都督库鲁塞拉埃基来到了这里，他和一起来的胡安·德萨拉埃塔（Juan de Zalaeta）取代了巴尔加斯和他最喜欢的格雷罗，格雷罗因为及时逃跑而逃脱了折磨。还有一大批奥古斯丁会教士来到了这里。新上任的都督恢复了被放逐的主教的职位。1685 年在菲律宾群岛、中国和印度都爆发了大规模的天花传染病，很多人染病身亡，随后又遇到了大饥荒，又死了很多人。

这时马尼拉和新西班牙的贸易额开始下降，一部分原因是有更多的欧洲商品被运到了新西班牙，一部分原因是政府对大帆船征收的高额关税。新塞哥维亚的主教死了，他的位置空缺到了1704 年。1686 年奥古斯丁修会会议上胡安·德·赫雷斯又当选为会省主教，他在任不到两年就因为巡视修会在群岛上的房产过度劳累而去世了。阿尔瓦罗·德贝纳文特修士被作为该省的代理人派往罗马。因为传言说有海盗在河口附近游弋，所以去阿卡普尔科的大帆船这一年没有起航，而是被装备成了一艘战船去对抗海盗，然而他们并没有找到海盗，又返回了马尼拉。1686 年在帕里安中国人中爆发了一场失败的暴动，这场暴动的发起者是"常来人"，他们是从中国来的逃犯，在这场暴动的领导者们死后，一切又归于平静。迪亚斯详细描述了西班牙殖民地因为让商贸落入中国人之手而受到的损失。他们在和西班牙人做生意时肆无忌惮，为了利益而成为基督徒，破坏了菲律宾基督徒的信仰。他们不应该被允许住在当地人中。在同一年大雨频降，很多庄稼颗粒无收，造成了大范围的饥荒，两年都没有大帆船驶往阿卡普尔

科。很多住在马尼拉附近的中国人因为一场大火而丧生（1688 年
3 月 28 日），人们因为可怕的蝗灾、频发的地震、致命的流感而
感到沮丧。迪亚斯详细地叙述了在和帕尔多斗争中表现最突出的
那些人是怎么结束他们的生命的。一支远征军被派到三描礼士省
惩罚尼格利陀人的屠杀行为，这一任务还没有完成他们就因为流
感的袭击而实力大减，于是他们不得不返回马尼拉。

　　由于检审庭官员被放逐或是去世了，检审庭的工作陷入了停
滞，1688 年一个新的检审庭开始工作了，他们还有特使专门负责
调查巴尔加斯和其他官员的工作。巴尔加斯被放逐了，但是随后
他死在了回西班牙的途中。迪亚斯描述了他的性格。王后的宠臣
巴伦苏埃拉重获了自由，但是却意外地死于墨西哥。当大帆船去
往阿卡普尔科进行贸易的时候，都督库鲁塞拉埃基去世了（1689
年 4 月 27 日），他被迪亚斯称赞为优秀的统治者。在 1689 年教
士会议上，弗朗西斯科·德萨莫拉（Francisco de Zamora）修士
当选为新的会省主教，检审庭法官阿韦利亚（Abella）暂代都督
一职，他有能力也很谨慎。大主教帕尔多死于 1689 年，修会在
一段时间里负责管理他的教区，但是随后教区的管理权被交给了
特罗亚（Troya）的主教巴里恩托斯。这件事一时引起了纷争和
麻烦，巴里恩托斯坚持自己的权威，但他被诱使放弃这一主张，
纷争终于告一段落。

　　1690 年新的都督福斯托·克鲁萨特-贡戈拉（Fausto Cruzat
y Gongora）上任了，和他一起来的还有一船的奥古斯丁会修士，
他们由修士阿尔瓦罗·德贝纳文特管理，他的经历和他获得的特

权都被记载了下来。迪亚斯简单介绍了这一年来的 27 个教士。他在最后介绍了一下克鲁萨特政府的情况。他是一个正直可敬的人，但是由于政府的原因，他又非常严厉地敛财，导致"他所有的行为都是为了增加王室的税收"。他造了一艘新的大帆船，这是有史以来最大的帆船，但是在它第一次航行时就在卢班海岸失事了。因为船上所载的货物比以往更多更贵，造成了很大的损失。另一艘船在 1693 年失事了。阿卡普尔科派来了一艘小型递送船，它在返航途中（1694 年）遇到了"鸟岛（Isle of Birds）"，船员们在这里得到了充足的补给和淡水，成功地返回了阿卡普尔科。克鲁萨特的妻子在同一年去世，迪亚斯用最高的赞美吊唁了这位女士，美丽、善良、优秀的她受到了所有人的喜爱。

编者

1906 年 8 月

# 第 43 卷　1670—1700 年，多明我会活动、对土著的人种学考察

　　本卷继续就多明我会在菲律宾群岛的历史进行研究，同样，与有关多明我会历史的其他分卷一样，或者更广泛而言，如同涉及其他修会历史的分卷那样，本卷包含着众多有趣的逸闻。西班牙一批批新的传教团的到来，见证了多明我会日益增长的实力。同样见证的还有他们不断涌入那些他们认为属于自己的土地。面对实现后者的不利因素，大主教费利佩·帕尔多的巨大影响力使得多明我会得以成功。这一历史的基调是基督教式猜忌与强化。在涉及大部分摩洛人和棉兰老岛众多族群的附录中最值得关注的是早期菲律宾人在其众多习俗和性格上与后来马来民族的相似之处，这些是由早期作家记录的。在新埃西哈省（Nueva Ecija）和吕宋省，长期存在的古老信仰十分有趣，而且有可能是整个岛屿的典型，至少在那些通常航线以外的地区是这样。正如附录所展示的，在菲律宾群岛的各个地区，仍留有大量的工作亟待民族学家解决。

　　本卷的第一部分涉及大致 1670—1700 年间的多明我会传教

团。这一问题在萨拉萨尔的《历史》中有解释和总结。在 1671
到 1679 年间，来自西班牙的新的传教团抵达了这一省份。这让
不堪重负的传教士们缓解了一些压力。因为他们在亚洲大陆上和
菲律宾岛上都有传教任务，而后者是必须进行的。随后三描礼士
省的传教任务转交给了多明我会，他们取代了奥古斯丁回忆派，
而这一修会掌控这一地区超过了 60 年。这是出自于土著居民的
要求，但很快发现这一要求仅是一个诡计。实际上，土著居民是
为了摆脱信仰所带来的义务，才提出这个要求的，因为很快他们
就要求让耶稣会来取代多明我会的地位。在传教任务转交之前，
多明我会就已经在三描礼士省地区进行传教活动了，但是在奥古
斯丁回忆派修士的抱怨声中停止了。当他们在 1679 年开始重新
工作时，他们得到了相当程度的巴尔加斯-乌尔塔多都督以及其
在三描礼士省地区军事代表的帮助。这些章节充分展现了传教士
们在传播信仰时所使用的手段。士兵们在护卫那些即将被合并到
归化区中的人们时发挥了很大的帮助作用，在归化区中，神父们
能够仔细地照看这些人的福利。传教士的温和和关怀抵消了士兵
们所带来的严厉。传教士的工作也扩大到对新皈依者的手工业培
训，归化区中已经皈依的土著也被雇佣来指导新皈依者的农业耕
作。但是大部分的三描礼士省的土著人太过于懒惰，以至于在他
们的土地得到耕作、播种、照料之后，他们拒绝收获作物，其大
部分逃往山区并放弃了天主教信仰。但是有些土著居民从事了收
获活动，因为他们获得了明显的收益。在那些新的传教中心，孩
子们一开始对神父们抱有怀疑和厌恶的眼光，后来，神父们一出

现就立刻围上去，并很难说服他们离去。这些孩子也是神父们最先赢得信仰和传教的人，他们反过来通过奚落其父母以及其他年长的人们对基督教信仰的无视来使他们皈依基督教。机敏的多明我会修士佩雷斯掌控着三描礼士省地区，通过一个妙计抑制了当地的谋杀活动。他通过为全村男人把脉，通过罪犯的自然恐惧来侦查到凶手。因此，迷信的三描礼士省人认为，他只要把把脉就能够察觉到任何不良行为，由此而以敬畏的眼光看待他。尽管传教似乎成功，但是三年后神父们通过孩子们发现印第安人仍旧秘密地维持着对于其古老偶像的崇拜。受惧于此，神父直接着手摧毁崇拜仪式和偶像，并在一次激动人心的运动后成功地摧毁了偶像崇拜。多明我会传教工作的成果主要和卡加延的北部省份有关。在这里多明我会控制之下有众多的村落和多个族群。1673 年两个神父从马尼拉出发去调查伊拉亚地区，去弄清楚当地的人们是否乐意接受天主教信仰。但是这一时机并未成熟。因此直到 1677 年，在这一地区并未采取任何行动。1677 年佩德罗·希门内斯（Pedro Jiménez）修士被派往此地。很快被召回之后，他在次年再次被派往此地，传教工作在巨大的热情中展开。由于佩德罗是一个无所畏惧的工作者，无论有无士兵的帮助，许多的印第安人都被归化了。在 7 年的时间里，他建立了三个永久性的村落。但是在 7 年行将结束的时候，由于一些针对他的诽谤报告使他被迫离开了他所传教的地方。尽管如此，在证明无辜之后他就回来了。多明我会自费开通了一条通往卡加延省份的道路，以便他们能够更快地到达这一地区。在 1680 年召开的教士会议期间，修会正式接受了各类新的传教活动，此外一些宗教任务也被派遣给他们。巴拉维格（Palavig）的传教活动针对那些逃亡他处的米沙鄢人和基督教叛教者和异端。尽管这一传教中心首次建立于 1653 年，但由于一些突发的恐惧和人们逃往山区而很快被放弃了。同样在这一传教中心重建之后，仍然缺乏永久性。人们放弃它是因为一位前来守护阿卡普尔科大帆船的司令官给他们带来的烦恼。18 世纪早期，在这一地区的巴瓦格（Bavag）建立起一个新的传教点，但很快转移到达奥（Dao），之后又转移到班嘎格（Vangag）。1684 年 49 名传教士来到这里强化了当地的传教工作。同年，修士佩德罗·希门内斯被派往位于阿帕尧（被误称为曼达雅）边境的福托尔（Fotol），那里居住着一个特别勇猛好斗而且嗜血的族群。在那里他成功地通过斡旋手段平息了对立派系的争斗，并获得了当地族群的善意。在 22 名异教徒的陪同下，他前往了阿帕里（Aparri）。在那里，市长授予了他们荣耀和头衔。尽管有传闻说阿帕尧人试图谋杀他，但希门内斯仍然拜访了他们的山寨。在那里，他的自信让他获得了应有的回报。几个月后，他回到那里，在他们中间建造了一座教堂。1686 年，工作非常顺利，佩德罗·希门尼斯获得了两个同事，在 1688 年又获得了另一个同事。随着帮手的增加，他建立了一个有五百多名皈依者组成的归化区，但由于疾病，他很快被迫放弃了传教点。紧接着卡拉图格（Calatug）的居民（据说是基督徒）袭击了他们长期敌视的山区住民，因此，村庄被幸存者遗弃。其中一些人逃往山区，还有一些前往了其他的传教据点。1688 年的中期教士会议上接受了一些邦阿西楠地区的房产。由阿拉盖特人（Alaguetes）和伊戈罗特人组成的圣巴尔托洛梅（San Bartolome）的传教据点，因为有许多异族通婚，所以人们也更加团结在一起。这个村落存在了超过20年，但是，最终由敌视的伊戈罗特人焚毁于1709或者是1710年，负责这一地区的神父和信众们迁移到了圣路易斯·贝尔特兰（San Luis Beltran），它位于离山区更远的地方，更安全些。随后的传教团以两倍的规模撤离，但是每次都有一些印第安人拒绝随同他们，因为他们不愿意抛弃其所定居的地方，或者是逃到了山区。1732年，另一个传教点在这里建立起来。图加（Tuga）的传教团由修士胡安·伊尼格斯（Juan Iñiguez）开创，他在这里的工作始于1688年并取得了巨大的成功。这一传教团也经历了多次的迁移，在1715年，剩余的基督教徒搬到了图奥（Tuao）的传教点。1718年的卡加延起义结束了传教活动，因为其居民叛教并逃往山区。后来这里的传教工作在1722再次开始。到1731年，尽管仍然叫作图加传教团，但是实际上已经迁移到了更靠近图奥的地方。作为在1680年召开的教士会议的结果，在巴丹群岛进行传教的任务得以部署。已经被派往卡加延传教的修士马特奥·冈萨雷斯（Mateo Gonzalez）将他的工作范围扩大到巴布延群岛直到吕宋北部。他和来自那些岛屿的人们在卡加延的海岸地区建立了一个村落。但是一项政府命令遣返了这些岛民，由此归化区被摧毁了。1686年，在巴丹地区进行了首次努力，但是由于两名神父的死亡，使得这一意愿面临流产。1718年在此地传教的另一次努力获得成功。1693年圣克鲁斯的传教点在靠近马拉乌埃格（Malaueg）地区由修士何塞·加尔法罗索（José Galfarroso）创建。他在那些崎岖的山峦中辛勤地工作，赢得了该地区最有影响力的人物皈依了天主教信仰，随后许多的皈依活动得以实现。新的传教团在 1694 年和 1699 年抵达了这一省份，通过查阅这些传教士的名字，发现为这一工作寻找牧师是很困难的，因为大多数被派去的传教士只是教友和教士助手。伊图古格（Itugug）或派尼基（Paniqui）的传教点正在兴旺发展，在西富恩（Zifun），一个由赫罗尼莫·乌约阿（Jeronimo Ulloa）修士负责的好地方正在开放。

人种学附录始于奥古斯丁会托马斯·奥利提斯（Tomás Oritiz）的简短记述，是关于各种各样的迷信活动和异教信仰以及崇拜实践，而这些在土著居民中仍旧存在。尽管如此，所有的宗教行动都是为了扑灭这些异教信仰。他们中的一些展现出奇特的异教和基督教相互结合的特点。土著人对诺诺斯（nonos）的信仰，是一种祖先崇拜，这导致他们将万物赋予灵魂。这有些类似于原始的北美印第安人，他们小心翼翼地抚慰着河流、田野、森林等等的灵魂或诺诺斯。蒂瓦奥（Tibao）的仪式，即等待逝者的灵魂，仍旧被土著们践行着，并且他们以各种方式欺瞒着神父们。骨灰被散落在死亡发生的房屋里，通过在房屋里留下的痕迹，他们确定灵魂是否归来。他们对蒂格瓦拉格（Tigbalāg）、帕蒂阿纳克（Patianac）以及阿苏昂格（Asuang）有多种说法，后两者是生育孩童与孩童成长的敌人。各种荒谬的把戏用于清除那些幻想中可怕的怪物。邦哥索尔（Bongsol）是由一个叫加奈

（Ganay）的巫师体内产生的某种魔法，为了驱赶它们，人们必须求助于另一个巫师。有些被视为自然的疾病当其第一次发生后，其治疗措施没有起到想象中的快速效果的时候，会被认为是附魔或邦哥索尔，并被驱除。比劳（Bilao）是一个精心设计的仪式，在这个仪式中，念珠在发现小偷中扮演着一个显著的作用。许多当地人都佩戴着护身符（Anting-anting）。男人和女人都行割礼（circumcised）。有一个令人好奇的习俗：一边背诵着主祷文一边挥舞着武器，当这两个活动在同一时间结束的时候，那么一个人可以不受惩罚地杀人。许多异端信仰和名不副实的牧师的存在，是由于邻近伊斯兰信仰的因素在产生作用。月食意味着月球被某种怪物所吞食，所有人都努力地用其所造成的喧闹之声去驱赶这一怪物。由于所有这些异教异端信仰都不具有普遍性，所以传教士们必须时刻保持审慎的态度。

另一个奥古斯丁修士，华金·马丁内斯·德苏尼加（Joaquin Martinez de Zuñiga）同样在他的《历史》之中用一章记录了菲律宾的各民族。在菲律宾民族之间可分为两个层次——尼格利陀人和菲律宾人，这些人甚至在他最后的分析中也是同质的。这一章的大部分在试图证明菲律宾群岛的居民来自于东方，很有可能与南美的印第安人同源，那么南美的印第安人将是菲律宾印第安人的父系来源。按照他的观点，所有南海的族群都是同质的，而且他相信他用错误的文献学方法证明了他的观点。他的观点很有趣，因为他是唯一一个提出这样看法的人。在回应一些认为菲律宾群岛的居民起源于马来人的看法时，他认为书写的方法很可能是从马来人那里学来的，但是这些人一定是来自于东方而不是西边，因为热带地区盛行东风。他对当地居民和其风俗做出简短的描述。

相较于对霍洛岛土著们的特定研究，威尔克（Wilker）关于自己著名远征的叙述中的选段，可能作为对于岛民的总体描述更合适一些。他的叙述中包含着很多有趣的见闻，但是，不论是有关居民还是有关其日常风俗亦或是涉及的有关问题，都被认为是适当的。而且这是实实在在的第一份美洲人对于这一岛屿的记录。这一远征在 1842 年 1 月 21 号的马尼拉启航，沿着海岸向南航行，在民都洛和班乃岛的一个村落做了短暂的停留，1 月 31 日，在三宝颜省的卡尔德拉（Caldera）落锚。在这时候，按照威尔克的说法，在棉兰老岛有 10000 多人处于西班牙人的统治下，其中有一半都在三宝颜。卡尔德拉是菲律宾人的罪犯聚居地，西班牙罪犯则送往西班牙。2 月 1 号他们离开棉兰老岛，并在预期的时间里落锚于桑格（Soung）或者霍洛岛的村落。拿督<sup>①</sup>穆路（Dato Mulu）安排了一次与苏丹（Sultan）<sup>②</sup>的会谈，在会议期间苏丹勉强同意了与美洲人贸易的协定。威尔克提供了很多有趣的有关苏禄人的风俗习惯以及社会和生产生活的信息。他描述了苏禄的主要城市，在这里有中国人聚居区。他还描绘了当地的寡头政体，主要的政治实体是鲁马·贝查拉（Ruma Bechara）或者是贸易委

---

① 拿督（Dato），是马来人中的一种荣誉头衔，也可称为 datuk。——译者
② 苏丹，指一个在伊斯兰教历史上类似总督的官职。——译者

员会，其由苏丹主持，但是苏丹仅仅享有一定程度的尊敬，因为拿督们尽可能地保留了其权势。贸易没有门槛，而且自由民和奴隶都可以根据自己的意愿参与贸易，岛上的奴隶们常常获得高度的重视。博物学家调查这一岛屿的愿望落空了。因为苏丹声称好斗的拿督们导致岛屿处于不安全的状态，尽管他是为了逃避博物学家的要求。威尔克就这一地区的航行，与霍洛岛人进行贸易提出了相当稳健的建议。其他各种问题，甚至包括西班牙人来临前后的霍洛地区的有趣而简短的历史也有些涉及。关于有趣的海上吉卜赛人（sea-gypises）也有涉及。2 月 18 日远征队抵达新加坡海峡。

除了最后一个文件，附录的其他部分包含着一些来自棉兰老岛和巴西兰的耶稣会修士的信件，还有一份马尼拉的耶稣会修士关于棉兰老岛的民族学调研，这个修士在棉兰老岛上度过了几年。1885—1889 年他们在这里活动。1885 年 1 月 20 日，基里科·莫雷（Quirico More）神父给传教点的修道院院长的信件中涉及达沃（Davao）海湾附近的摩洛人，在那里，西班牙人何塞·奥扬古伦（José Oyanguren）击败了摩洛人并将其置于西班牙人的统治之下。各种各样的事件都与努力使摩洛人归化有关。摩洛人的数量要比预测的少。尽管摩洛人勉强同意了西班牙人的提议，开始了村落生活，但是其意愿是伪装起来的。海湾附近的其他土著"仍旧保持独立并如同摩洛人那般好斗，在不久的过去，摩洛人还曾使得曼达雅人和其他异教徒们称臣纳贡"。摩洛人内部有两种等级，一是拿督，即贵族，二是平民。第一等级内部包括班智达（Panditas）①或祭司。尽管摩洛人忍耐着西班牙人的统治，但是他们并未臣服，他们只是在伺机推翻这一统治。与此同时，西班牙人也从对他们抱有敌意的异教徒那里遭受到了很多痛楚。为了取得最终的胜利，拿督和班智达等官员必须给予镇压，而且其他激进的手段也需要运用。

佩德罗·罗塞尔（Pedro Rosell）神父于 1885 年 4 月 17 日在卡拉加记录了有关他与神父巴勃罗·帕斯特利斯视察卡拉加南部地区的访问情况，1884 年 12 月份访问曼达雅人。他报道了一个有关传教和归化曼达雅人极其令人振奋的消息。三名拜拉内斯（Bailanes）或女祭司的皈依及其有助于传教活动的展开。这一皈依之后，作者提到曼达雅人祭祀的方式，以及女祭司产生的效果。女祭司被土著认为是神与人之间的中介。在描述信仰的方式方面，神父罗塞尔发现在曼达雅人的神学中，存在着类似三位一体的概念。而且，在有关恶魔的观念中，也有类似撒旦的看法。这封信中最有趣的是拜拉内斯在祭祀过程中所唱的歌曲。

1886 年神父马特奥·希斯韦特（Mateo Gisbert）在达沃地区一连写了五封信，包含着许多有趣的材料。在 1 月 4 号的信件中提及了关于卡罗来纳州的西班牙-日耳曼之间的争论，以及达沃地区异教徒和基督教徒对于德国入侵的恐惧。在达沃有许多的异教徒，其中一些人从事生产活动并十分聪敏。但很少有人受过洗礼。在西南达沃有 12000 名巴戈博人（Bagobos），他们仍旧维持

---

① 班智达，此称号来源于印度，指学识渊博的大学者。——译者

着他们古老的异教习俗，包括人祭。一年中有两次节日，一次在播种稻米之前，另一次是在丰收之后。后一次被称为女人节，没什么比宴请、饮酒和跳舞更糟糕的了。在前一个节日里，有人祭。巴戈博人意识到两个开端且认为每个人有两个灵魂。关于他们的传说或信仰有各种各样的评论。对死亡也是如此。人祭的实施是为了消除哀悼，信中描述了这样的一种人祭。2 月 8 日的第二封信记录了一些巴戈博人的一些迷信风俗。有时生病的时候他们祈求神祇。他们通常将丰收的第一批水果献给迪乌阿塔（diuata）。鸟儿既是吉兆也是厄兆。打喷嚏是厄兆。他们之中鲜有盗贼，因为他们相信使用一种特定的魔力粉末能迫使盗贼吐露真言。比兰人（Bilans）是达沃地区各族群中最具有生产力的，其人数大概有 20000 人。尽管他们有一些巴戈博人的习俗，但是他们的语言异于后者。在神父马特奥·希斯韦特 2 月 20 日的信件中，他描述了数量达到 12000 到 14000 人之间的塔加卡奥洛人（Tagacaolos）的风俗。米沙鄢人懂得他们的语言。他们之间有许多跨部落性质的争执，并持续处于战争之中。他们中的一个地区被抢占并卖给了摩洛人。相较于他们的邻居而言他们更温顺些。马诺沃人很懒惰并十分好战，长期处于抢夺奴隶的状态之中。那儿附近的摩洛人是一个盗贼民族并且十分的奸诈。阿塔人（Atas）和尼格利陀人居住在内陆地区，但作者对他们知之甚少。其人口可能达到 25000 人，而且他们有自己的语言。7 月 26 日的信件稍带有沮丧的基调，神父马特奥·希斯韦特提供了一份巴戈博人简短的宗谱。他们多年来纵容人祭。尽管看起来是一个悖论，但是人祭证明了有一个奢侈的真实的商业体系，不仅包含着巴戈博人，也有摩洛人以及其他族群。各种各样人祭的细节也有提到。12 月 4 日的第五封信涉及到对于萨马尔岛探访的结果。达沃地区的摩洛人恐惧于基督教在此地可能流行，便策划保持对这一地区的控制并与传教士的努力作对。西班牙当局将少校和中尉的头衔授予基督徒，使这些人成为岛上真正的拿督（贵族），削弱了世袭的统治。达沃剩余的摩洛人需要村落居住，但是这仅仅是虚晃之辞，是为了他们能够继续生活在他们古老的习俗之下，而且以便拿督们能保留他们的随从。有人建议鼓励民众抛弃他们的拿督和班智达。所有的摩洛人都聚居在一个村庄里。摩洛人的许多小村庄，每一个都有它的拿督和班智达，这对建立归化区和使异教徒改宗来说都是障碍。

1886 年 12 月 31 日巴西兰岛的神父巴勃罗·卡瓦列里亚（Pablo Cavalleria）给神父弗朗西斯科·桑切斯（Francsico Sanchez）的信件中包含了大量关于这个岛上摩洛人的信息。土著民族很明显在人数上少于摩洛人（其人数在 1 万到 1.2 万之间），而且部分本土民众皈依了基督教。摩洛人定居在海岸和内陆。海岸的摩洛人以萨马尔·劳特的名称（Sámal Laút）而为人所知，是渔民。内陆的则以亚坎斯（Yacans）的名称而为人所知，是农民。他们互相敌视。霍洛人和马来人也融入萨马尔劳特人。关于摩洛人的记述，对他们的思维特点，他们的宗教、婚姻以及丧葬习俗等等都有提及。他们主要的节日是庆祝穆罕默德的生日，尽管这一节日的日子并不固定，而是相当程度上取决于什么时候有足够的食物以供节日消费。他们十分迷信而且有各种迷信仪式。他们的宗教观念中，有七重天堂有七重地狱，每一重都有着独特的重要性。他们战争的方式也有记录。他们对于基督徒刻骨的仇恨记录在神父卡瓦列里亚引用的一首土著歌曲之中。

1887 年 4 月 20 日，发自马尼拉的神父巴勃罗·帕斯特利斯给教省神父的一封信中，记有大量的对棉兰老岛的各民族的民族学研究。这个岛上的人们分为马来人、印度尼西亚人（尽管后者没有根据地）以及尼格利陀人；也能被划分为旧基督徒、新基督徒和异教徒。旧基督徒的人数有 18.6 万人，其风俗习惯或多或少地受到了异教徒的影响，其程度取决于他们离异教徒的远近。神父帕斯特利斯详细地描绘了他们的社会生活，展现出他们已经部分地融入到文明的生活当中。新的基督教皈依者出现在 1876 年（这一年耶稣会再次进入棉兰老岛）。他们很少在生活上和习俗上与那些未皈依的异教徒们有显著差别。按照帕斯特利斯神父的说法，异教徒们（其中明显有很多的摩洛人）合计有 30 万人，其中也包含着一些中国人和日本人。信中还有或多或少的细节关于马马努阿人（Mamanuas）、马诺沃人、曼达雅人、曼瓜加人（Manguangas）、蒙特塞人（Monteses）、基安加人（Guiangas）、巴戈博人、卡拉加内斯人（Calaganes）、塔加卡奥洛人、蒂鲁拉耶人（Tirurayes）、塔加比利人（Tagabili）、萨马尔人、苏巴农人（Subanon）、卢坦戈斯摩洛人（Lutangos Moros）、卡利布加人（Calibuganes）以及摩洛人。最后提及的最糟糕的是霍洛的摩洛人，萨马尔劳特人。最温顺的是亚坎斯人。

1889 年 5 月 11 日塔利斯延（Talisyan）的神父约瑟夫·马克洛特克（Joseph Maclotec）给马尼拉雅典耀大学校长的信，其中涉及米萨米斯省份的布基德诺恩人（Buquidnons），其内部被分成三个群体，共计有 13000 人。社会上和政治上他们类似于本地区的其他土著。他们被描述和比作米沙鄢人。他们聪明谦虚，对上帝、天堂和永恒都有一些概念。他们是多神论者，有四个神。他们也同样去取悦恶魔。祭祀用品包括土壤、酒、家禽等等，常常是由年老者提供。其婚礼以及他们生活中各类社会特色都有提及。他们勤劳，从事各类生产活动和职业，以农业为主。他们的工具也被记录了下来，其中包括一台精巧的轧棉机。与他们进行贸易的中国人利用他们并在各个方面欺骗他们。他们有粗糙的乐器。他们根据某些传统法律来惩处罪犯，拿督也被审判。如同其他异教徒，许多迷信观念存在于日常生活中。

附录的最后一章译自 1905 年 12 月 9 日马尼拉出版的《重生》（El Renacimiento）的副刊，其中谈到吕宋地区较无知的人仍普遍信仰女巫。曼戈库库拉姆（Mangkukulam），即男巫或女巫，不能直视他人面庞，而且有很大的能力对其邻居为非作歹。他招致了硝烟、灰烬与伤痛。被施法者表现的特征和施法方式也有提及。普通医生是无能为力的，因为他们不相信魔法。相反，出现了一种特定的巫医职业。他的疗法中包括使用具有巫术魔力的番荔枝树皮，在一些糟糕的情况下也常使用鞭打的方式，或者最后一个手段，在沸水中浸泡。最后一个手段被证明是有效的，因为患者死于这样的疗法之下。人们相信，这些严厉的措施不会伤害病人，反而会有损于巫师，但巫师还有另外一种巫术，其程序与前者有所不同，并不会使病人的不适达到如此严重的程度。小的人形蜡像被投掷于沸水当中，这时巫师就必须显身并承认自己的错误。作者讲述了一段个人经历，在这段经历中，与他的意愿相反，他被迫扮演巫医的角色。人们给一类巫师起了另一种名字，他们会传播一种疾病，这类疾病是通过空气传播且不可治愈的。每个星期五，作为一种对他们所拥有的力量的补偿，所有巫师都会遭受极度痛苦，第二天他们会参加巫师聚会。

编辑者

1906 年 7 月

# 第44卷 1700—1736年，耶稣会活动、土著的反抗、菲律宾与宗主国的贸易争端

　　本卷涵盖了18世纪前三分之一的时间，除了回顾在此之前耶稣会修士在菲律宾的传教活动之外，唯一值得注意的事件是1719年布斯塔曼特（Bustamante）都督被一名暴徒所杀害。更值得注意的是，这一行为完全是无法无天的，并且对它的适当调查和惩罚被成功地阻止。此外，1701年宗教修会的记录生动地揭示了印第安人在西班牙人统治下所遭受的暴政和压迫。特别值得一提的是，阿夫雷乌对1736年之前菲律宾与新西班牙之间的贸易、以及由此引起的马尼拉与加的斯和塞维利亚商人之间的激烈辩论的历史描述。

　　穆里略·贝拉尔德是一名耶稣会的历史学家，在其著作《菲律宾历史》中对当时17世纪菲律宾的耶稣会教士数量和情况进行了详细的记载。书中记载了1618年两颗彗星的出现在菲律宾引起了恐慌，而这一事件为耶稣会赢得了众多的教众，不仅仅在菲律宾的大城市马尼拉，在周边地区也有众多的人选择信仰基督

教。而这些神父不管是作为传教士，还是告解神父都是优秀的。他们同时承担这两种责任，并且面对不同的社会阶层采用不同的传教手段。他们其中的一些人在吕宋岛邦多克（Bondoc）地区和马林杜克岛成功地进行了传教活动，而在后一地区，许多"堕落的"基督徒又重新皈依天主教。而在野外生存的印第安人被引导到村庄过定居生活。应马尼拉大主教的要求，一部分耶稣会教士前往甲米地港和旧甲米地，他们在那里感受到当地道德层面的腐化堕落，并着手对此进行改革。他们也担任马尼拉郊区华人聚居区的牧师。在 1628 年，一场毁灭性的瘟疫造成了菲律宾岛上城市和周边地区的大量人员死亡。在这场灾难中，耶稣会教士不屈不挠地对抗着疾病和死亡，同时他们也努力使当地人改信基督教。在这一时期，耶稣会开始在棉兰老岛建立起了传教体系，并且很快扩展到内格罗斯岛和民都洛岛。1632 年，一批重要的传教士到达了马尼拉以支援菲律宾的传教活动。这些热心的教士从西班牙加的斯港口登船，并担任随船牧师。作者在其著作中记叙了这些教士在民都洛岛、马拉贡东（Maragondong）和内格罗岛取得的成就。作者制作了历史简表对耶稣会在棉兰老岛的传教活动以及 1642 年岛上伊利甘地区（Iligan）和希布格伊地区（Sibuguey）的传教活动进行了记录。在西班牙完成对霍洛岛的征服之后，耶稣会传教士在岛上的传教工作取得了成功，随后他们对霍洛岛居民进行了改变宗教信仰的活动。当这些传教士被强迫离开这个地区之后，当地那些皈依的居民也不得不背井离乡前往三宝颜地区以求保持他们基督徒的身份。平塔多斯群岛的传教活动十分活跃，但这个地区的教民也遭受着南部地区摩洛人的骚扰和袭击。耶稣会的传教活动在 1640 年由于缺乏教士等原因遇到了挫折和阻碍。直到 1643 年，一批耶稣会教士和多明我会教士抵达了马尼拉，而这使得传教活动"重获新生"。在 1648 到 1649 年，西班牙"惩罚性"的探险活动扩展到了婆罗洲，其对进行海盗活动的当地人造成了一定的打击，他们掠夺俘虏，以赎回被扣押的基督徒。这些无敌舰队都有随船的耶稣会教士担任专职牧师，而他们也借此在婆罗洲传播基督教，并给七百余名岛民施以洗礼，因此他们希望在当地建立一座教堂。同时文中也写到"因为缺乏西班牙军事保护，这个美好的希望未曾实现"。作者详细记叙了传教过程中遇到的危险和困顿，孤独和疾病，困难与机遇。而传教士们具有迎难而上、甘于吃苦的特质。他们在进行传教工作的同时也要充当多种角色，他们不仅仅是牧师，同时也是教师、仲裁人或者建筑师等。众多工作都是由巴西兰岛和棉兰老岛少数极具信念的传教士来完成的。

1654 年，菲律宾岛的社会环境和道德风尚不断变得堕落腐化，西班牙殖民者也将所遇到的灾害和不幸事件归因于上天对他们的堕落所降下的神罚。而补救措施就是寄希望于马尼拉大主教能够赦免岛上居民所犯下的"罪恶"，将招致罪恶的人逐出教会，并批准向所有"具有足够财富购买的人"出售赎罪券。这一决定在这一年的 3 月 1 日获得批准并公之于众，取得了良好的开端——在马尼拉就有超过 4 万人"承认自己的罪过"，这也使得民众的道德风尚得到了一定的改观。另一个宗教热情引发的"余波"发生在次年，这一事件跟耶稣会有直接联系。1654 年，一座新教堂的地基落成，特尔纳特岛和锡奥岛也纳入了耶稣会的势力范围，耶稣会也在这两个地区吸纳了很多信徒。在 1662 年，一个新的传教团到达马尼拉，其中一些教士深入到了马尼拉周边的农场和小村庄，据记载，仅仅在七天的时间里就有两万四千多名异教徒受洗，并有更多的人准备参加受洗仪式。而帕尔多之争造成的教会当局和宗教修会之间的分歧给传教活动带来了许多困难，后者向国王提出辞去他们在岛上担任的牧师职务，但国王拒绝允许耶稣会这样去做，甚至恢复了他们曾经被剥夺的两个教区。作者详细记叙了耶稣会管理他们的教区时所采取的方式，以及信徒所做的奉献和虔诚的行为，最后，展现了圣马塞奥（San Matheo）教区和在马尼拉的印第安人"修女"之家的历史。

本文对 1701 到 1715 年的事件做了一个简要的总结，浓缩了康塞普西翁的广泛叙述。作为克鲁萨特的继任者，萨瓦尔武鲁都督修建了许多重要的公共工程。在 1704 年的图尔农（Turnon）事件中，都督和大主教过分纵容了图尔农干预他们的司法权和侵犯王室特权，因为这个事和其他原因，他们双双被调离职务。在 1709 年，孔德·德利萨拉加（Conde de Lizarraga）任都督，但在他的任期内鲜有政绩。对此附有一份岛上各个修会大主教写给萨瓦尔武鲁的备忘录（1701 年 10 月 7 日），敦促他改革各种时弊：包括忽视军事哨所和新征服地区的异教徒；因建造西班牙大帆船给当地人带来巨大的负担；以及在向印第安人征收贡税和摊派劳役时的欺骗、压迫和残酷性；西班牙官员的贪婪和残忍；赌博和流浪盛行；对禁止或限制包括摩洛人、中国人和其他异教徒移民的法律执行不严格；以及对宗教事务的忽视。由于这些问题，导致了可悲的影响：岛屿人口减少，犯罪盛行，许多以前繁荣的印第安村庄变为废墟，当地人的倦怠和消沉。因此，主教们敦促都督改革这些时弊，保护贫困的印第安人。

摘要介绍了康塞普西翁对 1715 年到 1719 年何塞·托拉尔瓦（José Torralba）检审庭法官和布斯塔曼特都督在任的（临时）政府的叙述。在这期间，布斯塔曼特被一名暴民袭击和杀害，民众反抗他的暴政和专权。这一事件在一名耶稣会教士奥塔索（Otazo）和大主教奎斯塔（Cuesta）之间的信件中有所记录，后者在当时是一位有名望的人物。马尼拉的检审庭因检审法官遭到各种渎职罪指控或由于与都督的敌对行为而被解散。而托拉尔瓦本人也因布斯塔曼特对其行为不端的起诉被捕入狱。后来，由于布斯塔曼特在一些事务上需要寻求检审庭的支持，于是他又启用托拉尔瓦和他的一些同事组成了一个检审庭，但这个程序的合法性遭到了大主教和一些大学法学教授的质疑。

由于财政上拖欠了债权人大量的债务，在新任都督到任之时，他就着手于利用强权加征重税。这激起了当地居民的憎恨和厌恶。同时，大主教与托拉尔瓦之间关于教会牧师豁免权的问题产生了争议，大主教因此将托拉尔瓦逐出教会，都督一方针锋相对并将大主教和其他一些有名望的牧师逮捕。这一冲突在民众中引起了骚乱，甚至激起了一场针对布斯塔曼特的叛乱。教士从修道院走出来，与大量因都督"暴政"而在教会寻求庇护的人和大量的民众加入到了反对都督的叛乱。人群涌入都督的宅邸并攻击他本人，都督受到了严重的刀伤并在事件发生几小时后身亡，他的儿子也在这次暴乱中被杀害。在这样的紧急状况下，奎斯塔大主教出任了临时都督，并与被释放的法官们共同建立了临时检审庭。身亡都督的孩子们被送往墨西哥。关于都督谋杀案的调查在马尼拉和墨西哥同时展开，但并没有实际进展。奥塔索在 1719 年 11 月 19 日的通信中对这一谋杀以及相关事件进行了介绍，值得注意的是他本人正是为布斯塔曼特主持葬礼的牧师。他在信中夸张地赞扬后者崇高的牺牲，因此他也对广为流传的、对死者恶意的造谣中伤进行了指责。他以服侍上帝和国王的名义，并考虑到殖民地的稳定要求对都督被害这一事件中参与暴乱的人群予以赦免。为了避免再次发生诸如此类的悲剧，他建议，菲律宾的都督应该接受由宗教人士和牧师组成的理事会的监督，以此来保证殖民地的事务由国王主导而不是都督本人。奥塔索为这一建议制订了详细的计划，并呼吁对都督和其他官员的任命进行更为严格的筛选，他以一位名叫托利维奥（Torribio）的法官为例，认为官员应该为人正直并敬仰上帝。1720 年 6 月 28 日，在大主教奎斯塔的信中，他对这一惨剧同样进行了叙述，并描述了他如何在新任都督到任之前"被迫"接受临时都督的职务。

曼努埃尔·德桑蒂斯特万（Manuel de Santistevan）是马尼拉的一名西班牙官员。1730 年 1 月 28 日，他在写给表亲的信中记叙了他与菲律宾新任都督费尔南多·巴尔德斯·塔蒙（Fernando Valdes Tamon）的友好关系，除此以外，他也描述了他的一些家族事务。他还提到检审庭成员给他造成的麻烦，他认为这些人"嫉妒"他与都督之间的良好关系并蓄意破坏这一关系。桑蒂斯特万与他岳父之间曾有过争吵。他将他的岳父描述为一个"易怒、阴险、自私"的人。但都督和大主教的介入使得他们之间的关系在表面上有所缓和。同时，桑蒂斯特万与他的妻子也重修旧好。在某些事务上，他希望他在西班牙的表亲能够在法庭上为他寻求一定的支持。他提到的事务有：为马尼拉大帆船在阿卡普尔科的港口争取停靠的空间；试图得到一个西班牙殖民地总督的职位；希望调离菲律宾后获得阿卡普尔科大帆船的指挥权；索回属于他妻子的财物，这些财物被当成前任都督布斯塔曼特所欠国王的债务，而被墨西哥总督扣押。

　　1736 年，在马德里出版的《历史摘要》中记载了菲律宾与新西班牙总督区之间的贸易，其中前两个部分的概况在第 30 卷已有记载。由于这段历史时间跨度大，但本卷篇幅有限，因此对该部分内容进行了删减。但在第二部分到第六部分除删减一些冗长的法令之外其余文字得到了保留。其中第三部分对 1640 年到 17 世纪末的贸易并没有记载。但记载了 1684 年到 1686 年的抗议事件，墨西哥总督认为这次抗议使得墨西哥殖民地政府在征收税务和防止欺诈等问题上感到难堪；除此以外，此部分还记载了 1697 年西班牙颁布王室法令要求墨西哥殖民当局出台法案严格管理贸易。这一法令影响了马尼拉商人的利益，因此他们要求更多的贸易自由并要求取消这一严格的法案。与此同时，美洲殖民地要求从菲律宾贸易中获益，而西班牙商人抗议其利益会因此而受损，

西班牙政府为双方的矛盾感到困扰。因此，西班牙政府在 1702
年 8 月 12 日颁布了关于菲律宾贸易的新规定，其中包括对马尼
拉商人提供了一定的让步，然而据政府报告记载，其中的一些条
款仍然遭到了商人们的反对。因此都督对此进一步做出了让步，
而这些让步却不被西班牙政府所接受。据记载，1712 年，在已有
规章之下，墨西哥总督开启了一项关于墨西哥-菲律宾非法贸易
的调查，结果在许多方面发现了违法问题。在 1714 年 8 月 4 日
总督写给国王的信中记载了这些骗子是如何欺瞒的，并且抱怨证
明这些人犯罪是困难的。他竭尽所能去证明他们的罪行并施以惩
戒，然而整个贸易环境妨碍了他的努力并袒护了这些人的罪行。
西班牙利纳雷斯（Linares）城的情况恰恰表现了这些违法贸易是
损害菲律宾正常贸易和当地西班牙公民的利益的，而整件事情的
关键就在于西班牙政府必须采取行动遏制这种行为。

　　《历史摘要》的第五部分记叙了这种非法贸易对西班牙当地
的工业和贸易造成的消极影响，以及政府针对此情况采取的各种
补救措施。新西班牙总督区的商人主张从西班牙开来的快速商船
贸易应该停止，王室委员会就此问题向塞维利亚商会征询信息。
而商会抗议新西班牙允许进口中国货物的行为，他们认为这种行
为破坏了本国的贸易。塞维利亚方面抱怨菲律宾贸易被滥用，中
国商人向阿卡普尔科港输入了大量廉价的仿制品，这使得艺术品
的价格下跌并损害了西班牙的贸易和手工业的发展。此外，他们
还认为，这样的贸易使得新西班牙的财富流向了中国异教徒之
手。因此，塞维利亚商人要求对马尼拉-阿卡普尔科贸易进行严

格的管控，西班牙的贸易船队应该定期地、更为频繁地被派遣。由于他们的抗议和理事会中的决定，1718 年，国王宣布自此以后禁止从中国进口丝绸制品。

在第六部分，1719 年，新西班牙总督代表菲律宾和整个总督辖区对这项禁令提出了抗议，在新西班牙大多数人依赖于廉价的中国货物，无力购买昂贵的西班牙服装。同时他宣称保持菲律宾贸易对于维持墨西哥财政履行其殖民地义务是必不可少的。这一抗议得到了马德里财政官方面的支持，他们建议移除其中一些关于中国货物贸易的禁令。在大量的讨论和磋商之后，1720 年 10 月 27 日，国王颁布了新的王室法令：菲律宾与新西班牙的贸易额要控制在 30 万比索以内，管控具体到了商品和手工业品的类别，其中丝绸制品被明令禁止。而两地间流动的贸易货币量控制在 60 万比索以内。新西班牙地区的居民应该被禁止将他们自己的货币运往菲律宾，并针对此类情况制定了一系列的预防、限制和处罚措施。

在第七部分中提到，1722 年 8 月 2 日，马尼拉收到了上文提到的禁令。马尼拉市政委员会起草了一份请愿书并递交给都督，抗议这一针对菲律宾贸易的禁令，并指明这一行为对当地的打击。但都督拒绝暂停禁令。当地的财政官建议商人直接上诉到马德里的法庭。他们向马德里派遣了代理人，同时也劝说检审庭再次向都督提交请愿书，旨在争取更为自主的贸易政策，并暂停 1720 年的禁令。商人在寄往西班牙政府的信中表明了禁令实行之后对他们造成的损失，阐述了菲律宾岛很大程度上依赖于他们的贸易，而中国货物是贸易中不可或缺的重要部分。此外，如果这项禁令继续下去，当地针对华人的传教活动也会遭遇重重困难。因此，检审庭重申，希望丝绸贸易可以继续进行，并希望将丝绸贸易的限额提高到 25 万比索。这项建议得到了当地商人的支持，并被寄送给马尼拉的王室财政官。1722 年 11 月 15 日，王室财政官将该报告完善后递交给了国王。同时，一些王家官员、大主教、以及一些有名望的教会人士写信支持菲律宾居民的这一要求。其中最具说服力的信件来自于一位耶稣会教区的人士。他认为当地应该更为勤勉地种植地方作物，并建议西班牙人应强迫岛上的其他族群，例如当地土人、混血人等模仿其他地区的人学习织布。

菲律宾殖民地的代理人从马尼拉出发到达马德里之后，提交了一份文件，其中表达了希望暂停 1720 年禁令的愿望。类似的文件有很多，分别来自菲律宾和西班牙两方，其间掺杂了宗教、政治以及贸易利益等多种动机，甚至还有西班牙商人"病态的，嫉妒式的"认为任何贸易都应从加的斯港取道马尼拉。从西班牙政府的禁令等政策中揭示了西班牙对其殖民地存在自私的诉求。而极端的家长式作风使得西班牙政府永远都是作为主导的一方。而事实证明西班牙的世界霸主地位正在被欧洲的异教徒国家例如英国、法国、荷兰等所挑战，因为他们将更多的精力集中在手工业生产和贸易上。从 1723 年直至 1736 年西班牙政府下令编撰《历史摘要》这段时间内，马尼拉和加的斯就贸易问题存在着长期的、激烈的争端。前者在政府机构具有有力的支持，而后者在西班牙的丝绸贸易和手工业，以及美洲贸易的地位岌岌可危。马尼拉试图证明与中国的丝绸贸易对基督教在中国以及菲律宾的传播是很重要的，而加的斯方面对此"表示不屑"。马尼拉方面认为西班牙丝绸手工业的衰落另有原因，而不是因为中国货物涌入墨西哥。西班牙生产的生丝大多被欧洲的工业国家所购买，并被这些"外国人"制成纺织品出售给西班牙。而且这些纺织品不仅仅出售到西班牙，也被运往美洲殖民地。马德里的王室财政官支持这一观点，但同时也认为贸易应该严格控制在政府所规定的范围内。此外，他认为加的斯方面的抱怨来自某些骗子和违法者，而不是关心与中国贸易的问题。马尼拉方面提出了一个贸易管理的方案，可以消除贸易中的一些困难和争端，但遭到财政官和其他一些政府官员的反对。随后这项计划被直接提交给了国王，国王在 1726 年 10 月批准该方案试行五年。阿夫雷乌著作中的其余部分将在第 45 卷中出现。

编者

1906 年 9 月

# 第45卷 1736年，加的斯与马尼拉商人的贸易争端、马尼拉大学和教育机构的建立

　　本卷的文本是完全关于商业的。在《历史摘要》的结论中，我们可以看到在西班牙和殖民地的商人之间持续不断地争夺商业特权。加的斯和马尼拉的商人分别提出了各自的要求和反要求；伟大时刻的经济问题受到了粗劣的对待。加的斯商人们的怀疑、嫉妒和不信任使他们面对日益繁荣的马尼拉贸易特别是中国丝绸的贸易时，只能看到自己的毁灭。另一方面，在风口浪尖中占据上风的马尼拉商人，相当恰当地反对用丝绸贸易交换香料贸易专营权。供求关系的规律似乎完全没有得到考虑。附录尝试去展示西班牙治下在菲律宾为教育而做出的影响和因素，以及群岛的各种教育机构。在附录中我们可以看出，尽管显然曾有过大动作，结果却始终是乏善可陈、浮于表面。

　　在上一卷的最后，我们在《历史摘要》中知道了调节菲律宾和新西班牙之间贸易的"马尼拉计划"，它曾在有限的时间内被西班牙政府采纳（1726年）。三年后（1729年7月），加的

斯抗议这次让步，抱怨在马尼拉–阿卡普尔科贸易中这一计划被滥用，以及中国丝绸进口到新西班牙对西班牙商业造成的伤害。因此，当局下令在阿卡普尔科和墨西哥进行调查，调查显示马尼拉的贸易额正在迅速增加；于是新西班牙总督建议国内政府对此加以限制，因为它不仅损害了母国的商业利益，也损害了新西班牙，尤其是在中国丝绸问题上。同时，总督通知马尼拉1734 年的大帆船必须按照旧计划装载，五年期限已经过了。对此，马尼拉举行了激烈抗议，并要求在岛上继续 1726 年的许可。在经历了许多支持和反对的争论之后，一项规范贸易的王室法令出台（1734 年 4 月 8 日）；总督的命令被撤销，准许进入马尼拉的贸易额度增加，但相应的，1702 年、1712 年和 1724 年的法令将生效（有一些小的改动）。第二年，加的斯再次抱怨马尼拉–阿卡普尔科贸易，并提议将中国丝绸排除在贸易之外，作为补偿，加的斯提出将在美洲殖民地的香料贸易专营权让渡给马尼拉。出于各种实际原因，王室财政官不赞成这样做，并建议在墨西哥举行的一次会议上讨论这整个问题，马尼拉和加的斯的代表出席了会议。马尼拉代表在委员会面前展示了另一份（日期为 1735 年 3 月 30 日）冗长的备忘录，以此反驳争议，并且否认加的斯的指控；后者关于新西班牙的香料贸易的提议被认为毫无用处，而且在各方面都不让人满意。加的斯在 1735 年6 月 1 日回应了这些反对意见，敦促法院切断马尼拉经营的中国丝绸贸易，并举出许多论据。王室财政官再次拒绝支持加的斯的方针；1735 年 11 月 16 日，委员会要求一份关于整个论战的简要报告，其中包含了有关文件，为他们最后审查和决议做准备。

　　教育附录占据了这一卷的大部分内容，开头是马尼拉教士会议的请愿书，大意是不允许任何一个修会在马尼拉建立大学（此前已有修会提出相关请求），因为这样的程序将有损于在俗教士，理由是传教团的修士会占据这样机构中的全部席位。请愿书还建议，所有的教会职位都应该不偏不倚地分配给所有修会的成员，直到有足够的在俗教士能够承担为止。

　　第二份文件由两部分组成，与圣何塞学院有关。第一部分是科林在传教工作中的叙述，为该机构从成立到1663年的简史；第二部分是各种来源内容的汇编。耶稣会为一所大学所做的努力首先是通过耶稣会的视察员迭戈·加西亚实现的，他曾经得到过佩德罗·奇里诺的大力帮助。第一位校长路易斯·戈麦斯（Luis Gomez）在1601年获得了必要的民事和教会许可。学院建立之初设立了13个奖学金，都授予了有影响力的公民之子，这个数字很快就增加到20个。关于教师和研究的规则和条例制定出来。早在1596年，埃斯特万·罗德里格斯·德菲格罗亚就在遗嘱中指示，假使他的任何一个未成年女儿死亡，将捐赠一所学院由耶稣会管理。他的一个女儿死了，遗嘱生效，因此，第二所大学成立于1610年2月28日，这天举行了奠基仪式。耶稣会在获得遗嘱规定的资金方面遇到了一些麻烦，但最终还是成功了。在1647年，学院在与多明我会的圣托马斯学院竞争资历权中获得了有利的判决。这份文件的第二部分（主要参考和引用了原始文件）研究了圣何塞学院从成立到现在的历史轨迹，不可避免涉及很多科林已经谈到的内容。1722 年 5 月 3 日授予学院"王家"的头衔的王室法令被完整收录。学院的奖学金被一一列举。1768 年驱逐耶稣会修士对学院有着直接影响，学院最初被政府没收，但后来又被对它提出要求的大主教收回。后者将其转变为基督教神学院，因而剥夺了它的学生们的权利；但国王不赞成这样的做法，学院恢复其原态并被交给教区总教堂的官员。后来因管理不善，学院最终归于多明我会大学管理。在 1860 年至 1876 年的十多年里，曾经讨论过将其建立成一所专业学院的计划，1875 年这里建立起了医学院和药学院。1870 年《莫雷特法令》（*Moret Decrees*）将这个机构世俗化，但这一尝试被修会成功阻止。自从美国占领菲律宾，学院的身份问题已经在政府面前讨论过，但仍未得到解决。

下一个文件由三部分组成，涉及多明我会学院和圣托马斯大学。第一部分是圣克鲁斯提供的记述，并特别提到了从学院到大学的建造。在 1643 年和 1644 年多明我会两次企图从教皇乌尔班七世处获得教皇允许，但均告失败后，在 1645 年终于获得了教皇英诺森十世（Innocent X）的批准。在 1648 年，检审庭和大主教也都准许了这次建造。规则和条例是由新大学校长马丁·雷亚尔·德拉·克鲁斯修士（Martin Real de la Cruz）模仿墨西哥大学制定的。这份文件的第二部分是 1785 年 3 月 7 日的王室法令，授予学院以"王家机构"的头衔，条件是它不得向王家财政部请求援助。第三部分是埃瓦里斯塔·费尔南德斯·阿里亚斯（Evarista Fernández Arias）修士对该大学的记述，该报告曾在1885年该大学开学时宣读。他简要回顾了学院及大学的成立和发展的历史。教皇保罗五世（Paul V）给予它10年间授予学位的权力，这种许可后来被延长了。1645年教皇英诺森十世将学院建设成大学的指令在1734年被克莱门特十二世拓展了。该大学的第一个条例于1785年修订，这个时候法学院和神学院得到扩展（法理学系和正典法系在18世纪初已经建立）。这些法律在1885年仍然是有效的，除非后来的法律对其进行了修改。废除医学院、裁撤数学和绘画系变得十分必要。1836年设立了西班牙法系。1837到1867年间，重组的问题得到讨论。1870年，根据《莫雷特法令》这所大学被世俗化为菲律宾大学，但该法令很快被废止了。圣何塞学院被置于这所大学的绝对控制之下，成为其医学和制药学部门。1876年学校开设了一个公证课程，1880年学校开设了医学、药学和助产方面的课程。自此以后，学院已经有了完整的高等教育和中等教育课程。

下一份文件有着不同寻常的关注点，因为它是在菲律宾建立一所专有的王家和政府教育机构最早的尝试——奥地利圣费利佩王家学院，由都督塞瓦斯蒂安·乌尔塔多·德科奎拉创建。本文献的第一部分由两块组成，是迪亚斯的《历史》的摘录。科奎拉从王家国库中每年拨款4000比索，是为支持马尼拉最好的西班牙青年设立的奖学金。这个新机构被交给耶稣会管理。然而，学院在科奎拉政府的后期受到压制，因为国王并不赞成，压制的法令被法哈多无情地执行。耶稣会修士被迫偿付 12000 比索，这些钱是在学院存在的三年期间由王家财政资助的。后来的王家学院，也叫圣费利佩，是在费利佩五世的命令下建造的。本文献的第二部分是由帕斯特利斯的《传教工作》中的注释浓缩而成的，是对科奎拉创建机构、持续时间和被压制的简单概述。科奎拉是应马尼拉世俗市政会之请而建立学院的，尽管多明我会提出放弃从国库中授予它的 4000 比索，但学校仍然由耶稣会负责管理。学校建于 1640 年 12 月 23 日，设立了 20 个奖学金并雇用了 6 个菲律宾仆人。这 4000 比索来自中国商人的许可证费用。文献中给出了新制度规则的共 33 条摘要。它们覆盖了学生的学术、道德和宗教生活。科奎拉 1641 年 8 月 8 日的信汇报了学校的建立并请求帮助，得到的是王室反对的法令，取缔学院的任务委任给新都督法哈多。耶稣会被要求偿付的 12000 比索（如果他们支付了的话），又被重新归还，这是 1647 年 3 月 17 日的王室法令的指示。这所短命学院的事情便告一段落。

　　下面的文件是著名的帕尔多大主教的一封信的摘要，这是对一项王室法令的答复，该法令命令对当地人进行牧师教育。他指出了当地人在追求这一目标方面效率低下，有必要从西班牙本土遣派修士。接着是 1686 年 6 月 20 日的王室法令，要求必须严格遵守为土著学校规定的法律，西班牙殖民地必须进行西班牙语的学习。

　　圣克莱门特神学院，也就是后来的圣费利佩学院，是下一个文件的主题，文件由两部分组成。第一部分是1710年3月3日的王室法令，国王不赞成神学院的建立模式，他曾命令萨瓦尔武鲁都督在建立时应该招收8名神学院学生。都督没有遵守指令，而是允许大主教和图尔农族长建立这个机构，该机构对外国人士开放，最终拥有80多名而不是8名神学院学生。这种违令行为导致卡马乔大主教被免职替换，外国人也遭到驱逐，除了8名神学院的学生外，只有16名西班牙学生作为寄宿学生进入神学院。该文件的第二部分来自回忆录历史学者，胡安·德拉康塞普西翁。都督克鲁萨特-贡戈拉在回答一项建议建立神学院的王室法令时，宣称这样做是没有必要的。然而，它的建立是有序的，并最终被完成。建立的任务被委任给都督，由于都督的忽视，加之图尔农和大主教横加干预，实际建设的情况发生了改变。国王听到事情发生了意想不到的变化之后，并没有通过直接沟通，而是通过罗马教廷大使，下令该机构按照他所建议的路线重新建立，并将名称改为圣费利佩。后者的正式建立由都督交给了弗朗西斯科·德拉·奎斯塔（Francisco de la Cuesta）大主教，由他起草了新的规定，但同时剥夺了国王的私人赞助权，将学校占为己有，虽然这个机构是一种世俗的创造。

　　下面的文件讨论了圣胡安·德莱特兰学院。该学院是胡安·赫罗尼莫·格雷罗（Juan Geronimo Guerrero）于1640年成立的，目的是援助和教育贫困的孤儿。慈善人士为这项工作提供了许多救济，科奎拉以国王的名义给予了一些施舍，并将帕里安的委托监护权交给了学院。与此同时，多明我会的庶务修士在马尼拉修道院的门房照顾孤儿。随着格雷罗年事已高，他发现自己不能再照顾他的孤儿们了，于是把他们委托给了多明我会的庶务修士，后者此时已经以圣佩德罗和圣保罗的名义成立了一个会众组织。两个组织合并后，有时会以后者的名字称呼这个学院，但是转让是以圣胡安·德莱特兰学院的名义进行的，后来也确定采用了这个名字。学院的规则是由塞瓦斯蒂安·德奥肯多（Sebastian de Oquendo）制定的，他是马尼拉修道院的副院长，后来由会省教士会议修订。在修道院下层住了几年后，学院被搬到了修道院对面的一所房子里，但是那栋房子在 1645 年的地震中被摧毁了，于是在帕里安附近的城墙外又建起了一座木质结构的房子。1669 年，因为学生们被强迫上大学进行学习，学院发现自己的住所不舒适，就又搬到了城内。牧师、军人和其他职业都是从该机构招募的。

1792 年 6 月 11 日的王室法令，要求所有学生，不论男女，在结婚之前都要得到王室代表和教育机构权威的批准，并参加受王室资助和保护的这类机构。另一项 1792 年 12 月 22 日的法令，指示都督要遵守以前关于土著学校要讲授西班牙语的法令。在修道院里只能说西班牙语。

神学院政务文件被分为两个部分。第一部分是 1803 年 3 月 26 日的法令，内容是下令从所有教区牧师的工资中扣除 3% 维持教会神学院。其中附上了 1802 年 7 月 30 日的一项法令，该法令规定了这种募捐，尽管教区牧师表示反对；而这些款项必须是用货币来支付的。针对新塞哥维亚神学院还有特别规定。第二部分集合了各种来源的选录。前 2 个摘录涉及五个罗马天主教教会神学院，并且叙述了自 1863 年起它们的情况。第 3 个摘录是阿格利帕伊（Aglipay）或者菲律宾的独立教会为负责牧师教育的神学院所制定的条例，进行研究的计划也在其中。

马尼拉航海学校也分为两部分介绍，第一部分是 1839 年 5 月 9 日的法令，批准了 1837 年 7 月 20 日领航员学校的新规定；第二部分摘录自各种资料来源，简要介绍了这个机构的历史。它最早由商务领事馆在 1820 年成立，后来受政府管理。这所学校现在由美国人管理。

男童高音学校是一个有趣的机构，1772 年由大主教罗德里格斯创建，目的是为大教堂培养男童音歌手。教育主要是音乐教育，包括声乐和乐器方面的训练，尽管由于他们的年龄太小，作为一般规则，男孩被禁止使用风琴。这些男孩获得了很高的成就。

在接下来的文献中由马斯讨论了菲律宾的公共教育。他宣称菲律宾的教育比起西班牙更加比例得当。每个村庄都有学校，除了播种和收获的时候，参加学习是必须的。费用由公共基金支付。妇女也接受教育。通常使用的书是关于宗教虔诚的书。除公立和私立学校以外，马尼拉还有公共学院。文献中提供了下列学院的简要历史和描述：圣托马斯大学；圣何塞学院；圣胡安·德莱特兰学院；由杰出市民在 1817 年创办的慈善学校；航海学院；建立于 1840 年的商业学校；根据 1589 年王室法令建立的圣波滕西亚娜神学院；由仁爱慈善会 1632 年中创立的圣伊莎贝尔（Santa Isabel）修道院；1696 年成立的圣卡塔利娜·德塞纳（Santa Catalina de Sena）修道院；1719 年成立的圣塞瓦斯蒂安·德卡鲁姆潘戈（San Sebastian de Calumpang）修道院；1699 年成立的圣伊格纳西奥（San Ignacio）修道院；1750 年成立的圣罗莎（Santa Rosa）修道院；还有成立于 1740 年的帕西格修道院，又名圣丽塔（Santa Rita）修道院。

接着是马拉特的叙述，内容大量采用马斯的说法以示权威。马拉特表扬菲律宾的教育先进，并且用相当长的篇幅论述了他们的诗歌和音乐文化，以及他们的其他艺术形式；他对群岛教育影响的状况进行了总体上的描述。

1847 年 12 月 2 日的一个上级命令指示，在殖民地的教育机构取得的西班牙学位（在宗主国）给予合法化，反之亦然；在一个地区授权承认的专业可以在另一个地区从事，只要有充分的资格证明。接下来是一份关于绘画、雕塑和雕刻学院的简短文件，由各种来源汇编而成。该学院于 1849 年由国民之友经济学会建立，并于 1892 年重组。另一个文件也汇集了各种资料来源，讲述了雅典耀大学，它来自于一个旧的慈善学校，在 1859 年耶稣会返回菲律宾时被交给其管理。学校在 1865 年得了它现在的名字。其费用由马尼拉社会支付。

从《趣味札记》中获得的一份文件认为这所大学之所以有许多敌人，并不是因为多明我会控制了它，而是因为他们认为学习法律是不明智的。这样的观点是违反自由的。作者认为菲律宾人将在医学和外科中取得更好的成绩，仍然应当持久地保持医学院，但岛上同样急需内科和制药，也应该在大学中设立相关学院。应该允许外国教授加入学校。在当地人中，关于医学和药学的迷信、滥用和无知比比皆是。允许小贩贩卖毒品，造假屡见不鲜。教区牧师被请来当内科医生，但通常是在土著医生无法控制病人的病情之后才有这种情况，土著医生主要靠魔法治病。尽管效率低下，当地人更偏爱他们的土医生而不是牧师。许多改革亟待进行。作者宣称，海军学校组织和管理得很差。毕业生们只对好职位感兴趣，而并不满足于接受真正和自己力量相匹配的东西。这所学校可以进行优化重组，成为一所专门为沿海贸易培养领航员的学校。就政府而言，初等教育处于起步阶段。西班牙语只在马尼拉和它周围的部分郊区教授；但也有用本地语言教授男孩的学校，还有一些是为女孩开办的。政府的薪水不够，牧师和行政人员都认为有必要想办法解决修建建筑物等问题，工资甚至是用教堂的基金支付的。虽然没有合适的初级教育负责人，但在阅读、写作和娱乐方面，孩子们比西班牙的孩子更先进。政府试图改进西班牙语教学，并在一定程度上成功了。作者建议政府越快改进越好，并且要扩大正规学校的规模，目前这一类学校存在但是没什么成效。教师也是十分需要的。

蒙特罗-比达尔在《菲律宾群岛》中对 1886 年的教育条件做出了指正。他表示公共教育在一定程度上是普遍的，但是缺乏效率。他给出了一些统计数据，但由于公职人员效率低下，光有这些统计数据是不够的。本土律师非常贫困，正是他们播下了对西班牙不睦的种子。作者强烈建议进行工业教育。

下面这份关于马尼拉和各省女子学校的文件引起了人们的极大兴趣。这一内容来自于 1887 年的多明我会报告，描述并列了一份圣伊莎贝尔、圣罗莎、圣卡塔利娜和拉康科迪亚（La Concordia）或"圣灵感应"（Immaculate Conception）等学校的名单。这些学校提供初级和中级教育。还有一份关于哈罗的圣何塞学院的资料，1872 年学校首先在伊洛伊洛开办，但由于资金短缺在 1877 年关闭，之后通过主教调解，很快在哈罗重建起来。成立于 1699 年的圣伊格纳西奥修道院由耶稣会领导，但在耶稣会被驱逐后由大主教圣职候补人负责管理。它从 1883 年起就有了一所学校。各种其他向女孩提供教育的机构也有提及。

下一份文件讨论了在西班牙和美国管理下的农业学校。这所学校最初于 1889 年由西班牙政府为理论和实践教学而建立，但并没有取得很大成功。政府在各省设立了各种农业站用来增补学校的工作。美国占领菲律宾以来，这项工作被拾起，并且拨款在内格罗斯省富裕的从事农业的岛屿上建造了一所学校。

本卷的最后一份文件是一份对圣托马斯大学教育重组的国家讨论（1890 年）[由著名的毛拉（Maura）签署]，文件表明争论是由菲律宾的民事和教会政府推动的。讨论的问题有：一、政府部门是否有权在不考虑多明我会的情况下，重组大学教育。二、校方是否可以合法提出反对意见以及怎样提出。得出的结论是：一、政府部门不能将私营大学的资金和财产挪用于其组织的任何机构；因此不能在大学里重组教育。二、如果政府这样做，大学可以采取法律手段反对这种决定，最佳方法是通过普通法法院。鉴于它所涉及的重要教育方面的法律问题，这是一份非常有趣的文件，其中一些在现在的圣何塞学院可能依然适用。教育附录将包含在第 46 卷中。

编者

1906 年 10 月

# 第46卷 1721—1739年，重要事件、初级和师范教育

本卷大部分由教育附录组成，该附录是前一卷基础上的继续。所提交的唯一正式文件在政治和宗教层面展现了这些岛屿从1721年到1739年的通史。人们对本卷更感兴趣的是它的附录，在这里，我们看到了菲律宾第一次有系统地实行普及教育的尝试，第一次看到了通过政府设立小学和师范学校，（尽管是粗暴的）使一个迟钝的群体意识到更广阔的生活的事实。正如人们所料，家长式作风体现在政府所制定的法律和法规之中。西班牙多年来一直无法解决的教育问题的复杂性，在这两份文件中得到很好的展示，这两份文件也给出了修士对这一问题的看法。

一项对从1721年到1739年的主要事件的简要总结包括几件令人感兴趣的事情。布斯塔曼特被一伙暴民杀害的事件在马德里激起了众多愤怒，但试图查明并惩罚这些罪人的行为被证明是无效的，此事很快就被遗忘了。各个岛屿定期地被摩洛海盗骚扰，虽然会对其进行惩罚性的征伐，但这些往往既迟又慢，无法达成任何结果。沿海村庄都建起了防御工事，其中大部分工作是由负

责印第安人的传教士们完成的。在 1733 年，马尼拉的王家仓库毁于火灾，给国库造成巨大损失。两年以后，一支荷兰舰队要求为一艘此前被西班牙海岸警卫队捕获的荷兰船只讨一个满意的说法，但在西班牙人赔偿了与战利品等值之物后便撤退了。在 1736 年奥古斯丁回忆派与耶稣会就棉兰老岛北部进行的一些传教活动而发生争吵，最后耶稣会占了上风。1737 年，一名检审庭官员对吕宋的几个省进行了一次官方视察，并对那里的弊政进行了改革。在 1738—1739 年间，马尼拉发生了一场争论，原因是圣克鲁斯的梅斯蒂索人抱怨耶稣会强加给他们的不公正待遇，检审法庭的判决（得到了母国政府的支持）是反对耶稣会教团的。

本卷的其余部分被教育附录所占据，该附录是在第 45 卷中开始的教育述评的延续与总结。第一份文件包括了附录的大部分，论述了菲律宾政府在特别立法保护下真正接管教育之后的初级和师范教育。这一主题的前言来自巴兰特斯（Barrantes）的摘要和概述，其中展示了最早的立法，其开始于 1839 年，并最终在 1863 年 12 月 20 日颁布。虽然在前一年下令任命一个委员会起草学校规章，但这一任命被推迟到 1885 年，而只在 1861 年才提交了一份报告。委员会的工作得以促进可能是由于都督在 1860 年任命了一名官员按同样的方式去起草法规。委员会内部最主要的争议点是西班牙语的教学，圣托马斯大学的副校长宣称他反对这样的教学，但他的意见被否决了。1863 年 12 月 20 日的法令是该委员会工作的最大成果。根据这项法令创办的师范学校在 1865 年 1 月 23 日正式开学，尽管它从 1864 年 5 月 17 日以来就已经开始运作了。但出勤和休假的不规律被证明是最大的障碍。为修士们辩护的巴兰特斯认为，初等教育的缺陷更应被归咎于《西印度法典》而非诸如宗教社团等其他类别的主体。在 1865 年之前，初等教育只是一个影子，菲律宾人还没有先进到足够获得他们所要求的选举权的地步。这一文件的其余部分来自格里福尔（Grifol）和阿里亚加（Aliaga）有关初等教育的书。作者序言中的一份摘要表明，随着 1863 年法令的颁布，教育被注入了新的生命，而稍后由政府颁行的所有众多的法令和命令在目的和效果上是和谐的，尽管它们在很大程度上是无效的。接着是 1863 年 12 月 20 日的王室法令，制订了一个在菲律宾群岛创立初等教育的规划。其第一部分是何塞·德拉·孔查（José de la Concha）部长写给女王的解释，声称针对原住民的教育系统应当更有效率，以使他们能够在心灵和智力上得到发展。其目的是传播西班牙的语言。它规定了非师范学校必须处于牧师的直接监督之下。在该解释之后是一个法令，其规定了每个村庄中设立男女学校，并提供了这类学校的各种细节。阿利亚加的书的末尾是初等教育师范学校教师的规则。其有 28 条，阐明了学校的宗旨，以及学者们在各种关系中的管理规则。随后是 1863 年 12 月 20 日的规定，为菲律宾土著提供初等教育的学校和教师，共 35 条。按照这些规定，在所有村庄中都为男孩和女孩分别建立了学校。对某些年龄段的儿童实行强制入学；必须用西班牙语授课，对这门语言的知识需要特别努力地学习。穷人将被免除学费，学习用品发给所有人；教区牧师负责宗教和道德教育。关于教师、助教、教材、假期、成人周日学校以及监督都有规定，监督最初被置于外行人之手，此后这一职责被教区神父所行使，就像其至今行使的那样。随后，针对土著小学的内部规定由 14 条组成，与前一条一样，于 1863 年 12 月 20 日订立。它们包括校舍建筑大小、设施、教师职责、保存记录的方式、递交月度报告、学生及其入学资格、出勤情况、奖惩制度、考试等。宗教活动占据了一天中相当大的一部分时间。1864 年 2 月 15 日的一份政府法令批准了马尼拉一个市立女子学校的章程，随后又颁布了同一日期的含有 26 个条款的校规。这所学校由慈善姐妹会（sister of charity）负责。宗教和道德的训练被赋予了相当的突出地位。所学课程的大纲包括初级教育的各种分支科目和针线活。同时有必修课和选修课。女孩们在 5 岁入学，入学许可则由市政府的成员负责。学校的日常和课业生活都有各种各样的规定。考试分为公开考试和私人考试。督学由岛屿都督指派的三位女士负责。紧接着是 1867 年 8 月 30 日的一份上级民事政府的通知，其中讨论并规定了有关学校监管的规章制度，这是一份重要文件，充分显示了西班牙人对哲学的热爱。在谈到监督职能的重要性时，《通知》规定了督学的职责，因为督学的职责取决于正在实施的改进措施的发展和保持。由于监督权部分地被教会当局控制，其结果自然是最好的。还有一段很长的引文是从一本关于监督的书中摘录的，书中概述了督学的职责和资格。很大的压力在于行为的适度。最微妙的权力是对教师行为的纠正和停职。停职只能用于教师出现宗教和道德方面的欠缺，或玩忽职守时。教区神父在履行其作为督学的职责时，必须确保家长们认识到他们在送孩子上学方面的责任。对那些进入学校并学习西班牙语（所有教育都用西班牙语授课）的人会被授予特殊的权益。由于岛上的校舍和教师很少，以及孩子们缺乏一致性，岛上的小学教育处于落后状态。1866 年 3 月 1 日的统计显示了在各省和行政区的村庄数量，人口，入学情况，可能的学校和建筑。政府承诺支持教区神父和省级督学的努力。前者将举行年度考试，让孩子们在忏悔和接受圣餐时回顾他们的学习。在一个由主教、教区神父和公共财政管理员组成的委员会的协助下，实施对市长的省级监督。教学和监管方面需要改革，教区神父的努力不应该受到反对。必须立即任命尚未任命的委员会，并按月提交报告。1875 年 6 月 19 日的政府法令批准了新卡塞雷斯的一所培养小学教师的女子师范学校的临时章程，该章程总共有 52 个条款。学校的目标是培训出具有良好品德和笃信宗教的女教师，并让这个学校成为其他学校的模范。其附属的实习学校是公立学校体系的一个组成部分，在此为贫家女孩提供免费教育。那些进入师范学校的学生可能是教师资格的候选人，也可能不是。学习计划展现了初等教育的课程，要求用西班牙语授课，包括针线技艺。课程将持续 3 年，尽管也可以延期毕业一年。并且学习的时间表每年都会被递交给都督来批准。在实习学校学习的时间每年不超过四个月。完成学业者，发给教师资格证书。这些毕业生将被分配到各个学校的合适年级，并发给评分办法。学校是在慈善姐妹会的负责之下组织起来的，并准备使用"圣伊莎贝尔"作为名称。学校员工及其工作职责被列举出来，其中值得注意的是一个世俗的牧师来管理学生的道德和宗教需求。学生们不仅需要日间在此学习，而且需要住校，入学要求也被给予说明。女教师如果年龄不超过 23 岁，就可以被录取。教育是免费的，其花费由地方财政供给。按照公立学校负责师范毕业生的比例，由地方基金资助的留校学生将减少到 25 人，并由其填补空缺。由当地基金资助的留校学生将在新卡塞雷斯的学校任教十年，如果他们不履行合同，将被处以退还学费的罚款。一般公共考试将在学期末举行，届时还会有颁奖活动。文中还提到了与学校运作有关的其他各种办学数据。道德和宗教的监督属于新卡塞雷斯的主教，世俗监督则由市长、主教、公共财政管理员实施。这个委员会中的每个成员将进行三个月的即时监督。

1892 年 3 月 11 日的一份王室法令在马尼拉创建了一所由奥古斯丁会修女负责的女子师范学校。正如在新卡塞雷斯所证明的那样，这是需要的。西班牙语是必修课，其花费由群岛的一般预算支付。在本法令所包含的其他数据中，值得注意的是，初等教育证书是需要经过三年制学习的，而高等教育证书则需要四年制学习。一所实习学校将附属于师范学校，其费用由市政府支付。其后是 1892 年 5 月 19 日的王室命令，批准了上述师范学校的规章。再随后是日期相同的规章，包括 154 条，这是一份令人感兴趣的文件，因为它详细介绍了学校与政府、教师、学生及公众的关系。它被分为多个"标题"，每个标题之下又被分为若干章节。第一个标题的第一个章叙述了学校的办学宗旨和教授科目，包括必修课和选修课。设备费用将由政府批准。第二章涉及教师队伍，列举了他们的职责和薪水，总费用为每年 7900 比索。第三章详细介绍了女教师的职责，主要是女教师和作为行政人员的女主任的职责。第四章至第七章论述了秘书、图书管理员、助教的职责，以及必要的帮助事项。第八章论及由正式教师组成的女教师委员会，并概述了其职能。第九章论述了纪律委员会，必须至少有五名成员组成，且由女主任召集。

第二个标题涉及的是经济管理问题。第一章论述年度预算，第二章论述征收、分配和账目的偿付。

第三个标题的主题是教学，其中第一章是开学和整个学期安排；第二章是课堂秩序和教学方法等；第三章是教学材料和设备。

第四个标题涉及学生。第一章是入学所必需的资格，入学考试，入学费用的支付和入学年龄；第二章是预科，其中有很多繁文缛节；第三章是学生的义务，主要是仪表；第四章是考试（一项重要事务），按照考试时间分为一般科目考试和特殊科目考试，同时又分为口语、写作和实习考试；第五章是奖励；第六章是证书、决定和办法条件；第七章是纪律和处罚。

第五个标题，就像此文件的所有部分一样，满是繁文缛节，概述了学位考试的条件。附属于师范学校的实习学校的费用由市政府支付，是一所公立学校。这所师范学校暂时只招收走读生，但如果稍后有必要，他们也可以招收住校生。负责这所学校的修女有权让学校遵循她们的指令。

该文件之后是 1893 年 11 月 1 日的一项政府法令，提高了马尼拉的男子师范学校的等级，并临时批准了这所学校的新法规。这一由令人尊敬的神父主任所做的解释，表明这所学校是根据 1863 年 12 月 20 日法令创建的初级师范学校，自建立以来一直在履行其职能，并且在促使菲律宾人与西班牙当局之间更好地互相理解的进程中取得了成绩，比以往更加广泛地传播了西班牙语，并鼓励了艺术和工业。由于它的学生在准备和能力上条件远非同质，因此它走过了一段艰难的路程。有必要降低学生入学年龄的限制，因为当普通菲律宾人在 12 岁离开学校时，他很容易忘掉他所学的东西，于是当他在 16 岁进入师范学校时，他必须花费一年的时间做特别的准备。把这所学校提升至高级学校的建议可以不增加任何额外费用，因为它仍然由与现在相同的部门负责。马尼拉师范学校可以和西班牙最好的师范学校相比。一位名叫 A. 阿维莱斯（A.Aviles）的人呈递了一份请愿书，要求扩建并颁布相应的法令，尾部标注的日期是 1893 年 11 月 10 日。这所学校颁发的学位证书与在西班牙颁发的证书享有同等的价值和权利。上述扩建规章的日期也是 1893 年 11 月 10 日，它包括了 30 个条款，其中一部分与 1863 年 12 月 20 日创立小学法令中的条款相同或类似。这一规章讨论了有关学生、教师、供给、考试等学校中的诸多关系。选自格里福尔和阿里亚加书中摘要的结尾部分的一份列表，包括从 1863 年 12 月 20 日到 1894 年 7 月 20 日之间关于菲律宾初级和师范教育的所有法令、通知、命令等，总共有 171 条。这具有非同寻常的价值，因为立法的过程很容易被追寻到，人们可以注意到，在西班牙的动荡年代，领导人试图加以实施的一些新的想法。

　　以下是一系列有关教会学校的较短的文件。第一个是1896—1897 年间对多明我会学校的概述。圣托马斯大学所有课程总注册人数是 3059 人，授予学位总数是 36 个。圣胡安·德莱特兰学院总注册人数为 5995 人，其中包括教师、大学生、走读生和佣工，并总共授予了 177 个学位。达古潘（Dagupan）的圣阿尔贝托·马格诺学院总注册人数为 947 人，包括教师。圣卡达利娜·德塞纳学校总注册人数为 223 人，包括作为教师的修女。在林加延的玫瑰圣母学校总注册人数为 83 人，而维甘的同名学校则有 79 人。名单最后是在 1892 年建立的圣伊梅尔达学校，注册人数共 110 人。1897 年的一份关于教会学校的报告提供了以下机构的多种统计数据：拉康科迪亚学校，圣伊莎贝尔学校，圣罗莎学校和洛班（Looban）学校，军事医院，上帝圣约翰医院，市政学校（由世俗资助维持）和圣何塞慈善医院，都由马尼拉的慈善姐妹会控制。还有一些省立学校。这一系列文献中的第三份文件描述了奥古斯丁会赤脚派的教育机构，可能是 1897 年的。它们包括在马尼拉郊区圣塞巴斯蒂安的圣丽达女修道院；1897 年在内格罗斯开办的，由圣托马斯大学赞助的巴克罗德的圣何塞学校；奥古斯丁回忆派在 1882—1895 年间曾经控制的维甘神学院；奥古斯丁回忆派在 1891 年曾控制的圣罗莎学校。

　　从修士角度来看菲律宾的教育问题在两个节选中得到了很好的说明。一是由奥古斯丁会的爱德华多·纳瓦罗（Eduardo Navarro）撰写的一章。他在菲律宾群岛度过许多年，也许是其修会最优秀的代表之一，且具有学术品位。他以带着几分哲学意味的方式介绍了他的主题。他宣称，宗教和教育就其真正的意义而言是同义词。政府的职责是选择最好的教育方法。由西班牙政府批准的最早的关于教育美洲印第安人的法律在不久后被扩展到了菲律宾，但它们被证明是最不令人满意的，并且并不适合那些岛屿的状况。他们向原住民提供西班牙语教学，但却是以一种不适当的方式提供的。当前这一章的主题是，证明修士们不应对菲律宾群岛教育落后的状况负责。另一方面，修士们早期通过的法律要比政府通过的那些法律更先进。他们的法律总是一以贯之的只有一个目标。他们没有阻碍学习西班牙语，而是更倾向于赞成这一行为。在政府无用的法律之下，他们已经做到了最好。他们建立了学校并在其中教学，给教师发薪，编制了教材，他们承受了巨大的辛劳。他们还引进了很多艺术和技艺。在 1863 年的著名法令颁布之前，修士们就已经在提供女子学校的方面比法律走得更远。那些被批准的规章已经不公平地剥夺了教区神父的许多监督权，迄今为止，这些监督权，除了关于宗教和道德方面的之外，都授予了民事当局。它属于修士的权利，修士们只会将权利用在应该使用的地方。教区神父对民众了如指掌，这是俗人所不能做到的。尽管西班牙政府付出了一切努力，但菲律宾人与西班牙人仍不能认同。纳瓦罗引用埃斯科苏拉（Escosura）的话来加强他的观点，他因其表达不当而严厉批评了埃斯科苏拉。当来自海外的现代方法带来了更好的海上交通的时候，国内的交通却变得更糟了。良好的道路是最为需要的，而一有可能，就应当将小的村社合并在一起。在马尼拉和各省，他们所维持的许多学校都表明，修士们并不反对教育。他们应当被允许在他们自己辖区内创建师范学校。教区神父们可以最好地克服由共济会员带来的邪恶。为菲律宾人所选择的学习必须合乎他们的才能。我们的作者建议，最高公共教育委员会中的成员应当大多是教会人员，这一委员会应当修改学校的法律。尽管他们的同乡都高看他们，但大多数菲律宾学生回到家乡没带回多少知识，却带来大堆坏毛病。这帮人给民众带来了灾难和毁灭。在管理学生的生活和道德方面，大学校长应当拥有更多的权力，因为只有这样菲律宾的学生才能真正变得对西班牙有用。

　　第二个节选是由埃拉迪奥·萨莫拉（Eladio Zamora）神父撰写的一章，他也是一名奥古斯丁会修士。他可能是最后一位关注此事的作者，因为他是在美国占领后才撰写的，他的评论也许可以被看作是当今修士们的态度。他首先引用了格里福尔和阿里亚加的序言，大意是直到 1863 年之前还没有真正的关于教育的立法，因为许多法令之类的东西都是孤立的。萨莫拉说道，正是那些修士们，他们是第一批教育者，亲身教学，或者以他们自己的钱财为教师们付薪。在 1863 年之后，他们作为督学继续鼓励教育。他们建立学校，并一有可能就去拜访那些遥远的社区。在星期日，他们的惯例是检查抄本等物。各个社区和村庄之间遥远的距离使教学变得艰难。许多教士被指控有坏的影响，因为许多社区有犯罪行为，政府命令将小区归并入村庄，但这一命令并未得到遵守。1863 年政府接管了那些修士们创建的学校。在新的体制之下，当教区神父有监督行动的时候，学校就繁荣兴旺，但当这些行动停止时，学校的进步也停止了，出勤变得形同虚设，只是纸上的一项记录。政府打算全部用西班牙语授课，但没有达到其目的，因为学生们不理解它。1893 年著名的毛拉法令把地方监督权给予了市政当局，这项法律很快就引起了严重的麻烦。许多人不公正地指责教区神父忽视西班牙语，但是他没有时间在职责繁重的情况下去教授西班牙语。此外，让少数西班牙人学习本地语言要比让菲律宾人学习西班牙语更容易。就像来自祖尼加的引文所证明的那样，教士们并没有回避西班牙语的教学。如果因为塔加洛演员不懂西班牙语，就允许他们在剧院里使用他们的本地语言，那么要求所有布道和教学都必须使用西班牙语，这样的要求是否协调一致呢？尽管早期法律要求向菲律宾人教授西班牙语，但让西班牙语取代众多的方言是不可能的。萨莫拉复制了一封由 W.E. 雷塔纳写给贝塞拉部长的公开信的一部分，其中雷塔纳贬低菲律宾人的智力，并声称想要用西班牙语给他们教学是荒谬的，而最好的教授西班牙语的方法是向岛上移民 50 万户西班牙家庭。萨莫拉回顾了圣托马斯大学和圣胡安·德莱特兰学院的历史。宗教团体从最早时期开始就以他们促进教育的方式保持了与时俱进，许多学校都应归功于他们，有些学校是由多明我会第三修会建立的。萨莫拉评论了菲律宾人的才干，声称他们是可教的和善于模仿的，尽管他们从未在任何事情上臻于完美，而且缺乏独创性。他们比美洲印第安人更有才干，并能很好地胜任职员和类似的工作，但他们懒惰，不想努力超越某一点。他们学习了坏毛病而非美德。通过在伊洛伊洛建立一所学校，奥古斯丁会成为了最后一个占据教育优势地位的教团，因为贝塞拉部长在 1887—1888 年在那里规划了一所世俗学校。萨莫拉强调了向菲律宾人传授艺术和技艺的重要性。

在本卷的附录中，我们对 1898 年以来菲律宾的美国教育做了一个非常简略的陈述。一份关于教育著作的参考书目清单将让学者们可以追寻美国著作的方向。这一陈述的结尾是 T.H. 帕尔多·德塔韦拉博士在 1906 年 5 月在马尼拉面向美国和菲律宾教师所做的一篇哲学讲话的摘要，其中他指出了盎格鲁-撒克逊式教学的有益成果。

编者

1906 年 11 月

# 第 47 卷　1728—1759 年，社会、宗教、军事和商业

　　本卷所呈现的文件（涵盖 1728—1759 年）是对 18 世纪中叶菲律宾群岛及其所处的社会、宗教、军事和商业状况的全面而有趣的回顾。这些文件的作者在各自的行动领域都很突出。附录提供了一个对吕宋西部野蛮的三描礼士人的有价值的描述，是由一位多明我会传教士撰写的，他 1860 年居住在那些人中间。

　　第一份文件是由胡安·巴普蒂斯塔·德乌里亚特（Juan Baptista de Uriarte）撰写的《圣仁慈兄弟会的成立典礼和历史总结》（马尼拉，1728 年）的翻译和缩写。这部结构差评的作品非常有价值，不是因为它提供了直接的历史事实，而是因为它可以从这些事实中作出对社会和经济的推论。例如，尽管马尼拉的某些阶层普遍存在着巨大的贫困，但很明显，这座城市拥有大量财富，否则，圣仁慈兄弟会不可能在如此大的程度上继续其慈善工作。该兄弟会成立于 1594 年 4 月 16 日，是仿照里斯本同名兄弟会的模式建立的。它的第一个机构是在圣波滕西亚娜学校，新的组织规则于 1597 年 1 月 14 日颁布，并于 1606

年首次印刷。路易斯·佩雷斯·达斯马里尼亚斯一开始给予它的恩惠和保护被许多继任的都督和传教士所延续，他们中的许多人充当着供给者。正如人们所预料的，最初的慈善援助努力是微弱的，但力量是逐渐获得的，兄弟会的工作得到了应有的承认。某些虔诚的基金逐渐建立起来，兄弟会执行了许多遗嘱，按照方济各会的精神进行管理的一家医院很早就建立起来了。在 1597 年中，应都督特略的请求，一所王家医院由仁慈兄弟会负责管理，以便它能被管理得更好。在所有的灾难中，从它建立到 1728 年的海事，以及其他的海难、荷兰的入侵、地震等，兄弟会都曾爽快地伸出援助之手。这个城市分为三个部分，是为了穷人和赤贫者的更大利益。在整个工作过程中分发的各种救济品的数量，表明兄弟会多么好地履行了基金会的宗旨。通过在不同时期向那里的各修会提供援助，基督教会成为这种组织的债务人。监狱、贫穷的寡妇、作为孤儿的女童（为她们建立了一所学校）、贫穷的贵族家庭和其他人也已被给予慷慨的救助。兄弟会的活动范围已经扩大到从荷兰人手中赎出西班牙和葡萄牙人囚犯、关照为西班牙人作战的西班牙土生白人、和包括日本人在内的外国士兵。兄弟会的一个富有成效的规则是迫使所有死去的兄弟们给协会留下一些东西。从 1619 年起，许多贷款都是从兄弟会的金库贷给王室财政部的，后者经常处于财力耗竭的状态，即使在协会经历萧条的情况下，兄弟会也总是爽快地提供这样的贷款。兄弟会有敌人，这一点可以从一份宣言中引证出来，该宣言指控兄弟会玩忽职守，经营不善。然而，我们的作者驳斥了这些指控。事实上，马尼拉之家的救济金已经超过了由里斯本之家或总会提供的数量。选举每年举行一次，由兄弟会选出的十名成员作为一个单位进行。董事会由十三位兄弟会成员组成，其中首席执行官是供给提供者；他的职责，以及秘书、司库和三名董事的职责，都已得到说明。董事会其余的兄弟被称为副手，1699年和1708年的王室法令免除了教会或民事官员对协会的视察，这是特略都督早就授予协会的特许权。兄弟会历史上的一个重要事件是在1634年建成了圣伊莎贝尔教堂和学校，在那里它做了很多好事，特别是作为孤儿的女童处于它的负责之下。学校里的忏悔由耶稣会修士负责。学校里的许多女孩融入了宗教生活，但也有一些人结婚了，所有这些结婚女孩被慷慨地提供了嫁妆。女孩们被规定了定期的祈祷，协会的兄弟们被规定了各种各样的教会职责。女孩们还被要求在厨房里帮忙，学习做家务，以便于她们结婚之后很快承担起家庭主妇的职责。在这所学校和教堂受助的女孩和妇女人数达到数千人。教堂的费用已经超过了10万比索。1656年兄弟会将它的医院转交给圣约翰医院骑士团。兄弟会所利用的建设基金的主要部分是曼努埃尔·德莱昂都督的5万比索以及著名大主教帕尔多的1.3万比索。尽管海岛上发生了许多灾难，并且其中许多影响到了兄弟会，但兄弟会的状况从来也没有比撰写本宣言的时候再好了。在他的最后一章中，乌里亚特给出了兄弟会董事会成员的名单，他是董事会的秘书。他还提供了他在正文叙述中提到的各种文件。在协会的主持下任命了29名特遣牧师（这些显然是在宗教教团内部选拔的，另外还提到了10名从在俗牧师中选拔的特遣牧师），圣何塞学院支持一定数量的奖学金。兄弟会由 250 名成员组成，他们都被赋予了资格和职责。这份文件以协会每年发放救济金的报告为结束。

1739 年巴尔德斯·塔蒙都督向本国政府提交了一份有关这些岛屿的资料，其状况得到了很好的描述。他简要地描述了马尼拉市、甲米地港以及它们的防御工事、城门、大炮、驻军和军事补给。该文件包含了对菲律宾所有其他军事哨所的类似叙述，并简要描述了岛屿控制的各个行省。然而，由于篇幅不足，我们不得不省略大部分的叙述，只介绍与马尼拉、甲米地、宿务和三描礼士有关的部分。

1742 年，国王又收到了一份关于群岛上教会财产状况的报告，全文如下。首先提到的是四座大主教教堂，它们每个的管辖权、现任者、费用和收入来源。列举了马尼拉其他相关的教育机构和医院，以及王家财政部向每个机构提供的援助的说明。一份清单列出了岛屿上为这种目的而授予的所有委托监护权，以及授予私人的委托监护权。另一部分专门讨论宗教教团执行的传教任务，以及岛上政府为这些任务所做的开支，如本报告的其他章节所述。另外还有一张表，是负责传教村的宗教人士收集的作为节日祭品的数量。在结尾处可见一些赞扬在岛上工作的修士的言论，并对他们没有执行国王的命令，没有把纯正的西班牙语传授给菲律宾人而表示的遗憾。

兄弟会进行的工作得到了圣约翰医院骑士团的很好的补充，它在马尼拉的一个兄弟，胡安·曼努埃尔·马尔多纳多·德普加

（Juan Manuel Maldonado de Puga）1742 年在格拉纳达出版了一份对此事的记述。他描述了那里的病人急需援助，早年（主要是仁慈兄弟会）为满足这一需求所做的努力，以及圣约翰医院骑士团骑士（1641 年）来到马尼拉。政府将甲米地的王家医院（1642年）交给他们管理，仁慈兄弟会则将他们在马尼拉的医院交给了他们（1656 年），他们一度在巴贡巴亚（Bagumbaya）为疗养者开办了一家医院。作者详细叙述了仁慈兄弟会医院的转移情况，以及该医院到 1740 年的历史。医院骑士团骑士与仁慈兄弟会之间出现了一些难题，耶稣会大学决定支持前者。马尔多纳多对1727 年医院骑士团骑士建立的新教堂和修道院做了详细的描述，并叙述了它们历史上的主要事件。作者有一个有趣的题外话，描述了岛上中国商人使用的称重系统及其此后（1727 年）的替代品，即卡斯蒂利亚铁制砝码和重量标准，他说，他是第一个解释中国度量系统的人，我们知道没有其他作家这样做过。他接着叙述了医院骑士团在菲律宾教省的控制方式，以及其大主教、现任官员和成员的名单，然后列举了该教团在群岛上的收入和贡献，叙述了这些岛屿的历史，以及大致类似的对这里工作的王室援助情况。在这方面，作者描述了一种称为"保留（reserva）"或"波罗（polo）"的个人服务，这种服务是强加给当地人的。另一章列举和描述了医院从中获得援助的慈善基金会。马尔多纳多描述了岛上其他医院的现状，马尼拉以外的医院主要是特殊类型的，如麻风病医院、中国人医院、军人医院等，它们很少能得到妥善管理和提供良好的服务。最后，他为自己文章中的数字错误道歉，主要是由于土著抄写员的错误造成的。

马尼拉（1746 年 7 月 16 日）给西印度议会主席的一封信叙述了荷兰人和英国人威胁这些岛屿的困难和危险，他们正从东方工厂向美国运送货物，等待夺取西班牙大帆船，甚至威胁马尼拉。作者建议恢复之前吕宋和马拉巴尔海岸之间的贸易。并采取更有效的措施制服在东方海域的荷兰人和英国人。

耶稣会修士安东尼奥·马斯维西（Antonio Masvesi）1749 年 12 月 2 日告知他的兄弟，霍洛岛和棉兰老岛的传教中心的失败，并严厉批评作为都督的阿雷切德拉主教对霍洛苏丹的迷信，以及他对那个背信弃义且狡诈的摩洛人的奢华款待，这些都违背了耶稣会的建议。马斯维西通过耶稣会的一位兄弟呈送了对这件事情的报告。这些信件的目的是为了抵消阿雷谢德拉的报告对母国政府的影响。

一位名叫诺顿（Norton）但归化于西班牙的英国人，向国王提交了一份备忘录，他敦促该国通过好望角与菲律宾群岛开展直接贸易，而且主要是肉桂贸易。他列举了这些岛屿的产品和出口，并敦促在这些岛屿种植更多的这种东西，尤其是肉桂，而现在西班牙及其殖民地是从荷兰以过高的价格购买这些产品的。

这种香料的最好品质将是在棉兰老岛生产的，诺顿建议在那里种植肉桂，从而以较低的价格供应给西班牙和殖民地，并将他们的白银节省下来供自己使用，而不是让敌人拥有。他概述了这个项目的实施将会给西班牙、她的人民和殖民者、以及印第安土著带来的巨大好处。他将在这些岛屿上不仅种植肉桂，而且种植胡椒。他引用《阿姆斯特丹公报》的数据来说明可能由菲律宾生产的从荷兰的东方工厂运到欧洲的商品的数量有多么的大。他还指出，西班牙如何能以高利润的肉桂和胡椒换取木材、绳索等，而后者现在是从挪威和俄罗斯用现金购买的。他敦促西班牙不要再屈从于荷兰人和其他异教徒的暴政，因为他们必须依赖于西班牙获得白银。他要求国王任命一个委员会来审查并报告他的项目，并列举了建立西班牙和菲律宾人之间的直接贸易所需的各种条件。最后陈述了诺顿计划的实施将给西班牙和殖民地带来的诸多好处。

　　附录：多明戈·佩雷斯是 17 世纪多明我会最著名的传教士之一，他根据他在新获得的多明我会的三描礼士省的个人经历，在 1680 年写了一篇文章，描述了这个省，以及和他们有多方面关系的人民。他提供了许多有趣的信息，他为这些信息的真实性做了担保，这些信息涉及三描礼士人的马来人种族，他从他们的宗教和迷信以及他们的社会和经济生活的角度描述了他们的特殊特征，还描述了基督教的软化影响所带来的变化，并对他们的管理提出了各种建议。他们被认为拥有某种其一般概念比较模糊的宗教，但在各个方面又相当具体和复杂，拥有分等级的祭司职位，但对所有这些，不必给予太多的重视。他们的迷信信仰与菲律宾其他民族非常接近。根据环境的不同，鸟是好兆头或坏兆头，打喷嚏总是坏兆头。人们对梦非常信任。婚姻是一个重要的仪式，保守贞操在妇女中是普遍的，妇女在人们中间行使着巨大的权力。宴会是醉酒的场合。最重要的是，尽管他们是一个懦弱的种族，但他们却是杀头恶魔，他们会尽可能多地砍掉人头。多明我会统治三描礼士人的政策是一种集中的政策，在这种政策中，他们得到了在三描礼士省驻扎的西班牙驻军的良好帮助。

编者

1906 年 12 月

# 第48卷 1751—1765年，奥古斯丁会和多明我会的活动

　　本卷（时间范围为1751—1765年）的内容包括奥古斯丁会和多明我会的传教活动和从1739年到英国入侵之初的菲律宾群岛上发生的重大事件；以及王室财政官维亚纳（Viana）在备忘录里提到的对岛屿需求和状况的调查。传教士报告中一个有价值的特点是，报告中提到的有关中部吕宋区蛮族部落的民族学资料，以及传教士们本身的自我牺牲和献身精神，与一个简短的文件中所显示的下述情况形成鲜明对比，即在马尼拉附近的修士庄园中所出现的无耻贪婪。时代是动乱的，殖民地亦是如此。当地土著发生了几次叛乱，1743年阿卡普尔科大帆船被英国人劫掠，摩洛人海盗对海岛的生命和财产给予巨大的蹂躏，西班牙人被他们打败了。都督阿兰迪亚（Arandía）尝试进行改革，结果招致了许多怨恨；他被卷入了许多纠纷之中，最后死去。维亚纳的备忘录生动描述了英国入侵后菲律宾群岛的悲惨状况，它的迫切需要救济，以及可能实现这一目标的方法。

　　1751 年 11 月 7 日费尔南多六世在给马尼拉检审庭的一封信中，表示了他对检审官恩里克在马尼拉和布拉坎（Bulacan）附近村庄安抚叛乱的印第安人的支持，这是一场由修士地产管理者侵占印第安人土地、以及协助这种侵占的政府官员的欺诈行为引起的叛乱。恩里克安抚了印第安人，剥夺了修士们非法侵占的土地，并把这些土地分配给了那些被侵害的印第安人；他还调查了这些修会持有的土地的所有权，并规定了其土地的适当边界。国王还命令马尼拉政府对印第安人的福利保持关切，并通知他们，在遇到困难时，必须求助于王室财库以进行救济或援助。

　　1755 年在马尼拉出版了一本罕见的小册子，显然是由莱特岛的耶稣会传教士所撰写的，其中列举了许多例子，1754 年摩洛海盗袭击米沙鄢村庄的行动遭到当地人的反抗，在他们的精神指引下，其中之一的帕隆蓬（Palompong）保卫战被奥古斯丁会省的官方报告详细叙述，表明当时教区和传教点对菲律宾的人口（按性别、年龄等分类）和秩序各负其责。

　　在 18 世纪，奥古斯丁会和多明我会在吕宋岛中部地区野蛮狩猎的部落中实行了几次重要的传教活动。这些修会的活动在安东尼奥·莫索（Antonio Mozo）的《自然历史新闻》（*Noticia Histórico Natural*，1763 年，马德里）中有所记载。他展示了这些人许多有价值的信息，他们与欧洲文明的初次接触主要是基于他们与那些传教士的交流。这种交流开始于 1702 年的伊塔隆人（Italons）［现在被称为意比劳（Ibilao）］和阿瓦卡人（Abacas）。

当时的奥古斯丁修士尝试对他们进行基督教化，鉴于那些人的野蛮和凶残，他们的做法取得了很大的成功。他们也把福音传播给了伊西奈人（Isinay），但最终多明我会被迫放弃这项毫无希望的工作。在 25 年的时间里，整个部族已经被亚历杭德罗·卡乔（Alejandro Cacho）进行了施洗和教化。在 1740 年，这些伊西奈人的教化被交给了多明我会。在所有这些野蛮人中，传教士不仅传播福音，而且还介绍农业和灌溉知识，提供耕牛和耕犁；而且在尽可能的情况下，他们通常在最适合耕种土地的地方组成了皈依者的归化区或定居地。

奥古斯丁会在伊洛克人、廷圭安人（Tinguians）、伊戈罗特人（Igorots）、赞瓦尔人（Zambals）和尼格利陀人中进行了他们的传教工作——最终在全岛都建起了据点，在宿务岛、班乃岛和中国也建立了据点。莫索叙述了这些传教工作的进步，但用更多的笔墨描述蛮族部落和他们独特的传统和信仰；这对于我们了解尼格利陀人的目标是非常有利的，我们对尼格利陀人了解得比其他菲律宾民族更少。莫索在他们当中居住了三年，这使得他的考察极其有价值。他还特别注意到当地人在生病时所采用的行为方式和服用的药物以及其中有用的植物。根据作者叙述，在这些传教工作中最艰难的是对付"叛教者"和异教徒，他们躲藏在茂密的森林中，叛教者和异教徒居住在一起，互相使对方情况更糟糕。在这些人当中保留了许多古老的、在大部分地区已被传教士消除的异教徒风俗；莫索描述了这些情况。甚至在这个艰难的领域，"异教徒的多数受到施洗，几百位叛教者受到改造。"奥古斯丁会修士也在宿务岛和班乃岛内部进行传教工作，那里不仅有崎岖的山脉和浓密的森林，在当地人当中也有"通过和恶魔交谈制造恐怖事件"的巫师；书中对他们的做法，以及传教士在这些人中所获得的皈依者做了一些描述。之后，莫索对本地人服用的一些药品进行了描述。这些药品中有巨蟒的胆汁和脂油，有敷到妇女的大腿上促进分娩的石头，有使即将战斗的人迷醉和兴奋的植物。还有一种植物能暂时麻痹肌肉系统。莫索以描述奥古斯丁会在中国的传教工作为结尾，但这和我们的工作无关。

伯尔纳多·乌斯塔里斯（Bernardo Ustáriz, 1745 年在马尼拉）和曼努埃尔·德尔里奥（1740 年在墨西哥）都对多明我会在吕宋岛中部地区的传教工作进行了一些描述。在派尼基，传教士在六年之内建立起七个本地教堂，有近千名的皈依者；他们正在为宗教目的而修建大量的木质建筑，并开辟新的道路和修缮旧道路，以便促进省际之间的交流。附近的狩猎部落侵扰着基督教区，但政府派出了远征队来对付他们，遏止了他们的傲慢；这一成功极大增加了传教工作的成功，数以百计的当地人为了接受教导和洗礼而聚集到这里。里奥对于在帕尼基的传教工作和早期传教的开端进行了更为详细的叙述。第一批传教士中的一些人被异教的野蛮人毒死。多明我会传教工作最有趣的特征是他们从邦阿西楠省的阿斯坎（Asingan）到伊图伊的布哈依（Buhay）开辟了一条大道。

对 1739 年到 1762 年期间的事件的简要回顾是根据当时

的历史编纂而成的，我们所依据的大部分史料来自祖尼加的叙述，大量的注释来自康塞普西翁和其他人的叙述。根据都督托雷的前任发布的命令，王室财政官阿罗约（Arroyo）被囚禁，最终，国王命令归还该财政官的官职、薪水和被没收了的财产，但却发现这位不幸的囚犯已经死去（1743 年）。同年，英国指挥官安森（Anson）截获了阿卡普尔科大帆船"卡瓦东佳号"（Covadonga），造成马尼拉的巨大损失。两年之后，在经历了使他遭受伤害的一段动荡不安的行政管理之后，都督托雷去世了。巴拉延和塔阿尔（Taal）的土著民众的一次叛乱被迅速平息。托雷的继任者是新卡塞雷斯的主教胡安·德阿雷切德拉（Juan de Arrechedera），他是一名多明我会修士。他的管理很有活力，他为保卫马尼拉免受可能的敌人的侵扰做了许多工作。1747 年，新的马尼拉大主教到达该群岛，但是阿雷切德拉一直保留了都督的职位。保和的一次土著叛乱被轻易平息。西班牙国王给棉兰老岛和霍洛岛的苏丹们写了安抚信，他们公开表示友好，但却证明是充满心机和不可靠的。他们允许耶稣会传教士进入他们的国家，但是教士们很快不得不在三宝颜避难。霍洛岛的一场叛乱使它的统治者不得不逃往马尼拉。1750 年，一位新都督，弗朗西斯科·德奥万多（Francisco de Ovando）到达这里，他发现，为了使该群岛的小规模海军发挥作用和用武装小舰队对抗摩洛人，有许多事情需要去做。他把阿里木丁（Alimudin）遣回他的王国；但是在三宝颜，苏丹的行为背叛性如此明显，以至于他和他全家被逮捕并被送往马尼拉。之后，西班牙人向霍洛岛人宣战，并派

出另一只探险队进攻他们，但西班牙人不得不退回三宝颜。随之
而来的是整个菲律宾遭到海盗的蹂躏，造成了巨大的财产损失，
一些人还成为摩洛人的俘虏。奥万多通过一支舰队把被逮捕的阿
里木丁重新送回到霍洛岛的王位上；但是在三宝颜，他被怀疑不
忠和背叛，因此他作为一名囚犯又被押回马尼拉。西班牙人攻打
了霍洛岛的城镇，但被击退了；这鼓励了海盗重新进行了一系列
袭击，米沙鄢群岛甚至吕宋岛都受到残酷蹂躏。1754 年阿兰迪亚
（Arandía）取代奥瓦多继任为都督，他实行了全方位的改革，因
此在世俗和教会方面都给自己招致了许多仇恨。他还和霍洛岛人
签订了条约。在巴丹群岛，多明我会传教工作复兴了，该修会管
理着吕宋岛上伊西奈人的传教工作，这是由奥古斯丁会转交的。
关于菲律宾土著的特性、以及在他们当中进行传教的合适方法，
祖尼加都记载了他的观点。在 1757 年，罗马颁布的法令结束了
东昆（Tungquin）某些教会的争论。阿兰迪亚把异教徒中国人从
该岛上驱逐，并为他们的贸易建立了圣费尔南多（San Fernando）
集市。他卷入了许多宗教修会的辩论，并给自己招致了广泛的仇
恨——主要是因为他偏爱奥伦戴恩（Orendain）的行为。他为国
王和该群岛尽了最大的努力，但最终因工作劳累而于 1759 年 5
月 31 日去世，也可能是毒药加速了他的死亡。政府由埃斯佩莱
塔（Espeleta）主教接管，他甚至一度从罗霍（Rojo）大主教手中
篡夺了权力。但罗霍在 1761 年被王室法令授予都督职位。他赦
免了奥伦戴恩，后者因其公务行为而被逮捕，他还为被俘虏的霍
洛岛苏丹提供舒适的住处。接下来的一年，发生了马尼拉被围攻

和沦陷之事，这将与第 49 卷有关。

　　本卷的前半部是弗朗西斯科·莱安德罗·德维亚纳（Fran-cisco Leandro de Viana）在 1765 年所撰写的备忘录，当时他是马尼拉的王室财政官，"展示了菲律宾群岛的悲惨状况"。我们被告知西印度事务委员会拒绝印刷该文献，这一事实表明了西班牙法院中存在的冷漠和腐败。维亚纳是一个敏锐、擅长逻辑思维、有着清晰远见和精力充沛的男性，作为西班牙爱国者，他具有高度的公务责任感和热情。在该备忘录里他描述了菲律宾殖民地的虚弱、危险和穷困，展现了要么完全放弃它，要么给它提供合适的支持手段的必要性。他表明应该采纳后一路线，并且如果该群岛的自然资源得到开发的话，这一路线就可以继续奉行下去。维亚纳从商贸和战略两个角度阐述了该群岛的优越地位，并且断言英国人对该群岛的利益垂涎无比，该群岛是他们在北美西海岸进行探险和对西班牙在美洲属地进行攻击的基础，他说明该群岛也是某些西班牙人在 1640 年进行探险的基础。如果西班牙要拥有菲律宾，它就必须保护菲律宾。维亚纳对此给出了各种建议，其中一些建议是成本较低的替代方案。应该扩充该群岛的军事力量，为了让军官和士兵能够维持自身的正常生存应该增加他们的薪资。完成这一步之后，"应该果断建立印第安人归化区，这是一个绝对必要的事情。"这将会使贡税大大增加，对政府和印第安土著都具有许多益处。维亚纳建议提高对土著人和群岛管理中各种经济体的征收章程的比率，并呼吁应该彻底惩罚摩洛人。他用了长长的一章来"论证使贡税增加的合理性"。在群岛被征服之后，对该群岛管理的费用稳步增加，西班牙国王的需求也稳步增加；然而印第安人并没有像西班牙人那样被进一步征收税收来满足这些需求；他们现在应该支付他们该负担的份额，并且他们现在的税收是较少的。他们懒惰、目光短浅、奢侈浪费；如果他们更恰当地劳动则可能致富；增加他们的贡税只要求他们附加很少的工作，而这也有利于纠正他们的懒惰。然而，这一恶习也是西班牙主人的祸根，维亚纳严厉指责道，但他呼吁要强迫印第安人做一定数量的工作，尤其在农业生产方面。菲律宾土著的各种反抗构成了增加他们贡税的另一个正当理由。维亚纳声明，在提出该措施的时候，他同时反对滥用或盗窃其收益。他严厉指责西班牙官员的鲁莽、浪费、欺诈，指责在西班牙殖民管理中对腐败和治国无方的无所惩罚。要想保证对贡税的增加，只有在该群岛维持一支充足的军队去惩罚和防止摩洛人的入侵，并使印第安人保持正常的敬畏。应该谨慎选择各行省的市长并给予他们更好的薪资待遇。所有的军需品都应该保存在甲米地而不是像现在这样保存到马尼拉。作为增加贡税的两种选择，维亚纳建议建立教会什一税，这样王家国库将会从支持教会财产的重担中得到缓解；或者对印第安人和梅斯蒂索人征税以支持在这些省份的军事哨所。

维亚纳的备忘录的第二部分是"航海和商业、在这些岛屿建立它们的措施和它们的巨大益处"。首先，他从几个欧洲国家的历史说起，阐述了航海和商业对维持每个国家的必要性，并谴责了西班牙人对这些产业的忽视。尽管荷兰人提出了相反要求，但后者可以自由地经由好望角航行，所有国家在公海航行都具有平等权利。维亚纳列举了好望角对商业路线的益处——便利、迅速、节省经费、对西班牙和菲律宾有广阔的市场、能对殖民地进行更好的管理、能更严格地执行法律。此外，其他欧洲国家的贸易，尤其是和墨西哥的贸易，可能会大大减少，这有利于西班牙的贸易；西班牙的收入将会在西班牙人中保留着，而不是被带到异国土地上、给西班牙的敌人带来好处。就像在许多其他文章中一样，维亚纳在此哀叹同胞们的致命的懒惰、粗心大意和傲慢，这些缺点阻止了他们拥有其他国家已经拥有的权力和财富，就像他们可能做的那样。他列举了该群岛应该开发的和提供的有价值的产品，其中主要是肉桂和铁。维亚纳提出通过建立一个西班牙商业公司来恢复该群岛境况的计划；他讲述了其他国家贸易公司取得的成就、权力和财富，并敦促西班牙效仿它们的榜样，从而分享这些利益和好处。维亚纳呼吁西班牙人，特别是上层西班牙人的觉醒，以一种更积极、更有用的生活方式，驱除无知、懒惰和邪恶，而这些都是与此相关的。出于该目的，他呼吁国王对建立商业公司进行鼓励和给予优惠政策。维亚纳主张在该群岛上建立造船厂，并为支持该项事业列举了菲律宾的各项资源。通过建立一家西班牙公司，菲律宾的省份能享受到许多好处；特别是在开发他们的资源和为当地人提供就业机会方面，群岛上许多有价值的产品被列举出来，这些产品应该包括在他们的贸易中。维亚纳提议的公司的一个重要的益处是全印度人民对西班牙人的友好态度。他发现马尼拉的亚洲贸易现在收缩到了只与中国港口的贸易；但应该重建与印度、暹罗以及其他国家的贸易。此外，这家被提议的公司能够给阿卡普尔科贸易注入新的活力，迫使墨西哥商人给予马尼拉商人更公平的待遇和更有利的销售条件。维亚纳反对强加给西班牙殖民地贸易的限制，那些限制真的只对增加外国人利益有效果。这些限制主要是由加的斯和阿卡普尔科的影响带来的；他们宣称的论点被维亚纳强力驳斥。在维亚纳看来，加的斯的外国商人是反对马尼拉贸易的根源；他们正在获取西班牙财富的控制权，比起和马尼拉的小竞争来说，这对西班牙的工业造成了更多的伤害。外国商人进行了欺骗性贸易，他们在西班牙销售来自中国的商品，仿佛它们产自欧洲国家；这种欺骗行为和阻止西班牙与外国人竞争的限制造成的损失更严重。这些损害能很大程度上通过被提议的西班牙商业公司而避免，公司能够给西班牙带来各种各样的益处；并且维亚纳向那家公司建议和新西班牙进行自由贸易。由此产生的任何微小的好处都不会使外国在西班牙美洲领土上进行的非法贸易大幅度减少。维亚纳提到公司将会遇到的困难，并提议了一些能来补救它们的措施。其他国家的嫉妒可能是一个阻碍；但他们不会团结起来反对西班牙，并且万一发生战争，荷兰和法国将为反对英国而倾向于和西班牙站在一起。然而，最大的困难是菲律宾官员对该公司的反对，这可能会遏制公司的活动；维亚纳聪明地建议，通过将岛屿的行政和管理权委托给公司、王室要把贡税和关税权转交给公司，来阻止问题的发生。在最后一章，他建议进行途径巴拿马路线的新西班牙与马尼拉贸易，以防好望角线路行不通，对此他也提出了这样做的好处；出于该目的，他建议要改进该路线，或许可以修建一条联系两洋的运河；最后他以呼吁西班牙政府援助该项目为结尾。

编者

1907 年 1 月

# 第 49 卷　1762—1765 年，英国人征服马尼拉

　　本卷主要讲述的是 1762 年英国人征服马尼拉的整个过程以及随之而来的事件。我们从西班牙和英国的资料中搜集到各种各样的说法，以便我们可以从每个国家的角度来阐述这件事。我们的目的是从尽可能多的角度详细地讲述这个故事。由于 1898 年的军事行动，这个主题对美国人来说一定具有特殊的兴趣。从某种程度上来说，英国和美国的占领是相似的，因为在每一种情况中，都是一场侧面的示范，而不是战争的主要目标，也因为这种占领很容易完成。然而，这一类比到此为止，因为英国的占领在持续期间上充其量是最不稳定的，在马尼拉以外几乎没有任何进展；虽然自然地讨论过宗教、商业和民政等问题，但没有做过任何持久的事情。英国人轻松地占领了马尼拉可能使得菲律宾人产生了一些脱离西班牙或渴望更大程度上独立的想法，尽管这种想法很轻微。但事实上，随着修会力量的加强，所有这些想法似乎都被有效地扼杀了。特别令人感兴趣的是安达-萨拉萨尔（Anda y Salazar）的行动，他是一个真正的爱国者，尽管像加拿大的弗

龙特纳克（Frontenac）伯爵一样，行事急躁。还有他与无能的大主教较量。应注意的是，所有英国日期都比西班牙日期早一天，因为英国日期与葡萄牙日期相同，葡萄牙人是通过东线到达东方的。在世界许多地方这是一个重要的时期。

　　本卷的第一份文件是由一位不知名的作家概述的计划组成，此人曾与菲律宾人〔以及也许是德雷珀（Draper）将军〕一起征服南方岛屿，这份文件显然是 1762 年 11 月 23 日在伦敦收到的，这是征服马尼拉的良好前奏。在权衡了征服是否有利的论点之后，作者决定支持它，因为如果岛屿被征服，在马尼拉-印度贸易中从菲律宾运到印度的白银，以及直接来源于美洲的白银，就会直接由这些岛屿运往印度。然而目前的计划并没有考虑削弱马尼拉。这些岛屿可以被永久占领，或者直到讲和为止，占领它的明智性取决于以下任何一个原因：这些岛屿十分重要，足以支付远征的费用；或者从那里可以去骚扰敌人。西班牙占有菲律宾的主要目的是宗教，如果考虑到传教使团的话，马尼拉可能会被放弃，但如果西班牙不这样做的话，那么持有它们将会是和谈中一个重要的条款。

　　在南部岛屿间进行的军事行动将具有特殊意义，因为西班牙人害怕不安的摩洛人和敌人结盟。西班牙人只关心阿卡普尔科大帆船，而不为其他管理不善的岛屿而烦恼。当地人面临着来自摩洛人的袭击，已经做好了反抗的准备。作者直接分析了这些岛屿的情况，对其中重要的岛屿进行了命名和描述，在他的叙述中一定程度上借鉴了科林和圣安东尼奥的作品。英国人通过这样的征服获得的人口将是一笔好处。探险队应该先向三宝颜要塞前进，三宝颜要塞很容易被攻破。然后英军可以放弃并拆除这些要塞，如果西班牙驻军愿意宣誓效忠的话，也可以留下他们看守要塞。接下来，应该攻占米萨米斯岛和宿务岛的要塞，这两个要塞都很重要。它们可以依靠摩洛人和保和岛人的帮助，后者现在正在发动叛乱，所有这一切都可以通过一艘欧洲战舰和大约五十名士兵，以及几艘小型船只来完成，这次探险的最佳时机是东北季风到来的时候。

　　紧接着，科尼什（Cornish）上将给克莱夫兰（Clevland）先生写了两封信，后者显然是海军部办公室的秘书。在 1762 年 10 月 6 日的第一封信中，科尼什上将报告了在 10 月 6 日对马尼拉的行动中取得的成功，并简要介绍了这次远征。在尽可能快地为这次远征做了充分的准备之后，他于 7 月 29 日派遣迪德曼（Tiddeman）准将和五艘船只从马德拉斯（Madras）出发，前往马六甲。8 月 1 日，他自己跟随除两艘船之外的所有其余的船只前往，并于 19 日抵达马六甲。但由于马六甲无风，迪德曼直到 21 日才抵达。船队于 27 日离开马六甲，9 月 19 日驶向吕宋海岸，但由于天气恶劣，直到 23 日才进入马尼拉湾。科尼什和德雷珀放弃了先前首先进攻甲米地的计划，决心直接进攻马尼拉，因为一旦马尼拉被攻陷，甲米地也就随之陷落。因此，军队在 25 日登陆，穿过巨浪，占领了距离城墙 1.5 英里的莫拉塔（Moratta）。同一天，科尼什还派出三艘船去捕获了一艘从海湾驶来的帆船，当被捕获时，它被发现是一艘载有来自阿卡普尔科的邮件和新闻的"菲律宾号"船只，该船本身一直留在卡加延。26 日，德雷珀的部队占据了距离马尼拉城墙斜坡 200 英尺的位置，科尼什派遣了 700 名海员登陆增援他们。在船上火力的掩护下，德雷珀操作着主力列炮。货船的及时到达提供了急需的加固工具，尽管货船是被大海的汹涌波涛推到岸边的。10 月 4 日，德雷珀的主力列炮开火，为的是达到一个好的目的，联合部队得以在 6 日早晨发起攻击，在这次攻击中，他们取得了胜利。德雷珀和科尼什立即上岸，与都督订立和约。都督双方同意交出马尼拉和甲米地以及依附前者的岛屿和堡垒，此外，还向英国人支付 400 万美元（或比索）作为赎金，以保护该城市。

10 月 10 日，科尼什的船长肯彭费尔特（Kempenfelt）接管了甲米地。在那里有大量的海军储备，新鲜的食物也有保障。这些人在短暂的疲劳围困中表现得很好，陆海部队保持着和谐的关系。科尼什随函附上了一份船只清单，其中包括从每艘船上登陆的水手和海军的名单，以及围城时死伤的人员名单。其显示了有 1017 人登陆，其中 17 人死亡，17 人受伤。11 月 10 日的信报道有两艘船捕获了"圣蒂西马—特立尼达号"（Santísima Trinidad），这两艘船是专门为这一目的派出的。被捕获的大船曾载着大量货物驶往阿卡普尔科，但一直被迫拖延，在实际登船之前，根据其所在位置，它被英国人误以为是来自阿卡普尔科的"菲律宾号"。目前它停泊在科雷吉多岛（Corregidor），但科尼什打算很快派人去接管。

在科尼什写给著名的安森勋爵的信中，他提到了他的舰队在拥有甲米地之后所获得的巨大优势，因为他可以获得一切所需的补给和食物，并且可以修理他的船只，其中一些船只是不适航的。他对东印度公司怨声载道，声称该公司在马德拉斯的员工，除了一个以外，都一直试图以各种方式阻挠探险。该公司提供的两支连队是由法国逃兵和释放的因犯组成的，其他信息可以从船长肯彭费尔特那里得到，他是负责遣送的人，也是负责一些刻有岛屿地图（即穆里略·贝拉尔德的著名地图）的图版的人。

德雷珀将军分别于 11 月 1 日和 2 日写给埃格莱蒙特伯爵（Earl of Egremont）的信实际上是重复的，第一封看起来是第二封的草稿。他们宣布于 10 月 6 日攻占了马尼拉，并赞扬那些以极大的人道主义行事的人的勇敢和宽容，尽管德雷珀自己的秘书是在休战旗下被杀的。德雷珀和科尼什一起规定了马尼拉免受掠夺的条件，这是西班牙人所接受的。东印度公司将获得三分之一的赎金。马尼拉和甲米地已经按照原来的商定交付给公司代表。如果可能的话，最好还是控制马尼拉和这些岛屿，因为它们非常富有。由于季节和修理船只的需要，不能占有其他割让的地方。德雷珀高度赞扬科尼什上将、他的军官、海员和海军陆战队的效率，以及他自己的官兵，特别是第 79 团。这些信件之后是三套"提案"和"条件"，落款日期都是 10 月 6 日。第一套提案是由大主教都督和其他人提出的 12 项提议组成，涉及财产权、宗教权、贸易权、居住权和政府权；所有的提议都是征服者批准的，但有些提议有一定的保留。第二套提案由四个"条件"组成，在这四个"条件"下马尼拉将免受劫掠，由英国提出并被接受。后

者概述了西班牙官兵的地位，他们都被视为战俘。必须交出所有
军用物资，以及甲米地和其他依附于马尼拉的地方。此外，还将
支付 400 万美元（或比索）的赎金，其中一半立即支付，其余部
分在未来某个日期支付，为此必须提供人质。第三套提案也是英
国提交的，涉及交出甲米地和支付赎金的方法。

　　德雷珀将军保存了一份重要的英国作战日志，并于 11 月 2
日随信寄出。该日志的第一部分从性质上说相当笼统，而后一部
分则更加具体和明确；但总的来说，它很好地补充了科尼什和德
雷珀之前的信件。这支部队由第 79 团、皇家炮兵连、东印度公
司提供的 30 名炮兵、以及该公司提供的两个法国人的连队、600
名印度兵和其他当地人组成，并由科尼什的海员和海军陆战队提
供支援，共有 2300 人，于 7 月 29 日和 8 月 1 日起航前往马六甲，
他们在那里补给用水，在途中要采取预防措施，防止西班牙人知
晓这次远征。舰队 8 月 27 日离开马六甲，于 9 月 23 日停泊在马
尼拉湾，这让西班牙人大吃一惊。24 日给都督的传召没有得到
令人满意的答复，因此，行动立即开始。从那一天到 10 月 6 日，
马尼拉被轻易地攻击占领，围城是英国人一贯采取的行动之一，
他们与帮助西班牙人的汹涌大海和暴雨作斗争。西班牙人有 800
名壮士，再由 10000 名邦板牙人（"一个凶猛野蛮的民族"）加
强。正是后者在休战旗下杀害了德雷珀的秘书弗莱尔（Fryar）中
尉，他和大主教都督的侄子一起去往西班牙前线，大主教都督的
侄子乘坐阿卡普尔科大帆船派出的船只，后来被英国人抓获。9 月
份，随着战争的消息，大帆船已经抵达吕宋海岸，科尼什正在努

力捕捉它。英国陆地作战的基地是马拉特的郊区，从那里可以不断向前推进，尽管西班牙人和邦板牙人的几次进攻给英国军队带来了相当大的麻烦。然而，邦板牙人遭受了如此严重的损失，以至于变得灰心丧气，除了 1800 人之外，其他都离开了。由军队、海员和海军陆战队组成的英国登陆部队得到了船只的有力支持。在这次袭击中，100 名拒绝投降的西班牙人和当地人全部被杀。大主教-都督和他的主要官员们退到城堡中商议投降事宜。官员们被允许宣誓后释放，但是所有当地人都被直接遣散了。当甲米地投降时，300 名西班牙士兵发生兵变并带着武器逃跑了。被俘房的西班牙官兵总数，包括陆军和海军，达到 361 人。如附件中的名单所示，英国的损失是 36 人死亡，111 人受伤。在马尼拉和甲米地缴获了许多战争物资，但其中很大一部分无法使用。

接下来是大主教关于马尼拉防卫与攻击的日志，从 9 月 22 日英国人出现在马尼拉湾，到 10 月 5 日马尼拉被占领。它在一些细节上与德雷珀的日记不同，特别是在英国军队的数量和被杀的英国人的数量上（这两者无疑都是大主教的夸大其词），并且给出了德雷珀没有提到的细节。

接下来是一系列有价值的文件（主要是概要），涉及爱国的检审庭法官西蒙·德安达-萨拉萨尔和英国入侵。文件中包括各种信件：安达和软弱的大主教罗霍之间的交流；安达和英国人；大主教和菲律宾人；还有英国人和叛乱分子迭戈·西朗（Diego Silang）。通过它们，人们可以相当准确地跟踪马尼拉被占领后的事态发展。在整个过程中，安达的语气是对大主教的强烈不满，他指责大主教贪赃枉法，与英国人勾结。相反，大主教指责安达是被英国人宣布的被放逐者，篡夺不属于他自己的权力，并且缺乏爱国主义。由英国人煽动的中国人起义遭到失败，被安达以可怕的报复镇压。安达和英国人（安达遭到了英国人的放逐）之间存在着对不人道的指控和反指控，双方都在努力消除这种指责。安达迟迟不接受和平保证，也迟迟不同意停止敌对行动，因为他害怕英国人背叛。他要求他们按照（1763 年 2 月签订的）条约离开这些岛屿，根据该条约，他们应该在 1763 年 8 月离开这些岛屿。在 1764 年初，该条约就被送上一艘英国船只，船上还载有英国人前往科罗曼德尔海岸的命令；有了这项条约，西班牙人就可以和平地占有这些岛屿。

大主教–都督（大概在 1763 年）写了一段很长的关于英国人袭击前后的相关事件，其主要目的是为自己的行为辩护，因为很多指控都是针对他的。他一直关注岛屿的和平与和谐，修复了违规行为，鼓励了农业，保护了岛屿，增加了海军。修复公共工程吸引了他的一部分注意力，但是他的计划还没有完善，因为英国人破坏了这一点。他还改善了财政部的状况；考虑到人们的全部关注都集中在一年一度的大帆船贸易上，人们试图改善这一事件引起的懒散和恶习。他讲述了围攻和袭击的故事，英国人的处置，以及紧接其后时期的一般事件。在整个过程中，他为自己的行为辩护，就像在给安达的信中所说的那样，讲述了他与西班牙官员、英国人和安达的纠纷。他抗议说，他的行为只是为了西班牙君主的利益，并愤怒地驳斥了他与英国人勾结的说法。从许多方面来说，这是一份特别有趣的文件，并且大大补充了其他文件的信息。

在 1764 年 6 月 22 日给国王卡洛斯三世的一封信中，安达讲述了他作为检审庭长、都督兼总司令所采取的措施。这些措施涵盖范围很广，涉及社会、经济、道德和宗教。规定固定关税，货币、与英国结盟的中国人、军队、在俗牧师、菲律宾人的监视和照顾、教会、农业、禁止某些英国军官、宵禁、禁止赌博游戏、管制麻醉剂的销售以及关于盗窃的严格规定，所有这些都引起了他的注意。

安达 1764 年 7 月 23 日写给卡洛斯三世的另一封信，完全都是有关大主教的，后者被认为缺乏忠诚。安达一边申辩自己对西班牙国王的忠诚和奉献，一边宣布了英国人袭击期间和袭击后大主教（现已死亡）的许多行为。后者给安达写过充满暴力的信件，完全是为了英国人的利益。他的利益伙伴是卖国贼奥伦戴恩和法莱特（Fallet），他受他们的影响签署了割让这些岛屿的协议。在他的煽动下安达被作为反叛者宣布为被放逐者，但这不可能，因为他从未同意成为英国的附庸，他对西班牙君主的忠诚是众所周知的。尽管有人敦促大主教放弃他那愚蠢的自命不凡的都督资格，但他绝不会这么做。袭击发生后，这一职位理所当然地属于安达，甚至英国人也一直称大主教为前都督。大主教缺乏忠诚的表现是他拒绝将王家印章寄给安达，尽管他很容易做到这一点。

1764 年 7 月 24 日，马尼拉的巴尔塔萨尔·贝拉（Baltasar Vela）写信给他的侄子、马德里的安东尼奥·冈萨雷斯（Antonio

Gonzalez），告诉他英国人在经过 18 个月的统治后终于离开了马尼拉。那座城市之所以沦陷，是因为西班牙人缺乏政治意识和他们令人无法忍受的骄傲，因为它本可以轻易地被保卫起来，因为仅凭其地理位置，它几乎是坚不可摧的。他把马尼拉的陷落归咎于西班牙叛徒赢得大主教支持的手段，于是一切都安排好了，为10 月 5 日英国人的袭击敞开了大门。他肯定，城墙没有被攻破，但是英国士兵利用软石头上的洞攀登上来。杀害安达的企图是由叛国者与中国人和英国人安排的。英国人一直得到背叛的西班牙人、中国人和他们设法腐化的土著人的帮助。但他们在马尼拉以外的大部分计划都落空了。这封信的结尾是几个个人问题，其中包括要求阅读资料的问题。

安达和弗朗西斯科·德拉·托雷（Francisco de la Torre，临时都督）在 1764 年 6 月和 7 月提出了一系列陈述，总共 46 份文件，其中部分涉及到前一文件所陈述的事项。人们已经注意到伊洛科斯和邦阿西楠的叛乱，这两起叛乱都是由英国人煽动和协助的，最后都被镇压了，其中后者是在乌斯塔里斯主教的协助下被镇压的。安达赞扬传教团，尤其是奥古斯丁会，尽管他注意到上帝圣约翰的一些教士已经表示不满。霍洛事务和英国与该岛国王的联盟也被简要地进行了讨论。奥伦戴恩一直对国王不忠，他和他的家人和英国人一起去了马德拉斯；比利亚科塔（Villacorta）和维亚纳的罚款似乎没有得到正确的判决；托雷要求制定一条法规，来规范检审庭单一代表成员的行为，就像安达的情况一样，以防这种意外事件再次发生。安达的行为只值得完全的和衷心的赞许。

德雷珀将军提交了两份声明（两者可能都是 1764 年），其中抗议就马尼拉事件对他提出的不人道指控，并敦促西班牙人支付其拒绝支付的剩余赎金。西班牙人指控英国人违反了投降协议，但是他们自己违反了所有协议。通过各种花招，西班牙人一直在努力逃避赎金的支付，400 万美元中已经支付的还不到 50 万美元。围城和随后发生的事件部分已经过去了，包括安达的一些行动。攻城后不久，这座城市就被移交给了东印度公司，该公司的行动导致占领者损失了大约 20 万美元。第二份声明之所以必要，是因为西班牙人提出了新的论点，来逃避支付马尼拉投降时西班牙财政部支付的赎金，在所有赎金付清之前，英国人有权进入那个城市。

1765 年 7 月 8 日，欧亨尼奥·卡里翁（Eugenio Carrion）从圣佩德罗·马卡蒂（San Pedro Macati）写给约瑟夫·德鲁埃达（Joseph de Rueda）一封短信。信中提到缔结和约和新任专职都督弗朗西斯科·拉翁（Francisco Raon）的上任。临时都督弗朗西斯科·德拉·托雷已经让马尼拉处于良好的防御状态，并开始对摩洛人采取行动，毫无疑问，拉翁将会继续这样做，这将使米沙鄢群岛的贸易再次繁荣。英国人在从岛上撤退时，失去了一半的船只和人员，最后只剩下总共 8000 人。关于中国事务的消息将会通过葡萄牙神父收到。在那个帝国仍然有大约 30 位神父，其中大约有 10 位或 11 位公开地住在北京，而其他人则躲藏起来。卡里翁祈祷该社会能够安全度过这场席卷整个社会的风暴（即将到来的镇压）。

　　这一系列文件中的最后一个是菲律宾省的贝尔纳多·帕苏恩戈斯（Bernardo Pazuengos）从圣克鲁斯写给总检察长华金·梅斯基达（Joaquin Mesquida）的信。这封信的第一部分标注的日期为 1765 年 6 月 17 日，贝尔纳多·帕苏恩戈斯在信中抱怨弗朗西斯科·德拉·托雷过着放荡的生活，并对宗教修会特别敌视。所有体面的居民都热切期待着新都督的到来；耶稣会和多明我会完全决心放弃他们的传教中心，因为目前的情况不允许他们继续持有它们；那些神父们是如此的贫穷，他们的津贴不再被支付，以至于他们被迫用他们的书的羊皮纸做鞋子；他们的传教中心负债累累。摩洛人，甚至基督徒都袭击了传教中心。米沙鄢群岛被摧毁，一半的居民被杀害和俘虏；耶稣会的地产被烧毁了；圣奥古斯丁回忆派修会很可能也好不了多少。检审官加尔万（Galban）宣布那些虔诚基金（Pious Fund）是岛屿和贸易的祸根。正在对耶稣会采取有力的打击措施。检察长敦促对所有宗教修会采取打击行动。人们注意到"圣罗莎号"（Santa Rosa）于 7 月 3 日与新都督一同抵达。这封信的最终日期是 7 月 20 日。

编者<br>1907 年 1 月

# 第 50 卷　1764—1800 年，菲律宾群岛的重要事件

　　本卷简要概述了从 1764 年英国人归还马尼拉到 1800 年的事件，以及一组与这一时期头 10 年中更重要的话题相关的文件。能干且爱国的官员维亚纳和安达很好地描述了当时该岛屿及其人民的状况。"良好政府条例"是我们关于菲律宾司法行政信息来源的重要补充。当时最重要的事件是耶稣会修士被逐出西班牙领地，尽管它在欧洲的重要意义只是在那些遥远的殖民地被很微弱地反映出来。

　　简短的总结表明了菲律宾从 1764 年至 1800 年的主要事件。1764 年 3 月 31 日，英国人恢复了马尼拉的西班牙政权；几个月前，大主教罗霍被囚禁致死。在临时都督托雷的短暂任期中，除了一个耶稣会传教士的轻率言论引起了民间政府和宗教修会之间的争论之外，几乎没有什么值得注意的。1765 年 7 月，新都督何塞·拉翁（José Raón）上任，在他任期内耶稣会修士被逐出岛上，这一问题在后来的一份文件中得到了更充分的论述；他还出版了由阿兰迪亚早些时候编纂的法律修订本。马尼拉市

大约在此时首次铸造小铜币。圣胡斯塔-鲁菲娜大主教于 1767 年重新挑起了关于主教巡视修会神父的旧争论，而拉翁试图强化王室的庇护权，使之变得更加复杂。由此，该争论被提交到马德里法院。

在英国人占领马尼拉之后，摩洛人重新开始了他们的海盗活动，蹂躏了整个群岛，他们年复一年，甚至在民都洛岛上建立了奴隶市场。后来，（英国人）成功地派出了一支远征队把他们赶出了这个据点。1770 年，爱国者安达以都督的身份回到菲律宾；他起诉了拉翁和其他官员的不当行为，这被证明是对的。但他们和他们的朋友激起了对他的强烈反对，阻碍了他为国家工作。在另一次英国入侵报告的鼓动下，他加强了马尼拉湾的防御工事。他的任命对修士们来说并不受欢迎，他对修士们普遍存在的滥用行为提出了官方的抗议，并要求加以纠正。他试图实行王室庇护权，但除了多明我会修士以外，所有其他的修会都拒绝服从。但后来 1776 年的王室命令规定了菲律宾牧师更为渐进的世俗化，并在一定程度上修改了主教巡视制度的执行，为保证主教巡视制度，桑塔·胡斯塔在 1771 年在马尼拉召集了一个会省主教会议，但后来国王并没有批准。由于安达派往那里的一个使者的无礼，以及英国人在霍洛附近一个小岛上建立了军事设施，与霍洛的摩洛人的关系遇到了麻烦。1775 年摩洛人叛变，占领了这座要塞，并杀死了其中大多数英国人。这一成功使摩洛人胆大妄为，再次蹂躏了西班牙的岛屿。在第二年，国王给菲律宾拨款 50000 比索建造轻型船只去跟踪那些海盗。安达肩负责任的重大以及他的敌人的不断攻击，导致他 1776 年 10 月 30 日死亡。他的继任者是巴斯科-瓦加斯（Basco y Vargas），一位精力充沛、能干而又尽职尽责的军官。检审庭官员密谋反对他，但他逮捕了他们并将他们运到了西班牙。然后他投身于国家福利和资源的开发上。他尽一切可能促进农业、工业和商业的发展；建立了著名的"经济社会"；改善学校，惩罚强盗，重组军队，修缮要塞；亲自视察各省，了解当地的情况；合理安排公共收入，并一度抑制了摩洛海盗。尽管如此，他还是受到一些市民的厌恶和反对，并于 1787 年辞去了都督的职务。他的临时继承人是佩德罗·萨里奥（Pedro Sarrio），他认为有必要允许修会神父恢复其教区收费。

下一任都督费利克斯·贝伦格尔·德马基纳（Felix Berenguer de Marquina）于 1788 年 7 月 1 日就任。在了解了这些岛屿的情况后，他向母国政府提出了一些改革建议，这对菲律宾来说是可取的。他任期内发生的各种事件都是有关联的，但其中很少是异常重要的事件。1793 年，阿吉拉尔（Aguilar）继任他的职位。新的英国入侵警报迫使他首先关注马尼拉的防御和军队的改进。1796 年的最后几天，一支由阿拉瓦指挥的强大的西班牙舰队抵达马尼拉，它是在同英国的战争中被派遣到马尼拉保卫这些岛屿的，这场战争就始于那一年。阿拉瓦从中国启航攻击英国贸易，遭遇了一场猛烈的飓风，这场飓风将他送回马尼拉。他努力改善群岛的海军，并重组军火库。他遭到了官场腐败和其他困难，并参与了阿吉拉尔和王室官员在马尼拉发生的长期争论。1797 年，阿卡普尔科大帆船在离开甲米地后不久后就失事了，因为它的指挥官完全不懂航海，给马尼拉市民造成了严重损失。迫于不断遭受英国攻击的危险，阿拉瓦不得不留在城市附近进行防御，但他竭尽全力保护城市的商业和改善其海军的管理，并最终于 1803 年返回西班牙。1806 年 8 月 8 日，阿吉拉尔去世，他的任期比任何其他都督都长。

1766 年，马尼拉的王室财政官弗朗西斯科·莱安德罗·德维亚纳提交了一份有关该岛财政状况的详细报表，他旨在说明如何通过适当削减开支和通过取消某些特权和豁免、建立各种垄断以及在必要时增加土著人缴纳的贡税来增加政府收入，以使得菲律宾自给。其中土著人的贡税每年有 25 万比索，但几乎全部被用于印第安人的"精神管理"方面，以至于按照维亚纳的说法，"宗教团体从贡税中获利，并获得几乎所有的收益。"因此，每年来自墨西哥的王室收入都需要支付政府的民事和军事费用。维亚纳列举了负责精神关怀的宗教传教士从印第安人身上获得的其他利润，并提到了他们拥有的许多其他收入来源，总之，"这个岛屿的所有利润都归教会财产所有"，王室财政负债累累，无法支付巨额开支、各省都受摩洛人的摆布，除非及时采取适当的补救措施，否则一切都有彻底毁灭的危险。

为此目的，维亚纳主张削减各种开支，特别是那些目前为支持岛上的教会财产而发生的开支。他建议废除某些印第安酋长和教会雇员的贡税豁免；镇压巴郎盖人，将土著村庄转变为教区。建议改变和改革行省市长与国王的关系，官职不应出售，而应作为功绩的奖赏。他还建议增加某些王室的关税；有些特权应该在拍卖会上拍卖；对纸牌、斗鸡和烟草应该建立垄断，不仅在马尼拉，而且在所有省份和岛屿都予以实行——在所有这些垄断中，对葡萄酒和槟榔产品的垄断将被扩大，这将为王家财政带来巨大的收益。"王家财政部将从所有这些来源中获得足够的收入"以体面的力量维持这些岛屿，并在不需要增加当地人缴纳贡税的情况下，弥补迄今为止给王家财政带来的开支。但是，如果最后一个权宜之计被认为是必要的，维亚纳表明，它将会使贡税从 10 雷亚尔分别提高到 2 比索、3 比索和 4 比索的收益。财政官维亚纳表明自己是一个能干和诚实的官员，但他显然必须与贪得无厌、官员腐败、欺诈、疏忽和浪费的势力和状况作斗争——而如果没有殖民地政府的全面改革和重组，这些势力和状况是无法克服的。尽管如此，他仍然尽其所能，像许多其他欧洲官员一样，把土著民众视为肆意剥削的合法对象，但从现代思想和研究的角度来看，他提出的权宜之计既短视又具有毁灭性。在某些情况下，如果它们的作者能够认识到它们的影响，如拟议在整个岛屿扩大恶性垄断（赌博、使用烟草和葡萄酒），它们将会是恶魔。他自己说，"甚至男孩和女孩还没有长大到理性足以成熟时就已经开始吸食这些烟草了。"

另一份特别有趣的文件是 1767 年 5 月 1 日维亚纳向国王和西印度事务委员会提交的报告，这显然是他作为财政官提交的最后一份报告。它主要讨论的主题是，使西班牙人和印第安人在各省之间实现自由贸易、以及用西班牙语教导土著人的必要性。事实上，在马尼拉以外的地方，印第安人很少懂得这种语言，也不敢在传教士面前使用。维亚纳说，后者是岛上的绝对暴君，为了向当局隐瞒这一点，他们不让当地人懂得西班牙语，他们不允许西班牙人进入他们的村庄，除非得到神父的特别许可，而且只允许三天。他抱怨他们的傲慢，对统治权的贪婪，无视所有不适合他们利益的法律，阴谋阻止法律的执行，以及压迫土著人。只要现在的世俗政府模式继续下去，这些邪恶就无法治愈。国王及其国库和各行省政府的利益被无耻地忽视了，都督懒惰而贪婪地谋求自己的利益，并把商业事务留给他的秘书，而秘书又反过来忽略了那些不给他带来利益的人。维亚纳敦促将财政主管与都督的行政机构分开，作为对其遭受的混乱和忽视部分的补救措施；各行省的文官政府都交给了检审庭，所有的土著归化区都划归教区。他描述了各修会内部的密谋，这些密谋是为了参加由他们管理的教区的任命，并宣称这些传教中心因此而迅速衰败。他再次抱怨神父们对当地人和市政长官实行的专制统治；并宣称唯一的整治方法就是，让神父们接受主教巡视制度。维亚纳最后敦促向这些岛屿派遣更好的都督。

爱国者安达 1768 年 4 月 12 日为西班牙政府撰写了一份著名的备忘录，进一步阐明了英国入侵之后这些岛屿的状况。其中很大一部分都是针对修士们的傲慢和无法无天所导致的滥用行为，以及安达关于采取措施打击这些滥用行为的建议。在他的文章中，我们添加了帕尔多·德塔韦拉博士的有益注解。马尼拉大学提供的不合格的教育导致安达建议废除这些大学，以世俗基金会取而代之。他抱怨说，修会修士对世俗神职人员和印第安人施以暴政，他们拒绝承认主教的权威，他们蔑视世俗政府，他们贪得无厌（尽管他们从政府那里得到了大量津贴和捐款，并获得了大量不动产，从事有利可图的贸易，但仍勒索他们能从印第安人那里得到的一切），他们还迫害任何试图在印第安村庄进行访问或贸易的西班牙人，他们保护异教徒中国人，他们长期忽视向印第安人传授西班牙语，他们控制着印第安人使他们无知，为的是保持对他们的统治。修会修士忽略了他们的精神工作，对一些印第安人的流浪生活不管不问，对市镇长官实行暴政，煽动印第安人憎恨西班牙人。安达敦促：必须迫使他们服从主教巡视制度，放弃贸易，停止干涉世俗政府的一切事务，并向当地人教授西班牙语。如果他们被证明蔑视权威，他们将被驱逐出这些岛屿。在备忘录的最后，安达还提到了其他一些需要纠正的滥用行为：选择修士作为主教，对王室仓库管理不善，阿卡普尔科大帆船的开支过度，对黄金生产不征税，以及忽视征服吕宋内陆的部落。他主张经营菲律宾矿山，修订商业条例，重新铸造货币，改组殖民政府，选择岛屿都督时更加谨慎，并授予他们更多权力纠正滥用行为。

在这一系列文件中，最重要的是科奎拉和克鲁萨特的好政府法令（后来增补）和拉翁法令（修正了 1708 年阿兰迪亚的法令），这些法令旨在指导市长、地方长官和其他司法官员。虽然在实际应用中，它们在行政、立法和司法事务中从来都不具有文本中那种超乎想象的重要性，因为它们在很大程度上只是纸面记录（尤其是那些拉翁的记录），并且几乎完全被忽视了；但它们是有价值的，因为它们展示了西班牙人对待土著的方式，并揭示了社会经济状况。尽管我们翻译和概述的来源首先呈现的是拉翁的法令，但我们更倾向于遵循时间顺序，因此从科奎拉和克鲁萨特的法令开始。科奎拉的法令于 1642 年制定，由克鲁萨特修订，因为随着时间的推移和情况发生的变化，这样的修订是需要的。前 38 条是这些第一批法令中最有价值的部分，是对科奎拉法令进行修订的结果。它们比剩下的其他 23 条法令的大多数更为明确，后者中的一些法令模糊不清，充满了漏洞。总的来说，这些最初的 61 条法令从道德、宗教、司法、经济等各个方面规范了市长在公务和私人生活中的行为。从这些法令中，人们几乎可以充分地看到这个时代的生活；可以看到贪污腐败的祸根，贪污腐败在一切事务中都在起作用，了解西班牙人如何对待他们的被监护者，土著如何从不同的角度看待政府的家长式作风，个人的贪婪、半蔑视以及残忍地对待下属官员和其他人，注意到所采取的纠正措施，这些措施往往是断断续续的和不充分的；最重要的是，可以意识到西班牙立法的特殊方法，在明显地给予下属官员自由权力的同时，却以弹劾的威胁把他们拉回到中心。拉翁的法令有 94 条，其中许多是前面法令的重复，而有些则包含修正和增补，有些则是新的。例如，在这些后来的法令中，有更多关于教会财产的立法，其中涉及到他们对待土著以及与政府关系中常见的某些滥用行为。在某些方面，它们不像阿兰迪亚的法令（目前还没有已知的副本）那样激烈，但在对待传教士和土著方面，它们比科奎拉和克鲁萨特的法令更为激烈，在这两套法令中对政府方案的概述都是简单的，并且在某些方面是有效的，但其影响从未被充分地看到，因为其中所包含的措施几乎全部被忽视了。

1771 年，大主教德桑塔·胡斯塔向世俗神职人员发出指示，强烈表明他们需要在官方和私人行为方面进行多种改革。

菲律宾历史上最重要的事件之一是 1768 年耶稣会教团被驱逐出境，这里简要介绍了耶稣会从西班牙及其属地被驱逐的情况，以及采取这一措施的原因。事实证明，这是西班牙国王和罗马教皇长期冲突的最后一击，矛盾集中于国王在教会事务中享有的特权。耶稣会一直坚持罗马教廷的权威原则，因此反对西班牙君主的主张；此外，那个时期从法国带来的自由思想已经在西班牙发酵，在卡洛斯三世和他大臣们的头脑中产生了巨大的影响；他们认为，将耶稣会修士驱逐出西班牙领土将消除他们进行政府改革和独立于教皇干涉的主要障碍。在菲律宾，驱逐行动并不像西班牙法庭所希望的那样秘密和迅速地进行；贪赃枉法的都督（拉翁）先对耶稣会的命运提出警告，使他们做好了离开的一切准备。因此，在终任审查中提起了对拉翁及其同伙的法律诉讼，但其中一些人在案件结束前就死亡了。而按照王室命令处理这件事情的安达，却在各方面都受到阻碍，随后由于其敌人的阴谋被判处高额罚款。大主教于 1769 年 11 月 1 日颁布的法令谴责了一位检审官多管闲事的行为，他查封并禁止了某些敌视耶稣会的书籍。

1771 年 12 月 13 日，一位在马尼拉的方济各会修士写了一封信，讲述了与 1771 年教区会议有关的各种教会争端。

编者

1907 年 4 月

# 第51卷 1801—1840年,《菲律宾史》《对菲律宾群岛的评论》和需要改革的菲律宾

　　在本卷中,简要概述了1801—1840年期间菲律宾发生的事件,作为对同期该岛屿政治、社会和经济状况进行以下调查的背景。其中之一是由一位曾经访问过该岛屿的英国海军军官完成的。另一项是由一位经验丰富的西班牙官员完成的。第三项(在概要中介绍)是由一位熟悉东方和美洲商业交流的商人完成的。这些(几乎在同时撰写的)不同的叙述提供了菲律宾及其人民最有价值的知识,以及他们的需求和可能性;同时,它们反映了在西班牙站稳脚跟后更加开明和自由的政策和行政理念。西班牙最近失去了其他殖民地,这使它更愿意在菲律宾实践。

　　19世纪前40年,菲律宾历史上的主要事件在蒙特罗-比达尔的《菲律宾史》中被简要地概括出来。菲律宾人都督阿吉拉尔反对任命当地的在俗教士来担任牧师职务,认为他们不适合。在他的任期内,他引入了公共街道照明,铺设了人行道,并在马尼拉实行了疫苗接种,以及其他各种有益的措施,包括他试图制

止摩洛人的海盗行为，但收效甚微，并且由于英格兰和西班牙之间的战争以及对马尼拉的后续威胁的消息而被迫停止。1806年 8 月 8 日他去世后，一位名叫福格拉斯（Folgueras）的军官成为临时都督：他加强了马尼拉的防御工事，并平息了伊洛科斯的一次叛乱。1810 年 3 月 4 日，他为新都督冈萨雷斯·阿吉拉（Gonzalez Aguila）所接替，后者在各省推广养牛业，平息了伊洛科斯的另一次暴动，还在菲律宾出版了第一份报纸，并宣布了西班牙《1812 年宪法》。1813 年，他的继任者何塞·德加多基（José de Gardoqui）来到这里，他的统治绝非易事，因为他受到腐败的王室官员的反对，并且遭遇到因西班牙新宪法的公布而引起的印第安人的反抗——这一骚乱由于 1814 年费尔南多七世（Fernando VII）恢复王位后的专制行为而被加剧。加多基禁止在岛上引进和使用鸦片，加强甲米地的防御工事，镇压了土匪和走私者，并以许多其他方式造福殖民地。他于 1816 年 12 月去世，由福格拉斯继任。后者复兴了经济社会，建立了航海学院。1820年爆发了第一次流行霍乱，不幸的是，随之在马尼拉的外国人遭到一次大屠杀，这次屠杀是由轻信的印第安人执行的，他们受到恶人的教唆，认为虫害是由外国人在水里下毒引起的。马丁内斯于 1822 年 10 月 30 日就任都督，他为菲律宾军团带来了许多西班牙军官，这在来自美洲的军官中引起了嫉妒。从而导致了他们和马尼拉部分军队在 1823 年 6 月的兵变，这次兵变被镇压，领导者被击毙。1824 年一支探险队被派往摩洛岛，那里的海岸被荒废。

1825 年 10 月 14 日，马丁内斯被马里亚诺·里卡福特（Mariano Ricafort）取代，后者被任命为都督和财政长官。根据 1826 年的一项王室法令，恢复教区神父的常规教阶。1827 年，海军署在马尼拉得以重建，由帕斯库亚尔·恩里莱（Pascual Enrile）领导，他在 1830 年接替里卡福特担任都督（这两个人都跻身于菲律宾最杰出的统治者的行列，因为他们有能力，正直，热心公益）。1828 年，保和岛叛乱的山民被最终制服，并被归化为村民。王室下达了各种法令，旨在促进农业、制造业和其他行业的发展，以及迫使中国人像印第安人一样生活在村庄。这两位都督在行政和殖民地社会条件方面进行了几项重要的改革，恩里莱特别积极地兴建公路和提供其他交通工具，使内地和沿海省份相互沟通。

在 1836 年，萨拉萨尔都督不得不执行禁止向西班牙的敌人出售枪支和火药的法律；他还与霍洛人签订了贸易条约，但这并不限制他们的海盗行为。1837 年，他急迫地要求西班牙政府派遣更多的西班牙修士作为教区神父前往该岛。此时西班牙的政治骚乱在菲律宾得到反应，一个强大的卡尔里斯特（Carlist）派系反对坎巴（Camba）都督（他 1837 年 8 月在这里担任了这个职务）。仅仅一年多之后，他被召回西班牙。在他的继任者拉迪萨瓦尔（Lardizbal）的领导下，中国人在该岛国的地位得到了确定，官方对带到菲律宾的书籍的审查也做出了规定，一所商学院得以在马尼拉建立，并在财政和市政管理方面做出了各种重要的改变。1841 年 2 月，马塞利诺·德奥拉（Marcelino de Oraa）接替了拉迪萨瓦尔的职位。

1828年，一位英国海军军官在加尔各答出版了一本有趣的书，名为《对菲律宾群岛的评论，1819年至1822年》（*Remarks on the Phillippine Islands*，*1819 to 1822*）。这本书在本卷得到介绍，并附有各种来源的附加说明。它对当时马尼拉的状况做了很多介绍，特别有价值的是它出自一个开明外国人而不是西班牙人之手。作者赞扬了这些岛屿的自然资源和优势，并对它们的气候（这里显然是有益于健康的温带气候）、疾病和人口做了各种评论。然后他将人口进行了分类，依次描述了居住在岛上的各种各样的种族：白人、有色人种和混血人。他为土著人辩护，使他们免受指控，并认为他们的缺陷是他们所遭受的压迫、不公正、以及岛屿财产普遍不安全的自然结果。在新的西班牙人城镇之外，劫掠和海盗活动盛行，即使在马尼拉，也有许多无法无天的士兵实施的掠夺行为。正义被忽视或腐化，教会要求如此多的假日、朝圣等，以至于当地人不得不疏于照料他们自己的土地，并逐渐变得懒散和休闲；他们也会因教会的许多税收和强征而被增加负担。作者接着描述了岛上的政府，包括总的情况、市政府和省政府，以及普遍存在的对省政府名字的滥用行为。接着是教会的管理，神职人员的特点，以及他们对当地人的影响。作者还列举了殖民地收入的来源，其中包括主要的开支部门，其主要部分被用于军队和海军，这两个部门都存在管理不善、纪律不严、报酬少以及当然的效率低下。部分地由于对土著人的压迫，部分地由于驱逐了耶稣会修士（他们比任何人都更能使印第安人开化），部分地由于对商业的限制（现在这些限制不再那么具有压迫性），结果，农业"仍处于初级阶段"。而这个国家是令人难以置信的富饶。作者还介绍了耕作中使用的农具，主要产品的栽培方法，以及生产糖的精炼方法，并给出了欧洲人未能成功从事农业的原因。这些岛屿的矿物产品也被一一列举。商业就像农业一样也是不发达的。作者认为，这要归咎于阿卡普尔科贸易、西班牙推行的限制性制度和菲律宾公司的垄断，并批评西班牙对其殖民地的政策。接着，他根据 1818 年的统计数据，描述了菲律宾的商业状况，以及菲律宾商业所面临的困难，特别是财产和合同的不安全、中国商人的欺诈交易，以及政府对防止走私或为使商品再出口而制定适当条款的忽视，这些都阻止了马尼拉成为一个最大的东方贸易中心。

这些"评论"的第二部分是对马尼拉的描述，对其城市、防御工事（作者认为帕西格河边的防御工事效率很低）、街道、公共建筑、建造房屋的方式和公共墓地，以及那里的社会条件（不利于道德和人格的发展）的描述。作者批评了西班牙的殖民政策，认为它对菲律宾拥有的统治是不稳定的，尤其是当不满情绪和政治自由思想在印第安人中传播的时候。

非常有趣味和有价值的作品是由曼努埃尔·贝纳尔德斯·皮萨罗（Manuel Bernaldez Pizarro）于 1827 年 4 月 26 日撰写的一篇备忘录，论述了阻止菲律宾群岛的安全和进步，导致菲律宾群岛落后状况的原因，以及他认为需要采取的纠正措施。作为一名在菲律宾 17 年的高级官员，他的观点非常重要，尤其是因为他显然是一位有远见、正直的政治家、敏锐的观察家和有逻辑的思想者，尽管他和大多数政府官员一样，仍在独裁和现实主义观念的统治之下，但仍富有改善菲律宾状况的思想和计划。纪念文章分为若干部分，内容涉及军事事务、摩洛海盗、土地所有权、西班牙人与土著的神职人员、居住在岛上的外国人、政府官员的特征，司法、税收、商业、农业、制造业等的管理。

在每一个主题上，他都简要地陈述了当时的状况和趋势，并提出了关于变化、改革或镇压的建议。在军队中，主要的困难在于军官队伍，部分是半岛人，部分是土著人或美洲人，以及印第安人下级军官。这些阶级几乎没有共同点，并且后者危险地靠近印第安人，或被这个国家的倾向所毁坏了。因此，应规定从西班牙派遣军官担任所有的指挥职务。不是扩大军事力量，而是应选择一个中心位置（后显示为甲米地），并使其坚不可摧，在该位置，马尼拉的政府和西班牙人在任何革命或其他危险的紧急情况下都可能是安全的。马尼拉没有任何足够的防御来达到这样的目的。摩洛人的掠夺正在摧毁这些岛屿，唯一抑制他们的办法就是用一支强大的远征队征服霍洛岛和棉兰老岛，并从米沙鄢对他们进行殖民。印第安人的村庄往往太大，无论是在精神上还是在民事事务上都不能得到正确的指导，因此，应该缩小其规模，并实行更严格的警察巡逻。对目前混乱的、不可靠的土地所有权，应采取措施进行鉴定和确权。印第安人和混血人神职人员的无知、不称职和不道德造成了很大的伤害，他们不仅忽视了他们神职人员的职责，而且有危险的革命倾向：只要是可行的，所有这些神职人员都应该由欧洲修士取代。贝纳尔德斯描述了他们的美德和他们很好地统治印第安人的能力，并建议政府"在岛屿上尽可能多地保持宗教信仰，并给予他们（神父）与他们的神职任期一致的尽可能多的政治权力。"外国人作为菲律宾居民是不受欢迎的，尤其是流亡者、游民、偷渡者，甚至是来自半岛的西班牙人，也应该在一段时间之后迫使其返回。应该对市长的终任审查有严格的要求，因为他们中的许多人不适合担任这一职务，并且犯下了危害各省和平的罪行。在挑选所有政府官员时，应更加小心，以纠正各岛行政部门的松懈。与母国沟通的良好方式是迫切需要的，这可以通过鼓励母国与菲律宾的贸易来得到促进。都督和地方行政官员应不辞劳苦地提供法律所要求的该地区的报告和信息；并且都督和检审庭之间应该有更多的合作。鼓励和扶持有条件的个人兴办国家需要的企业。应纠正司法管理中各种具体的滥用行为，并以地方长官取代从事贸易的市镇长，地方长官应该是具有能力和经验的律师。贡税应该以货币来支付，而不再用实物来支付，这涉及到菲律宾需要一种殖民地货币。所得税，尤其是对烟草和葡萄酒的税收，应该受到更多的关注，这两种税收应该推广到所有的省份。在岛上生产和销售白兰地应该受到限制。在这些岛屿上的中国人应该被仔细地分类，更严格地受到政府的管理，并且对其课以重税。

马尼拉所有外国进口产品的退税正摧毁菲律宾制造商，它的"幼稚产业"应该得到保护。贝纳尔德斯提出了一个新的仔细分类的时间表。海岛之间的贸易完全掌握在市长、富裕的中国人和梅斯蒂索人手中,因此,他们应该对这种利润丰厚的贸易支付适度的税。殖民地货币被迫切需求。政府应要求提供一份有关慈善基金(obras pías)管理的报告,这些资金应被用于促进岛上的农业和工业。政府从事的造船和采矿应根据合同由私人完成。农业是菲律宾人最重要的产业,是菲律宾人商业的源泉,其落后的状况应该得到改善。他建议在西班牙和群岛之间进行直接和无限制的贸易,政府鼓励大型农业企业,传授给印第安人以更好的农业及其产品配制的方法,并对他们的工业和应用给予奖励。应该允许菲律宾为中国市场生产鸦片,并对其出口征收重税。每年都有大量的金钱被运往印度和中国,用于购买优质的棉制品,如果菲律宾人知道如何适当地染色,并有纺织棉线的机器的话,他们也可以生产这些棉制品。为了实现这样的愿望,政府应该采取积极和迅速的措施。应该与西班牙建立更加密切的关系,西班牙政府和商人应为此而共同努力。贝纳尔德斯的结论是,"有必要为菲律宾人制定一个特殊的法律法规",以及"半岛官员应定期访问该殖民地"。作为他备忘录的附录,我们提供了一份类似文件的摘要,该文件几乎是在同一时间由一位人在东方和美洲有着丰富商业经验的商人撰写,他是非官方的和不太正式的,但却更精明、机警和自由,他以非常清晰和有力的方式提出了他对岛屿衰败的看法,以及使岛屿变得更加繁荣和富有的方法。将这些观点与贝纳尔德斯的观点进行比较,可能会有助于当下菲律宾的管理。

在本卷的附录中,我们简要介绍了菲律宾代表出席的三次西班牙议会。所有这些议会会议都发生在 19 世纪初，这是西班牙国家生存中的最混乱和最关键的时期之一。这些议会会议关于菲律宾的最重要的措施是，压制阿卡普尔科—马尼拉大帆船，取消以前授予菲律宾公司的特权。在每一次议会会议中，由于群岛与西班牙的距离和与宗主国沟通的困难，有效的代表受到阻止。而一般来说，这里的政治发展是非常落后的。1837 年《宪法》中的最后裁决，为乌尔特拉马尔（Ultramar）政府制定的特别法律，似乎是唯一可能解决这一困难（至少对菲律宾而言）的办法。最后，我们提供了西班牙统治期间马尼拉大主教的名单。

编者

1907 年 5 月

# 第 52 卷　1841—1898 年，菲律宾内部政治状况和《马塔报告》《菲律宾联盟章程》

在本系列的最后一卷文献中，我们计划将 1841 年至 1898 年这段极为重要时期（比西班牙政权过去半个多世纪更长一点的时期）的要点，以及书目辅助检索呈现出来，以便使学者能够随时找到那个历史时期的最好和最有用的资源。前两份文件（分别由一名文职官员和一名军事指挥官撰写）提供了一份由亲历者做出的对 1842—1843 年岛屿的政治、经济和社会状况的可靠的和明智的调查，由此补充了 15 年前类似的相关论述（见第 51 卷）。詹姆斯·A.莱罗伊是菲律宾事务的权威人物，他写的这篇令人钦佩的论文让我们的读者对过去 40 年西班牙在菲律宾的统治有了一个清晰有序的回顾，并带有对形势、事件和人物的尖锐而公正的评论，以及带有关于该主题的完整和精选的参考书目。我们很高兴在这里介绍迄今为止尚未出版的《菲律宾联盟章程》（出自黎萨尔自己的手稿）和 1898 年修士备忘录（19 世纪末的一份奇怪的中世纪文献），后者到目前为止只出现在一个有限的西班牙语版本和部分不令人满意的英语翻译中。在这些文件中还增加了一份关于菲律宾农业状况的附录，给出了关于 1784 年和 1866 年的观点。马尼拉著名经济学会的项目、工作努力和成就概要，以及供读者使用的参考书目。以下是上述文件的简介。

关于西班牙政府在菲律宾群岛内部事务方面的政策，马斯（Mas）提供的第三卷信息非常有趣和重要。本书几乎只供政府使用，出版的副本相对较少，因此本书极为罕见，大多数参考书目都未提及。我们确切地知道有四份副本：其中两份为菲律宾拥有，一份由克莱门特·苏卢埃塔（Clemente Zulueta）的继承人拥有，另一份由埃皮法尼奥·德洛斯·桑托斯（Epifanio de Los Santos）拥有（我们的翻译来自这个版本的打字稿）；一份在巴尔的摩的佩亚沃迪（Peabody）研究所，还有一份由在巴塞罗那的菲律宾烟草总公司所收藏。它的主要价值和重要性在于它对各种重要问题的处理，这些问题已经开始或多或少地向一些人清晰地呈现出菲律宾西班牙人与半岛人的关系，关于土著人、中国混血人和西班牙人的问题，与西班牙分离的问题，最后是解放这些岛屿的主张。这份文件虽然包含了许多在本质上是一般性的、甚至看似幼稚和耽于幻想的东西，但在许多其他方面却有着清晰的眼光，并显示出深刻而敏锐的观察力。马斯著作的前两卷（在本系列中经常被引用）是为了给第三卷提供一个合适的背景而写的，从而自然地导出第三卷，作者以简明扼要的形式，对这些岛屿的历史、政府、社会和经济状况按他的目的进行了概述，指出西班牙对殖民地的意图可能是三种：永久占有；完全忽视；或解放。他只讨论了第一个和第三个。为了确保永久占有，有三个原则需要牢记并付诸实施：即减少白人人口；使土著人口处于从属地位；以及对西班牙的行政管理进行全面改革。白人人口的增长培养了独立精神，因为菲律宾的西班牙人视这些岛屿为自己的国家，对西班牙没有感情。他们唯一关心的是拥有政府的职位，但他们既懒惰又无知。他们自然对任命"半岛人"在岛上的任职感到不满。因为晋升机会有限，他们不能指望他们所认为应该得到的晋升就是属于自己的。1822 年，由于安东尼奥·马丁内斯（Antonio Martinez）从西班牙带来的官员，他们的不满表现为实际形式的暴动。1825 年出现的新的特遣队也引起了明显的不满。菲律宾有一千多名土生白人（菲律宾-西班牙人）男性，但只有400 个职位，他们的希望随着母国西班牙官员的出现而不断减少，尽管西班牙显然有权派某人来到这些岛屿。为了减少麻烦，马斯建议，西班牙只派单身男子到这些岛屿担任官员，并要求他们在服役 20 年后返回半岛，也可选择在 10 年后返回。这些人很可能会在岛上与西班牙妇女结婚，回到西班牙后，他们会带上家人，从而大大减少白人人口。把妇女送到殖民地是一个错误，努力增加那里的白人人口也是一个严重的错误。一项进一步减少白人人口的计划建议是，将 16 岁的所有男性派往西班牙接受教育，费用由马尼拉财政部门承担。由西班牙出钱来支援这些岛屿，以前是保持殖民地忠诚的重要因素，但由于这种情况变得不再必要，对殖民地的一大制约也就消失了。但是现在的分离意味着白人会消失在土著人的群体中，甚至会变得比他们差。推断白人和其他人会一起工作是错误的，因为他们之间有一个障碍。最近在塔亚瓦斯（Tayabas）爆发的冲突无论如何也不能归咎于前者。对白人的拯救在于农业，虽然西班牙人不愿意从事这类工作，但从中可以获得巨大的利润。他们的土地可以由中国劳工和被俘虏的摩洛人耕种，而且可以签订合同。此外，在某些例外情况下，可以利用个别菲律宾人。马斯支持契约佣人制度。为了自利，他们必须得到良好的待遇。为了确保土著人对白人的尊重，对土著人的教育必须受到严格限制，马尼拉的大学也被关闭了。菲律宾士兵不得晋升到下士以上的等级。菲律宾裔的在俗传教士的数量必须减少，而且在一般情况下，只是作为正规修士的助手。菲律宾人不能维持神职人员的尊严，而是使之堕落，正如马斯通过各种信件所证明的那样。宗教是这些岛屿的中流砥柱，必须尽可能地赋予正规修士权力，官员们必须与他们和谐共事。然而，修士必须有道德地生活，不从事贸易，不干预世俗的事务。解放将是修士的毁灭；为了保护西班牙的利益，所有的教士必须是西班牙人。由于修士被迫收取结婚和丧葬费，他们失去了土著人的尊重，因此政府应该通过征收特定税款的形式来帮助他们。最重要的是，白人必须遵守他们现在几乎完全忽视的宗教仪式。西印度的法律执行得太死板，对土著人来说太有利了。后者正变得傲慢无礼，并将以驱逐西班牙人而告终。马斯要求土著人穿着一种与众不同的服装，酋长们是唯一可以穿夹克的人。传教士们为破坏了他们中间的等级而感到内疚。土著人必须向所有西班牙人致敬，并在外表上表现出极大的尊重。"唐"（don）的头衔不能再授予他们了，因为这给了他们与白人平等的概念。所有的政府官员都必须得到体面的报酬，而且必须使其慷慨地花销。不应该为了让官员们敛财而设立官位。只有品行良好的西班牙人才允许去这些岛屿。如果财政官员的数量减少，并且贡税征收被转包出去，那么这项工作应该由土著人和梅斯蒂索人完成，因为这是一个令人讨厌的职位，会产生很多恶意。菲律宾人和中国混血人之间的种族仇恨将会越来越发展。后者更富有，更聪明，如果在这个时候解放的话，他们很快就会占上风。他们被土著人憎恨。在这些岛屿上拥有一支受人尊敬、道德高尚的西班牙军队是非常重要的。因为如果本地人的军队发生叛乱，像现在这样的话一切就无法解决。修士应该有权力干涉重要的会议，因为这种方法将会避免阴谋。不应该教导土著人如何投掷火炮或制造火器和火药。事实上，最近建立的火药厂应该被禁止，因为允许它建立的合同是不利的，更好的火药是在穆尔西亚制造的。为了击退摩洛的入侵和镇压叛乱，加速岛屿之间的沟通，需要有蒸汽船。不应该向土著人教授西班牙语。在适当的审查之下可以允许报纸进入，修士应该将对土著人很重要的文章翻译成当地方言，一个完整的警察系统是必要的。中国可能会遇到麻烦，但允许一定数量的中国劳工到白人的土地上干活还是相当安全的。万一与土著人发生麻烦，他们是可以指望的。万一他们自己发生暴乱，仇恨的土著人会很快消灭他们。明智的是，看好在岛上的外国人和土著人之间的交往。政府的行政管理需要一个全面的改革，正如现在所形成的那样，政府管理中充斥着松懈和贪污。西印度的法律是混乱和矛盾的，正如许多引文所证明的那样，政府的集权太少。西班牙政治家由于对菲律宾的无知，犯了一些奇怪的错误。马斯提议建立一个三人摄政，主席得是西班牙贵族。他勾勒出了这一机构的职责。一般来说，其与都督和检审庭的职责相对应。该计划考虑成立一个国务委员会，并进行彻底的司法改革，以使司法部门独立于政府。要注意等级的威望，因为这是保持现状的一个重要因素。在各省，（从西班牙派遣的）省长将拥有目前的全部权力。对财政部门的改革，建议减少贪污，扩大经济。如果西班牙政府决定解放菲律宾的话，则必须选择完全相反的路线来保护菲律宾。必须鼓励教育和艺术，允许报纸进入但要有轻微的审查，人口必须融合。为了实现最后一个目标，在所有的混血婚姻中，应该对妇女提供嫁妆。为了对土著进行政治事务的培训，应该将地方议会建立起来。马斯主张解放菲律宾群岛。因为这些岛屿从一开始就拖累了西班牙，如果发生了暴力分离的话，将会导致更多的生命和财富的损失。有趣的是，他对解放计划又提出了更大的人道主义的呼吁。

马塔（Matta）1843 年关于菲律宾道德状况的报告，以及保护这些岛屿所需的行政和经济方面的改革，具有重大的实用价值。该报告是因圣何塞教友会的创立者阿波利纳里奥（Apolinario）的煽动言论、以及 1843 年部分军队的叛乱而引起的。它阐述了政府和（曾经是西班牙政府在岛屿上主要支持者的）普通神职人员的声望损失，以及马尼拉和各个省份普遍存在的混乱，一种接近无政府的状态。政治派别、因土著人不同特点引起的麻烦、军界士气低落，所有这些都需要彻底的改革。需要一个能够考虑土著人特点的法律体系，以及更大程度的政府集权，并赋予下级官员更加明确的权力。要镇压作为不满和麻烦滋生者的各种宗教教育机构，建立商业学校和其他学校，废除弹劾制，以及考虑其他立法和经济措施。要发展岛国，资本是必需的，但必须首先进行改革，才能吸引资本。农业是这些岛屿的主要支柱，必须由白人、梅斯蒂索人和中国人来发展，他们将会支持政府，从而会抵消大量的土著人。报告呼吁进行广泛的军事改革，建立一个良好的警察系统。为了方便西班牙官员学习当地语言，提议建立塔加洛语学院。非常重要的一点是，要调解半岛人和在菲律宾出生的西班牙人（即土生白人）之间的关系，并对两者都不偏心，这样会使繁荣得以重生。

　　莱罗伊先生在这一卷的贡献包括两部分：一部分是对菲律宾现代时代的一般性编辑评论，另一部分是对这一时期研究书目的注释和进一步评论。第一部分展示了对菲律宾和菲律宾人、以及通过菲律宾和菲律宾人所产生的影响，有必要加以宽泛地对待，小心地避免细节。第二部分是以同样的精神撰写的，但以注释和书名给了学生学习现代时代的全部材料。至于现代时代，莱罗伊先生大致指的是 19 世纪后半叶，但在必要的时候，他不得不追溯到那个时间之前开始感到的一些影响。他从经济、社会和政治方面，非常简要地概述了创造更广阔生活的元素：旧思想的瓦解（其长期的延续已经不堪一击）；智力和宗教进步；以及菲律宾人更大的尊重和自我意识的上升。在书目部分，作者公正地、不偏不倚地看待菲律宾人和菲律宾人的三重发展：即：社会；经济（其中讨论了对农业、土地、中国人、工业、商业、国内贸易、航海以及货币的一般性考虑）；政治（其中讨论了西班牙政府与菲律宾的宣传与革命）。在政治的第一部分论述了行政机构，包括实际工作、税务、法律和司法事务、科学、物质资源、摩洛人和异教徒等的管理；在第二部分中，讨论了宗教问题、修士的不动产、菲律宾人神职人员及其事业、1872 年的叛乱、改革和对"同化"的更多要求、宣传者、共济会，菲律宾联盟等，卡蒂普南（Katipunan），1896—1897 年的暴动，《比亚克纳巴托条约》（The Pact of Biak-na-bato）和独立问题。通过大量的评论和标题，本节充分补充了前一部分，并向学生介绍了菲律宾生活和发展的综合调查，这将是目前出版的对现代时期进行详细研究的最有用的资料。

在"1841—1872 年菲律宾的事件"中，试图通过简短地引用当时社会、宗教和经济方面的一些更重要的事情，表明该岛的一般情况。除此之外。我们增加了一个简短的参考书目，学者从中可以收集到丰富的和可访问的有关这一时期的资料。

通过埃皮法尼奥·德洛斯·桑托斯先生的好意，我们能够第一次全面展现了（由黎萨尔于 1892 年 7 月 3 日组织的）菲律宾联盟的章程，它来自由黎萨尔手稿做的一个复制本。这部章程表明，联盟并非为了独立而成立，而是为了互助和保护其成员，以及在菲律宾人中培养一种更加团结的精神。它在任何地方都没有包含反对西班牙主权或宗教的语言。文中声明了目的、形式、成员和官员的职责与权利、资金的投入以及一般规则。纳入章程的一个可能的例外，那就是成员默许和毫无疑问地服从所有上级的命令是必须的。

作为本系列最后一份适当的文件，我们展示了 1898 年 4 月 21 日的修士备忘录，它表达了所有修会（奥古斯丁会、方济各会、回忆派会、多明我会和耶稣会）的抗议，但是，由于美国海军在西班牙水域的出现，以及西班牙舰队的失败，这些抗议注定永远不会正式到达它所预定的目的地（通过殖民地使节提交给西班牙政府）。然而，在这个系列中呈现这个文件是合适的，因为它是对修士立场的完整陈述，特别是作为本系列的最后一个文件，因为它标志着旧西班牙政权的消亡。备忘录的开始和结束都表达了修会对西班牙政府的忠诚，并且在整个文件中，都注意到了所有修会成员作为西班牙人的爱国主义表达。总的来说，备忘录是对西班牙和菲律宾两地对神父提出的指控的抗议；反对自由思想；反对共济会和其他秘密会社：反对修会的世俗化、主教巡视制、学校的世俗化以及分离主义者和叛乱者的所有其他要求。他们断然否认修士是暴动的起因。修士们都曾尽职尽责，为宗教和西班牙祖国的利益而工作。在西班牙和菲律宾岛两地的叛乱分子、议案阻挠者、分离主义者，为了掩盖他们的真正目的，其所有反对声音都是针对宗教的。修士们耐心地忍受了所有针对他们的诽谤，但为了自己的荣誉，他们再也无法忍受下去了。他们为自己在整个岛屿历史上的记录感到自豪，并注意到，作为菲律宾唯一永久性的社会因素，他们对这些岛屿进行了基督教化，在其中为西班牙保持和维系了和平关系。只有当那些充满革命自由思想和共济会思想的人的到来，这些岛屿才被扰乱——是一段大约三十年的时期。卡蒂普南社团是一个建立在共济会原则之上的社团，它向许多地区的迅速扩散，极大地使问题复杂化，使补救变得更加困难。如果这些修会在作为议案阻挠者和叛乱者的共济会的企图面前保持沉默，他们就不会成为被迫害的对象；但由于它们一直维护传统宗教和（或）西班牙，伤害和虐待的风暴就降临到了他们的身上。他们挑战他们的诋毁者和诽谤者，以澄清对他们关于没有履行职责，以及个人不道德的指控。他们在收取教区费用方面并没有犯下滥用权力的罪行；他们并不敌视教育（事实上，岛上所有的教育都是由他们建立和培育的）；他们不鄙视受教育的土著人，但很容易证明的是，他们之间是好朋友。从他们的机构出来的大多数毕业生都保持忠诚，富裕阶层的情况也是如此。叛乱的真正原因可以追溯到政府允许自由思想进入岛屿和共济会教义的传播，这导致对宗教和西班牙的尊重的减少；而且，随着这一切的发生，种族仇恨自然会爆发。获得和平的唯一途径是加强岛屿的宗教生活，并驱逐所有自由思想和共济会的革命力量。修士们的使命必须得到政府的支持和尊重，否则他们就不可能再留在岛上了。他们并不希望获得暂时的荣誉，也不愿意参与政府的民政事务；他们甚至愿意放弃他们所拥有的一点官方干预；但他们必须要求属于宗教的荣誉，因为宗教一直是他们的权利。他们的行为受教皇庇护九世（Pius IX）《谬误纲要》（The Syllabus Errorum）的支配。西印度法律、君主们采取的行动、对黎牙实比的指示，所有这些都保证西班牙在菲律宾维持修士的生活，并致力于宗教的更大利益。甚至更早的时候，阿方索的《七章律》，明智地要求对教会人士给予尊重。因此，如果修士们要长期留在岛上，并支持政府的话，这种对修士的尊重是必须的。备忘录是由那些为生命而战的人，那些模糊地看到了也许超前的未来命运的人之所作。

附录中对该岛的农业主题作了简要论述，就像巴斯科都督和德国旅行家雅戈尔分别描述的那样，说明了 1784 年和 1866 年岛上的情况。马尼拉经济社会的目标和成就。并提到了关于岛屿农业的更多重要的著作。所有这些都表明，即使是到了西班牙政权终结的时候，这一产业的状况是多么的落后。尽管西班牙做出了各种各样的努力来进行改革和促进土壤的耕种，但这些努力大多过于肤浅和偏颇，以至于无法取得成功，事实上，这些努力仍继续受到整个西班牙殖民地管理体制和土著人性格及其训练不足的阻挡。

总而言之，编辑们希望对向这项工作提供信息、建议和其他帮助的许多朋友表示衷心的感谢和认可。其中大多数人在以前的各卷中、特别是在他们提供的注释中已经提到过。还有几个人的名字出现在（本卷末尾的）"勘误表和附录"列表中，这在如此广泛的系列中是不可避免的。在那里，包含了许多信息，这些信息到达编辑处太晚，无法插入其合适的位置，或者是由那些其个人知识使他们能够纠正所谓权威著作中的错误的人提供的。以下人士因给予编辑帮助而可能会被作为特别感谢的人提及：曼努埃尔·德伊里亚特（Manuel de Yriarte），是马尼拉档案处处长；埃皮法尼奥·德洛斯·桑托斯，马洛洛斯（Malolos），布拉坎（Bulacan），鲁松（Luzon）。马尼拉菲律宾委员会的帕尔多·德塔韦拉和欧洲卢森堡的安东尼·休德神父。

编者

1907 年 7 月

# 译名对照表

安德烈斯·德贝尔杜戈　Andrés de Ver-
dugo

安德烈斯·德尔埃斯皮里图·桑
托　Andrés del Espiritu Santo

安德烈斯·德尔萨克拉门托　Andrés
del Sacramento

安德烈斯·德米兰多拉　Andrés de Mi-
randaola

安德烈斯·德乌尔达内塔　Andrés de
Urdaneta

安德烈斯·圣尼古拉斯　Andrés San
Nicolas

安德烈亚·富尔塔多·德门多萨　An-
drea Furtado de Mendoza

安蒂波洛市　Antipolo

安东尼·休德神父　Rev. Anthony Huonder

安东尼奥·德阿夫雷乌　Antonio d'Abreu

安东尼奥·德里韦拉·马尔多纳多
Antonio de Ribera Maldonado

安东尼奥·德莫尔加　Antonio de Morga

安东尼奥·德索里亚　Antonio de Soria

安东尼奥·冈萨雷斯　Antonio Gonzalez

安东尼奥·格赖尼奥-马丁内斯　Anto-
nio Graiño y Martinez

安东尼奥·洛佩斯　Antonio Lopez

安东尼奥·马丁内斯　Antonio Martinez

安东尼奥·马斯维西　Antonio Masvesi

安东尼奥·莫索　Antonio Mozo

安东尼奥·皮加费塔　Antonio Pigafetta

安东尼奥·塞德尼奥　Antonio Sedeño

安东尼奥·塞里亚尼神父　Rev. Anto-
nio Ceriani

安赫洛·阿尔马诺　Angelo Armano

安娜·德克里斯　Ana de Christo

安森　Anson

安汶岛　Amboina

昂图涅斯　Ontuñez

益格鲁人　Angles

奥顿　Oton

奥格穆克　Ogmuc

奥古斯丁·德阿尔武凯克　Agustín de
Alburquerque

奥古斯丁·德塞佩达　Agustin de Cepe-
da

奥古斯丁·德圣佩德罗　Agustin de San
Pedro

《奥古斯丁回忆派通史》　Recollect His-
toria General

《奥古斯丁会赤脚派圣尼古拉-托伦蒂
诺会省》　Provincia de San Nicolás
de Tolentino de Agustinos Descalzos

奥古斯丁会回忆派　Recollect Augustin-
ians

《奥古斯丁教派在新西班牙各省编年史
（1533—1592）》　Cronica de la Orden
de N. P. S. Augustin en las Provincias de
la Nueva Espana, etc（1533—1592）

奥拉索　Olaso

奥利弗·范·诺尔特　Oliver van Noordt

奥伦戴恩　Orendain

奥诺弗雷·德拉马德雷·德迪奥斯
Onofre de la Madre de Dios

奥塔索　Otazo

## B

巴勃罗·德赫苏斯　Pablo de Jesus

巴勃罗·卡瓦列里亚　Pablo Cavalleria

慈悲之家　The House of Mercy

慈善基金　obras pías

慈善姐妹会　sister of charity

村社酋长　cabezas de barangay

村镇　pueblos

## D

达奥　Dao

达宝　Dabáo

达古潘　Dagupan

达拉盖地　Dalaguete

达林恩　Dalinen

达皮丹人　Dapitans

达沃　Davao

鞑靼人　Tartars

大统领　High Chancellor

大卫·P. 巴罗斯　David P. Barrows

大议会　general chapter

大斋期　Lent

代理人　procurator

代理主教　vicar-general

丹达　Tandag

德·庞斯　De Pons

德川家光　Iyemidzu

德川家康　Ieyasu

德尔加多　Delgado

德怀特　Dwight

德雷珀　Draper

《地理大发现时代的历史》 Geschichte des Zeitalters der Entdeckungen

迪奥尼西奥·苏亚雷斯　Dionisio Suárez

迪德曼　Tiddeman

迪劳　Dilao

迪那贡　Tinagon

迪乌阿塔　diuata

帝汶岛　Timor

蒂多雷　Tidore

蒂格瓦奥安　Tigbaoan

蒂格瓦拉格　Tigbalãg

蒂考　Ticao

蒂鲁拉耶人　Tirurayes

蒂瓦奥　Tibao

迭戈·阿杜阿尔特　Diego Aduarte

迭戈·贝洛索　Diego Veloso

迭戈·贝略索　Diego Belloso

迭戈·德阿尔瓦雷斯　Diego de Álvarez

迭戈·德阿铁达　Diego de Artieda

迭戈·德埃雷拉　Diego de Herrera

迭戈·德奥尔达斯　Diego de Ordás

迭戈·德巴博萨　Diego de Barbosa

迭戈·德比利亚罗托　Diego de Villaroto

迭戈·德格瓦拉　Diego de Guevara

迭戈·德赫苏斯　Diego de Jesús

迭戈·德拉·雷苏莱克西翁　Diego de la Resurrection

迭戈·德拉·马德雷·德迪奥斯　Diego de la Madre de Dios

迭戈·德圣特雷莎修士　Fray Diego de Santa Theresa

迭戈·德索里亚　Diego de Soria

迭戈·法哈多　Diego Fajardo

迭戈·加西亚　Diego Garcia

迭戈·科利亚多　Diego Collado

迭戈·龙基略　Diego Ronquillo

迭戈·西朗　Diego Silang

东昆　Tungquin

Ovando

弗朗西斯科·德保拉　Francisco de Paula

弗朗西斯科·德贝拉　Francisco de Vera

弗朗西斯科·德比利亚瓦　Francisco de Villalva

弗朗西斯科·德杜埃尼亚斯　Francisco de Dueñas

弗朗西斯科·德拉·奎斯塔　Francisco de la Cuesta

弗朗西斯科·德拉·托雷　Francisco de la Torre

弗朗西斯科·德门多卡　Francisco de Mendoca

弗朗西斯科·德皮萨罗　Francisco de Pizarro

弗朗西斯科·德萨莫拉　Francisco de Zamora

弗朗西斯科·德桑德　Francisco de Sande

弗朗西斯科·德圣何塞夫·布兰卡斯　Francisco de San Joseph Blancas

弗朗西斯科·格雷罗　Francisco Guerrero

弗朗西斯科·孔贝斯　Francisco Combés

弗朗西斯科·拉翁　Francisco Raon

弗朗西斯科·莱安德罗·德维亚纳　Francisco Leandro de Viana

弗朗西斯科·曼亚戈　Francisco Manyago

弗朗西斯科·米纳约　Francisco Minayo

弗朗西斯科·塞拉　Francisco Serrão

弗朗西斯科·桑切斯　Francsico Sanchez

弗朗西斯科·特略　Francisco Tello

弗龙特纳克　Frontenac

佛得角群岛　Cape Verde Islands

福尔曼　Foreman

福格拉斯　Folgueras

福斯托·克鲁萨特–贡戈拉　Fausto Cruzat y Gongora

福托尔　Fotol

福州　Ucheo

## G

甘马粦　Camarines

甘米银岛　Camiguinin

冈萨雷斯·阿吉拉　Gonzalez Aguila

戈麦斯·佩雷斯·达斯马里尼亚斯　Gomez Perez Dasmariñas

格拉西亚·霍夫雷·德洛艾萨　Gracia Jofre de Loaisa

格雷戈里奥·洛佩斯　Gregorio López

格雷罗　Guerrero

格里福尔　Grifol

格里哈尔瓦　Grijalva

格列高利十三世　Gregory XIII

公担　quintales

贡萨洛·龙基略·德佩尼亚洛萨　Gonzalo Ronquillo de Peñalosa

瓜达尔基维尔河　Guadalquivir

瓜达卢佩　Guadalupe

瓜亚基尔港　Guayaquil

关东地区　Quanto

官方视察　official visitation

胡安·德阿尔塞加　Juan de Alcega

胡安·德阿吉雷　Juan de Aguirre

胡安·德阿雷切德拉　Juan de Arrechedera

胡安·德埃纳奥　Juan de Henao

胡安·德埃斯基韦尔　Juan de Esquivel

胡安·德巴尔加斯·乌尔塔多　Juan de Vargas Hurtado

胡安·德巴里奥斯　Juan de Barrios

胡安·德比维罗　Juan de Bivero

胡安·德布埃拉斯　Juan de Bueras

胡安·德尔坎波　Juan del Campo

胡安·德格力哈尔瓦　Juan de Grijalva

胡安·德赫雷斯　Juan de Jeréz

胡安·德卡塔赫纳　Juan de Cartagena

胡安·德拉·卡里翁　Juan de la Carrión

胡安·德拉·康塞普西翁　Juan de la Concepcion

胡安·德拉·克鲁斯　Juan de la Cruz

胡安·德拉·马德雷·德迪奥斯　Juan de la Madre de Dios

胡安·德拉·萨拉　Juan de la Xara

胡安·德里韦拉　Juan de Ribera

胡安·德龙基略　Juan de Ronquillo

胡安·德洛斯·安赫莱斯　Juan de los Angeles

胡安·德梅迪纳　Juan de Medina

胡安·德梅萨　Juan de Messa

胡安·德门多萨·甘博亚　Juan de Mendoza Gamboa

胡安·德普拉森西亚　Juan de Plasencia

胡安·德萨尔塞多　Juan de Salcedo

胡安·德萨拉埃塔　Juan de Zalaeta

胡安·德萨穆迪奥　Juan de Zamudio

胡安·德圣安东尼奥　Juan de San Antonio

胡安·德圣费利佩　Juan de San Felipe

胡安·德圣尼古拉斯　Juan de San Nicolás

胡安·德圣托马斯　Juan de Santo Tomas

胡安·德索利斯　Juan de Solis

胡安·德托雷斯神父　Father Juan de Torres

胡安·德席尔瓦　Juan de Silva

胡安·恩里克　Juan Enríquez

胡安·弗朗西斯科·德圣安东尼奥　Juan Francisco de San Antonio

胡安·冈萨雷斯·德门多萨　Juan Gonzalez de Mendoza

胡安·格劳-蒙法尔孔　Juan Grau y Monfalcón

胡安·赫罗尼莫·格雷罗　Juan Geronimo Guerrero

胡安·加西亚　Juan García

胡安·卡斯特罗　Juan Castro

胡安·科沃神父　Father Juan Cobo

胡安·科沃斯　Juan Cobos

胡安·拉米雷斯　Juan Ramírez

胡安·洛佩斯　Juan Lopez

胡安·马尔多纳多　Juan Maldonado

胡安·曼努埃尔·德拉·维加　Juan Manuel de la Vega

胡安·曼努埃尔·马尔多纳多·德普加　Juan Manuel Maldonado de Puga

胡安·莫伦　Juan Moron

德西利亚斯条约〉》 *The Lines of Demarcation of Pope Alexander VI and the Treaty of Tordesillas*

教皇子午线　Line of Demarcation

教会法　canon law

教会委员会　Ecclesiastical Council

教区牧师　curate

教区执事　beadle

教士会议公证员　notary of the chapter

教士助手　acolytes

教义牧师　ministros de doctrina

杰梅里·卡雷里　Gemelli Careri

## K

卡埃尔登　Caerden

卡蒂普南　Katipunan

卡杜维格　Catubig

卡尔德拉　Caldera

卡尔里斯特　Carlist

卡加延　Cagayan

卡加延大河　Rio Grande de Cagayan

卡拉加　Caraga

卡拉加内斯　Calaganes

卡拉棉群岛　Calamianes

卡拉潘　Calapan

卡拉图格　Calatug

卡拉维特　Calavite

卡雷诺　Carreno

卡里加拉　Carigara

卡利布加人　Calibuganes

卡利格瑙　Calignao

卡隆潘　Calumpan

卡洛斯·甘特修士　Carlós Gant

卡洛斯二世　Cárlos II

卡洛斯国王　King Charles

卡洛斯一世　Cárlos I

卡马乔　Camacho

卡穆科内斯　Camucones

卡普尔岛　Capul

卡塞雷斯　Cazeres

卡斯蒂利亚国王　King of Castile

卡坦杜阿内斯　Catanduanes

卡图维格　Catubig

卡瓦东佳　Covadonga

卡瓦哈尔　Carbajal

卡万丹　Cabangan

卡西古兰　Casiguran

卡西米罗·迪亚斯　Casimiro Diaz

卡亚俄港　Callao

坎巴　Camba

《康希尔杂志》 *Cornhill Magazine*

考卡奥　Caucao

考奇尔　Cauchill

考切拉　Cauchela

考伊特　Cauit

科尔特斯　Cortés

科奎拉　Corcuera

科雷吉多岛　Corregidor

科连特斯角　Cape Corrientes

科林　Colin

科罗曼德尔　Coromandel

科洛马　Coloma

科内尔　Cornell

科尼什　Cornish

科钦　Cochin

科斯莫·德弗洛里斯　Cosmo de Flores

《联系》 *Relation*

林凤　Limahon

林加延　Lingayén

灵父　spiritual father

领班神父　archdeacon

琉球群岛　Liu-Kiu Islands

龙基略·德佩尼亚洛萨　Ronquillo de
Peñalosa

卢班岛　Lubán

卢卡斯·德贝尔加拉　Lucas de Vergara

卢卡斯·蒙塔内罗　Lucas Montanero

卢坦戈斯摩洛人　Lutangos Moros

卢陶斯人　Lutaos

卢瓦奥　Lubao

鲁马·贝查拉　Ruma Bechara

鲁松　Luzon

鲁伊·德比纳　Ruy de Pina

鲁伊·法莱罗　Ruy Falero

鲁伊·洛佩斯·德比利亚洛沃斯　Rui
Lopez de Villalobos

路德教会　Lutherans

路易斯·阿里亚斯·德莫拉　Luis
Arias de Mora

路易斯·奥蒂斯　Luis Ortiz

路易斯·贝拉斯科　Luis de Velasco

路易斯·德赫苏斯　Luis de Jesús

路易斯·德纳瓦雷特　Luis de Navarrete

路易斯·德圣比托雷斯　Luis de San
Vitores

路易斯·德圣约瑟夫　Luis de San Jo-
seph

路易斯·甘杜略　Luis Gandullo

路易斯·戈麦斯　Luis Gomez

路易斯·纳瓦雷特·法哈多　Luis Na-
varrete Fajardo

路易斯·佩雷斯　Luis Perez

路易斯·索特洛　Luis Sotelo

轮换　alternativa

罗伯特森　Robertson

罗德里戈·德阿库尼亚　Rodrigo de
Acuña

罗德里戈·德圣米格尔　Rodrigo de
San Miguel

罗恩　Rouen

罗霍　Rojo

罗兰 G. 厄舍　Roland G. Usher

罗马法　Roman Law

洛艾萨　Loaisa

洛班　Looban

洛伦索·德莱昂修士　Fray Lorenso de
León

洛沃科　Loboc

吕宋区　Central Luzón

《旅行》 *Voyages*

《旅行日程》 *Itinerary*

《旅行选集》 *Col. de Viages*

## M

马德拉斯　Madras

马丁·艾拉斯蒂　Martin Errasti

马丁·德埃拉达　Martin de Herrada

马丁·德戈伊蒂　Matin de Goiti

马丁·德拉达　Martin de Rada

马丁·恩里克　Martin Enriquez

马丁·恩里克斯　Martin Henriquez

马丁·卡斯塔尼奥　Martin Castaño

Yriarte

曼努埃尔·里韦拉　Manuel Ribeyra

曼努埃尔国王　King Manuel

曼西利亚　Mansilla

芒扬人　Mangyans

毛拉　Maura

玫瑰圣母　Lady of the Rosary

梅尔基奥尔·德曼卡诺　Melchior de Mançano

梅尔乔·达瓦洛斯　Melchor Davalos

梅斯蒂索人　Mestizo

《美洲史》　*History of America*

《美洲外交史 1452—1494》　*Diplomatic History of America, 1452—1494*

门达纳　Mendana

蒙卡伊　Moncay

蒙特雷　Monterey

蒙特罗-维达尔　Montero y Vidal

蒙特塞人　Monteses

蒙特斯克拉罗斯　Montesclaros

米格尔·巴那尔　Miguel Banal

米格尔·波夫莱特　Miguel Poblete

米格尔·德贝纳维德斯　Miguel de Benavides

米格尔·德洛阿尔卡　Miguel de Loarca

米格尔·德圣哈辛托　Miguel de San Jacinto

米格尔·德圣托马斯　Miguel de Santo Tomas

米格尔·格拉西亚·塞拉诺　Miguel Gracia Serrano

米格尔·加西亚　Miguel García

米格尔·鲁伊斯　Miguel Ruiz

米格尔·洛佩斯·德黎牙实比　Miguel Lopez de Legazpi

米格尔·萨卢阿多·德巴伦西亚　Miguel Saluador de Valencia

米格尔·索拉纳　Miguel Solana

米萨米斯　Misamis

米沙鄢　Visayan

棉兰老岛　Mindanao

民都洛岛　Mindoro

岷伦洛村　Binondo

《谬误纲要》　*The Syllabus Errorum*

摩洛人　Moors

莫博　Mobo

莫尔加　Morga

莫拉莱斯　Morales

莫拉塔　Moratta

《莫雷特法令》　*Moret Decrees*

莫隆　Morong

莫桑比克　Mozambique

莫斯托　Mosto

幕府将军　shogun

穆尔西亚　Murcia

穆里略·贝拉尔德　Murillo Velarde

## N

拿督穆路　Dato Mulu

纳尔福坦　Nalfotan

纳瓦达　Navada

纳维达德　Navidad

南十字座　Crux

瑙瀚　Naojan

内格罗斯　Negros

尼格利陀人　Negrito

《1810 年菲律宾群岛概况》 *Estado de las Islas Filipinas en 1810*

《1810 年之前马尼拉的印刷业》 *La Imprenta en Manila Desde sus Origenes Hasta 1810*

鸟岛　Isle of Birds

《纽约市纪念历史》 *Memorial History of New York*

诺顿　Norton

诺诺斯　nonos

**O**

欧亨尼奥·德洛斯·桑托斯　Eugenio de los Santos

欧亨尼奥·卡里翁　Eugenio Carrion

**P**

帕蒂阿纳克　Patianac

帕拉瓜　Paragua

帕拉南　Palanan

帕拉帕格　Palapag

帕劳群岛　Palaos

帕里安　Parián

帕隆蓬　Palompong

帕洛克　Paloc

帕斯库亚尔·恩里莱　Pascual Enrile

帕西格河　Pásig River

派纳汶　Paynaven

派尼基　Paniqui

佩德罗·阿尔塞　Pedro Arce

佩德罗·阿尔瓦雷斯　Pedro Alvarez

佩德罗·阿方索·德洛罗萨　Pedro Affonso de Lorosa

佩德罗·巴普蒂斯塔　Pedro Baptista

佩德罗·德阿尔法罗　Pedro de Alfaro

佩德罗·德阿尔蒙特　Pedro de Almonte

佩德罗·德阿库尼亚　Pedro de Acuña

佩德罗·德埃雷迪亚　Pedro de Heredia

佩德罗·德博拉尼奥斯　Pedro de Bolaños

佩德罗·德莱多　Pedro de Ledo

佩德罗·德罗哈斯　Pedro de Rojas

佩德罗·德普拉多　Pedro de Prado

佩德罗·德桑圣托马斯　Pedro de Santo Thomas

佩德罗·德圣巴勃罗　Pedro de Sant Pablo

佩德罗·德圣弗朗西斯科·德阿西斯　Pedro de San Francisco de Assis

佩德罗·德圣何塞夫　Pedro de San Joseph

佩德罗·德索列尔　Pedro de Solier

佩德罗·费尔南德斯·德基罗斯　Pedro Fernández de Quiros

佩德罗·古铁雷斯　Pedro Gutierrez

佩德罗·加西亚　Pedro García

佩德罗·库贝罗·塞巴斯蒂安　Pedro Cubero Sebastian

佩德罗·罗德里格斯　Pedro Rodriguez

佩德罗·罗塞尔　Pedro Rosell

佩德罗·奇里诺　Pedro Chirino

佩德罗·萨里奥　Pedro Sarrio

佩德罗·希门内斯　Pedro Jiménez

佩德罗·席德　Pedro Sid

佩尔南布科　Pernambuco

圣安娜　Santa Ana

《圣奥古斯丁赤脚派修会通史》 *Historia General de los Religious Descalzos del Orden de San Avgvstin*

圣巴勃罗会　San Pablo

圣巴尔托洛梅　San Bartolome

圣贝尔纳迪诺海峡　San Bernardino Strait

圣波滕西亚娜　Saint Potenciana

圣布拉斯　San Blas

圣地亚哥·德贝拉　Santiago de Vera

圣蒂西马—特立尼达　Santísima Trinidad

圣费尔南多　San Fernando

圣弗朗西斯·哈维尔　Francis Xavier

圣弗朗西斯科·德尔蒙特　San Francisco del Monte

圣何塞　San José

圣赫罗尼莫　San Geronymo

圣胡安·德尔蒙特　San Juan del Monte

圣胡斯塔-鲁菲娜　Santa Justa y Rufina

圣华尼略　San Juanillo

圣卡塔利娜·德塞纳　Santa Catalina de Sena

圣克鲁斯　Santa Cruz

圣拉撒路群岛　St. Lazarus

圣拉萨罗　San Lazaro

圣丽塔　Santa Rita

圣灵感应　Immaculate Conception

圣卢卡尔·德巴拉梅达　San Lucar de Barrameda

圣路易斯·贝尔特兰　San Luis Beltran

《圣罗萨里奥会省的历史》 *Histora de la Provincia del Santo Rosario*

圣马塞奥　San Matheo

圣玛格丽塔　Santa Margarita

圣玛丽海角　Cape Saint Mary

圣米格尔　San Miguel

圣佩德罗·马卡蒂　San Pedro Macati

圣器保管员　sacristan

圣塞瓦斯蒂安·德卡鲁姆潘戈　San Sebastian de Calumpang

圣托马斯　Santo Tomas

圣维多雷斯　Sanvitores

圣血游行　the procession of blood

圣伊格纳西奥　San Ignacio

圣伊格纳修斯　St. Ignatius

圣伊莎贝尔学校　The School of Santa Isabel

圣婴像　Santo Niño

圣约翰医院骑士团　The Hospital Order of St. John of God

圣战的诏书　The Bulls of The Crusade

圣子　Holy Child

《胜利对抗摩洛伊斯兰教徒的故事》 *Relation of the Glories victories…… Against the Mahometan Moros*

《16 世纪末的菲律宾群岛、摩鹿加群岛、暹罗、柬埔寨、日本和中国》 *The Philippine Islands, Moluccas, Siam, Cambodia, Japan, and China at the Close of the Sixteenth Century*

《世界朝圣》 *Peregrinacion del Mundo*

市议员　regidore

市长　alcalde

市政会　El Cabildo

受俸教士　racioneros

受俸牧师　prebendarie

书记员　registrar

斯坦利勋爵　Lord Stanley

寺教士　regular clergy

苏巴农人　Subanon

苏巴诺斯人　Subanos

苏比克　Subic

苏丹　Sultan

苏禄　Sulu

苏门答腊岛　Sumatra

苏穆雷　Sumulay

苏亚雷斯　Suarez

宿务　Cebu

所罗门群岛　Solomon Islands

索洛岛　Solor

索萨　Sousa

## T

T. C. 米德尔顿神父　Rev. T. C. Middleton

T. H. 帕尔多·德塔韦拉　T. H. Pardo de Tavera

塔阿尔　Taal

塔布拉斯岛　Tablas

塔加比利人　Tagabili

塔加卡奥洛人　Tagacaolos

塔加兰　Tagalan

塔加洛人　Tagals

塔加瓦洛耶人　Tagabaloyes

塔拉韦拉　Talavera

塔利斯延　Talisyan

塔奈区域　Tanai

塔亚瓦斯　Tayabas

泰泰村　Taitai

坦帕坎　Tampacan

唐人街　Chinese quarter

堂布隆 / 郎布隆岛　Donblón/Romblón

堂胡安　Don Juan

堂路易斯　Don Luis

堂曼努埃尔·德莱昂　Don Manuel de León

逃匿者　remontar

特尔纳特　Ternate

特里斯坦·德阿雷利亚诺　Tristan de Arellano

特罗亚　Troya

特派专员　commissioner

特维诺　Thévenot

提姆尔岛　Timur

天主教复兴运动　Catholic Reaction

《条约史》　*Tratades Historicos*

廷圭安人　Tinguians

通多　Tondo

图奥　Tuao

图尔农　Turnon

图盖伊　Tuguey

图加　Tuga

图帕斯　Tupas

图伊　Tuy

《托德西利亚斯条约》　*Treaty of Tordesillas*

托里维奥·德米兰达　Toribio de Miranda

托利维奥　Torribio

托马斯·奥利提斯　Tomás Oritiz

托马斯·德恩达亚　Tomás de Endaya

托马斯·德科明　Tomás de Comyn

# 后　记

　　《1493—1898年的菲律宾群岛》是由美国学者搜集的原始资料编辑而成的55卷本大型资料集。改革开放之前，国内仅在北京大学图书馆和厦门大学图书馆有馆藏，但利用得并不充分。我本人最初是通过阅读沙丁等人编著的《中国和拉丁美洲简史》（河南人民出版社，1986年）而知晓它的，该书中在不少地方引用了这部资料集中的史料。后来，我在撰写《美洲白银与早期中国经济的发展》（《历史教学问题》，2005年第2期）一文的时候，翻阅到台湾著名学者全汉昇的一篇文章，即《略谈近代早期中菲贸易史料:〈菲律宾群岛〉——以美洲白银与中国丝绸贸易为例》（《中央研究院历史语言研究所集刊》，1993年第1期），作者称这是一部"巨著"，这本书"虽然以《菲律宾群岛》为名，但因为西班牙人以美洲墨西哥为基地来从事菲岛的统治与殖民，而中国邻近菲岛，当西班牙海外帝国扩展到菲岛后，双方商业关系日趋密切，故我们在书中发现有不少中、菲、美贸易的史料"。他在介绍了有关美洲白银与中国丝绸贸易的一些史料之后，又写到，该书"有不少关于中国海外贸易、工业、货币、移民历史的记载，本文指出与中、菲、美贸易关系有关的资料，不过是其中一个例子而已”。全汉昇先生的介绍给我留下了深刻的印象。

　　2013 年 9 月和 10 月，中国国家主席习近平在哈萨克斯坦和印度尼西亚分别提出“丝绸之路经济带”和“21 世纪海上丝绸之路”倡议，简称为“一带一路”倡议①。恰巧在这一年，我的一位博士生王慧芝同学以联合培养博士生的身份在美国得克萨斯大学奥斯汀分校拉丁美洲研究中心研修，她为我提供了这部资料集的全文电子版。同年，我有两位新入学的硕士生王渊和张晓韦同学，她们选择了以马尼拉大帆船贸易作为硕士论文的写作方向，于是，我和我的学生们实际上从这一年开始就已经系统研读《1493—1898 年的菲律宾群岛》了。2016 年两位同学分别完成了题为《马尼拉大帆船贸易对菲律宾社会的影响》和《马尼拉大帆船贸易对新西班牙殖民地的影响》的硕士论文，并且初步翻译了该资料集的《历史导言》和前 10 卷的前言。碰巧的是，2016 年 12 月我参加了国际儒学联合会与秘鲁圣马丁大学、秘鲁中华通惠总局在秘鲁圣马丁大学联合举办的“国际儒学论坛——中华文明与拉丁美洲文明对话利马国际学术研讨会”，在会上遇见了北京外国语大学中国海外汉学研究中心主任张西平先生，他在会上提交的论文是“中国历史文献中的秘鲁”，当他知晓我们正在翻译和利用《1493—1898 年菲律宾群岛》资料集的时候，非常感兴趣，建议我们将所有前言翻译出来，集成一本书出版，并答应由他想办法出版。

---

　　①　2017 年 5 月 17 日，习近平主席在会见阿根廷总统马克里的时候强调，拉美是“21 世纪海上丝绸之路”的自然延伸。而当年的马尼拉大帆船贸易为这种关系提供了合理性的历史依据。

在张西平先生的鼓励下，我们加快了翻译的步伐，我利用给南开大学历史系 2017 级世界史同学上课的机会，作为课程作业，请每位同学翻译一卷的前言。到 2018 年底，我们基本完成了全部翻译工作。但是，由于同学们的翻译水平参差不齐，校译工作非常艰巨，有些部分需要重新翻译，再加上这期间有许多其他任务的穿插，直到 2020 年 3 月我才完成了最后的校译工作。

这部译著翻译的具体分工情况是：

总序：韩琦

历史导言：谢文侃、张晓韦、王渊

第 1—5 卷：王渊

第 6—10 卷：张晓韦

第 11 卷：刘琳

第 12 卷：李修平

第 13 卷：薛桐

第 14 卷：乔自珍、田昊东、张昀辰

第 15 卷：张畅

第 16 卷：曲荣荣

第 17 卷：刘颢

第 18 卷：张昀辰

第 19 卷：杨冰玉

第 20 卷：桑紫瑞

第 21 卷：严高英

第 22 卷：扬崧愉

第 23 卷：杜卓阳

第 24 卷：梁雅琳

第 25 卷：贾一凡

第 26 卷：赵航

第 27 卷：杨冰玉

第 28 卷：随亚薇

第 29 卷：张佳蓉

第 30 卷：邓致远

第 31 卷：桑紫瑞

第 32 卷：苟月

第 33 卷：康佳

第 34 卷：李昭融

第 35 卷：兰菲

第 36 卷：崔子玥

第 37 卷：马润佳

第 38 卷：刘浩然

第 39 卷：吕丹彤

第 40 卷：张佳蓉

第 41 卷：杨冰玉

第 42 卷：康佳

第 43 卷：桑紫瑞

第 44 卷：赵航

第 45 卷：王一弘

第 46 卷：于圣明、吴淑雅

第 47 卷：韩琦

第 48 卷：王露

第 49 卷：王盼

第 50 卷：肖亚兰

第 51 卷：韩琦

第 52 卷：韩琦

在这部译著付梓之际，我要衷心感谢上述参与这项工作的所有同学。感谢山东大学历史文化学院的孙一萍教授，她翻译了"历史导言"注释中的法文内容。感谢北京师范大学历史学院的孙立新教授，他翻译了"历史导言"注释中的德文部分。另外，特别感谢张西平先生，感谢他的鼓励和创意，使我们的这项工作加速完成，在他的热情帮助之下，这本书在 2020 年被商务印书馆列入了出版计划。根据商务印书馆编辑的意见，为每卷增加了提要式的标题和译名对照表，以利索引。

最后需要说的是，由于我们的外语水平不高，专业知识不足，译稿中的错误和问题在所难免，我们祈请各位同行和读者给予批评指正。

韩琦

2020 年 6 月

图书在版编目(CIP)数据

1493—1898 年的菲律宾群岛:序言集译/(美)埃玛·
海伦·布莱尔,(美)詹姆斯·亚历山大·罗伯逊编;
张西平,韩琦选编;韩琦等译.—北京:商务印书馆,2022
ISBN 978-7-100-21018-8

Ⅰ.①1⋯ Ⅱ.①埃⋯ ②詹⋯ ③张⋯ ④韩⋯
Ⅲ.①菲律宾群岛—历史—史料 Ⅳ.①K341

中国版本图书馆 CIP 数据核字(2022)第 164190 号

**1493—1898 年的菲律宾群岛**
——序言集译
〔美〕 埃玛·海伦·布莱尔
詹姆斯·亚历山大·罗伯逊   编
张西平 韩琦 选编
韩琦等 译
韩琦 校

商 务 印 书 馆 出 版
(北京王府井大街 36 号  邮政编码 100710)
商 务 印 书 馆 发 行
北京中科印刷有限公司印刷
ISBN 978-7-100-21018-8

2022 年 10 月第 1 版          开本 850×1168  1/32
2022 年 10 月北京第 1 次印刷      印张 21⅛
定价:120.00 元